U0784371

四川省志

Sichuan Shengzhi

食品药品监督志

1986—2005

【第二十七卷】

四川省地方志编纂委员会 编

方志出版社
Publishing House of Local Records

图书在版编目(CIP)数据

四川省志. 食品药品监督志 : 1986—2005 / 四川省地方志编纂委员会编. — 北京 : 方志出版社,2020. 9
ISBN 978-7-5144-4548-0

Ⅰ. ①四… Ⅱ. ①四… Ⅲ. ①四川-地方志②食品安全-质量监督-概况-四川-1986-2005 Ⅳ. ③药品管理-质量监督-概况-四川-1986-2005 Ⅳ. ①K297.1 ②TS207.7③R954

中国版本图书馆 CIP 数据核字(2020)第 195834 号

四川省志·食品药品监督志(1986—2005)

编　　者: 四川省地方志编纂委员会
责任编辑: 丛　珺

出 版 者: 方志出版社
地址　北京市朝阳区潘家园东里 9 号(国家方志馆 4 层)
邮编　100021
网址　http://www.zgfzcb.cn
发　　行: 方志出版社图书经销中心
电话(010)67110500
经　　销: 各地新华书店
印　　刷: 成都蜀通印务有限责任公司

开　　本: 889×1194　1/16
彩插印张: 1
正文印张: 23.5
字　　数: 639 千字
版　　次: 2020 年 9 月第 1 版　2020 年 9 月第 1 次印刷
印　　数: 0001~2000 册

ISBN 978-7-5144-4548-0　　**定价**: 310.00 元

领导关怀

LINGDAO GUANHUAI

1993年10月，国内贸易部部长张皓若（左二）考察四川粮油批发市场

2001年1月，四川省人民政府省长张中伟（中）、副省长蒋巨峰（右）、副省长陈文光（左）出席全省粮食流通体制改革工作会议

2003年12月，四川省人民政府副省长刘晓峰在第三届四川省粮食系统优质商品粮油展示交易会开幕式上致贺词

2004年9月，国家粮食局副局长任正晓（中）考察四川省粮油中心监测站

2004年11月10日，国家工商行政管理总局副局长李东生（前排左二）在雅安市名山县中峰茶园良种场调研

2005年5月16日，四川省人大常委会副主任牟绪珩（中）在巴中市南江县检查食品安全制度建设工作

行业发展

HANGYE FAZHAN

1989年3月，世界银行官员到乐山市考察粮油工业发展情况

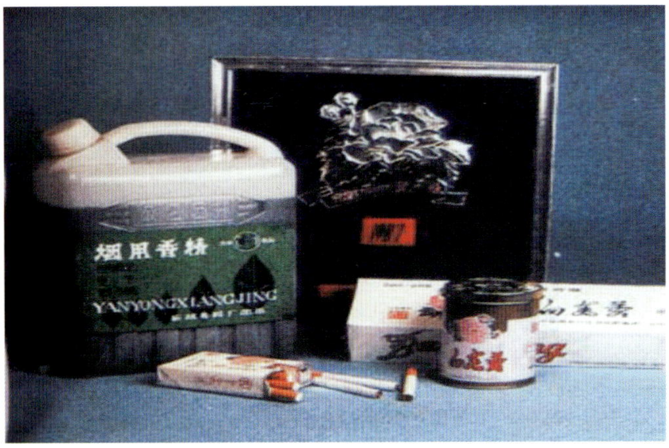

20世纪80年代，中国西南地区产销量最大的香料生产企业——成都香料总厂生产的柠檬油和卷烟用香精获国家银质奖章

20世纪80年代，轻工业部、外经贸部定点出口专厂——四川省巴中罐头食品厂的部分产品

1996年3月，四川粮油机械市场开业

1997年，广安市邻水县淀粉厂生产车间

1998年，广安市武胜县沿口粮站“忆丰”调味品生产车间

2002年，广元市朝天区粮食局瑞丰养殖场培育的优质种猪

20世纪90年代初，四川省最大的矿泉水生产企业——峨眉矿泉水厂的“峨眉”牌矿泉水生产线

2002年，四川省川粮米业股份有限公司生产车间

2003年，五粮液集团有限公司占地7平方公里的制造厂厂区一隅

2004年，资阳市乐至县双乐挂面有限公司加工生产车间

2005年，自贡市巧媳妇米业有限公司生产车间

2005年10月，2005中国（四川）粮油精品展示交易会在成都市开幕

监管执法 JIANGUAN ZHIFA

2000年起，四川省粮食部门指导农民选择优良品种、调整产业结构。图为四川省粮食局召开全省粮食品质测报工作会议

2000年6月，中国储备粮管理总公司成都分公司粮油质检中心工作人员在检验粮油质量

2004年8月，泸州市叙永县工商部门工作人员对粮油市场进行抽样取证

2005年8月，广安市粮食局与工商、卫生等部门工作人员上街宣传粮油食品安全知识

2005年1月22日，九三学社四川省委向正在成都市召开的四川省政协九届三次会议提交了《关于完善食品安全保证机制的建议》的提案，四川省食品药品监督管理局首次现场办理政协提案

2005年7月3日，四川省“关注药品不良反应，促进合理用药”大型宣传周活动在成都市体育中心启动

机构、队伍建设

JIGOU DUIWU JIANSHE

2004年2月，经中共四川省委、四川省人民政府批准，在四川省药品监督管理局的基础上，组建四川省食品药品监督管理局

2005年7月，全省食品药品监督管理系统领导干部培训会召开

2005年6月，四川省食品药品监督管理局为基层单位发放食品药品执法车

2005年11月，四川省食品药品监督管理局为对口帮扶地区开展捐款活动

四川省地方志编纂委员会成员

主任委员	王　宁			
副主任委员	张为人	朱新华	蔡　竞	杜兰举
	马小彬			
委　　员	叶文培	李　酌	高　山	江红英
	宋晓云	张丽萍	李曙光	张澜涛
	吴　成	何晓平	王映松	杨　杉
	赵家栋	张　强	向华全	欧力生
	陈　智	罗亚夫	王孝平	

《四川省志（1986—2005）》
审核委员会成员

《四川省志（1986—2005）》
总编、副总编

总　　编　陈建春

副 总 编　赵　行　邓　瑜　陶利辉　熊　倩
　　　　　　张兆法　高伟明　朱艳林　牛　淼

《四川省志·食品药品监督志（1986—2005）》
责任总编、责任编辑

责任总编　赵　行

责任编辑　牛　淼

《四川省志·食品药品监督志（1986—2005）》
分卷编纂委员会

（2006—2018 年）

《四川省志·食品药品监督志（1986—2005）》
分卷编纂委员会

（2018 年—）

《四川省志·食品药品监督志（1986—2005）》初审领导小组成员

组　长	姚义贤			
副组长	张大中	杨　俊	丁宗进	王　箭
	王　勇	吴　锐	张海峰	蔡买松
	郑　强	狄志凯	朱佑富	王　涛
成　员	彭思奇	李成辉	曾继奎	张庆营
	唐佑君	张泽军	许　钟	肖永琦
	何　畏	李　华	何　珣	刘湜敏
	王　朝	张红缨	李　明	赵　勇
	巫　敏	吴　敏	聂全江	陈永红
	刘　勇	蔡永华		

《四川省志·食品药品监督志（1986—2005）》编辑室

（2006—2018 年）

主　编　颜邦富

副主编　王振平　陈朝烈

编　辑　於红焰　王晓彬　王艳玲

《四川省志·食品药品监督志（1986—2005）》编辑室

（2018 年—）

主　编　赵　勇
副主编　李成辉　陈　军
编　辑　王继顺　左小清

《四川省志（1986—2005）》

凡　例

一、本书编纂工作以马克思列宁主义、毛泽东思想、邓小平理论、“三个代表”重要思想、科学发展观、习近平新时代中国特色社会主义思想为指导，坚持辩证唯物主义和历史唯物主义的立场、观点和方法，全面客观地记述四川省行政区域内自然、政治、经济、文化和社会的历史与现状。

二、本书系中华人民共和国成立后首部《四川省志》续编，总名《四川省志（1986—2005）》，由总类、大事纪述、专志、人物、市（州）概况、附录共92卷构成。各分卷名称为《四川省志·××志（1986—2005）》或《四川省志·××志》（后者为特色志志名），设中英文目录。

三、本书上限一般起自1986年，下限一般截至2005年。对前志未设之分卷或篇章从事物发端写起；对前志漏载、误载的某些事项进行补载、更正；对前志记载后变化不大的某些事项进行简要复载；升格详载具有地方特色的某些事项。

四、本书记述的地域范围以1986—2005年四川省行政区划为准。

五、本书采用述、记、志、传、图、表、录等体裁，以志为主。

六、本书总类卷设序言、凡例、总述、卷目等，为各卷之首，全书之纲。关于自然环境、建置沿革、经济与社会历史发展状况等基本省情在总述中作简要复载或反映。各专志（分卷）根据社会分工和学科分类的实际，按“以类相从”或“突出地方特色”的原则设立，以篇、章、节横分类别，节、目以下纵述史实，立足反映四川省行政区域某一事物（事业、行业）断限期内历史与现状的全貌。人物志卷采用传、录、表诸种表述形式，坚持“生不立传”原则，在世人物的突出事迹以事系人载入相关分卷。人物传统一收入人物志。本书大事记以编年体为主，辅以纪事本末体。为完整记述一些重要事物，保存有价值史料，有些分卷设置了专记。

七、本书使用规范的现代语体文记述，行文严谨、朴实、简洁、流畅。使用规范汉字，用词概念准确，符合现代汉语语法规范。使用的标点符号、数字、计量单位等均按国家规定的统一标准书写。

八、本书使用公元纪年，各卷正文（除引文外）采用第三人称表述；行文涉及机构、会议、文件、职衔、地名等，均按当时称谓；除涉及人名、地名、纪年和简称等项采用括注外，其余采用页下脚注。

九、本书资料来源于文献、档案、报刊、书摘、口碑及实地调查等，所用资料均经各修志部门考证、核实。各分卷数据一般采用省统计局公布的数据，省统计局缺乏的，采用有关部门正式提供的数据。

十、各分卷图片分为前置图片和随文插图，随文插图和表格均以篇为单位依次排序编号；所用地图均以省测绘局审定的为准。

十一、各分卷需要特别说明的事项，均在各分卷的《编辑说明》中注明。

《四川省志·食品药品监督志（1986—2005）》
编 辑 说 明

一、本志是《四川省志（1986—2005）》分卷之一，亦是四川省第一部有关食品、药品监督管理的志书，故部分内容记述时限追溯事物发端，下限断至2005年。为保持记述的完整性，个别内容有适当下延。

二、本志记述的地域范围以断限期内四川行政区划为准，1997年3月14日以前含今重庆市所辖区域。

三、本志除概述、附录外，正文设3篇11章，约40万字。

四、本志使用的机构名称，在首次出现时用全称并括注简称，之后一律使用简称。

五、本志行文规范执行国家标准及根据国家标准修订的《〈四川省志〉各分卷审查验收办法实施细则》，使用的标点符号、数字、计量单位，均按照国家规定的统一标准书写。中华人民共和国成立前的资料，为保证准确性，计量单位与原始资料一致。

六、本志资料来源于各个时段涉及食品药品监督管理工作的部门，包括四川省卫生厅、四川省农业厅、四川省畜牧食品局、四川省医药管理局、四川省药品监督管理局、四川省食品药品监督管理局，以及相关企事业单位的档案和年鉴，所有资料经核实后使用。

目 录

Contents

概　　述

食品和药品与人类的生活、健康密切相关。政府对食品与药品事业的管理，在维护市场秩序、促进行业发展、提高人民生活品质等方面发挥着重要作用。中华人民共和国成立后，四川省人民政府不断加强对食品、药品行业的监督管理，为四川省的经济建设和人民生活品质的提升作出了重要贡献。

一

明末清初，四川省内外药商陆续形成药帮。江西中药商在重庆开设的字号（“德记”药材字号）是四川最早出现的药业组织形式。1926 年，重庆市成立新药业同业公会。民国时期，药帮组织改建为国药业同业公会。国药业与新药业同业公会在民国时期已遍及全省，并延续到中华人民共和国成立初期。

1904—1928 年，独立的医药卫生行政事务被划归警察部门管理。1928 年，国民政府四川省政府设立民政厅，全省卫生行政事务改由民政厅第二科第二股管理。1938 年 5 月，于民政厅内成立四川省卫生委员会，统筹全川卫生事宜。

中华人民共和国成立后，随着政权建设和卫生事业发展，1952 年 9 月，川东、川南、川西、川北 4 个行署合并，成立四川省人民政府（以下简称省政府），相应成立四川省卫生厅（以下简称省卫生厅）。1976 年后，为加强药政管理，省卫生厅成立药政处。1978 年，国务院决定成立国家医药管理总局和地方医药管理机构。1979 年 7 月 1 日，四川省医药管理局成立，统一管理四川省药品和医疗器械，以及四川省医药工业公司、四川省中药材公司、四川省医疗器械工业公司、四川省医药公司。

1998 年 4 月，国家药品监督管理局成立。1999 年 7 月，四川省药品监督管理局成立，由原四川省医药管理局和省卫生厅药政处共同组成，统一行使对全省的中西药品、医疗器械的执法监督和药品检验职能。

2004 年 2 月，在四川省药品监督管理局的基础上组建四川省食品药品监督管理局，除继续行使药品监管职能，还负责食品、保健品、化妆品安全管理综合监督。全省形成以省、市（州）、县（市、区）三级食品药品监督管理局为行政执法主体，省、市（州）级药品检验机构和省医疗器械检验、省食品药品安全监测及评审认证中心为主要技术支撑的食品药品监管格局。

至 2005 年，全省食品药品监管系统共设置行政机构 205 个，其中省级 1 个、市（州）级 21 个、县级 183 个；食品药品、医疗器械质量检验、审评认证、科研、教育、服务机构 37 个，其中省级 9

个、市级21个、县级7个。

二

古谚称："天下有九福，药福数西蜀。"四川自古盛产药材，且药材品质优良，被历代封建王朝中央政府列为贡品。宋代文天祥在其《赠蜀医钟正甫》一诗中赞道："炎皇览众草，异种多西州。"经过长时期发展，中药的应用在人民群众的生活中已必不可少。到晚清年间，中药已发展到按配方生产中成药，一般为膏、丹、丸、散，并出现了一些小型制药作坊。

近代社会动荡，四川医药生产十分落后。1926年开办的华洋药房为四川最早的制药工业，其产品销往川西各地。1930年后，外商药房因中国时局的变化日渐衰落，甚至歇业或转让给华人经营。由于战争连年不断，进口西药价格暴涨，中成药畅销。随着药品需求的增长，医药销售市场日益扩大，凡有条件的药房均制售成药，开办独立的制药工业、独立的医疗器械商业和工业。抗日战争结束后，药品进口恢复，药价下降，不少民族资本药厂因无力竞争而纷纷歇业。美国则将大量剩余物资，包括药品和医疗器械，倾销至中国市场；在此期间，国民政府规定西药商业和制药工业强行限价，民族资本药业的生产、经营均陷入困境。当时的原料药主要靠国外进口，中央制药厂以生产无机原料药及乳酸钙、葡萄糖等产品为主。1949年，四川省有药厂35家，其中成都16家、重庆19家。

中华人民共和国成立后，药业逐渐恢复和发展。1950年，全省化学药品生产有10余家小厂，不能生产原料药品，只能生产少量制剂，年产值仅20万元左右。公私合营后，小厂合并，逐步组建了制药工业企业，除生产制剂外，开始着手生产原料药品。20世纪50年代初，全省仅有少数个体劳动者生产少量专科医疗器械。60年代开始出现医疗器械生产厂。1971—1975年第四个五年计划期间，四川省医疗器械工业公司成立。

1950年，全省种植药材3万亩，产值580万元。随着卫生事业的发展，中药材需求增多，市场供应日感不足。1954年，中国药材公司成立，加强了中药材经营管理。1955年，四川省药材公司及其分支机构相继建立健全，加强市场领导、价格管理和对私改造，积极开展中药材购销、调拨和进出口业务。1956年，四川贯彻从品种上、人员上"包下来"① 的政策，引用传统经营技术和经验，促进药材生产，初步缓和了市场供应紧缺状况。1957年，全省药材种植面积发展到13万亩，药材收购金额达2924万元，化学药品产值达1380万元。1958年，国务院提出"就地生产，就地供应"的方针和"变野生动、植物药材为家养、家种"的指示，四川省积极贯彻国务院指示精神，在巩固药材老基地的同时，积极发展产区，开展引试种和家养种工作。

20世纪60年代"三线建设"开始后，国家在四川投资兴建四川抗菌素工业研究所、西南合成制药厂、四川长征制药厂等研究机构和制药厂；同时对重点骨干企业如四川制药厂、西南制药三厂、重庆制药五厂、成都制药一厂等进行技术改造，较大地改变了四川制药工业的面貌。医药工业部门从华北、东北、上海等地抽调管理干部和技术人员，参加四川西南合成制药厂、四川长征制药厂等和四川抗菌素工业研究所工作，再加上对医药工业系统的药厂进行扩建改建，四川制药工业一跃成

① 指把中药材的品种、数量和1949年前经营中药材的人员"包下来"。

为全国中上水平。

1966 年“文化大革命”开始后，药业受到很大冲击，产品质量因放松管理而下降；工厂科技机构大都被砍掉，一大批科技项目无法进行；特种药品商店关闭改组，参茸、银耳业务几乎取消，兽药供应一落千丈。但绝大多数职工坚守岗位，努力工作，生产仍有所发展，基本保证了市场医药供应。

1978 年中共十一届三中全会后，医药行业发展进入一个新的历史时期。当年，四川省药材种植面积发展到 43 万亩，收购金额达到 1.17 亿元，比 1957 年增长 4 倍。

1979 年起，医药行业逐步深化改革，开始实行经济责任制，工厂从生产型向生产经营型转变，推行厂长（经理）负责制，逐步把工厂转变成自主经营、自负盈亏、自我制约的经济实体。医药商业按照“多渠道、少环节”的方针，打破 30 多年来按“一级站、二级站、三级批”的层级调拨供应方式，在商业企业内部实行承包经营责任制，开展商工、商商联营，发扬传统经营特色，发展外宾旅游供应业务，不断增加商品流通的活力。

1979 年 7 月 1 日四川省医药管理局成立后，积极进行行业技术改造，经过发展，全省医药产值 6.89 亿元，比第五个五年计划期末增长 67%，居全国第 6 位；化学医药十二大类原料药产量达 3900 吨，居全国第 5 位；可生产原料药 150 种，制剂 750 种。产品中以抗生素、磺胺和注射用葡萄糖为主，重点原料药品质量在全国居中上水平，优质品率达产值 40%，成为全国西药业的重要基地。这一时期，四川省对农村的药械供应增加，郊县建立四级代批店，75% 的人民公社卫生院供应简单的医疗器械。

四川省医药管理局成立后，医药行业有了专门的行政管理机构。根据新的职能要求，医药管理由过去的单一监管向综合监管转变，充分发挥综合监管的牵头作用，进一步整合监管资源，完善监管协调机制，增强监管合力。从 1982 年起，省医药管理局贯彻《药品生产管理规范》，加强药品生产管理。

1985 年，四川省有 16 个制药企业，年产值 4000 万元。全省 14 个中西药二级站，37 个市（地、州）级和 301 个县（市、区）级医药、药材公司，负责省内外药品医疗器械的货源组织和供应。

1990—2000 年，全省医药工业总产值从 8.5 亿元增长到 84.6 亿元，年均增长 25.89%，成为全省工业增长最快的行业。

随着医药工业的不断发展和医药在临床应用中的快速增加，医药治疗监管的问题亟待解决。1999 年 7 月 2 日，四川省药品监督管理局成立，标志着专门的药品监督管理部门诞生，对医药的有效管理进入新阶段。

中国医药经济由于长期在计划经济体制下运行，各地低水平重复建设导致的产业结构趋同化现象十分严重，制约着医药行业竞争力。1990—2000 年，四川医药经济不断调整，虽在结构上发生一些重大变化，但与医药产业大省的战略目标相距甚远。尤其是 1997 年重庆设为直辖市，原重庆及两市一地划出四川后，四川医药经济从总体上一分为二，整体竞争实力明显下降。四川仅占全国 3.5% 的医药生产者市场和消费者市场份额。

进入 21 世纪后，四川医药工业主要集中在成都、乐山、德阳、资阳等地。2005 年，全省有 411 家药品生产企业，约占全国总数的 1/15；875 家药品批发企业、174 家药品连锁企业、31095 家药品零售企业，药品零售企业约占全国总数的 1/10；277 家医疗器械生产企业、1665 家医疗经营器械经营企业、99 家药材生产企业；24605 家医疗机构（含个体诊所），约占全国 1/2；3600 余家计划生育机构。食品药品监督管理系统担负着以上所有企业和机构的药品、医疗器械质量监管职责。

2005 年，四川省医药工业产值突破 150 亿元，中药产业名列全国前茅，医疗器械工业产值连续年增长超过 50%；完成对药品生产企业实施 GMP 认证、药品经营企业实施 GSP 认证工作，医药企业的质量意识得到提高。全省药品生产企业累计获准新药生产证书 235 个，获准中药保护品种 76 个，仿制药品生产证书 153 个，均超过机构改革之前数量的总和。52 个中药保健药品质量标准、67 个中药地方标准、209 个化学药品地方标准上升为国家标准，分别获得 53 个、83 个、3446 个药品批准文号。全省累计审批医疗器械新产品 598 个。实施《药品生产质量管理规范》（以下简称 GMP）、《医药经营质量管理规范》（以下简称 GSP）认证，推进实施《中药材生产质量管理规范》（以下简称 GAP）、《药物非临床研究质量管理规范》（以下简称 GLP）、《药物临床试验质量管理规范》（以下简称 GCP）工作。全省 140 家药品生产企业通过 GMP 认证，416 家药品经营企业通过 GSP 认证。全省 219 家经营企业获得“医疗器械生产许可证”，1097 家经营企业获得“医疗器械经许可证”，16 家医疗器械生产企业通过 ISO 9000 质量体系认证。

三

中国食品加工生产历史悠久，在新石器时代遗址中有杵臼、石磨盘和碾桥等粮食加工工具出土。大汶口文化遗址出土陶制酒具，证明中国酿酒历史已有 6000 多年。到汉代，中国的粮食加工技术达到相当高的水平。公元前 3 世纪，四川开凿盐井生产井盐。中国是世界上发现茶树和饮茶最早的国家，并发明了蒸青制法。公元 5 世纪，四川茶叶就输出到亚洲的一些国家。

直到 19 世纪，中国的食品生产一直停留在手工业生产水平，大批食品手工作坊规模小、生产技术落后、劳动生产率低。19 世纪晚期，由于外国工业的输入，国内开始出现少量食品加工厂。四川也有一些食品加工厂开始建立，如面粉厂、制糖厂、罐头厂等。

中华人民共和国成立后，食品工业开始发展。1949 年 10 月至 1957 年，是食品工业恢复和起步建设时期。1952 年 9 月，中国专卖总公司组织第一次全国评酒活动，评出了全国性的八大名酒：茅台酒、汾酒、泸州老窖特曲酒、西凤酒、绍兴加饭酒，以及烟台张裕葡萄酿酒公司生产的红玫瑰葡萄酒、味美思酒、金奖白兰地酒，推动了名酒质量的稳定和提高。

1958—1962 年，四川农业歉收、粮食减产，经济作物种植面积大幅度缩小，油料、糖产量不足，食品工业生产跌入低谷，卷烟和肉类食品的产量大幅度下降。1963 年 7 月，四川成立烟草工业公司，对卷烟企业实行统一加工和经营。1964 年 9 月，四川盐业公司集中统一管理盐业生产、运销。

1966—1976 年，四川食品工业受到“文化大革命”冲击，生产陷入混乱，并遭受严重经济损失。

1978 年中共十一届三中全会后，食品工业认真执行党的路线、方针和政策，进入新的发展时期。为满足人民群众实现温饱生活的需要，20 世纪 80 年代，食品工业首先着力发展有关人民基本生活需要的食品。各类食品生产工业经过技术改造，技术水平明显提高，生产能力不断扩大。四川省人民政府制定《1981—2000 年四川食品工业发展纲要》，明确发展方向，放宽经济政策，增加资金投入。

1984 年，四川在食品工业的投资超过过去 30 年的总和，引进国外先进设备和技术所用的外汇金额多于过去 30 年。

1991 年开始，国家经济实力大幅增强，粮食生产稳步增长。随着科学技术的不断进步，食品工业进入持续发展时期。食品工业采用新技术，提高加工手段，加工过程中营养成分损失减少，并可针对不同人群的生理需求强化某些营养成分，改善口感、风味，使食品符合消费潮流。同时，食品工业企业扩大可食资源的利用，提高产品档次，创造了良好的经济效益和社会效益。四川食品工业企业一批声誉高、知名度高的注册商标，先后经国家工商行政管理局商标局认定为驰名商标。至 1999 年 1 月，四川食品工业的驰名商标有：五粮液、泸州老窖、郎酒、剑南春等 22 件，占全国驰名商标（87 件）的 1/4。

进入 21 世纪，人民群众生活水平逐步提高，从求吃饱到求美味、求健康，对食品的色香味形乃至营养性、安全性、方便性、功能性、多样性等不断提出新的需求。知识经济的兴起、科学技术的迅猛发展、国际市场的竞争加剧，给食品工业带来新的机遇。食品工业更加重视运用现代科学技术，提高食品品质，开发生产符合消费潮流的现代食品，使食品具有良好的营养功能、嗜好功能、生理功能和文化功能，有利于提高人民群众的营养水平和健康素质，使食品便于食用、贮藏和流通，方便生活，方便销售。

2004 年，全省食品工业企业实现增加值 338.41 亿元，同比增长 31.42%，销售收入居全国第 5 位，继续保持了强劲的发展势头。

2004 年前，食品卫生的管理，一直由卫生行政部门下设的卫生防疫部门负责，四川省卫生厅先设防疫科，后变为防疫处，再发展为疾病预防控制处，尔后又由卫生执法监督总队负责食品卫生监督。2004 年，四川省食品药品监督管理局成立，下设各级食品药品监督管理部门，负责食品卫生管理职责。各级食品药品监督管理部门与相关职能部门协调配合，大力加强食品综合监管。全省范围内基本形成“党委加强领导、政府负责组织、部门指导协调、各方联合行动、社会各界参与”的齐抓共管工作格局。

食品监督的重点是整顿食品市场秩序。与人民群众生活息息相关的粮、肉、蔬菜、水果、奶制品、豆制品、水产品七大类被列为食品监督重点品种，农村、城乡接合部、各类食品批发市场、食品消费重点场所为食品监督重点区域，种植、加工生产、市场、消费等环节为食品监督重点环节。针对老百姓反映强烈的制售假冒伪劣食品违法犯罪行为，四川省人民政府组织实施一系列综合配套方案，纪检监察、政法、法院、检察全面介入，公安、卫生、农业、畜牧、商务、质监、工商、食品药品监管等部门各司其职、紧密配合，在全省范围内进行食品安全综合整治，依法查处了多起重大食品安全事件。2005 年，全省共检查食品生产、加工、经营企业 33 万余家，查处违法行为 12459 起，涉案金额 1731 万元，移送司法机关 14 起，有力推进了食品监管工作的开展。

四

回顾历史，四川省食品、药品监督管理机构从无到有，从部门附属机构到专门的省政府直属部门，并实行省级以下垂直管理体制，中间几经变迁，管理体制不断完善、工作职能不断加强、队伍不断充实、人员素质不断提高，监管技术设施越来越先进，监管手段越来越多样化，为四川食品、药品行业的健康、可持续发展以及人民群众生活水平的提高作出了重要贡献。

但由于种种原因，四川食品、药品监管工作在一些方面还有待加强。比如，由于屡次机构改革与变迁，导致工作职责交错、重叠或衔接错位，致使监管工作不够到位；监管领域的配套法规不完善，导致行政执法力度不够，缺乏足够的震慑力；监管执法部门的技术设备投入不够，不能较好适应四川经济建设快速发展需要；四川省的食品、药品行业名牌产品依然较少，且名牌企业规模较小；食品生产依然存在着产品质量整体水平不高；生产企业质量意识自觉性不高，依然存在重量不重质状况；制售假冒伪劣产品屡禁不止等。

纵观食品、药品监督管理工作的历史进程，虽步履蹒跚，但一直在不断前进。随着四川经济、社会的不断发展，科技的不断进步，相信四川省食品、药品监管工作会在新的机遇中，获得进一步发展和进步。

第一篇　组织机构

民国时期，国药业同业公会、警察部门、国民政府四川省政府民政厅、国民政府四川省卫生委员会等部门都曾承担过省级医药卫生行业管理职能。中华人民共和国成立初期，四川省卫生厅、四川省贸易厅、四川省轻工厅、四川省商业厅、四川省化学工业局、四川省供销合作社等均曾行使过部分涉及食品、医药方面的管理职能，部分医药类公司也曾担负过一定的行政管理职能。1979 年 7 月，四川省医药管理局成立，成为专业的省级医药管理机构，对四川省中西药品和医疗器械的产、供、销、人、财、物实行统一管理。全省多数市（地、州）、县（市、区）亦先后成立医药局。1999 年 7 月，在四川省医药管理局的基础上，组建四川省药品监督管理局，统一行使对四川的中西药品、医疗器械的执法监督和药品检验职能，全省各市（州）亦先后组建市（州）及下属药品监督管理局。2004 年 2 月，在原省药品监督管理局基础上组建四川省食品药品监督管理局，在继续承担原四川省药品监督管理局的职责之外，还承担食品、保健品、化妆品安全监督、组织协调和依法组织开展对重大事故查处的职责，是对食品药品进行统一管理的省级机构。

在四川省食品、药品相关行政管理机构的多次变化过程中，四川成立了部分直属于管理机构的企事业单位，其中部分企业曾在不同的历史时期承担过部分管理职责。由于机构的不断调整，部分直属事业单位也先后多次调整或更名。

第一章　行政机构

第一节　省级管理机构

一、主要管理机构

四川在元朝开始建立医药管理机构，设官医提举司和医学提举司，掌管医户的差役及诉讼等事务。地方置医官，称“医学”，掌管施医给药、方剂鉴定、辨验药材等事宜。明清两代沿袭元制。

明末清初，四川省内外药商陆续形成药帮。江西中药商在重庆开设字号（“德记”药材字号）是四川最早出现的药业组织形式。药帮组织历经明、清，一直延续到民国时期。

清代乾隆年间，各地形成比较系统的地方医药行政管理体制。四川官署设医学的有八府、一州、一百一十县。大型中药店组建行会组织和义堂，公推司年主持会务、议定药价、制定业规。清代后期，特别是鸦片战争以后，清朝医药管理机构及地方医官任用制度逐渐废弃。

民国时期，药帮组织改建为国药业同业公会，行使行业管理职能。1904—1928 年，医药卫生行政改为警察部门管理。1928 年，四川省政府设立民政厅后，全省卫生行政由民政厅第二科第二股统管。1938 年 5 月，民政厅内成立四川省卫生委员会，统筹全川卫生事宜。1947 年，四川省卫生实验处改为四川省卫生处，隶属省政府，负责部分药政管理工作。

中华人民共和国成立后，中共和人民政府重视食品、药品管理工作。四川省卫生厅、四川省贸易厅、四川省轻工厅、四川省商业厅、四川省化学工业局、四川省供销合作社等均行使部分涉及食品、医药方面的管理职能。省卫生厅曾主管药政、医疗器械工业，省贸易厅曾主管医药公司，省轻工厅曾主管制药工业，省商业厅曾主管中、西药品的经营管理，省化学工业局曾主管医药、橡胶工业，省供销合作社曾主管中药材的生产、经营业务等。

为确保人民群众用药安全有效，中共和人民政府加强对药品生产、销售、使用、质量监督等管理，先后在全省各级卫生部门设药政机构。1950 年 1 月，西南军政委员会卫生部在重庆成立。川东、川南、川西、川北各级人民卫生行政机构亦逐步建立，负责药政管理，其中川北行署卫生厅设有药政科。1952 年 9 月，4 个行署合并后，成立四川省人民政府（以下简称省政府），相应成立四川省卫生厅（以下简称省卫生厅），该厅下设办公室及医疗预防科、卫生防疫科、药政科等，负责药政管理和食品卫生监督管理工作。1963 年，为贯彻国家“调整、巩固、充实、提高”的方针，省卫生厅药政科与医疗器械科合并，改为药政器械管理处，负责全省药政和医疗器械管理工作。1966 年“文化大革命”爆发，省卫生厅药政器械管理处机构瘫痪。1972 年，卫生部、燃化部、商业部联合下达经国务院批准的《关于加强药品质量管理工作的报告》，强调各省（自治区、直辖市）卫生厅（局）应在精简机构的原则下，建立和充实药政、药检机构人员。为此，省卫生局恢复药械组，并设立卫生防疫处。1976年后，为加强药政管理，省卫生局撤销药械组，成立药政处，其职责是：监督、检查药政法规的执行情况；管理麻醉药、毒性药品、精神药品和放射性药品；负责进出口药品的监督工作；监督、检查药品生产、经营、使用单位的药品质量，以及医疗单位的药剂工作；取缔假药，处理不合格药品；负责药品宣传管理；调查处理药品质量、中毒事故；对违反药政法规的行为追查责任，进行处罚；对需要追究刑事责任的向司法部门控告；核准发给“药品生产企业许可证”“药品经营企业许可证”“制剂许可证”。1985年，省卫生厅下设卫生防疫处，负责食品卫生工作。

1953年4月1日，中国医药公司四川省公司成立，系企业行政管理机构，受中国医药公司和四川省商业厅双重领导。1955年1月1日，四川省中药材公司成立，隶属商业厅领导。这两家公司的成立加强了医药市场管理。1972年，四川省医疗器械工业公司成立，属国有独资的行政性公司，隶属省卫生局，主要负责全省医疗器械工业企业计划物资的分配、调拨及医院装备的供应等行政性工作。

1978年6月，为改变中西药品、医疗器械多头管理、各自为政、监督不力、市场混乱的管理体制，国务院批准卫生部《关于建议成立国家医药管理总局的报告》，提出：把中西药品、医疗器械的生产、供应统一管理起来，由国家计委单列户头，统一规划、统一管理，对医药、医疗器械和中药材的产、供、销实行统一管理。将商业部医药局、化工部医药局和卫生部医疗器械管理局同时划归国家医药管理总局领导，分别恢复组建中国医药公司、中国药材公司、中国医药工业公司和中国医疗器械工业公司等4个全国性专业公司，负责领导和管理所属在各省（自治区、直辖市）的对口医药企事业、科研和教学单位。同年11月22日，四川省革命委员会（以下简称省革委会）印发《关于批转省化工局等七单位关于全省医药机构交接方案的报告》，决定筹建四川省医药管理局。七单位包括：四川省化工局、四川省商业局、四川省卫生局、四川省供销社、四川省财政局、四川省人民银行、四川省计划经济委员会（以下简称省计经委）。

1978年12月5日，中共四川省委批准成立四川省医药管理局（以下简称省医药管理局），随即成立省医药管理局筹备小组。1979年1月4日，省革委会印发《关于组建四川省医药管理局的通知》，对全省医药机构交接与开展工作提出具体要求，将四川省医疗器械工业公司和四川省医药、橡胶工业公司的医药部分移交省医药管理局领导。同年5月26日，省革委会同意省医药管理局内部机构设置，分别为办公室、政治处、计划处、财务物价处、物资基建处、中药材处、药品器械处、科研教育处。同年7月1日，省医药管理局正式对外办公。8月24日，四川省委组织部决定：省医药管理局建立党组，撤销省医药管理局筹备小组。省医药管理局行政编制50人。省医药管理局的性质，既是行政领导部门，又是经济管理机构，行政归口四川省计划委员会（以下简称省计委），业务与国家医药管理总局对口。省医药管理局对四川省中西药品和医疗器械的产、供、销、人、财、物实行统一管理。省医药管理局下设四川省中药材公司、四川省医药工业公司、四川省医疗器械工业公司、四川省医药公司。

1981年，省医药管理局经批准增加企业编制20人，并增设供销处（供应站），供销处和供应站合署办公，两块牌子、一套人马，属企业编制。同年11月5日，根据国家医药管理总局通知要求，将国家医药管理总局直属的四川抗菌素工业研究所由中国医药工业公司管理改为国家医药管理总局管理。

1983 年 4 月，四川省医药管理局改为四川省医药总公司，归口省计经委领导，属厅局级单位，行使医药行政管理职权，担负的任务和职责范围基本与原省医药管理局一致，对外独立进行工作，同省级各部门、各地区有关单位的关系不变，所属各公司和原属的企业机构下放当地管理，在经济改革中积极创造条件，向企业公司过渡。同年 7 月 22 日，四川省编制委员会批准四川省医药总公司内部机构设置，分别为：办公室（含调查研究工作）、劳动人事处、综合计划处、财会物价处、企业处、经济管理处、科技质量处、教育处和设计室。机关党委和纪律检查组按党章和有关规定设置。下属医药工业公司、医药物资储运公司，不挂四川省医药总公司工业生产处、物资基建处的牌子。四川省医药总公司人员编制，仍按原省医药管理局编制数 70 名执行，并从 1984 年 1 月 1 日起列入企业编制。

1985 年 3 月 2 日，四川省人民政府根据中央《关于经济体制改革的决定》精神，按政企分开、简政放权的原则，决定撤销四川省医药总公司，恢复四川省医药管理局，行使统一管理全省医药行业工作的职责，由省计经委代管，原经费渠道以及同省级各部门、各地区有关单位的关系均不变。局内设 6 处 2 室，其主要任务是：贯彻执行党的各项方针政策，统一管理中西药品、医疗器械的生产、供应、使用，实行统一规划、统一计划、统一安排，加快医药现代化建设，进一步适应防病治病和战备的需要，保障人民的身体健康，更好地为实现四个现代化服务。具体业务范围是：负责研究和拟订发展全省中西药品、医疗器械、卫生材料的长远计划，搞好生产布局；编报、下达并组织实施生产、销售等各项计划；组织医药、医疗器械的科研、设计和设备制造工作；加强对所属企业、事业单位的管理和职工的培训教育，并直接领导少数重点企业、学校和科研单位，不断提高管理和技术水平。

1989 年，四川省医药物资储运公司成立，主要从事药品、医疗器械的经营。1993 年 2 月 5 日，四川省卫生厅成立四川省医疗装备应用与维修技术协会，负责四川省医疗装备管理工作。

1997 年 3 月 14 日，经全国人民代表大会常务委员会批准，重庆市设为直辖市，并于 1997 年 6 月 18 日正式行使直辖市职能。根据《中华人民共和国药品管理法》规定，从 1997 年 10 月 1 日起，重庆市卫生局行使省级卫生行政部门药品监督管理职能，并在 1997 年 12 月 31 日前与四川省卫生厅做好交接工作。1997 年 12 月 29 日，四川省卫生厅发出《关于重庆市药品监督管理工作交接的函》，向重庆市卫生局提供重庆市所辖的原药品生产企业、经营企业、医疗单位制剂室许可证目录以及已批准生产的药品批准文号目录。

根据中共十五届二中全会精神和九届全国人大一次会议通过的国务院机构改革方案，为解决药品监督管理机构“上合下分”、地方药品监督管理职能分散问题，1998 年 4 月，中共中央、国务院批准成立国家药品监督管理局。

四川省医药管理局为加强药政、药检部门协作，强化药品监督力度，更好结合四川实际，组成调研组，先后到成都、绵阳、广安、凉山等市（地、州）对药监管理工作的现状、存在问题和原因进行重点调研，最后上报国家药品监督管理局集中统一意见。

1999 年 2 月，经国务院批准，国务院法制办印发《对〈关于药品监督管理的法律、行政法规执法主体变更的紧急请示〉的复函》，提出：按国务院批准的“三定”方案，中央一级由国家药品监督管理局行使《中华人民共和国药品管理法》等有关法律、行政法规中规定的药品监督管理职能；

图1—1　2003年10月，四川省药品监督管理局获得四川省人民政府颁发的2003年·第四届中国西部国际博览会“组织工作优秀单位”称号

为防止药品市场监督管理脱节，地方各级人民政府为药品监督管理执法主体，在新的药品监督管理机构组建完成前，仍由原药品监督管理执法主体履行药品监督管理职能，待新的药品监督管理机构组建完成后，药品监督管理职能随之转移。同年4月，按中共中央、国务院部署，省委、省政府决定撤销四川省医药管理局，根据国务院批准下发的“三定”方案，在原四川省医药管理局的基础上，将四川省卫生厅药政和药检职能、四川省中医药管理局中药的生产流通监管职能有效统一，组建四川省药品监督管理局，于1999年7月2日正式挂牌成立并启动印章。四川省药品监督管理局是省政府主管药品监督的行政执法机构，统一行使对四川的中西药品、医疗器械的执法监督和药品检验职能，负责药品的科研、生产、流通、使用监督和检验，实行执法监督统一、技术监督集中、社会监督属地的全过程监督管理。

2000年6月，国务院批转国家药品监督管理局药品监督管理体制改革方案，决定“按照精简、统一、效能的原则，改革现行药品监督管理体制，实行省以下垂直管理”。2001年4月17日，按《四川省人民政府关于全省药品监督管理体制改革实施意见的通知》规定，从2001年1月1日起，按“自上而下、分步实施、逐步到位”原则，由省药品监督管理局对各市（州）、县（市、区）药品监督管理机构实行垂直管理，建立起统一、权威、高效的药品监督管理机构。

2004年2月21日，根据《中共中央办公厅　国务院办公厅关于印发〈四川省人民政府机构改革方案〉的通知》和《中共四川省委　四川省人民政府关于实施〈四川省人民政府机构改革方案〉的意见》文件精神，经四川省委、省政府批准，在原省药品监督管理局基础上组建四川省食品药品监督管理局（以下简称省食药监局），原省药品监督管理局连人带编制整体划归。省食药监局为省政府直属机构，行政编制为71名，内设办公室、政策法规处、食品安全协调处、食品安全监察处、药品注册处、医疗器械处、药品安全监管处、药品市场监督处、人事教育处、规划财务审计处等处（室）。省食药监局在继续承担原四川省药品监督管理局的职责之外，还划入省卫生厅承担的保健品审核职责，同时增加了食品、保健品、化妆品安全监督、组织协调和依法组织开展对重大事故查处的职责。

四川省食药监局对省以下食品药品监督管理机构实行垂直管理。省食药监局的具体职责包括：负责组织全省食品、保健食品、药品、医疗器械进行安全监管；起草地方性药品监管法规、规章及规范性文件；负责部分大型餐饮单位的餐饮服务许可；拟订餐饮服务许可规范、制度，指导下级行政机关餐饮服务许可；负责新药的注册和再注册审批；负责药品、医疗制剂的生产安全监管；承担药品在市场流通和使用机构的安全性管理；对放射性、麻醉类、精神类等药品的监管；对药品广告、互联网药品交易服务行为的监督；负责执业药师资格考试的培训、注册及继续教育管理。

四川省食品药品监督管理局成立后，四川省药品监督稽查总队更名为四川省食品药品监督稽查总队，其职能包括：参与食品、保健品、化妆品重大安全事故的查处；省药品、医疗器械市场的稽查工作；依法监督抽查药品研究、生产、流通、使用单位的药品和医疗器械质量；受理违法违规案件的举报，并负责对举报药品和医疗器械产品质量案件或上级布置查处的药品和医疗器械产品质量案件的调查处理；依法打击药品和医疗器械产品生产经营中的违法行为。四川省食品药品监督稽查总队行政执法编制由16名增至20名，其人员按《国家公务员暂行条例》进行管理。

图1—2　2004年，四川省食品药品监督管理局领导班子宣布大会召开

2004年机构改革前，四川省食品行业的管理涉及省轻工行办、省食品协会、省畜牧食品局、省农业厅等多部门，而食品行业仅是轻工业中一个子行业，故对食品行业的管理比较松散、宏观。2004年4月27日，省人民政府决定成立省食品安全协调委员会，副省长杨志文任主任，省政府副秘书长陈泓贵、省食品药品监督管理局局长苏海红任副主任，17个相关省级部门作为成员单位。委员会下设办公室，办公室设在省食药监局，由苏海红兼任办公室主任，负责全省食品安全日常监管和实施食品放心工程工作。同年10月12日，决定增补省委宣传部、省委政法委、省监察厅、省水产局、省食品工业协会等5个单位为省食品安全协调委员会成员单位。

2004年6月6日，为贯彻落实国务院《全面推进依法行政实施纲要》，省食品药品监督管理局成立依法行政工作领导小组。截至2005年底，四川省具有食品药品行政执法主体资格的单位203个。

二、相关管理机构

（一）四川省商务厅

2004年1月，中共四川省委、四川省人民政府批准，将原省外经贸厅的职能，原省经贸委流通行业管理办公室的职能，原省发展计划委员会承担的农产品进出口计划组织实施的职能，原省经贸委承担的国内贸易管理、对外经济协调和组织实施重要工业品、原材料进出口计划的职能进行有效整合，组建四川省商务厅（以下简称省商务厅）。作为主管全省国内外贸易和国际经济合作的省政府组成部门，省商务厅与四川省食品药品监督管理相关的职责包括：贯彻国家食品药品内外贸易、利用外资、国际经济合作的发展战略、方针和政策；贯彻落实国家食品药品流通体制改革的方针政策，培育发展城乡市场，推进流通产业结构调整和连锁经营、物流配送、电子商务等现代流通方式；贯彻落实国家食品药品规范市场运行、流通秩序和打破市场垄断、地区封锁的政策措施，负责食品药品市场的调控和重要生产资料的流通管理；执行国家制定的有关食品药品进出口商品管理办法和政策；贯彻执行国家有关食品药品对外技术贸易、进出口管制以及鼓励技术和成套设备出口的政策；组织协调有关食品药品反倾销、反补贴、保障措施及其他与进出口公平贸易相关的工作；负责全省食品药品对外经济合作工作；拟订赴境外和境内举办有关食品药品商贸交易会、展览会、展销会等活动的管理办法并实施监督；负责全省有关食品药品内外贸易、利用外资和国际经济合作新闻发布、宣传工作并提供信息咨询服务。

（二）四川省农业厅

2000 年，根据中共中央、国务院批准的《四川省人民政府机构改革方案》和省委、省政府《关于实施四川省人民政府机构改革方案有关问题的意见》，设置四川省农业厅（以下简称省农业厅）。作为主管农业与农村经济工作的省政府组成部门，省农业厅与四川省食品药品监督管理相关职责的是：研究拟定全省农业和农村经济发展战略、规划和计划；研究引导农产品品质的改善；提出农产品流通的建议；提出主要农产品、重要农业生产资料的进出口建议；预测并发布农产品及农业生产资料供求情况等农村经济信息；组织农业资源区划、生态农业建设和农业可持续发展工作；指导农用地、宜农滩涂、宜农湿地、农村可再生能源的合理利用及农业生物物种资源的保护和管理；拟定农业科研、教育、培训、技术推广及其队伍建设的规划和有关政策，组织实施“科教兴农”战略；组织农业科研和技术推广项目的遴选及实施；指导农业职业技能开发工作；负责农产品及绿色食品的质量监督、认证、管理；负责绿色食品、南亚热带农作物生产的管理工作；拟定植物检疫的地方性法规规章草案，制定有关标准；监督省内植物检疫工作。

（三）四川省经济委员会

2000 年，根据四川省级机构改革的方针，四川省药品监督管理局将医药行业管理和产业发展的职能移交给四川省经济贸易委员会（以下简称省经贸委），成立省经贸委医药处。省经贸委医药处具体职责包括：制定医药行业发展战略、长远规划，对医药行业经济运行进行宏观调控，医药行业的统计、信息工作，药品、药械储备及灾情、疫情、军需、战备药品药械的紧急调度等职能。2001 年，中共四川省委印发《关于加快医药化工支柱产业发展的意见》，将医药化工产业作为本省的支柱产业，并成立了四川省医药化工支柱产业发展领导小组，统一领导和协调四川医药产业发展工作，后来又将其作为高新技术产业纳入重点发展的目标。同年，国家经贸委出台《中药行业“十五”规划》指导“十五”全国中药产业发展。2004 年，根据《中共中央办公厅　国务院办公厅关于印发〈四川省人民政府机构改革方案〉的通知》和《中共四川省委　四川省人民政府关于实施〈四川省人民政府机构改革方案〉的意见》要求，在原四川省经济贸易委员会的基础上，组建四川省经济委员会（以下简称省经委）。省经委是主管全省工业经济和经济运行的省政府组成部门。原省经贸委医药处改为省经委医药化工处。医药化工处主要职责是：负责管理省药品储备工作，组织实施重大灾情、疫情、军需、战备等情况下药品器械的紧急调度；承担四川省履行《禁止化学武器公约》办公室的职责。

（四）四川省工商行政管理局

2000 年，根据中共中央、国务院批准的《四川省人民政府机构改革方案》和省委、省政府《关于实施四川省人民政府机构改革方案有关问题的意见》，设置四川省工商行政管理局（以下简称省工商局），隶属四川省人民政府领导。省工商局在组织实施监管食品药品市场的经营秩序工作中，要与食品药品监督管理局相互配合、综合治理，并做好省食品药品企业商标监督管理工作。作为四川省人民政府主管市场监督管理和行政执法工作的直属机构，省工商局与四川省食品药品监督管理相关的职责是：依法负责食品药品市场主体准入、市场行为监管执法、流通领域商品质量监管、消费者权益保护等职能；组织保护食品药品消费者合法权益，组织查处侵犯消费者权益案件，组织查处市场管理和商标管理中的经销掺假及假冒食品药品行为；组织实施全省流通领域商品质量监管，依法确认食品生产经营主体资格；负责监督和查处食品违法经营行为；指导和监督流通环节食品经营者建立并落实食品经营管理自律制度和食品质量责任制度；按照有关规定预防和应急妥善处置流通环节重大食品安全事故，公示流通环节食品质量监测等食品安全监督检查信息并通报相关部门和行业协会；监督管理食品药品广告发布和广告经营活动；办理地方性广告核准手续；负责指导广告业发展。

（五）四川省质量技术监督局

1999年6月1日，四川省质量技术监督局成立，隶属四川省人民政府领导。四川省质量技术监督局设食品生产监管处。该局与四川省食品药品监督管理相关的职责是：实施缺陷产品和不安全食品召回制度，监督管理食品产品防伪工作；承担全省食品、食品添加剂和食品相关产品生产加工环节的质量安全监督管理责任，负责食品、食品添加剂和食品相关产品生产许可证管理，参与食品安全风险监测。

（六）四川省畜牧食品局

1992年5月，省政府决定成立四川省畜牧食品办公室，负责管理省畜牧局、省食品公司和省饲料工业办公室的工作。1992年11月，为进一步深化畜牧食品工作体制改革，加强宏观调控，减少管理层次，充分发挥四川畜牧业的优势，省政府决定撤销四川省畜牧局。原省畜牧局担负的行政职能交由省畜牧食品办公室承担。1995年12月，省政府决定四川省畜牧食品办公室更名为四川省畜牧食品局。四川省畜牧食品局机构级别为正厅级，隶属四川省人民政府领导。四川省畜牧食品局是四川省人民政府授权对全省畜牧食品、兽医兽药和牧区草原、草山草坡及饲料进行行业管理的直属机构，与四川省食品药品监督管理相关的职责是：研究草拟全省畜牧食品行业地方性法规并组织实施；研究拟定畜牧食品行业的有关产业政策，引导畜牧食品行业结构布局调整，扶持龙头企业，推进畜牧食品产业化发展；组织畜牧食品行业建设项目的实施。

（七）四川省粮食局

1952年12月29日，四川省粮食局成立，隶属四川省人民政府领导。作为全省粮食流通行政管理、行业指导和省级储备粮油管理工作的省政府部门管理机构，四川省粮食局与四川省食品药品监督管理相关的职责是：贯彻执行国家粮食流通和储备粮管理的方针、政策和法律、法规；负责省级储备粮管理，指导全省粮食储备体系建设；指导全省粮食流通市场的行业管理、三级粮油批发市场体系建设、国有粮食企业的改革。

（八）四川省水产局

1981年4月，四川省水产局成立，为全民所有制事业单位。作为省政府主管全省水产业的行政职能部门，四川省水产局与四川省食品药品监督管理相关的职责是：负责制定全省水产经济计划；负责水产生产及水产基建项目的行业管理；负责水产技术指导；负责水产质量的监测；负责水产加工、市场销售网络的建立和开发；负责水生野生珍稀动植物的保护。

（九）四川出入境检验检疫局

1999年8月10日，四川出入境检验检疫局成立，由原四川进出口商品检验局、原成都动植物检疫局和原成都卫生检疫局合并组建而成，为国家质检总局正厅级直属局，实行垂直领导。四川出入境检验检疫局是主管四川省出入境卫生检疫、动植物检疫、商品检验、鉴定、认证和监督管理的行政执法机构，与四川省食品药品监督管理相关的职责有：贯彻执行食品出入境卫生检疫、动植物检疫和进出口食品检验法律、法规和政策规定；负责实施出入境动植物及其产品和其他检疫物的检验检疫与监督管理；负责实施进出口食品的法定检验和监督管理，负责进出口食品鉴定管理工作；负责实施对进出口食品、动植物及其产品等的生产（养殖、种植）、加工和存放等单位的卫生、检疫注册；负责实施进口安全质量许可和出口质量许可工作；负责实施进出口产品、体系认证和实验室认可、人员注册等工作，并监督管理；负责签发出入境检验检疫证单和标识、封识，并进行监督管理。

第二节　市（地、州）、县（市、区）机构

1952年9月，四川省卫生厅成立，下设办公室及医疗预防科、卫生防疫科、药政科等，负责药政管理和食品卫生监督管理工作。成都、重庆两市卫生局亦设药政科，其余市（地、州）、县（市、区）卫生局均有1人兼管药政工作。

1978年12月5日，中共四川省委批准成立四川省医药管理局。省医药管理局对四川省中西药品和医疗器械的产、供、销、人、财、物实行统一管理。省医药管理局下设四川省中药材公司、四川省医药工业公司、四川省医疗器械工业公司、四川省医药公司。1979年10月16日，省革委会印发《市地州医药管理局局长座谈会会议纪要》，对各级医药局的体制、编制、经费来源做出规定。四川省各地医药管理局及下属公司相继成立并列企业编制。1979—1985年，全省共建立16个市（地、州）医药局，130个县（市、区）医药局，下属工商企业有14个中西药商业二级站，340个市（地、州）、县（市、区）中西药商业公司，全省医药单位共658个，1980年职工总数为52321人。

1983年4月，四川省医药管理局更名为四川省医药总公司，行使医药行业管理职权。同年9月7日，经请示省政府同意，省医药总公司印发《关于各级医药局改名为公司后的统一名称和有关问题的通知》，地、县医药局的名称仿照省的办法，改名为地区医药总公司和县医药分公司。同年4月22日，根据“中共中央和省政府有关重庆市综合体制改革”精神和《关于四川省医药管理局下放重庆市医药企业的协商意见》，四川省医药管理局完成与重庆市医药管理局的交接工作，将企业所在地为重庆市的医药工商企业、事业单位及国家医药管理总局在川代管单位的人财物管理权，全部移交重庆市医药管理局，财务隶属关系从1983年1月1日起划转。

随着经济体制改革的发展，省级厅局简政放权不直接领导企业。1984年，原四川长征制药厂、内江、渡口、乐山、万县制药厂5个省直属厂均下放地方。同年10月，省计经委根据省政府决定又将省医药总公司所属的成都中药材站、医药站、四川中药厂和成都医疗器械厂等企业下放给成都市，财务核算体制从1985年1月起划拨。

1985年3月，四川省遵照中央《关于经济体制改革的决定》精神，决定撤销四川省医药总公司，恢复四川省医药管理局，行使统一管理全省医药行业工作的职责，由省计经委代管。

1998年4月，为解决药品监督管理机构“上合下分”、地方药品监督管理职能分散问题，中共中央、国务院批准成立国家药品监督管理局。四川省医药管理局为加强药政、药检部门协作，强化

药品监督力度，更好结合四川实际，组成调研组，先后到成都、绵阳、广安、凉山等市（地、州）对药监管理工作的现状、存在问题和原因进行重点调研，最后上报国家药品监督管理局集中统一意见。截至1998年底，四川省有省、市（地、州）、县（市、区）三级药政管理机构160个，药政管理人员共293名，省、市（地、州）、县（市、区）三级专兼职药品监督员1200名；有省、市（地、州）、县（市、区）三级药品检验所115所，工作人员1132人，各类专业人员占75%左右。

1999年4月，按中共中央、国务院部署，中共四川省委、四川省人民政府撤销四川省医药管理局，在原四川省医药管理局的基础上，组建四川省药品监督管理局。该局于1999年7月2日正式挂牌成立。2000年6月，国务院批转国家药品监督管理局药品监督管理体制改革方案，决定“按照精简、统一、效能的原则，改革现行药品监督管理体制，实行省以下垂直管理”。2001年4月17日，按《四川省人民政府关于全省药品监督管理体制改革实施意见的通知》规定，从2001年1月1日起，按“自上而下、分步实施、逐步到位”原则，由省药品监督管理局对各市（州）、县（市、区）药品监督管理机构实行垂直管理。同年9月，按《四川省人民政府关于四川省市县药品监督管理系统机构改革方案的通知》精神，四川省药监局稳步推进全省药品监督管理体制改革和机构上划工作，有序组建各市（州）及下属药品监督管理局。至2001年底，全省21个市（州）、112个县（市、区）、12个片区药品监管局和19个县（市、区）药品监管分局已全部组建并开展工作。

2004年2月21日，在原省药品监督管理局基础上组建四川省食品药品监督管理局。省食药监局对省以下食品药品监督管理机构实行垂直管理。2005年7月，根据《中共四川省委办公厅　四川省人民政府办公厅关于市（州）、县（市、区）政府机构改革的意见》和《四川省人民政府办公厅关于印发四川省市县食品药品监督管理系统机构改革方案的通知》要求，在各市（州）药品监督管理局的基础上组建各市（州）食品药品监督管理局，为省食品药品监督管理局的直属机构。全省按“精简、统一、效能”的原则，稳步推进全省食品药品行政管理体制和机构改革工作。112个县（市、区）药品监督管理局和12个片区药品监督管理局按行政区划组建县（市、区）食品药品监督管理局，在原未设立药品监督管理局的38个县（市、区）设立食品药品监督管理局，成都市及所属19个县（市、区）药品监督管理局（分局）分别组建食品药品监督管理局（分局）。

各市（州）食品药品监督管理局内设办公室、政策法规科、食品安全协调监察科、药品安全监管科、药品市场监督科①、财务审计科、人事教育科、食品药品稽查支队。

到2005年底，全省共设市（州）食品药品监督管理局21个，县（市、区）食品药品监督管理局181个。四川省人民政府科学城办事处设立食品药品监督管理局，为省食品药品监督管理局的派出机构，委托绵阳市食品药品监督管理局代管，负责中国工程物理研究院在川范围内的食品药品监督管理工作。

各市（州）食品药品监督管理局的主要职责有：执行国家和省有关食品、保健品、化妆品安全管理及药品、医疗器械监督管理方面的法律、法规和规章；负责食品安全的综合监督和药品监督管理的有关行政复议、应诉工作；依法行使食品、保健品、化妆品安全管理的综合监督职责，组织协调有关部门承担的食品、保健品、化妆品安全监督工作；依法组织开展对行政区内食品、保健品、化妆品重大安全事故的查处；根据省食品药品监督管理局部署和市（州）人民政府授权，组织协调

① 加挂医疗器械科牌子，个别市根据监管工作的需要，将医疗器械科设在药品安全监管科。

开展行政区内食品、保健品、化妆品安全的专项执法监督活动；组织协调和配合有关部门开展行政区内食品、保健品、化妆品安全重大事故应急救援工作；综合协调食品、保健品、化妆品安全的检测和评价工作；监督食品、保健品、化妆品安全监管信息发布办法的实施；综合行政区内有关部门的食品、保健品、化妆品安全信息并定期向社会发布；监督执行药品、医疗器械、药品包装材料、保健品、医疗机构制剂的法定标准；负责实施处方药、非处方药和医疗器械产品分类管理制度；负责药品、医疗器械的不良反应监测督促工作；负责监督、检查、抽验药品和医疗器械的生产经营和使用单位的药品、医疗器械的质量；负责监督实施药品生产质量管理规范及医疗机构制剂质量管理规范；指导本行政区药品检验机构的工作；依法查处制售假劣药品、医疗器械、保健品和其他违反药品及医疗器械管理法律、法规、规章的行为和责任人；监管行政区内城乡集贸市场出售的中药材质量；负责行政区内麻醉药品、精神药品、毒性药品、放射性药品的监督管理；负责监督实施药品、医疗器械流通的管理办法和药品经营质量管理规范；负责核发药品经营零售企业许可证、一类医疗器械产品注册证；管理本机关和下属单位的人事、机构编制、行政事业经费、财务审计和国有资产工作；承办市（州）人民政府和省食品药品监督管理局交办的其他相关工作。

第二章　直属企事业单位

第一节　直属事业单位

一、四川省食品药品检验所

（一）沿　革

四川省药品检验所（以下简称省药品检验所）建于1979年6月，设有化学检验室、中药鉴定室、技术管理室、行政办公室和后勤供应室5个科室，职工35人。该所隶属四川省卫生厅。

1994年，四川省机构编制委员会（以下简称省编制委）批复：省药品检验所增挂“四川省药品质量研究所”牌子。1996年，省科委授权省食品药品检验所为“四川省科技成果检测鉴定省级检测机构”。

1999年7月，该所改隶四川省药品监督管理局。同年9月，由国家药品监督管理局授权开展生物制品检验工作。

2002年，经省编制委批准先后增挂“中药材标准品质四川检测中心”“四川省药品包装材料容器检测中心”“四川省医疗器械检测中心”的牌子。2003年建立“国家医用防护产品实验室”，并于2003年分别通过国家食品药品监督管理局和四川省食品药品监督管理局组织的验收。

2004年，经中共四川省委机构编制委员会办公室（以下简称省编办）批准，增挂“四川省医疗器械检测中心”牌子。同年12月，省编制委批准：省药品检验所更名为四川省食品药品检验所（以下简称省食品药品检验所）。

2005年，省食品药品检验所共设12个科室，即业务科、监督科、质控办、办公室、财务科、中药室、化学室、抗生素室、生物制品室、仪器室、药包材室、医疗器械室，共有职工104人，其中中高级职称32人（正高职称9人）、中级职称27人。该所拥有由国家药典委员会委员、国家药品审评委员会委员、实验室国家认可评审员、国家计量认证评审员、国家医疗器械检测资格评审员、四川省药品审评（GMP①、GSP②）认证委员、客座教授、硕士导师等20多人构成的专家团队。

（二）质量体系建设

1988年，按《中华人民共和国计量法》规定，省药品检验所率先在全省药检系统通过四川省质

① GMP，即“生产质量管理规范”或“良好作业规范”“优良制造标准”。GMP是一套适用于制药、食品等行业的强制性标准，要求企业从原料、人员、设施设备、生产过程、包装运输、质量控制等方面按国家有关法规达到卫生质量要求，形成一套可操作的作业规范帮助企业改善企业卫生环境，及时发现生产过程中存在的问题，加以改善。

② GSP，即药品经营质量管理规范。《药品经营质量管理规范》于2000年4月30日以国家药品监督管理局局令第20号公布。

量技术监督局计量认证，通过的检测项目为药品检测领域，并在后期进行复查换证。

2003 年，按 ISO/IEC 17025 要求建立与国际标准接轨的管理体系。同年 11 月，通过计量认证，检测项目扩大到药品、药包材、医疗器械（无源部分）和洁净度领域。2004 年，该所获省科委 SPF① 级动物房合格证书。2005 年 4 月，省食品药品检验所通过中国实验室国家认可委员会（CNACL）正式认可并获得证书。同年 10 月，该所通过省质量技术监督局保健食品检验 114 项认证。

2005 年，根据国家食品药品监督管理局启动的中药提高标准行动计划的统一安排，省食品药品检验所承担了 84 个品种的起草验证，98 个品种的复核。该所重点梳理全省中药标准中存在的各种问题，在首批启动的品种中承担并完成 4 个中药品种的复核工作。

截至 2005 年底，省食品药品检验所共有 126 台（件）检验设备，拥有与专业相适应的药材和植物标本近 2 万种，国内外图书资料 1 万余册，订阅中外文专业期刊 50 余种。2004—2006 年，该所派员参加药品、保健食品、医疗器械、药品包装材料、药检仪器等相关标准、新技术、新方法的学习和技能培训共计 454 人次。

（三）交流合作

20 世纪 90 年代初，在中药检测方面与台湾、香港建立区域合作关系。1997 年，与美国 Waters 公司联合组建 HPLC② 联合示范实验室，开展国际交流。2001 年，与雅安三九药业合建中药指纹图谱联合实验室。省食品药品检验所面向全省举办专业学习班百余期，并在各级刊物和各级学术会上发表、交流论文数百篇。由该所人员编写、四川省科技出版社正式出版发行的中药专著 4 部。

二、四川省食品药品学校

（一）沿　革

1958 年 9 月，峨眉县商业局药材中学成立，属初级职业中学性质，隶属峨眉县商业局，借用民房办学，首次招收学生 56 名。同年 11 月，学校迁至峨眉山中峰寺。1959 年 4 月，更名为峨眉县中药学校。同年 10 月，经四川省人民委员会批准更名为四川省峨眉中药学校。学校改为中等专业学校，隶属四川省商业厅医药贸易局，系全国最早的中药中等专业学校。1962 年 9 月，学校由峨眉山中峰寺迁入山下峨眉县峨山镇原四川冶金学院校舍，至 2005 年未变。

1975 年，学校改隶四川省供销合作社。同年 6 月，四川省峨眉中药学校更名为四川省中药学校。1979 年 1 月，改隶四川省医药管理局。1989 年 2 月，四川省中药学校取得举办中专函授教育资格，同年 9 月，招收第一批函授学员。

1990 年 9 月，四川省中药学校更名为四川省医药学校。1991 年，学校挂靠四川省技工学校，招收首批医药技校学生。1994 年 3 月 28 日，重新恢复增挂“四川省中药学校”牌子。

1995 年，学校增挂“四川省医药技工学校”牌子。同年，学校成立“四川省医药行业工人技术等级培训中心”。同年，学校成为四川省执业药师培训中心四川省医药学校培训点。

1999 年，在原四川省医药管理局基础上组建四川省药品监督管理局，学校隶属关系随之变更为四川省药品监督管理局。2000 年 9 月，学校首次开办普通大专和五年制高职大专，步入高等职业教育行列。2002 年 8 月，四川省医药学校与成都中医药大学合作组建成都中医药大学峨眉学院（非直

① SPF，即无特殊病原体。
② HPLC，即高效液相色谱。

属二级学院），实行一套机构、两块牌子，举办全日制普通本专科教育。2004 年 8 月，在四川省医药学校成立四川省食品药品监督管理系统培训中心。

2005 年 12 月，四川省医药学校更名为四川省食品药品学校。

（二）教学科研

自 1958 年 9 月峨眉县商业局药材中学成立至 2005 年，学校在几经变迁的过程中不断发展。建校以来，学院始终坚持“产、学、研”一体的办学理念，依靠在中药栽培、生药鉴定、药用植物、中药制药、医药营销等学科的优势资源和办学条件，开设有以中药学（中草药栽培与鉴定方向）、植物保护（药用植物方向）、中药资源开发与利用为龙头的综合性专业 10 余个，专业设置涵盖药品的种植、生产、经营管理、质量检验、销售等领域，集“高等教育、职业教育、培训”为一身，具有鲜明的中医药特色和立体办学特色。学校坚持以中药规范化种植研究为龙头，推行“科研强院”战略，在中药 GAP 研究、中药材品种质量研究、中医药教育等领域取得良好成果，是科技部“十五”科技攻关课题验收组成员和四川省中药现代化科技产业基地专家单位。学校先后承担了科技部“九五”“十五”“863”及省市级重大研究课题 20 多项，在全省 10 个县、市建立了中药材规范化种植示范基地，编纂有《四川中药志》、各类国家统编教材、全国医药行业职业技能标准等各类专著、图书、指导性计划 100 多部（份），获得各类成果奖和省部级以上表彰奖励 113 项。学校先后接待了美国、日本、英国、加拿大等 30 余个国家和地区的 2000 多名外宾，及中国香港、澳门、台湾专家学者到访、参观、考察，并进行学术交流。

学校致力于中医药职业资格培训和中医药行业专业人才培训。1986—2006 年，学校培养 20406 名中医药行业专业技术人才。1980 年 11 月，四川省中药学校被教育部评为“全国重点中专”。同年 3 月，学校被四川省教育委员会评为“四川省职业技术教育先进单位”。1995 年，四川省医药学校被四川省人民政府评为“省部级重点中专”；1997 年，被评为“全国医药教育先进集体”。1998 年 4 月 24 日，学校被国家中医药管理局认定为“局级重点中等中医药学校”。1999 年 1 月，该校被列为“国家中药现代化科技产业（四川）基地首席种植专家单位”。2000 年、2004 年，四川省医药学校两次被教育部评为“国家级重点中专”。

三、四川省医药设计院

1983 年 7 月，经省编制委批准成立四川省医药总公司设计室。1985 年 3 月 2 日，四川省人民政府撤销四川省医药总公司，恢复四川省医药管理局，该原四川省医药总公司设计室变更为四川省医药管理局设计室。

1985 年 6 月 27 日，设计室在四川省工商行政管理局核准登记注册，领取企业法人营业执照（注册号 20180462－X），注册资金 54.5 万元人民币。1988 年 3 月，经四川省建设委员会批准为乙级医药工程、建筑工程设计单位。是年 9 月，经省编制委批准，设计室更名、扩建为四川省医药设计院。

1988 年 10 月 13 日，四川省医药设计院正式成立，为四川省医药管理局直属事业单位。该院主要承接四川省医药工业系统内医药企业、事业的基建、技改、更新改造等工业厂房的工艺、建筑、结构、给排水、电气、暖通、净化，以及民用房屋的设计业务和工程建设。经济性质为全民所有制，经费实行自收自支、自负盈亏。法定代表人和院领导由四川省医药管理局任命。劳动用工制度为固定工制度和劳动合同制。

1995年，根据四川省人民政府颁布的《四川省事业单位登记管理办法》（第57号令）规定，经省编办核准，该院办理事业单位法人登记、领证手续，实行企业化管理，为四川省医药管理局直属的全民所有制事业单位。

1997年，四川省医药设计院改为四川省医药工程公司，为西南首家医药专业工程公司。注册资金700万元，职工400余人。2002年3月13日，换发企业法人营业执照（注册号：5100001800462），注册资金变更为100.5万元人民币。该院内设办公室、生产经营室、总工办、设计二室（工艺室）、设计三室（土建室）、设计四室（公用设备室），编制60人。该院经营范围包括：医药工程设计、建筑工程设计，建筑工程项目管理，中小型工业与民用工程设计，工程咨询。

截至2005年，该院拥有的资质包括：化工石化医药行业（药物制剂、中成药）主导工艺甲级、化工石化医药行业（有机化工、生化生物、药物制剂、中成药、医疗器械）乙级、建筑工程乙级、轻纺行业（食品烟草、日用化工）乙级设计资质；一、二类压力容器设计资质；环境污染防治工程工艺设计资质；工程咨询乙级资质。

四、四川养麝研究所

四川养麝研究所成立于1983年，是经科技部和四川省人民政府批准建立的全国唯一专业从事人工养麝科学研究的公益型事业单位，隶属省医药管理局。1999年，该所被国家药品监督管理局、国家中医药管理局列为药用动物养殖和实验动物养殖基地及中国林麝繁殖育种科研基地；2001年，被列为“国家中药现代化科技产业（四川）基地”麝、熊规范化养殖科技示范区。

第二节 直属企业

一、四川医药有限公司

1952年9月，川东、川南、川西、川北4个行政公署合并，四川医药商业机构随之调整。1953年4月1日，以川西医药分公司为基础，成立中国医药公司四川省公司（以下简称省医药公司），系企业行政管理机构，受中国医药公司和四川省商业厅双重领导。1958年7月进行机构调整，省医药公司与省中药材公司合并成立四川省医药贸易局。

1962年，贯彻“调整、巩固、充实、提高”的方针，省商业厅、省供销合作社分设。同年7月，省医药公司单独设立，负责中、西药品的经营管理。1969年2月11日，中国医药公司四川省公司革命委员会成立。1979年7月，省医药共公司划归省医药管理局领导。

1985年，省医药公司由行政性公司转轨为自主经营、独立核算、自负盈亏的经营性公司。该司内设2个室、10个科、1个部，即政治办公室、行政办公室、储运科、商办工业科、药品科、医疗器械科、化学试剂玻璃科、计划统计科、物价科、财会科、科研质检教育科、总务科及经营部，编制147人。

2001年，省医药公司通过国家GSP认证，是全国首批、四川首家通过国家GSP认证的大型医药商业企业。公司经营以医院纯销为主，市场占有主要以成都地区的医疗单位为主，逐步拓展省内市（州）医院销售渠道。同时，还开展一些商业调拨和零售药店的配送经营业务，并初步形成以省、成都市级医疗单位和零售连锁供应为中心，辐射全省市、县级医院的配送服务网络。公司是中央、省级医药储备和四川省急救、抢救药品、特麻药品等的存储单位，是四川省国资委控股的省内38家重点企业之一，其中国有股占45%、职工股占55%；还是四川省商务厅确定的全省30户现代流通重点联系企业。

2004年，按国家对国企改制的要求和省委、省政府有关文件精神，省医药公司完成企业改制工作，并经上级有关部门批准，正式注册为“四川省医药有限公司”。改制完成后，公司销售与效益同步高速、健康发展，成为省内大型医药流通企业。公司销售额每年以20%以上的速度递增，2004年，公司（含税）销售额近6亿元。

截至2005年，公司拥有总资产3.2亿元，并拥有8000多平方米的经营场所、15000多平方米的物流配送仓库以及与经营相适应的较完备的设施条件和微机管理系统。公司在岗员工197人，其中有各类专业技术人员91人，占员工总数的46.19%。公司下属2个控股子公司和3个分公司，主要开展化学原料药、化学药制剂、抗生素、生化药品、生物制品、诊断药以及中成药、保健食品、医疗器械和麻精药品的总代理、总经销等批发业务以及药品的零售业务，经营品规6000余个。

二、四川省医药工业公司

1973年8月31日，四川省化学工业局根据四川省革命委员会指示，为加强全省医药、橡胶工业的统一领导管理，解决两个行业在发展中的具体矛盾和困难，将已下放给重庆市的医药、橡胶两个工业分公司收归省化工局领导。1976年6月15日，四川省革命委员会批准成立四川省医药、橡胶工业公司，编制20人，属企业性质，由四川省化学工业局领导。

1979年7月，为加强医药行业管理，经四川省人民政府批准，将四川省医药、橡胶工业公司的中医药部分划出后，成立四川省医药工业公司（以下简称省医药工业公司），归省医药管理局领导，并将长征、乐山、内江、万县4个制药厂划归省医药工业公司直接领导。省医药工业公司编制为80人。

省医药工业公司成立后，机构设置相应变动。到1985年，内设1个室7个科，即办公室、政工科、计划科、技术质量科、财务科、设备动力科、供销科、科研情报科。其职责范围是：负责全省医药工业行业管理，即计划、质量、科研生产技术、物资、设备、安全、能源、环境保护、物价成本、职工教育、情报信息等，并致力于为全省医药工业生产企业的产前产后、科研新产品、技术引进、工程设计、技术经济信息等方面的服务。

至2005年，公司下设医药进出口部、药品经营部、新特药部、五块石批发总部、供销部、康乐服务公司、原料药分公司和1个药研所，并负责组织四川省制药工业协会。公司主要经营：化学原料药、西药制剂、中成药、中药制剂、保健药品、医疗器械等；拥有精神类原料药和易制毒化工原料的特殊经销权。

三、四川省中药材有限责任公司

1955年1月1日，四川省中药材公司（以下简称中药材公司）成立，隶属省商业厅领导。同年6月，根据中药材品种多、产地广等特点，省政府决定将省商业厅所属药材公司经营的中药材业务移交省供销合作社领导，并更名为“四川省供销合作社中药材经营管理处”。1958年5月，通过体制改革，中西药品两个专业公司合并成立四川省医药贸易局。1962 年，贯彻“调整、巩固、充实、提高”方针，进行机构调整，国营、合作社分家，恢复专业公司，由四川省医药公司负责中、西药品的经营管理。1975 年，根据中、西药品各自不同特点，省政府决定成立中、西药品两个专业公司，中药材公司成为省供销合作社的一个直属机构。1979 年 7 月，中药材公司划归省医药管理局领导。从建立初期至 1994 年，公司为行政性公司，负责全省中药、工商企业管理工作，1994 年转轨后只负责部分行业管理工作，1995 年起转型为纯企业。2002 年，公司通过 GSP 认证，2004 年完成企业改革，组建四川省中药材有限责任公司。

中药材公司建立初期，内设 7 个科，即计划科、财会科、物价科、业务科、组织技术科、秘书科、人事科；实有人员 80 人。至 1985 年，公司内设 3 个部 3 个室 6 个科，即经营部、行业管理部、服务部，政治办公室、行政办公室、调研室，计划业务科、生产科、科技科、工业科、财会物价科、储运科；实有人员 124 人。其职能范围主要是：负责编拟全省中药材收购、销售、调拨和进出口商品计划及生产计划；负责执行总公司制定的各项计划，督促与指导所属机构开展中药材的收购、销售、调拨、进出口业务；贯彻执行国家批准的中药材生产、收购计划，并配合其他部门发展省内的生产；认真执行价格政策和制度，拟定调整省管主要品种的收购、批发、销售价格及内部调拨价格；督促、指导所属机构改善经营管理，提高经济效益；根据国家管理中药的方针、政策，拟定公司系统的贯彻意见和提高生产经营的措施等。

2004 年，公司改制为股份制企业后，有职工 56 人。其中，高级技术人员 3 人，中级 17 人，初级 14 人；执业（从业）药师 14 人。公司有办公用房 3000 平方米，药品仓库 9000 平方米。企业总资产 7600 万元，注册资本 1200 万元。其中，国有资产 551 万元，占 45.92%；职工股权 649 万元，占 54.80%。公司以药品批发为主，经营范围包括中药材、中药饮片、中成药、化学药制剂、抗生素、生化药品、血液制品、食品、保健食品、自营和代理各类商品和技术的进出口等。2005 年，公司实现销售收 17139 万元，比 2004 年的 10138 万元增长 69%；实现利润 110 万元，较 2004 年的 21 万元增长 423.8%。

四、四川省医疗器械有限公司

1972 年 7 月 22 日，四川省医疗器械工业公司成立，属国有独资的行政性公司，编制 20 人，隶属省卫生局领导，主要负责全省医疗器械工业企业计划物资的分配、调拨及医院装备的供应等行政性工作。1979 年 7 月，省医药管理局成立，公司改隶省医药管理局领导。公司内设 6 个科 1 个室，即政工科、财务科、技术科、质量科、综合计划科、物资科、办公室；负责全省医疗器械工业的计划、物资、标准、质量、价格等方面的管理工作；其业务范围是统一管理全省的医疗器械生产、技术、质量以及原材料供应工作。

1982 年，重庆市医疗器械工业公司建立后，1983 年，根据中央文件精神和《关于重庆医药管理体制改革的座谈纪要》精神，中央决定从 1984 年 1 月 1 日起，取消四川省医疗器械工业公司对长江工艺厂、重庆体温计厂、重庆医疗器械修配厂、重庆医疗器械厂、重庆六二六医疗器械厂等医疗器械企业的技术、质量、标准、原燃材料等的直接管理，改由重庆市医疗器械工业公司管理。省医疗器械工业公司主要对成都地区的成都医疗器械厂、成都医疗设备厂、成都锦江医疗器械厂等 14 个企业进行直接管理。

1992 年起，四川省医疗器械工业公司实施体制改革方案，实行政企分开，通过自主经营维持生存，并更名为四川省医药器械总公司（以下简称省医药器械总公司）。当年，省医疗器械总公司注册资金为 179 万元，年销售额仅百万元。1995 年注册资本达 665 万元。2000 年，省医疗器械总公司年销售额增至 1200 万元，利税总额 24 万元。

2001 年，省医疗器械总公司出资组建四川省医药器械有限公司（以下简称省医药器械有限公司），其药品经营业务转入省医药器械有限公司，省医疗器械总公司仅限医疗器械经营。2003 年传染性非典型肺炎疫情期间，省医疗器械总公司储备调拨大量移支式 X 线机、呼吸机、门式及手持式测温仪、体温计、口罩及防护服等医疗器械供抗击疫情应急使用。2004 年 2 月，省医疗器械总公司实施改制后，经营工作停止。2005 年底，省医药器械有限公司销售额 9818 万元，利税总额 160 多万元。

五、四川省医药物资有限公司

1989 年，四川省医药物资储运公司成立。1994 年，四川省医药物资储运公司更名为四川省医药物资总公司，是全国知名和四川主要的通过国家《医药商品质量管理规范》（GSP）认证的医药商业企业，为中国企业家协会的联系单位。公司经营范围含中西药品制剂、中药材、生物制品、第二类精神药品、化学药原料及化工原料、制药机械、医疗器械等。2004 年 3 月，公司完成改制，更名四川省医药物资有限公司。2005 年 12 月 22 日，公司国有资产退出。

公司自 1989 年成立以来，与全国主要的制药、药机、器械、原料药生产等厂家和全国部分省（自治区、直辖市）及四川主要的医院用药单位保持合作关系。公司除总公司直接从事经营活动以外，另设四川省医疗药物资有限公司药品分公司和新药分公司从事经营活动。

第三章 协会与学会

第一节 四川省食品工业协会

四川省食品工业协会（以下简称省食品工业协会）于1983年成立，是四川省人民政府直属事业单位，受省政府委托，负责制定食品方面的行业规划、产业政策、技术标准等。1983—2002年，省食品工业协会会长均由省政府副省长兼任。2002年，《四川省食品工业协会机构编制方案》经省政府批准，省食品工业协会机构性质及相关职能被明确为：四川省食品工业协会是省政府联系食品行业会员，为会员提供服务，维护其合法权益，并受省政府委托对全省食品工业进行行业指导的省政府直属事业单位，履行省政府赋予的行业规划、管理、指导、服务等8项职能。该协会内设1个室4个处，即办公室、行业指导处、质量工作处、市场工作处、科技信息咨询处和机关党委。协会编制人员28名。

省食品工业协会主要工作职责包括：参与拟定有关食品工业的地方性法规、规章，对全省食品工业的发展状况进行调研，并提出建议意见；参与编制全省食品工业的中长期发展规划和年度计划；参与对行业内重大的技术改造、技术引进、投资与开发项目进行前期论证、审核申报工作，并协助实施；参与制定食品强县和农业产业化经营食品龙头企业标准；负责组织实施和考核工作，协助落实相关扶持政策；开展协调服务工作；参与食品工业产品质量管理、监督工作，承办行业检查评比和省名牌、名特食品的初审推荐工作；参与制定、修订食品工业产品的国家标准和行业标准，承办食品工业标准化技术委员会的工作；参与食品行业质量、标准管理人员的培训、资质确认，指导和帮助食品工业企业推行全面质量管理和质量体系、环境质量管理合格认证；制定并监督执行食品行业行规行约，规范行业行为，协调会员关系，维护其合法权益，维护公平竞争，维护市场秩序；参与食品行业生产、经营许可的有关工作；参与食品企业无形资产评估工作，参与食品类驰名商标和食品产品原产地初审工作，参与食品产品市场建设；收集、分析食品工业发展情况，发布市场动态信息，参与食品行业宣传工作；开展咨询、策划等中介服务活动；组织人才、技术、职业培训；开展国内外经济技术交流、合作、推广；参与组织食品产品展示展销等活动；协调和指导省级食品专业协会（专业委员会）和市（州）食品工业行业组织的工作；承办省政府交办的其他事项。

第二节 四川省药学会

1979年4月，中国药学会四川分会（以下简称四川分会）在成都成立。同年6月，四川分会在成都召开第一届理事会，通过协会章程，选举理事 56 人组成理事会，有常务理事 17 人。该会设有中药及天然药物、药剂学、药物化学、药物分析、药理、抗生素等 6 个专业委员会，并出版《华西药学杂志》。1984 年 6 月召开第二届会员代表大会，选举理事 65 人组成理事会，常务理事 19 人，共有会员 1522 人。1991 年，中国药学会四川分会更名为四川省药学会。

2004 年 1 月 19 日，四川省卫生厅发文，同意将四川省药学会业务主管单位变更为四川省药品监督管理局。

截至 2005 年，四川省药学会有省级学会会员 3080 人，有专职工作人员 1 人。秘书处设在四川大学《华西药学杂志》编辑部。四川省药学会有组织和财务、学术、继续教育和科普、常务理事 4 个工作委员会，药剂、药事管理、药物分析、中药和天然药物、药物化学、药理学、抗生素、临床药学、药物经济学 9 个专业委员会。

四川省药学会是由全省药学科学技术工作者自愿组成并依法登记成立的学术性、公益性、非营利性的法人社会团体；是四川省科协的组成部分；业务上接受中国药学会、四川省科协指导。省药学会发挥政府与企业之间的桥梁和纽带作用，反映企业要求，传达政府意图，是四川省发展医药科技事业的重要社会力量。四川省药学会的宗旨和任务是：坚持党的基本路线，团结和组织广大药学科技工作者，实施科教兴国和可持续发展战略，促进药学科学技术的繁荣与发展、普及与提高；促进药学人才的成长；促进药学科学技术与经济的结合；开展药学科学技术的国内、外学术交流及对会员和药学科技工作者进行继续教育和培训以及药师资格认定工作；促进药学科学技术的发展和提高；编辑、出版、发行药学学术期刊、书籍；发展同世界各国及各省药学相关团体、药学科学技术工作者的友好交往与合作；普及推广药学及相关学科的科学技术知识；反映药学科学技术工作者的意见和要求；接受政府委托，承办与药学发展有关及药品管理等有关事项的咨询服务；组织药学科学技术工作者参与有关的科学论证和科学技术与经济咨询；举荐、表彰药学优秀人才；举办为会员服务的活动，依法开展符合本会章程的其他工作。

第二篇　药品生产流通与监督管理

四川地域辽阔，物产丰富，自古盛产药材。经多年种植和开发，四川所产药材品种不断增加，各类药材在群众医疗和保健中发挥了重要的作用。

中华人民共和国成立前，四川群众就有药材采集种植、加工和生产运用的技能。中华人民共和国成立后，党和政府不断重视药品、医疗器械等的生产和发展。改革开放之后，全省医药工业发展加速，中药、化学药品及生物制品生产在种类、规模、效益等方面均不断增强。随着相关专业机构的建立和相关法律法规的制定与完善，药品及医疗器械的注册与标准、流通及监督管理日趋规范，相关产品质量不断提升。全省先后成立数十家医药科研企业和药研机构，科研成果突出，众多科研成果分别获得国家级、部委级和省级奖项。

第一章 药品生产

第一节 医药工业发展概况

药品生产在晚清时期以中药生产为主，一般为膏、丹、丸、散和中药切片等，随着西方制药工业的进入，四川开始开办制药企业。民国15年（1926年），开办的华洋药房为最早的四川制药工业，其产品曾行销川西各地。其次为药友制药厂，以生产制剂为主。中央制药厂以生产无机原料药品及乳酸钙、葡萄糖等产品为主，生产中训练出若干技术人员，分散在新生、四川、蓓蕾、华西、益成等药厂，对川西制药工业的发展起了带动作用。

抗日战争时期，国民政府迁都重庆，上海、天津等地的药厂纷纷内迁入川。省内一些有识之士集资兴办药厂，四川制药工业有所发展。这一时期，全川共有大小药厂50余家，主要分布在成、渝两地。其中，成都16家，重庆19家。成都有北晨、四川、信生、新生、真光、蓓蕾、益成化工社、华洋等药厂。重庆除国民党中央制药厂为官办厂外，其余都是私营小药厂（药房）。乐山建有川康药厂。其中，中央制药厂、药友制药厂、大亚制药厂和协和化学制药厂4家设备较好。其余有大兴、国新、光华、胜利、亚西、兴华、新民、余庆堂、公生、幸福药业社、万成、中法、协和、华洋、民生、民康、大华等小药厂。这些药厂生产的医药产品品种少，产量低，所生产的化学药品有针剂、片剂、酊水剂等品种及58种原料药。

抗日战争结束后，四川制药工业发展艰难。到1949年，全川只剩下35家药厂。

中华人民共和国成立后，四川制药工业得到新生和发展。1949年全省医药工业总产值24万元（按1970年不变价折算），职工总人数466人。1951年1月1日，重庆私营大新化学制药厂与川东人民行政公署卫生厅实行公私合营。这是全国第一家实行公私合营的药厂，改名川东大新制药厂。同年4月，川西卫生厅将私营北辰、信生等药厂公私合营组建川西制药厂，不久改为地方国营，并成立实验室（为成都制药一厂）。

20世纪50年代初，全省中成药只有作坊式手工生产，不能满足需求。同一时期，全省仅有少数个体劳动者生产少量专科医疗器械。1950年，全省家种药材3万亩，全省化学药品生产有10余家小厂，只能生产少量制剂，年产值仅20万元左右。1951年，四川制药工业资产原值74万元，利税总额10万元。1957年，四川药材种植面积达13万亩。同年7月31日，化工部根据《医药工业第二个五年计划草案》，在成都建设四川抗生素厂，设计投资额1781万元，干部、工人到华北制药厂和辽宁药机厂进行技术培训。1958年，国家投资兴建四川制药厂，各地也兴办了一批药厂。

1961 年，经中央批准试办中国医药工业公司，加强对企业集中统一管理，调整产品结构、技术改造和质量管理。1966 年 10 月 23 日，四川长征制药厂开始筹建，国家投资 2500 万元。直至 1978 年 12 月，四川长征制药厂在四川省乐山全部建成投产，实际投资 3883 万元。20 世纪 60 年代，四川开办医疗器械生产厂。

1973 年，四川将中成药工业纳入计划，对部分药厂逐年投资进行技术、设备改造，引进较先进的设备和检测手段，充实技术力量，开展科研和新产品试制。生产的品种剂型增加，产品质量提高。1978 年，药材种植面积发展到 43 万亩，收购金额达 1.169 亿元，比 1957 年增长 4 倍。

1978 年，实行改革开放，四川制药工业进入全面发展时期。1979 年 7 月，四川省医药管理局成立，四川省医药、工商两业形成工商一体、统一管理的行业。省医药管理局成立后，积极进行行业技术改造，同时引进国外资金产值达 6.89 亿元，在全国居第 6 位；化学医药 12 大类原料药产量已达 3900 吨，居全国第 5 位；可生产原料药 150 种，制剂 750 种，成为全国西药业的重要基地。

据 1983 年统计，在四川医药工业系统内的 22 个药厂中，大型企业有 3 个，中型企业有 7 个，小型企业有 12 个。医药工业总产值达 5.16 亿元（按 1980 年不变价计），占全国医药工业总产值 6.99%，居全国第 3 位；职工人数 2.2 万人，占全国医药工业职工总人数 6.65%，居全国第 4 位；资金 2.76 亿元，占全国医药工业资金总额 7.84%，居全国第 2 位；利税总额 1.23 亿元，占全国医药工业利税总额 6.69%，居全国第 4 位；十二大类原料药产量 3351 吨，占全国十二大类原料药总量 7.03%，居全国第 5 位。

1949—1985 年，国家在四川进行的三线建设项目（如四川抗菌素工业研究所、西南合成制药厂、四川长征制药厂）以及对重点骨干企业的技术改造（如四川制药厂、西南制药三厂、重庆制药五厂、成都制药一厂等），改变了四川制药工业面貌。1985 年前，四川制药工业，大体分为医药工业系统、医药公司系统、部队系统和其他系统（或称系统外）。医药工业系统 22 个药厂，包括：四川制药厂、成都制药一厂、成都制药二厂、成都制药三厂、成都制药四厂、成都制药五厂、西南制药一厂、西南制药二厂、西南制药三厂、西南合成制药厂、重庆制药五厂、重庆制药六厂、重庆制药机械厂、四川长征制药厂、四川内江制药厂、四川乐山制药厂、四川长江制药厂、四川渡口制药厂、四川内江酵母厂。2 个研究所，即四川抗菌素工业研究所、重庆医药工业研究所。2 个学校，即重庆医药技工学校、四川医药职工大学。四川医药工业系统工业总产值占全省制药工业总产值的 90% 左右，是四川制药工业的骨干力量。医药公司系统有 12 个商办药厂，即重庆制药厂、四川邛崃制药厂、四川广汉制药厂、四川犍为制药厂、四川简阳制药厂、四川南充制药厂、四川巴中制药厂、四川大竹制药厂、四川丰都制药厂、四川绵竹制药厂、四川射洪制药厂、四川宜宾制药厂。医药公司系统的商办药厂主要生产针剂、片剂、大输液、酊水糖浆等制剂药品、是四川制药工业的辅助力量。部队系统 3 个药厂。其他系统 9 个药厂，包括四川医学院制药厂（现华西医科大学制药厂）、成都市化学制药厂、成都东风制药厂等。此外，还有如化工、粮食、商业、林业、卫生和教育部门等所属单位，经过批准兼产化学药品、生化制品，这些药厂和兼产点对全川制药工业的发展和保障群众健康也起到一定作用。

1985 年，全省 82 个生产厂、点工业总产值为 6.9 亿元，比 1957 年增长 50 倍，比 1949 年增长 1900 倍以上，比 1980 年增长 88%，年平均增长为 10.15%。其中，属医药工业系统的产值为 6.29 亿元，占全省医药工业总产值 90%，较 1980 年增长 89.2%。在全国各省（自治区、直辖市）医药生产中占第6位。十二大类原料产量完成3.9万吨，为省内生产最高水平，较1980年增长52%，居全国第5位，部分产品已进入国际市场。十二大类原料药96种，类外原料药71种；针剂150种，抗生素粉针14种，冻干粉针9种；片剂270种，胶囊剂55种，栓剂8种，眼膏、软膏类260种，酊水糖浆剂65种，其他约100种。四川在抗生素、磺胺药、地方病药等生产种类方面都具有较大优势。据统计，1985年四川制药工业生产的制剂已有注射剂（包括水针、粉针、冻干粉针、大输液）、片剂、胶丸、胶囊、滴丸、膜剂、冲剂、气雾剂、散剂、栓剂、滴眼剂、眼膏剂、软膏剂以及酊水糖浆等20多种剂型及各种卫生材料。四川制药企业注重新产品的开发和研制。除中央在四川办的四川抗菌素工业研究所外，省内在重庆办有重庆医药工业研究所，各药厂还办有研究所、中心实验室，组织科研工程技术人员进行新产品的试制研究工作，使企业产品更新换代。全省各制药企业在不断提高产量的同时，通过加强管理，科技攻关，提高产品质量。在长期实践中，各药厂执行“四消灭”① “一保证”② 的质量要求。特别是药厂推行全面质量管理，并参照国外管理经验，试行《药品生产管理规范》以后，全省药品质量显著提高。至1985年底，全省药品荣获国家金质奖1个，银质奖5个，国家优质奖6个，另有12个产品获国家医药管理局优质产品奖，36个获省优质产品奖，7个获重庆市优质产品奖。产品除销售全国各地外。还有部分药品进入国际市场，远销英国、美国、法国、波兰、日本、苏联及东南亚地区，出口额由1972年的15万元，增加到1985年9839万元。

1979—1988年，四川省医药工业以年均递增15%的速度持续、稳定发展。1989年，医药工业实现全省无亏损。

截至1990年，全省医药工业固定资产原值8.14亿元，较1985年增长60%。全省医药工业总产值（按1980年不变价计算）为14.92亿元，较1979年增长3倍，较1985年增长82%，比1989年增长10.28%。1986—1990年，四川医药工业平均年增长12.72%。医药工业产值由1985年占四川省工业总产值的1.81%上升到1990年的2.14%。

1991年，四川省医药工业固定资产原值增加到11.01亿元，比1990年增长了35%；全省医药行业工业总产值为27.63亿元（按1990年不变价计），其中化学药品20.79亿元、医疗器械0.69亿元、卫生材料0.32亿元、制药机械0.22亿元。中成药5.20亿元、中药饮片0.025亿元、药用包装0.37亿元。同年，全省有医药行业职工9.4万人，其中全民所有制单位职工8.1万人、集体所有制单位职工1.3万人；医药工业职工5.2万人，其中工程技术人员0.4万人，占全部医药工业职工7.7%。

1992年，根据中央关于搞活大中型企业20条和《全民所有制工业企业转换经营机制条例》精神，企业开始转换经营机制，试行股份制、组建企业集团开始起步，全省各级医药管理局开始转变政府职能。一是下放权力给企业；二是由直接管理向间接管理转变，由微观管理向宏观管理转变；三是加强政策、法规、监督、协调、信息等方面为企业服务。医药工业开始活跃，全年总产值达32.7亿元，比1991年增长8%，工业销售总值达30.8亿元，较1991年增长8.5%，产销率达93.6%。

1993年，医药工业总产值比1979年增长了8.2倍，年递增17.31%。从事医药行业职工人数达10万人，劳动生产率达5万元/年。1979—1993年，四川省医药行业累计实现利税33亿元，上缴财政17.3亿元。

---

① “四消灭”，即消灭混药、差错、异物、成批退货。
② “一保证”，即保证不合格产品不出厂。

1996年是“九五”计划的第一年，全省医药工业总产值（按1990年不变价格）实现70.86亿元，比1995年增长23%，比1979年净增长7倍，居全国第8位；实现利税7.77亿元，比1995年增长24.7%。全省医药工业销售过亿元的企业共9户①，即：中科院成都地奥制药公司②（4.58亿元）、四川省制药股份有限公司③（3.07亿元）、成都恩威制药有限公司④（1.56亿元）、成都生物制品研究所制药厂⑤（1.69亿元）、成都蜀阳制药厂⑥（1.44亿元）、四川长征制药股份有限公司⑦（1.95亿元）、四川蜀乐医药股份有限公司⑧（1.15亿元）、成都制药二厂（1.01亿元）、中科院成都地奥制药公司广汉分厂（1.12亿元）。9户企业销售收入合计17.58亿元，占全省33%（占新四川的50%）。国有医药商业仍处于亏损局面。

1997年，四川省重点抓好列入国家一、二期“双加”工程，“8+5”工程，“2233”工程，“小巨人”计划等重点企业的技改项目；扶持列入国家医药管理总局50强的企业和省医药管理局15强企业走向规范化、集约化、科工贸结合的发展道路。

1998年，全省医药工业总产值达76.6亿元，实行利税12.9亿元，利润7.5亿元（列全国第3位），工业增加值28.36亿元（列全国第4位）。

1998年之后，四川省医药产业快速发展，其中成都地奥制药公司、成都康弘制药有限公司、雅安三九药业有限公司等一批新兴骨干企业发展较快，省政府和一些市（地、州）政府将医药产业列入支柱产业，并取得明显成效。四川省医药产业坚持以中药为重点，化学合成药、基因工程药和生物医学材料等协调发展的总体发展方针，大力发展中成药工业并带动中药材种植加工及以原料的相关产品开发，重点抓好“四大基地”⑨ 和“一个中心”⑩ 的建设，医药产业在改革中快速发展。

2000年，四川医药产业经过自1990年以来10年的快速增长，全省医药工业总产值由1990年的8.46亿元增长到2000年的84.6亿元，年平均增25.83%，成为四川省工业增长最快的行业，同时成为有比较优势和广阔市场前景的战略性产业。2000年后，四川省医药工业主要集中在成都、乐山、德阳、资阳等重点地区。

2001年，四川省医药工业企业实现工业总产值（按1990年不变价）102.37亿元，同比增长2.37%；完成工业增加值的5.05%，增速比全省工业高出4.4%，工业增加值总量在全国排第5位，比2000年上升两位。全省医药工业实现利税16.3亿元，同比增长17.27%，占全省工业实现利税的5.62%，增速比全省工业高出8.81个百分点；实现利润9.1亿元，同比增长23.99%，占全省工业的9.63%，增速比全省高出5.84%。实现利税及利润分别比2000年大幅提高8.13%和22.57%。在行业中，化学药品工业增速高于中药工业，同比增长41.26%，高于医药行业平均水平。中药工业完成增加值22.79亿元，同比增长13.38%。按增加值计算，增长较快的中药企业有：泸州宝光药业集团有限公司、四川志远广和制药有限公司、成都恩威集团公司、四川迪康集团股份有限公司。医药

① 不含重庆市、涪陵市、万县市和黔江地区。
② 简称地奥公司。
③ 简称川药公司。
④ 简称恩威公司。
⑤ 简称成都生物。
⑥ 简称蜀阳制药。
⑦ 简称长征制药。
⑧ 简称蜀乐医药。
⑨ “四大基地”，即中药现代化科技产业（四川）基地、中药出口产品生产基地、生物医学工程科技产业基地、医药人才培训、教育和科研开发基地。
⑩ “一个中心”，即西部中药材集散中心。

工业经济增长总量和比重仍集中在工业较发达的地区。成都、乐山、德阳、雅安4个地区增加值合计达31.67亿元，同比增长19.84%，比医药行业平均高出2.44个百分点，且增长总量占医药行业80.78%。4个地区实现医药工业销售收入67.8亿元，同比增长10.58%，占全省医药工业的85.71%；实现利税14.72亿元，同比增长16.5%，占全省医药工业的90.25%；实现利润8.45亿元，同比增长22.24%，占全省医药工业的93.13%。特别是成都市，医药工业经济增长总量占全省医药工业近60%，完成工业增加值23.35亿元，同比增长10.61%；完成销售收入48.55亿元，同比增长12.23%；实现利税10.83亿元，同比增长14.56%；实现利润6.81亿元，同比增长17.33%，位居全省医药行业第1位。成都地奥集团等40户重点跟踪企业2001年完成工业增加值25.11亿元，同比增长13.62%，占全省医药工业的64.1%；实现销售收入58.62亿元，同比增长9.37%，占全省医药工业的76.9%；实现利税12.61亿元，同比增长15.41%，占全省医药工业的89.38%；实现利润7.48亿元，同比增长21.6%，占全省医药工业的91.95%。

2002年，全省医药生产经营企业GMP、GSP改造工作座谈会后，四川省医药产业结构调整步伐明显加快。2000—2002年，全省安排技改项目40多项，其中部分列入国家国债项目和“双高一优”项目。2002年，按照省委、省政府关于《加快四川医药化工支柱产业发展的意见》，省药品监督管理局完成《四川医药产业发展战略及对策研究报告》，制定《四川省医药产业2002—2005年发展纲要》。四川将成都华宇制药厂和四川美大康药业有限公司2家企业列入国家重点技改项目，总投资1.73亿元，其中贷款1.25亿元，将获国债贴息1000余万元。全国技术创新项目安排1个（华神集团）800万元，省重点技术创新项目14个，安排203万元（成都12个，巴中2个，绵阳、遂宁各1个）。

同年，面对医药企业GMP、GSP集中改造、医疗保险制度改革、药品生产流通体制改革、药品价格大幅下调及药品集中招标以及资全缺乏等困难，医药企业，特别是重点跟踪企业及时调整产品结构，改革营销体系和营销机制，努力开拓市场，医药行业整体经济运行平稳，生产、销售稳定增长。四川省医药工业生产、销售稳定增长，但增幅下降。全省医药工业完成总产值109亿元，比上年增长6.86%；实现工业增加值43.1亿元（居全国第10位），比上年增长5.12%；完成销售产值91.7亿元，比上年增长15.8亿元；实现销售利润率10.16%，比全省工业高6.52个百分点；实现利税17.02亿元，比上年增长9.68%；实现净利润9.6亿元（居全国第10位），比上年增长9.86%。成都、乐山、德阳、雅安4个重点地区为带动全省医药工业发展起到了较强的支撑作用。全年，上述重点地区实现工业增加值37亿元，比上年增长7.48%；实现销售收入77.5亿元，比上年增长14.31%，比全省医药工业高出1.41个百分点；实现利税14.9亿元，同比增长10.83%，比全省医药工业高出1.15个百分点。4个地区全年的增加值、销售收入、买现利税分别占到全省医药工业的85.8%、86.8%和88.2%。全省医药工业企业，特别是中药工业企业新产品开发及产业化能力增强，产品结构调整步伐开始加快。全省医药工业新产品产值12亿元，比2001年增长12.25%。

2003年，由于受防治“非典”等多种因素的拉动，医药产业发展加快，全省医药工业完成总产值126.28亿元，比1999年增加了40多亿元；实现利税19.15亿元，实现利润10.94亿元。全国医药工业500强排名中，按销售收入排名，四川有26户，地奥制药和科伦药业分别列第44位和第72位；按利润总额排序，四川列入22户，地奥制药和科伦药业分列第22位和第134位。四川省医药产品剂型齐全，该年度，药品品种规格达2000多个，销售收入超过500万元的产品有142个。其中，销售收入超过5000万元的产品有34个，超过1亿元的优势品种有10个，即地奥心血康胶囊、人血白蛋白、青霉素工业盐、三勒浆口服液、黄芪注射液、心血康、葡萄糖注射液、维生素 D_2 胶囊、一次性血浆分离器、输液瓶等；具有发展潜力的有胆维他片、参麦注射液、殷泰洗液、一清胶囊、胸腺肽、脂必妥片、糖脉康颗粒等品种。生物导向药物等新药研发取得重大进展。生产企业GMP改造完成后，各医药企业生产能力大幅扩大，但产能利用率较低。据不完全统计，四川省药品生产企业综合产能利用率不到45%，其中化学药粉针剂生产能力为3.27亿支，产量仅1.38亿支，利用率为42.18%；注射液能力5.4亿支，产量为2.33亿支，利用率为43.07%；片剂能力为130.16亿片，产量为59.35亿片，利用率为45.60%；胶囊剂能力为95.67亿粒，产量为35.38亿粒，利用率为37.00%；中成药能力为12.46万吨，产量为6.43万吨，利用率为51.60%；其中，中药胶囊能力为3.37万吨，产量为0.88万吨，利用率仅为26.11%。

2004年，医药工业走出发展缓慢的低谷，从6%左右的增长速度迅速攀升到23.84%，实现增加值62.02亿元，净增14.5亿元，居全国第10位；中成药增长27%，居全国第3位。全省制药工业销售收入5000万元、实现利税500万元以上的企业已近50户。全省医药工业完成工业总产值148.60亿元，比上年同期增长19.17%；工业增加值62.02亿元，比上年同期增长23.83%；实现利税18.75亿元，增长7.06%；工业总产值和工业增加值在全国的位次已由2003年的第10位上升为第9位。医药成为全省工业增长最快的行业，也是具有比较优势和广阔市场前景的战略性产业。全国医药工业500强排名中，四川有26户；前100强中有3户。医药销售收入5000万以上企业有47户，其中上亿元的企业24户。科伦药业和地奥集团销售收入分别为17亿元、13亿元。蓉生药业、雅安三九、康弘、迪康、维奥等企业实现利税均超过1亿元。47户企业销售收入占全省医药工业销售收入的81.4%。全省医药工业主要集中在成都、乐山、德阳、资阳等重点地区，医药工业增加值：成都40.25亿元（占全省64.9%）、德阳5.49亿元、乐山3.57亿元、资阳3.24亿元。全省药品制剂和原料药基本实现了在GMP条件下生产，全面提高了制药企业质量管理水平。2004年，四川省食品药品监督管理局分别于6月5日、12月15日在成都召开药品生产企业做大做强联合协作研讨会，全省85家药品生产企业、科研机构的负责人与省级有关部门共同商讨GMP认证后，全省医药工业发展新思路。

但2000年以来，受推行不规范的药品招标、国家连续14次调低药价、GMP改造，相当一批企业资金缺乏、成本上升、畅销品种少、药品销路不畅，过度竞争加剧等因素的影响，医药产业发展速度明显放慢，利润空间也逐渐缩小，2004年实现利润10.07亿元，下降0.25%。同年，四川省GMP改造完成后生产能力大幅扩大，但产能利用率较低。全省化学药粉针剂产能利用率为39.23%，注射液产能利用率为41.13%，片剂产能利用率为42.30%，胶囊剂产能利用率为34.46%，中成药产能利用率为48.18%，其中中药胶囊产能利用率仅为24.41%。全年，全省医药工业综合产能利用率低于40%。

2005年，全省医药产业完成工业总产值179.55亿元，与2004年及“九五”末相比（下同）增长41.18%和112.76%；实现销售收入149.06亿元，增长34.63%和103.94%，年均增长22.55%；工业增加值59.95亿元，居全国第10位，增长35.00%和79.54%，年均增长15.91%；实现利税20.73亿元，增长14.03%和63.74%，年均增长12.75%；实现利润11.24亿元，增长16.46%和56.76%，年均增长11.35%。产品销售率为92.62%，较2004年下降了3.48个百分点。经济效益综合指数为179.33，比全省工业平均高21.57点；总资产贡献率为9.66%，比全省工业高0.16个百分点。四川医药产业抓住西部大开发历史机遇，以发展为主题，以结构调整为主线，以深化改革、科技创新为动力，狠抓GMP、GSP改造和企业并购重组，推动产业整体升级，医药产业发展迈上新台阶。这一时期，四川医药民营企业发展迅猛，非国有企业占92.7%，资产总额占72%。科伦、川药、中汇、长征、华神、宝光、康弘、禾邦等数十户企业完成并购重组与合作。华神、迪康、国嘉等企业在境内外上市，企业产权更趋多元化。

截至2005年，四川制药工业逐步形成从科研、设计、设备制造到原料药及其中间体至制剂生产比较配套的制药工业体系；形成化学药、中成药、生物药、医疗器械等门类比较齐全的医药工业体系，成为四川省工业的四大支柱产业之一，居全国医药行业前列。

第二节　化学药品生产

一、概　况

鸦片战争后，西药流入中国。因制售西药利益丰厚，一些药房以前店后厂加工药品。1914年，重庆开办上海中法制药厂重庆分厂，为全川西药厂之始。

中华人民共和国成立前，四川省化学药品生产基础薄弱。中华人民共和国成立后，开始兴办药厂。1951年，成都市第一家国营药厂——成都制药一厂建立，有职工188人。此后较多的化学制药企业陆续建立。药厂在发展原料药同时发展制剂以满足当时的医疗需要。

中华人民共和国成立后，化学药生产得到不断发展。1949年11月，西南军区后勤部接管国民党军区署第三卫生材料总库，在重庆筹建西南制药厂，并在建厂中得到西南军政委员会副主席贺龙的支持。公私合营药厂在1951年后相继组建，如重庆公私合营大新化学制药厂和川西制药厂，之后各类地方国营制药企业也相继成立，并随着经济发展和人民健康需求逐渐发展。

四川制药企业在生产中，对技术规范的需求不断增加。1987年10月19日，中国医药工业公司在重庆召开大输液生产车间推行《药品生产管理规范》现场交流会，共有33个单位参加会议。这次会议为在大输液生产中推广《药品生产管理规范》提供了经验。

1990年，四川生产化学医药24大类产品，产量为2.32万吨，较1989年增长2.58%；计划品种产量0.61万吨，较1985年增长了51.5%，比1989年增长了1.89%；1986—1990年平均年递增8.66%。1991年化学医药24大类产品产量为2.46万吨，较1990年增长6.04%。

1991年，四川开展“转换企业经营机制，增强国营大中型企业活力”试点。

1994年，四川省建立现代企业制度和优化资本结构试点。

1996年，医药企业改革继续深化。全省有化学医药工业企业达145家，总产值近44亿元，能生产24大类130种原料药，1000余个制剂品种规格。按照“择优扶强”的原则，在全行业中筛选出10户医药企业进行重点扶持，这10户企业的产值占全行业产值的71%，利税占全行业利税的96%。化学药业为寻求新的发展，新建、引进、改制重组企业13个。纳入省上和国家医药局现代企业制度试点的四川制药股份有限公司经过改制在上海证券交易所上市。成都制药二厂组建国有独资成都药业有限责任公司，是四川省医药行业第一个国有资产授权管理的试点企业。1997年，成都制药一厂并入国防科工委中国远望集团。

2000 年，企业之间跨地区、跨行业兼并、联合、重组步伐加快，企业小、乱、多、散的状况开始改善。当年引进成都恒瑞制药公司。

2002 年，全省化学制药工业发展势头好于中药工业。化学药品工业实现总产值 51. 4 亿元，比上年增长 32. 47%；完成工业增加值 16. 4 亿元，比上年增长 7. 89%；实现销售收入 33. 5 亿元，比上年增长 38. 23%。

2003 年，四川奥邦制药公司、四川维奥制药公司经过企业改革重组，扩大生产规模，化学药品工业保持医药行业的主导地位。地奥集团、四川维奥制药有限公司、四川科伦实业集团有限公司、迪康集团、四川制药股份有限公司、成都大西南制药股份有限公司等都不断发展。

2004 年，四川科伦集团大输液系列产品年产达 8 亿瓶，居全国大输液行业榜首。

2005 年，四川制药厂、成都制药一厂、成都制药二厂、成都制药四厂、成都制药五厂等国企改革基本结束。成都市形成了具有一定影响力和带动作用的初具规模的企业集团。地奥、科伦、康弘、中汇、维奥等 20 家重点企业的产品销售收入均超过亿元，实现利润 6. 92 亿元。天台山药业、济生堂、利尔药业等一批中小企业快速成长，实现销售收入和利润均较上年同期增长 40% 以上。成都医药产业集聚在成都市高新区（西区）国家中药现代化科技产业园、双流医药集中发展区、温江医药集中发展区、金牛医药工业园、彭州医药集中发展区、蒲江生物医药集中发展区 6 个重点区（市）县，销售收入分别占全市医药工业比例的 20%、12%、11%、10%、9%、8%，其销售收入总和占全市医药工业的 70%。是年，成都市被商务部认定为国家首批 15 个医药出口基地。

截至 2005 年，全省有药品生产企业 411 家，约占全国总数的 1/15。全省化学药工业完成工业总产值 65. 71 亿元，较“九五”末增长 113%，年均增长 22. 6%；利润 2. 81 亿元，较“九五”末增长 102%，年均增长 20. 4%。

二、原料药生产

中华人民共和国成立前，四川原料药生产很少，仅能生产极少量无机原料药，有机原料药除乙醇、葡萄糖等少数几种外，其余均属空白。据 1950 年《西南区公私立药厂概况介绍》记载，中央制药厂 1949 年中华人民共和国成立前仅能生产硫酸钠 1. 92 亿磅①，粗氨水 200 磅，升汞 40 磅，葡萄糖 72 磅，鞣酸 150 磅，硫酸钡 400 磅，硫酸镁 750 磅，碳酸钾 300 磅；重庆制药厂一分厂生产蒸馏水 400 立升，硫酸钾 60 公斤，乳酸钙 260 公斤，碳酸钾 39 公斤，碳酸镁 20 公斤，升华硫 319 公斤，氧化氨基汞 5. 7 公斤，氧化锌 49. 5 公斤，枸橼酸亚铁 4. 5 公斤，精制樟脑 39. 825 公斤，氯化钠 75. 6 公斤，氧化镁 2. 2 公斤。各私营药厂每月生产硼酸粉 3150 磅，盐酸 34100 磅，氢氧化铝 1127 公斤，鞣酸蛋白 700 磅，咖啡因 380 磅，氯化钙 2430 磅，硫酸铜 300 磅，硫酸亚铁 4000 磅，精制食盐 3300 磅，小苏打 6. 14 万磅等。

中华人民共和国成立后，党和政府重视发展原料药生产，不仅投资逐年增加，技术力量和设备不断充实加强，而且还新建和扩建原料药厂和车间。

1951 年 6 月，西南制药厂根据农村防治地方病药的急需，由郑寿主持研制成功国内首创治疗钩

① 1 磅 =0. 456 公斤。

虫药物四氯乙烯，1952年正式投产，当年生产0.98吨。西南制药厂成为四川生产原料药的第一家企业。同年秋，重庆大新制药厂建成年产36吨葡萄糖生产车间，并于1953年8月在国内首创生产注射用葡萄糖采用动态结晶法新工艺，有效保证了注射用葡萄糖的质量。成都制药厂在西南地区首先试制成功并生产造影剂——硫酸钡。成都联合药厂从野生植物（三颗针）中提取出小檗碱（别称黄连素）。1953—1954年，西南制药厂又先后试制成功强心药樟脑磺酸钠和抗疟药环氯胍。

1955年10月，轻工部在北京召开全国制药工业会议，会上对药品质量提出了要求。同年，西南制药厂生产的升汞、甘汞、氧化氨基汞、黄氧化汞、溴化钠、溴化铵、四氯乙烯等8种药品的质量达到国家要求并首次参加在日本、叙利亚、印度、巴基斯坦等国举行的博览会。重庆大新制药厂用一次结晶法生产的注射用葡萄糖首次出口苏联，开创了中国葡萄糖由进口转为出口的新局面。

1956年1月，西南制药厂在国内首先试制成功一种驱钩虫药物——一溴二萘酚。是年4月，西南制药厂国内首先研制成功驱虫药磷酸哌嗪，并投入生产。1957年，西南制药厂研制成功止血药阿度那（卡洛磺钠），以及解热镇痛药水杨酸酰胺。1958年10月，西南制药厂在国内首先试制成功治疗痢疾新药呋喃唑酮（痢特灵）和预防链霉素毒副作用新药硫酸软骨素A（康得灵），投入生产，填补了西南地区同类药品空白。

1958年，成都制药厂在西南地区首先试制成功避孕药主要原料之一——8-羟基奎宁。同年10月，四川医学院实验药厂试制成功醋酸苯汞，并正式投入生产，质量达到英国药典标准，全国独家生产，产品供应全国。为发展西南地区抗生素原料药生产，化工部决定1958年在成都市建立四川抗生素厂。

1959年4月，卫生部、商业部、化工部等联合在成都召开全国中西药生产现场会，主要解决中西药生产、供应等方面的问题。同年6月，国务院强调，保证药品生产质量，解决原料药生产中的问题。1959年，西南制药厂在国内首先研制成功口服苄基青霉素和正肾上腺素酒石酸盐。成都制药厂和四川医学院药学系合作，从野生植物唐古特山莨菪中提取阿托品、莨菪碱及其他类生物碱。同年，成都生物试剂厂与四川大学、四川医学院协作，联合研制成功胰岛素，对解决糖尿病和精神病用药急需和节省外汇起到一定作用。

1960年2月，西南制药厂利用天然气研制成功二氯甲烷、三氯甲烷、四氯化碳、甲醛等产品，同时还研制成功国内首创的维生素U和消毒防腐药度米芬。1961年，全省原料药产量只有95.06吨。1962年，西南制药厂研制成功国内首创的驱虫药硫双二氯酚，1963年又以尿素为原料一步合成。

1964年1月1日，重庆市医药工业公司成立，该公司是国内医药行业最早创办的地区性专业公司之一，对所属企业实行人、财、物和计划的“四集中”。同年6月5日，重庆市医药工业研究所成立。同年10月9日，重庆大新制药厂试制成功国内首创的缩合葡萄糖（409）血浆代用品。同年12月，化工部决定，将上海制药二厂的盐酸昔鲁卡因转给西南制药二分厂生产，这为全省原料药生产增添了新品种。

1965年3月10日，国家计委、国家经委、国家科委联合印发《关于下达1965年批准搬迁的科研机构项目的通知》，决定将上海医药工业研究院抗菌素工业研究所部分设备和人员迁往成都，在四川抗菌素厂内建立抗菌素研究所。同年4月13日，中国医药工业公司又作出“关于内地小品种投产安排”的决定，将上海的维生素K_3、维生素K_4、尼可刹米、洛贝林、樟脑磺酸钠、红汞、甲紫、氯仿等品种转给西南制药一厂生产，将乙胺嘧啶、苯海拉明、眠尔通、氯丙嗪、胍乙啶、清水龙6个品种全部让给西南制药二厂生产。从此，1966 年全省原料药不仅品种增多，产量也增加很快，全省原料药产量上升到 330 吨。

1966 年，四川制药工业产量大幅下降。1967 年，全省 7 大类原料药产量比 1966 年下降 1/3，利润总额下降 6.5%。到 1968 年，原料药生产急剧下降，7 大类原料药产量只完成 71.77 吨，比 1966 年下降 78%。

1968 年，成都制药一厂与中国医学科学院、四川医学院、四川大学、成都军区总医院等单位协作，开展莨菪药用植物生物碱的综合研究，先后从提取阿托品母液中研制得氢溴酸莨菪碱、氢溴酸樟柳、氢溴酸东莨菪碱、氢溴酸后马托品、红古豆碱 5 种原料药。

1969 年，四川抗菌素研究所从福州提供的 F_{59-3}菌种进行筛选和生产工艺研究，生产出国内首创的庆大霉素。

1970 年初，成都制药二厂研制成功以苯芬为原料生产对乙酰氨基酚合成新工艺，1982 年外销到墨西哥、马来西亚等国。1970 年 7 月 9 日，西南制药一厂根据化工部军管会及四川省革命委员会第二次血防工作会议精神，在血防 846 生产基地，组织了血防 67 试车投产。同时该厂还研制成功驱虫新药四咪唑。同年，四川制药厂根据美国《应用微生物》杂志介绍，利用生产庆大霉素废液生产维生素 B_{12}成功，成为全国第一个从庆大霉素废液生产维生素 B_{12}的厂家。

1971 年 4 月，西南制药厂生产丙二酸二乙酯试车成功。同年，四川抗菌素工业研究所与上海第五制药厂协作，共同研制成功强力霉素（多西环素）；四川乐山制药厂采用尿素为原料化学合成咖啡因的新工艺，使产量大幅度上升。

1972 年，西南制药一厂研制成功国内首创的广谱驱虫药噻乙吡啶。同年，万县制药厂（今长江制药厂）采用罐式密闭管道排污生产鱼石脂新工艺后，不仅改善了环境污染的难题，而且产品质量不断地提高，外销罗马尼亚、保加利亚、苏联等国。

1973 年 1 月，四川抗菌素工业研究所从湖泥中分离得到产生利福霉素 S 的小单孢菌，并与中国科学院微生物研究所、四川制药厂、四川长征制药厂、上海第三制药厂等单位协作试制成功中国自己生产的新半合成抗生素——甲哌力复霉素。

1974 年，为满足计划生育需要，四川医学院制药厂（今华西医科大学制药厂）己酸孕酮和双炔失碳酯车间建成投产后，经四川医学院药学系研制，改革双炔失碳酯合成工艺，由十步合成改为六步，提高了总效率，为国内各生产厂采用。同年，四川抗菌素工业研究所试制成功国产利福平的配套中间体利福平侧链（1-氨基-4-甲基哌嗪）。

1976 年，西南制药一厂研制成功驱虫药盐酸左旋咪唑。同年，成都制药三厂根据美国利用牛喉骨、鼻骨制成硫酸软骨素 A 的报道，在四川医学院、成都市药检所等单位的协作下，试制成功国内首创的硫酸软骨素 A 原种。同年，成都制药二厂研究成功利胆新药——柳胺酚。四川抗菌素工业研究所与四川长征制药厂、北京结核病研究所、南通制药厂协作共同研制成功抗结核抗菌素卷曲霉素。在制药企业的共同努力下，全省原料药产量逐步增长，新品种不断增加，到 1976 年原料药产量达 1608 吨。

1977 年 5 月，四川抗菌素工业研究所、苏州第三制药厂与中国医学科学院抗菌素研究所协作，研制成功抗感染新药麦迪霉素。

1978 年，四川抗菌素工业研究所又研制成功巴龙霉素。同年，四川省工业卫生研究所研制成功治疗心血管病新药——阿魏酸钠（心血康）。同年10月，四川制药厂试验成功玉米粉酶解制糖工艺。该工艺用所得糖液进行青霉素发酵，可节约粮食25%，降低了青霉素成本。

1979年7月，重庆医药工业研究所研制成功治疗消化道溃疡新药甲氰咪胍。西南合成药厂开始生产抗菌增效剂甲氧苄氨嘧啶（TMP）。11月5日，四川长征制药厂合成消沫剂——“泡敌”。成都制药化学厂试制成功胱氨酸。同年，全省已能生产原料药107个品种，相当于全国生产上市品种900种左右的12%。其中，国家计划管理的12大类药品64种约占全国300种的21%。医药专用中间体及原料35种。12大类药品的总产量为2587吨，占全国产量7%。到1985年，24大类原料药增加到17616吨，其中，抗感染类药2747吨，解热镇痛类药309吨，维生素类药66.357吨，抗寄生虫病药183.668吨，计划生育及激素类药3.856吨，抗肿瘤类药4.145吨，心血管系统用药0.194吨，呼吸系统用药36.390吨，中枢神经系统用药238.162吨，消化系统用药701吨，血液系统用药1726吨，调节水、电解质及酸碱平衡药495吨，麻醉用药108.029吨，生化药187吨，消毒防腐用药266吨，五官科用药520克，诊断用药162.960吨，滋补营养药8826.15吨，其他药品24吨。不仅产量迅速增加，质量不断提高，而且又增加许多新品种。

1980年3月，重庆制药五厂在国内首先试制成功新产品“无水葡萄糖”；7月，西南制药二厂开始生产维生素C。1981年，该厂维生素C生产能力由年产50吨，扩大到年产100吨，1983年扩大到250吨，成为西南地区维生素C生产的主要基地。

1981年5月，四川抗菌素工业研究所与长征制药厂和江苏无锡第一制药厂联合研制成功列入国家医药总局科研项目的新产品利福定；同年4月，四川抗菌素工业研究所研制成功丁胺卡那；10月，成都制药四厂的双硫酸卡那霉素问世并进入国际市场；同年，四川医学院制药厂试制成功降低血脂生物化学的弹性酶。

1982年，四川抗菌素工业研究所与南充制药厂协作，从缫丝废液中提取L－丝氨酸成功。同年，成都制药化学厂生产的天然甜味剂“甜菊糖”通过鉴定，投产后并开始大量出口；重庆医药工业研究所研制成功治疗血吸虫病新药和特效驱虫药，同时还研究成功国内首创的胰腺疾病诊断药胰功肽。

1983年8月3日，重庆制药五厂在国内首先试验成功注射用木糖醇；成都制药三厂利用猪肠黏液提取肝素钠成功。9月中旬，四川制药厂红霉素投产。1971—1983年，成都制药二厂生产的对乙酰氨基酚总产量达664.3吨。1974—1983年，西南制药一厂生产驱虫药四咪唑157吨。1971—1983年，乐山制药厂改进工艺采用尿素合成咖啡因，生产咖啡因297.6①吨。1979—1983年，成都制药化学厂生产胱氨酸47.6吨，全部出口，价值476万元。同一时期，全省原料药初步形成生产规模，成为能生产12大类原料药的基地。原料药产量1985年达到3.1万吨，居全国第5位，抗生素、磺胺类药和地方病用药方面在国内具有较大优势。

1991年，成都制药三厂研制蚯蚓纤溶酶脂质体项目，填补国内空白。

1993年，四川化学原料药比1979年增长10倍，年递增19.50%。

1996年是“九五”计划的第一年，化学原料药在调整结构的基础上，产量达2.62万吨，比1995年减少27.6%。四川省在继续扶持青霉素系列深加工产品（6－APA、7－ADCA、头孢4号、头孢6号）、头孢系列（7－ACA、头孢噻肟钠、头孢三嗪）、红霉素系列深加工产品及土霉素、四环

① 1940—1970年30年间，仅从茶叶中提取25.18吨。

素、链霉素、丁胺卡那霉素等生产外，还重点支持新型喹诺酮类药物（洛美沙星、芦氟沙星）、新型解热镇痛消炎药（萘普生、萘丁美酮、酮基布洛芬等）、抗病毒新药（万乃洛韦）、降血脂药（洛伐他汀）、降压药（多沙唑嗪）、新型抗过敏药（西替利嗪）、治糖尿病新药（格列美脲）、抗肿瘤新药（C·S·K）及植物提取原料药（四氢黄连素、9－去甲基黄连素、曲克芦丁、喜树碱、羟基喜树碱、紫杉醇等）的生产。

1999年，成都力思特制药有限公司的一类新药“盐酸戊乙奎醚原料药及注射液”列为国家产业化示范工程项目。川药7－ADCA头孢霉素技改工程等4个项目列为国家重点技术改造“双高一优”导向计划。

2002年，全省化学原料药产量1.14万吨，比2001年增长30.41%。

2005年，全省化学原料药产量2.15万吨，较“九五”末增长49.31%，年均增长9.86%。

三、制剂生产

中华人民共和国成立前，全省只有药物制药企业35家，职工466人，多为手工操作，生产品种比较单一，仅能生产酊水、流浸膏及简单针、片等50多种制剂，质量低，工业总产值为24万元（按1970年不变价折算）。

中华人民共和国成立之初，全省大小药厂共35家（其中重庆19家，成都16家）。由于药厂设备简陋，当时最有名的药友制药厂，也只有一台单冲压片机。制剂生产工序全靠手工操作，生产效率低，产量不高，质量也不稳定。据统计，1950年至1952年2月，成都市4家制药厂，每月最高生产片剂44万片，酊水5000磅、针剂16万支。重庆市的药友制药厂、中法药房制药厂重庆分厂、新华化学制药厂、重庆市第一药品生产合作社和大新制药厂，每月生产针剂最高产量为23万支。协和化学制药厂、上海中法药房制药厂重庆分厂、兴亚药厂、三才制药厂、兴华化学制药厂、重庆第一药品生产合作社、重庆中国生化制药厂、新国制药厂、药友制药厂、立信制药厂和大新制药厂11家私营药厂，每月生产片剂为150万片，酊剂、流浸膏、糖浆剂每月最高为4万余磅。到1952年，全省全民所有制企业为8个（其余为私营），固定资产原值129万元，有职工1855人。全省制药厂工业总产值仅221万元。

1953年，私营成都联合药厂试生产益母草浸膏成功，并投入批量生产，为妇科用药开辟了一个新药，逐步代替了进口的麦角新碱，受到上级嘉奖。1954年，成都制药厂开始研制脏器制剂。其后，全省各制药企业不断进行技术改造，更新设备，开始由手工操作向半机械化过渡，如：压片机由单冲发展为多冲，进而发展为旋转式多冲压片机，混合制粒、安瓿冲洗、灌注分装等工序，部分制药企业开始使用半机械化，使产量迅速提高，质量有所改进。

1959年，四川医学院制药厂试制成功胰岛素注射液，被化工部、卫生部、商业部批准为全国胰岛素生产定点厂，产品出口。1962年，重庆制药厂软管油膏制剂投入生产。1964年，重庆大新制药厂在国内首先试制成功缩合葡萄糖（409）血浆代用品，并开始批量生产，为血溶扩充剂增添一个新品种。

1970年6月，西南制药三厂以曾德惠为首的科技人员研究成功国内首创的滴丸新剂型，被《中华人民共和国药典》（1977版）收载，中国由此成为世界上第一个将滴丸载入药典的国家，该工艺也因此先后获得全国科学大会奖及四川省、重庆市科学大会奖。第一个滴丸品种“芸香油滴丸”于

1970年下半年在桐君阁药厂投产。此后，西南制药三厂成为滴丸生产的主要厂家，主要品种有咳必清滴丸、110降压药滴丸、倍效灰黄霉素滴丸、氯霉素滴耳丸、血防846滴丸等。其中，血防846滴丸获1973年卫生部科学大会奖，翌年又获重庆市科委的科研项目奖。

1973年，成都制药三厂将生物制品研究所制备保存菌苗的技术措施，成功地运用到蛋白质、酶类针剂工艺上，先后研究成功ATP针剂、辅酶A、细胞色素丙、穿琥宁、丁胺卡那霉素冻干制剂，为保证这些产品在贮存期内质量的稳定，起了很大作用，也为西南地区生化药品冻干粉针填补了空白。

1974年，西南制药一厂试制成功防蚊酊，此项成果获全国医药科学大会奖，国家医药局和重庆市科技成果奖。

1975年，重庆制药七厂生产的芸香草气雾剂获全国科研成果。1979年，该厂研制的输精管黏堵剂（504），为中国开展计划生育控制人口增长，提供一个新方法，获四川省科技成果奖。同年，重庆卫生材料厂研制成功新型复方硬膏制剂——皮炎灵硬膏，获重庆市科技成果奖。

1980年，成都制药五厂试制成功峨眉牌麝香虎骨膏，成为四川外贸出口的成药之一，获四川省科技成果4等奖。同年第四季度，成都制药一厂试制成功痔疮宁栓剂，1983年获国家经委新产品“金龙杯”奖及优秀新产品荣誉证书；后试制成功氨哮素栓、消炎痛栓、复方氨哮素栓、红霉素栓、阿司匹林栓、洗必泰栓、克霉唑栓、益康栓、喘立平栓、扑热息痛栓等10多个新产品。1983年，长江制药厂试制成功微粒型速效伤风胶囊，并投入批量生产。

1985年，全省24个厂可生产20种剂型、600余个品种，产值8500万元。部分产品已进入国际市场。

在企业数量方面，1975年四川全民所有制医药企业增加到39个。1985年四川全民所有制医药企业增加到85个厂、点，固定资产原值3.11亿元，职工人数为2.39万人。

随着全省制药企业的不断增加，各制药企业机械化程度不断提高，开始由半机械化向机械化过渡，生产率提高，涌现出一批科研成果。1985年全省化学药品制剂生产，抗生素分装2.43亿瓶，针剂5.93亿支，大输液1626万瓶，片剂125.39亿片。广大制剂生产厂家在不断提高产量的同时，一直把确保和提高药品质量放在首位。通过加强管理，科技攻关，不断提高药品质量，特别是药厂推行全面质量管理，在药厂试行《药品生产管理规范》以后，1979—1985年全省药品质量显著提高。其间，成都一厂生产的复方乙酰水杨酸片、西南三厂生产的扑热息痛片和重庆制药七厂生产的肤轻松软膏先后获国家医药管理局优质产品称号。此外，利福定胶囊（四川长征制药厂）、氨茶碱片（四川乐山制药厂）、甲哌力复霉素胶囊（四川制药厂）、复方乙酰水杨酸片（成都制药一厂）、干酵母片、扑热息痛片（西南制药三厂）等制剂获省优质产品称号。

1986年4月16日，中国医药工业公司和四川省医药工业公司在四川乐山市长征制药厂召开全国利福定质量会议。会议主要对提高利福定药物的质量进行了学术交流，对今后生产、质量、科研、临床等方面提出了规划和要求。会议还对科研规划项目作了具体安排，并成立了利福定产品技术经济联合体组织。

1991年，成都制药二厂研制、开发出治疗肺腺癌的一类新药C·S·K，为国内外首创。1995年，成都市属企业技术改造在建项目2项，总投资1.53亿元。成都市各药厂研制开发新产品254个。氢溴酸樟柳碱、痔疮宁栓、一类新药C·S·K、力克舒胶囊等获得国家或市级奖项。同年，四川制药厂开发的乙酰螺旋霉素、成都制药一厂研制的青叶胆片被列为成都市“八五”重点新产品开发计划。

1996 年，药品制剂产值产量有较大增长。全省医药工业完成中央、省级固定资产投资总额 2.12 亿元。纳入一期“双加”工程的四川制药股份有限公司的青霉素及 6 - APA 技改项目完成；成都制药四厂 70 吨丁胺卡那霉素技改工程完成改造，为全国生产丁胺卡那霉素生产量最大的厂家。内江制药厂、厂家制药厂、绵阳制药厂、广汉制药厂、峨眉医用玻璃厂等技改项目全部落实并顺利进行。

1998 年，华西医科大学制药厂的三相避孕片、成都制药四厂的头孢他美酯、四川制药股份有限公司的 7 - ADCA 工业试验性项目列入 1998 年国家技术创新项目，3 项总投资 5790 万元（其中国家拨款 300 万元）。同年，大西南制药股份公司引进先进的制药设备，拥有国内先进的缓控释片剂和分散片生产技术，为其赢得中国市场精神神经及消化领域中领先地位奠定了基础。1998 年 12 月，成都大西南制药股份有限公司建立，生产“神经精神”“消化”两大领域药品，其代表产品有全球第一个 SNRI① 类抗抑郁药“博乐欣”（盐酸文拉法辛胶囊）、全球第一个 DSS② 类抗精神病药“博思清”（阿立哌唑片）、消化道促动力药“新络纳”（枸橼酸莫沙必利分散片）。“博乐欣”被评为 1999 年度国家级重点新产品，“博乐欣”“新络纳”“博思清”分别被列入国家火炬计划项目。

四、生化药品生产

中国的生化制药工业在中华人民共和国成立前基本是空白。从 20 世纪 50 年代中期开始采摘原料，从畜禽资源综合利用逐步发展到脏器生化制药，20 世纪 70 年代中期开始形成一定规模。

1978 年，国务院批转《全国脏器生化制药工作会议纪要》后，确定生化制药由商业部归口管理，纳入国家计划，生化药品研发和生产从此走上按医药工业要求发展的轨道，包括四川在内的全国生化药品生产获得迅速发展，形成了较完善的生化制药工业体系。

1983 年，成都制药三厂利用猪肠粉液提取肝素钠成功，质量达到美国药典 20 版和英国药典 80 版规定的质量标准，投入生产并大量出口。

1989 年 11 月 30 日，商业部、卫生部发布《生化药品生产经营企业管理办法》（以下简称《办法》）。《办法》指出，生化药品是指以生物化学方法为手段从生物材料中分离、纯化、精制而成的用来治疗、预防和诊断疾病的药品；生化药品生产经营企业的“药品生产许可证”和“药品经营企业许可证”由卫生部统一印制；“全国生化药品生产（经营）企业申报表”由商业部印制；研制、生产新的生化药品，由研制、生产单位按 1985 年 7 月国务院颁发布的《新药审批办法》规定的程序办理，由卫生部审核发给药品生产批准文号；对重要生化药品实行定点生产制度；商业部应根据国家《药品生产质量管理规范》的要求，制定《药品生产质量管理规范生化药品实施办法》，各生化药品生产企业必须逐步实施药品生产质量管理规范。根据《办法》规定，确定四川省商业厅是四川省生化制药行业的归口主管部门，各市（地、州）生化药品归口管理工作由各市（地、州）商业局（自贡市商委、内江市畜牧局）承担。各地按《办法》规定，对生化制药的生产、经营、科研、教育等方面全面落实行业管理。四川省商业厅委托四川省食品公司承担全省生化药品归口管理日常工作，工作内容包括：涉及须经省上审定的生化药品的生产、经营，如生产计划的编制，药厂的定点、

① SNRI，即去甲肾上腺素再摄取抑制剂。
② DSS，即多巴胺系统稳定剂。

验收，产品的新上项目更新和评优，许可证的换发，企业升级工作，技改方案的审定，原辅材料的调剂等。

1994年，四川生化制药行业总产值超过亿元，主要产品有：胰岛素、人工牛黄、细胞色素丙、催产素、肝素钠等。

1995年4月10日，国内贸易部《关于下达1995年度生化制药工业生产计划》下达后，四川省按要求继续贯彻《国务院关于进一步加强药品管理工作的紧急通知》，继续整顿生化药品生产秩序，严禁乱办生化药品生产企业，确保人民用药安全有效。

1996年4月，商业贸易部对生化药品重新定义为：从生物体分离、纯化所得，用于预防、治疗和诊断疾病的生化基本物质，以及用化学合成或现代生物技术制得的这类物质。

第三节　中药生产

中药行业是传统产业和现代产业相结合及一、二、三产业为一体的产业。中药生产主要包括中药材生产、中药饮片及中成药生产。

一、中药材生产

四川位于青藏高原与长江中下游平原之间，为中国著名药材产区，中药材蕴藏量居全国第1位，有60余种川产药材和主产药材享誉国内外。

四川地区药材资源的生产和质量，史籍屡有记载。早在后汉末年，李当之本草即称黄连“惟取蜀郡黄肥而坚者善”，梁代陶弘景称大黄产益州。《新唐书》载，四川境内各州“土贡”药材达40多种，主要有：麝香、羌活、附子、天雄、厚朴、当归、羚羊角、犀角、天门冬、红兰、丹砂、牛黄等。当时四川共辖40个州，其中34个州标有上贡药材，足见四川药材品质优良，药区广阔及生产发达。

北宋时，杨天惠已对江油附子的产区、栽培、收采和品种鉴定等作了系统的考察与总结。他在《彰明附子传》中记：彰明（今江油）辖乡，赤水、廉水、昌明、会昌四乡产附子；选种宜以“出龙安（今平武）及龙州齐归、木间、青槌、小坪者良”。

明代，四川药材生产有所发展，尤以特产药材黄连生产栽培为最。洪武年间（1368—1398年），石柱县开始栽种黄连。到民国时，黄连农户已达4200余户。种连范围发展扩大，常年产量700担，最高年产量达1000担。

清康熙年间，绵阳开始试种麦冬。至1936年，家种面积为1400亩，总产量高达4.04万斤。嘉庆年间（1796—1820年），《四川通志·食货志》载：川产药材达100余种，省属各州、府、厅几乎都有药材生产，如成都府产川椒、花粉、沙参、瓜蒌、升麻、续断、首乌、牛膝；龙安府各地主产羌活、杜仲、枳壳、厚朴、贝母、天南星、大黄等；眉州直隶州产巴豆、使君子、木通、郁金、白芨、密蒙花；松潘直隶厅产贝母、大黄、当归、羌活、甘松、鹿茸；彰明等地产天雄、附子、乌头。雅州（今洪雅）、石柱、嘉定（今乐山）、松潘、渠州（今渠县）、叙州（今叙永）等均产黄连。清光绪初年（1875年），中江、渠县等地已有较大的面积栽培白芍。民国10—15年（1921—1926年），栽培面积则高达1500亩，产品量大质优，销路远畅，栽种白芍，盛极一时。清光绪三十二年（1906

年）钟文虎修《灌县乡土志》载药材产量：川芎100万斤，泽泻54万斤，独活56万斤，当归2万余斤；来自后山即松潘、茂州、大小金等地药材有：贝母5万—6万斤，虫草2000—3000斤，白芪约10万斤，羌活50万斤，大黄30万斤，至于贵品麝香，则无定数，岁产不过百来斤。这些药材出新上市，汇集于此，然后转运全国各地。

清至民国，通江银耳已大面积栽培。清光绪三十四年（1908年），“其栽培面积已扩展至万源县”，与通江产品齐名。当时万源生产银耳之盛况，有超过通江之趋势。同时，三台县栽培的麦冬，其质量与绵阳产品并驾齐驱；汉源栽培的当归，“根头大，质地好”，在西山一带，年产量高达两三万斤。

民国20—30年（1931—1941年），茂县的川椒，泸定的厚朴，遂宁的白芷，其生产面积都曾有过相当大的发展。民国23年（1934年），《川边季刊》载黔江药材产量情况是：五倍子产量居第一，年产约500担；天门冬为285担；雷丸345担；杜仲127担；吴茱萸60余担；常山50余担。《戌午月报》叙述石柱县黄连，年产量曾高达20余万斤，巫溪年产党参30万斤，当归20余万斤。民国25年（1936年），《西北问题》载：西康药材产量，称虫草为特产，年产量约2万多斤；贝母各地均产，年产量4万余斤；秦艽、羌活、大黄、麝香各地均产，秦艽年产量约6万—7万斤；雪莲花、雪灵芝以康定、昭化（今江油）生产最多；老鹳草、小黄草分别为昭化、泸定特产，多生于悬崖峭壁，采之甚难；滋补佳品银耳，生于稻城、巴安（今巴塘），产量不多；当归为泸定栽培药材，年产约6000—7000斤至于其他如天门冬、牛膝、细辛、麻黄、防风、黄柏、黄芩、杜仲、厚朴等，不下数十种，产量亦丰。民国27年（1938年），都江堰生产的川芎达40万担，泽泻达15万担。

川北一带药材，以附子、白蜡、五倍子、银耳等为主要特产。抗日战争全面爆发前，川北区的五倍子、白蜡年产量占全国总产量的80%。江油附子每年种植面积约5000余亩，民国25年（1936年）产量9000担，民国36年（1947年）达6700担。专门从事栽培药材的药农，在民国时期也迅速增加。民国30年（1941年），仅南川金佛山种植药材的专业户即达32户，副业药户有300余户。此地出产的黄常山，在中国早已用于治疗疟疾的特效药的制备。抗日战争时期，国民党农村部曾大面积栽种。至民国34年（1945年）7月，成立常山种植实验场，选委国内药学专家于达准任场长。该场除种植欧美药用植物外，利用国产道地药材以代替西药，达到药物自给自足，裨益抗战医药需数。该场栽培药物400余种，主要大量种植洋地黄、除虫菊、印度大麻、曼陀罗、巴豆、大黄、小茴、陈皮、肉桂、蓖麻、常山、白头翁、延胡索、乌头、使君子、苦木、白芷、吴茱萸、牛蒡子、紫苏、胡荽、薏仁等。抗日战争全面爆发后，全省中药材生产及产量异常萎缩，产量日益下降。特产药材中洪雅黄连、江油附子、绵阳麦冬、云阳枳壳、灌县川芎等中药材的栽种面积和产量都急剧下降。

中华人民共和国成立后，由于政府重视，四川中药材生产种植面积逐步扩大。1950年，全省家种中药材面积达3万亩，品种25个，产量25万担①。随着国民经济恢复，1952年，全省家种中药材面积发展到6万亩，总产量（含野生产量）达40万担。

随着对资本主义所有制改造的基本完成和农业合作化运动的发展，中药材生产开始纳入国家计划。1956年，国家下达生产计划，当年9月17日，四川省人民委员会批转省供销社《关于改变中药材经营方法的意见》，提出从人员、品种等方面实行“包下来”方针。至1957年，全省中药材种植

① 1担=50公斤。

面积达13万亩，家种野生药材总产量达70万担。

1958年10月31日，国务院《关于发展中药材生产问题的指示》提出，中药材实行“就地生产、就地供应”的方针，促进了药材生产发展。但因“大跃进”影响，致使中药材生产出现先冒进、后调整的情况。1959—1960年，中药材产量猛增，大量积压，1961—1962年，中药材种植被迫大幅度压缩。一起一落，药材报损达12.45亿元，其中：中药材品种64个，数量20.9万担；中药材种籽种苗46种，金额83.6万元。同时，一些大宗品种，生产大量下降，有的濒于绝种，有的影响以后数年生产。

为改变国民经济比例失调状况，1963—1965年，国家实行“调整、巩固、充实、提高”八字方针，3年间中药材种植面积分别达到10万亩、15万亩、24万亩。

1966—1978年，尽管有“文化大革命”的干扰，但全省始终抓住生产这个根本，药材生产产业不断向前发展。1970—1975年，中药材种植面积由21.5万亩发展到40万亩。攀枝花市的中药生产是1972年以后才逐步发展起来的，主要种植茯苓、牛膝、广藿香三种药材。以米易县为主的种植基地到20世纪80年代初期最高种植中药材面积达到2000多亩。20世纪70年代，四川宜宾市南溪县被省医药管理部门确定为南药系列中药材引种试点县，先后引种了穿心莲、广西东兴桂、越南2号桂、广东阳春砂仁、板蓝根等数十个的中药材品种，并获得成功。到1978年，全省家种中药材面积达45万亩，家种野生中药材总产量达135万担。由于“文化大革命”，加之具体工作中过分追求种植面积，不适当地要求各县在一定时期内自给100种、200种、300种药材，甚至更多，造成各地不顾条件，盲目生产，使得一些本来逾量的品种积压过多，产销比例严重失调。1978年底，产大于销的逾量品种有：白芍、云木香、牛膝、丹皮、泽泻、玄参、川木香、大黄、花粉、香附、佛手、首乌、百部、甘松、赤芍、葛根、附片、冬花、黄芪19种，严重影响药材生产工作的正常开展。

1979年4月，中央工作会议提出“调整、改革、整顿、提高”的方针后，中药材生产逐步按“按需生产”和“按经济规律办事”的原则发展。全省在总结经验教训，解决好国家、企业、生产者三者利益基础上，本着药材多时要调整生产、少时要增加生产的精神，对中药材生产进行了有上有下的调整。在调整期间，全省中药材生产总量是有所调减。1981年，四川中药材种植面积（与1978年比较）减少28万亩。白芍、云木香、牛膝、丹皮等19个逾量品种的种植面积由1978年的19.8万亩，调减到1981年的2.7万亩，减少17.1万亩，例如：白芍只保留中江500亩，渠县200亩，川牛膝保留天全、金口河区各100亩，丹皮保留垫江100亩等种植面积。到1982年底，除白芍、丹皮、附片3个品种外，其余品种都经调整后趋于正常，有的已开始按计划恢复生产。与此同时，全省狠抓紧缺品种生产，如黄连、贝母、郁金、银花、玄胡5个主要紧缺品种，1982年完成种植面积2.4万亩，比1978年增长7000亩。经过3年时间调整，基本扭转中药材生产比例失调的局面。在此基础上，1982年7月23—28日，全省中药材生产、收购先进集体和先进个人代表大会在成都召开，总结全省33年来药材生产工作经验，对生产收购，特别是3年调整工作成绩显著的78个先进集体和224名先进个人进行表彰。

1983年，四川贯彻执行《国务院批转国家医药管理局关于中药问题报告的通知》要求，中药材生产取得好成绩，占耕地的家种药材种植面积回升到26万亩，家种野生药材产量达125万担。为扶持药材生产，从1983年起，国家每年按药材收购金额提取1%作为开发基金，药材储备贷款利率降低20%。

1985年，全省中药材种植面积达37.1万亩，收获面积达40万亩，家种野生药材总产量为120万担，产值达1.5亿元，其中党参、白芍、贝母、牛膝、丹皮、大黄、黄连等35种主要川产中药材种植面积达33万亩，产量5025万公斤，产值1.251亿元。1949—1985年，全省中药材种植面积累计为899.4万亩，年均约25万亩，基本上保证人民防病治病的用药需要。

1986—1995年，随着中药材的种植由指令性计划转变为指导性计划，从集中生产改为分散种植，进一步促进了中药材的生产和发展。1990年，全省中药材种植面积稳定在45万亩以上。1993年，中药材在地面积达200余万亩，年种植面积40万—50万亩左右，品种结构合理；中药紧缺品种由1979年的146种减到40余种（包括自然资源短缺的品种）。

1993年11月，卫生部批准人工麝香试生产。为切实加强人工麝香的试生产和进一步完善有关科研工作，卫生部于1994年5月下发《关于人工麝香试生产管理有关问题的通知》（以下简称《通知》），《通知》规定：人工麝香的科研是由卫生部药政局与中国药材公司共同组织研究，人工麝香的成果归国家所有；人工麝香属一类新药，国家保密品种；人工麝香的生产、收购、销售由中国药材公司负责；“人工麝香”系指经卫生部批准生产的产品，在中成药配方中不得以麝香酮作为人工麝香代麝香使用。

1996年，在全省中药材生产收购工作座谈会上，各地探索推广中药材生产“公司+农户”“工厂+农户”“协会+农户”新的组织形式。是年，省医药管理局在国家中医药局争取了15个中药材生产扶持项目拨款385万元，四川2个品种取得重要保护品种证书。

2001年，国家经贸委印发《中药行业“十五”规划》，明确要求：“十五时期”，各地要积极推进中药材种植的规范化、产业化进程；保护野生药材资源，加强野生药材的家种、家养和代用品研究工作；鼓励中成药生产企业建立药材基地；促进中药提取物产业化；要适当增加额度，重点支持地道药材生产基地，加强野生中药材资源的保护和野生药材变家种家养，促进中药材生产产业化。按国家经贸委《中药行业“十五”规划》文件精神，四川省要求成都、德阳、雅安、乐山等重点地区制定出本地区中药行业发展的目标和具体贯彻意见。

2002年，全省完成了国家中药材扶持资金项目的申报和跟踪管理工作，申报落实了5个中药材扶持资金项目，项目所属单位分别是华神药业、南方公司、省中药材公司、青城麝业、四川养麝所，争取到中药材扶持资金250万元。

药材生产体系是中药现代化的源头和关键所在，20世纪90年代以来，全省逐步建立技术规范化、生产规模化的各类规范化药材生产基地，创出川产名牌药材。2002年，四川省首批启动的川芎、附子、麦冬等13种药材规范化生产科技示范区已建成面积4300亩，带动药材生产面积20万亩，并启动第二批15种药材规范化生产科技示范区建设。

2003年，四川省对列入国家重点保护名录和资源匮乏的野生中药材，建立资源保护区，实行野生变家种、家养等措施，加大资源保护力度。

2005年，全省各地积极进行GAP① 认证。眉山市以洪雅黄连、青蒿、紫杉，彭山泽泻，青神益母草，仁寿半夏基地为龙头，启动中药材基地GAP认证，采取“企业+基地+农户”的模式，促进中药产业的快速发展。雅安两个中药材种植基地通过国家药品监管局认证中心GAP（中药材生产质

① GAP，即良好农业规范。

量管理规范）认证。甘孜州康定恩威野生药材抚育基地进行GAP认证，全国唯一一家冬虫夏草基地进入生产技术实验阶段，道孚沙棘基地采取的短长线相结合的投资方式取得实效。阿坝州茂县素有“天然药库”之称。处于海拔1500—5500米的高山峡谷地区，药用动植物资源1900余种，年药材生长量超过8.5万吨。茂县优质地道药用植物有红豆杉、黄芪、贝母、党参、红景天、天麻、杜仲、厚朴等上百种，被列为“中国（四川）现代化中药材基地县”。

截至2005年，四川省共有中药材4500种左右，约占全国的75%。其中，植物药材有3900多种，总储量占全国1/10（100亿吨以上，且质优）。全省有鱼腥草、川芎、麦冬、白芷4个药材种植基地通过国家GAP认证，建立了29种药材34个规范化种植科技示范区，建立起川贝、川芎、天麻、附子、黄连、麦冬、白芷、麝香等川产道地药材和主产药材产业化生产100余个。全省人工栽培的中药材有200多种，种植面积达到9.33公顷，产量达29.6万吨（不含“三木”药材），中药材收购量名列全国第1位。

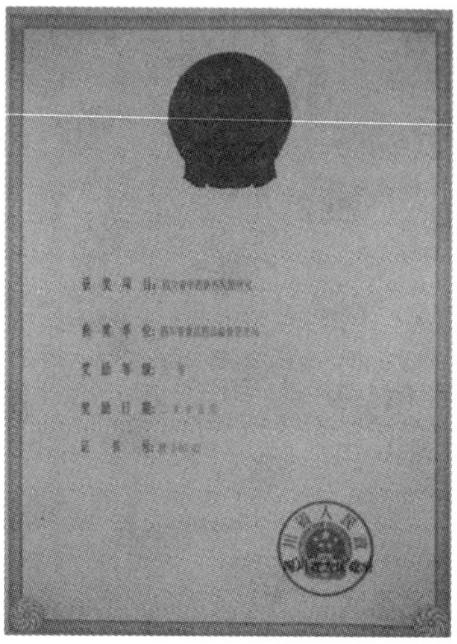

图2—1　2005年，四川省食品药品监督管理局获得四川省中药新药发展研究三等奖

二、中成药及中药饮片生产

四川中成药生产，历史悠久。早在清康熙至雍正年间（1662—1735年），有江西、广东等省外药商入川，成都、重庆等大城市逐渐恢复中成药生产，但规模较小。重庆历为有名的中药材集散市场。康熙年间（1662—1722年），江西熊长泰、江南伍舒芳的祖先负笈担簦，沿途予人治病而到重庆开设药铺和神香室。至嘉庆（1796—1820年）时，省内外药商相继在重庆开设成药铺。其中，比较驰名的成药铺有壶中春、桐君阁、罗广济堂、种德堂、同壶春、宏寿药房、大寿隆、茂生堂等。成都在雍正年间（1723—1735年）开设有天福堂，道光年间（1821—1850年）有庚鼎，同治年间（1862—1874年）有肖长兴成药铺。清代中晚期，省内各地也先后出现专营或兼营成药的铺户，多为世代相传，如：合川凌国梁的元义堂，绵竹中医李世星的永吉铺，铜梁的桂林春，宜宾中医陈氏的天成堂，汉源中医郭书桥的好生局，自贡的大椿玲、十全堂、福源昌等成药铺。

清末民初，省内成药铺有很大的发展。据民国5年（1916年）不完全统计，全省计有咀片铺和成药铺1.79万家。其中成都占305家。民国13年（1924年）成都市的347家药铺绝大部分兼制成药。全省除专门制造成药的药铺外，80%以上的咀片和饮片铺亦兼制成药。经营规模有大中小型之分。大型的以制造膏丹丸散为主，炮制咀片为辅，如重庆的熊长泰、壶中春等；中型的以炮制咀片为主，制造膏丹丸散为辅，如天之堂、百寿图、种德堂等；小型的多系专营咀片，并以少量资金向生药铺购进药材经炮制加工后专供汤剂用，或转售少量成药。各县成药铺除自制世代相传的著名成药销售外，大都是从成都、重庆或邻县采购成药进行转售。全省生产的中成药品种较多，大型药铺多达200多种，一般几十种，最少有几种，以成都、重庆产品多，销路广，疗效高。从清代至民国时期，重庆熊长泰的痧药、壶中春的丸药、伍舒芳的膏药，就享誉全省和西南、西北诸省。熊长泰生产的中成药达100多种，其中著名的品种有灵宝丹、光明眼药、生肌拔毒丹、红毛膏、十全大补丸、七制香附丸、调经百补丸、黑锡丹等。这些中成药曾被云南、贵州、青海、西藏、陕西、甘肃等省少数民族称为“神药”。桐君阁的磁珠丸、黑锡丹、月经酒等中成药疗效高，在西南、西北诸省人民群众中享有盛誉，并远销南洋各地及日本一带，博得了“北有同仁堂，南有桐君阁”的称号。伍舒芳的万应寿世膏、万应狗皮膏和五毒膏等，业务遍及西南诸省。此外，天生元的龟鹿二仙丸，庆余堂的桑菊饮、银翘散等都享有一定名气。成都为中成药店家荟萃之地。创办于清乾隆五年（1740 年）的成都同仁堂，制售中成药品达 137 种，按其主治功能可分为补益、治脾胃泄泻、妇科、风寒暑湿、诸火、眼目、小儿、痰饮、咳嗽、诸疮 10 门，尤以灵宝丸、惊风丸、万应片等为著名。创办于清光绪二十六年（1900 年）的庚鼎药房制售的排脓生肌外科特效药——渴龙奔江丹，以及珍珠散、七宝光明露，天福堂的阿魏丸，蓝陵氏的灵宝丸，潘氏药店的白金膏，满林春的金不换膏药，肖长兴的紫雪丹，保和堂的六神丸，肖集翰的虎骨酒，精一堂的鹅管眼药、麝香狗皮膏、鲫鱼膏，益康药号的定坤丹，大顺堂生产的治疗小儿疳气的鸡肝散、清心安宁药清宁丸、黄连上清丸，泰三堂的眼科良药锡合眼药等，在群众中享有一定声誉。如当时对成都同仁堂的赞誉，民间流传着这样的歌谣：“同仁堂，药最良，惊风丸，过山香，白痧药能开七窍，金红二丹急救方，膏丹丸散医百病，黑白膏药治恶疮。人马平安离不得，老少不欺一言堂。”这些中成药品除行销国内城乡外，还远销蒙古、朝鲜及东南亚华侨众多的国家。此外，有的县市也制售部分中成药品，如：彭县济生大药房的清润丸，保宁（今阆中）的半夏曲，泸州的化风丹、青果丸、七厘散，南充的建曲、蟾酥丸，璧山国泰的六味地黄丸、桂附地黄丸、开胃健脾丸，绵竹永吉的光明眼药、红星丹珠珠散、白膏药，汉源好生局的人参归脾丸，永川大昌恒的补中益气丸，合川元仪堂的白膏药、二仙丹、滚脓丹，天下春的鸡筋散、小儿阴气散、安神丸以及六神曲、福寿曲，铜梁长寿春的七制香附丸，宜宾天成堂的鹅血丸、脐风丸、小儿紧口风散，自贡福源昌的十全大补丸、开胃健脾丸等，都独具特色，有的还畅销云南、贵州、山东、武汉等地。

这一时期，生产中成药主要依照古方配制。药商为取得人们信誉，争取市场，以达追逐高额利润的目的，对药品选料、生产技术和包装等生产环节都较重视。如成都同仁堂熬制龟胶，龟板壳必须三伏天泡，泡好后，剥去油皮，冲洗干净，夜晚放在空地上吸收露水，直至冬天才熬；熬制工具须用铜锅，文火熬制，连续三天三夜，轮流值班，直到胶成。为保证成药质量，凡贵重药材如麝香、牛黄、熊胆、羚羊角、人参、鹿茸等，药商都坚持两人操作，一人发药，一人下料，共同眼见，互相监督，以防克扣斤两，或暗中调换，影响成药质量和信誉。同时，对选料非常考究，重庆桐君阁用人参，不用东北人参而用高丽参，鹿茸非藏货不用，熬炼虎骨胶专用四大骨，制造安宫牛黄丸、大活络丹、苏合香丸等所需的重要原料，如龙脑香、苏合香、印度牛黄、暹罗犀角等也专门托人在广东、香港、南洋一带去购买。在熬制阿胶时，专门派人到东北、华北、西北等地采购黑毛驴皮，聘请硝皮工人剥去内部腐肉、毛灰，尽量漂洗洁净，再用老君酒的井泉水掺和，用正牌陈年老酒熬炼。另外，在操作上也很讲究，如对挥发性或芳香性药材，则分别晒炕，低温干燥，使含量和质量保持最高标准。为在群众中树立“货真价实”的信誉，药商每到冬季就预先挂牌通知顾客，按所定日期当众宰杀由东北运来的梅花鹿以制造“全鹿丸”，或到江西太和县购买白统毛乌鸡，按配方制成“乌鸡白凤丸”，以满足病家需要。在包装上注重形式美观，便于携带，一般成药都用玻璃瓶，内附方单说明，外套纸盒；蜜丸、水丸大多用铁盒包装。庚鼎配制渴龙奔江丹的方剂只传媳不传女，怕泄露秘方，不能独享厚利。即使有的药商亲自动手配制中成药品，也唯恐处方遗失被人发现，将原料药名加以简化，如将水银写个“水”字，银珠写个“银”字，等等。

抗日战争时期，疾病流行，生疮患病者与内迁人口与日俱增，所需药品也随之增多，省外药商纷纷迁入，全省中成药品生产、中药饮片加工炮制及销售盛极一时。当时中成药生产、中药饮片加工炮制、销售主要靠前店后坊，即店堂前面饮片配方和出售少部中成药品，店堂后面进行饮片加工炮制。

抗日战争胜利后，美国西药大量倾销中国市场，四川中成药品生产受其影响，仅成都一地，盘尼西林、消炎片、九一四、六〇六之类的西药，已由原来的400多种激增至1000多种，一般中小型成药铺被迫停业者与日俱增。由于广大农村市场未直接受到西药倾销的影响，四川中成药在农村还保留一定市场。

中华人民共和国成立后，各地贯彻中央指示，充分利用中草药资源丰富及销售市场广阔等有利条件，逐步组建、扩建、新建、改造中成药厂，采用现代制药技术，开始着手改革传统剂型，开拓新剂型，提高中成药产量质量，使全省中成药生产发展较快。

中华人民共和国成立初期，虽有少数店（坊）进行公私合营（例如重庆桐君阁与光华、国新、胜利、亚西等合并），但基本上仍保留原来的牌号，沿袭前店后厂（坊）、手工操作、制售结合等形式，设备简陋，品种不多，剂型也少，生产能力很低，卫生条件亦差。据不完全统计，全省年产值仅100万元左右。1950—1951年，中药饮片加工炮制都是由城乡中药零售店（咀片铺，后同），采取前店后厂（坊）方式，进行加工炮制，供应配方药用。

1955年，随着省中药材公司建立，中成药生产和中药饮片加工炮制工作也得到管理和指导。但是，当时中药零售点多面广。据四川省统计局资料，1955年8月底，全省中药零售商有15340户，其中：成都市487户，重庆市737户，加之省公司技术力量薄弱，因而对中药饮片加工炮制工作还来不及进行比较统一的管理，中药饮片仍由中药零售店运用“前店后坊”的方法，进行加工炮制。

1956年，随着国家对资本主义工商业社会主义改造的完成，全省各中成药及中药饮片零售商业根据不同情况，进行调整、改组，进入公私合营、合作小组，走向集中生产和经营。这种形式持续了较长的时间。如：成都的精一堂、满林春、蓝陵氏、福同药房合并成立地方国营成都中药制药厂；重庆桐君阁与地方国营庆余堂合并为公私合营桐君阁制药厂，重庆市中区国药商店将各零售店前店后厂（坊）的中成药、饮片加工集中起来成立“炙造部”，进行集中生产和加工，1958年取名国光，成为地方国营重庆市中区国光制药厂（今重庆中药厂）。全省中成药生产逐步实行工商分开，专业从事生产的中成药厂开始形成。由于生产扩大，品种增加，1957年全省中成药收购总值达126万元。

1958年，在中央提出大办工业的号召下，除积极办好已有药厂外，全省各市（地、州）及一些县曾因陋就简，土法上马，土洋结合，办起了60多个生产中西成药或中成药的商办专业厂，并在全省范围内开发利用野生植物三颗针，提取黄连素。这些药厂中，有的不顾主客观条件而仓促上阵，生产技术低，工艺落后，产品质量差。1960年，中成药产值达到1450万元，为后来发展中成药生产奠定了基础。1962年，国民经济实行“调整、巩固、充实、提高”的方针，除桐君阁药厂归口由中国医药工业公司重庆分公司领导，其余药厂经调整后，仅在成都、重庆、达县等市、地保留生产中成药品药房。

1964年，为进一步指导提高饮片质量，在成都、重庆和专区所在地，设置国营配方部，一般县城都掌握一个零售点，指导加工炮制，起典型示范作用，提高药品质量。大部分县中药材线司对一些加工技术比较复杂，零售环节加工确有困难的品种，还进行集中加工供应。为交流加工炮制经验，在成都召开了全省中药饮片加工炮制现场会。绵阳、内江等地区也开展饮片质量监督、检查工作，树立典型，层层促进，全面推广。

1965年8月，为改变农村缺医少药的面貌，卫生部、商业部、化工部和全国供销合作总社发出贯彻中央委员会主席毛泽东提出的“把医疗卫生工作的重点放到农村去”的“六·二六”指示，联合下达《关于积极做好成药下乡的通知》。全省市（地、州）、县医药商业、卫生部门积极进行摸底调查和中成药下乡的试点工作，并根据下乡中成药22种的要求，由省专项安排原料，专项安排药厂生产。1965年，全省中成药总产值375万元。开展中成药下乡，促进了全省中成药生产的恢复和发展。

为继续适应中成药下乡的需要，省、市、县作出了加强中成药生产布局和建厂等规划，并上报省的领导机关审批。1968年11月，经四川省革命委员会财贸组批准，恢复、扩建和新建了12个省、市（地）级商办药厂。其中，恢复的有绵阳中药厂、达县中药厂和内江六二六药厂；扩建的有成都中药厂、重庆中药厂、万县中药厂、雅安中药厂和宜宾红光药厂；新建的有四川省中药厂、江津中药厂、涪陵中药厂和乐山中药厂。国家先后投资基建、设备款200万元。

1970年，全国推广江西省县县办药厂的经验，在四川又形成了一次商办药厂的高潮，全省共有市（地）药厂23个，县办药厂75个。经一年多的实践，部分药厂出现问题，主要是：生产中成药与饮片加工炮制混杂在一起，技术力量和财力不集中，原材料不配套，产品质量不高等。1972年，四川确定调整生产布局，明确县办厂调整为搞中药饮片加工炮制为主，有条件的县可生产一些利用当地中草药资源为主要原料的中成药，省不再承担统筹安排县办药厂的中成药生产，集中财力物力搞好市（地）药厂。

1973年8月，国务院批转国家计委、商业部《关于改进中成药质量的报告》，指出：加强中成药生产的领导，积极改善生产条件逐步实现机械化生产，提高药品质量。四川中成药生产开始进入发展和提高阶段。为逐步实现中成药生产的机械化，四川确定对市（地）药厂分期分批进行重点改造。为发挥全省主产中药材原料和人口多、销售市场大的两大优势，全省扩大生产，提高自给能力，满足医疗用药需要。从1975年起开始对大部分中药厂，以改善产品结构、提高药品质量和产量、改进工艺卫生为主，陆续进行局部和单项目的技术改造。省中药厂、成都中药厂、雅安中药厂、达县中药厂、永川中药厂进行了局部改造，厂房作了更新、扩建或搬迁，初步改变了厂区与生活区混杂、库房与车间混杂的状况，并逐步采用和推广提取浓缩技术，制剂工序普及了制丸机、压片机、糖衣机、颗粒机、蜜丸机、蒸汽烘房等设备。有的厂还采用了密闭煮提罐，减压浓缩罐等较先进的煮提浓缩设备和检测仪器，公共系统和通用设备也日渐完善，使全省中成药品工业初具规模，生产进一步发展。

1976年，全省中成药总产值达1625万元，比1973年1294万元增长25.58%。

1978年，中共十一届三中全会召开以后，为贯彻“调整、改革、整顿、提高”的方针，狠抓中成药品及中药饮片生产的薄弱环节，四川采取挖潜、革新、改造等措施，使全省中成药品生产进入新发展时期。同年8月，四川省卫生局颁发《四川中药饮片炮制规范》（以下简称《规范》），作为药检部门进行饮片加工炮制和质量检查的依据，同时相应地从价格政策上作出调整，即由原来的不分加工炮制与否均按30%计价的办法，改为不加工炮制品种的批零差率，按原生药批发价加18%—

22%，加工炮制的品种按饮片批发价加18%—22%。该《规范》自1979年2月执行至1984年，促进四川中药饮片加工炮制质量得到较大提高。

1980年3月17日，中国药材公司发文给有关单位，洽商中成药生产企业建立联系制度问题。中成药生产从1980年起正式纳入国家计划，拟将四川省中药一厂、二厂作为中国药材公司的联系点。

至1981年底，省中药材公司系统建立了集中加工炮制厂（部、组）110多个，厂房面积2.5万平方米，固定资产300万元，直接从事饮片加工炮制的职工1606人，占商业职工总数1.6万人的10%。有10个市（地）中药材公司、二级站设有质检科，或配有专人负责质量工作。县中药材公司、饮片加工炮制厂或组，均配有专职或兼职零检人员。按《四川省中药饮片炮制规范》进行加工炮制，在全省初步形成了统一炮制方法，统一炮制工艺，统一辅料配制，以保证饮片质量。扩大了加工炮制品种，增加了加工产量。一般县加工炮制品种在150种左右，部分县可达200种以上，如射洪（200种）、威远（214种），有的市、县的加工炮制品种可高达300种左右，如：成都、资阳（294种）、仪陇（272种）。1982年8月21日，中国药材公司印发1982年度全国中成药同品种质量评比结果，重庆桐君阁药厂的天麻丸荣获第一名。

1983年，全省中成药剂型由中华人民共和国成立初的膏、丹、丸、散、酒等简单剂型发展为片剂、冲剂、浓缩丸剂、糖浆剂、贴膏剂、针剂、合剂、气雾剂、胶丸、口服液、微丸等近20种，与1976年相比，增加了11种。常年生产品种由1977年前的100种发展到350余种，经省卫生厅批准可生产的达513个。全省年产值上100万元的中成药品种有玉泉丸、喉炎丸、麝香止痛膏、川贝枇杷糖浆、西黄丸、银翘解毒丸、石斛夜光丸、藿香正气丸、大活络丸、黄连上清丸、香砂养胃丸、牛黄解毒片12种；上50万元的中成药品种有上清丸、感冒退热冲剂、香砂健胃丸、天麻针、银柴胡冲剂、健脾糕片、六味地黄丸、大山楂丸、六神丸、贝母雪梨膏、银翘解毒冲剂、穿心莲片、川贝枇杷冲剂、银翘解毒片14种。1977年前，全省出口品种仅几个，金额也只有20多万元。1980年以来，品种达20余种，金额已超100万元，主要有川贝枇杷冲剂、玉泉丸、喉炎丸、麝香止痛膏、麝香苏合丸、石斛夜光丸、一粒止痛丹、白药、六神丸、小儿奇应片、舒活灵等。其中，舒活灵、喉炎丸、麝香止痛膏、川贝枇杷冲剂等4个品种，获省级以上优质产品称号。

1984年，全省饮片加工炮制量为1224万公斤，产值为3860万元，供应饮片的总值占全省销售总值1.94亿元的19.87%，质量也有新的提高。全省已初步形成了中药材饮片加工炮制的工业生产体系。

从1984年起，各地中药饮片加工炮制厂（部、组），根据中国药材公司制定的《中药饮片质量管理暂行办法》，逐步建立和健全质量监控系统，设置了质检科（股、组），建立质量管理制度、饮片质量档案制度、质量检验等制度，在文明生产、生产卫生、环境卫生、个人卫生等方面，都做了较大的改进。

1985年，全省中成药生产总量达5922吨，比1980年3757吨增长58%，平均每年增长9.55%；总产值达8265万元，比1980年3846万元增长115%，平均每年增长16.5%；实现利润1807万元，比1980年567万元增长219%，平均每年增长26%。同年底，据不完全统计，全省经卫生行政部门批准生产的品种达600种，剂型20个左右。

为扶持中药饮片生产，1986年8月，国家医药管理局转发财政部税务总局《关于加工、生产中药饮片免税问题的通知》，明确：从1986年起，对饮片生产免征所得税5年，减半征收增值税4年，每年拨款1000万元用于重点饮片厂的技术改造。四川省中药工业在国家优惠政策的扶持下，逐渐摆脱了前店后厂的落后面貌，逐步走向规范化、现代化。

这一时期，为保证中医临床用药和中医药事业的健康发展，卫生部加强对全国中成药品种的清理整顿。1983—1989年，卫生部对全国中成药品种进行5次整顿，整理出31个剂型，8488个品种。截至1989年底，已经颁布了第一批170种中成药部颁标准，解决了品种多年混乱的问题。

1990年2月，四川省卫生厅转发《卫生部关于加强中成药移植品种管理的通知》，加强中成药及中西药复方制剂移植品处方组成、质量标准及当前产销情况等的全面管理。同年，四川中成药产量为0.84万吨，较1985年增长41.4%。1986—1990年平均年递增7.17%。中药饮片年加工能力达3200多万公斤，紧缺品种由146中减到40种，配方成分率提高到95%。

图2—2　2005年，四川省中医药发展大会在成都市召开

1993年，中成药工业产值比1979年增长14.5倍，年递增25%。中药饮片年加工能力约4000万公斤，配方成方率由65%提高到95%以上。中成药古方、验方与现代技术的结合，使抗病毒冲剂、足光粉、活熊取胆粉、地奥心血康、川贝蛇胆液、枕中健脑液、增长乐等一大批新产品投放市场。

1996年，全省拥有中成药工业企业104家，中成药工业总产值达23.5亿元，比上年增长47%，列全国第2位。

1997年，国务院18个部委联合编制了《中药现代化科技产业行动计划》（纲要），引起了四川省的高度重视。为抓住国家实施中药现代化科技产业行动计划的机遇，促进资源优势转化为经济优势，1998年11月，科技部正式批准组建全国第一个中药现代化科技产业基地——四川基地。1999年6月，四川省人民政府与科技部、卫生部、国家药品监督管理局、国家中医药管理局、中国科学院联合成立全国唯一部省共建基地及其建设协调领导小组，签订共建协议。四川提出了“中药现代化科技产业园，中药研究开发体系、药材生产体系、中药制药体系、配套服务体系”在内的“一园四体系”建设模式，努力建设成集药材规范化种植、现代中药研究、生产、商贸、医疗保健、信息交流等为一体的中药现代化科技产业基地。中药现代化科技产业园设在成都国家高新技术产业开发区西区，逐步建成集研究开发、中试孵化和符合GMP标准的一批中药企业为一体的新型高科技产业园区，带动全省中药产业的发展。研究开发体系是基地“一园四体系”的核心和枢纽，其建设将借鉴国际通行的标准规范，按市场经济规律，优化配置科技资源，加大创新力度，创建全国一流的中药研究开发机构，逐步形成全省以企业为创新主体，研究开发机构为核心，运行机制灵活的创新体系。1997年以来，全省有61个中药新药获得批准进行临床试验，47个中药新药获得批准进行生产。全省自主开发的CO_2超临界萃取、超微粉碎、大孔树脂吸附等制药新技术、新设备研究项目，已应用于中药的研究开发和生产。由地奥集团牵头开发的三大类天然药物有效成分提取分离技术及成套设备达到了国内领先水平。

1998 年，中成药工业超过化学医药的比重。中成药工业产值、利润连续在 1997 年、1998 年居全国第 1 位。1999 年，全省中药工业总产值增长至 41.5 亿元。

1999—2002 年，四川省科技厅对中药科研投入达 3300 万元，支持了一批高水平的中医药研究开发和建设项目。

因具有发展中药现代化科技产业优势和巨大潜力，四川省在 2001 年颁布的《四川省国民经济和社会发展第十个五年计划纲要》（以下简称《“十五”计划纲要》）中把医药产业列为国民经济六大支柱产业之一，出台了医药产业发展的政策措施，全力推进企业技术改造、GMP 认证及企业技术中心建设，培育大型企业集团。同时，《“十五”计划纲要》还将中药产业确定为医药化工支柱产业的重点，明确提出：“以中药为重点，发展中成药工业和生物制药工业，努力建设中药现代化科技产业（四川）基地。”同年，全省中药工业实现产值 52.27 亿元，销售收入 45.94 亿元，利税 11.46 亿元，占全省医药工业的比重分别达到 50.28%、58.02% 和 70.55%，对推动整个医药化工支柱产业的形成和发展起到了重要作用。各地逐步认识到了中药产业对本地经济社会发展的重要性，16 个市（州）相继成立了中药业发展领导小组，制定了中药产业发展规划，将中药产业确定为本地重点产业。四川省率先在全国开展了百家药店网上联合招标活动。

中药制药体系建设是体现四川中药产业优势的关键所在。2001 年，四川成为全国最大的中成药生产基地。中医药信息、人才培训、技术产权交易、电子商务、营销服务、金融等服务网络正逐步形成，为基地建设提供全方位服务。中医药信息网络中心建设和药品电子商务试点工作进展顺利，四川 Internet 公司、成都中医药大学、倍特集团等联合建立了四川中药通电子商务股份有限公司，成功取得了国家首批药品电子商务试点资格，启动了药品电子商务试点工作。

2002 年，四川有中成药生产企业 120 多户，中药饮片企业 90 多户。全省有 46 家医药企业通过了国家 GMP 认证，9 户企业建立了国家级、省级企业技术中心。地奥集团、康弘制药公司等还先后建立了博士工作站。成都地奥集团、四川迪康集团股份有限公司、成都康弘制药有限公司等销售收入上亿元的中成药生产企业已达 17 户，销售上亿元的中成药有地奥心血康胶囊、黄芪注射液、糖脉康颗粒等 10 多个品种。同年，全省中成药产量 5.26 万吨，同比增长 14.66%。同年，四川省委、省政府向国家申请将成都作为中医药现代化国际科技大会及中医药博览会的主办城市，并于同年 9 月成功举办“2002 中医药现代化国际科技大会暨新技术新产品展览会”。

2003 年，全省完成中药工业总产值达 59.7 亿元，居全国第 4 位；完成工业增加值 27.2 亿元，居全国第 3 位；实现产品销售收入 55.1 亿元，居全国第 3 位；实现利税 9.1 亿元，居全国第 3 位；实现利润 7.2 亿元，居全国第 3 位。

2004 年，四川省中药产业通过吸收新技术，研发和引进新工艺和新装备，从传统产业逐步逐渐向现代工业生产体系转变。2004 年四川省申报中药新药 198 件，居全国第 1 位，新产品产值 19 亿元。据省经委快报统计，2004 年全省中药工业完成工业总产值 65.38 亿元，居全国第 3 位；实现产品销售收入 57.81 亿元，居全国第 4 位；实现利润 5.82 亿元，居全国第 6 位。全省完成中成药产量 8.25 万吨，居全国第 1 位。中药工业增加值和销售收入在全国的位次由前一年的第 3 位上升为第 2 位。

“十五”期间，四川协力制药、四川绿色药业、成都华高药业等40多户中药提取物生产企业异军突起，形成中药提取物新产业。四川中药提取原料芦丁产量位居全国第1位，芦丁提取药曲克芦丁的出口量占全国该品种出口量的90%以上。

2005年9月，四川成功举办“第二届中医药现代化国际科技大会”，并通过各种渠道，为企业牵线搭桥，组织招商引资项目，取得良好效果。2005年全省完成中药工业总产值92亿元，居全国第4位，占全省整个医药产业的51.1%，较“九五”末增长87%，年均增长16.15%；实现产品销售收入78亿元，居全国第5位；实现利润7.5亿元，居全国第6位，较“九五”末增长31.41%，年均增长6.28%；工业增加值31.9亿元，较“九五”末增长57.92%，年均增长11.58%；实现利税12.02亿元，较“九五”末增长16.33%，年均增长3.27%。中成药产量达到9.79万吨，居全国第1位，较“九五”末增长149.74%，年均增长29.95%。在全国中药工业50强排名中，按销售收入排名，成都地奥、中汇制药、蜀中制药、禾邦药业4家企业均处于前50强之内。

第四节 生物制品生产

中华人民共和国成立前夕，全国仅有4个生物制品研究机构，包括国民政府中央防疫处等。这些机构规模都不大，最大的国民政府中央防疫处，房屋面积仅1万平方米，职工66人，生产品种不过20种，既无生产工艺规程，也无国家质量监督机构和生产质量标准，质量无保证，更谈不上血液制品的生产。地处西南边陲的四川，生物制品和血液制品的生产均属空白。

中华人民共和国成立后，为满足军队和人民群众的迫切需要，四川生物制品和血液制品生产开始逐步发展。

一、生物制品

中华人民共和国成立后，为满足军队和人民群众的迫切需要，西南军区卫生部分别在重庆、成都设立卡介苗制造所，川西卫生试验所（后改为四川省卫生试验所）生产少量卡介苗和牛痘苗供应军需民用。为贯彻“预防为主”卫生工作方针，满足卫生防疫事业的大量需要，国家重点投资生物制品生产基地建设。1953年，卫生部决定在成都以四川省卫生试验所为基地，筹建一个综合性的生物制品生产单位，成立成都生物制品研究所筹备处。该所建成后，开创了四川生物制品及血液制品的新局面，不仅直接加强西南地区的卫生防疫事业，而且对全国生产建设和国防建设都发挥了重要作用。

成都生物制品研究所建成初期，生产百日咳菌苗、卡介苗、人用狂犬疫苗、牛痘苗、精制破伤风抗毒素、白喉类毒素、伤寒菌苗、痢疾噬菌体和诊断液9种产品。随着预防注射全面普及和医疗技术水平不断提高，为满足防病治病的需要，成都生物制品研究所加强新品种的研制开发，不断充实更新科研和设备，使生物制品品种和产量逐年增加。1958年，成都生物制品研究所新增精制白喉抗毒素、百日咳菌苗、伤寒副伤寒三联菌苗等，产品增加到15种，工业产值达26.2万元。1959年，该所新生产胎盘球蛋白、斑疹伤寒疫苗及沙门氏因子血清、痢疾分型血清等制品。1960年，该所开始生产霍乱菌苗、白喉百日咳二联菌苗、大肠杆菌血清、标准抗原和林田氏抗原等，产品增至28种，工业产值达352.5万元。尽管当时品种和产量在不断增加，但由于原材料供应不足，产品质量得不到保证。从1961年开始，成都生物制品研究所采取在生产上加强药品质量、技术力量和生产布局，缩短路线、保证重点，调动广大职工的积极性等措施，使生产有了起色。1961年，该所工业产值为147.1万元。产品质量比1963年有所提高，在可比的16种产品中，保持和超过的有12个品种，占75%。

1965年，卫生部派工作组到该所搞“四清运动”。1966年，“文化大革命”开始。这一时期，虽然生物制品生产深受影响，但是由于广大职工积极努力，产值由1965年204.2万元，增加到1976年的434.6万元，生产品种扩大到39种。

“文化大革命”结束后，通过拨乱反正，把过去行之有效的规章制度重新建立起来。特别是1978年中共十一届三中全会，决定把党的工作重点转移到社会主义建设上以后，经过认真落实党的干部政策、知识分子政策和老工人政策，调动、激发了广大干部、知识分子工人的积极性，逐步开创良好的生产局面。1979年，成都生物制品研究所产值计划为510万元，实际完成578万元，利润计划164万元，实际完成199万元，成品合格率达到97.8%，全员劳动生产率为7319元，实现增产节约计划，在增产增收上取得初步成效。

从1979年下半年开始，该所根据生物制品需要量下降趋势，进行深入细致的调查工作，作出调整产品结构的决定，在巩固提高老产品的同时，扩大胎盘制剂生产，1980年以后又开发生产血液制品。1985年，该所工业产值达2227.6万元。

1991年8月，卫生部药政管理局发出通知，明确：成都生物制品研究所生产的乙肝疫苗获得试生产批准文号，可以用预防接种。同年11月，卫生部下发《关于执行〈中国生物制品规程〉一部（1990年版）的通知》，要求自1991年12月1日起正式执行《中国生物制品规程》（以下简称《规程》）。《规程》收载了已批准生产的预防、治疗和体内诊断用生物制品的制造及检定规程，是中国生物制品的国家标准，是生物制品生产管理、检定及使用的依据。同年，四川省对血液制品和胎肝悬液及其免疫调节剂生产单位进行整顿，在验收的基础上，进行登记注册，审批生产批准文号；对胎肝悬液及其免疫调节剂生产、使用中的问题与医政、科技部门配合，进行调查并开展整顿，并继续加强对生物制品技术改造工作的宏观协调、控制。

1995年4月，四川按卫生部《关于禁止LAK细胞①制剂非法临床使用的通知》规定，提出具体要求并认真贯彻执行，对违反规定的单位及个人依法严肃处理。同年10月，根据卫生部《关于严格禁止流产胎儿脏器生物制剂制作和使用的通知》要求，四川省卫生厅审批的流产胎儿脏器制剂的科研工作原则应一律停止，此后的科研立项一律报卫生部审批；人工获得（指从动物脏器提取等方法）的同质药用胎儿脏器活性物质一律按要求，向卫生部申报临床研究和生产；严格禁止胎儿脏器生物制剂的制作和使用。

1997年10月，为解决中国仿制性生物技术产品重复研究开发和一种产品多家建厂、重复生产，以及体细胞治疗、基因治疗等生物技术在临床滥用而无有效监督等问题，卫生部和四川省先后发出通知，要求凡准备生产仿制性生物技术产品（指仿制国外应用生物技术获得的产品）的单位，应首先向四川省卫生厅提出立项申请并报送有关资料，经四川省卫生厅初审后，转报卫生部审批，经卫生部同意立项后，生产单位方可进行研究。

---

① LAK细胞，即淋巴因子活化杀伤细胞。

2002 年，生物制药发展迅速，总产值 6.8 亿元，销售收入 6.9 亿元，实现利润 9680 万元。

2005 年 4 月 11 日，成都诺迪康生物制药有限公司获准生产一类新生物制品冻干重组人脑利钠肽。四川省新增的冻干钠肽填补了国内治疗心衰一类新药空白，标志着中国在治疗心衰基因药物研究领域处于世界领先水平。同年 4 月 20 日，中国人民解放军第四军医大学、成都华神集团股份有限公司联合研制的具有自主知识产权的治疗原发性肝癌的一类新药——碘［^{131}I］美妥昔单抗注射液，获得一类新药证书。碘［^{131}I］美妥昔单抗注射液是全球第一个用于治疗原发性肝癌的单抗导向同位素药物，是中国具有自主知识产权的抗体类药物。同年，成都地奥制药集团有限公司研发的一类新药枸橼酸西地那非片获得新药证书。

至 2005 年底，成都蓉生药业有限责任公司、四川远大蜀阳药业有限公司、成都生物制品研究所等血液制品及疫苗生产企业不断提高自主创新能力和核心竞争力，走上新型工业化道路。四川省对成都、绵阳的国家和省级高新技术开发区拟入园的生物医药项目，实行定点、定人跟踪式服务，帮助提高项目成功率，加快实现产业化。

二、血液制品

中国的血液制品生产起步较晚，但发展较快。四川省的血液制品生产在各方面的努力下，获得稳步发展。

1964 年 10 月 9 日，重庆大新制药厂试制成功缩合葡萄糖，经中国科学院血液研究所进行生物学鉴定，命名“409 代血浆”，为国内首创。1971 年 12 月，西南制药厂首先在国内试制成功血液酸碱度调节剂缓血酸胺，并投入生产。

1972 年，中国医学科学院输血研究所内迁成都后，为使输血研究工作能密切结合生产实际、结合医疗需要，该所在加强输血理论研究的同时，也注意医疗需用血液制品的研究开发。从承担卫生部下达生产冻干健康人血浆开始，同时生产少量人血丙种球蛋白和人血白蛋白，从而拉开四川生产血液制品序幕。在此期间，卫生部和省卫生厅根据战备、医疗急救工作对血液制品的需要，陆续采取了一些行政措施和技术措施促进血液制品生产发展，包括：有计划地开始了市（地、州）一级急救输血站的建立；为解决生产血液制品用血，先由省人民政府继后转由省卫生厅将健康人全血需用量作为国家计划下达，要求有关市（地、州）卫生局在当地政府领导下，积极开展献血工作，结合医疗用血对血源进行统筹安排，并按照国家规定加强管理。

随着医疗技术水平的提高和输血工作的改进，采血的方法由抽全血，逐步改为单采①，使血源问题得到基本解决，对增加血液制品起到了积极作用。

1980 年，临床使用血液制品逐步普及，成都生物制品研究所新建血液制品车间，车间建成后可大量提供商品性健康冻干人血浆、人血丙种球蛋白、人血白蛋白。中国医学科学院成都输血研究所，除生产冻干人血浆、人血丙种球蛋白、人血白蛋白外，还生产供静脉注射的丙种球蛋白注射液、血浆蛋白溶液等产品。这两个单位还陆续研制生产白细胞干扰素、转移因子及乙肝免疫球蛋白。此后，成都军区血浆所，成都市、重庆市、渡口市等血站亦分别向部队、地方医疗单位提供血液制剂。

由于输血技术和血浆分离技术不断改进提高，以及医疗单位使用健康全血逐步转向根据病情需

① 单采，即将抽取的全血分离血浆后，血球还输给献血者。

要使用血液中的单一成分治疗，各血液制品（商品性）、血液制剂（非商品性）的生产单位，相继开发研制出一系列供应临床治疗和诊断的新品种。成都市中心血站、重庆急救输血站可直接为医疗单位提供压积红细胞、新维代浆全血、高血小板血浆、浓缩血小板、白细胞血小板混悬液、冷沉淀、洗涤红细胞。中国医学科学院成都输血研究所，能直接向临床供应凝血酶之复合物，抗血友病球蛋白、α^2－球蛋白注射液、浓缩白细胞代血浆血、少白细胞的红细胞及转铁蛋白等。此外，还有为医疗单位鉴别血型、诊断各种血液病的红细胞血型试剂、白细胞血型试剂、标化血红蛋白、试剂白蛋白、因子血浆和参考标准、抗凝血酶Ⅲ试剂盒参考品。全省血液制品生产达到一定规模。

为进一步发展血液制品的生产，1984 年，卫生部决定在成都生物制品研究所血液制品车间的基础上，由国家投资，采用先进技术设备，着手筹建蛋白分离工厂。

1985 年《中华人民共和国药品管理法》颁布后，四川省卫生厅根据卫生部指示，加强血液制品的监督管理，对生产商品性血液制品的单位核发“药品生产企业许可证”，对提供医疗用血和非商品性血液制剂的各血站核发“药品制剂许可证”，保证群众用药安全、有效。此外，四川还在生产医用放射性同位素和高分子材料。

为加强对体外免疫诊断试剂的管理，提高体外免疫诊断试剂和血液及其制品的质量，保证供、受血员的安全，1994 年，卫生部印发《关于对用于供血员血样检验的体外免疫诊断试剂实行批批国家检定的通知》（以下简称《通知》）。《通知》要求，从 1994 年 10 月 1 日起，凡用于供血员筛选的乙型肝炎表面抗原、丙型肝炎病毒抗体、艾滋病毒抗体和梅毒 4 种体外免疫诊断试剂，必须使用经中国药品生物制品检定所检定并贴有“中国药品生物制品检定所检定合格”字样的防伪标签的试剂。

为配合国内血液制品生产整顿工作的进行，受卫生部委托，中国药品生物制品检定所自 1992 年以来对 39 家血液制品定点生产单位生产的人血白蛋白、人胎盘血白蛋白等制品（包括低温乙醇法、利凡诺－低温乙醇结合法以及硫酸铵盐析法等工艺）进行了全面的质量检定。1994 年 6 月，卫生部下发《关于统一核发血液制品生产批准文号有关问题的通知》（以下简称《通知》），对上述厂家各种血液制品的品种统一核发血液制品生产批准文号。《通知》规定：人血（包括人胎盘血）白蛋白，经检定产品合格的单位予以“卫药准字”生产批准文号，自 1994 年 8 月 1 日启用新的生产批准文号；1992 年（不含 1992 年）以前核发的人血白蛋白生产批准文号一律作废，1994 年 8 月 1 日前已在市场流通的标有老文号包装的制品用完为止。经检定不合格的单位，可将自检合格的连续 3 批产品报中国药品生物制品检定所，由中国药品生物制品检定所派员现场抽样，检定合格后由卫生部颁发生产批准文号。利凡诺工艺制备的人血丙种球蛋白（肌肉注射用和静脉注射用），1992 年前（不含 1992 年）核发了生产批准文号的，于 1994 年 8 月 31 日前将连续 3 批产品及其质检记录送达中国药品生产制品检定所检定，根据检定结果核发新的生产批准文号。其他血液制品如凝血因子类等危险制品，在制品病毒灭活工艺未批准前不审理新产品；在《中华人民共和国药品管理法》实行以前已由国家批准生产的产品，待加进病毒灭活工艺之后再核发新生产批准文号，为防止血源性疾病的传播，这类制品当前仅可供临床抢救使用；各单位生产的白蛋白、球蛋白启用新的批准文号后，其产品说明书和包装材料上均须标明该制品的生产工艺；凡自 1994 年 8 月 1 日起，白蛋白制品未按本《通知》要求继续以老文号包装出厂的制品一律按假药论处。同时，《通知》还指出，根据有关专家的意见和部领导的指示，利凡诺生产工艺将于近年内予以淘汰，要求各生产单位做好应变准备。

1995 年 3 月 6 日，卫生部下达《关于血液制品生产技术改造问题的通知》（以下简称《通知》），对血液制品生产项目技术改造和合资做出具体规定。《通知》要求，血液制品生产项目的技术改造及合资引进等工作只限定在已获批准的定点血液制品生产单位内进行，今后不再受理新的血液制品生产项目的立项申请；根据国家有关政策规定，今后不再考虑审批大型的血液制品合资项目；如已获批准的定点生产单位为开发新品种、需要合资或技术引进，应经卫生部批准后方可实施；已获批准的定点单位如需进行技术改造，更改工艺或新建血液制品生产车间，需按《生物制品管理规定》的程序报批；为进一步提高中国血液制品生产能力及质量水平与国际上接轨，决定于 1996 年 12 月正式淘汰利凡诺生产工艺，届时，以利凡诺工艺生产的产品批准文号均将撤销。

同年 4 月，卫生部下达《关于抗 A、抗 B 血型定型试剂定点生产问题的通知》（以下简称《通知》），规定四川省血清型定型试剂生产单位为中国医学科学院成都输血研究所。四川要求各级临床输血单位、血站（中心）、血液制品生产单位，自 1996 年 1 月 1 日起，必须使用具有卫生部批准生产批准文号的 A、B、O 血型定型试剂；自 1996 年 1 月 1 日起，凡发现未经卫生部核发的生产批准文号的血型定型试剂均按假药处理。同年 4 月，为进一步提高诊断试剂质量，避免或减少临床诊断漏诊、误诊，指导临床进行正确治疗，控制传染源，防止疾病扩散，提高流行病学调查和疫情监测结果的可信度，卫生部印发《关于对四种体外免疫诊断试剂生产、销售、使用管理的补充通知》（以下简称《通知》）。《通知》要求，全国凡经正式批准生产 HBsAg①、抗 HCV②、抗 HIV③ 和梅毒诊断试剂的单位，自 1995 年 5 月 1 日起生产的上述 4 种诊断试剂，必须按批批检程序报中国药品生物制品检定所检定，经国家检定所检定合格的产品贴防伪标签后方可出厂；各试剂生产单位应实行规范化生产，规模化生产，HBsAg 和梅毒试剂批量应大于 20 万人份，抗 HCV 和抗 HIV 试剂应大于 10 万人份，批量不足的，检定所可拒绝检定；全国各销售、使用上述 4 种的体外免疫诊断试剂的单位，从 1995 年 10 月 1 日起，必须销售、使用经国家检定所检定并贴“检定合格”字样防伪标签的试剂。

根据卫生部《关于统一核发血液制品生产批准文号有关问题的通知》要求，根据中国药品生物制品检定所对四川血液制品定点生产单位报送的丙种球蛋白样品进行检验的结果，1995 年 6 月，卫生部印发《关于核发人血丙种球蛋白生产批准文号的通知》，统一核发了生产批准文号。成都蜀阳制药厂使用利凡诺法生产的丙种球蛋白液体剂型（10%）生产批准文号为〔1994〕卫药准字（成蜀）S－02 号；卫生部成都生物制品研究所使用低温乙醇法生产的丙种球蛋白液体剂型，规格为 150 毫克/支生产批准文号为〔1994〕卫药准字（蓉）S－03 号；规格为 300 毫克/支生产批准文号为〔1994〕卫药准字（蓉）S－04 号。

同年 8 月，为控制血源性疾病的传播，保证血液制品临床使用的安全性，四川省执行卫生部《关于禁止生产和临床使用未经病毒去除或灭活的凝血因子类血液制品的通知》（以下简称《通知》）。《通知》要求，各有关血液制品生产单位 1994 年 12 月 31 日前得到的凝血因子类制剂生产批准文号一律作废，立即停止生产和销售未经病毒灭活的凝血因子类制品；凝血因子类血液制剂（不包括成分血冷沉淀）属血液制品范畴，严禁各级采供血机构以成分输血的名义进行生产和销售；严禁各级医疗机构使用未经病毒去除或灭活工艺制备的凝血因子类制剂；各生产单位如进行凝血因子类制品生产，必须采取有效的灭活或去除病毒的工艺，经专家论证通过后由卫生部审批核发生产批

① HBsAg，即乙型肝炎表面抗原。
② HCV，即丙型肝炎病毒。
③ HIV，即艾滋病毒。

准文号后方可生产、销售。

至1995年底，卫生部先后发出的若干通知要求停止生产和使用冻干健康人血浆，淘汰利凡诺法生产工艺，这使许多企业陷入困境。成都蜀阳制药厂由于决策正确，在产品品种和生产技术上占领先机，赢得发展机遇。

1996年6月，为进一步加强对4种体外免疫诊断试剂①的质量监控，卫生部下发《关于印发〈关于加强四种体外免疫诊断试剂质量监控的规定〉的通知》，四川按卫生部要求，认真执行《关于加强四种体外免疫诊断试剂质量监控的规定》（以下简称《规定》）。《规定》指出，1996年5月1日起，体外免疫诊断试剂增加热稳定测试项目，以保证试剂的质量稳定；药品的国家标准由卫生部颁布；药品、生物制品检验用标准物质由中国药品生物制品检定所负责研制和供应；加强抽样的随机性，提高被检验样品的代表性；生产企业生产同一个品种，同一个批次，准许有两种包装规格；每批生产量按要求，进行抽样、检验、解封等工作，检验分规格进行；酶联免疫试剂盒试验结果的判读必须使用酶标仪，凡产品使用说明书中有肉眼判读的内容，中国药品生物制品检定所拒绝检定；每种试剂盒的阳性对照品应进行标化，设定OD②值范围并写在说明书中，供用户判定实验是否成立和试剂质量；国家批批检定与市场抽检相结合，进一步加强对试剂的监督管理，市场抽检费用由厂家承担，抽检不合格产品按劣药处理。

“九五”时期（1996—2000年）以来，全国血液制品企业发展很快，由原来的20余家猛增到39家，市场竞争日趋激烈。企业要在激烈的竞争中站稳脚跟，谋求更大的发展，必须依靠科学技术进步，增强科技创新力度。

第五节　四川省医药企业概况

中华人民共和国成立前，四川医药工业极为落后，制药企业数量少、生产规模小、技术落后。中华人民共和国成立后，四川省医药工业迅速发展，制药企业数量快速增长。中华人民共和国成立前夕，四川地区仅有制药企业50余家，20世纪90年代发展到100多家。截至2005年底，全省有192家医药企业，主要分布在成都、绵阳、德阳、乐山、自贡、泸州、攀枝花等几个城市。

一、四川医药企业发展历程

晚清时期，随着西方制药工业的进入，四川开始开办制药企业。抗日战争时期，国民政府迁都重庆，上海、天津等地药厂纷纷内迁入川。省内一些有识之士集资兴办药厂。这一时期，全川共有大小药厂50余家，主要分布在成、渝两地。其中，成都16家，重庆19家。

中华人民共和国成立后，四川药材生产企业逐渐增多，规模逐渐壮大。四川各级政府为扶持和发展省内各类医药企业，对部分老企业积极裁并、改造，对新企业加大投资和扶持，促使省内医药企业在成都、乐山、绵阳、德阳、资阳等地区有了一定的发展。1951年1月1日，重庆私营大新化学制药厂与川东人民行政公署卫生厅实行公私合营，建成全国第一家实行公私合营的药厂，改名川

---

① 4种体外免疫诊断试剂，即乙型肝炎表面抗原、抗丙型肝炎病毒抗体、抗艾滋病毒抗体及梅毒诊断试剂。
② OD，即被检测物吸收掉的光密度，是检测方法里的专有名词。

东大新制药厂。同年4月，川西卫生厅将私营北辰、信生等药厂公私合营组建川西制药厂，不久改为地方国营，并成立实验室（为成都制药一厂）。同年7月31日，化工部在成都建设四川抗生素厂。1958年，国家投资兴建四川制药厂，各地也兴办了一批药厂。1961年，经中央批准试办中国医药工业公司，加强对企业集中统一管理。1966年10月23日，四川长征制药厂开始筹建。20世纪60年代，四川开办医疗器械生产厂。1975年，四川全民所有制医药企业增加到39个。

1978年中共十一届三中全会后，四川医药企业得到较快发展。1949—1985年，国家在四川进行的三线建设项目以及对重点骨干企业的技术改造（如四川制药厂、西南制药三厂、重庆制药五厂、成都制药一厂等），改变了四川制药工业面貌。1985年前，四川制药工业，大体分为医药工业系统、医药公司系统、部队系统和其他系统（或称系统外）。医药工业系统有22个药厂，医药公司系统有12个商办药厂，部队系统有3个药厂，其他系统有9个药厂。此外，还有如化工、粮食、商业、林业、卫生和教育部门等所属单位，经批准兼产化学药品、生化制品。这些药厂和兼产点对全川制药工业的发展和保障群众健康也起到一定作用。1985年，四川全民所有制医药企业增加到85个厂、点，固定资产原值3.11亿元，职工人数为2.39万人。截至1991年，全省医药工业企业共有140个，其中化学制药72个、医疗器械19个、中成药29个、中药饮片2个、制药机械3个、卫生材料4个、药用包装材料9个、其他2个。

1992年，根据中央关于搞活大中型企业20条和《全民所有制工业企业转换经营机制条例》精神，医药企业开始转换经营机制，试行股份制、组建企业集团开始起步。四川省将12个医药工业企业列为省政府试点企业。在此期间，试行股份制、组建企业集团政策开始起步，乐山制药厂、长征制药厂等被批准兴办股份制企业；新建雅达制药厂也按股份制企业机制成立；四川制药厂、成都制药二厂、成都市医药公司积极筹备股份制企业；达县、遂宁、都江堰、什邡等地开始组建企业集团。

1993年，全省共有医药工业企业114个，生产点70个，中药饮片厂157个，医疗器械厂点142个，还有一批配套的药用包装、制药机械企业和保健品厂，以及药物化妆品等边缘产品厂。本年内还兴办了一批三资企业。1992年，全省共审批中外合资企业18家（独资1家），至1993年底，已累计审批32家，共协议外资1522万美元。

1996年，国家资金投入四川3.6亿元用于医药企业工程，其中国家专贷2.59亿元。四川制药股份有限公司、四川抗生素研究所制药厂、四川太极集团公司、泸州药业公司、四川天府药业股份有限公司、西南华神药业等6个企业列入国家二期“双加”工程项目。扩大对外开放、招商引资，组织重点企业参加国家医药局在北京举办的中国国际经济技术交流活动、中德GMP技术研讨会，并赴巴西进行技术交流。全年兴办三资企业9户，协议引进外资1221.3万美元。截至1996年底，全省60个医药三资企业拥有“合格证”。其中，四川裕利来福制药有限公司荣获中国首届“十佳”医药三资企业称号。

同年，四川医药行业通过优化资本，实行资产重组。全省先后组建绵阳药业集团、成都地奥集团公司、蜀阳集团公司、四川蜀乐药业集团等。还有一些企业通过联合或兼并获得新的发展，如雅安制药厂与省外名牌企业三九集团公司合资后，销售增长了4倍，利税增长20倍。成都制药三厂被通德公司兼并后，当年减亏220万元。阿坝州制药厂在政府的帮助下扭亏为盈。全年，全省医药工业销售过亿元的企业共9户。同年，四川省医药管理局评出“四川省医药工业15强企业”，按得分高低依次是：中科院成都地奥制药公司、四川制药股份有限公司、成都恩威制药有限公司、成都生物制品研究所制药厂、成都蜀阳制药厂、华西医科大学制药厂、泸州药业有限责任公司、四川华美制药有限公司、四川长征制药股份有限公司、四川蜀乐医药股份有限公司、四川美大康药业有限公司、成都制药二厂、四川华联制药有限公司、四川光大制药有限公司、四川奇力制药有限公司。

1997 年 3 月 14 日，重庆从四川省划出，成立直辖市。重庆及两市一地划出四川后，四川医药制药经济从总体上一分为二，导致四川医药经济的整体竞争实力在全国市场范围内明显下降。在全国医药生产者市场和消费者市场中，四川仅拥有 3.5% 的市场份额。

1998 年之后，省政府和一些市（地、州）政府将医药产业列入支柱产业，并取得明显成效。成都地奥制药公司、成都康弘制药有限公司、雅安三九药业有限公司等一批新兴骨干企业发展较快。1999 年，成都为壮大制药业，引进乐山金科药业公司、四川力思特制药公司、太极集团四川太极制药公司等实力雄厚的企业。

至 2000 年，四川的制药企业规模和知名度不断增加，布局合理、配套较齐、成为全省工业发展的重要组成部分。2000 年以后，四川省医药企业主要集中在成都、乐山、德阳、资阳等重点地区。

2002 年，四川省在医药行业中实施名牌发展战略。全省有地奥、恩威、雅安三九等 27 个产品荣获四川名牌。全省推进企业的兼并重组、通过组织结构、产权结构的调整，指导、帮助一批企业实现了重组与合作，完成了华神与希臣、国嘉与郎中、康弘与济生堂、源基与湔江、升和与泸医、九芝堂与金鼎、香港联邦与川药、省医药与同仁堂、太极与绵阳药业等企业的重组与合作。

2003 年，四川省通过招商引资，江苏恒瑞药业在成都建立成都恒瑞，江苏扬子江药业在成都建立海蓉药业。医药企业组织结构得到改善，国有企业资产比重逐步下降，企业产权更趋多元化。

2005 年底，四川省经委统计汇总的 192 家医药企业中，非国有企业为 178 家，占 92.7%，资产总额占 72%，通过股份制改造上市的企业有川药、华神、迪康 3 家企业，进入深沪股市上市辅导期的医药企业有 7 家，有的医药企业拟在境外上市。

二、四川省主要医药企业

（一）成都市主要医药企业

晚清时期，四川开始建设制药企业。抗日战争时期，全川共有大小药厂 50 余家，主要分布在成、渝两地，其中成都 16 家。2000 年以后，四川省医药企业主要集中在成都等重点地区。作为四川医药企业最集中的地区，2005 年成都市规模以上医药生产企业有 123 家（不包括 6 家兽药生产企业）。

2005 年成都市规模以上医药生产企业一览表

表 2－1

序号	企业名称	所在区/所在地	主要产品
1	成都药业股份有限公司	锦江区	贝诺酯
2	四川方向药业有限责任公司	锦江区	硫酸卡那霉素
3	成都生物制品研究所	锦江区	减毒活疫苗
4	成都中仁生物化学有限公司	青羊区	硫酸软骨素
5	四川新荷花中药饮片有限公司	金牛区	中药饮片

续表 2-1

序号	企业名称	所在区/所在地	主要产品
6	四川禾正制药有限责任公司	金牛区	五酯胶囊
7	四川省中药饮片有限责任公司	金牛区	中药饮片
8	成都中汇制药有限公司	金牛区	川黄液
9	成都大西南制药股份有限公司	金牛区	博乐欣
10	四川绿色药业科技发展股份有限公司	金牛区	中药配方颗粒
11	成都金星健康药业有限公司	金牛区	乌体林斯注射液
12	成都国嘉联合制药有限公司	金牛区	化学药制剂
13	成都利尔药业有限公司	金牛区	化学药品原药
14	四川杨天生物药业股份有限公司	金牛区	西药
15	四川省中药厂有限责任公司	武侯区	中成药
16	四川宇康生物技术有限公司	武侯区	生物药品
17	四川华美集团成都三勒浆药业有限公司	武侯区	化学药品制剂
18	四川川大华西医药业股份有限公司	武侯区	中药颗粒剂
19	四川华业生化制品有限公司	武侯区	硫酸软骨素
20	成都牧甫生物科技有限公司	武侯区	生物植物提取
21	四川科创制药有限公司	武侯区	药品
22	成都市金鑫中药饮片有限责任公司	武侯区	中药饮片
23	四川制药股份有限公司	成华区	青霉素
24	成都通德药业有限公司	威华区	化学药品制剂
25	成都九芝堂金鼎药业有限公司	成华区	足光散
26	吉泰安（四川）制药有限公司	高新区	制药
27	四川迪康科技药业股份有限公司	高新区	化学药制剂
28	成都新锦犀医药包装制品有限公司	高新区	医药
29	成都倍特药业有限公司	高新区	巴沙片
30	成都恩威药业保健用品公司	高新区	生物医药
31	成都中科生物技术开发有限公司	高新区	天雌素
32	成都蓉生药业有限责任公司	高新区	生物制品
33	成都菊乐制药有限公司	高新区	中医药
34	恒安（四川）卫生用品有限公司	高新区	卫生用品
35	四川联皇原药中药材饮片有限公司	高新区	中药材饮片
36	成都华字制药有限公司	高新区	中成药

续表 2-1

序号	企业名称	所在区/所在地	主要产品
37	四川升和制药有限公司	高新区	中成药
38	成都凯捷生物医药科技发展有限公司	高新区	多肽中间体
39	成都凯泰新技术有限责任公司	高新区	化学药制剂
40	成都青山利康药业有限公司	高新区	大容量注射液
41	成都正和药用胶囊有限公司	高新区	药用空心胶囊
42	成都润兴消毒药业有限公司	高新区	含漱液
43	成都戴尔曼消毒卫生用品有限责任公司	高新区	消毒洗液
44	四川省迈克科技有限责任公司	高新区	生物制品
45	成都地奥集团有限公司	高新区	心血康
46	四川沱牌药业有限责任公司成都制药厂	高新区	化学药品
47	成都摩尔生物医药有限公司	高新区	卫生材料
48	四川奥邦药业有限公司	高新区	甲硫酸帕珠沙星
49	成都恒瑞制药有限公司	高新区	化学药品
50	四川奇力制药有限公司	高新区	制药
51	四川美大康佳乐药业有限公司	高新区	大容量注射剂
52	成都隆迪药业有限公司	龙泉驿区	膏药
53	成都天银制药有限公司	龙泉驿区	中成药
54	成都龙泉高科天然药业有限公司	龙泉驿区	其他中成药
55	成都世纪华洋制药有限责任公司	龙泉驿区	天然红药膏
56	成都迪澳植化实业有限公司	青白江区	橙皮式
57	成都第一制药有限公司	新都区	粉针剂
58	成都通灵中药饮片精选有限公司	新都区	中药加工
59	成都森科制造有限公司	新都区	盐酸小檗碱片
60	四川科伦药业股份有限公司	新都区	大输液
61	四川省天基药业有限公司	温江区	小金胶囊
62	四川维奥制药有限公司	温江区	中西药制剂
63	四川想真企业有限公司	温江区	中药材
64	成都永康制药有限公司	温江区	小金九
65	成都东洋百信制药有限公司	温江区	正红花油
66	成都百裕科技制药有限公司	温江区	制药

续表 2－1

序号	企业名称	所在区/所在地	主要产品
67	四川志远广和制药有限公司	温江区	辛芩颗粒
68	四川银龙药业有限公司	温江区	制药
69	成都汇林生化有限公司	温江区	皂素
70	成都市坤宏动物药业有限公司	温江区	青霉素钾
71	四川百利药业有限公司	温江区	颗粒胶囊
72	四川西峰天然产业有限公司	温江区	颗粒胶囊
73	四川亚泰药业有限责任公司	温江区	药品
74	西藏藏药股份有限公司	温江区	藏药
75	四川明欣药业有限责任公司	温江区	明竹欣
76	成都中医大惠康药业有限公司	温江区	中药饮片
77	成都华康生物工程有限公司	金堂县	橙皮
78	四川川王动物药业有限公司	金堂县	动物药
79	四川锦绣华福宁制药股价有限公司	金堂县	原药
80	成都超人药业有限公司	金堂县	药品
81	成都川湘生化有限公司	金堂县	皂素
82	成都美迪康生物工程有限公司	金堂县	橙皮式
83	成都云克药业有限责任公司	双流县	化学药品
84	四川福达农用化工有限公司	双流县	代锰
85	成都华神集团股份有限公司制药厂	双流县	口服液
86	太极集团四川太极制药有限公司	双流县	注射液
87	成都思威制药有限公司	双流县	洁尔阴洗液
88	成都康弘制药有限公司	双流县	中成药
89	四川威龙药业有限公司	及流县	胶囊
90	四川广松制药有限公司	双流县	芦丁
91	四川远大蜀阳药业有限公司	双流县	人血白蛋白
92	成都锦华药业有限责任公司	双流县	胶囊
93	成都市医药器械包装厂	郫县	医药用品
94	四川新斯顿制品有限责任公司	郫县	医药制品
95	四川旭华制药有限公司	郫县	胆石片
96	四川利民中药饮片有限责任公司	大邑县	中药饮片

续表 2-1

序号	企业名称	所在区/所在地	主要产品
97	成都市蒲江制药厂	蒲江县	鲜蜂王浆
98	成都希臣药业有限责任公司	蒲江县	胶囊
99	蒲江县五星三源黄连加工厂	蒲江县	黄连粉
100	成都华高天然产物有限责任公司	蒲江县	大豆异黄酮
101	成都太合生物材料有限公司	蒲江县	手术缝合线
102	成都辰农绿色产业有限公司	蒲江县	茶多酚
103	成都永安制药有限公司	蒲江县	碘溶液
104	成都市芝芝药业有限公司	新津县	胶囊
105	四川兴隆食品有限责任公司	新津县	肠衣
106	四川三奇制药有限责任公司	都江堰市	青蒿素
107	扬子江药业集团四川海蓉药业有限公司	都江堰市	辛伐他汀
108	四川隆盛药业有限责任公司	彭州市	亮菌口服液
109	四川协力制药有限公司	彭州市	芦丁
110	成都晨光亨达生物有限公司	彭州市	皂素
111	四川光大制药有限公司	彭州市	颗粒剂
112	四川济生堂药业有限公司	彭州市	中成药
113	四川亚宝光泰药业有限公司	彭州市	芦丁
114	联邦制药（成都）有限公司	彭州市	中间体
115	成都亨达药业有限公司	彭州市	保肾康
116	成都恒信淀粉有限公司	彭州市	药用淀粉
117	成都亚中生物制药有限责任公司	彭州市	药品
118	联邦制药四川制药（彭州）有限公司	彭州市	青霉素
119	成都彭州制药厂	彭州市	维生素
120	四川力思特科伦制药有限公司	彭州市	中成药
121	四川省邛崃市宏达肢囊有限公司	邛崃市	空心胶囊
122	成都天台山制药有限公司	邛崃市	香丹
123	成都海普平原药业有限公司	邛崃市	针剂

说明：资料来源于《成都工业统计年鉴（2006 年）》

成都地奥集团　成都地奥集团始建于1988年8月。成员公司之一——地奥集团成都药业股份有限公司系成都制药二厂改制创建，由四川地区创建最早的制药企业——1926年创建的华洋药房发展而来。1950年，成都医药行业同业会议时，新药业会员与华洋药房联合成立新药联合生产合作社，后改为私营联合制药厂。1964年，全国制药工业推行“托拉斯”后，1965年2月17日，更名为国营成都华康制药厂，属四川省工业厅化工局领导。1966年8月30日，更名为成都制药二厂，属成都分公司领导。1969年全国医药“托拉斯”解体后，该厂改由化工局领导。1985年全省经济体制改革，该厂属成都市医药管理局主管，有514名职工，拥有固定资产原值160.5万元，净值319.4万元。工业总产值2196.3万元（1980年不变价计算），净产值621.5万元。1993年，该厂产值近亿元，实现利税900余万元。1996年，该厂进行公司制改造。2000年9月，由成都地奥制药集团对该厂进行资产重组。2001年9月，该厂与成都地奥制药集团控股的成都蓉信制药股份有限公司实施合并，并更名为“成都药业股份有限公司”，成都地奥制药集团成为公司第一大股东 。2002年10月，公司更名为地奥集团成都药业股份有限公司。

地奥
地奥集团

图2—3　地奥集团商标

地奥集团于1994年、1995年两次被评为全国百强高新技术企业。1998年，集团利润总额居全国同行业第6位，被评为“国家火炬优秀高新技术企业”，连续8年综合经济效益居四川同行业第1位，被列入全国重点高新技术企业及国家中成药重点企业。1999年，“地奥”商标被评为全国驰名商标。

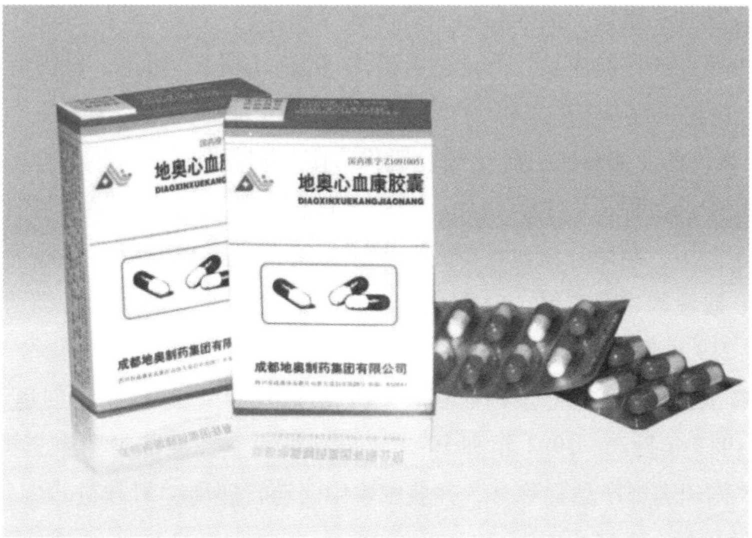

图2—4　地奥集团的龙头产品——地奥心血康胶囊

2000年7月至2001年5月，集团成员公司成都地奥九泓制药厂和成都地奥制药集团有限公司的小容量注射剂、冻干粉针剂、口服液、重组人红细胞生成素、片剂、胶囊剂、颗粒剂生产车间均通过GMP认证。

截至2005年，地奥集团有职工7000多人，其中有科技人员1482人，国家级学科带头人14人，博士及博士后19人，硕士140余人。该集团占地100亩，拥有5万多平方米的现代化生产场地，中药材及天然药物的年处理能力达16400吨，生化药原料加工年产100吨，并具备胶囊剂、软胶囊、片剂、注射液、冻干粉针、口服液及颗粒制剂等剂型的生产能力。其主要产品有中成药、化学原料药及其制剂、生物制品及抗生素，包括心血管类药物、降脂类药物、肿瘤放化疗辅助药物、调节免疫功能药物、血液系统药物、消化系统药物、解热镇痛药物、抗病毒药物、眼科药物、内科清热剂药物、内科安神剂药物、抗病原微生物药物、脑系科药物、喉科药物等。其龙头产品“地奥心血康”被列为“国家基本药物”。地奥集团实现销售收入13.62亿元，比2004年增长5218万元，实现利税3.87亿元，比2004年增长1100万元。

2005年，地奥集团发展为集天然药物、合成药物、基因工程药物、微生物药物、药物制剂研制为一体的大型骨干制药企业，是世界上较大的高纯度甾体皂苷和高纯度胸腺肽生产企业；拥有成都地奥九泓制药厂、地奥集团成都药业股份有限公司等10个成员公司。同年，地奥集团获成都市“工业企业50强”称号，并被列为成都市2005年50户重点优势企业。

科伦药业 科伦药业创立于1996年。1998年，科伦药业建成高速输液生产线并通过GMP达标验收，成为四川省首家GMP达标的大输液生产企业；成功租赁经营四川射洪制药厂大输液生产车间，年产输液9000万瓶；成立成都市科伦药物研究所，独立研制新药。1999年，科伦药业异地扩建厂房，年产输液达亿瓶。2000—2005年，科伦药业先后在湖南、江西、黑龙江等省建厂，收购原湖南天御龙制药有限公司，租赁吉林科伦康乃尔制药有限公司，实施多项措施迅速扩张，建成科伦原料、粉针、冻干粉针、小容量注射剂、中药制剂生产基地。2003年，科伦药业玻璃输液产销量达6亿瓶。2004年，科伦药业被批准为国家博士后科研工作站；并与四川抗菌素工业研究所、美国ABC Life Science生物技术研究所等国内外20多家高等院校和科研院所建立知识联盟，重点研发抗菌、抗病毒、抗肿瘤、治疗精神类疾病、治疗心脑血管疾病等领域的一类新药。2005年，科伦药业自主研发的直立式软袋输液可立袋注册成功，产销量突破14亿瓶（袋）。同年，科伦药业获成都市“工业企业50强”称号，并被列为成都市2005年50户重点优势企业。

截至2005年，科伦药业拥有四川科伦药业股份有限公司等省内外18家子（分）公司的现代化药业集团，产业涉及中药材种植、中药饮片、药品包材、医药原料、中西药制剂五大领域。科伦药业的生产基地分布于四川、湖南、江西、黑龙江等多个省区，形成了以大输液为主，粉针、冻干粉针、小水针、片剂、胶囊剂、颗粒剂、口服液等17个剂型共375个品种的各类药品。其中，输液领域拥有96个品种共219种规格的产品。

成都恩威药业有限公司 成都恩威药业有限公司（以下简称恩威药业）创建于1986年。恩威药业的洁尔阴洗液于1987年投产，1993年和1998年分别被卫生部批准为国家三类新药和五类新药，荣获“四川名药”“四川名牌产品”称号，并获国家中医药管理局“科技进步二等奖”等10多项殊荣。该药品的年均销售额在2亿元以上。

1994—2005年，恩威药业率先通过ISO 9000品质管理系统认证，其片剂、颗粒剂、胶囊剂、洗剂、搽剂、口服液6个剂型先后通过GMP认证。

至2005年，恩威药业获“中国优秀明星企业”等60项称号，并被列为成都市2005年50户重点优势企业。有职工1400余人，其中博士、博士后、高级工程师32人，大学本科以上学历占职工总数的58%，是国家定点的博士后流动站。恩威药业产值和销售收入分别实现约20亿元，累计纳税

1.8 亿元。

图 2—5　成都恩威药业有限公司的名牌产品——洁尔阴洗液

图 2—6　成都恩威药业有限公司商标

成都倍特药业有限公司　成都倍特药业有限公司（以下简称倍特药业）组建于 1995 年 10 月，注册资金 7000 万元人民币。1998 年 11 月，“倍特”巴沙（司帕沙星）获科技部“国家重点新产品”证书。1999 年，倍特药业组建四川倍达尔新技术开发有限公司，专门从事医药产品的研制与开发。2002 年 3 月，倍特药业建立成都高新区企业博士后科研工作站分站。2003 年 12 月，倍特药业生产的“加替沙星氯化钠注射液”获国家“化学药品一类新药”证书。1999—2005 年，倍特药业连续 7 年荣获成都高新技术开发区“纳税大户”称号；连续 6 年荣获成都高新技术开发区“优秀高新技术企业”称号。

2005 年，倍特药业发展成为一家集研发、生产、销售中西药产品、保健产品并开展科技咨询与技术服务为主的高新技术企业。倍特药业占地面积 3.2 万平方米，按 GMP 标准建有药品生产厂房 1.5 万平方米；拥有注射剂（大容量注射剂、小容量注射剂）、片剂（含头孢菌素类）、硬胶囊剂、颗粒剂（含中药前处理和提取）、原料药 5 个剂型和原料药、中药提取、颗粒剂、片剂、大输液、小针、胶囊剂 7 条生产线，并通过 GMP 认证。

成都康弘药业集团　成都康弘药业集团（以下简称康弘药业）成立于 1994 年 8 月。1998 年，康弘药业的中药生产体系通过 GMP 认证。2000 年 10 月，康弘药业所有生产线通过 GMP 认证。康弘药业拥有国内先进的缓释片和分散片制剂生产技术，代表产品包括：全球第一个 SNRI 类抗抑郁药盐酸文拉法辛缓释片（博乐欣），全球第一个 DSS 类抗精神病药阿立哌唑口腔崩解片（博思清），国内第一个治疗轻中度抑郁症的中药新药舒肝解郁胶囊，消化道促动力药枸橼酸莫沙必利分散片（新络纳）等。其中“博乐欣”“博思清”“新络纳”分别被列入“国家火炬计划”项目，且被评为四川省名牌产品，“博乐欣”还被评为“国家级重点新产品”。

至 2005 年，康弘药业发展成为一家致力于中成药、化学药及生物制品的研发、生产、销售及售后服务的现代化医药企业集团，拥有成都康弘制药有限公司等 8 个成员公司。截至 2005 年，康弘药业有职工 2300 余人；占地面积 20 余万平方米，建筑面积达 7 万多平方米，总资产逾 10 亿元；康弘药业拥有 1 个天然药物生产基地，15 个剂型 120 多个规格产品，有 20 多个独家生产品种，并取得 9

个剂型和3个原料药的GMP认证证书；累计上缴税收逾6亿元。2005年，康弘药业获成都市“工业企业50强”称号，并被列为成都市50户重点优势企业。

四川迪康科技药业股份有限公司 成都迪康制药公司始建于1993年5月。1993年10月，该公司第一个产品“殷泰洗液”投放市场。1997年，迪康小儿感冒颗粒、殷泰洗液等5个产品荣获“1997年中国新技术新产品交易博览会金奖”；公司有6个产品被列为“国家火炬计划”项目，评选为“’97四川工业企业最佳效益500强”。1997年，公司的销售收入1.1亿元，并以6060万元力夺央视黄金时段标块广告。

1998年，该公司被列入全国60家农业产业化龙头试点企业。同年8月，公司兼并四川省长江制药厂，改制为重庆迪康长江制药有限公司。同年，公司通过ISO 9001:2000国际质量体系认证，实施ERP资源管理系统。1999年12月，与成都高科技发展股份有限公司等8家公司和自然人共同组建四川迪康科技药业股份有限公司（以下简称迪康药业）。

2000年，该公司的中药材种植面积12.8万亩，销售收入2.8亿元；医药产品种类达598个，获各类专利75个（国家专利36个），营销网络遍布全国236个城镇。2000年，公司的销售收入达3亿元，上缴税收3300万元，完成利润4750万元。

2001年2月12日，迪康药业在上海证券交易所挂牌上市。2004年7月，公司的“可吸收-DL-聚乳酸”及“可吸收骨折内固定螺钉”项目获得2004年“国家火炬计划”项目。2005年3月，迪康药业通过ISO 9001认证。

迪康药业集中药材种植，中、西药科研、开发、生产、销售于一体，在川东、阿坝、乐山、郫县建立4个中药材种植基地。截至2005年，迪康药业下属的成都迪康制药公司有职工136人，占地面积为4.7万平方米，建筑面积1.8万平方米；生产16种剂型①和原药料（酒石酸托特罗定和雷贝拉唑钠）92个品种规格。

四川川大华西药业股份有限公司 1940年，华西协合大学药学系主任米玉士创办校办药厂华西药厂，厂址位于成都市大学路华西医科大学校内。1985年10月，华西药厂更名为华西医科大学制药厂，有职工199人，拥有固定资产原值297.6万元，工业总产值603.6万元。该厂主要生产己酸孕酮等原料药，胰岛素、肝血宁等产品和法可宁眼药水。

2003年12月，在华西医科大学制药厂改制基础上，由四川大学科技产业集团为主发起人，联合卫生部国际交流中心、四川川大鲁能科技发展有限公司、成都创新风险投资有限公司、四川路桥建设股份有限公司共同组建四川川大华西药业股份有限公司（以下简称华西药业），注册资本为8000万元。华西药业坚持研发心脑血管用药、计生用药等产品，建设中药材GAP基地，以及研究中药指纹图谱。其主要产品有乐脉颗粒、参麦注射液、生脉注射液、香丹注射液、心达康片、芦笋颗粒、三相避孕片、卡丽瑞、通窍鼻炎胶囊等50余个品种。华西牌生脉注射液曾荣获“四川省重大科技成果二等奖”，被列入“国家基本药物”“国家重点新产品”“全国中医院急诊必备中成药”和“四川省名牌产品”。治疗心、脑血管疾病新药乐脉颗粒是国家药典收载的独家生产品种，曾荣获“四川省科学进步一等奖”与“四川名药”称号，先后被评为“1994年度国家级新产品”“国家重点新产品”。

---

① 16种剂型包括：溶液剂（外用）、滴鼻剂、搽剂、酊剂（内服）、酊剂（外用）、滴耳剂、栓剂、软膏剂、糖浆剂、口服液、合剂、口服溶液剂、煎膏剂、片剂、颗粒剂、胶囊剂。

截至 2005 年，华西药业占地面积 110 亩，建筑面积 4.27 万平方米，设有颗粒剂、现代化中药提取、小容量注射剂、固体制剂、精干包和避孕药车间，均通过国家药品 GMP 认证。

四川百利药业集团　四川百利药业集团（以下简称百利药业）成立于 1996 年。2001 年 4 月，百利药业获成都市科学技术委员会颁发的“科技企业证书”；2002 年 3 月，被评为成都市成长型、科技型重点企业之一。

截至 2005 年，百利药业下设小分子及植物药研发中心和生物药研发中心，申请国家发明专利共 14 项；拥有符合 GMP 要求的胶囊、片剂、颗粒剂、冻干粉针、中药提取、大输液、小容量注射液、糖浆剂、酊剂共 9 个剂型 18 条生产线；年产中药颗粒剂 1 亿袋，化学药颗粒剂 9 亿袋；年生产能力为片剂及胶囊 5 亿片（粒）、冻干粉针 500 万支、原料药 50 吨、氨基酸 1000 万瓶、普液 5000 万瓶、脂肪乳 300 万瓶、丙泊酚 1000 万支、固体制剂 3.5 亿袋/片/粒、糖浆剂/酊剂 50 万瓶；各产品系列共计 180 余个品规，主导品种涉及儿科、妇科、抗生素、中成药、麻醉药物和肠外营养领域。“杜拉宝”（消旋卡多曲颗粒）为中国首家上市的用于快速治疗 1 个月以上婴儿和儿童的急性腹泻药，研制出全国独家无糖剂型的全科产品“好好黄芪颗粒”（国家中药保护品种）。

截至 2005 年，百利药业占地 200 余亩，有职工 3000 余人，拥有资产 2.2 亿元，年产值达 1.5 亿元；发展为集研发、生产、销售为一体的现代化高新技术医药企业，下属 3 个子公司，分别是四川百利药业、四川国瑞药业和四川天恒药业。

四川光大制药有限公司　1968 年 6 月，四川省 6・26 制药厂成立，1979 年改为四川省中药厂，有职工 134 人。投产初期，该厂仅生产单一的丸剂银翘解毒丸、香砂养胃丸、杞菊地黄丸和藿香正气丸 4 个品种。1983 年和 1985 年，该厂生产的消核片、抗病毒冲剂分别获当年省级重大科技成果奖。1984 年，该厂生产的川贝枇杷冲剂获国家银质奖。1986 年，该厂生产的麝香舒活灵和银柴冲剂获国家医药管理局优质产品奖。截至 1986 年，四川省中药厂有职工 337 人，工业产值达 717.73 万元，利润 93.16 万元；能生产冲剂等 9 个剂型、88 个品种。

1993 年 8 月，四川省中药厂与中国光大集团共同组建四川光大制药有限公司。1998 年，中国光大集团将所持有的四川光大制药有限公司股份转让给丽珠集团。2002 年 4 月 8 日，成都市人民政府批准四川省中药厂为改制企业，2004 年归属丽珠集团，成为专门生产传统中成药的民营股份制企业。

截至 2005 年，公司占地面积 5.3 万平方米，建筑总面积共 3.7 万平方米；拥有颗粒剂、片剂、胶囊剂、丸剂、中服剂、酊水剂、软胶囊剂 7 条生产线。公司于 2003—2005 年一次性通过行业 GMP 认证共 75 个品种，涵盖了成人及小儿呼吸道疾病、口腔疾病、皮肤疾病、妇科疾病、心血管疾病、外伤等多个治疗领域。其中 11 个品种为独家产品，5 个品种纳入国家保护品种，42 个品种入选 OTC 目录，36 个品种入选《国家基本医疗保险用药目录》。

截至 2005 年，公司先后荣获成都市“四好企业”“模范企业”“工业企业经济效益五十强”“成都市文明单位标兵”“园林式工厂”等称号，并获得国家中药现代化工程技术研究中心固体制剂研究所授牌。

成都恒瑞制药有限公司　2001 年，四川圣奥医药有限公司与江苏恒瑞医药股份有限公司合资兴建成都恒瑞制药有限公司，首期总投资约 2.8 亿元。

2002 年 12 月，公司的 5 个车间 9 条生产线均通过 GMP 认证，生产剂型包括片剂、胶囊剂、滴眼剂、原料药、吸入剂、小容量注射剂、粉针、冻干粉针和粉雾剂等。当年，主营业务收入（半年）

35827万元，利润（半年）19679万元。2003年4月，公司获得“高新技术企业认定证书”。同年10月，公司生产的莱迪、倍乐信等8个产品获得由四川省经贸委颁发的“新产品新技术鉴定验收证书”。2005年，公司生产的爱能牌罗格列酮片荣获“国家重点新产品证书”。

截至2005年，恒瑞制药有限公司拥有国家级一类新药1个，二类新药6个和四类新药50余个。

四川远大蜀阳药业有限公司 1985年，成都蜀阳制药厂成立，属成都军区后勤部。成都蜀阳制药厂在建厂初期只有职工16人、25万元资产。1988年，成都蜀阳制药厂投资1168万元，修建低温乙醇法分离蛋白车间。1990年，成都蜀阳制药厂顺利通过卫生部验收，成为卫生部确认的血液制品定点生产企业。1993年，该厂投资800万元改建中药生产线，使成都蜀阳制药厂形成以血液制品为主，以中成药为辅的新的研发机构。1994年，该厂顺利通过“中国方圆标志”认证检查，成为国内同行中首家获得ISO 9002质量认证和产品质量认证证书的血液制品企业。1997年，成都蜀阳制药厂被国家医药管理局和人事部评为“全国医药系统先进集体”。1998年，该厂率先在行业内一次性通过国家GMP认证检查。同年，成都蜀阳制药厂归属成都市人民政府管理。

2001年1月，通过资产合并重组，成都蜀阳制药厂全资转让给中国远大集团公司，更名为四川远大蜀阳药业有限公司（以下简称远大蜀阳药业），并成为连云港如意集团控股子公司。远大蜀阳药业是国家首批定点的专业从事血浆蛋白类药物的研究开发和制造的资深血液制品企业，也是全国血液制品行业中同时获得国家GMP认证和ISO 9002质量体系认证的企业。其主要血液制品有：产销量连续8年位居全国同品种榜首的“蜀阳”牌人血白蛋白；采用拥有自主知识产权的无保护剂双重病毒灭活工艺生产的、评为“国家重点新产品”的“蜀阳”牌静脉注射用人免疫球蛋白（IVIG）；采用独特的防腐剂生产工艺，在国内率先生产人乙型肝炎免疫球蛋白（HBIG）等等。此外，远大蜀阳药业还生产国家三类新药（中药）骨苓通痹丸，以及息伤乐酊、消炎退热颗粒和生化制品注射用降纤酶等。

截至2004年，远大蜀阳药业拥有总资产近3亿元，净资产近1.2亿元，年销售收入2.5亿元，利润总额2188万元，上缴税金3817万元，累计交税2亿多元。

截至2005年，远大蜀阳药业生产的白蛋白曾连续10年全国产销量第一，先后获得“全军名牌产品”“四川名牌产品”“四川名药”称号；静脉注射用人免疫球蛋白获国家五部委颁发的“国家重点新产品”称号。远大蜀阳药业先后获得“国家质量无投诉企业”“全国血液制品质量过硬放心品牌企业”、成都市“工业企业50强”称号，“蜀阳”牌商标获“四川省著名商标”称号。

四川川投药业有限责任公司 1958年，成都市蔬菜公司主办筹建成都味精厂，仅有职工64人。1961年，因产品原料缺乏，成都味精厂被并入耀华食品厂，成为耀华食品厂的一个车间；1962年又划为蜀山酿造厂的一个车间；1963年随着国民经济形势好转，独立成为成都味精厂，属市商业二局领导。1969年10月，在四川抗生素工业研究所的协助下，成都味精厂试制成功第一批卡那霉素晶粉，成为该厂的拳头产品。1974年3月27日，成都味精厂更名为成都制药四厂，属市化工局领导，1980年属成都市医药局主管。20世纪90年代，该厂生产的丁胺卡那霉素（为国内首创）、单硫酸卡那霉素、双硫酸卡那霉素、维生素B_2等产品质量符合英国药典73版、美国药典80版的质量要求，进入国际市场。

2000年，四川川投控股股份有限公司、成都金牌药业有限责任公司①、成都制药四厂共同出资，组建四川川投药业有限责任公司，以生产医药原料及制剂为主，注册资本7000万元。重组后的四川川投药业有限责任公司主要经营范围：天然药物原料生产销售；化学原料药生产、销售；皂素、甾体激素原料药、中间体生产销售；氨基酸原料药及食品添加剂生产销售；生物精细化工制品生产销售；成药制剂（片剂、胶囊、注射液、滴眼液、溶液、大输液等）生产销售；本企业所需原料、设备和本企业产品进出口业务。公司主要产品为：抗生素类药品盐酸头孢他美酯和阿米卡星、新型氨基糖苷类抗生素阿贝卡星、甾体药物——高效皮质激素。

2003年底，公司销售收入近2亿元，实现税前利润约3400万元。

成都隆迪药业有限公司　1958年，在成都市西城区一个军烈属药棉生产组基础上建厂，1961年并入城北制药厂，1964年开始专业生产卫生敷料，并于当年更名为成都市卫生材料厂。1975年，成都市卫生材料厂正式更名为成都制药五厂，有职工287人。

1985—1990年，该厂是成都市效益最好的制药企业。1988年，该厂工业产值达995.10万元。成都制药五厂主要生产麝香虎骨膏、治喘膏，各种规格医用橡皮膏、浓维磷补汁、苏菲咳糖浆、十滴水、补尔血、复方咳必清糖浆、颠茄酊、甘草流浸膏等制剂。其中“峨眉山”牌麝香虎骨膏为国内首创，很快在国内成为名牌产品，且远销美国、加拿大、马来西亚、新加坡及东南亚等国家及中国港澳地区。

20世纪90年代始，由于仿制品大量出现等多种因素的影响，成都制药五厂经营每况愈下，到2002年初，陷入全面停产的境地。2002年2月，成都制药五厂改制重组，归属成都美登高食品公司，更名为隆迪药业有限公司，逐渐恢复壮大，其硬膏制剂年生产能力可达3亿贴。2005年，公司占地面积180亩，发展成集生产硬膏制剂、酊水糖浆剂、片剂、胶囊剂、颗粒剂为一体的综合性药品生产企业。

四川成都九芝堂金鼎药业有限公司　1958年，成都同仁堂、益康、玉成、广生4家公私合营药房的生产作坊与商业门市分开，合并其生产作坊，成立地方国营成都中药制剂厂，有职工85人。1959年，成都中药制剂厂迁往成都市东风路水碾河，更名为国营东风制药厂；1960年又更名为永康制药厂，隶属成都中药材站。1965年5月1日，将庚鼎、精一堂等药房合并为成都市中药材公司中成药批发部；1966年底，更名为成都市工农兵制药厂。1972年，将成都中药材站新办的红心制药厂并入该厂，成立新产品试制小组和新产品车间。1982年，正式定名为四川成都中药厂，并成立专门从事中成药研究和开发的中心实验室及药品检验室。

1966—1985年，该厂先后完成了玉泉丸、金龙胆草片、银翘解毒丸、渴龙奔江丹、天麻王浆、苍夷滴鼻油、固齿丸、健儿散等新工艺的研究，品种达71个，并具有片剂等11个剂型的生产能力。其中，玉泉丸、喉炎丸获国家银质奖和国家医药管理局优质产品称号；金龙胆草片获全国医药卫生大会成果奖和省优质产品称号；渴龙奔江丹获省科技大会三等奖；健儿散获省卫生厅科研成果三等奖；苍夷滴鼻油获成都市科技三等奖。

1998年，成都中药厂实施国有资产授权经营；2000年，改制创建成都金鼎药业有限公司。2001年底，公司与湖南九芝堂股份有限公司进行资产质换，成立了由湖南九芝堂股份有限公司绝对控股

① 该公司受成都工业投资经营有限责任公司控股。

的成都九芝堂金鼎药业有限公司。

成都菊乐制药有限公司 1966年，成都化学制药厂成立。1985年，成都菊乐企业公司注册成立，在成都化学制药厂基础上建立的成都菊乐制药有限公司是其下属3个实体之一。1993年，成都菊乐企业（集团）股份有限公司设立，承继了成都菊乐企业公司的全部资产和业务，并获准向社会发行（定向募集）企业股票。成都菊乐制药有限公司系成都菊乐企业（集团）股份有限公司的下属企业，下辖3个分厂：药品分厂、化工分厂、中药分厂。

2005年，成都菊乐制药有限公司有职工200人。主要生产邦特林（羟乙膦酸钠片）、磷酸氢钙片、硫酸庆大霉素干糖浆、舒胸片、鼻舒适片、医药中间体青霉素DP0618破乳剂等。DP0618破乳剂和邦特林获得国家重点新产品证书，舒肝片进入《国家中药保护品种》。

成都三勒浆药业集团 三勒浆药业集团是成都市一家大型的医药保健集团。集团的拳头产品为抗疲劳、耐缺氧、增强免疫的“三勒浆”（1982年由凌一揆研制），系根据唐代国史方，采用野生药材精制而成的天然保健中药。1998年，三勒浆在全国十个知名抗疲劳保健品品牌的民意调查五项评比中，获“信誉度第一、服用效果第一、购买意向第一”，2001年10月，被中国保健科技学会评为“全国十佳保健品”。2002年3月，三勒浆通过“药用植物及制剂进出口绿色行业标准品质”的国家认证。同年7月，被科技部确定为“国家火炬计划”项目。同年11月，三勒浆药业集团建成符合GMP的实验室、生产场地和生产线，形成年提取中药材1000吨，年产口服液4500万瓶、片剂5亿片、颗粒剂7000万袋、胶囊剂2亿粒的生产能力；并按照GAP要求，建成2300余亩药材种植基地。

2005年，三勒浆药业集团获“成都市工业企业50强”称号。

四川制药制剂有限公司 1957年，四川制药厂成立，后因上海制药三厂及华北制药厂迁入，1965年更名为四川抗菌素厂，隶属于中国医药工业总公司重庆分公司。1966年，该厂兴建青霉素车间，改名为四川制药厂。1979年，四川制药厂划归成都市医药管理局主管，主要从事抗生素系列医药产品的开发、生产和销售，是国家在西南地区定点的最大抗生素生产基地，是国家“一五”计划期间的重点项目。1993年，四川制药股份公司改制，成为一家大型民营控股医药企业，更名为四川制药制剂有限公司。该公司是四川省主要抗生素原料及制剂的重点企业。

四川制药制剂有限公司是四川唯一具有国家药监局批准的青霉素类粉针剂生产许可证的企业；是四川头孢类品种最多、规格最全、生产规模最大的企业。公司生产的注射用阿莫西林钠克拉维酸钾、注射用头孢呋辛钠、头孢克洛胶囊、注射用硫酸头孢匹罗等产品畅销全国并出口。公司原有乙酰螺旋霉素片、阿莫西林胶囊、利福平胶囊、注射用青霉素钠、注射用头孢曲松钠、注射用头孢噻肟钠、注射用氨苄西林钠等产品均为国家知名品牌。

成都第一药业集团 中华人民共和国成立初期，北晨制药厂、四川制药厂、信生制药厂、新生制药厂、真光制药厂、蓓蕾制药厂、玻璃厂和恒鑫铁工厂合并，成立公私合营的川西制药厂，属川西行署卫生厅主管，仅有职工139人。1952年，川西制药厂更名为四川省国营成都制药厂，转属四川工业厅化工局。同年12月，华西大学制药厂部分职工和设备并入该厂。1956年7月，该厂更名为地方国营成都制药厂，转属成都市地方工业局。1964年，全国制药工业推行“托拉斯”管理体制后，该厂由中国医药工业公司重庆分公司主管；1966年8月，更名为成都制药一厂，改由省化工局领导。自1976年以来，该厂产品硫酸阿托品、氢溴酸樟柳碱、红古豆醇酯和栓剂等9项先后获国家和省市授予的重大科技成果奖和金龙奖，其中还有两项被评为国家及省优质产品。1985年，该厂属成都市医药管理局主管。

2004 年，成都制药一厂改制，成立成都第一药业集团。成都第一药业集团下属 3 家药品生产公司及 1 家药品销售公司，是一家集中西药研发、原料药和制剂药品的生产、批发和连锁销售为一体的综合性药业集团。

重组改制后，成都第一药业集团的资产规模达到 3 亿元，集团总占地面积 200 多亩、建筑面积 3.5 万余平方米。集团在成都地区建成 3 个通过 GMP 认证的药品生产基地，具有粉针剂、片剂、胶囊剂、颗粒剂、栓剂、膜剂、小容量注射剂、口服液和凝胶剂 9 种剂型生产线及 13 种原料药生产线。

成都第一药业集团拥有 205 种药品共 307 个药品批准文号，主要产品按类别分为妇产科类、外用药类、心脑血管类和优势普药类 4 大系列；按功效分为抗生素类、心脑血管类、激素类、解热镇痛类、呼吸系统用药、消化系统用药、利尿药、维生素类、中药滋补类及清热解毒类 10 大类。在国家公布的全国基本药物目录 307 个品种中，该集团有 67 个品种在册。其中，益母草注射液具有独立知识产权；美辛唑酮红古豆醇酯栓是独家处方销售产品；复方磺胺嘧啶锌涂膜剂是集团新上市的独家三类新药。集团药物研究所的 14 个独家产品拥有多项科研成果与专利技术。

成都第一药业集团营销依托成都第一医药贸易有限公司，销售网络覆盖全国 15 个省级销售处，是国家进行农村医疗两网建设的 4 家试点单位之一。在开发西非药品市场方面，该集团居于全国前列。

成都中汇制药有限公司　1994 年 6 月 13 日，中国中医研究院中汇制药公司成立。2002 年 7 月，公司改制，成立成都中汇制药有限公司，主要从事中成药、西药、保健食品、中药提取物等产品的开发、生产及销售。公司拥有四川亚泰药业有限责任公司、成都中汇生物技术有限公司两个控股子公司。

2003 年 5 月，成都中汇制药有限公司的控股母公司成都迈特医药产业投资有限公司，重组四川第一纺织股份有限公司，并在同年 11 月上市。2004 年 5 月，四川第一纺织股份有限公司更名为四川中汇医药（集团）股份有限公司，成都中汇制药有限公司成为中汇医药（ 集团）的核心控股子公司。

截至 2005 年，成都中汇制药有限公司拥有符合 GMP 认证的提取生产线及胶囊剂、片剂、颗粒剂、口服液制剂生产线；年产能胶囊剂 7500 万粒、片剂 25 亿片、颗粒剂 5400 万袋、口服液 3000 万支。公司的主要产品有：治疗多种老年性疾病及辅助治疗肿瘤化疗的川黄口服液，治疗心脑血管疾病的心可宁胶囊，治疗糖尿病及其并发症的糖脉康颗粒，治疗高尿酸血症的痛风定胶囊和治疗妇女子宫肌瘤的宫瘤清胶囊等。其中，糖脉康颗粒和痛风定胶囊是国家保密品种，并被列入中华医学会重点推广工程；宫瘤清胶囊填补了国内运用中药治疗子宫肌瘤的空白。

2005 年，成都中汇制药有限公司获成都市“工业企业 50 强”称号，并列为成都市 50 户重点优势企业。

四川杨天生物药业股份有限公司　1993 年 8 月，四川华联制药有限公司改制，成立四川杨天生物药业股份有限公司，属中外合资股份有限公司，是集生产、销售、科研、管理一体化的现代药业公司。

1997 年，四川杨天生物药业股份有限公司收购西昌制药厂，组建西昌杨天制药有限公司。2000

年10月至2001年8月，公司生产的注射液、固本制剂先后通过GMP认证。1997年以来，该公司一直是四川医药制造业工业企业最大市场占有份额30强。2001年，公司成为四川工业企业最佳效益、最大纳税200强企业，2002年获“成都科技成长型企业”称号。2002年4月，公司产品力克舒由地方标准升为国家标准。

2005年，公司占地20亩，建筑面积1.5万平方米。公司主要产品包括杨天力克舒、格芬达注射液等几十个品种。其中，杨天“力克舒”获“四川名牌产品”“四川名药”等称号，万应胶囊获得“国家中药保护品种”称号。“杨天”品牌产品畅销全国30多个省（自治区、直辖市）。同年，四川杨天生物药业股份有限公司的销售额突破8亿元。

成都蓉生药业有限责任公司 成都蓉生药业有限责任公司（以下简称蓉生药业）成立于1997年3月12日，隶属于中国医药集团有限公司中国生物技术股份有限公司，主要从事血液制品、疫苗制品、基因工程产品的研发与产销。

1998年，蓉生药业通过国家GMP认证。2002年，实现工业总产值25769万元，实现销售收入24549万元，利润总额5988万元。

2002年，成都生物制品研究所国企改制后，以血液制品生产线投资蓉生药业。2003年，蓉生药业斥资2.3亿元，按欧洲标准建成血液制品生产线，年投浆能力达1000吨。2005年，蓉生药业投浆能力达500吨/年，生产规模在国内名列前茅，并通过GSP认证。

截至2005年，成都蓉生药业有限责任公司有职工600余名，科技人员近200人，其中中高级技术人员100余人，享受政府津贴的专家达8人。蓉生药业的销售网络分布全国20余个分支机构、400多家经销商、1000多家医院。蓉生药业曾先后被授予“守合同重信用单位”“成都市重点优势企业”“高新区十强企业”等称号。2002年、2003年，蓉生药业连续两年位居全国生物制药企业前十名，并于2003年跻身全国医药制造业百强之列。2005年，蓉生药业获成都市“工业企业50强”称号，并列为成都市50户重点优势企业。

中嘉国际 四川古蔺肝苏药业有限公司于2003年取得国家GMP认证。成都国嘉联合制药有限公司于2004年通过GMP认证。成都国嘉联合制药有限公司与四川古蔺肝苏药业有限公司组建成立中嘉国际。中嘉国际是一家集研发、生产、销售于一体的现代化大型制药集团，于2004年在新加坡主板上市，其核心产品是古蔺肝苏和国嘉茴三硫。茴三硫于1996年由国嘉联合制药有限公司率先在国内研发上市；古蔺肝苏是以生长在乌蒙山原始森林的珍贵药材——古蔺赶黄草为主要原料研制而成的单味苗方制剂。国嘉茴三硫连续3年获得“四川名牌产品”称号，古蔺肝苏被评为肝病类药品“百姓放心药品牌”“原产地域保护品种”，并先后被列入《国家基本医疗保险用药目录》、国家基本药物目录等。

截至2005年，中嘉国际将产品定位于肝胆疾病类药物，力求发展成为肝胆疾病药物制造的专业公司，并先后获得“重合同守信用企业”“国家级火炬计划项目”“四川省火炬优秀奖”“成都市工业企业50强”“成长型科技型企业”“重点高新技术企业证书”“模范纳税户”“四川医药制造工业企业最佳效益10强”“高新技术企业证书”“四川省扶贫龙头企业”等荣誉。

吉泰安（四川）药业有限公司 1993年8月，吉泰安（四川）药业有限公司成立。2003年1月，该公司生产的4种剂型通过GMP认证。同年6月，恒山分厂一期工程美声喉泰生产车间竣工投产，并于2004年1月9日通过GMP认证。2004年，恒山分厂二期工程启动，并于2005年建成。

该公司的主要产品有：心元胶囊、美声喉泰含片、四物合剂（四物颗粒）、清淋胶囊。其中，美声喉泰含片、心元胶囊通过美国食品药品管理局（FDA）权威认证并行销欧美。四物颗粒于2002年2月20日由国家药监局正式签发“新药证书”，美声喉泰含片是国内仅有的几种以糖基为辅，中药浸膏制成品为主的咽炎治疗药品之一。2005年，公司发展成为一家集药品科研、开发、生产、营销为一体的综合型高科技药业集团。

成都亨达药业有限公司　成都亨达药业有限公司是四川爱心（集团）有限公司控股的外资独资企业，是专门从事生产传统中成药、中西药制剂的高新技术企业。

1995年，公司的拳头产品“阿魏酸哌嗪片”获中国民营科技企业科技成果、新产品博览会金奖、成都市科技进步一等奖。1996年，产品“复方阿苯达唑片”（国家三类新药）获中国新技术新产品交易博览会银奖。2001年4月，公司获成都市科学技术委员会颁发的“科技企业证书”；同年5月，在彭州市投资0.5亿元，扩建颗粒剂、胶囊剂、片剂、原料药（阿魏酸钠、阿魏酸哌嗪）4条生产线。同年9月，公司获得科技部颁发的高新技术企业认定证书。

公司GMP技改分两期完成。一期片剂、原料药生产线于2003年2月获国家GMP的认证证书。二期GMP中药材前处理、提取车间及片剂、颗粒剂、胶囊剂生产线于2004年6月通过GMP认证。公司年产片剂6.4亿片，颗粒剂250吨，胶囊剂2亿粒，原料药20吨。

截至2005年，公司年产值达1亿元。2005年12月，公司商标“宝盛康”获四川省著名商标。

四川亚宝光泰药业有限公司　2003年1月，山西亚宝药业集团股份有限公司和四川光泰制药有限责任公司共同出资，建立四川亚宝光泰药业有限公司，注册资本2800万元。这是一家生产制剂和原料药的综合性制药企业，行业归口为成都市药监局，行政隶属为彭州市经贸局。

公司建成有原料药车间、中药前处理及提取、固体制剂、口服液、外用药等车间。分别于2004年2月和2005年7月及2005年12月通过GMP认证。

2005年，公司有职工292人，占地面积3.5万平方米，建筑面积1.2万平方米。公司形成以中西制剂、原料药为主，原料药、儿科用药、妇科用药的三大产品体系，有13种剂型、90个品种。

成都天银制药有限公司　成都天银制药有限公司创建于1994年，是一家集药品研发、生产、销售为一体的民营现代化、高科技医药企业。公司拥有口服液、糖浆剂、颗粒剂、胶囊剂、片剂、合剂、口服溶液剂7种剂型生产线。

2005年，公司占地面积80亩，销售规模5亿元，产品以中成药为主，化药为辅。公司有54个品种（55个批准文号）获得生产批件，进入《国家基本医疗保险用药目录》的品种有24个。其中，银杏蜜环口服液获得国家专利“银杏蜜环口服液外观设计”专利证书，并列入《2009年地方名优产品推荐目录》。

志远集团　志远集团下设四川志远广和制药有限公司、四川志远嘉宝药业有限责任公司、成都志远广和药物研究院、四川康和医药有限公司。

四川志远广和制药有限公司成立于1993年5月，注册资本8000万元。公司占地120余亩（75640平方米），建筑面积9500平方米，三十万级洁净区面积为1255平方米。四川志远广和制药有限公司专业生产中西药制剂及原料药，拥有通过GMP认证的片剂、胶囊剂、颗粒剂、原料药、中药提取及前处理等生产线。公司年产量分别为颗粒剂800吨，片剂3亿片，胶囊剂4亿粒，中药材提取量为800吨，拥有产品共14个。其中，专利产品1个，全国独家品种3个，国家基本药物品种2个，国家医保产品8个（甲类品种4个，乙类品种4个）。公司营销依托四川康和医药有限公司，销售网点覆盖全国30个省市的54个销售联络处，并出口美国、澳大利亚。

四川志远嘉宝药业有限责任公司成立于2003年6月，是集药品研发、生产、销售为一体的制药企业，注册资本3600万元人民币。公司占地70余亩，建筑面积24000平方米，三十万级生产洁净区面积为1070平方米。2004年，公司收购成都高频药业有限公司。2005年8月，公司完成口服液、合剂、片剂、颗粒剂、胶囊剂五大剂型的GMP认证；同年11月，通过保健食品GMP认证。公司现拥有全国独家生产的"复方桑椹合剂"（批准文号：国药准字B20020747）；3个基本药物品种，9个国家医保产品，以及国家中药保护产品"血宝胶囊"等17个产品的生产批件和保健食品嘉宝牌桑椹弘力口服液和雌钙片的生产批文。公司营销依托四川康和医药有限公司，销售网点覆盖全国30个省（自治区、直辖市）的54个销售联络处。

成都志远广和药物研究院拥有高技术含量的研发基地以及具有中试生产能力的设备和场地，并与中国医科院药物所、四川大学药学院、四川省中药所等科研院所合作的同时，聘请知名医药专家，研发新产品。

四川南格尔生物医学股份有限公司 1994年9月，四川省医学科学院及其附属医院共同创建四川省康保医用塑料有限责任公司，后更名为四川南格尔生物医学股份有限公司。1995年7月，公司达到国家生产许可证验收合格标准，同年11月，更名注册为四川省南格尔医用器具有限公司。1996年3月，公司开始研发生产一次性使用多联采血袋。2000年，公司被四川省科技厅认定为高新技术企业。2001年8月，公司注册地从简阳转入成都，变更为股份有限公司。同年，公司通过2000年度国家级新产品"一次性使用单采血浆分离器（P－1000型）"验收，并获得国家级新产品证书，被四川省科技厅列入2001年省级火炬计划。2002年3月27日，公司一次性通过国家药品监督管理局对"一次性使用无菌医疗器械产品生产企业许可证"的验收检查。2003年，公司获得G3258号药品GMP证书，取得"药品生产企业许可证"。2004年3月，公司成为民营股份制企业。同年12月20日，公司血液成分分离机获得成都市高新区科技局2004年度高新区重点科技创新项目立项。2005年1月28日，公司获得G3258号药品GMP证书，通过药品GMP认证。同年6月6日，公司"血液成分分离机"被列入2005年国家重点新产品计划项目。同年8月16日，经国家食品药品监督管理局批准，取得一次性使用塑料血袋注册证。

公司主要产品分为三大类，即血站产品、浆站产品和医院产品。拥有发明专利和实用新型专利10项和5个"中国第一"，即：第一个研制出多联采血袋和全血保养液、深低温保存袋；第一个研制出血液成分分离机；第一个研制出单采血细胞分离器、一次性使用单采血液成分分离器；第一个研制出血脂分离仪和分离器；作为医疗器械制造企业第一个通过药品GMP认证。

成都永康制药有限公司 成都永康制药有限公司成立于1992年，是一家集科研、开发、生产、销售、流通为一体的现代化制药企业。公司拥有通过国家GMP认证的丸剂、片剂、颗粒剂、胶囊剂90余个品种。年产胶囊2亿粒，片剂5亿片，颗粒剂500吨，丸剂300吨。拳头产品"小金丸（微丸）"在治疗乳腺增生、甲状腺、良性肿瘤等领域具有优势。公司主导产品有大黄蟅虫丸（微丸）、双黄连咀嚼片、九味羌活颗粒（含无糖型）、洛伐他汀胶囊、大败毒胶囊、补肾强身胶囊、大卫颗粒、氯雷他定、复方三七丸等。

截至2005年，公司有职工420人。其中，科研、医药、化工等各类人才占到50%以上。公司先后被评为“高新技术企业”“成都市科技企业”“成都市成长型科技企业”“资信等级 BB 企业”“重合同守信用企业”。

四川国康药业有限公司　四川国康药业有限公司于 2001 年 11 月经改制重组建成，是一家集中西成药的研究开发、生产制造与市场销售为一体的高新技术制药企业。

四川国康药业有限公司于 2004 年 4 月首次通过国家 GMP 认证，拥有片剂、胶囊剂与颗粒剂等剂型的生产线。公司主导品种有：胃康灵胶囊、风痛宁片、茵山莲颗粒、消癌平片、乳宁片、五灵止痛胶囊、大卫颗粒、蒲黄片、芫蒿护肝胶囊。

四川升和制药有限公司　四川升和制药有限公司 1996 年成立，属四川怡和企业集团，是一家集医药研究、生产和销售为一体的高新制药企业。

2000 年，公司被评为四川“500 家大中型工业企业”“工业企业最佳效益 100 强”“工业企业最大纳税 500 强”“医药企业最大市场占有份额 30 强”。2001 年，公司为成都市重点优势企业、成长型企业、重点出口型企业。公司的小容量注射剂和大输液两条生产线于 2000 年 11 月 22 日获国家 GMP 认证。公司建有 3 个生产基地，主要生产基地——邛崃分厂 2000 年通过质量管理机构 A 级认证，年产能针剂 15 亿支、输液 300 万瓶、片剂 10 亿片、处理中药材 500 吨；天怡厂区是公司的科研、中药原料提取、仓储中转基地；龙泉分厂 1999 年 8 月按 GMP 要求建成全自动口服液生产线投产，年产口服液 5000 万支。

公司的产品结构以可灭菌小容量注射剂、大输液为主，固体制剂和口服液为辅，有 7 种剂型，100 多个品种。抗肿瘤产品米西宁（盐酸米托蒽醌注射液）是国家基本药物、国家二类新药并被列为国家级火炬计划项目。硫酸奈替米星是新一代氨基糖甙类抗生素，于 1999 年被列为国家重点新产品。同时，公司还生产国家基本药物、治疗心血管系统疾病的丹参系列——香丹注射液、复方丹参片、丹参注射液。

四川维奥制药有限公司　四川维奥制药有限公司重组成立于 2001 年 5 月，是维奥生物科技控股有限公司的全资子公司，生产基地位于成都海峡两岸科技产业开发园内，占地约 130 亩，建筑面积 1.6 万平方米。同年 12 月，公司通过 GMP 认证，主要生产乐力胶囊，年产能 10 亿粒胶囊。2003 年 3 月起，其主力产品“乐力”的销售金额和销售数量在同类产品中位居前 5 名。同年 12 月，公司与德国马博士大药厂达成分装、分销协议，在中国独家分装、分销该药厂的两个药品。

2004 年，通过收购扩展，成立维奥三江制药有限公司，开发、生产、经营特殊药品（麻醉类、精神类），心脑血管、肝、肾等疾病用药的小水针和粉针制剂。有 5 个新产品上市，包括 2 个集团开发的药品，3 个从欧洲引进的品种。2004 年 6 月，生产维朴芬（醋氯芬酸）等合成原料的车间竣工，并通过 GMP 认证。

同年，公司获“高新技术企业”和“银行信用等级 AAA”称号；2005 年获成都市“工业企业 50 强”称号，并被列为成都市 50 户重点优势企业。

四川普渡制药厂　四川普渡制药厂建于 1995 年 9 月，并于 2000 年 8 月通过药品生产企业质量管理机构 C 级标准，2001 年完成 GMP 认证。该厂拥有年产 1 亿粒硬胶囊剂和中药提取生产线及必备的质监控制系统。

该厂自主研制开发两个国家二类新药格列美脲胶囊（2 型糖尿病首选）、“普来定”（萘丁美酮胶囊）及国药准字 B20020571 灵芪红胶囊。产品中，灵芪红胶囊、普来定胶囊获国家金奖；格列美脲胶囊作为第三代降糖药，进入全国乙类医保品种。2002 年，该厂总资产 9180 万元，净资产 6200 万元。

截至2005 年，该厂有职工228 人，其中各类专业技术人员达38 余人，从事研究与开发的高、中级职称的科技人员共 14 人。1996 年 9 月至 2005 年，该厂一直被成都市科委认定为“高新技术企业”。

成都市双流双陆医疗器械有限公司 双流县中和中学校办公司——成都双流输液器厂于 1989 年成立，后更名为成都市双流双陆医疗器械有限公司。

2002 年，公司通过 ISO 9001 质量体系认证。公司严格按《无菌医疗器具生产管理规范》和 ISO 9001 建立了产品的研制、开发、生产、销售和服务的质量管理体系。公司有专业技术人员 100 余人，拥有十万级净化车间近万平方米，4 条大型现代化流水生产线，年产 4 亿套无菌医疗器械产品。

公司康福牌产品主要有一次性使用无菌注（输）器具（自毁式注射器、注射器、输液器、袋式输液器、滴定管式输液器）；一次性使用去白细胞输血器、机采血细胞分离器等成分输血耗材；医用化验用一次性使用静脉血样采集容器、采血针等。产品多达 30 多种规格型号，畅销 10 多个省（自治区、直辖市）。2005 年，公司生产的一次性使用去白细胞输血器销量位居全国前列。

该公司与中国医学科学院、输血研究所等科研机构和大专院校进行合作，研制开发安全输血、成分输血、生物可降解医用植入导管、自体血回输和血液净化等领域的医疗器械。

成都市新津事丰医疗器械有限公司 成都市新津事丰医疗器械有限公司于 1991 年建立。1998 年，公司实施改制，全面导入 GB/TI9002 - YY0028 质量管理标准。2001 年，公司生产的一次性使用袋式输液器成为全国首家取证产品，同年通过中国医疗器械质量认证中心（CMDC）GB/T19002 和 YY/T0288 质量体系认证及注射器、输液器产品认证。2002 年，公司通过欧盟 CE① 认证。2003 年，公司成都营销中心布局全国市场，企业管理实现信息化升级。

公司生产经营的主要品种有：一次性使用输液器（输血器）系列、一次性使用袋式输液器系列、一次性使用无菌注射器系列、一次性使用静脉输液针系列、一次性使用无菌注射针系列、一次性使用卫材系列产品（包括：口罩、帽子、棉签、棉球、无菌产品、手术包、手术衣 、无菌纱布块、夹棉纱布及无菌绷带）等。

2002 年，公司生产的注射器、输液器荣获第五届“四川省名牌产品”称号。2005 年，公司获世界环保组织援赠设备，其质量检测水平达国际一流。

截至2005 年，公司有固定资产 2. 5 亿元，员工 2800 余人，占地面积 15 万平方米，十万级净化厂房 2 万平方米；拥有注射器自动组装生产线以及 EO② 灭菌、医用 PVC③ 拉管、液袋吹膜、彩印冲切、热合制袋和各种配件注塑、彩印等一条龙规模生产流水线。

四川沱牌药业有限责任公司 2000 年 10 月，沱牌药业有限公司与复旦大学共同组建，成立四川沱牌药业有限责任公司，该公司主要从事非 PVC 软袋输液的生产。2001 年 11 月，四川沱牌药业有限公司在成都高新区的新厂奠基。2003 年 9 月，公司通过国家 GMP 认证；同年 12 月，通过国家高新技术企业认证，并联合北大未名生物工程集团有限公司成立成都未名生物科技有限公司。

---

① CE，即一种安全认证标志。
② EO，即环氧乙烷。
③ PVC，即聚氯乙烯。

公司拥有由美国 PDC 公司设计的生产基地，占地 100 余亩，一期工程投资 1.2 亿元。生产基地引进具有国际先进水平的非 PVC 软袋输液生产的工艺和设备（如美国陶氏的超滤、二级反渗透纯化水制备系统，意大利 STILMAS 多效蒸馏水机，美国 PDC 公司的具有全封闭特点的“印刷、制袋、灌装、封口一体机”，意大利 Fedegari 的水浴式灭菌柜），生产能力为 2000 万袋。公司采用的生产设备及包装产品已获得 20 余项国家专利，其中真空防漏技术已被受理为国家发明专利。

成都艾贝特血液技术有限责任公司 成都艾贝特血液技术有限责任公司成立于 2004 年 5 月 18 日，由中国医学科学院输血研究所（以下简称输血所）与成都铸信企业（集团）有限公司（以下简称铸信集团）联合创办。公司主要从事生物医学材料及相关产品的开发、生产和销售。铸信集团投资 2.2 亿，按国家 GMP 要求修建 4800 平方米主厂房。成都艾贝特血液技术有限责任公司的质量管理体系执行国家医疗器械及药品行业有关标准构建，公司取得“医疗器械生产企业许可证”“药品生产企业许可证”，以及 ISO 13485:2003、ISO 9001:2001、MDD93/94EECCE 证书。有两项国家实用新型专利技术在该公司的白细胞滤器产品上得到应用。

联邦制药（成都）有限公司 联邦制药（成都）有限公司该公司建于 2003 年，其中间体厂坐落于四川成都彭州医药工业园。公司占地面积近 50 万平方米。中间体厂按 GMP 的标准进行。一期工程建有医药中间体 6-氨基青霉烷酸（6-APA）生产线，年生产能力达数千吨，二期工程包括年生产能力为数百吨 7-氨基头孢菌酸（7-ACA）和内酰胺酶抑制剂克拉维酸的生产线。生产规模居于全国前列。2005 年，公司被列为成都市 50 户重点优势企业。

四川三奇制药有限责任公司 四川三奇制药有限责任公司于 1995 年建立。2003 年，公司通过 GMP 认证；2004 年 9 月、10 月分别取得国家食品药品监督管理局发布的青蒿素、双氢青蒿素药品注册批件；2004 年 12 月再次通过 GMP 认证。2005 年 9 月，公司成为诺华公司在国内唯一信赖的青蒿素供应商。

2005 年，公司占地面积为 3.5 万平方米，建筑面积 1.1 万平方米；拥有符合 GAP 管理的青蒿种植基地；有年产青蒿素达 40 吨及其合成为双氢青蒿素、蒿甲醚的生产能力，已发展成为一家专业从事青蒿素、双氢青蒿素和蒿甲醚等系列产品生产、经营的科技型民营企业。同年，公司被四川省评为“高新科技创业型”和“高速增长型”企业。

（二）绵阳市主要医药企业

太极集团四川绵阳制药有限公司 1958 年，四川省绵阳专区制药厂成立，主要从事药品的开发、生产和经营，是西南地区最大的中成药固体制剂生产基地之一和西南地区知名老牌中成药制造企业。1997 年，四川省绵阳专区制药厂加盟太极集团。2004 年 6 月，公司通过国家 GMP 认证。

公司占地 218 亩，取得批文的品规有 157 个，6 个生产剂型，常年生产的品种有 80 余个，其中中药保护品种 5 个，列入国家基本药物目录的产品有 41 个，列入国家三类新药的 1 个，取得薄膜衣批文的品种有 10 个。公司拥有“八大名药”和“五大王牌”。“八大名药”包括：复方黄连素片、通宣理肺丸、九味羌活丸、舒筋活血片、五子衍宗丸、太极气之色、骨友灵搽剂、荡涤灵颗粒等市场畅销品种。“五大王牌”包括：风湿马钱片、伤科活血酊、独圣活血片、益气复脉颗粒、行气活血颗粒等新特产品。其中，风湿马钱片和独圣活血片获国家专利保护。

公司被列入绵阳市工业千亿工程百户重点企业，是绵阳市 18 家重点扩张型企业之一，多次被评为绵阳市“工业经济快速增长型企业”“游仙区纳税大户”。

好医生医药集团 好医生医药集团是集科、工、贸一体化，以制药为主的大型企业集团。产业分布在药品研发、药品生产、商贸流通和中药材种植等领域。集团拥有4家GMP制药厂，142个注册品种，其中有10个国家中药保护品种，30余个国家基本医疗保险目录品种。

1998年，好医生药业集团全资收购绵阳制药厂安县分厂，命名为四川圣科制药有限公司，2003年更名为四川好医生制药有限公司。该公司拥有4个剂型、6条生产线、30余个注册品种，主要生产“好医生”阿莫西林胶囊、“好医生轻克”复方氨酚烷胺胶囊、“盖乐”高钙片、“喜欢它”葡萄糖酸锌口服液等主导产品。公司有3个符合GAP标准的万亩药材种植基地，包括附子种源基地、川乌种植基地，以及昆虫类药用动物GAP养殖基地。

集团先后荣获四川省著名商标和中国著名品牌称号，在中国成长企业百强评比中，集团位列第32强，并获得“最具公信力品牌”称号。

四川绵阳一康制药有限公司 四川绵阳一康制药有限公司是1992年率先进入绵阳国家高新技术产业开发区的唯一一家专业化中西药制造企业，注册资金6586万元，总资产1.5亿元。公司具有独立的进出口经营权，拥有颗粒剂、胶囊剂、片剂、糖浆剂、口服液、合剂、溶液剂（外用）7条现代化生产线，并均通过GMP认证。公司生产中西药品种有26个，以治疗泌尿系统疾病“清淋颗粒”和风湿性疾病“独活寄生合剂”为主。

公司被四川省科技厅认定为高新技术企业，被绵阳市评为先进单位、先进民营企业、绵阳市“千亿工程”前50强企业、著名商标企业、农业产业化龙头企业。

（三）自贡市主要医药企业

四川健能制药有限公司 2005年12月，由美国盛代国际有限公司与重庆健能医药开发有限公司联合对自贡恒远制药有限公司进行并购，成立中美合资药品生产企业四川健能制药有限公司，主要从事原料药品、成品药的研发、生产和销售。

公司占地21亩，建筑面积4000多平方米，有综合制剂楼、生产厂房各一幢。公司拥有自己的药物研究所，下设有合成室、制剂室和药物分析室。2005年，公司通过国家GMP验证，有25个国家批准文号产品，涉及原料药、片剂、胶囊、外用液体和口服液体制剂。公司生产的主要产品包括：健天能（注射用盐酸纳洛酮）、健方能（注射用多索茶碱）、健万能（穿王消炎胶囊）、健力能（铝碳酸镁咀嚼片）、健甘能（甲硝唑氯己定洗剂）、优丁林（盐酸纳洛酮注射液）、注射用更昔洛韦、环磷腺苷葡胺注射液和尼莫地平注射液等10余个品种。

四川金大制药有限公司 四川金大制药有限公司建于2000年，是一家融医、药于一体，集治疗药品、功能食品研发、生产于一身的新兴科技企业。公司先后建立了内江临床医院（内江万树医院）及研发基地、自贡生产基地、成都营销中心。

该公司2004年通过国家食品药品监督管理局GMP认证，生产的主要产品有活血镇痛胶囊、灵杞宝胶囊。活血镇痛胶囊由公司董事长研制发明，是根治头痛、头昏、失眠、偏瘫的特效药，拥有独立知识产权，获得国家发明专利（保护期20年），系全国独家生产，属医保乙类产品。

四川旭阳药业有限责任公司 2001年4月1日，在自贡中药厂的基础上经资产重组，成立四川旭阳药业有限责任公司。

公司厂区内设有质检办公大楼，制剂中心大楼，前处理车间，提取车间及口服液车间，片剂、颗粒剂、胶囊剂车间，成品库房及原材料库房。公司拥有口服液、片剂、颗粒剂、胶囊剂4条生产线，全部通过国家药品监督管理局 GMP 认证。公司生产的产品包括：阿胶益寿口服液、风湿定胶囊、铁锌钙氨基酸口服液、通脉颗粒、元胡止痛片等近 30 个品种。

自贡鸿鹤制药有限责任公司　自贡鸿鹤制药有限责任公司是全国化工 500 强企业昊华西南化工有限责任公司的控股子公司，GMP 达标企业，主要生产医药原料药、医药中间体和医药制剂，是全国碘与碘酸钾产销联合体成员单位，是国内生产能力大、产品品种多的碘制品生产企业之一。

公司以自贡井矿盐基地的优质原料为依托，生产有碘系列产品碘化钾、碘酸钾、碘片等；氯系列产品氯化钠等；小苏打系列产品药用碳酸氢钠等；医药中间体氨曲南中间体（与四川大学联合开发研制）等；其他系列产品硫酸镁等；成品药系列产品乙水杨胺片（奥比宁）、维磷葡钙片、碘酊、甲紫溶液等几十个批文品种，近百个规格产品。其中，“自井牌”注射级氯化钠、注射级氯化钾，是国内大输液厂家首选的原料药之一。

（四）攀枝花市主要医药企业

攀西生物药业有限责任公司　2001 年 5 月，四川投资（集团）公司兼并金江制药有限责任公司，组建攀西生物药业有限责任公司。公司主要从事薯蓣、番麻皂素、芦荟制品、甾体药物原料提取及大输液、西药片剂、中药片剂、中成药等产品的研发、生产、经营。公司在攀枝花市建设薯蓣、番麻育苗和种植生产基地的基础上，实现规模化、产业化种植薯蓣和番麻，进而从薯蓣和番麻中提取薯蓣皂素和番麻皂素，生产甾体激素药物。

攀枝花市开明医药有限责任公司　攀枝花市开明房地产开发有限责任公司收购攀枝花药业集团股份有限公司部分有效资产，于 2003 年 6 月重新组建成立攀枝花市开明医药有限责任公司。公司包括攀枝花市中药饮片厂和攀枝花市明生堂医药连锁有限公司。

攀枝花市中药饮片厂主要从事各种中药饮片的净制、切制、炒制、炙制、煅制、蒸制等炮制工作。攀枝花市明生堂医药连锁有限公司，是集医药批发和零售为一体的大型民营医药经营企业。该公司于 2003 年 12 月通过 GSP 认证，主要经营中药材、中药饮片、中成药、化学药制剂、抗生素制剂、生物制品、生化药品、玻璃仪器、医疗器械、保健食品等。

（五）泸州市主要医药企业

四川宝光药业股份有限公司　始建于清朝乾隆十八年（1753 年），名“皮仁堂”。1970 年，“皮仁堂”改名泸州制药厂。1991 年以前，该厂设备简陋，规模较小。1992 年 2 月，该厂总产值 576 万元。1997 年，宝光药业集团有限公司成立。1998 年，公司扩建针剂生产线，主要产品为通脉注射液。1999 年，南京晟翔医药化工研究所独家买断该公司开发的四类新药“美洛昔康胶囊”科技产权。同年 9 月，公司新增美洛昔康原料药及美洛昔康胶囊产品及生产线。2000 年，四川宝光药业股份有限公司设立。2001 年，公司有注册九味羌活丸等 73 个品种。2002 年，公司收购郎酒集团，更名为泸州宝光集团有限公司。2003 年，将 88.06% 的股份置换给四川宝光科技开发股份有限公司（原名成都华联商厦股份有限公司）后，正式上市。2005 年，公司成为天津大通投资集团全资子公司。

公司占地 4.6 万平方米，其片剂、胶囊剂、颗粒剂及口服液、糖浆剂、酒剂 6 个剂型分别于 2003 年和 2004 年全部通过国家药品质量管理规范（GMP）认证。公司生产有中成药、西药，包括注射剂、口服液、颗粒剂、胶囊剂、片剂等多种剂型 47 个品种。其中，生产品种 15 个、储备品种 32 个。有 6 个中药保护品种，30 个品种进入国家基本药物目录。公司拳头产品除“宝光牌风湿液”

“宝光牌妇乐颗粒”“利肝隆颗粒”“消炎退热颗粒”“吉如心片”等外，还研制“胃力康颗粒”（国家中药三类新药）、“阿卡波糖胶囊”（国家化药四类新药）、“统克”（美洛昔康，国家化药四类新药）、“氯雷他定”（国家化药四类新药）、“氨基葡萄糖”（国家化药五类新药）、“乌苯美司”（国家化药五类新药）等产品。其中，“胃力康颗粒”完全由企业自主研制，“阿卡波糖胶囊”则是除德国拜耳公司以外，首先由国内企业研制生产的糖尿病治疗新药。

1997 年以前，“宝光牌风湿液”被评为“中国中药名牌”产品。至 1999 年，宝光药业集团有限公司已被列入“中国中药企业 50 强”。2000 年，公司取得四川省 A 级质检机构认证证书。2001—2005 年，公司被认定为“四川省高新技术企业”“质量管理先进单位”“农行 AAA 级诚信单位”。“宝光”品牌获得“四川省著名商标”称号。

四川古蔺肝苏药业有限公司 1987 年，古蔺县人民政府组建古蔺中试药厂，将 1985 年研制成功的治疗肝胆脾病的肝酶宁冲剂投产。1989 年，古蔺中试药厂改建为四川古蔺制药厂，正式成为古蔺县第一家制药企业。1992 年，药厂改事业性为企业，主要产品为肝苏片和肝苏冲剂。1997 年，药厂发展赶黄草基地，保证产品原料。1999 年，药厂由郎酒集团托管，组建四川郎中药业有限责任公司，同时兼并古蔺医药公司。2005 年 1 月，四川郎中药业有限公司正式更名为四川古蔺肝苏药业有限公司。

公司是以生产中成药为主的现代制药企业，于 2003 年取得国家 GMP 认证，拥有颗粒剂、片剂、胶囊等 7 个剂型。公司产品主要有肝健康产品、消化系统药物、免疫调节系统药物等 30 多个中成药品种、40 多个规格。年处理中药材 1000 吨，年产肝苏颗粒 7 万件，年产中成药片剂 1 亿片，年产中成药胶囊剂 1 亿粒。拳头产品“郎中牌肝苏颗粒”，是公司与泸州医学院、重庆医科大学肝炎研究所、成都市传染病医院、华西医科大学等 13 家大专院校，经过 20 多年研究，引用苗族传统验方，采用乌蒙山原始森林生长的珍贵药材——古蔺赶黄草为主要原料，研制而成的单方中药制剂，是中国第一个原产地域保护的中成药。该产品获四川卫生厅优秀科技成果奖；1997 年进入卫生部部颁标准；1998 年底经国家药品监督管理局评审进入《国家基本药物目录》，同时被授予“肝苏颗粒 98 用户满意产品”的称号；1999 年 5 月通过国家中药保护审评委员会评审，获“国家中药保护品种证书”；2001 年被四川省中医管理局列入全省唯一治疗肝病的重点推广科技成果。该产品还获得中国医药保健品进出口商会“出口推荐产品证书”，被列入国家发展计划委员会“现代中药高技术产业化示范工程项目”，由国家重点扶持该项目的发展。

四川龙人药业有限公司 1995 年，四川龙人实业集团公司与加拿大 GATTEC 医药医疗器械公司合资创办四川龙人药业有限公司。该公司是一家以研发、生产、销售中西成药及制剂为主的高新技术企业，拥有胶囊剂、颗粒剂、栓剂 3 条生产线，并全部通过国家 GMP 认证，主要产品有国家中药保护品种心可舒胶囊、朱砂莲胶囊、抗感解毒颗粒、硝酸益康唑栓以及以泸州道地药材为原料的复方青果颗粒等系列产品。

四川科瑞德制药有限公司 四川科瑞德制药有限公司成立于 2004 年，是集科研、生产、销售为一体的医药高新技术企业。公司占地面积 58 亩，拥有通过 GMP 认证的片剂、胶囊剂、颗粒剂 3 条生产线及 1 个化学合成原料药车间。公司产品战略坚持在神经精神用药领域和中药领域，主要生产律康（枸橼酸坦度螺酮胶囊）、凯莱通（盐酸替扎尼定片）、冠脉宁片、断血流泡腾片等主导品种。

（六）德阳市主要医药企业

四川蜀中药业集团 1999 年，广汉生化制药厂改制后重组，成立四川蜀中药业集团。成立之初，集团仅拥有资产500万元、2个生产车间、300多名职工。截至2002年，发展到20多个品种、6条生产线、近1000名职工。到2005年，集团占地15万平方米，总建筑面积65000平方米，拥有一综合车间、二综合车间、中药前提车间和口服青霉素制剂等四大主体车间。集团还建成全国产能前列的现代化口服青霉素类胶囊车间和固体制剂车间，全国第一台10吨中药提取罐等，与农户合作成立5万余亩板蓝根GAP药材种植基地，并成立了四川盖克药物研究所。集团拥有各类设备1200余台套，在产品种达200余个，八大剂型，可年产片剂100亿片、胶囊剂60亿粒、颗粒剂18亿袋、酊剂8亿支、丸剂3亿丸。其中包括阿莫西林胶囊、盖克感冒胶囊、复方板蓝根颗粒、氨咖黄敏胶囊等8个普药拳头品种。“盖克”商标被认定为“中国驰名商标”。

2004年,《福布斯》公布四川蜀中药业集团荣获“中国潜力100榜”前16名。2005年，“盖克”品牌荣获第二届中国感冒药十大影响力品牌。集团被评为“中国制药工业百强”，拥有“优秀民营企业”“德阳市重点企业”“四川省高新技术企业”等100余个荣誉称号。该集团已发展成为集科研、制药、食品、包装包材、种植、营销为一体的现代化大型集团企业。

四川美大康药业股份有限公司　四川美大康药业股份有限公司始建于1991年，是一家集现代化中药、生物医药、化学合成药、原料药、营养保健食品为一体的现代化制药企业。2000年，公司胶囊剂、片剂生产线通过GMP认证，年产胶囊5亿粒、片剂12亿片。2005年，公司再次通过国家GMP复检认证。

2005年，公司有职工480余名，其中医学、药学、生物、化学、药机等专业人才占60%。公司拥有片剂、胶囊剂、颗粒剂以及合剂（含口服液)、原料药等5种剂型的自动化生产线，主要产品分五大系列60余个品种，16个品种的产品在美国等国家和地区注册并出口。公司代表产品有：当飞利肝宁胶囊、心达康胶囊（片)、橘红胶囊、京萨软胶囊等。

四川逢春制药有限公司　始建于1973年，是由原校办企业中江制药厂改制后重组而成，是一家集科研、生产、销售、养殖为一体的多元化大型现代民营企业，先后成立了德阳逢春堂制药有限公司等9家分公司。公司总占地面积440余亩，职工3700余人，分别于2004年7月和2008年6月通过片剂、胶囊剂、糖浆剂、合剂、流浸膏剂、口服溶液剂、酒剂、煎膏剂、酊剂等10个剂型40多个品种的GMP认证。

2004—2005年，公司被德阳市委、德阳市人民政府评为“优秀外来投资民营企业”，2004—2005年被中江县委、中江县人民政府授予“十大重点企业”称号。

德阳华康药业有限公司　始建于1998年，是由原四川绵竹制药厂改制后重组而成，是四川剑南春集团有限公司的全资子公司，是集研发、生产、销售中西原料药及制剂的综合型医药企业。公司以生产抗生素及注射剂为主。公司拥有冻干粉针剂、粉针剂、大容量注射剂、小容量注射剂、片剂、软胶囊剂、硬胶囊剂、颗粒剂、滴眼剂、外搽剂以及化学原料药等十大类10多个剂型，近200个品种规格。公司生产的主要产品种类有：抗生素、抗病毒药、营养类药、维生素类、素类、解热镇痛类、补钙、钾类、生发美容类、中成药类、原料药（伏立康唑）等。

四川德阳生物化学制药厂　1973年，从银行贷款1万元建成东风炼油厂。1982年，因环境污染转型生产生化药物，工厂更名为德阳县生物化学厂。在四川大学的帮助下，成功开发生化产品胱氨酸、肝素钠和硫酸软骨素等。1984年，产品打入国外市场，工厂更名为德阳市市中区生物化学厂。1986年，该厂与日本开展供销合作关系，同时进入西欧市场。1989年，该厂投资100万元进行技术改造，建成两条胰酶生产线，年产量由原来的30吨提高到60吨，产值由300万元提高到800万元。同年，该厂出口胰酶40吨，创汇100万美元。

1990年，国家修改了胰酶的质量标准，该厂当年7月投资100万元进行技改，仅用6个月时间，自己设计、安装了一条“三酶生产线”，成为全国第一家生产出新标准胰酶的企业。1993年，该厂经四川省卫生厅、四川省商业厅和德阳市卫生局等部门联合检查验收，取得“药品生产企业许可证”和药品生产批准文号，成为规范的药品生产企业。工厂更名为四川省德阳生化制药厂。1994年，经四川省医药管理局、四川省卫生厅和德阳市医药局等部门联合检查验收，该厂取得“药品生产企业合格证”。该厂生产的主要产品原料药有胰酶、硫酸软骨素、肝素钠等。1995年，该厂在第三届四川轻工系统工业企业评价中被评为最佳经济效益百强企业，厂长被评为优秀企业家。1996年，该厂产值754万元，是生产生化原料药品的专业厂家。胰酸质量达到美国、日本、英国、德国药典标准，年生产能力100吨，长期出口日本、欧美和东南亚国家，是国内较大规模的胰酶生产基地。

2005年，该厂生产肝素钠、胱氨酸、胆红素、胆酸、胃酶、脑磷脂、卵磷脂、胆固醇、尿激酶、绒毛膜促性腺激素、硫酸软骨素、胰酶等多种生化原料药。

四川德阳制药厂　1985年1月18日，德阳市医药管理局（总公司）与德阳市中区旌阳街道办事处议定，在原办事处下属市区生物化学厂基础上扩建成立德阳市制药厂。1988年5月4日，四川省医药管理局、四川省卫生厅正式批准建立四川德阳制药厂，原德阳市制药厂遂更名为四川德阳制药厂。1991年1月，该厂正式投产。

四川德阳制药厂是德阳建市后建立的第一家市属制药工业企业。1996年，四川德阳制药有职工60余人，技术人员18人；生产片剂、冲剂、糖浆、酊水剂，取得生产权品种数57个，主要产品有复方丹参片、板蓝根冲剂等中成药。四川德阳制药厂与成都科技大学联合开发的纤维型、可吸收性、高效外用及手术用止血纤维，曾荣获四川省重大科技成果奖，1988年获南斯拉夫萨格勒布第十六届国际博览会荣誉奖，1990年获四川省首届专利技术交易会金奖。该厂注册商标为“文庙”牌。

四川泰华堂制药有限公司　始建于1988年，是国家核工业地质系统下属唯一一家军转民制药企业，是集科、工、贸于一体的现代化制药企业。

公司占地100余亩，拥有胶囊剂、颗粒剂、滴眼剂，片剂（含激素类）、口服液、糖浆剂、酊剂、滴鼻剂、合剂9条国家GMP认证生产线，产品近100个，产品涵盖中药、西药功能食品三大系列，拥有国家自主知识产权10余项，累计上市新药15个，在研或在审新药30余个，国家中药保护品种2个，优质优价中成药2个等丰硕的科研成果。公司重点推广项目“树脂吸附技术在中药复方提取分离中的成功运用”在全国领先；拥有92个生产批文，产品涉及补益扶正类、消化系统类、心脑血管类、肿瘤辅助用药类、妇科类用药、抗生素类、解热镇痛类药物等多个治疗领域；拥有阿胶当归口服液、加味逍遥口服液、六味地黄胶囊、肠炎宁口服液、三七止血胶囊、舒冠胶囊、紫丹活血胶囊、康艾扶正片等12个传统经典名方的特色品种；拥有祛风止痒口服液、补肾益气胶囊、酚美愈伪麻分散片、肠炎宁口服液4个独家品种；拥有氯霉素滴眼液、藿香正气水等行销川渝两地10余年的眼药水和普药系列等丰富的产品集群。

2005年，公司被评为四川省高新技术企业、四川省自主知识产权优势企业、德阳市重点企业。

四川同人泰药业有限公司　四川同人泰药业有限公司是集中西药制剂及原料药制造销售的GMP认证企业。2004年10月，浙江华立集团所控股上市公司重庆华立控股股份有限公司进驻四川同人泰药业有限公司，将企业并入华立医药集团。

公司拥有片剂、颗粒剂、糖浆剂、软膏剂、煎膏剂、胶囊剂及原料药7条生产线。公司成品药主要有33个大类，100多种规格。创灼膏、抗感颗粒等为全国独家生产，国家中药保护品种。原料药主要产品有：青蒿素、盐酸黄连素、芦丁、黄芩苷、金银花提取物、连翘提取物、黄芪多糖、穿心莲内酯、鱼腥草提取物、板蓝根提取物、当归提取物、苦参提取物、紫花地丁提取物、党参提取物、蒲公英提取物、大蒜素、人工牛黄、罗通定等，同时可加工其他的中药提取物、蒸馏液和浸膏。

四川省通园制药有限公司 2002年3月，四川省益寿制药有限公司和四川省通元制药厂资产重组，成立四川省通园制药有限公司。该公司是一家专业从事中成药研究、开发、生产的现代化制药企业，占有土地面积120亩，建筑面积1.3万平方米。2004年8月，公司通过国家药品GMP认证，拥有片剂、胶囊剂、颗粒剂、糖浆剂、合剂（口服液）、酊剂、外用洗剂等40多个品种及规格，并且涵盖普药品种26个、系列OTC品种及新特药系列品种。通过GMP认证后，公司年产量达2亿元。其中，鲜竹沥口服液、镇咳宁糖浆、炙甘草合剂、益肝宁片销售额位居四川前列。

四川广汉制药厂 1969年，四川省广汉县五·七制药厂建立，有职工23人，属县医药公司领导，是省医药公司组建的一个商办药厂。1982年，经过药厂整顿后，更名四川广汉制药厂，属广汉县医药局主管。1985年末固定资产原值114.8万元。1985年，该厂职工增加到97人，其中工程技术人员8人。该厂主要生产口服蜂乳、鱼腥草注射液、野菊花注射液、柴胡注射液、胃乐散以及双宝素混悬剂。1985年，该厂工业产值为791.6万元（1980年不变价）。

（七）广元市主要医药企业

四川中方制药有限公司 四川中方制药有限公司创建于1991年，是以中成药，原料药和西药制剂为主的现代化生产企业，是四川省“小巨人”计划企业。公司下设原料药分厂、制剂分厂、大输液分厂和研究所等机构。

1998年11月起，公司对固体制剂、口服液和大输液、注射剂的剂型进行技术改造。2003年，公司小容量注射剂、片剂、颗粒剂、胶囊剂、煎膏剂、糖浆剂、口服液、合剂先后通过GMP认证；拥有40多个中西药物制剂的生产批准文号，均为国家药典或部颁标准收载的品种，其中聚维酮碘溶液、通脉冲剂、杜仲冲剂等18个品种被列入《国家基本药物目录》。公司重点产品之一的清脑复神液，于1999年7月获得国家药品监督管理局颁发的中药保护品种证书。填补国内剂型空白的布洛芬缓释混悬剂，于2000年8月获得国家药品监督管理局颁发的新药证书和生产批准文号。此外，还有夏枯草膏、杜仲冲剂等18个产品被列入《国家基本医疗保险药品目录》。

公司在广元市新建10万亩药材基地，对杜仲、葛根的地产药材进行深加工和综合开发利用，并与上海医药工业研究院等科研院所形成了良好的新药开发、技术革新科研合作关系。

四川广元蓉成制药有限公司 1972年，四川青川制药厂成立，2001年6月更名为四川广元蓉成制药有限公司。该公司是一家中型高科技民营制药企业，主要从事中西药、原料药的研发、生产和销售。

公司占地4万平方米，2003年10月正式完成GMP技改造，并有片剂、颗粒剂、胶囊剂、口服液、鱼石脂原料药、软膏剂6条生产线；拥有国药准字批文50多个，主要产品有小儿解表止咳口服液、益母草片、天麻片、麻杏止咳片、复方丹参片、首乌延寿片、风寒咳嗽颗粒、鸢都感冒颗粒、痢特敏颗粒、藿香正气颗粒、盐酸小檗碱片、鱼石脂等63个品种。其中，盐酸小檗碱片获市优质产品称号，小儿解表止咳口服液获1998年四川名优特新博览银奖，鱼石脂畅销国内外。

公司以生产中成药为主，兼有中药材种植、中药饮片、保健食品、饮料等。建有3000多亩中药材基地，出产优质天麻、柴胡、杜仲、益母草、丹参、何首乌等中药材，是省内大型药材基地。此外，公司还与四川大学、四川省中医研究院等科研院所合作组建了产品研发中心。

2003年，公司被列为四川省“小巨人”计划企业，荣获“广元市农业产业化龙头企业”等称号，2004年跻身四川省农业产业化龙头企业行列。

四川豪运药业股份有限公司 四川豪运药业股份有限公司成立于1994年，是四川豪运集团有限公司的控股公司，主要生产、销售中成药、中药原料药和中药保健品。

公司占地2.67万平方米，拥有中药前处理、中药提取、口服液、口胶剂、片剂、颗粒剂、胶囊剂、糖浆剂和茶剂9条符合国家GMP的现代化生产线。其中，中药动态提取线工艺技术达到国际领先水平。年处理中药材6000吨，年产中药精制颗粒200吨，口服液、糖浆剂2000万瓶、口胶剂3亿粒、片剂3亿片、胶囊剂1.5亿粒、茶剂3000万袋。公司主要产品有3大系列、8个剂型、20余个品种。其中口可宁口胶、感速康口服液、消食健儿糖浆、腰息痛胶囊、参梅养胃冲剂、肾炎片、生乳灵、八正合剂等产品作为国家基本药物已畅销全国21个省（自治区、直辖市）。

四川青春宝九龙制药有限公司 四川青春宝九龙制药有限公司成立于1997年，由中国（杭州）青春宝集团公司和苍溪县国资经营公司共同组建，是浙江对口帮扶四川的、浙江在川第一个合作项目，是川北地区较为先进的现代化中成药制药企业。

1998年3月，公司投产，2004年6月28日通过国家GMP体系认证。公司占地面积1.9万平方米，建筑面积约8000平方米，主要生产经营片剂、颗粒剂、胶囊剂、丸剂、煎膏剂5个剂型的国药准字号9个中成药品种。其中，国家中药保护品种有2个（肾康宁片、回春胶囊）、甲类非处方药3个。

公司先后被评为四川省药品生产质量管理B级认证企业、广元市环保“一控双达标”企业、广元市医药系统先进企业、银行信用等级AA级企业、四川省药品生产质量管理B级认证企业。

（八）遂宁市主要医药企业

四川泰乐制药有限公司 四川泰乐制药有限公司是遂宁地区最早通过国家GMP认证的高科技企业，也是遂宁唯一在生产的中西药独资制药企业。

公司占地1.3万平方米，2003年5月通过GMP认证；有胶囊剂、片剂、颗粒剂三条中成药、化学药品生产线；批文品种13个；拥有自主研发、全国独家的纯中药治疗前列腺增生的中药品种——羊藿三川颗粒，全国独家的国家四类新药——麦白霉素颗粒。公司组建的泰乐药物研究所是遂宁第一个在国家药监局备案的规范药物研究所，自主研发的“羊藿三川颗粒”，是遂宁历史以来获得的第一个国药“准”字并获中国新技术新产品交易博览会“金奖”的三类新药（中药）。公司下设中药科技发展子公司，种植半夏800亩。2005年，公司获“遂宁市农业产业化龙头企业”称号。

四川珠峰药业有限公司 四川珠峰药业有限公司始建于1989年，由四川通安集团控股重组后扩建为高新技术集团型药业公司，是五大藏药基地之一。主要从事生物中间体、藏药、中西药等产品的研究、开发、生产、销售。

公司占地80余亩，拥有符合GMP标准要求的胶囊剂、片剂、颗粒剂、酊水剂等生产线，产品包括固体、酊水剂两部分。年生产能力可达胶囊剂2亿粒以上、颗粒剂1亿袋以上、片剂10亿片以上、酊水剂3亿瓶以上。公司主要生产藏红花油、氨咖黄敏胶囊、氨咖黄敏片、氯芬黄敏片、小儿氨酚黄那敏颗粒、对乙酰氨基酚片、阿莫西林胶囊等20余个产品。

（九）内江市主要医药企业

四川山山药业集团有限公司　1940年，官商合资兴办中国联合炼糖股份有限公司，中华人民共和国成立前，下设工务、总务、会计、业务4科，在成都、重庆、泸州各处均设有办事处，直属总公司。1950年1月，公司改名为内江市中国炼糖厂，同年更名为四川糖业公司内江糖厂、三元糖厂。1966年8月，更名为四川内江制药厂。1984年，全厂共设9科2室1校，主要有口服葡萄糖、注射用葡萄糖、红霉素碱、丁维葡萄糖、多维葡萄糖、工业丙酮、正丁醇、醋酸丁酯、醋酸乙酯、医药用酒精、玉米浆、玉米油等产品。其中，“水晶牌”口服葡萄糖，1982年被评为四川省优质产品。“三元牌”工业丙酮，1981年被评为化工部和四川省优质产品。产品不仅销往全国各地，而且远销东南亚各国。

1998年6月，在四川内江制药厂基础上组建内江山山制药有限公司。该公司是一家以医药为主、化工为辅的大型民营企业；是西南地区主要的原料药生产基地和唯一的红霉素系列产品生产企业。公司下辖内江山山制药有限公司、内江山山酒业有限公司、四川省资阳市天台化工有限责任公司、四川山山银磷化工有限公司等8个子公司。

内江山山制药有限公司主要产品有散剂、原料药（红霉素、四环素、盐酸林可霉素）、药用辅料（乙醇），均通过GMP认证，制药质检机构获国家A级质检机构认证。其中，红霉素销量居全国第1位，食用酒精产销量居西南首位；水晶牌葡萄糖系列产品远销东南亚。2001年，口服葡萄糖、维生素系列、干酵母片等13个品种剂型获国家第一批非处方药OTC认证。公司销售网络遍及国内30个省（自治区、直辖市），产品远销日本、韩国、俄罗斯、印度、东南亚等多个国家和地区。

2001年，公司被定为内江市24户外资民营挂牌重点保护企业之一，董事长被内江市人民政府评为内江市2001年度“十佳民营企业家”。

四川德元药业集团有限公司　成立于2001年2月的四川德元药业集团有限公司，是集药品、食品、保健食品、医疗器械、消毒剂等五大类于一体、产供销一条龙的大型企业集团。公司下辖四川瑞源药业有限公司、四川海纳保健品有限公司、内江市神洲药业公司等企业。

2002年11月，公司收购原内江国有制药老厂——四川水晶制药有限公司。从2001年以来，公司先后征地进行三期GMP技改。第一期（2001年8月至2003年10月），内容包括胶囊、片剂、颗粒剂、锭剂、糖浆剂、酊剂生产车间和中药提取车间的GMP改造；第二期（2004年1月至2004年12月），内容包括栓剂、滴眼剂、滴鼻剂、软膏剂4个剂型的GMP技改；第三期（2005年3月至2006年12月），内容包括酊剂、糖浆剂、片剂、颗粒剂的扩建工程以及软胶囊的GMP改造。

公司总占地面积6.3万平方米，建筑面积3.7万平方米，厂区绿化率达37%。公司拥有锭剂、搽剂、片剂、胶囊剂、颗粒剂、栓剂、软膏剂、糖浆剂、酊剂、滴眼剂、滴鼻剂11条通过国家GMP的药品生产线。其中，锭剂药品生产线是四川省唯一的生产线，酊剂和糖浆剂生产销售量居全省前列。公司（蓝帽）保健食品有片剂、胶囊、口服剂、软胶囊4条通过国家GMP的保健食品生产线。

四川梓橦宫药业有限公司　清乾隆四十五年（1780年），刘记梓橦宫老药局创办。1958年8月，刘记梓潼宫老药局与内江其他4家个体药摊合并后，成立梓潼宫药膏门市部。1960年，梓潼宫膏药门市部划为挂牌商店，定名为内江市梓潼宫膏药合作商店。1966年“文化大革命”开始，商店几经易名，先后改名为树新风膏药店、新药业合作商店丸药加工房、医药合作商店丸药加工厂。1975 年，根据国家工商行政管理总局有关要求，恢复了“梓潼宫”招牌，改名为内江市梓潼宫合作药厂。1980 年 12 月，该厂与内江市红卫制药厂合并，定名为内江市梓潼宫制药厂。1982 年 6 月，经国家工商行政管理总局核准，注册使用“梓潼宫”牌商标。1997 年 1 月，内江市梓潼宫制药厂进行股份制改造。内江市旭业贸易有限公司于内江市梓潼宫制药厂联合成立四川内江梓潼宫制药有限公司。2001 年 2 月，四川内江梓橦宫制药有限公司整体转让给三九药业集团，更名为四川三九梓潼宫药业有限公司。2003 年 3 月，因债务问题，公司停产。同年，内江市委、内江市人民政府招商引资，公司被收购，12 月成立四川梓潼宫药业有限公司。2004 年 4 月，公司收购原四川省内江华康药业有限责任公司和四川省内江华康大药房连锁有限责任公司，并更名为四川梓潼宫医药贸易有限公司和四川梓潼宫大药房连锁有限公司。同年 6 月，四川梓潼宫药业有限公司完成 GMP 改造，并取得证书，正式投入生产。该公司是一家专业从事儿科药品及中成药研究、开发、生产的新型制药企业。

四川梓橦宫药业有限公司占地面积 2 万平方米，有员工 120 余人；拥有硬胶囊剂、颗粒剂、片剂、散剂、搽剂和软膏剂等符合国家 GMP 标准的生产线；拥有原料药、胶囊剂、颗粒剂、糖浆剂、散剂、酊剂、膏剂、口服液等多种剂型 80 种药品；拥有 3 个国家级三类新特药品种胞磷胆碱钠片、谷胱甘肽片和利扎曲普坦胶囊，2 个国家中药保护品种小儿百部止咳糖浆、小儿智力糖浆，1 个专利的品种婴儿健脾散（微粉细粒型）。公司拥有国家基本医疗保险药品有：中药甲类 3 个，中药乙类 5 个；西药甲类 5 个，西药乙类 8 个；国家第一批 OTC 药品 16 个品种。

四川天德制药有限公司 四川天德制药有限公司始建于 1979 年 1 月，是一家集中西药制剂研究、开发和生产的规模型现代化民营制药企业。2003 年 6 月，公司投资异地技术改造，建成总占面积 3.9 万平方米、建筑面积 1.2 万平方米、绿化面积 1.2 万平方米、GMP 厂房及配套设施。2005 年 3 月，公司通过国家 GMP 认证并投入生产；拥有片剂、胶囊剂、颗粒剂、散剂、酊剂、合剂、糖浆剂 、搽剂、流浸膏剂 9 个剂型，68 个品种；有固体车间、液体车间及产品研发中心；可生产中成药 180 万件，年产值可达 5 亿元。

内江西南医用设备有限公司 1950 年，上海精密医疗器械厂成立，1952 年研制成功中国第一台 200 毫安医用诊断 X 射线机（命名为“国庆号”）。1970 年，该厂从上海市全迁至四川省内江市后，更名为西南医用设备厂。1980 年，西南医用设备厂推出中国第一台 500 毫安医用诊断 X 射线机，填补了国内同类产品空白。2002 年 12 月，西南医用设备厂被资阳四海集团收购，组建西南医用设备有限公司，注册资本 3000 万元。公司经营范围主要生产Ⅱ类医用 X 射线附属设备及部件、Ⅲ类医用 X 射线设备、经营本企业自产产品的出口业务和所需的机械设备、零部件、原辅材料的进口业务。

公司占地面积 10.3 万平方米，设有金属切削、冲压、模具、化工、表面处理等车间和装配大楼。公司医用诊断 X 射线机拥有 6 大系列 70 余个品种，拥有年产 1000 毫安、800 毫安、KJ－600 毫安、KB－500 毫安、KD－400 毫安、KF－200 毫安各型优质“上精”牌医用诊断 X 线机 1000 台的生产能力。

公司先后通过了 ISO 9001∶2000 质量管理体系认证、CMD 中国医疗器械质量管理体系认证、3C 国家强制性产品认证、CMD 国家医疗器械产品认证。公司的 KF－200 毫安系列产品荣获“四川省优质产品”称号；KD－400 毫安系列产品荣获“国家医药管理局优质产品”称号；KB－500 毫安系列产品获国家银质奖。

2005 年，公司于在成都国家级高新技术产业开发区投资 2 亿元，建设数字化医用诊断 X 射线机研发、生产基地，集中力量开发低辐射数字化医用诊断 X 射线机、新型上球管遥控诊断床、高频系列 X 射线机、数字摄影线扫描 X 射线机等产品。

内江市西南医疗有限责任公司　20 世纪 60 年代大三线建设中，上海医疗器械厂和苏州医疗器械厂联合内迁至内江。1965 年，国家在西南地区筹建医疗器械工业重点项目——西南医疗器械厂，于 1972 年正式投产。1998 年，西南医疗器械厂改制，国家药品监督管理局中国医疗器械工业公司批准成立西南医疗器械有限责任公司。该公司是中国大型的口腔设备、口腔器械制造商之一，也是西南地区唯一的既生产手术器械又生产牙科设备的厂家。

公司主要以生产口腔设备和口腔器械为主，口腔设备品种规格从高档次产品到普及型产品共 20 余种，口腔器械包括拔牙钳系列、技工钳系列、正畸钳系列、牙挺系列等各种高、中、低档口腔诊疗设备。

2003 年，公司通过中国医疗器械质量认证中心的 ISO 9001:2000 国际质量体系认证，拥有自营进出口权，被银行授予 AA^+ 信用等级。

（十）乐山市主要医药企业

乐山三九长征药业股份有限公司　1966 年，国家计委批准同意在四川省选址筹建抗生素厂，定名为长征制药厂。1966 年 10 月 28 日，长征制药厂筹备处成立。1968 年 2 月，经四川省建委批准，厂址选在乐山市青衣乡境内。同年，四川省长征制药厂成立。建厂初期，该厂由燃料化学工业部直接领导，以后下放给省化工局主管，1979 年直属省医药管理局。

四川省长征制药厂是一家以生产抗生素原料药和制剂为主的重点制药企业。曾独立研制并与四川抗生素研究所单位共同协作等方式，先后研制出麦迪霉素、卷曲霉素、庆大霉素、利福定、头孢菌素、固体糖化酶、人造代血浆等产品。利福定获国家 3 等发明奖，头孢菌素为国家“六五”科技攻关项目之一。从 1981 年以来，有 9 个四川省长征制药厂生产的医药产品获部、省优质产品称号。1982 年，该厂即率先接受并连续 9 次通过了美国 FDA 检查，5 个原料药品获准进入美国市场。1983 年被四川省人民政府命名为“文明工厂”。在国内同行中首家荣获西班牙“国际质量金奖”和“国际商业信誉奖”。

1992 年，四川省长征制药厂经股份制改造，设立四川长征制药股份有限公司。2000 年 10 月，以出让总股本的 65%（国有股）给三九企业集团进行资产重组，同时更名为乐山三九长征药业股份有限公司。2002 年，公司率先在欧盟注册成功，并通过了现场检查，创下了“中国第一”。2003 年 9 月，公司并入三九集团的上市公司三九生化。

公司主要产品有土霉素等 8 种原料药及其制剂 40 余种，拥有抗生素、制剂、合成药、兽用药、农用药、制药机械等系列产品 150 多个，具有年产 2500 多吨原料药、3 亿支水针、5000 万支粉针、15 亿片剂、2 亿粒胶囊及 500 台（套）制药机械等生产能力。

四川国瑞药业有限责任公司　1970 年，四川乐山第二制药厂成立，后改制创建四川蜀乐药业股份有限公司。该公司是香港上市公司中华药业集团的控股企业；占地面积 10 万平方米，建筑面积 6 万平方米，有员工 700 多人。公司拥有 8 条输液生产线及先进检测设备，均通过国家 GMP 认证，年生产输液能力达 1.5 亿瓶，具有生产普通大输液系列、氨基酸系列、脂肪乳系列、麻醉乳剂系列、固体制剂系列的技术和生产优势。公司主要生产用于临床治疗用的调节人体水、电解质及酸碱平衡用药、抗微生物用药、血液系统用药、精神系统用药、静脉麻醉药、呼吸系统用药、营养治疗类、心血管类和其他固体制剂等140多个品种及规格。

2007年，四川蜀乐药业股份有限责任公司改制重组为四川国瑞药业有限责任公司，其主要产品有：常规注射液系列，氨基酸注射液系列，脂肪乳注射液系列，小容量注射剂系列，原料药及口服制剂系列，具有大容量注射液、小容量注射液、片剂、胶囊、颗粒剂、浸膏剂、酊剂、糖浆剂、流浸膏剂、原料药10个剂型160多个品种的生产能力，所有剂型已全部取得了国家药品GMP认证证书。公司“蜀乐”牌氨基酸注射液系列、葡萄糖注射液系列连续几届被评为四川省名牌产品。

成都蓉药集团四川长威制药有限公司 1993年10月，四川长征制药股份有限公司和香港威成贸易公司共同出资组建合资企业，2003年9月通过资产重组、转制成立四川长威制药有限公司，并于2004年在乐山市高新技术开发区易地建设。2006年，成都蓉药集团有限公司全资收购，组建为成都蓉药集团四川长威制药有限公司。

该公司是一家综合性现代化制药企业。拥有原料药、各类普通制剂、中药制剂、青霉素类制剂及中药前提取的综合性、规模化制药企业。2004年10月，公司投资3000余万元实施GMP改造，通过GMP认证。年产片剂10亿片、胶囊剂30亿粒、颗粒剂1亿袋、口服液1000万瓶、散剂3000万袋，以及柠檬烯原料药100吨的生产能力。公司主要产品有阿莫西林胶囊、氨苄西林胶囊、青霉素V钾胶囊、复方甘草口服溶液、复方氨酚那敏颗粒、仙灵脾颗粒、大败毒胶囊、口服补液盐I和具有自主知识产权独家生产经营的产品原料药柠檬烯等6个剂型、19个品规。

四川大冢制药有限公司 1991年，民营独资企业乐山第三制药厂成立。2003年，在日本大冢制药株式会社与乐山第三制药厂合资成立四川锡成大冢制药有限公司的基础上，组建日本独资企业四川大冢制药有限公司。该公司是日本大冢制药株式会社在中国投资建设的第四家集药品研发、生产、销售为一体的制药企业。

公司占地面积50亩，于2003年10月通过国家GMP认证，随即又获得日本大冢制药株式会社的GMP认证。公司拥有口服液、糖浆、片剂、胶囊剂、颗粒剂、粉/气雾剂等现代化制药生产线；年生产能力为片剂20亿片、硬胶囊剂3亿粒、颗粒剂0.5亿袋、液体加工能力1000余吨；拥有66个普药和11个新药的生产批文。公司立足于呼吸系统方面的药物研究，主要产品有白三平（孟鲁司特钠）片剂/咀嚼片、佰达图（盐酸丙卡特罗）气雾剂、坦静（盐酸氨溴索）胶囊剂/片剂/口服溶液、盐酸左氧氟沙星胶囊，以及系列普药产品。

四川锡成药业有限公司 1939年，川康制药厂成立，是以生产原料药及其制剂的制药企业。中华人民共和国成立后为乐山专署卫生科制药室。1952年7月，制药室移交乐山医药支公司，更名为乐山医药支公司加工部。1953年7月，加工部改名为地方国营乐山县制药厂，1964年被中国医药工业公司重庆分公司接收为直属厂，更名为中国医药工业公司乐山制药厂，后改名为四川乐山制药厂，属乐山市医药局管辖。

1979年，四川乐山制药厂生产的“乐山”牌盐酸黄连素被评为全国第1名；1981年后，实现全优出厂；1980年11月获四川省优质产品称号；1981年12月获国家医药管理总局优质产品证书；1983年9月获国家优质产品银质奖章。到1985年止，“乐山”牌黄连素一次精制优级品率达100%，含量最高达99.9%。

四川乐山制药厂经过多年发展，改制为乐山中西制药有限责任公司。该公司是化学合成原料药和多种制剂为主的综合性制药企业。四川乐山锡成实业集团有限公司全资收购乐山中西制药有限责任公司，成立民营企业四川锡成药业有限公司。该公司既是以医药原料及中间体的研发、生产、销售为一体的高科技化工企业，又是以生产经营帮助患者恢复健康的现代化制药公司。

四川锡成药业有限公司经过扩建收购发展，公司制剂和原料药先后于2005年4月和2007年12月通过国家GMP认证；拥有国药准字品种120个。公司生产的主要剂型有片剂、胶囊剂、棒剂、膏剂、颗粒剂、散剂、原料药7个剂型，有国家四类新药2个，其中棒剂牙康属国内独创剂型。年生产能力为片剂30亿片、胶囊剂10亿粒、棒剂240万盒、膏剂1亿盒、中药处理200吨、颗粒剂10亿袋、原料药1000吨。

（十一）资阳市主要医药企业

四川禾邦实业集团有限公司 四川禾邦实业集团有限公司成立于1999年，是一家以中药材种植、现代化中成药研发、制造和销售为主业，集科、工、农、贸、房地产、担保于一体的综合性企业集团。公司旗下拥有四川禾邦制药、四川国宏制药、四川本草制药、四川雷公中药饮片有限公司、四川禾邦药业有限责任公司、四川禾邦大药房连锁有限公司、四川禾邦绿色药物研究所、四川禾邦中藏药现代化科技开发有限公司等10余家实体公司。公司拥有从中药材种植到药品研发、生产、经营较为完整的产业链，并已形成资阳、安岳、成都、遂宁、甘孜等地企业共同发展的格局。经营范围涉及医药、化工、房地产、农业产业化及担保等行业。

公司占地600余亩，总资产近6.5亿元；拥有颗粒剂、片剂、胶囊剂、合剂、酊剂、丸剂、原料剂、露剂、气雾剂、软膏、滴丸、软胶囊等23个剂型及其生产线，涵盖除小针剂以外的所有现代中成药生产剂型。公司中成药年产量达150万余件，占全国总产量的3.7%；拥有中药提取能力和年产6000吨的饮片加工生产能力。公司主导产品有：禾邦苍耳子鼻炎胶囊、八珍颗粒、禾邦立安（国家二类新药）、胆维他、铁威龙（穿龙骨刺片）。

公司在甘孜州、资阳市安岳县、资阳市雁江区建有大黄、半夏、红花、白芷等中药材GAP种植基地30000余亩。

公司先后被评为国家扶贫龙头企业、省级企业技术中心、省级农业产业化经营重点龙头企业、四川省高新技术企业、省“小巨人”计划企业、省级建设创新型企业、建设新农村省级示范企业、2008年四川省成长型中小企业，成为四川省委省政府重点培育、四川省农业银行重点支持的中药企业。2004年、2005年，公司成为四川医药制造工业前6强。

四川大千药业有限公司 1968年，乐山新成中药厂成立。1979年，乐山新成中药厂更名为四川乐山中药厂，1995年更名为四川乐山大千药业有限公司。于2002年，该公司被四川玉兰纺织有限公司全额收购，并移址资阳，更名为四川大千药业有限公司。

公司占地8.2万平方米，建筑面积2.8万平方米，2005年1月通过国家GMP认证并投入生产。公司拥有国内先进制药设备和检测仪器363台（套），9条自动化生产线，可年产中药120万件，年产值可达12亿元。公司有片剂、丸剂、颗粒剂、胶囊剂、散剂、酊水剂、糖浆剂、流浸膏剂8个剂型77个品种。其中，国家中药保护品种二丁颗粒、朱砂莲胶囊为大千药业首研品种。公司还制定了颗粒剂无糖型工艺的国家药典标准。其产品畅销国内26个省（自治区、直辖市）。

公司先后被评为国家认证的高新技术企业、工业经济目标考核先进企业、农业产业化经营市级重点龙头企业，荣获世界传统医药大会国际优秀成果奖、优特新产品博览会银奖、四川省中医药科技进步金奖、四川省名优特医药新产品奖等多项荣誉。

四川省砚山中药饮片有限公司 2001年5月，在四川省乐至县中药饮片有限公司基础上，组建四川省砚山中药饮片有限公司。该公司是一家专门从事中药饮片研发、生产、加工和销售以及中药材种植、推广、收购为一体的企业。在绵竹市、遂宁安居区分别设立了分公司。

公司是四川省首批GAP认证培训企业之一，在乐至、遂宁安居、隆昌、绵竹、通江、北川等市、县建立了以旱半夏、桔梗、金钱草、木瓜、薏苡仁、麦冬等道地中药材基地2.62万亩，其中以桔梗、薏苡仁、旱半夏为主的中药材核心示范基地有3000亩。

公司总占地面积1.2万平方米，拥有先进的生产设施设备21台套；拥有传统中药饮片的净制、切制、蒸制、煮制、炒制、煅制、烫制、水飞、发芽、复制等炮制工艺。中药饮片（净制、切制、炒制、煅制、炙制、蒸制）（含曲类）（含毒性饮片）通过国家的GMP认证。年生产中药饮片能力达2002吨，其中普通中药饮片1990吨、建曲5吨、毒性饮片7吨。所生产的产品品种达1036种，常年生产品种344个，其主要产品有"砚山牌"建曲、饮片、炖料、茶饮系列。其中，"建曲"为"国药准字"。公司以成都中医药大学、四川省农科院生化开发中心、重庆中药研究所等为科研技术依托单位，成功研究半夏脱毒、组织快繁、成苗移植、低温干燥等。

公司被评为2004—2005年度四川省农业产业化经营重点龙头企业，产品半夏在2005年第二届四川·中国西部国际农业博览会上被评为"优质产品奖"。

四川省仁德制药有限公司 四川省仁德制药有限公司成立于1999年10月，是一家集科学研究、药品生产经营、餐饮服务、农业产业化经营于一体的民营企业。公司下设四川资阳黑熊养殖场、制药厂等实体。牵头组建资阳市雁江区小院镇七贤村药材种植等3个专业合作社。

公司医药主导产品拥有胃炎康胶囊、肝速康胶囊、肾复康胶囊等9个品种，还拥有自主研发并获国家发明专利的"千金止咳胶囊"。公司的农业产业化经营品种有：高产脱毒生姜、白芷、黄芩等。

四川资阳黑熊养殖场是全国首家允许从事黑熊养殖、取胆、胆粉加工及销售的独资私营企业；首创了以熊自身组织作引流通道的无管引流技术；是国家中医药管理局重点扶持的（濒危物种）熊胆粉生产示范基地。养殖场注册资本188万元，持有省林业厅"野生动物特种养殖许可证"及产品经营许可证，有养殖、取胆、加工一条龙生产线。养殖场荣获熊胆粉新药证书，成功进行了大规模人工黑熊繁殖，有黑熊近200头。公司以先进科学方法生产制得的纯黑熊胆粉，全部供应四川省仁德制药厂，产品有"熊岭山"牌熊胆胶囊。

（十二）宜宾市主要医药企业

四川省宜宾五粮液集团宜宾制药有限责任公司 始建于1969年，1997年7月由五粮液集团公司兼并，成立四川省宜宾五粮液集团宜宾制药有限责任公司。该公司是五粮液集团有限公司核心企业之一，是以生产中成药制剂为主的现代化大型企业。

1998年，五粮液集团注资改造，改造后公司具有年产值5亿元（其中小针剂产量1亿支以上）的生产能力。2001年10月，公司获得国家ISO 14001环境管理体系认证证书。小容量注射剂、口服液（包括前处理）分别于2000年9月、2002年12月通过国家GMP认证，固体制剂也于2005年4月通过国家GMP认证。

公司占地2.2万平方米，按GMP要求建有针剂、片剂、丸剂、口服液、酊剂、酒剂、颗粒剂生产线。公司主要产品有生脉注射液、穿琥宁注射液、香丹注射液、丹参注射液、散寒解热口服液、六味地黄丸、牛黄解毒片等近100个品种。其中，“戎州牌”生脉注射液、穿琥宁注射液系国家中医药管理局确定的全国中医医院急诊必备中成药，生脉注射液获国家中药保护品种证书。在1997年中国新技术新产品博览会上，“戎州牌”穿琥宁注射液（抗病毒、抗菌中药针剂）获金奖，“戎州牌”散寒解热口服液（国内首创、专治风寒感冒）获银奖。

四川文龙药业有限公司　四川文龙药业有限公司创建于1996年，是一家专业从事植物原料药和植物有效单体研制、开发和生产经营的民营科技开发型企业。

2003年，公司进行GMP异地改造，占地面积2.5万平方米，主要从事穿心莲内酯、穿琥宁、亚硫酸氢钠穿心莲内酯、穿心莲浸膏的生产。公司市场部与哈药集团三精加滨药业、哈药集团三精制药、石家庄神威药业、哈尔滨中外合资三联药业有限公司等数十家制药企业建有长期合作关系。

（十三）南充市主要医药企业

太极集团四川南充制药厂　1969年，四川南充制药厂成立。1999年，太极集团承载式兼并四川南充制药厂，组建太极集团四川南充制药厂，属太极集团子公司，是川东北较大规模的中成药生产厂家。

公司占地面积65亩，产品有糖浆剂、合剂、口服液、酊剂、酒剂、颗粒剂、片剂等7个通过GMP认证的剂型、40多个品种。公司主要产品有：茵芪肝复颗粒、小儿清咽颗粒、小儿止咳糖浆、蚕蛾公补合剂（酒剂）、感冒咳嗽冲剂、桑杞脑康颗粒、藿香正气水等。其中，茵芪肝复颗粒是国家食品药品监督管理局批准生产的治疗乙型肝炎的国家三类新药，独家品种有蚕蛾公补合（酒）剂、桑杞脑康颗粒、小儿清咽颗粒。

四川保宁制药有限公司　始建于1979年，是以生产各类中西成药以及系列药用原辅料的综合性药品生产企业，下设四川保宁医药贸易有限公司、阆中和平药房零售连锁有限公司、四川保宁中药材科技产业化有限公司。

公司占地面积4万平方米，拥有中西药类胶囊剂、片剂、丸剂、散剂、颗粒剂、糖浆剂、酊剂、药用淀粉、药用糊精等10多条通过GMP认证的生产线，40多个批文品种。拳头产品有“金乐”牌抗感解毒颗粒，治疗心脑血管疾病的国家级新药乐脉丸（微丸），全国首家采用特殊工艺生产的高浓缩强效六味地黄丸（微丸），获国际、国内优质产品称号的葡萄糖系列产品及小儿氨酚黄那敏颗粒、小儿祛痰镇咳糖浆等儿科系列产品。

公司建有板蓝根、白芷、沙参等药材种植GAP基地，产品销往全国各地并出口东南亚。公司是南充市重点工业企业、纳税大户、银行AAA黄金客户、自营出口企业，是四川省、南充市两级农业产业化重点企业。

（十四）达州市主要医药企业

四川福瑞药业有限公司　四川福瑞药业有限公司是一家集科研、种植、生产和销售于一体的综合性药业集团公司，拥有包括福瑞药厂、朝阳医药公司、万顺连锁在内的8家分（子）公司。

2001年4月，公司大容量注射剂车间通过国家GMP认证，2005年5月固体制剂生产线通过GMP认证。公司占地面积178亩，建筑面积1.5万平方米；可生产注射剂、片剂、颗粒剂、胶囊剂、水剂、流浸膏剂、酊剂等8个剂型，批准生产86个药品品种；具备年产片剂10亿片，胶囊剂10亿粒，颗粒剂5亿袋，大容量注射剂5000万瓶的生产规模。

公司以“佛手产业化开发关键技术与示范”项目为载体，全面实施“通川区科技富民推进行动”，投资3500万元，在磐石工业园区生产基地建立了中药材种植示范基地800亩、年生产5000吨的中药饮片加工厂。公司采取“公司+种植基地+农户”的模式带动周边乡镇的中药材种植和农民致富。

公司先后被授予“优秀民营企业”称号，是达州市民营科技企业和四川省农业产业化重点龙头企业。

（十五）雅安市主要医药企业

雅安三九药业有限公司 1995年11月，三九企业集团与四川雅安制药厂共同出资组建雅安三九药业有限公司。

公司中药注射剂生产线于2000年5月一次性通过国家GMP认证。2003年，公司建综合制剂车间，新车间包括口服固体生产线、口服液体制剂生产线、大容量注射剂生产线、小容量注射剂生产线，并预留了冻干生产线，2004年通过国家GMP认证。年生产能力可达小容量注射剂3亿支、大容量注射剂800万瓶、片剂5亿片、胶囊2亿粒、颗粒剂200吨、丸剂20吨、糖浆剂300万瓶、口服液600万支。公司拥有中药注射剂品种13个，中成药品种数十个，已形成抗厥脱、热症、心血管、妇科等四大中药注射剂品种体系，获22项专利。其中，参附注射液和调脂片获发明专利，调脂片为国家三类新药；有国家中药保护品种3个，全国中医院急诊必备品种3个。

公司成立雅安三九中药材科技产业化有限公司，主要经营范围包括中药材种植研究开发及中药材加工、贮运和经营、饮片生产等。其饮片车间建于2003年，在2004年6月通过GMP现场检查。公司先后建立了麦冬、鱼腥草、人参、丹参、附子、川牛膝、川红花七个道地药材科技示范区及生产基地。其中，鱼腥草基地于2003年底通过国家GAP认证，是全国首批、四川首家通过GAP认证的基地；2004年10月，麦冬基地通过国家GAP认证。2004年，公司实现产值2.6亿元，销售收入2.7亿元，利税总额1.05亿元。

公司先后获“国家重点高新技术企业”“四川省先进企业”“四川省高新技术型企业”“全国守合同重信用企业”等称号。

（十六）巴中市主要医药企业

四川巴中普瑞制药有限公司 2000年3月，四川同道堂药业集团股份有限公司、巴中运输（集团）有限公司、巴中星河实业有限公司出资收购四川省巴中制药厂，组建四川巴中普瑞制药有限公司，由四川同道堂药业集团股份有限公司控股，是巴中地区第一家国有企业改制企业，是巴中市、区医药工业支柱产业的龙头企业。

公司占地面积3万平方米，2004年1月通过GSP认证验收，2004年2月通过GMP认证。公司的中药提取车间年处理原生药材可达500吨；固体制剂车间有片剂、颗粒剂两种剂型产品生产线，年生产能力片剂可达3亿片、颗粒剂可达5000万袋；有国药准字批准文号的药品品种36个，常年生产品种8个，其中国家级新药马来酸氨氯地平片和中药保护品种解毒降脂片以及保心宁片、小儿麻甘颗粒等品种为公司主导产品。在巴中市巴州区南阳乡建立示范基地定植虎杖（解毒降脂片的原料主要成分之一），2003年已完成移植250亩。

2003年1月，公司被巴中市巴州区农业产业化领导小组办公室授予“2002年度农业产业化经营龙头企业”称号，2004年4月被巴中市委、巴中市人民政府表彰为质量兴市先进单位，2005年12

月被巴中市科技兴巴四百工程实施领导小组授予“首届巴中十强民营科技企业”称号。

（十七）眉山市主要医药企业

四川雅达药业股份有限公司　四川雅达药业股份有限公司创建于1992年，是以天然药物提取、加工、制剂、销售为主的中药产业化企业，形成中药材栽培、植化产品提取、中成药生产一体化的产业模式。公司在眉山建成面积1万亩中药材种植基地，按GAP要求规范种植的数百亩黄连、红豆杉、重楼、南星等珍稀药材。公司控股组建彭州雅达生化有限公司，独资兴建了雅达皂素厂。该厂可提取紫杉醇、喜树碱、薯蓣皂素等抗癌药品的原料药和青蒿素的浸膏等植化产品，其中喜树碱系列产品的生产规模居全国前列。

四川雅达药业股份有限公司下属中成药生产企业四川雅达制药厂，占地面积约4.3万平方米，注册资本2756.65万元，总资产7618万元。公司质量部通过省A级认证，并于2003年通过国家GMP认证；建有片剂、颗粒剂、口服液、胶囊剂4条生产线和与其配套的质检、库储和公共设施。公司的主要产品有：治疗心血管疾病的国家中药保护品种——雅达心达康片，治疗脾肾两虚的国家中药保护品种——雅达还少胶囊，国内独家首创治疗痔疮、便秘的口服液中药制剂——雅达痔康舒口服液，国家第一批非处方药物——雅达肤痒冲剂及世界卫生组织倡导药品——雅达无糖型系列冲剂等10多个品种。公司拥有抗癌药物原料药喜树碱、10－羟基喜树碱、皂素、紫杉醇以及多种甾体激素类药物原料药皂素等原料药产品；拥有按GAP标准栽培的黄连、重楼、红豆杉等天然药物，并正开发2万亩薯蓣种植基地及提取产业化项目。

公司先后被评为四川省高新技术企业、四川省高速增长型企业、四川省高新科技产业型企业、四川“小巨人”计划企业和国家中药材现代化产业（四川）基地川黄连洪雅科技示范园区的支撑企业。

四川省川眉芒硝有限责任公司　1952年9月26日，眉山地区专署批准成立地方国营眉山芒硝公司，国务院财经委主任陈云签发营业执照。1953年，四川省财委批准眉山芒硝公司为省属地方国营企业，改为四川省国营眉山芒硝厂，由四川省工业厅直接领导。1954年，该厂建成第一台中型平锅制硝装置，年产芒硝156吨；1955年，建成小型冷冻结晶装置，开始生产药用级芒硝；1983年，开始定点生产药用芒硝。1985年，国家商标局批准使用“川眉”牌注册商标，芒硝进入国际市场。1998年，该厂改名为四川省川眉芒硝有限责任公司，1999年通过ISO 9002:1994国际质量管理体系认证，2001年改制重组为国有控股公司，2004年通过环境管理体系认证，成为全国元明粉行业中唯一一家取得环保绿色通行证的生产企业。2005年，公司改组为四川与香港合资企业，2007年通过ISO 14001:2004环境管理体系认证，并于同年在眉山市广济乡新建了100万吨/年特种芒硝生产基地。

公司在四川眉山有4座大型优质硝矿、大规模的元明粉生产线及（药用）芒硝GMP生产基地；首创并掌握着中国芒硝行业先进、高效的五效外加强制循环真空制硝和经济、环保的硐室水溶采矿核心技术；自备汽电联产热电站4座，拥有5套五效外加热强制循环真空蒸发制硝流程的先进工艺装置；拥有规模化生产元明粉特殊高端产品工艺装置及（药用）芒硝独家生产许可权；建有中国芒硝行业唯一的省级企业技术中心。公司专注于普通元明粉、特种元明粉、药用芒硝及芒硝相关领域的产品生产。其主导产品为“川眉”牌工业元明粉、特种元明粉、“三苏”牌药用芒硝。

公司具有自营进出口权，是中国大型元明粉出口基地之一。其产品畅销全国各省，远销东南亚、中东、欧美、澳洲、日本等地。

1993 年，“川眉”牌元明粉获第一届“四川省名牌产品”称号。2001 年，注册商标“川眉”被评为“四川省著名商标”。公司是四川省资源型重点龙头企业和化工医药集群重点企业，在中国元明粉行业综合排名居全国前列，参与制定元明粉国家标准，是全国无机盐协会芒硝分会副理事长单位、四川省元明粉协会会长单位、四川省中药行业协会理事单位、四川省先进法人单位、四川省环境保护先进单位、四川省质量管理先进企业、四川省信誉 AAA 级企业、眉山市药品生产诚信企业。公司多次被授予“全国化工出口先进企业”称号。

四川川西制药股份有限公司 四川川西制药股份有限公司成立于 1984 年，是一家致力于发展中药现代化，集科研、生产、经营为一体的高科技制药企业。公司于 2003 年通过国家 GMP 认证，拥有颗粒剂、片剂、丸剂、胶囊剂四大剂型药品生产线，共有中成药、化学药品种 34 个。其中，小儿金翘颗粒是川西制药结合传统古方研发的治疗儿童呼吸道疾病的国家三类新药，于 2000 年获得国家药品监督管理局颁发的新药证书。

（十八）阿坝州主要医药企业

九寨沟天然药业集团有限公司 1970 年，四川省阿坝州制药厂在马尔康成立，后迁至汶川县映秀镇。1999 年 12 月，阿坝州制药厂改制为九寨沟天然药业有限责任公司。2001 年，汉龙集团并购九寨沟天然药业有限责任公司。2004 年 6 月，该公司完成 GMP 改造并通过 GMP 国家认证，获准生产的中、藏成药有 8 个剂型、90 余种，形成了年产值 4 亿元、年销售收入 3.7 亿元的生产能力。该公司被列入《国家基本药物品种目录》的产品品种有 33 个，被列入《2000 年社保用药品种目录》的品种有 33 个。其中，川贝雪梨膏、五味麝香丸被列为国家中药保护品种；獐牌麝香壮骨膏获“四川名药”称号；注册商标“九寨沟”被评为“四川名牌”。

1997 年，公司被评为“四川医药工业企业最大规模 30 强”“最大市场占有份额 30 强”“全省工业企业纳税 500 强”，是全国民族药定点生产企业。

四川九峰天然药业股份有限公司 四川九峰天然药业股份有限公司成立于 1998 年，是国内唯一一家同时拥有紫杉醇原料药生产批文和针剂生产批文的企业，也是全国首家按 GAP 标准建设的红豆杉规模化栽培基地的企业。公司是以中国科学院成都生物研究所为技术后盾，拥有红豆杉种植、紫杉醇原料药加工、针剂生产和销售的完整产业链，下属企业包括紫杉醇原料药生产厂、红豆杉种植基地、四川康益生物技术制药有限责任公司、四川源生生物药业有限公司等。

紫杉醇原料药生产厂是九峰药业投资 4000 余万元，按 GMP 要求设计建成的植物原料药生产厂。该厂占地 50 亩，原料车间、精提车间总面积为 0.5 万平方米。该厂对人工种植的红豆杉枝条的提取技术已申报国家专利，每年可产紫杉醇原料药 60 千克以上，产品纯度达 99% 以上。

公司投资 2000 多万元，在茂县建成全国首家达 GAP 标准的红豆杉规模化人工种植国家中药现代化产业基地，占地 1446 亩。该基地是中国科学院红豆杉种植示范基地。从 1993 年起，基地成功种植红豆杉 3500 余万株，年培育出可供使用的红豆杉植株 1300 万株，品种主要为中国红豆杉和曼地亚红豆杉。

四川康益生物技术制药有限责任公司是九峰药业的全资子公司，总资产 1800 万元，是一家以生产抗肿瘤药物为主的中型制药工业企业。该公司建有符合 GMP 标准的注射剂生产厂房及车间，自主研制生产的国家新药紫烷素（紫杉醇注射液），年产量可达30万支。该公司和美国共同合作的水溶性高聚物紫杉醇针剂项目，被四川省人民政府列入四川省高新技术成果转化第三批重点培育项目。

四川源生生物有限药业有限公司成立于2000年8月，为九峰药业与美国芬尼生物科学有限公司共同成立的合资企业，注册资本为500万美元。该公司是专门从事水溶紫杉醇化合物（PDP）研究及开发的企业。美国芬尼公司将紫杉醇聚二肽化合物（具有较强的广谱抗癌活性）发明转入该公司，使其具有知识产权。水溶紫杉醇化合物（PDP）生产技术已申报国家专利。该公司占地37亩，按GMP标准建设有PDP粉剂车间及质检、办公楼和配套设施；主要从事化学Ⅰ类抗癌新药的研制和开发工作；主要生产冻干粉针剂。

（十九）甘孜州主要医药企业

四川康定金珠制药有限公司 1970年，四川省甘孜藏族自治州制药厂成立。1997年企业改制后，该厂更名为四川康定金珠制药有限责任公司。2004年6月，公司通过GMP认证，9月通过了保健食品胶囊剂GMP认证。

公司占地1.2万平方米，固定资产4330万元；拥有现代化生产厂区和3条自动化生产线，生产规模可达到年产值1.5亿元。公司以发展生态药业为主，研究开发藏药新品种。公司有国家批准注册药品品种48个，主要产品有小金丸、西黄丸、牛黄醒消丸、小儿定风丸、小活络片、安胃片、贝母梨膏、益母草膏等，主要剂型有丸剂、片剂、煎膏剂（膏滋）、胶囊剂。产品注册商标为“金珠”“中士”。公司红景天药材基地种植项目已被列为国家星火计划项目。2005年，公司实现产值5700万元。

1997年，公司被国家民委正式确定为全国民族用药定点生产企业，是甘孜州唯一一家被国家正式批准生产中成药为主的制药企业。1999年，公司被认定为四川省科技产业型企业；2004年，被科技部批准承担国家星火计划“藏药现代化基地建设”项目，被评为“四川省质量管理先进企业”，被授予甘孜州“科技进步奖”。

（二十）重庆市主要医药企业

四川长江制药厂 1958年6月，万县医药站为解决下川东人民用药问题，办起药品加工厂，后与万县新药业加工厂合并，定名为川东制药厂，隶属县商业局，业务由地区医药站管理。1959年，万县中药厂、万县葡萄糖厂并入川东制药厂，川东制药厂更名为国营万县制药厂。1965年，国营万县制药厂被中国医药工业公司重庆分公司正式接管，更名为中国医药工业公司万县制药厂。1974年领导体制下放，由省化学工业局领导，改名四川省万县制药厂。1981年，更名为四川长江制药厂，属万县地区医药局主管。1984年，该厂机构设置为厂长办公室、技术科、供销科、生产科、质检科、财会科、行政科等科室，并设有针剂车间、片剂车间、大输液车间、酊剂车间、黄连素车间、鱼石脂车间、胶囊车间和机修等8个车间，以及具有一定检测水平和实验能力的化验室和中心实验室。1985年，全厂有职工510人，其中技术人员23人。1985年，该厂工业产值1386.2万元（按1980年不变价计算），固定资产原值386.8万元，净值223.4万元。1998年8月，四川迪康药业股份有限公司对口支援三峡库区，兼并四川省长江制药厂，重组建立重庆市迪康长江制药有限公司。

该厂刚建立时，药品加工完全是手工操作，仅能生产小苏打，后来逐渐发展生产黄连素、鱼石脂、硫桐脂，以及头痛粉、解热止痛散、止咳丸等。至1985年，该厂已能生产100多个品种，每年可完成2000多万元产值，为国家上缴利润100多万元。其主要产品有：盐酸黄连素、鱼石脂等原料药，50%葡萄糖注射液、硫酸庆大霉素针、氢化可的松针、维生素C针、维生素B_{12}针、盐酸肾上腺素针、硫酸阿托品针、盐酸麻黄素针、盐酸普鲁卡因针，土霉素、四环素、灰黄霉素、维生素B_1、胃舒平、维生素B_2、维生素B_6、安乃近、果味维生素C、大黄苏打、碳酸氢钠、氨茶碱、咳必清等片剂，以及5%葡萄糖、10%葡萄糖、0.9%氯化钠、复方氢化钠等大输液产品。此外，该厂还能还生产川贝枇杷糖浆、浓维磷补汁等多种酊水糖浆剂。

该厂产品盐酸黄连素、复方解热止痛片、硫酸庆大霉素针先后获全国、全省同类产品质量评比第一名；鱼石脂远销亚洲、欧洲和非洲等地；黄连素曾参加国际博览会展出。1980年，该厂被四川省人民政府授予"'大庆式'企业"称号。

西南制药一厂 1949年12月，西南军区后勤卫生部军事接管原国民党军医卫生材料库，筹建药厂。1950年5月，药厂改建成西南制药厂。后因西南玻璃厂、公私合营生化制药厂、公私合营兴华制药厂和重庆制药厂等先后并入，1964年1月正式更名为西南制药一厂，隶属中国医药工业公司重庆分公司。重庆市医药管理局成立后，为该市医药局领导。1984年全厂进行机构改革，设2室、13科、1个研究所、6个车间、1个嘉陵制药厂和1个劳动服务公司。1985年，该厂有职工1028人。1985年，该厂工业总产值达5144.3万元（1980年不变价）。同年末，该厂固定资产原值1518.8万元，净值753.9万元。1998年，经重庆市政府批准，西南制药一厂并入重庆嘉溢华科技实业有限公司，成为嘉溢华公司下属全资企业。

该厂是四川省第一个以生产化学合成原料药为主的重点制药企业。该厂主要产品有：治疗细菌性痢疾的呋喃唑酮（痢特灵），治疗胃及十二指肠溃疡新药甲氰咪胍，治疗胃溃疡新药丙谷胺，驱虫药盐酸左旋咪唑、磷酸哌嗪、噻乙吡啶，消毒防腐药度米芬，胆囊造影药碘番酸，外科麻醉用药乙醚以及注射用氯化钙，氨基丁三醇（缓血酸铵）、胱氨酸等数十种化学合成原料药。该厂产品呋喃唑酮（痢特灵），1976年在全国同品种质量评比中并列第一名，并获"四川省优质产品"称号，1983年获"国家医药管理局优质产品"称号；甲氰咪胍1982年获"四川省优质产品"称号，1983年获"国家医药管理局优质产品"称号，1984年获国家质量银质奖；盐酸左旋咪唑1984年获"重庆市优质产品"称号。

西南制药二厂 1958年，西南制药厂新建抗生素车间。同年9月公私合营，兴华制药厂并入，更名为西南制药厂三分厂。翌年8月，西南制药厂三分厂更名为西南制药二分厂，隶属重庆医药工业公司，1964年3月13日定厂名为西南制药二厂；1965年2月17日又更名为中国医药工业公司西南制药二厂，后又更名为西南制药二厂。1985年末，该厂有职工1174人，组织机构有：厂部办公室、生产计划科、技术科、质量管理科、财务科、供销科、安全环保科、设备计量科、劳动工资科、基建科、教育科、保卫科、行政科、中心实验室、7个生产车间、1个江南制药厂（大集体）、1个第三产业（南岸实业公司）。1985年，该厂工业总产值为2003.7万元（按1980年不变价计算）。同年末，该厂固定资产原值1525.22万元，净值882万元。1999年，以西南制药二厂为基础，成立重庆西南制药二厂有限责任公司。

该厂是四川省生产原料药的重点企业之一。该厂主要产品为局部麻醉药盐酸普鲁卡因，抗疟药磷酸氯喹、磷酸伯氨喹和乙胺嘧啶，治疗类风湿关节炎非甾体抗炎解热镇痛新药萘普生、布洛芬，抗惊厥镇静安眠新药天麻素以及眠尔通、维生素 C、维生素 B_4、硫双二氯酚、溴化钠、注射用溴化钠、溴化钾、溴化铵、溴化钙等原料药。该厂产品盐酸普鲁卡因获 1981 年国家质量奖银质奖；乙胺嘧啶 1981 年获“四川省优质产品”称号；维生素 C 在 1980 年全国同品种两步发酵工艺质量评比中，与北京制药厂并列第一。这些产品除行销全国各地外，还远销欧、美及东南亚许多国家和地区。此外，该厂还生产二乙胺、山梨醇、对氯青苄、6－氨基嘌呤、丙醛、乙酰正丙醇、原甲酸三乙酯、乙醇钠等化工原间体。

西南制药三厂　国民党中央卫生署麻醉药品经理处于 1940 年、1943 年分别筹建中央制药厂（渝厂）、第一制药厂（渝厂）。1950 年 3 月，西南军政委员会卫生部派军代表接管两厂后，将两厂合并定名为重庆制药厂，原国民党中央卫生署麻醉药品经理处（渝厂）改称为重庆制药厂一分厂。1952 年 6 月，西南军政委员会卫生部医疗器械设备处移交重庆制药厂，更名为 604 制药厂，改属西南军政委员会工业部。1953 年 6 月，604 制药厂与西南制药厂合并，更名为西南制药厂重庆分厂；1959 年 9 月定名为西南制药一分厂，划归重庆市化工局领导；1965 年 1 月更名为西南制药三厂，隶属中国医药工业公司重庆分公司。1983 年，该厂归属重庆市医药管理局主管。1985 年，该厂共设 15 个科室、4 个制药车间、1 个玻璃车间、1 个机修车间和 1 个药物制剂研究所。此外，还有两个厂办集体企业。1992 年 3 月，在全国医药行业中，西南制药三厂率先进行股份制改造，成立西南药业股份有限公司。1993 年 7 月，公司股票在上海证券交易所挂牌上市，为中国第二家医药上市企业。

该厂在中华人民共和国成立初期仅有职工 28 人，到 1985 年全厂共有职工 2244 人。1985 年，该厂工业产值为 7500.1 万元（按 1980 年不变价计算）。同年末，该厂固定资产原值 1915 万元，净值 1209.6 万元。

该厂主要产品有：青霉素注射液、甲氰咪胍、苯甲醇注射液、复方庆大霉素注射液、复方磺胺甲基异噁唑注射液、二甲基硅油片、无味氯霉素片（B 型）、噻乙吡啶片、合成天麻素片、布洛芬片、丙谷胺片、维生素 B_1C 双层片等片剂、滴丸剂、中小型水针、粉针、大输液，中药针剂、酊剂、流浸膏及糖浆剂共 266 个品种。该厂产品氯霉素注射液，获 1980 年四川省优质产品奖，干酵母片获 1982 年四川省优质产品奖。

西南合成制药厂　1965 年，西南合成制药厂成立，是中国医药工业公司在西南地区新建的一家以生产磺胺类药物为主体的原料药厂。1970 年，该厂陆续建成投产。该厂设有 1 个办公室、8 个生产车间、4 个辅助车间、1 个合成药物研究所、1 个设计室、1 个职工医院、17 个科室、1 个教育中心和 1 个大集体厂。1985 年，该厂有职工 2911 人。1985 年，该厂工业产值为 8515.4 万元（1980 年不变价）。1987 年末，该厂固定资产原值 35553 万元，净值 26673 万元。1993 年 5 月，经重庆市经济体制改革委员会批准，由西南合成制药厂独家发起并控股成立西南合成制药股份有限公司，并于 1997 年 6 月在深圳证券交易所挂牌上市。

该厂自 1980 年以来，坚持产品全部优级品出厂，主要产品有：甲氧苄氨嘧啶、磺胺二甲嘧啶、盐酸乙胺丁醇、氯霉素、磺胺甲基异噁唑、苯唑青霉素钠、邻氯苯唑青霉素钠、酮基布洛芬、雷尼替丁、维生素 E、磺胺嘧啶钠、磺胺二甲嘧啶钠、磺胺脒、磺胺嘧啶以及混旋色氨酸等。其中，甲氧苄氨嘧啶 1980 年获“国家医药管理总局优质产品”称号，磺胺二甲嘧啶、盐酸乙胺丁醇、磺胺脒、酮基布洛芬、磺胺嘧啶、氯霉素、磺胺甲基异噁唑等均获“四川省优质产品”称号。

重庆制药五厂 上海新亚化学制药股份有限公司1941年内迁，在重庆北温泉建立的新亚药厂华西分厂。1945年9月，因债台高筑，资金周转失灵而停产拍卖。1947年8月，由该厂有识之士集资接办，建立大新化学制药股份有限公司。公司设在重庆民权路243号，该厂改为实验厂，定名为大新化学制药厂。1951年，大新化学制药厂公私合营后，为沿袭“大新”商标，故定名公私合营川东大新化学制药股份有限公司，简称川东大新药厂。同年，该厂迁到北碚东阳镇，并接收重庆南岸海棠溪私营兴亚化学制药厂。1966年，改名为重庆制药五厂。该厂机构改革后，设置有党委、厂部、工会、团委、纪委；科室有生产计划科、技术科、劳工科、设备计量科、财务科、安技科、供销科、总务科、基建科、质量监督科、教育科、组织科、保卫科、宣传科、营养药物研究所和7个车间①。

1985年，该厂有职工1030人，技术人员64人，工业产值达2440.9万元。年末，该厂固定资产原值2019万元，净值1376万元。

该厂以生产葡萄糖为主，主要产品有：注射用木糖醇、注射用葡萄糖、L-赖氨酸、L-亮氨酸、L-谷氨酸、核黄素、枸橼酸等原料药品，缩合葡萄糖氯化钠注射液、右旋糖酐葡萄糖注射液、葡萄糖氯化钠注射液、木糖醇注射液等制剂，以及药用淀粉、玉米浆（玉米油）、丁维葡萄糖、多维葡萄糖和口服木糖醇。其中，注射用“晶花”牌含水葡萄糖，1979年在全国同品种质量评比中，获国家银质奖，产品质量稳定，行销全国，并远销苏联、美国、巴西、巴基斯坦等国家及东南亚等地区。注射用无水葡萄糖，1982年获国家医药管理总局优秀科技成果三等奖。

重庆制药六厂 抗日战争爆发后，华西大学药学系师生李兴隆、冯大然、黄崇夏、石孝全等人出于爱国热忱，1939年集资16万元法币在成都建药友制药厂。1946年经股东会议通过，正式成立药友制药股份有限公司，公开向社会集资8000万元法币，并成立董事会。董事会决定派石孝全到重庆望龙门建立药友制药股份有限公司重庆分公司药友制药厂。中华人民共和国成立后，成都药友制药厂并入重庆药友制药厂，1966年8月更名为重庆制药六厂。

中华人民共和国成立之初，该厂新建有片剂、针剂两个车间；行政机构在厂长领导下，设有办公室、生产股、供销股、总务股；生产部门设有片剂车间、针剂车间和酊水剂车间。1949年，全厂仅有职工20人。1983年，经过整顿后，厂级有党总支、厂部、工会、团总支，科室设有总支办公室、厂部办公室、生产计划科、供销科、设备计划科、技术安全科、财务科、劳工教育科、质量管理科、行政科、保卫科、中心实验室、宣传科、组织科，车间有粉针车间、散剂车间、水针车间、原料药车间、眼药水车间、机修动力车间。1985年，该厂有职工665人。同年，该厂工业产值为3296.5万元（1980年不变价）。同年末，全厂有固定资产原值718万元，净值494万元。

该厂是以生产原料和制剂为主的制药企业，主要生产：注射用碳酸氢钠、注射用阿魏酸钠、注射用氨苄青霉素钠等原料药，强痛定注射液、高三尖杉酯碱注射液等注射剂，以及醋酸氢化可的松眼药水、小儿消化散及各类营养制品。注射用碳酸氢钠获1981年“四川省优质产品”称号。

重庆制药七厂 1914—1949年，中法、民生、华洋、协和4家私营药厂相继成立。1956年9月18日，这4家私营药厂合并为重庆制药厂，属重庆制药工业公司领导。刚合并时，该厂有职工251人。1966年，该厂更名为重庆制药七厂。1978年后，全厂设有10个行政科室、5个党群部门、3个生产车间（片剂车间、三丹车间、酊水油膏车间）、1个辅助车间、2个直属小组、1个制剂研究所，

① 7个车间，即葡萄糖车间、淀粉车间、机修车间、抗生素车间、大输液车间、柠檬车间、动力车间。

另有 1 个大集体企业。1985 年，该厂有职工 557 人。同年，该厂工业产值（1980 年不变价）达 2735.7 万元。同年末，全厂有固定资产原值 607.8 万元，净值 401.8 万元。

该厂主要生产甲氰咪胍、萘普生和天麻素等胶囊，平喘酮、氨哮素、气喘气雾剂等气雾剂，其他产品还有盐酸四环素等片剂，肤轻松等软膏剂，以及人丹、金灵丹、清凉油等夏令成药。芸香草气雾剂 1975 年获全国科研成果三等奖、全国医药卫生科学大会荣誉奖。

第二章　药品流通

第一节　医药贸易

明末清初，为适应中药业不断发展的需要，省内外药商陆续组织起来，建立行业，形成药材帮口（以下简称药帮）。省外在重庆开设字号的首先是江西药商（“德记”药材字号），其雇用四川人充当其职员和学徒，这是四川最早出现的药业组织形式。之后，怀帮（河南）等7个外省帮会及省内的雅州帮（雅安）等8个帮会相继在重庆开设药行。

清光绪四年（1878年），云阳县开始出现药帮组织；四川最早的西药房为重庆华西药房，始建于光绪十年（1884年）左右。光绪二十九年（1903年），万县也有药帮组织。成都开设最早的西药房为宣统二年（1910年）的“圣修药房”，民国15年（1926年）发展有华洋、庚兴、中兴等26家。辛亥革命后，重庆相继设立有华美、屈臣氏等五六家西药房。

民国16年（1927年）重庆西药房联合成立西药业同业公会，有会员151人（后曾将西药业同业公会改为新药业同业公会），1934年发展到38家。抗日战争爆发前，西药房以四川人开设的为主。抗日战争时期，京、津、沪、穗、汉迁川工厂增多，外省人在重庆开设西药房者增多，很快形成“下江帮”与“四川帮”。民国25年（1936年），重庆有西药房45家。至中华人民共和国成立前，重庆市西药房发展到176家，资产总值5000元（银圆）。

民国21年（1932年），成都市西药房已发展到20家，从业人员约60人，主要开设于提督西街、西御西街、祠堂街、东大街、春熙路、总府街等主要街道，或附设于各大医院，多名为“上海某药房分房”，专销各种西药。此外，还有3家化学药店，从业人员18人，主要设在市中心地区，专销硫化升汞、酒精之类。民国29年（1940年），成都市有西药房37家，1949年发展到近164家。

民国时期，药帮组织已遍及全省，并逐步改组成药业公会（亦称“国药业同业公会”），以重庆、成都、万县、中坝、宜宾、灌县、雅安等几个较大的药材集散地的药业公会规模较大，人员较多，业务活动也较频繁。这一时期，四川医药商品批发全由私营药商自发组织起来的药业公会管理。

药业公会（药帮）是药商为了自身利益而建立的行会组织，制定规章制度，摊派捐税，甚至可行使处罚。药业组织负责人的名称时有变更。药帮刚成立时由一人负责，名为“帮董”，后改为“帮主席”，民国时，又改为“理事长”。无论帮董、主席或理事长，均由同业选举产生，任期不尽相同，帮董为3年，帮主席或理事长为4年，均可连选连任。选出的这些负责人，都是在药业中威望较高、有一定业务经验的老板。药业公会内设总务、交际、组织、财务4股。

自愿加入药业组织须具备一定的条件。不同时期，条件不同。药帮一经成立，除开展日常活动外，每年还有几次较大的活动，如：农历初一、十五称“打牙祭”，端午节称“七天三靠”，尤其农历四月二十八日的“药王会”更是热闹非凡。

四川药材市场交易中的行规普遍，既不统一，又很复杂，达20多种。仅一种药材又有不同的秤规、皮规、银规等。这些行规使药业交易弊窦丛生。民国20年（1931年）改组成立药业新公会，仅保留九五扣兑、九七扣佣、九九八扣公会经常费3种。中华人民共和国成立后，树立了秤标银，才将一切弊端行规清除。

四川药帮资金均不太雄厚，资本总额约200多万元，其中广土字号约90万元，山土字号约70万元，行栈约40万元。字号资本较大者为四川药材公司，有百万元，余则1万—2万元不等。行栈资本较大者为“同新”，约24万元，小者三四千元，甚至仅数百元。其资本来源多采用做汇票、借款和存款等方法措集。

四川药帮药业经营的正常利润，一般在20%左右，计算盈亏形式，多以实物计算。四川药帮经营药材，不仅善于随行就市，而且还能掌握药材“一季产、全年销”的特点，绝大部分药号都有1年的储备货，市价高昂则出售，市价低落则停售，即使个别品种跌价，因经营药材的花色品种较多较全，可互为弥补，毫不影响药帮获取利润。此外，新货初上市时，采取销地降价，产地提价的方法，刺激药农大量采集出售。

四川有不少历史悠久、规模较大的择药铺和咀片铺，对于药业经营与药物加工炮制非常讲究和认真，从而使自己获得高额利润，如：万县市的怡丰祥药铺，由于眼药、丸药、膏药疗效好，业务有很大发展。抗日战争前后的保元堂药铺，因药材选料认真，加工精细依古炮制，是当时万县咀片业业务最好、声望最高的一家药铺。一般药店对药材加工考究，厚朴要铡成“万卷书”，桂枝要切成“柳叶片”，甘草铡成“瓜片”，“白芍铡来不烂边，防风铡来飞上天”，技术十分精湛。但也有药商为攫取高额利润，存在着偷工减料、以假乱真、以劣充优、图谋得利的现象，屡见不鲜，例如以西茸充关茸、红参充高丽参、当归头充白术、前胡根充防风、酒米充茯苓、石灰作半夏、红萝卜作生地等。

中华人民共和国成立之初，四川医药批发市场全为私营药商所掌握。20世纪50年代，私营西药业通过社会主义改造转入国营医药商业行列；国营医药商业机构的建立由小到大，由少到多，经营规模逐渐扩大，经营网点不断增多。据1950年调查统计，成都市有西药房252家，重庆市156家，川西区246家，川东区158家，川南区245家。川北地区据19个县调查统计，西药房共101家，南充市56家。此外，还有很大一批私营坐商和摊贩未统计在内。1950年6月，中国医药公司在天津成立（后迁北京），负责全国医药的经营和管理。同时，中国医药公司在重庆成立川东分公司，在成都成立川西分公司，8月在南充成立川北分公司，10月在泸州成立川南分公司，分别受各区行署卫生厅和中国医药公司双重领导。为发展国营经济，1950年3月2日，贸易部和中国人民银行总行发布《贸易金库合同》联合命令，贸易部所属国营商业实行金库制，各地人民银行代理金库收付。国营商业所经营商品一律按行政区划逐级调拨，资金统一管理，销售收入全部上缴国库，企业管理高度集中，医药商业也实行高度集中管理。

1952年9月，四川省人民政府成立。1953年4月，以原川西分公司为基础，正式成立中国医药公司四川省医药公司（以下简称省医药公司），为企业行政管理机构，受中国医药公司和四川省商业厅双重领导。川东、川南、川西、川北4个分公司即行撤销，在原基础上，分别成立四川省医药公司万县支公司、泸州支公司、成都支公司和南充支公司。此后，又在乐山、遂宁、达县、宜宾、涪陵、内江等地建立支公司，并把原已定的自贡支公司改为门市部。这些支公司受省医药公司和当地专署工商科（省辖市为工商局）双重领导。至此，全省共有国营医药经营机构12个。

为发展和巩固国营医药公司的批发业务，1953年下半年，国家采取利用、限制、改造的方针，开始对私营商业进行改造，重点打击和限制其投机倒把活动，进行计划批购和行业归口管理。1954年，全省城乡有新药私商2160户。当年10月止，先后有成都、万县等12个地区经政府批准经销者60户。1956年，进行全行业公私合营，将私营药商完全纳入国营医药企业轨道。

从1954年开始，国营医药经营划分为三级经营单位。一级采购供应站也称货源站，隶属中国医药公司设在全国医药工业最为集中和交通发达的大城市，负责收购当地医药产品，调供给全国医药二级站（包括兼营二级站业务的二级批发企业），而不向其他城市的医药工业和商业企业收购或调入商品进行转调。二级站也称货源站，隶属于省（自治区、直辖市），主要设在省（自治区、直辖市）医药工业相对集中或交通方便的大中城市，其货源主要是从各一级站和省外主产区调入，以及向当地地方工业收购，供应对象主要是三级批发企业。三级批发企业，一般是指县级医药公司，是国营医药商业的基层批发单位。其供应对象主要是城市、农村、工矿医疗卫生单位和农村四级批发和零售商业单位。1954年，全省城乡有新药摊贩1251户。1955年4月，四川省公司雅安分公司成立。

1956年，进行全行业公私合营，将私营药商完全纳入国营医药企业轨道。四川医药商业机构共新增设机构58个，并将省属重庆医药站更名为中国医药公司重庆采购供应站，受中国医药公司和重庆市商业局双重领导，办理一级站业务。省医药公司供应科仓库撤销，省医药公司兼办业务全部移交重庆采购供应站成都分库。当年7月9日，四川省商业厅决定以重庆采购供应站成都分库为基础，改组建立成都医药批发站，其业务、行政均属省医药公司领导。此后不久，广元县兼办的二级批发业务迁到绵阳，更名为中国医药公司四川省公司绵阳批发站。随后，宜宾、南充医药分公司相继成立二级站业务。从此，全省除重庆采购供应站为一级批发站外，还有成都、万县、绵阳、宜宾、南充等5个二级站、3个市公司、14个专区，共设分公司12个、支公司22个、县公司72个、相当于县公司的批发部1个，以及省医药公司，全省共有99个机构医药商业机构，并确定万县分公司和广元分公司兼办二级站业务。中国医药公司四川省公司下设成都市公司、重庆采购供应站、重庆市公司、自贡市公司、内江分公司（简阳支公司）、江津分公司（合川支公司、永川支公司、綦江支公司）、涪陵分公司（长寿支公司、秀山支公司）、万县分公司（奉节支公司）、泸州分公司（隆昌支公司、叙永支公司）、宜宾分公司（江安支公司）、乐山分公司（清水溪支公司、眉山支公司）、绵阳分公司（中坝支公司、德阳支公司、广元支公司）、南充分公司（南充支公司）、达县分公司（巴中支公司、大竹支公司）、遂宁分公司（三台支公司）、温江分公司（邛崃支公司、什邡支公司、灌县支公司）。

1958年4月5日，重庆采购供应站与重庆市公司实行站、司合并，采取一套人马，两块牌子。为适应体制改革的要求，省商业厅根据商业部决定，将重庆医药一级站改为二级站，交由四川省医药公司和重庆市商业局双重领导。同年7月，精简机构，商业厅与省供销合作社合并；省医药公司和省中药材公司合并，成立四川省商业厅医药贸易局，领导全省中西药二级站，负责公司系统的行业管理。各中西药二级站，市（地）中西药站、司（除成都中西药站分设外）相继合并，名称仍为医药站或医药公司。

1962 年，根据中央“调整、巩固、充实、提高”的方针，按集中领导、分级管理原则，重建条条为主、条块结合管理体制。7 月，四川恢复设立四川省医药公司。当时，除成都、重庆两市分别建立中西药站和市公司外，其余地区的二级站和分公司都是中西药兼营。到 1965 年，全省已发展 6 个二级站，19 个市、州建立了医药公司。

1966 年“文化大革命”开始，各地药业经营机构仍有发展。1975 年 4 月，省商业厅、省供销社复分为两个机构，中西药分开成立省医药公司和省中药材公司。省医药公司由商业厅领导，省中药材公司由省供销社领导，所有下属机构也陆续按中、西药分设二级站和公司。到 1975 年，全省省属二级站已发展到 8 个，12 个地区有 128 个县医药公司，其中达县地区 11 个、内江地区 9 个、温江地区 19 个、乐山地区 9 个、西昌地区 9 个、雅安地区 7 个、绵阳地区 19 个、万县地区 8 个、宜宾地区 13 个、南充地区 11 个、江津地区 8 个、涪陵地区 10 个。

1973 年 3 月，省医药公司向省商业局提出要求对医药商业实行全省统一核算的报告，经省革委财贸组批准，省财政局、省商业局下发通知，决定从 1974 年 1 月 1 日起执行。医药公司系统从省到县的财务管理体制，实行条块结合，公司系统拉通核算，纳入省级财政预算，按省属企业管理。企业实现的利润或亏损，按月向当地商业行政部门办理利润解缴、亏损弥补工作。财务计划、会计报表均按公司系统逐级汇总上报，并抄送当地商业行政部门。

1978 年 6 月 7 日，国务院批转卫生部《关于建议成立国家医药管理总局的报告》。1979 年 7 月 1 日，四川省医药管理局成立。以后，各市（地、州）、县（市、区）医药管理局相继成立，统一管理全省医药和医疗器械生产、经营。

1979 年 12 月 1 日，国家医药管理总局、化工部、国家物价总局转发在四川省召开的《化学试剂价格座谈会纪要》。会上平衡调整了 155 种产品的价格。其中提价的 74 种，降价的 34 种，不变的 47 种。省医药公司划归省医药管理局领导后，原实行的全省财务统一核算体制不变。并将省商业局在 1979 年核定的金额利润留成 19.3%，于 1980 年调整为 32%。其中省医药管理局调剂 2%，企业得 30%。1982 年，企业留成改为 29%，由省医药公司通过省医药管理局向省财政结算，返还的利润留成数，由省医药公司统一拨给各医药商业企业。1983 年，实行第一步利改税，全省医药商业留成比例不变，仅按政策划作小型企业的公司和商办药厂的留利水平有所提高。

1983 年，国务院决定重庆市实行经济体制综合改革，成立重庆经济区，实行计划单列。经省政府批准，重庆采购供应站、重庆市医药公司和永川地区医药公司及所属经营企业的产、供、销和财务管理权，均由省下放重庆市领导。1984 年初，省政府又决定：温江地区合并入成都市，其所属县公司除广汉、什邡两县划归新建省辖德阳市外，全部交由成都市医药公司领导。

1984 年 6 月，国家医药管理局与有关部门联合发文，强调加强医药市场管理，集体、个体不得开展医药批发业务。1984 年下半年，实行第二步利改税。1985 年 1 月 1 日，经省政府批准，全省各市、地、州公司、二级站，下放当地管理，并核定全省公司系统的留利水平为 27%，由省医药管理局和省医药公司，分别给各二级站和市（地）公司核定不同留成比例，再由市（地）公司核到各县公司，在当地财政结算返给企业。至此，全省医药公司系统财务统一核算体制解体。1985 年底，全省共有 19 个市（地、州）公司，8 个二级站（包括重庆化玻站）和 3 个二级经营单位，185 个县（区）公司。此外，还建立了 1034 个四级批发单位，已形成了一个遍布城乡比较完整的经营网，为促进全省医疗卫生事业发展，确保人民健康发挥着重要作用。

1989 年，针对医药市场出现的混乱状况，国家医药管理局下达《关于加强医药批发市场管理的通知》，规定：鉴于医药商品的特殊性，药品批发业务必须由国营医药的主渠道，即符合条件的国营医药专业批发公司及其所属的批发机构经营，其他行业及集体、个体单位，不准经营药品批发业务。四川省按照国家医药管理局要求，开展治理整顿医药市场，特别是医药批发市场。治理整顿中，停止了四川省少数县以上供销社企业经营药品批发业务。1990 年 8 月，全国清理整顿公司领导小组批准，保留中国医药对外贸易总公司西南分公司为国家医药局直接管理的公司。1990 年底，撤销和取缔非法经营医药批发的 957 户，零售的 5479 户，查处假劣药品价值 150 多万元。

1991 年 1 月 9—21 日，攀枝花市医药局组织医药企业承办攀枝花首届苏铁观赏暨商品物资交易会分会场市医药商品交易会，并承办四川省中药材中成药交易会。此次交易会共接待省内外 228 户工商企业代表 513 人。市医药系统企业成交商品 750 万元。

由于医药商品的特殊性，中国在 1991 年首先启动河南南阳地区医药专营试点工作。根据国家医药管理局部署，1992 年，绵阳市医药局、南充地区医药局、都江堰市医药局在考察、吸取河南南阳地区的药品专营试点情况后，省医药管理局决定在绵阳市、广元市先后开展药品专营试点准备工作。

截至 1992 年，全省共有医药商业企业 568 个，其中二级批发企业 14 个；中药商业企业 552 个，其中二级批发企业 13 个。四川省医药商业总销售额达 35.3 亿元，较 1991 年增长 8.3%，商业纯销售额 23.3 亿元，比 1991 年增长 7.6%，工商利税达 5 亿元。是年，四川省医药边境贸易开始起步，乐山市在云南开展边境贸易活动，雅安、宜宾也紧随其后。

1993 年，四川省经过依法整顿、治理和仓储、门市建设、扩大下伸购销网点，基本建立了覆盖全省、辐射全国的流通网络。具有“三证”的医药批发企业 1000 余个和合法的零售企业 5000 多个。

1994 年 6 月，四川省医药管理局正式批准广安市成立医药采购供应站，与广安地区医药公司合署办公，并负责全区药品储备和供应工作。

1996 年，四川省内医药商业企业逐步实现规模化、集约化、连锁化、多元化经营。全省有 1.2 亿人，药品批发企业 1875 余家，平均 6.5 万人口拥有 1 个批发网点，高于全国平均 7.5 万人口拥有 1 个批发网点的水平。县以上批发网点 1012 个，平均每个市县有 4.2 个批发网点，约高于全国平均每个市县有 4 个批发网点水平。县以下批发网点 863 个，每 2.5 个乡镇有 1 个下伸批发网点，高于全国每 7 个乡镇有 1 个下伸批发网点。全省药品零售网点 13500 个，平均 1 万人拥有 1 个零售网点，高于全国平均 2 万人口拥有 1 个零售网点的水平。药品零售总额近 29 亿元。县以上零售网点 8116 个，平均每个市、县有 34 个零售网点，高于全国平均每个市县有 18 个零售网点的水平。县以下零售网点 5384 个，平均每 1 个乡镇有 2.5 个零售网点，高于全国平均每 2.5 个乡镇有 1 个零售网点。全省医药批发企业有职工 4.5 万人，经营品种规格 2 万多个，全省国有医药商业销售总额完成 33 亿元。

2001 年，全省销售收入在全国医药行业排第 7 位，比 2000 年上升 2 位。中药实现销售收入 44.89 亿元，盈亏相抵后实现净利润 5.81 亿元。自 2001 年开始，四川省实行药品集中采购招标，招标人（医院）和投标人（企业）通过四川卫虹医药电子商务交易平台办理，增加了药品交易透明度。

2002 年，随着医药流通体制改革步伐加快，医药物流配送中心、总代理、总经销、连锁经营等经营业态在四川省各地逐步建立，形成了既相互依存又相互竞争的市场格局。四川省医药集团面临严峻的市场形势，积极进行公司改革、改制工作，努力开拓市场，通过合资参股，组建了现代医药物流企业——四川盛通药业股份有限公司，取得了很好效果。2002 年，省医药集团实现销售额 8.5 亿元，较上年增长 28.57%，实现利税 1100 万元。四川迪康科技药业股份有限公司充分利用内外资源，进行系列战略性投资。在医药流通方面，四川迪康科技药业股份有限公司收购了国内药品连锁零售第一品牌的重庆和平药房 52% 的股权，参股重庆医药 32% 的股份，成立四川和平医药有限责任公司。2002 年，全省医药商品购进总额 25 亿元，销售额 30 亿元，比上年大幅减亏 2500 万元。四川省医药工业实现销售收入 89.2 亿元（居全国第 10 位），比上年增长 12.9%。

2003 年，全省医药商业四级批发调拨供应体系解体以来，随着医药流通体制改革的不断深化，四川省医药商业投资主体多元化步伐加快，国退民进、相互参股、工商联合、兼并重组极大推动四川省医药流通体制和机制创新，推动规模化经营。总代理、总经销、集中配送、零售连锁、农村流动药店、医药超市、电子商务、大卖场等多种经营的传统业态和现代业态并存，基本满足了四川省医疗机构和城乡人民的用药需求。2000—2003 年，受推行不规范的药品招标、国家连续 14 次调低药价、药品从卖方市场转变为买方市场和竞争加剧等因素影响，医药产业发展速度明显放慢，利润空间逐渐缩小。全省有医药批发企业 938 户、零售企业（网点）1.7 万多户。

2004 年，为加快药品零售连锁的步伐，各地充分利用药品监督工作的制约性和导向性，制定了带证加盟连锁的监管制度，引导药品零售单店带证加盟药品零售连锁企业，通过业内整合，逐步实现新型的药品流通业态。通过做大做强药品流通优势企业，促进医药行业连锁、物流、配送等现代化营销方式形成，发展了四川科伦康贝连锁、太极连锁、成都中新连锁、百信连锁、和平连锁、本草堂连锁、天诚药业连锁、德仁堂连锁、天源堂连锁、泸州永正连锁等 10 个拥有 500 户门店的药品连锁公司。其中，四川科伦康贝连锁公司发展了 7000 多家门店，跃居全国连锁之首。四川省有药品批发企业 980 家、药品零售连锁企业 211 家，连锁门店 24223 家，零售企业 8576 家。

同年，为重塑药品市场新形象，成都市在五块石地区建设西部规模最大、市场秩序最规范、药品质量最有保证、流通功能最完善、管理现代化、交易国际化的西部药品物流中心。引进一批规模大、实力强、信誉好的大型医药企业入驻该地区，形成药品配送中心。入驻的四川太极制药集团成都西部医药经营有限公司、四川科伦医药贸易有限公司、成都科讯药业有限公司、四川天乐药业集团、四川和平药业公司、四川省医药集团公司等 10 多户药品经营企业的销售收入突破 10 亿元。此外，政府根据市场需求，在该地区建立了完善的药监、工商、金融、税务等配套服务体系；大力加强基础设施建设，以成都贮木场铁路货运专线和公路货运中心为依托，建成适应医药大流通的完善交通体系。

同年，全省医药工业实现销售收入 131.03 亿元，增长 20.26%。据省经委统计，销售收入 5000 万元以上企业 47 户，其中上亿元的企业 24 户；47 户企业销售收入占全省医药工业销售收入的 81.4%。省医药集团、科伦医贸、西部药业、绵阳药业、成都医药公司、宝光医药、康鑫医药、南充药业集团、成都中药材公司等 10 余户企业销售额超过亿元。

2005 年 7 月 15 日，省食药监局启动医药现代物流试点工作。经企业申请，选择了 10 户企业为现代物流试点企业，建立了重点优势企业联系制度，重点帮助和扶持企业做大做强，促进医药经济健康发展。全省医药实现销售收入 149.06 亿元，较“九五”末增长 103.94%，年均增长 20.79%。40 户重点企业销售收入占全省医药工业销售收入的 50%。2005 年底，四川省药物制剂剂型有 20 多个，品种达2000多个，品规近7000个。全年销售收入超过500万元的产品有150个，其中销售收入超过5000万元的产品40个，超过1亿元的优势品种10个。有21个产品被确认为四川名牌产品。全省医药非国有企业占92.7%，资产总额占72%。2005年，全省3296户药品批发、零售及零售连锁企业遍布全省城乡，基本保证了全省城乡的药品供应。药品电子商务在企业得到广泛应用。

第二节　特殊药品供应

特殊药品一般指麻醉药品、精神药品和使用限制性药品。

中华人民共和国成立前，麻醉药品、精神药品随西医进入四川，一般应用在外科手术、精神病治疗和内科疾病的重症治疗中。民国时期已对这些药品的管理作出一些规定，达到用于特殊疾病和症状控制使用的目的。

中华人民共和国成立之初，麻醉药品、精神药品经营由卫生部门会同内务部、贸易部、医药管理部门等组织设立的麻醉药品管理委员会管理。麻醉药品管理委员会指定中国医药公司为麻醉药品经营管理机构，并由中国医药公司报经卫生部批准在全国各省、市设立麻醉药品供应二级机构，其货源由麻醉药品经营管理机构调拨发运。《管理麻醉药品暂行条例》及《管理麻醉药品暂行条例施行细则》规定：各医疗单位购用麻醉药品，须根据卫生行政部门核定的级别限量，先向当地供应点办理登记，填送印鉴卡存放于供应点查核，然后购买，再次购买时要填写用量、上次所购品种及存量的用途报告；医疗单位可以保存一个季度限量的库存。

1952年以前，四川省特殊药品由中国医药公司川东、川南、川西、川北4个分公司负责独立经营。1952年四川省人民政府成立后，麻醉药品分别由重庆、成都、南充、万县、泸州、乐山、雅安等7个市（地）医药公司负责供应工作。

1954年1月28日，中国医药公司抄转卫生部批复："有药剂师或药剂士的药房（新药商）购入麻醉品，应限于用在调配医师麻醉药品处方，麻醉药品注射剂不得购用转售。"

1956年4月前，中国医药公司四川省公司下增设达县分公司和广元分公司两个经营点。1956年4月24日，四川新增自贡、内江、宜宾、江津、绵阳、温江、遂宁、涪陵、西昌等9个麻醉药品经营点。

1964年，四川各地区规定限制性剧药：麻黄针、片、粉剂，安钠咖片、针、粉剂，复方甘草片，复方樟脑酊等不准在市场零售，由各地医药公司统一经营，医疗单位凭证明供应。

1980年11月，农业部、卫生部、国家医药管理总局制定《兽用麻醉药品的供应、使用、管理办法》，规定：兽用麻醉药品由国家指定的中国医药公司麻醉药品供应点统一供应，每季限购一次。

1983年前，四川省麻醉药品的二级经营点有：成都、重庆、渡口、自贡、泸州市医药公司，万县、宜宾、绵阳、达县、南充医药站，内江、乐山、雅安、涪陵、永川分公司和凉山州公司、温江县公司等17个。温江地区并入成都市后，温江县公司经营的麻醉药品业务亦并入成都市公司经营。

1987年11月，国务院颁布《麻醉药品管理办法》（以下简称《办法》），对麻醉药品的界定、种植和生产、供应、运输、进出口、使用等进行规定，并明确处罚范围。《办法》指出：麻醉药品经营单位的设置由各省、自治区、直辖市卫生行政部门会同医药管理部门提出，报卫生部、国家医药管理局审核批准。经营单位只能按规定限量供应经卫生行政部门批准的使用单位，不得向其他单位和个人供应。1988 年 12 月，国务院颁布《精神药品管理办法》，对精神药品的生产、供应等进行了规定。

1993 年，四川省麻醉药品经营单位有：成都、重庆、自贡、攀枝花、泸州、乐山、内江、永川市医药公司，绵阳、宜宾、万县、达县、南充、雅安、西昌、涪陵医药站（二级供应站），甘孜州、岳池、南部、酉阳、江津、铜梁、长寿县、遂宁、德阳、广汉市医药公司（三级供应站）。

1994 年，卫生部印发《医疗单位麻醉药品、精神药品计划供应办法》，四川省卫生厅随后制发《关于执行医疗单位麻醉药品、精神药品计划供应办法的通知》。文件要求，1994 年 7 月 15 日之前，精神药品实行限量级别供应，之后为适应癌症病人三级止痛阶梯治疗的推广，实行计划供应。同年 8 月，省医药管理局、省卫生厅正式批准资阳市设立三级麻醉药品经营点，从 1994 年 12 月 1 日起开始经营。

自麻醉药品、一类精神性药品改限量供应为计划供应后，至 1996 年，全省依照《麻醉药品管理办法》和《麻醉药品经营管理办法》规定，医疗机构凭卫生部门（2000 年 3 月后为药品监督管理部门）对全省具备麻醉药品、一类精神药品使用资格的乡以上医疗卫生单位和计划生育部门使用单位核发的“麻醉药品、一类精神药品购用印鉴卡”（以下简称“购用印鉴卡”），到指定的麻醉药品供应单位购买。第二类精神药品凭“医疗机构执业许可证”到药品监督管理局指定的经营第二类精神药品的批发企业购买。第一类精神药品只限县以上卫生部门指定的医疗单位使用，不得在医药门市零售；严禁将第二类精神药品和医疗用毒性药品销售给未被指定的零售药店和个体诊所。受指定的药品零售企业供应第二类精神药品，凭盖有医生所在医疗机构公章的处方零售，每次处方不得超过 7 日量，并保存 2 年。医疗机构供应和调配毒性药品，须凭医生签名的处方，每次处方不得超过 2 日剂量。

1996 年，根据《麻醉药品验收标准》，省医药管理局对全省 21 家二级麻醉药品专供点检查验收，同时发出《加强麻黄素管理工作的紧急通知》，规定麻黄素由特设经营部门进行统购分销，完善麻黄素的供应工作。

2000 年 4 月，国家药品监督管理局、卫生部《关于印发医疗机构麻醉药品、一类精神药品供应管理办法的通知》下达后，四川省要求各地应按《麻醉药品管理办法》《精神药品管理办法》等有关规定，继续加强对麻醉药品、精神药品（以下简称“麻醉精神药品”）的监督管理，做到既要保证医疗合理需求，又要防止流弊；医疗机构确因医疗需要，将“麻醉精神药品”进行稀释或以之为原料配制其他制剂，需上报所在地省级药品监督管理部门批准后方可配制。

2001 年 6 月，国家药品监督管理局、卫生部、武警部队后勤部公布《武警部队医疗机构麻醉药品、一类精神药品供应管理办法》（以下简称《办法》）。四川省武警部队医疗机构按照规定，凭“购用印鉴卡”购买麻醉药品和精神药品，“购用印鉴卡”有效期为 3 年。《办法》规定，购买麻醉药品实行按剂型分类管理制度，即购买麻醉药品注射液实行计划制管理，购买麻醉药品其他剂型和精神药品实行备案制管理；购用麻醉药品计划表于每年 10 月底报本系统上级卫生部门；如需追加须报上级卫生部门批准，方可供应。《办法》还规定，每年 1 月底将上一年度购买的麻醉药品、精神药品的品名、规格、数量报本系统上级卫生部门备案，麻醉药品、精神药品一律不得自行配制，一律不得擅自调剂给其他单位。

至2005年底，全省共审核批准了33家麻醉药品和第一类精神药品区域性批发企业、164家第二类精神药品批发企业、67家第二类精神药品零售连锁企业。

第三节 中药材经营

一、经营概况

中华人民共和国成立前，四川中药材市场有一整套经营组织系统，按其经营性质可分为字号、行栈、铺户3类。中药材经营市场在城乡遍及并广泛应用于医学临床。但是由于战争和灾害，农村经济遭破坏，四川药农受官税、地租和药商的层层盘剥及繁重的苛捐杂税，难以为生，以致弃种荒芜，中药材产量急剧下降。

抗日战争期间，中药材内外销场缩小，加之海口封锁，交通运输不便，四川向省内外购销药材困难重重。重庆等地的商号相继停业、歇业。1945年抗日战争胜利后，四川药材业虽曾一度好转，但随着内战爆发，国民政府大肆搜刮民财，物价节节上涨，法币贬值，大批外国药品在救济物资的名义下被运往四川倾销，中药材受到西药排斥，药材业日趋萧条。特别是帝国主义侵入中国内地盗窃川药种子栽培成功，并将其制成西药以“对华援助”的名义往中国倾销，如英国传教士弗贝乐等人曾以游峨眉山为名，盗去川药种子70余种，回国后设立皇汉医方研究所，制定了汉方医术开业试验法进行研究；日本还设药圃，大量种植附子、黄连、川芎、当归、泽泻、枳壳等药材，不仅自给，还向中国和东南亚地区推销，甚至把生长不好的鸡爪连冒充川连，把大黄、当归、黄连制成膏丹丸剂销欧美各国；德国达摩城和柏林几家大制药厂，将四川出产的贝母、当归、大黄、黄连、五倍子等药材制成西药，除畅销欧美各国外，还返销中国。这些倾销导致包括四川药材在内的中国药材的国际市场大大缩小。在解放战争后期，外国输入四川的西药更是连年有增无减，且售价高于中药数倍，就连1938年由华侨投资开办于重庆的、规模较大的中国制药厂（中药西制），在外国西药充斥市场的情况下，逐渐缩小为夫妻店，仅生产止咳片一种药。曾输出数冠全国的姜黄，在抗战期间几乎一粒未出口，川芎、当归也减销90%，畅销国内外的附子、贝母等特产名贵药材变成滞销品。四川药业日趋衰落、大有覆灭之势，这种情况一直延续到中华人民共和国成立前夕。

中华人民共和国成立初期，四川中药材无专门机构经营。1954年前，国营商业（贸易公司、土产公司）和供销合作商业只经营了中药材的部分大综品种，其余则由私营商业经营。

随着国民经济恢复和不断发展，党和政府重视中药材市场经营，制定相关政策予以保证。1954年10月18日，中华人民共和国主席毛泽东发出加强中药工作的指示，中央财政经济委员会（以下简称中财委）随即决定成立中国药材公司，建立省、市公司，以加强中药材经营和管理。

1955年，四川省中药材专业机构——中国药材公司四川省公司成立，是全省中药材专门经营管理机构。中国药材公司四川省公司归省商业厅领导，统一经营中药材、中成药①，各地、市、县先后相继成立了地区分公司及市、县支公司。自此，中药材由国家统一经营管理，有组织、有计划地进行调剂余缺，供应市场，仓库储备等，对保障人民身体健康起到极大的作用。同年下半年，中共四

---

① 在此之前，中药材由省土产、贸易公司，省供销社及私营商业经营。

川省委决定将中药材经营由省商业厅划归省供销社负责，中国药材公司四川省公司更名为四川省供销合作社中药材经营管理处；各地、市公司改为经营站或管理站；县公司则改为中药材经营部。1958 年，中西药品合，成立四川省商业厅医药贸易局，原有的地、市、县中西药公司也相应合并，改称“医药公司”。

1962 年，恢复四川省医药公司，仍为中西药品合一，各地、市、县公司大都是中西药都经营，系当地商业局领导。至 1965 年底，省、地、市、县公司共有中药职工 8410 人。1966 年，“文化大革命”开始，四川中药材市场在经营上一度受到影响和损害。

1975 年，中共四川省委决定，中西药划分为两个专业公司，即分别成立四川省中药材公司和四川省医药公司，省中药材公司划归省供销社领导。历时 3 年，划分移交完毕。1978 年底，全省中药系统有二级站 7 个、市公司 4 个、地区公司 12 个、县公司 111 个、县以下网点 83 个，共有中药系统职工 1.11 万人。至此，形成四川省中药材公司系统比较完整的经营组织体系。

1979 年，省医药管理局成立，省中药材公司归属省医药管理局。至 1983 年底，全省属公司统一核算的共有二级站 7 个、市公司 4 个、地区公司 11 个、县公司 145 个、县以下网点 92 个，中药系统职工 1.66 万人，比 1965 年增加近 1 倍，比 1978 年增加 47%。不属省公司核算的 3 个民族自治州，凉山州成立了州药材公司，阿坝州、甘孜州是省医药公司统一经营中西药品。三州所属的 47 个县，成立药材公司的有 4 个县，由省医药公司统一经营中西药品的 30 个县，由县商业局或供销社经营中药材的有 13 个县。此外，有 6 个内地县亦是由省医药公司经营中药材。

省中药材公司是统率全省中药材业务的经营机构，其职能是：负责编拟全省中药材收购、销售、调拨和进出口商品计划及生产计划；负责执行总公司制定的各项计划，督促与指导所属机构开展中药材的收购、销售、调拨、进出口业务；贯彻执行国家批准的中药材生产、收购计划，并配合其他部门发展省内的生产；认真执行价格政策和制度，拟定调整省管主要品种的收购、批发、销售价格及内部调拨价格；督促、指导所属机构改善经营管理，提高经济效益；根据党和国家的方针、政策，拟定公司系统的贯彻意见和提高生产经营的措施等。

二级站是省中药材公司的直属经营机构，其职能是：按照省公司下达的计划，进行计划品种的省内外调拨；负责辖区县的供应；组织省内地区之间三类药材的交流；对产销余缺的品种进行吞吐调剂，平衡供需；负责省际交流，省外进口药材的组织供应；按照省公司的规定，进行药品储备。

地区公司是省公司的派出机构，其职能是：编拟本地区中药材、中成药购销调拨计划，督促指导所属机构开展中药材、中成药的生产经营；编拟中药材、中成药生产计划，组织指导所属发展生产及发展本地区内的药材生产；正确执行价格政策、价格管理制度，按分级管理的原则拟定某些品种的收购、批发销售价格；根据省公司的规定督促指导所属改善经营管理，贯彻经济核算制度，以及其他各项经营管理制度。

县公司的职能是：根据上级下达的生产计划，负责贯彻落实到基层，以保证生产计划的实现，并配合有关部门有计划地发展本县各种药材的生产；根据本县人民用药需要与药材生产情况，制定本县的购、销、调拨计划；根据确定的计划，组织药材收购、批发、调运业务，保证计划的实现；负责贯彻执行中药经营的价格政策，以及其他业务经营措施；负责配合有关部门加强初级市场的管理，指导和掌握自由市场价格；改善经营管理，贯彻经济核算制，以及各项经营管理制度，提高服务质量。

零售机构的主要职能在于搞好零售，重点主要在农村。为提高服务质量，做到品种全、数量足、质量好、价格合理、方便群众，各地批发部门积极为零售部门服务，根据零售部门需要，组织货源，合理分配，及时调拨，使零售部门能够及时供应配方需要，在农村适当调整供应网点，或增设零售点，并开展日夜配方，随到随配等活动。在中华人民共和国成立后的相当长一段时间，中药材零售不论城乡主要是由公私合营咀片铺供应，有的县区由卫生部门的联合诊所供应零售。为了起到典型示范和督促指导作用，在成都、重庆和专区所在地设置了国营的咀片配方部，在一般县城大都由县公司掌握一个零售点，加以督促指导零售工作，在基层则由基层供销社负责加强对零售部门供应工作的指导。1965 年，贯彻面向农村，为农民健康服务的精神，改进和加强供应工作，全省地、市、县都建立了国营咀片配方部，在农村的主要场镇亦设置国营咀片配方部，或是由供销社直接经营的咀片铺，在零售工作上作出示范，树立样板，全面推动。对于城乡公私合营咀片铺，则由国营供销社派骨干力量加强对其领导，端正经营作风，提高服务质量，为广大人民服务。至此，国营商业才比较全面地掌握了城乡中药材零售市场的领导和督促指导，加强了对中药材零售工作的主动权。至 1983 年底，全省中药材零售供应工作，仍主要是医疗卫生部门①供应。药材公司的零售门市部，除成都、重庆、自贡、渡口、泸州等省辖市比较多、比较健全以外，县公司一般只在县城设零售门市，县以下网点极少，药材公司直接通过自己门市零售的金额不到全省零星总额的 10%，供销社所属的零售门市也为数不多。

中药材公司成立后至 20 世纪 80 年代，全省主要是由各级中药材公司、中药材收购站和供销社等组织进行中药材经营管理，采收方式是统购包销。为搞活药材流通，实行开放式的多渠道、少环节商品流通体制，1984 年 8 月 1 日，在成都成立了四川中药材的常设贸易枢纽和服务机构——四川中药贸易中心。四川中药贸易中心的宗旨是面向全国，沟通各地，为中药材站、司、药厂及供销合作社服务。贸易中心的经营范围包括了中药材、中成药和中药加工设备等，其经营方式有现货供应、期货成交、联营联销和批零兼营等，作价办法有议价购进、议价销售，此外还办理代购代销、代储代运等业务。

1984 年 9 月 20 日，第六届全国人民代表大会常务委员会第七次会议通过的《中华人民共和国药品管理法》规定，城乡集市贸易市场可以出售中药材，国家另有规定的除外；城乡集市贸易市场不得出售中药材以外的药品，持有“药品经营企业许可证”的除外。

1985 年，四川中药材收购金额增加到 1.29 亿元。同年，四川省中药材公司转轨经营，并于 1994 年正式转为企业。

20 世纪 80 年代中期，中国实行中药材市场开放，打破了以各地中药材公司统购统销格局，中国中药材的市场流通形式和格局都发生了巨大变化。20 世纪 80 年代后期，各级中药材公司和中药材收购站经过改革、重组转变为纯经营性公司。这一时期，中药材分散种植，生产处于粗放型经营的模式之中。科研投入不足，缺乏部门监管，药材品种混杂，造成中药材品质退化，质量下降，价格不稳定。采收方式是个人、企业等组织自由组合，凭实力、关系相互竞争，缺乏有效约束，问题层出不穷。

针对诸多问题，1994 年 9 月，国务院印发《关于进一步加强药品管理工作的紧急通知》（以下

① 医疗卫生部门，即市、地、县、区、乡医院的配方部和大队医疗点。

简称《通知》)，要求各级人民政府及有关部门要统一对加强药品管理重要性的认识，采取强有力的措施，认真贯彻执行药品管理的法律、行政法规，强化国家对药品生产、经营的监督管理，加强国家对药品生产、经营的宏观调控，整顿和规范药品生产经营秩序，结合反腐败斗争，严肃查处违法违纪案件，建立统一、开放、竞争、有序的药品生产经营体系。根据《通知》要求，国家中医药管理局、国家医药管理总局、卫生部、国家工商行政管理局《关于印发整顿中药材专业市场标准的通知》下发各地执行。国务院印发《关于进一步加强药品管理工作的紧急通知》发出后，各有关部门和各级政府加大整顿力度，逐步整顿和规范了中药材专业市场的经营行为，批准了17个中药材专业市场，转营、关闭和取缔了90多个以各种名义开办的药材市场和药品集贸市场，中药材市场过多过滥的状况基本得到扭转。

20世纪90年代后期以来，国家开始对中医药产业进行改革，制定、颁布了一系列种植、生产、流通的标准实施。一批优质道地中药材生产基地开始形成，经营模式从分散经营逐步向“农户+公司”“农户+基地+公司”等多种产业化经营模式发展。中药材采收采用种植户直接与企业需求挂钩的方式。企业能直接有效的控制采收原料的质量、数量和价格。

1996年，成都荷花池中药材专业市场由最初的成都荷花池中药材交易区和成都五块石中药材市场合并建立。当时的市场为传统药材批发市场，主要采取大棚摊位经营、前店后库的模式。

2001年2月28日，修订后的《中华人民共和国药品管理法》颁布，其中规定：可出售的中药材为药农或当地农民自产或自养、自采、自炙、自销的地产中药材，罂粟壳、种国家重点保护野生动植物中药材品种和种毒性中药材品种不得在城乡集市贸易市场出售；同时，未经相关部门许可，中药材以外的药品不得在城乡集市贸易市场销售，药品批发企业也不得进入城乡集市贸易市场。

2003年，四川省实现中药材销售收入55.1亿元，居全国第3位。2005年，四川中药材年产销量达10多万吨，占全国总产量的1/3。

二、中药材专业市场

四川中药材在长期经营中形成了发展兴旺的市场，对扩大和活跃区域性中药材交易发挥了重要作用。总体来看，全省以成都、重庆（1997年直辖前）、万县、中坝、宜宾、都江堰、雅安等规模较大。

（一）成都市场

成都为四川省会，是四川的政治、经济、文化中心，构成了中药材在成都集散的优越条件。从药材资源看，都江堰的川芎，双流的郁金，绵阳的麦冬，江油的附子，洪雅、峨眉的黄连等名贵、特产药材主要在成都集散。川西北地区，以及雅安等地的麝香、虫草、贝母、大黄、羌活、牛膝等大量野生动植物药材亦多在成都集散。

抗日战争时期，成都药材市场畸形发展，药栈因而发达。药栈家数，每年都有增减，但变动不大。抗日战争后期的1944年至解放战争时期的1947年的4年中，成都药栈总在20家左右，1947年计有21家。

成都药栈买卖的药材，无广药、土药之分，甚至有关药性的干菜之类的货品，都在药栈交易，但药栈间的交易存在一定的界限，如凡客货堆存甲栈者，乙栈不能代卖。因药栈堆存客货不取堆费，这种办法对客家有好处，亦有害处。药栈之间，各自为政，似乎没有特别的联络，药栈对于同业公会，除照例交纳各种经费外，也无其他关系。成都的择药号资力雄厚者较少，小组织的多，1947 年有择药号 17 家，参茸号 11 家。成都市场极为繁荣，系内销市场之故，因此咀片业极为发达，1947 年有 600 余条街道，平均两条街就有一家咀片铺，但大咀片铺很少。

民国 32—34 年（1943—1945 年），为民国时期成都药业市场最繁荣时期。各家药栈生意好，每天多则成交百余次，少则一二十次。民国 33 年（1944 年），每家药栈的营业额，多则为 2 亿元以上，少则为 1 亿元，若以 21 家合计，营业总额为 40 亿元以上（择药号的营业额尚不在内）。民国 34 年（1945 年），广药、土药的市价愈涨愈高，营业额自然增加。药材市价波动愈大，药栈的生意则愈好，收入愈多，故此时的成都药栈，家家都很好，资力亦较雄厚，信用日佳。

中华人民共和国成立后，成都药材市场不断发展，在保证中药材供应和临床应用等方面都发挥了积极的作用。

中共十一届三中全会以来，特别是国家振兴中医以后，中药材市场发展更加迅速。1980 年，成都荷花池中药材市场已具相当规模。

1986 年 3 月，为扩大成都荷花池中药材市场，成都市有关部门购地 53 亩，投资 600 万余元，建成药材、水果、百货等 5 个交易区，建筑面积达 1.7 万平方米，其中药材交易区占地面积近 6000 平方米，设有 500 多个固定摊位及大量的临时交易场地。每日入场出售药材的约 800 多户、1000 余人。除有 400 多户个体经营者外，另有三四百贩运户，还有几十家国营、集体的药材经营单位在场内从事购销活动。

成都荷花池中药材市场交易的品种逐步发展，由 1980 年建场时的几十种，扩大到 1986 年的 460 多种，日上市量近百万斤，每月成交量 100 万公斤以上。1986 年，成都市荷花池中药材市场共成交各种药材 1300 多万公斤，成交金额 2000 多万元，相当于川药产值的 1/5 以上，被誉为“天府药库”。上市药材，除川产特有产品外，陕西、甘肃、宁夏、云南、贵州、西藏以及全国各地所产药材均有。这些药材通过市场集散，销往海峡两岸暨香港、澳门地区，以及日本、东南亚等国家和地区。

2000 年，成都市充分利用区位优势，加强成都市荷花池中药材专业市场建设，规范管理，强化监督，完善仓储、运输和信息服务等配套服务体系，建设中国西部最大的中药材集散中心。

2005 年，成都荷花池中药材专业市场成为全国著名的药材市场之一，形成了多渠道、少环节、多点购销、种植大户直接进入市场销售的体系，年成交量 20 多万吨，年交易额 12 亿元。

（二）重庆市场

重庆为川江重镇，交通便捷。清光绪二十一年（1895 年）开埠以后，不仅把集中于此的外来药物输送至川内各县，而且更大量地从川内各地吸收药材等土特产品输送国内外，成为药材等货物的吐纳总口，成为全川乃至全国西南贸易之枢纽。在极盛时，重庆药材输出总额曾达千余万元，品种达 122 个，其销场不仅覆盖国内江苏、浙江、广东、广西、河南、湖北、湖南、宁夏、上海、香港、福建、台湾等地，且远销国外如日本、安南（越南）、法国、南洋群岛等地。清代至民国时期，储奇门是重庆山货药材集中地，药材行帮非常多，故有“储奇门，药材行，医治百病”的谚语。

辛亥革命前，川药商没有向外营业。辛亥革命后，由于药材各行帮业务相互竞争，利益相互冲突，矛盾日益加深，故才有川帮向外运销。民国 4 年（1915 年）首先由重庆商组织的“大川源”开始往汉口运销药材。在竞争中，川药帮将生意做到低利润、快周转、货真价实，因此在外埠信用昭著，颇有声誉。当时，重庆较有名的有天福同、正大诚、义长、同义长、裕源长、大川源、自立诚、丰蔚祥、翁鸣记、诚成、天增公、永庆、四川药材公司等牌名字号，天福同的天麻、大半夏、福字杜仲，自立诚的双喜牌虫草、声字头等当归等品种都较为有名。民国16—17年（1927—1928年），重庆药材商户达极盛时期，经营药材行栈业务的商户达80家，运销商220家，广药铺（批发店）约25家，择药批发约120家，行商小贩深入乡村销售为数更大。药材市场繁荣，居重庆商业市场交易第4位。

1932年后，四川药材贸易逐渐呈下降趋势。据重庆药材同业公会的统计，在抗日战争前夕，重庆的药材出口货值与1931年前比较也呈现出了下降的趋势。抗日战争爆发后，国民政府于1938年1月宣布统治出口外汇，规定"按现行办法指定蛋品、羽毛、药材、皮革、皮毛、木材等十二类，计五十余种为结汇出口货物"。这类商品出口"所得外汇但80%出售给国家银行，以换取战时所需军民物资"。中药材因此也要结汇后出口。1938年4月22日，国民政府财政部公布了《商人运货出口及集结外汇办法》，5月又在其规定"应结外汇的24个品种"中指明中药材一定要结汇，即一定要将出口所得外汇卖给国家，并进一步将出口量大、利润高的大黄、当归实行统购统销，垄断经营。如此一来，使得药商难以经营，也间接扼杀了药农的生产。1939年11月，广州和汉口失陷，1941年滇越、滇缅出口路线中断，商运中药材出口更加困难，药材失去了原有的市场。此时期，四川药材贸易的出口总值远不如以前。解放战争时期，百业萧条，四川药材对外贸易也是继续衰退，1947年的药材出口值急剧下降至38万关两。从事药材贸易的商家数量急剧减少，以重庆为例，当时的"字号、铺户、行栈由极盛时期的近四百家减少至家，陷入奄奄一息的困境"。至中华人民共和国成立前夕，重庆计有字号、行栈和铺户81家；字号与行栈多集中在林森路、刁家巷、凯旋路一带，铺户则麇集于九尺坎、林森路、顺城街、储奇门等地；从业人员2000多人。

中华人民共和国成立后，重庆市场在政府多项政策的支持和保证下不断发展。中共十一届三中全会以后发展更加迅速。

20世纪80年代中期，中国开放中药材市场，打破以各地中药材公司统购统销格局。重庆中药材市场逐步发展壮大。通过重庆市区内中药材市场流通经销的品种约500余种，其中中药约400种，草药100余种。1987年，国家工商局批准在石柱县黄水镇建立了第一个黄连专业市场。重庆石柱黄连市场是全国唯一的黄连专业市场，集周边省区所产的黄连品种，行销全国并出口。一般年交易量在800吨左右，2000年交易量达1200吨，中国出口的优质黄连80%以上的药材来源于石柱黄连市场。

1993年，在重庆市渝中区政府规划下，储奇门羊子坝中药市场和朝天门综合交易市场药材厅合并，正式命名为储奇门中药材批发市场。市场占地面积2500平方米，为六楼一底的大型室内交易市场，建筑面积1万平方米，共设摊位400个。1996年7月6日，国家中医药管理局、卫生部、国家工商行政管理局联合发文，批准该市场为全国首批八家中药材专业市场之一。随着时间推移，储奇门药材市场渐渐失去了交通、规模等优势。杂乱的摊位、药材质量参差不齐等因素让该市场不断衰落。2004年，桐君阁股份有限公司投入500多万元对市场进行改造，并将市场更名为重庆储奇门桐君阁中药材批发市场。

2004年，重庆市中药材交易市场与1997年直辖前相比较，在市场规模和经销量上有所增大，在经营品种的数量上变化不大，但随着中国市场经济的逐步建立，受市场经济的支配调节，中成药、医药原料生产制药企业为保证自身所需药材原料的质量和稳定供给，自建主要中药材原料生产基地和建立固定的购货渠道的情况日渐普遍，使药材市场的药材流通模式发生了较大的变化。重庆药材市场制药企业大宗采购的情况减少，流通量较大的品种为用于保健食疗的品种，如枸杞、麦冬、金银花、黄芪等。

（三）万县市场

万县，为川东出入之门户，水陆运输的要冲。自清光绪二十八年（1902年）开为商埠以来，各地商贾多在此舍舟登陆，尤为川西、湖北、云南等地药商投宿之所，药材起卸之地。万县城下，万家栉比，市街数里繁盛，人口众多，其热闹程度并不亚于江浙一带。因此，万县素有“蜀中第二个大都会”之称。

万县中药业大致可分为药号和药铺（咀片店）两大类。清末，万县的交通运输仅限于木船在川江运输，药材信息的传递缓慢，抑制了万县中药业及其他行业发展速度。这一时期，万县药号仅有10多家。其中经营出口（含调省外，后同）中药材的，只有1家，为裕丰太药号。药铺以南津街的怡丰祥（主营眼药、丸药、膏药等）较大。清宣统二年（1910年）7月中，万县遭大火，10多家药店全部烧光，药业公会决定临时搭棚经营中药材，有的药号就此倒闭。

民国9年（1920年），万县中药材开始使用轮船运输；民国19年（1930年）又有邮政飞机通信，药材信息行情传递迅速，加快了万县中药业的发展。随着交通及运输工具的发展，中药业也逐渐发展起来，药业资本亦逐渐雄厚。邻近各县的药商，由于受资本与运输等因素所限，往往只能将药材运至万县，就近出售。因此，万县就逐渐形成下川东各县及湖北利川、恩施、秭归、兴山、巴东、咸丰、耒来，以及云南丽江等地所产药材的集散市场，如石柱的黄连，云阳的小茴香、川楝、枳壳、佛手花，忠县的巴豆、半夏，湖北的黄连、贝母、大黄、厚朴、朴花、党参、银花，奉节的党参、贝母、厚朴、大黄、续断，渠县的白芷、白芍，垫江粉丹，巫溪的党参、贝母、黄连，城口、万源的党参、黄连、贝母、麝香，开县、梁平的姜黄，巫山的天麻、厚朴、红花、党参、黄连等，这些药材，一般都在产地加工成件后，少部由当地药商贩运至万县出售，大部则由万县药商在新产季节，派出专人赴产地收购运回转销。除上述川产药材外，万县集散中药材类别还有浙货、怀货和广货。万县集散中药材品种常年保持在500种左右，以省内品种为主。每年集散数量，川药约10万斤，浙货约四五万斤，怀货约五六万斤，广货约三四万斤。

这些药材，民国19年（1930年）前仅限集散于川东各县，后来由于药商学会“深购远销”，即所谓“买到地头，卖到地头”，成本较低，销价一般低于重庆市价的10%等因素，川北营山、大竹及渠县、梁平、达县、云阳，重庆附近的涪陵、丰都、垫江，以致广安、岳池，湖北的恩施、咸丰、耒来、利川、秭归、兴山、巴东、宜昌等地的药商，都乐于至万县市场购货。同时，药材业务很快发展到天津、郑州、禹州等南、北大城市。民国20年（1931年）以后，是万县中药业发展的黄金时代，进入空前的发展的时期。药号也由药帮时期的十二三家，发展到二十五六家，主要集中在当铺巷和邱家巷一带。抗日战争胜利后，资本较大的药号为“元记”（系独资），其次为福昌、福泰。药铺亦得到迅猛发展，由药帮时期的48家，发展到72家，均散在于各街道。

中华人民共和国成立后，万县市场得到更加迅速的发展，经营的品种和产值不断增加。四川省中药材公司在万县设立万县地区中药材采购批发二级站，是四川省第二大中药材企业，除部分药材出口外，国内贸易业务覆盖方圆500多公里范围。20世纪90年代初，万州中药材交易达到鼎盛，中药材市场占地面积达13.6万平方米、建筑面积达11.1万平方米，汇集了周边21个区、市、县和川、鄂、陕、湘、黔等地产中药材，中药材经营商多达1500余家，市场从业人员5600余人，商品交易总额达到9亿元，是三峡地区最大的中药材批发市场。

（四）中坝市场

中坝，素有“九省通衙”之称，位于涪江上游，在清末及民国时期与当时彰明县所属的太平、三合（老街部分）两场合称中坝三场，形成江油、彰明两县经济贸易中心，其中以药材贸易为其支柱。在历史上，中坝既是川北名贵药材市场，也是陕西、甘肃、宁夏、青海一带土特产药材和本地特产药材附子的集散地，随着南北买卖药材的人日渐增多，中坝遂形成了四川省内的一个重要药材市场。

中坝药材市场聚散的品种，一般约在200种，如黄芪、当归、大黄、党参、附子等，成交量每年可达1000万斤，其中附子占1/2左右，但其市价常受重庆市场和大宗品种的影响和冲击，极不稳定。

中坝药业，在清末时较为兴旺，在民国11—12年（1922—1923年）达到极盛。当时中坝水陆交通非常发达，码头往常停有几百号船只等待启运，故当时有“装不完的中坝，塞不满的重庆”之说法，可见其繁盛。在清末民初时，由松潘、懋功、甘肃一带运到中坝的药材很多，每天川流不息，每天都有货到中坝，例如麻黄、黄芪、当归、羌活、赤芍、大黄等，数量庞大。清光绪年间，中坝就有超过20家药店，民国初年则约有30余家。

民国时期，中坝以北门外“灵官楼”为中心的药材市场交易极为兴旺，尤以年前后一段时间为极盛时期，主要药材的年上市量达到历年最高水平。在各种药材交易中，附子交易最为热闹。民国初年，江、彰两县在中坝小西街设立江彰附称局，俗称“附片市”，各派局士人，管理附子市场，附片市集中在正殿、前山门、后山门三处进行交易，泥附子日上市量旺市可达万市斤左右。据民国《彰明县志》记载：“附药业合农工商三界计，至少五六万口，称为特产，询非夸言。”可见附片交易十分兴旺，也对促成中坝成为川西北重镇起到了至关重要的作用。抗日战争时期，货币贬值，物价上涨，对外贸易受到阻碍，中坝附药业逐渐萎缩。在中华人民共和国成立前夕，中坝约有行栈、择药铺80余家。

（五）宜宾市场

宜宾居长江上游，金沙江、岷江汇合处，为四川、云南、贵州三省接壤要道，川南重镇。

清光绪年间（1875—1908年），宜宾药材市场在合江门街，仅有“大有”药栈一家。后来，云南、贵州客商运宜的药材逐步增多，市场日趋繁荣，为方便运输将药材市场改迁至栈房街。

运商有洋、广、淮、浙和云贵、西北各省药帮，将药材运至宜宾销售后，复采办山土药材运回当地。宜宾输出的较大成庄的药材，主要有巴豆（每年运至重庆的100万斤）、黄栀子（10万斤）、淮山（10万斤）、陈皮（10万斤）、天麻（10万斤）、粉葛（七八十万斤）、黄姜（500万斤）、白姜（110万斤）、半夏（30万斤）、叙党（六七十万斤）、青皮（四五万斤）、吴萸（3万斤）。此外，云南的云黄连、三七、穿山甲、云苓、云风、归身、猪苓、虫草等及其他中小品种，均在此集散。

（六）都江堰市场

都江堰地处川西平原，是四川历史上较大的药材市场。凡甘肃、青海及松理汶茂等地所产的大黄、贝母、羌活、木香、虫草、麝香、鹿茸、甲皮、甘松、鹿角等大宗药材，无不汇集于此，然后转运成渝各地销售。

清末民初，都江堰药业非常繁盛。大帮成批药材用骡马运，小帮零星药材用人力背挑，集中在都江堰的药材就此分散。都江堰药材市场的形成，主要由于山货药材主要靠骡马载运，到都江堰（旧称灌县）后多用木船水道运出，或人力运出。山区人民，尤其是藏族同胞的生活日用品多以药材交换，在都江堰出售后再运回所需的粮食、布匹、食盐、茶叶等，其中以茶叶为大宗。山区到都江堰的药材多为粗货，在都江堰必须按各地习惯用药的规格要求经过一次整理，分为不同规格，然后包装起运。如：贝母中正松贝（闭口），主销广州，再运至新加坡；冲松贝（开口），主销上海；油子，销湖南；黄子，销其他大城市；贝心贝瓣销四川附近各县。药材集中于此，外商多在此进货。买方（又称水客）多在都江堰进山货。卖方（又称山客）将药材运至都江堰为止，可见由于买卖双方的需要，都江堰成为药材成交地。到都江堰采购药材的有赵镇帮、成都帮、嘉定帮、叙府帮，此外还有陕帮、江西帮、河南帮（三帮均归重庆帮内）等，以重庆帮为大。

都江堰药材市场的交易活动，主要是在城关、石羊和太平三处进行的。这三大市场，以城关市场影响最大。民国初年，城关市场设有英、德洋行，收购药材及羊毛等土特产品。该场药材的吞吐与集散，主要靠3个行业进行，即卖帮（山客帮）、买帮（水客帮）及行栈。行栈最多时有20多家、其中较大的有四五家。择药铺只两三家。从清同治年间（1862—1874年）至民国37年（1948年）计成立药栈48家。

（七）雅安市场

雅安位于四川西部，为四川省内历史上重要药材集散地之一。它曾是康属（今雅安市）土产药材输出，及由重庆等地运销上述各地洋广药材输入的转运枢纽与必经之地。其药材来源有以下几路：一是康属地区所产鹿茸、麝香、虫草、贝母、大黄、秦艽、本香、藏红花、藏青果等，经西门汇集雅安，康定以外即关外的鹿茸、麝香、贝母、虫草，则先集中康定经整理包装，然后运至雅安再转运出去。二是宁属地区主产防风、黄芩、破故纸、紫草、穿山甲、茯苓、菖蒲、山楂等，由西昌经荥经运入南门集中。三是雅属地区主产黄连、木香、独活、羌活、三棱、木贼、厚朴、蝉花、佛手、瓜蒌、黄草、当归、牛膝、天麻等，由各地人力运至雅安。

民国初年，雅安药材交易无专门行栈，交易活动在旅店内或附近茶馆里进行。后丁绍岚在明德街开设茶旅店，从此，药材交易才有一个固定地点。天全牛膝还流行“放山”，即买（卖）预货。买预货的人叫“板仓客”。等到牛膝收获时，板仓客派人到产地监收，再运至天全出售。板仓客从中剥削，药农的利益不能保证。

在雅安采购药材的，主要有渝帮、省帮、嘉定帮，以及当地药材批发商等。从清末到民初共成立择药铺27家。民国25年（1936年）有药材商号中福全、同顺昌、长记等8家。至民国37年（1948年），雅安药材经营者计有长记、恒泰益、福生全、同顺昌、天兴江、康宁等。

雅安大宗药材如大黄、木香、羌活等，输出主要靠水路运抵重庆，运至成都者主要靠陆运。这些药材除销往省内部分外，多数经重庆转销往国内各地，也有少数运销至国外，如大黄销往日本、德国等。而雅安所需药材，多由雅安运药至重庆出售后，再从重庆购回。除此种直接采购外，还有以代购、代售形式进行买卖交易的。

雅安市场以民国初年（1912年）至民国12年（1923年）为最兴旺时期，当时牛膝，仅天全一地上市的年达10万斤以上，宝兴药材，西昌的防风、茯苓每日交易量也很大。

中华人民共和国成立后，中药材经营主要由国营商业机构统购统销。1950年至1951年，雅安的中药材由国营贸易公司经营，1952 年移交供销社，各县设立中药材经理部。1962 年移交医药公司，1976 年移交中药材公司。1978 年以后，计划经济体制逐步向市场经济体制转变。到 1985 年以后，全地区大多数药材交易放开，民间市场可自由购销。

由于中药材资源丰富，雅安有大量中药材由政府调供出口。20 世纪 50 年代，主要有干羊胆、天麻等调供出口。在甘孜州，康定、九龙等地购进大黄 141.2 吨、黄芪 12.6 吨和秦艽 0.3 吨，在洪雅收购黄连 0.2 吨调供出口。1989 年，地区土产粮油食品进出口公司通过四川省医药保健品进出口公司从日本引进 TJB－02 号药材（又称日本柴胡），在汉源试种 20 亩即获成功。1991 年即达 2900 亩，收获的药材由地区土粮公司全部收购调供出口日本。1990—1995 年共调供 02 号药材 235.2 吨，调供总值 2309 万元。其中 1993 年每吨调供价达 12.3 万元。后因绵阳、眉山、德阳等地开辟新基地，雅安地区此项业务即告结束。

第四节　药品进出口

自古以来，中国与东南亚等国家和地区在药物经营上就有交流，起到贸易和互通有无的作用。一方面将国外的药物输入国内，一方面将中药材和中成药输出国外。

清光绪二十一年（1895 年），重庆中药材市场不仅把集中于此的外来药物输送至川内各县，还大量地从川内各地吸收药材等土特产品输送国内外。

中华人民共和国成立后，国产药品得到迅速发展，部分药品出口到国外和地区。

1972 年，万县制药厂（今长征制药厂）生产的鱼石脂出口罗马尼亚、保加利亚、阿尔及利亚、苏联、越南和非洲国家。1981 年，成都制药四厂生产的双硫酸卡那霉素开始出口丹麦、联邦德国、加拿大等国家，1981 年的出口量为 949 公斤，1983 年上升到 3000 公斤。四川乐山制药厂从尿素中合成咖啡因并部分用于出口，1979—1983 年共出口 78 吨。1982 年，成都制药二厂生产的扑热息痛开始以每年 20 吨出口到墨西哥、马来西亚等国。成都制药化学厂生产的天然甜味剂“甜菊糖”投入生产并大量出口。

1986 年，成都荷花池市场的中药材交易已相当活跃，年成交额 2000 多万元，除销往海峡两岸暨香港、澳门各市场外，还远销日本、东南亚等国家和地区。同年 10 月 7—12 日，全国化学试剂进口订货工作在四川省峨眉县进行，重点安排科研急需的化学试剂进口，座谈交流化学试剂市场信息，提出进一步搞好化学试剂进口工作的意见。

1990 年，四川医药供应出口由 1985 年的 1 亿元上升到 2 亿元，年均增长 11.46%。2 月，四川省卫生厅同意四川省医药公司委托四川省外贸进口公司代办经由上海口岸进口敌胺片、泛影葡胺和钠盐混合溶液、都可喜三种药品。同年，四川医药出口 2.01 亿元，较 1985 年增长 90.9%，1986—1990 年平均年递增 11.346%。1992 年，医药工商企业外贸出口额达 4 亿多元。

1993 年 2 月，四川省卫生厅根据卫生部《关于下达 1993 年精神药品进出口计划的通知》，明确：四川省医药保健品进出口公司计划出口咖啡因 40 吨、眠尔通 5 吨，重庆市医药保健品进出口公司计划出口咖啡因 200 吨、眠尔通 30 吨、安定 20 吨，重庆市嘉陵企业公司计划出口咖啡因 60 吨、眠尔通 20 吨、安定 2 吨，中国医药对外贸易公司西南分公司计划出口咖啡因 20 吨、眠尔通 30 吨。同月，根据卫生部《关于停止用进口原料药生产麦迪霉素肠溶片的通知》及《关于停止用进口原料药生产麦迪霉素肠溶片的通知的补充通知》，四川省对已取得卫生部试生产麦迪霉素片批准文号的成都制药二厂、重庆制药七厂，要求停止生产麦迪霉素片，并吊销此二厂的试字号批准文号，但此二厂可以申请生产麦迪霉素胃溶制剂，申请程序和要求按有关规定办理，并在 1993 年 6 月底办完申报手续。同年 10 月，重庆对外贸易进出口公司为扩大出口、多创外汇，根据卫生部《关于办理精神药品进出口准许证程序的通知》文件精神，向四川省卫生厅报请 1994 年精神药物的出口计划。同月，省卫生厅药政处批复成都医药保健品 1994 年出口 25 吨无水咖啡因计划。同年 12 月，四川省卫生厅同意四川省内江制药厂将该厂生产的丁维葡萄糖 10000 件出口转内销。同月，四川省卫生厅上报卫生部《关于 1994 年精神药品出口计划》。

1994 年 3 月，四川省卫生厅根据卫生部《关于下达 1994 年精神药品进出口计划的通知》及《关于追加 1994 年度精神药品出口计划的通知》，要求四川省长江企业公司等 8 家经营公司按计划执行。

1994 年四川精神药品出口计划一览表

表 2－2

单位	品种	数量	出口地区
四川省长江企业公司	咖啡因	200 吨	美国、欧洲
成都市医药保健品进出口公司	咖啡因	25 吨	欧洲、美国
重庆对外贸易进出口公司	咖啡因	30 吨	—
	甲丙氨脂(眠尔通)	10 吨	
	安定	2 吨	
中国医药对外贸易公司西南分公司	咖啡因	50 吨	美国、欧洲
重庆嘉陵企业公司	咖啡因	60 吨(后追加 150 吨)	美国、欧洲
	眠尔通	10 吨(后追加 20 吨)	欧洲
重庆益发制药有限公司	咖啡因	50 吨	—
四川省医药保健品进出口公司	咖啡因	后追加 30 吨	—
重庆医药保健品进出口公司	咖啡因	后追加 150 吨	—
	眠尔通	后追加 50 吨	
	安定	后追加 20 万盒	

1995 年 3 月，四川省卫生厅根据卫生部《关于下达 1995 年精神药品进出口计划的通知》及追加 1995 年（下半年）精神药品出口计划，通知四川省医药保健品进出口公司等 10 家经营公司按计划执行。

1995 年四川省精神药品进出口计划一览表

表 2－3

名　称	咖啡因(吨)	苯巴比妥(吨)	安定针(万盒)	眠尔通(吨)
四川省医药保健品进出口公司	150	—	—	—
成都市医药保健品进出口公司	50	—	—	—
重庆市医药保健品进出口公司	400	20	50	80
四川省化工进出口公司	50	—	—	—
重庆对外贸易进出口公司	50	2	—	20
重庆嘉陵企业公司	250	—	—	10
中国医药对外贸易西南分公司	80	—	—	40
四川省长江企业公司	260	—	—	—
中国出口商品基地建设四川公司	80	—	—	—
四川省宜宾地区对外经济贸易公司	40	—	—	—

1996 年，医药外贸出口交货值完成 7.35 亿元，比 1995 年下降 15%。在出口产品结构上，90% 为原料药品。在医保商品出口大幅滑坡情况下，中成药和中药酒外销市场较活跃，四川省为中药产品开拓国际市场，有 15 家中药生产企业的 54 个中药产品获得国家中医药管理局颁发的“出口中药产品质量注册证书”。

1997 年 2 月，四川省卫生厅根据卫生部《关于下达 1997 年精神药品进出口计划的通知》，通知四川省医药保健品进出口公司等 10 家经营公司按计划执行。

1997 年四川省精神药品进出口计划一览表

表 2－4

	咖啡因(吨)	苯巴比妥(吨)	安定针(万盒)	安定(吨)	眠尔通(吨)
四川省医药保健品进出口公司	30	—	—	—	—
成都市医药保健品进出口公司	30	—	—	—	—
中国出口商品基地建设四川分公司	50	—	—	—	—
四川省宜宾地区对外经济贸易公司	50	10	—	5	40
四川省长法企业(集团)股份有限公司	50	—	—	—	—
四川化工进出口公司	30	—	—	—	—
重庆对外贸易进出口公司	30	—	—	2	40
重庆医药保健品进出口公司	150	—	20	—	150
重庆嘉陵企业公司	50	—	—	40	—
重庆益发制药有限公司	250	—	—	—	—

2001年，受美国“9·11”事件和全球经济增长放缓的影响，全省医药工业完成出口交货值2.81亿元，较2000年同期下降5.41%，仅占销售产值的3.21%。其中，化学药品工业完成出口交货值2.22亿元，同比下降13.04%；中药工业完成出口交货值4424万元，同比增长124.29%。长征药厂未通过美国食品药品监督管理局（FDA）验收，产品出口美国受阻，是四川省化学药出口下降的主要原因。同年，四川完成出口交货值2.13亿元，比上年下降1.78%。40户重点跟踪医药企业出口情况好于全省医药工业企业。重点跟踪企业出口交货值占全省出口交货值的79.75%。面对加入WTO① 的挑战，加强对重点跟踪企业的引导，使其做大做强，努力增强开拓国际市场的竞争能力。

2005年，全省药品出口交货值8.33亿元，较“九五”末增长151.66%，年均增长30.33%。其中，中成药出口交货值2.47亿元，较“九五”末增长14倍，年均增长2.8倍；化学原料药出口交货值5.16亿元，较“九五”末增长71.43%，年均增长14.29%。成都医药产品出口额同比增长30.94%，尤其是中药出口排全国同级市第3位，占全国中药出口的9.4%。

① WTO，即世界贸易组织。

第三章　药品监督管理

第一节　法律法规及宣传

民国时期，国民政府对戒烟做过一系列规定，但由于政治腐败，官商匪勾结，戒烟几成一时之掩人耳目之宣传，并无实质性效果，人民深受烟毒危害。

中华人民共和国成立前，药品的管理法规及办法尚不完善，假药、劣药泛滥，政府无力控制。中华人民共和国成立后，全省开始对药品的生产、销售和使用实行严格管理，制定了相关的法规和管理办法。

1950 年 2 月 24 日，政务院发布《严禁鸦片烟毒的通令》（以下简称《通令》），四川省按《通令》规定，开始对危害人民健康的药品，特别是对鸦片烟毒采取果断措施，严格禁止种植、贩运和吸食，同时对医疗正常使用的麻醉药品按 1950 年 11 月中央人民政府政务院颁布的《管理麻醉药品暂行条例》进行严格管理。

1957 年，四川省人民委员会省卫生厅、省工商行政管理局在成都、泸州两市调查发现，有少数无业游民擅自制造或贩卖伪劣药品，非法提价牟取暴利，严重损害群众健康甚至引起死亡事故。同年 12 月 25 日，四川省人民委员会发布《关于加强对药业摊贩的整顿管理的几项规定》，指出：应对现有药业摊贩进行清理整顿，经审查合格的发给营业执照，凡无证售药者应一律予以取缔。同时还要求各地以市场管理委员会为主，在有关部门密切配合下，加强对药业摊贩的管理教育工作。同年，四川省卫生厅根据中央卫生部颁发的《综合性医院药房工作制度》精神，结合四川具体情况，印发《关于药房工作制度说明》，对药房的任务、医疗器械的管理以及毒、麻、限剧药品的统计等作了补充规定。

1958 年，四川兴办药厂 300 多个，由于原材料、设备和技术等条件较差，产品质量出现一些问题。1959 年 10 月 21 日，省卫生厅、省化工厅、省商业厅联合发出《关于加强药品质量管理的指示》，要求制药单位在生产过程中必须严格保证产品质量；未经批准的不得擅自生产医疗药品，严格产品检验，不合格产品不准出厂等。

1961 年，中央对国民经济提出“调整、巩固、充实、提高”的方针，四川医药企业经过整顿，调整了产品的品种和数量。此时，市面上部分游医乘机进行不法活动，贩售假药的现象又不断发生。为加强管理，省卫生厅于 1962 年 5 月 1 日发出《关于加强对药业摊贩管理的通知》，要求各地卫生行政部门除对贩售假药进行检查取缔外，并会同商业、市管、公安等有关部门，按照 1957 年省人民委员会公布的《关于加强对药业摊贩的整顿管理的几项规定》，对本地区药业摊贩活动情况进行一次全面检查。成都市卫生局于同年7月2日检查梁家巷、烟袋巷等处集市，发现有非法贩卖冒充北京、西安等地药厂厂牌包装、改头换面伪造的山道年片、麻黄素片等，牟取暴利，于是发布《关于加强对药业摊贩管理的通知》。重庆市卫生局发现有出售剧毒药雪上一枝蒿等致人死的情况，随之重庆、简阳、绵阳、广元等地相继发出相关通知、规定以及暂行细则。

1973年，四川省卫生局转发国务院《关于严禁种罂粟和贩卖、吸食鸦片等毒品的通知》，要求各地一律不准种植罂粟，发动和依靠群众同制造、贩卖、偷运烟毒和私种罂粟、吸食鸦片的违法行为作斗争，发现吸毒场所，必须立即取缔。

1978年，中共十一届三中全会后，各行各业开始走向健康发展的轨道。药政管理工作恢复正常，全省在麻、毒、限剧药品管理、药品生产、经营和加强药业摊贩管理等方面，制定一系列规定。当年7月30日，国务院批转卫生部《关于颁发〈药政管理条例（试行）〉的报告》，《药政管理条例（试行）》规定了中西药品生产单位必须具备的条件。

随着医药科研的进展，新药不断涌现，为加强对新药的管理，根据《药政管理条例（试行）》有关规定，1979年2月20日，卫生部、国家医药管理总局颁布《新药管理办法（试行）》。1980年，四川省卫生局、四川医药管理局根据卫生部、国家医药管理总局下达的《新药管理办法（试行）》，结合四川实际情况，制定《四川省新药管理办法实施细则（试行）》（以下简称《实施细则（试行）》）。《实施细则（试行）》对加强新药管理的目的、管理的范围、新药研制、临床试用和保密等作了详细规定。

1979年5月15日，四川省卫生局为贯彻1978年国务院颁发的《麻醉药品管理条例》和1979年卫生部《麻醉药品管理条例细则》精神，制定了《关于贯彻麻醉药品管理条例及细则的意见》，规定："凡符合规定条件需要使用麻醉药品的医疗单位，可填写麻醉药品购用印鉴卡"，"如果使用麻醉药品单位因机构名称更改或单位负责人及主管麻醉药品药师（药剂）有变动，要及时向麻醉药品供应点办理更换印鉴手续"，凡是"使用麻醉药品单位因医疗卫生事业发展，工作量增大，原审批的麻醉药品限量级别不能适应正常需要时，可提出理由按审批程序办理个别品种一次性超限量购买手续或调整限量级别"，并规定，"使用麻醉药品单位不得以任何理由转让麻醉药品"，"公社卫生院及专业防治机构如妇幼保健站（所）、血防站（所）等使用麻醉药品要从技术条件和实际需要出发，品种和数量均应适当控制"。同年6月8日，国务院同意卫生部、国家医药管理总局、国家计委、国家经委等8个部委《关于在全国开展整顿药厂工作的报告》，提出：凡不符合《药政管理条例（试行）》规定要求的药厂，应予关闭。

在加强麻醉药品管理的同时，为适应医疗卫生工作需要，防止流弊，省卫生局、省医药管理局、省商业局、省供销社根据卫生部制定的《医疗用毒药、限制性剧药管理规定》，结合四川具体情况，于1979年8月13日发出《关于贯彻〈医疗用毒药、限制性剧药管理规定〉的意见》，要求各生产和医疗单位，在生产、配制毒药、限制性剧药的包装应按规定要有明显标记，未经批准的单位不得擅自经营中西毒限剧药。同时还对毒限剧药的收购、加工炮制、保管、处方等作了明确规定。

1979年12月4日，根据卫生部颁发的《药政管理条例（试行）》，四川省卫生局、四川省医药管理局协同有关单位联合制定《四川省药政管理条例实施细则》，规定"凡中西药品生产单位定点、定品种均应统筹规划，合理布局"，"凡新建或开办制药企业均应按审批程序由工商行政管理局发给

‘制药企业凭证’方得筹建或生产药品”。同时要求制药厂必须坚持留样观察，并对留样考查的范围做出规定，并对药品质量、效期、包装等提出具体要求。同时，省卫生局发出《关于加强对中药饮片炮制质量管理的通知》（以下简称《通知》），要求各级卫生行政部门认真加强对中药饮片加工炮制质量管理，凡不符合《四川省中药饮片炮制规范》要求的饮片，应停止供应和使用。各地接到《通知》后，虽引起一定重视，但限于中药材紧缺品种较多，中药加工后继乏人乏术的情况比较严重，以致《通知》要求未能全部落实。与此同时，“文化大革命”时期医药生产混乱状况一时难于消除，有的药厂不顾医疗需要，片面追求产值、利润，不按计划和质量要求进行生产，造成医疗常用和急需的药品数量不足，品种不全；有的药厂不具备生产药品的基本条件，无法保证药品质量，甚至偷工减料、粗制滥造，造成人力物力财力浪费。

1980 年 1 月 17 日，省医药管理局、省卫生局、省畜牧局、省工商行政管理局贯彻国务院批转的《关于在全国开展整顿药厂工作的报告》，提出贯彻执行意见。同年 4 月 24 日，省卫生局、省医药管理局、省工商行政管理局根据同年 2 月 12 日卫生部颁布的《贯彻执行〈国务院批转卫生部等单位关于在全国开展整顿药厂工作的报告〉的实施细则》，下达《关于开展整顿药品品种工作的意见》（以下简称《意见》），研究和布置整顿药厂工作。《意见》要求：各地区以卫生局为主，会同有关部门对本地区药厂生产的药品、认真进行一次清理登记；凡未经批准生产的药品应停止生产、收购、销售和使用；各地整顿药厂工作在试点基础上普遍展开，整顿工作告一段落后，即按《四川省整顿药厂验收标准》要求，组织验收，凡“经审查合格核准后，由企业持登记表向所在市、县工商行政管理局办理登记，颁发营业执照”。

1981 年 5 月 22 日，国务院颁布《关于加强医药管理的决定》，进一步推动全国整顿药厂工作。同年 7 月 28 日，四川省人民政府召开 62 次常务办公会，会后制定《关于贯彻执行国务院“关于加强医药管理的决定”的意见》（以下简称《意见》），提出整顿药厂、完善医药管理体制、加强中药工作、加强农村医药购销工作、加强医药经营管理、加强各级政府对医药事业的领导。《意见》要求医药企事业单位实行统一管理、统一计划、统一规划、统一核算，全省现有药厂除纳入省统一核算的外，经整顿验收符合条件的，一律上收由省医药管理局统一管理。

1982 年 2 月 20 日，为改变过去厂名混乱给药政管理工作带来困难的情况，省医药管理局、省卫生厅、省工商行政管理局联合下达《关于对药厂厂名整顿的通知》（以下简称《通知》）。《通知》指出：除医药工业系统、军队系统和三州所办药厂原厂名不动外，其余医药公司系统、中药材公司系统和商业系统所办的药厂，厂名前均应一律冠以“四川”二字或“四川省”三字。

同年，根据国务院批准颁发的《药政管理条例（试行）》和国务院批转卫生部等单位《关于加强药政管理禁止制售伪劣药品的报告》，以及《四川省城乡集市贸易管理实施细则》等法规、规则，省卫生厅、省公安厅、省工商行政管理局、省医药管理局、省商业厅、省供销社结合全省实际情况，制定《关于加强药业摊贩管理的规定》（以下简称《规定》），并经省人民政府批准。《规定》指出：凡药品摊贩应经有关部门审核批准始准营业，只能经营一般中西成药，按照国家规定的医药零售价出售，不得为群众进行医疗诊断，更不准用封建迷信、曲艺、杂耍、魔术等方式欺骗群众，夸大疗效，抬高药价，牟取暴利。

在制定上述三类涉及卫生防疫、医政及药政法规、规定的同时，四川对医学科研、教育和妇幼卫生也制定了相应的法规、细则及实施办法。

1984年4月13日，中国医药公司组织编写的《医药商品质量管理规范（试行）》由国家医药管理局发文在全国医药商业范围内试行。国家第一套GSP的发布实施，引起医药商业企业的广泛重视，许多企业将GSP逐步纳入企业发展的轨道，使之成为企业经营管理的重要组成部分。

同年9月20日，中华人民共和国第六届全国人民代表大会常务委员会第七次会议通过并颁布《中华人民共和国药品管理法》（以下简称《药品管理法》），从1985年7月1日起实施。《药品管理法》的颁布和实施，为广大人民群众用药的安全有效提供了法律保证，也是改革药品管理的重要步骤，标志着药品监督管理工作进入法制化的新阶段。同年11月3日，国家医药管理局制定《关于贯彻〈中华人民共和国药品管理法〉的有关规定》（以下简称《贯彻规定》）。《药品管理法》规定了许可证制度、药品批准和抽验制度、药品标签和广告管理办法、药品监督员制度以及法律责任，使药品经济活动在法律的保护和制约下健康高速的发展。《药品管理法》的行政执法主体是卫生行政部门，各市（州）卫生局下属的市药检所负责全市药品的技术监督，县级以上卫生行政部门行驶药品监督职权。各市（州）医药总公司行使医药行业主管部门作用，主要职责：一是整顿和规范医药行业，加大医药质量管理；二是制定医药行业发展规划和医药发展年度计划；三是对各市（州）主要国营医药生产、经营企业的干部人事，劳动工资进行管理。《药品管理法》及《贯彻规定》颁布之后，四川省医药管理局及各市（州）医药管理局根据规定对药品生产、经营企业进行分期分批检查，对符合规定的发给“药品生产企业合格证”“药品经营企业合格证”。持有合格证的才能向卫生行政管理部门申请“药品生产企业许可证”“药品经营企业许可证”。

1985年，省医药管理局会同省卫生厅等部门开展学习、宣传、贯彻《药品管理法》的活动，积极发动群众，利用电视、广播、报纸、展览、竞赛、文艺演出、专业培训等多种形式大力普及宣传《药品管理法》，为贯彻实施《药品管理法》做好准备工作。同年6月5日，在成都召开四川省贯彻《药品管理法》工作会议，集中研究了加强医药立法，增强法治观念有关工作，明确了各单位、各部门在贯彻《药品管理法》中的任务与职责分工，安排发放三证报批程序与审批的有关具体工作。各市（州）卫生局及各县（区）卫生局在医政科（股）设立了专门的药政人员。药品监督员、检查员依照法律法规和省、市有关部门的部署，依法对药品研制、生产、使用进行监管。

1987年，国务院先后颁布《麻醉药品管理办法》《药品管理法实施办法》等5个法规。此外，卫生部还依据《药品管理法》的规定，制定并颁布《新药审批办法》等29个配套规章。

1988年3月17日，卫生部颁布《药品生产质量管理规范（GMP）》，到1992年12月28日，以卫生部令第27号作了第一次修订。

1989年1月7日，国务院批准实施《中华人民共和国药品管理法实施办法》（以下简称《药品管理法实施办法》），规定药品生产、经营企业每隔5年须进行换证。同年，省医药管理局、省卫生厅联合发出《关于认真贯彻〈药品管理法实施办法〉的通知》，要求药品生产、经营企业必须按《药品管理法》的规定和程序重新提出申请。为加强对放射性药品的管理，1月13日，国务院颁布《放射性药品管理办法》。同年，卫生部会同有关部门先后制定《放射性药品生产、经营企（事）业单位检查验收细则》《放射性药品使用许可证申请领取办法》《关于加强放射免疫分析药盒审批权管理的通知》《关于加强放射性药品进出口管理的通知》等规定，这些法规的颁布与实施对加强药品管理、保护人民用药安全有效起到了重要作用。1990年5月，卫生部确定四川省四物合剂等95个品种作为第四批中成药部颁标准品种。四川卫生厅安排四川省药检所、成都市药检所、重庆市药检所分别承担这95个品种的标准起草任务，由省药检所统一上报药典委员会，并于1991年审定后颁布执行。

1991年，国家颁布实施的《假劣药处理办法》《违反药品管理法处罚办法》《违反药品管理法查处程序》等到一系列法规，使药品监督管理更法制化、规范化、科学化。同年，国家颁布《新药审批管理办法若干问题补充规定（二）》《新药化研究技术要求》《新药药理研究技术要求》《新药毒理研究技术要求》《新药抗肿瘤药理研究技术要求》《新药临床研究指导原则》等规范文件，起草制定《新诊断试剂审批办法》《生物医学材料厂管理规定》，加强临床药理基地的工作的综合管理。

1992年12月，国务院《中药品种保护条例》及卫生部《关于贯彻执行国务院〈中药品种保护条例〉做好中药品种保护工作的通知》下达。按《中药品种保护条例》要求，为鼓励科研和生产单位开发新药，改进生产工艺提高质量，四川省采取一系列措施，包括：要求各单位申请保护的中药品种应符合《中药品种保护条例》的要求；对省内已批准的中药保健药品或因提高质量改进工艺以及经省卫生厅认定需要保护的中药品种进行行政性保护，其处方或工艺不予公开，也不再批准其他药厂生产；获得保护的中药品种，有关单位要完善质量标准，提高质量，省卫生厅对其实行特殊管理，其抽验计划由省卫生厅下达。

1993年2月，根据《药品管理法》《药品管理法实施办法》规定，卫生部对1988年版《药品生产质量管理规范》进行修订，并下发《关于执行〈药品生产质量管理规范〉（1992年修订）的通知》（以下简称《通知》)。《通知》指出：从1993年起开始实施《药品生产质量管理规范》认证工作；自1993年3月1日起，凡新建、改建和扩建的药品生产企业（车间），必须按照1992年版的《药品生产质量管理规范》的要求进行设计、建筑、安装、调试，经省级卫生行政部门验收合格后，报卫生部申请认证。

1994年，为严格执行《药品管理法》，整顿规范医药生产流通领域，加大执法力度，强化对药品的管理，严厉查处制售假劣药品的违法犯罪行为，国务院发出《关于进一步加强药品管理工作工作的紧急通知》。同年11月，四川省卫生厅通知：各地要会同有关部门研究制定本地贯彻落实的具体措施；各级卫生行政部门要把查处假劣药品工作列为“打假”工作的重点；严格依法做好药品生产、经营企业和医疗单位制剂室换发许可证工作；对已取得许可证的药品生产、经营企业和医疗单位制剂室要加强监督。

1995年4月，国家技术监督局批准中国药品认证委员会①实施《中国药品认证委员会章程》《药品认证管理办法》和《中国药品认证标志图案及说明》，要求中国药品认证委员会按文件规定，完善中国药品认证委员会的组织机构，充实人员，积极稳妥、高标准、严要求地开展药品GMP认证工作，逐步树立认证标志的信誉，为药品生产企业和规范药品市场服务。同年5月，按卫生部通知要求，四川省卫生厅发出《关于开展〈药品管理法〉实施十周年纪念活动的通知》，于1995年6月、7月、8月，在各地集中开展多种形式的《药品管理法》宣传活动，严厉打击假劣药品的违法行为，并宣传报道依法行政、秉公执法、无私奉献的药品监督管理的先进集体和先进个人的先进事迹。同年9月，卫生部下发《关于新开办药品生产经营企业审批问题的通知》，对新开办药品生产经营企业的审批工作做出系列规定。

① 中国药品认证委员会由国家技术监督局授权卫生部负责牵头组建，是代表国家实施药品GMP认证的机构。

1996年5月，四川省卫生厅及各级卫生行政部门认真执行《药品管理法》，根据药品生产、经营情况组织药品监督员对辖区内的药品生产、经营企业和医疗机构进行检查，依法整顿和规范药品生产经营秩序。同年10月，四川省按国家计委《关于发布〈药品价格管理暂行办法〉的通知》要求，下发通知规定：生化药品价格由国内贸易部会同国家计委管理，其中人工牛黄、胰岛素、细胞色素C三个品种价格由国内贸易部会同国家计委制定，四川省制定的品种及价格，由四川省贸易厅同省物价局管理。同年12月6日，为加强血液制品管理，预防和控制经血液途径传播的疾病，保证血液制品的质量，根据《药品管理法》和《传染病防治法》，国务院第52次常务会议通过并发布《血液制品管理条例》，自发布之日起施行。国务院卫生行政部门对全国的原料血浆的采集、供应和血液制品的生产、经营活动实施监督管理。县级以上地方各级人民政府卫生行政部门对本行政区域内的原料血浆的采集、供应和血液制品的生产、经营活动，依照《血液制品管理条例》规定职责实施监督管理。

国家药品监督管理局自1998年8月19日成立以来就药品GMP的修订工作，先后召开多次座谈会，听取各方面的意见，特别是药品GMP的实施主体——药品生产企业的意见，并组织有关专家开展修订工作。1999年4月21日，国家药品监督管理局颁布实施《药品GMP认证管理办法》《药品GMP认证工作程序》，并指出：在省级药品监督管理局正式组建之前，由省级医药政管理部门共同行使所述职能。同年6月18日，《药品生产质量管理规范》（1998年修订）以国家药品监督管理局第9号令发布，并于1999年8月1日起施行。

1999年3月，为适应药品审批管理机制改革的需要，国家药品监督管理局决定：自1999年3月19日起，新药及补充申请资料、仿制药品申报资料改由国家药品监督管理局药品注册司负责收审；涉及新药、仿制药品技术审评过程中的补充资料仍由国家药品监督管理局药品审评中心负责收审；领取有关证书、批件，持相关证明到药品注册司办理。同年4月，国家药品监督管理局第2号令、第4号令颁布《新药审批办法》《新药保护和技术转让的规定》，并于1999年5月1日起正式实施。随后，国家药品监督管理局发出《关于实施〈新药审批办法〉〈新药保护和技术转让的规定〉有关事宜的通知》，对有关新药申报受理问题、有关新药审评衔接工作事宜、关于新药保护期问题、关于新药的批准文号问题、关于新药试行质量标准的转正问题等，分别做了具体规定和要求。同年4月10日，国家药品监督管理局第3号令颁发新修订的《新生物制品审批办法》，并于1999年4月22日起正式实施。四川省执行新修订的《新生物制品审批办法》，要求新生物制品申报临床研究前，将申报资料上报四川省卫生厅，同时提交申请资料审查及试制现场核查的请示；试制现场考察时，研制单位应提供原始资料供查。同年4月，国家药品监督管理局第6号令颁布新修订的《进口药品管理办法》，自1999年5月1日开始执行。随后，国家药品监督管理局发出《关于实施〈进口药品管理办法〉有关问题的通知》，并提出九项具体决定。同年9月1日，国家药品监督管理局颁布《药品临床试验管理规范（GCP）》。《药品临床试验管理规范（GCP）》指出，药品临床试验是药品在人体进行的安全性与疗效的评价，药品临床试验管理规范是临床试验全过程（包括方案设计、组织、实施、监察、稽查、记录、分析总结和报告）的标准规定。为保证药品临床试验结果科学可靠，保护受试者合法权益，药品临床试验应遵循GCP的原则，这是药品临床试验过程规范的重要保证。同年12月5日，国家药品监督管理局、卫生部印发《关于贯彻实施〈药品临床试验管理规范〉的通知》，规定：一、二类新药按GCP进行临床试验，其他各类新药也应遵循GCP的原则开展临床试验，逐步达到 GCP 的要求。国家药品临床研究基地要遵循 GCP 的原则及要求，完善组织机构，制定标准操作规程，建立良好的管理机制和运行机制，确保临床试验的质量。同年 10 月 14 日，国家药品监督管理局发布《药品非临床研究质量管理规范（试行)》（GLP)。2003 年 8 月 6 日，国家食品药品监督管理局发布《药物临床试验质量管理规范》《药物非临床研究质量管理规范》，均自 2003 年 9 月 1 日起施行。

2000 年 4 月 30 日，国家药品监督管理局发布《药品经营质量管理规范》，自 2000 年 7 月 1 日起施行。同年 11 月，国家药品监督管理局公布实施《药品经营质量管理规范实施细则》。

2001 年 2 月 28 日，新修订的《中华人民共和国药品管理法》颁布，并自 2001 年 12 月 1 日起施行。按新修订的《中华人民共和国药品管理法》规定，截至 2002 年 12 月 1 日，中国已完成全部上市药品国家标准制定工作，取消了地方标准，从而实现了《药品管理法》所规定的药品必须符合国家药品标准的目标，确保了药品的有效性和安全性。《中华人民共和国药品管理法》《医疗器械监督管理条例》等法律法规、行政规章，是加强药品监督的法律基础。加强药事法规的宣传、贯彻，是依法加强药品监督管理的需要，也是保护消费者和管理相对人正当权益的内在要求。

2002 年，四川省药品监督管理局组织编写了《四川省中药饮片炮制规范》，制定并下发了《四川省甘草麻黄草专营和许可证管理办法实施意见（试行)》，进一步规范了全省“两草”专营工作，召开了新闻通气会。同年 4 月 17 日，国家药品监督管理局发布《中药材生产质量管理规范（试行)》，自 2002 年 6 月 1 日起施行。同年 10 月，国家药品监督管理局《药品注册管理办法》颁布，自 2002 年 12 月 1 日起施行。同年 12 月 11 日，国家药品监督管理局发布《药品生产监督管理办法（试行)》，自 2003 年 2 月 1 日起施行。药品生产监督管理是指药品监督管理部门依法对药品生产条件和生产过程进行审查、许可、认证、检查的监督管理活动。《药品生产监督管理办法（试行)》适用范围，包括开办药品生产企业的申请与审批、药品生产许可证管理、药品委托生产管理及监督检查管理等。

2003 年 2 月，四川省卫生厅制定了《四川省乡村医生基本药物目录》。2004 年 9 月，为完善四川省新型农村合作医疗试点，按《国务院办公厅转发卫生部等部门关于进一步做好新型农村合作医疗试点工作指导意见的通知》要求，四川省卫生厅与四川省中医药管理局在征求各地及专家意见的基础上，制定了《四川省新型农村合作医疗基本用药目录（试行)》，以上两个目录的实施，规范了农村医疗机构的用药行为。同年 3 月 15 日，四川省保护消费者权益大型宣传日活动在成都体育中心举行，四川省人民政府、成都市人民政府各部门在现场摆摊设点，接受消费者的咨询投诉，上百万消费者冒雨参加了“3・15”消费者宣传日活动。四川省药品监督管理局在现场分发近万份有关药品、医疗器械的法律法规宣传资料。当天，省药品监督管理局共接受消费者的投诉、咨询 30 多起。

2004 年 5 月 28 日，国家食品药品监督管理局公布《药品生产监督管理办法》，并自公布之日起施行。国家药品监督管理局于 2002 年 12 月 11 日发布的《药品生产监督管理办法（试行)》同时废止。

2005 年 3 月 15 日，省食药监局和省工商局、质监局等 12 个省级职能部门，在成都市体育中心举行“3・15”大型宣传咨询活动，设立了咨询投诉点，现场接受消费者的咨询投诉。省食药监局局长苏海红等出席了开幕仪式，并现场解答消费者的咨询。省食药监局向消费者散发食品、药品安全宣传资料 3000 份，接受咨询投诉 150 多件。同年 3 月 22 日，为加强对医疗机构制剂配制的监督管理，国家食品药品监督管理局公布《医疗机构制剂配制监督管理办法（试行）》，自2005年6月1日起施行。医疗机构制剂配制监督管理是指（食品）药品监督管理部门依法对医疗机构制剂配制条件和配制过程等进行审查、许可、检查的监督管理活动。四川省食药监局负责本辖区医疗机构设立制剂室的许可、“医疗机构制剂许可证”的管理、“医院”类别医疗机构中药制剂委托配制的管理、医疗机构执行《医疗机构制剂配制质量管理规范》的情况、“医疗机构制剂许可证”换发的现场检查以及日常的监督检查等工作。同年5月1日，新修订的《药品注册管理办法》颁布实施。

2005年，全省为规范行政许可行为，推进政务公开，根据2004年7月颁布实施的《中华人民共和国行政许可法》及有关规定，以及《中华人民共和国药品管理法》《中华人民共和国食品卫生法》《中华人民共和国招投标法》《中华人民共和国药品管理法实施条例》《医疗器械监督管理条例》《反兴奋剂条例》《麻醉药品和精神药品管理条例》《易制毒化学品管理条例》《放射性药品管理办法》《医疗用毒性药品管理办法》《互联网信息服务管理办法》等法律、行政法规的设定，共实施药品生产质量管理规范（GMP）认证、药品经营质量管理规范（GSP）认证等45项行政许可。根据《国务院对确需保留的行政审批项目设定行政许可的决定》的设定，四川省食药监局共实施互联网药品交易服务企业审批、执业药师注册、药用辅料注册、保健食品广告审查4项行政许可。根据《保健食品注册管理办法（试行）》第五条第二款规定，四川省食品药品监督管理部门受国家食品药品监督管理局委托，实施保健食品注册初审行政许可。根据《医疗器械经营企业许可证管理办法》第九条、《医疗机构制剂注册管理办法（试行）》第十六条规定，四川省食药监局委托设区的市级食品药品监督管理局实施第二、三类医疗器械经营企业许可证初审、医疗机构配制制剂初审2项行政许可。

第二节　药品注册与药品标准

一、药品注册

药品注册，是指国家食品药品监督管理局根据药品注册申请人的申请，依照法定程序，对拟上市销售药品的安全性、有效性、质量可控性等进行审查，并决定是否同意其申请的审批过程。药品注册申请包括新药申请、仿制药申请、进口药品申请及其补充申请和再注册申请。

1991年，全省加强对已上市的诊断试剂进行整顿，依据国家制定的《新诊断试剂管理办法》，逐步实行新诊断试剂登记注册和核发生产批准文号制度。

1995年11月，根据卫生部《关于发布中止有关中药同品种药品批准文号的通报（第一号）》及《关于撤销有关同品种生产批准文号的通知》，四川结合实际，要求各药品生产企业应高度重视中药品种保护工作，掌握国家对中药品种的保护情况。各企业在6个月内需申请同品种质量考核；卫生部中止涉及四川省的有3个批准文号，分别为：四川天府药业有限公司生产的“安神补脑液”、四川渔人制药有限公司生产的“安神补脑液”、四川天府药业有限公司生产的“牛黄醒脑丸”。

1997年3月，根据卫生部《关于撤销第四批中成药品种批准文号的通知》规定，为避免造成某些品种在生产、经营、检验等环节出现问题，四川省对中成药品种有关问题作出要求。按卫生部有关规定，对现行国家药品标准中收载的中药成方制剂，其批准文号均应加统一编码。各有关药品生产企业按有关要求，做好现生产品种的清理整顿，对已收入《中华人民共和国药典》（1995年版）

一部及卫生药品标准（中药成方制剂）1—11 册的品种，凡未按要求换发批准文号的，及时向四川省卫生厅申请换发批准文号。凡未收入国家药品标准的地方标准品种，逐步撤销。同年 6 月，卫生部发出《关于颁发〈仿制药品审批办法〉的通知》，四川省结合本省实际作出规定：要求申请仿制药品的企业，应先向四川省卫生厅提出申请，经征求省药品生产经营主管部门意见后，四川省卫生厅组织人员考核申请企业的生产现场，决定是否正式受理仿制药品申请；经四川省卫生厅初审同意仿制药品的企业，四川省卫生厅通知省药检所派员抽样检验，并出具检验报告书，经四川省卫生厅审核后上报；申请生产《中华人民共和国药典》《卫生部药品标准》收载的药用辅料（淀粉、糊精、空心胶囊等）、医用卫生敷料（如脱脂棉、纱布等）、医用氧等，应由申请生产的企业向四川省卫生厅提出申请，并附企业自检报告，试制样品三批经省药检所检验，并出具检验报告书，由四川省卫生厅审批；为促进四川省医药工业的健康、协调发展，提高制药工业水平，药品生产企业要加快 GMP 改造和认证工作的步伐，申请仿制药品的企业除具有相适应的生产条件外，必须具备规定的洁净设施，以及 GMP 规定的软件资料。

1999 年 5 月，国家药品监督管理局发布实施修订后的《仿制药品审批办法》及《关于实施〈仿制药品审批办法〉有关事宜的通知》，四川省要求各地有关企业认真执行。凡 1999 年 5 月 1 日后申报仿制药品的，按新发布的《仿制药品审批办法》办理；对 1999 年 5 月 1 日前各省药品监督管理部门受理的仿制药品，可按原审批管理规定和技术要求审评；对仿制药品申请增加规格的，按仿制药品申报；各级药品监督管理部门须在 1999 年 5 月 5 日前将 1999 年 5 月 1 日前受理但尚未报国家药品监督管理局审批的仿制药品名称、剂型、规格、申报单位、受理时间、送省药品检验所检验时间等列表上报国家药品监督管理局药品注册司。

1999—2002 年，全省药监系统坚持从源头监管，初步形成了新的药品注册运行机制，初审转报 506 件新药申请，获国家药品监管局批准新药临床 126 个，新药生产（证书）127 个；初审转报中药保护品种 83 个，获准国家中药保护品种 79 个；转报拟仿、仿制申请 171 件；通过中药保健药品整顿，有 52 个品种上升为国家标准并获得药品批准文号；96 个中成药地方标准上升为国家药品标准，500 余个化学药品标准上升为国家药品标准，并分别获得 83 个、446 个药品批准文号。在换发药品批准文号工作中，初审转报近 8000 个品种，获得国家药品监管局核发新的药品批准文号 6427 个。

2002 年，四川省药监系统对防治非典型性肺炎的新药、医疗器械采取提前介入、特事特办的原则，开通快速初审通道，使 3 个防治非典型性肺炎新药申报在 3 天内完成初审转报国家药品监督管理局，审批注册防治非典型性肺炎医疗器械产品 32 个。同年 10 月，国家药品监督管理局《药品注册管理办法》颁布，自 2002 年 12 月 1 日起施行。《药品注册管理办法》对药物研制和临床研究、申请药物临床研究、药品生产或者进口，以及进行相关的药品注册检验、监督管理等作出规定。

2004 年，四川省药品批准文号总数 7400 个，有药品批准文号的品种数为 2000 个左右，其中中药 900 个、国家中药保护品种 122 个、中药独家品种 200 个左右、化学药及生物制品 1100 个，省内独家生产品种 80 余个。1720 个品种为多家生产品种，其中 5 家以上企业同时生产的品种有 186 个，占药品批准文号 3000 余个。全省有地奥心血康胶囊、洁尔阴洗液、黄芪注射液等 10 余个品种销售上亿元。

同年，四川省申报中药新药 198 个品种规格次，居全国第 1 位；化药新药 314 个品种规格次，居全国第 6 位。仿制中药 353 个品种规格次，居全国第 4 位。仿制化药 464 个品种规格次，居全国第 6

位。申报受理总量为1497件，次于江苏、广东、山东、浙江，居全国第5位。四川省初审上报新药286个，收到临床批件205个，生产批件67个；上报已有国家标准药品注册申请254个，批准250个；完成注册补充申请初审并上报国家食品药品监督管理局780个，办理药品补充申请批件140个。注册检验现场抽样76个企业152人次，农村基层抽样334人次，国家评价性抽样及专项抽样222人次，省重点抽样和监督抽样462人次，生物制品批签发现场抽样50人次，参加国家及省GMP检查24人次53个企业、GSP检查15人次70个企业，专项检查12人次11个企业。

2005年5月1日，新修订的《药品注册管理办法》正式颁布实施，四川省药品注册申请的受理工作首次下放到四川省食药监局。新的《药品注册管理办法》赋予省食药监局对药品注册申报资料形式审查、研制的原始记录审查和药品研制的现场核查职能。为更好履行职能，全省统一组织协调，在部分市（州）食品药品监督管理局进行了药品注册申请抽样和样品试制现场核查的试点工作。从5月1日起，正式开展药品注册申请受理工作。

2004年以前，各市（州）卫生行政部门可以审批医疗机构制剂，至2004年底全省有6000多个制剂批准文号。2005年3月22日国家食品药品监督管理局第20号令颁布《医疗机构制剂注册管理办法（试行）》后，四川省食药监局制定了《四川省医疗机构制剂注册管理办法的实施意见》，开始清理医疗机构制剂批准文号。同年8月1日起，四川省医疗机构制剂注册审批工作正式在全省范围内开展。

2005年，省食药监局完成药品注册检验现场抽样276人次；药品农村基层抽验、国家评价性抽样及专项抽样、省重点抽样和监督抽样共计1468人次；生物制品批签发现场抽样32人次，现场核查1人次；承担全省药包材、医疗器械监督检查抽样200人次；参加国家及省GMP检查5人次30个企业、GSP检查10人次25个企业；派1人参加了世界卫生组织（WHO）国家疫苗监管能力评估组对四川省食药监局的疫苗监管能力和成都生物制品研究所的疫苗生产管理情况的检查评估。

同年，全省上报新药和已有国家标准药品1327件，其中新药775个，仿制药552个；完成药品注册补充申请初审和办理药品补充申请批件774件，收到新药生产批件177件，已有国家药品标准药品批件320件，中药品种保护批件14件。全省药品生产企业累计获准新药生产（证书）235个，获准中药保护品种76个。1999—2005年，全省报批注册的新药有371个。

二、药品标准

国家药品标准是保证药品质量的国家法定技术依据，是药品生产、销售、使用和监督管理的重要技术保障。中国对药品实行三级标准：国家标准，即《中华人民共和国药典》（以下简称《中国药典》）；部颁标准，即中华人民共和国卫生部颁布的药品标准和较后由国家药品监督管理局审批的部分药品标准；地方标准，即各省（自治区、直辖市）卫生厅制定的药品标准。

第一部《中华人民共和国药典》1953年版由卫生部编印发行。此后，《中华人民共和国药典》1963年版、1977年版、1985年版、1990年版、1995年版、2000年版和2005年版陆续出版。

1985年7月1日，《中华人民共和国药品管理法》正式执行，该法规定“药品必须符合国家药品标准或者省、自治区、直辖市药品标准”，明确“国务院卫生行政部门颁布的《中华人民共和国药典》和药品标准为国家药品标准”。同年11月12日，卫生部颁布《中华人民共和国药典》1985年版，自1986年4月1日起正式执行。

为了更好地继承和发展中药事业，不断提高中成药生产质量，以确保人民用药安全有效，卫生部自 1986 年开始，对全国各省（自治区、直辖市）生产的几千个品种的中药成方制剂进行了全面整顿，经过医学和药学审查，对其中符合卫生部部级标准的品种，逐一进行整理、修订，分期分批地收入《中华人民共和国卫生部药品标准》中药成方制剂，并颁布执行。

1987 年，根据《中华人民共和国药品管理法》和卫生部颁布的《地区性民间习用药材管理法（试行）》的规定，四川省卫生厅制定和编印《四川省中药材标准》。

1989 年 5 月，卫生部下发《关于颁布第一批“乙肝扶正胶囊”等一百七十种中成药“卫生部药品标准”的通知》（以下简称《通知》）。同年 7 月，四川省卫生厅转发的卫生部《通知》，规定第一批中成药部标准，从 1991 年 1 月 1 日起正式执行。《通知》颁布 170 种中成药部颁标准，解决了 253 个混乱品种的问题。

1990 年 12 月，卫生部下发《关于颁布第二批中成药中华人民共和国卫生部药品标准的通知》（以下简称《通知》）。1991 年 1 月，四川省卫生厅转发《通知》，规定第二批中成药部标准，从 1991 年 8 月 1 日起正式执行。

1991 年 4 月 14 日，四川省卫生厅制发《关于制定〈四川省中药材标准〉（增补本）的通知》，决定对四川省有收购经营历史、使用面较宽、又尚未被告收放药品标准的药材品种进行清理、复核，并在此基础上编定《四川省中药材标准》（增补本），作为对四川省习用中药材质量监督检验的法定依据。同年 4 月 27 日，四川省卫生厅制发《关于执行〈中华人民共和国药典〉1990 年版的通知》，规定：1990 年版药典自 1991 年 7 月 1 日起正式执行。同年 6 月 4 日，四川省卫生厅对省内药厂生产又尚未收入部颁标准的中成药品种进行清理整顿，认为参附注射液等 48 个品种符合上部颁标准的要求，建议卫生部将这些品种收入部颁中药标准。同年 6 月 6 日，《国家技术监督局标准化司复中药行业标准归口管理范围的函》下达，规定：中医药管理局申报的行业标准归口管理范围中的中药材、中药饮片、中成药及中药保健品由国务院卫生主管部门负责归口管理；中药机械及设备、中药包装机包装材料、中成药中间体、辅料、中医专用医疗器械由国家医药管理局归口管理，如需制定有关总要行业标准项目，与卫生部或国家医药管理局商定。同年 7 月 10 日，四川省卫生厅发出《关于执行修订的〈药品卫生检验方法〉的通知》，规定各药品生产、经营、使用和药检单位要按照由中国药品生物制品检定所组织有关单位修订的《药品卫生检验方法》的规定执行。1991 年 7 月，卫生部印发《关于颁布第三批中成药部颁标准的通知》，自 1992 年 2 月 1 日起正式执行。

为解决中药材品种混乱的问题，1992 年 2 月 15 日，卫生部发出《关于颁布第一批中药材〈中华人民共和国卫生部药品标准〉的通知》，颁布第一批 101 个中药材质量标准，于 1992 年 5 月 1 日起执行。

1993 年 2 月，四川省卫生厅印发《关于执行第六批中成药部颁标准的通知》，第六批中成药部颁标准自 1993 年 7 月 1 日起正式执行。同年 11 月，四川省卫生厅印发《关于执行第七批中成药部颁标准的通知》，第七批中成药部颁标准自 1994 年 5 月 1 日起正式执行。同年 12 月，四川省卫生厅印发《关于执行第八批中成药部颁标准等问题的通知》，第八批中成药部颁标准自 1994 年 7 月 1 日起正式执行。同年，为加强对药品标准的管理，有利于药品监督检验与生产、经营和使用，四川省卫生厅决定编写《四川省药品标准》（中药成方制剂）1993 年版。此书收载范围：凡现行版药典和卫生部药品标准（1—8 册）未收载的，本省各药厂获得四川省卫生厅批准文号的中药成方制剂品种，

《四川省药品标准》（西药部分）1992年版收载的品种除外。同年，根据国务院《关于禁止犀牛角和虎骨贸易的通知》和卫生部《关于停止生产含犀角、虎骨成分中成药制剂的通知》《关于对原处方含有犀牛角和虎骨的中成药改变成分和更改名称等有关问题的通知》要求，四川省决定对第1—8册中凡含犀角、虎骨的成药部颁标准一律停止执行；严禁生产、销售含犀牛角和虎骨的中成药；取消犀角粉、虎骨胶等单方制剂；处方中含有犀牛角和虎骨的中成药，犀牛角以水牛角（1∶10）或水牛角浓缩粉（1∶2）代替；在人工虎骨尚未研制成功前，内服药中的虎骨暂以等量豹骨代替，非内服药中的虎骨则将虎骨去掉，不用代品；原处方中因含有犀牛角或虎骨，名称中有犀角（或犀）和虎骨（或虎）字样的中成药，去掉犀角和虎骨成分后，统一更改名称。同年，卫生部印发《关于药品质量标准发送事宜的通知》（以下简称《通知》）。四川执行《通知》要求，明确：四川省卫生厅委托省药检所负责向各市（地、州）卫生局索取和向省内各药检所发送已批准的新药标准和省外地方药品标准；各地将省外已批准的新药和地方药品标准的品种纳入抽验计划后，各药检所如因检验工作而需要质量标准的，可同省药检所联系，也可责成经营单位向供货方索取；对于不提供质量标准而无法检验的，四川省卫生厅将禁止该品种在全省销售和使用；省药检所向各地发送的新药质量标准，仅供监督检验工作之用，不能作为药品生产企业移植生产的依据；凡生产仿制药品（指国内已批准的新药过了保护期后其他药厂对该品种的仿制）按卫生部有关规定办理。

1994年1月，根据对各地生产地方标准收载的中成药品种医学审查的结果，卫生部下发《关于淘汰第二批128个中成药品名单的通知》（以下简称《通知》），规定：所涉及的品种应停止生产，批准文号撤销；已生产出厂的合格药品，允许销售、使用至1994年底。根据《通知》要求，四川省中成药淘汰品种有：镇惊丸、九粒止咳丸、健脾除湿丸、保童止嗽丸呀、五积丸、跌打五花丸、碎米柴片、金龟莲片、松柏散、调胃承气片。其中，碎米柴片、调胃承气片、松柏散已经是四川省卫生厅撤销过的品种。为贯彻执行《药品管理法》，加强药品质量监督，促进四川省医药生产发展，四川省卫生厅编订《四川省药品标准》1992年版，从1994年8月1日起正式执行。新修订的《四川省药品标准》规定：四川省卫生厅1992年12月31日前审批的地方药品标准，凡已收入新修订的《四川省药品标准》的化学药品、抗生素、生化药品原料及制剂，均按本标准执行，原标准同时作废；对长期未生产、质量标准不完善、原处方与新修订的《四川省药品标准》收载的品种处方基本一致或与国家有关规定不符等原因的混悬硫酸钡等15个品种予以撤销。同年12月，四川省卫生厅印发《关于执行第九批中成药部颁标准的通知》，第九批中成药部颁标准自1995年7月1日起正式执行。

1995年9月，卫生部药政局要求四川省负责起草27个第11次部颁标准的品种，并组织各生产企业和四川省药检所做好部颁标准的研究起草工作。在第十一次医学审查品种中，四川省有5个品种通过审查，分别是：三号蛇胆川贝散、镇咳合剂、清热镇惊片、益母草片、大山楂片。同年12月，卫生部印发《关于中成药国家药品标准问题的通知》（以下简称《通知》）。四川省执行《通知》要求，并补充规定：各地药检所和有关药厂要负责卫生部药典会下达的部颁标准起草任务；鉴于1996年以后，治疗性中成药不能收入国家药品标准的品种，卫生部将予以撤销，各有关药厂抓紧对所生产的中成药品种进行标准的清理；凡国家已颁布的中药品种质量标准，原地方药品标准同时废止，各有关药厂必须及时申请换发新的药品批准文号。

1996年1月，四川省卫生厅执行1995年11月卫生部印发的《关于执行〈中华人民共和国药典〉1995年版有关事宜的通知》（以下简称《通知》），要求：各药品生产单位要对照《中华人民共和国药典》1995年版对所生产的产品进行自查，并做好1996年4月1日正式执行药典的准备；药品生产企业在申请生产药品时，应报送详细生产工艺路线资料，生产厂房、设施、质检条件等必须与所生产的品种相适应。生产西药原料药还必须提供是否有药典规定外的杂质说明资料，各药检所对此应严格审核；生产《中华人民共和国药典》1995年版品种的标签及说明书应符合卫生部《通知》规定；现已生产的品种，如属《中华人民共和国药典》1995年版一部所收载，生产单位应在1996年4月1日前提出换发药品批准文号的申请。同年4月，四川省卫生厅印发《关于执行第十批中成药部颁标准的通知》，第十批中成药部颁标准自1996年9月10日起正式执行。同年12月，四川省卫生厅印发《关于执行第十一批中成药部颁标准的通知》，第十一批中成药部颁标准自1997年5月1日起正式执行。

1997年5月，卫生部印发《关于发布〈^{60}Co辐照中药灭菌剂量标准〉（内部试行）的通知》（以下简称《通知》）。四川执行《通知》要求，并指出：^{60}Co辐照灭菌仅是中药灭菌的辅助手段，《^{60}Co辐照中药灭菌剂量标准》规定了适用的品种范围和剂量，各药厂在药品生产中，应按GMP要求改善生产的硬件条件，建立健全各项规章制度，使整个生产过程处于严格的受控状态，尽量减少使用辐照灭菌；对可采用^{60}Co辐照灭菌的中药品种，要严格按照规定的剂量标准执行，各剂型不得超过规定的最大吸收剂量；对于明确规定了不得辐照灭菌的品种严禁辐照。

截至1998年，卫生部已颁布《卫生部药品标准》二部第一、二、三、四、五、六册（颁布日期分别为1992年、1993年、1994年、1995年、1996年、1998年），四川省各地按规定日期执行，原药品标准同时废止。自1986年开始，卫生部全面展开了中成药品种整顿工作，重点解决了品种混乱、名不符实、组方不合理、临床疗效不确切以及提高标准问题；撤销了一批组方不合理、不具临床疗效、药品名称不一的标准；已颁布《卫生部药品标准中药成方制剂》1—20册及藏药标准第一册，要求对1995年版中国药典及部颁标准收载的中药成方制剂，一律执行国家药品标准，所涉及的地方标准中同名异方、同方异名的地方标准同时废止；对《中华人民共和国药典》1995年版一部及部颁标准收载的中药成方制剂，要求各地要重新审批，登记注册换发新的批准文号。

为加强药品标准化管理，形成以国家标准为主体的药品标准体系，按《中华人民共和国药品管理法》的有关规定，卫生部对地方标准药品开展了系统的再评价工作，并先后对中成药、西药地方标准品种升部标工作做了安排部署。到1998年，历时12年的中成药、西药地方标准整顿工作已基本结束；西药地方标准品种再评价工作加速进行。为进一步贯彻国务院办公厅《关于继续整顿和规范药品生产经营秩序加强药品管理工作的通知》要求，四川省于1998年11月就加强药品标准管理工作下发通知，四川省卫生厅再次要求各有关药品生产企业执行各册部颁标准（中药成方制剂）要求，对现生产的中成药品种进行一次认真清理，对已收入《中华人民共和国药典》1995年版一部及部颁标准（中药成方制剂）1—20册、藏药标准第一册的品种，凡未按要求换发新的批准文号者应尽快换发新的批准文号；为保证国家药品标准的统一性和严肃性，任何单位均不得擅自更改国家药品标准规定的内容和项目；为切实保证药品质量，防止低水平重复生产，根据《仿制药品审批办法》有关规定及四川省制药企业实施GMP的实际现状，决定对尚未GMP达标或认证的企业，不予以受理仿制注射剂型品种；对地标升入部标的注射剂型品种换发新批准文号时只限定原批准的规格；对于新收入药典或部颁标准的品种，其质量标准较之原地方标准有提高，而企业暂无必需的质检设备者，企业应限期完善质检条件，否则四川省卫生厅不予重新注册或换发新批准文号。四川省卫生厅要求各地药政药检部门在1998年内，对辖区内的药品生产企业生产品种执行标准情况，进行一次清理和检查，切实加强监督管理，确保依法生产药品。

1999年6月，根据卫生部《关于落实加速西药地方标准品种再评价工作的通知》的要求，四川省卫生厅组织医学、医学专家对29个申报企业的50个品种进行了评审，将西药地方标准上部标准品种初审表上报国家药典委员会，此外，还将已通过医学审查的第二批、第三批的14个品种一并补报。

2001年2月16日，国家药品监督管理局发布《关于强化中成药国家标准管理工作的通知》，就解决中成药地方标准的基本原则、方法和要求作了具体规定，并规定从2003年1月1日起，地方药品标准品种不得在市场上流通。同年2月28日，全国人大常委会审议通过，并于2001年12月1日实施的《中华人民共和国药品管理法》规定："药品必须符合国家标准"，明确取消了地方药品标准。同年3月25日，国家药品监督管理局印发《关于妥善处理地方标准品种问题的通知》，要求：已纳入国家药品标准管理的原地方药品标准品种，有关药品生产企业应按国家药品监督管理局颁布的国家药品标准及换发的药品批准文号组织生产，按地方药品标准生产的药品可流通和使用至2003年12月31日；未纳入国家药品标准管理的地方药品标准品种应立即停止生产、销售和使用，继续生产、销售和使用的，按《药品管理法》的有关规定处理；各省（自治区、直辖市）药品监督管理局应对辖区内地方药品标准品种的生产、销售、使用情况进行清查，并要求相关企业按有关文件精神妥善处理好地方药品标准品种问题。同年11月30日，国家药品监督管理局发布《关于有关地方药品标准执行问题的公告》，指出：根据《国务院办公厅关于施行〈药品管理法〉有关药品标准延期执行问题的复函》意见，从2001年12月1日起至2002年11月30日，国家药品监督管理局应当对《药品管理法》修订前各省、自治区、直辖市药品监督管理部门按照当时实行的地方药品标准批准生产的药品品种，逐个进行审查。经审查，对符合《药品管理法》有关规定的，纳入国家药品标准，可以继续生产；对不符合规定的，立即停止该品种的生产并撤销其批准文号。

2003年8月14日，国家食品药品监督管理局药品注册司印发《关于重申地方药品标准和地方药品批准文号有关问题的函》，对地方药品标准和地方药品批准文号、按照地方标准生产药品的使用期限、地方药品批准文号的使用期限进行了说明。

2005年8月29日，国家药典委员会主办的《国家药品标准管理办法》征求意见座谈会在成都召开。

第三节　药品生产包装与经营监管

一、药品生产监管

药品生产质量监督管理制度是国家对药品生产企业监督检查的重要手段。特别是1998年国家药品监督管理局成立后，实施GMP（药品生产质量管理规范）认证工作要按药品监督管理体制组织实施，将GMP实施、监督检查作为药品监督管理工作的重要手段，更利于医药生产企业专业化分工和重组。

从1980年开始，由省经济委员会牵头，省医药管理局、省卫生局等部门抽调人员，负责对全省的药厂和药品展开清理与整顿工作，包括以质量为中心的管理整顿、以改善厂房设施为主的条件整顿，以调整技术力量为主的组织整顿和以清理老、旧品种为内容的品种整顿四个方面。经过大约两年的整顿工作，对全省药厂、兼产药品单位及药品加工点基本整顿验收完毕。对全省 381 家制药企业单位中，根本不具备医药生产条件的 184 家单位，自动关闭和安排关停并转。通过药厂整顿，各地乱办药厂的情况基本控制下来，生产条件改善，产品质量和企业管理水平都得到显著提高。

在 1990 年以前，四川有 8 种中西药品评定为全省优质产品，此外，注射葡萄糖、甲哌力复霉素获得了国家银质奖章，各药厂生产的绝大多数药品已能执行国家卫生标准规定，新投产的药品有 17 种，满足了医疗需要。其间，还增加了 15 种药品提供外贸出口，西药及中成药都提前和超额完成生产任务。

1994 年，为加强新药的初审和保健类药品的审批工作管理，进一步提高审评水平和工作效率，四川省成立第一届四川省药品审评委员会。四川省卫生厅发布《关于新药保健类药品报批工作若干问题的通知》，保障新药的研制、管理和医药生产的发展。

1995 年 9 月，卫生部发布《关于新开办药品生产经营企业审批问题的通知》（以下简称《通知》）。依据《通知》精神，四川省对省内新开办药品企业提出以下要求：凡新开办的药品生产企业，必须具有生产新药或者是国家重点发展的药品品种；新开办的药品生企业，由申办者提出申请，报省级卫生行政部门审核同意后，转报国务院卫生行政部门；经国务院卫生行政部门的药品监督管理机构备案审批后方可立项；新开办的药品生产企业，必须按照药品 GMP 要求进行设计、施工和安装，由企业申请药品 GMP 认证；药品 GMP 认证合格的，由省级卫生行政部门发给“药品生产企业许可证”；新开办药品生产企业，如涉及企业法人登记等问题，可按国家工商行政管理部门的有关规定办理，其办理结果报省级卫生行政部门备查。同年 10 月，卫生部发布《关于开展药品 GMP 认证工作的通知》，全面实施药品 GMP 认证制度。四川省制定贯彻措施，要求：药品生产企业进行 GMP 认证，对暂时不能达到药品 GMP 认证要求的企业，要督促其制定相应的实施药品 GMP 认证的规划；从 1995 年 10 月 1 日起，经自查凡具备条件的药品生产企业（车间）和药品品种，可直接向卫生部药品认证管理中心申报。

1996 年，国家医药管理局先后印发《药品生产企业开办资格审查办法（试行）》《医药行业实施 GMP、GSP“九五”计划》，四川省依据这两个文件的精神，结合实际，制定了《四川省药品生产企业质检机构等级认证管理办法》，完成了 123 家药品生产企业质检机构的等级认证工作。成都地奥制药公司等 9 个企业获得 A 级证书。同年，为营造良好的药品生产经营秩序，省医药管理局印发《药品经营企业布点管理办法》《药品生产经营企业年检的通知》，遏制了药品批发企业盲目发展势头，规范了药品生产经营行为。

1998 年 1 月，卫生部印发《关于加强药品 GMP 管理工作的通知》，四川省积极贯彻措施，要求各级卫生行政部门要依法加强对药品生产企业的日常监督检查，积极帮助、指导企业实施药品 GMP，做好药品 GMP 认证工作。同年 12 月 22 日，国家药品监督管理局发出《关于药品 GMP 管理工作有关问题的通知》（以下简称《通知》）。1999 年 1 月 18 日，四川省要求各地药品生产企业认真贯彻执行《通知》要求，规定：实施 GMP 工作由国家药品监督管理局统一组织；国家药品监督管理局拟定、修订 GMP 规范，制定实施 GMP 工作规划以及实施 GMP 的有关规定；药品 GMP 认证是对药品生产企业（车间）实施 GMP 情况的检查过程，具体事务性工作由四川省药品监督管理局药品认证管理中心承办；省级药品监督管理部门负责制定本地区实施 GMP 工作计划，指导辖区内药品生产企业实施 GMP 工作，并负责申请药品 GMP 认证企业资料的初审和资料转报及日常监督管理工作；对通过国家药品监督管理局组织的药品 GMP 认证的药品生产企业（车间），由国家药品监督管理局颁发“药品 GMP 证书”；国家药品监督管理局将根据中国制药工业发展状况，制定切实可行的实施 GMP 工作规划；血液制品、粉针剂、大输液、基因工程产品和小容量注射剂等剂型、产品的生产要达到 GMP 要求，并通过 GMP 认证；实施 GMP 工作将与“药品生产企业许可证”换发及年检工作相结合，并分步骤、分品种、分剂型组织实施；在规划规定的期限内，对未取得“药品 GMP 证书”的企业或车间，将取消其相应的生产资格；对于已经通过 GMP 达标验收的企业，和已取得中国药品认证委员会颁发的“药品 GMP 认证证书”的企业按新的标准审核，合格后由国家药品监督管理局颁发“药品 GMP 证书”。

1999—2002 年，通过换发药品生产企业许可证工作，全省药品生产企业由换证前的 444 家减少到 347 家。其中，262 家为药品（原料药、中西药品制剂）生产企业，20 家为新批准开办药品生产企业。实施 GMP 改造和认证后，截至 2002 年底，已有 76 家药品生产企业获得了 GMP 证书。其中 29 家重点药品生产企业年产值占全省医药工业总产值的 60% 以上。

2003 年，四川省医药企业共有 15 个国家和省级企业技术中心。同年 6 月，四川新荷花中药饮片有限公司在全国首家通过中药饮片 GMP 认证现场检查。同年 11 月，雅安三九中药材科技产业化有限公司的鱼腥草在全国首家通过国家 GAP 认证。截至 2003 年 10 月底，全省完成 GMP 改造认证的企业达 189 个。截至 2003 年底，四川省药品生产企业累计获准新药生产（证书）235 个，获准中药保护品种 76 个，仿制药品生产（证书）153 个；全省 140 家药品生产企业通过了 GMP 认证。

通过对全省医药企业 GMP 改造情况的调查，2000 年至 2004 年底，四川省 20 个市（州）（广安除外）已经和正在改造的 GMP 技改项目共有 240 多个，累计投资总额超过 80 亿元，共获得财政贴息拨款 4000 多万元。其中由省经委批准、备案和转报国家下达的 GMP 技改项目累计总投入 50 多亿。2004 年底，大多数项目已竣工投产，全省完成 GMP 改造认证的药品生产企业达 197 个，占生产企业的 80.1%，通过 GMP 认证企业的产值占全省制药工业总产值的 97%，被淘汰的企业产值仅 4 亿多元，占总产值的 3%。2000 年以来，由省经委批准和转报国家下达的医药技术创新项目共有 60 余个，累计投资超过 5 亿元，共获得财政拨款 2000 余万元。

2004 年 3 月下旬，四川省食药监局为加强对 GAP 认证的指导工作，在国家食品药品监督管理局的指导下，在雅安举办 GAP 培训班，培训了 120 名实施 GAP 技术的骨干。省食药监局重点对川产道地中药材实施 GAP 进行指导，积极稳妥地推进实施中药材 GAP，引导企业组织中药材生产，实现部分川产中药材种植规范化、规模化、产业化，巩固和提升川产中药材的地位和品牌；召开实施 GAP 工作座谈会，倡导一批有实力的药品生产企业结合产品加强同药材主产区的联合，建立稳定的川产地道药材 GAP 基地，建立中药材生产质量管理标准体系；组织专家对鱼腥草、麦冬、川芎、白芷、附子、美洲大蠊等 GAP 基地进行了初审，并转报国家食品药品监督管理局。在实施质量管理规范认证的过程中，雅安市取得了全国首批 GAP 认证。其中，雅安三九中药材科技产业化有限公司鱼腥草、麦冬基地，四川省绿色药业科技发展股份有限公司川芎基地，四川银发资源开发股份有限公司白芷基地已通过国家 GAP 认证。

同年6月5日，省重点GMP认证企业CEO[1]峰会在成都举行，省内43家通过GMP认证的重点医药工业企业的负责人，省食药监局相关人员面对面分析四川医药工业存在的突出问题。为加强GMP认证工作，四川省食药监局对全省食品药品监督管理部门实施的行政许可事项进行全面清理，并将全部行政审批事项纳入省政府政务中心服务窗口受理。全年审查办理“药品生产许可证”变更手续144件，审查办理药品委托加工手续171件，对9家新开办的药品生产企业组织了现场检查，发给了“药品生产许可证”。

同年，全省医药企业共有15个国家和省级企业技术中心。同年1—10月，全省药品生产企业核准新药生产（证书）67个，获准新药临床批件205个，仿制药品生产（证书）250个，2004年新产品产值率将达到11%左右，销售额超过1亿元的药品品种可达12个，生物导向药物抗菌多肽等一批新药研发取得重大进展。技术进步推动了四川省医药企业GMP改造的顺利进行和新产品、新工艺、新技术的研发和推广应用，对促进四川省医药产业的结构调整和产品升级发挥了巨大作用。全省对23家GMP认证企业进行跟踪检查。截至同年12月底，全省共有198家企业（含2家中药饮片生产企业）已有剂型通过了认证，占应认证数的78%。

2005年，根据《中华人民共和国药品管理法》《药品管理法实施条例》《药品生产监督管理办法》的有关规定，国家食品药品监督管理局决定2005年在全国范围内统一开展“药品生产许可证”换发工作。按国家部署，省食药监局制定了《四川省〈药品生产许可证〉换证工作实施方案》（以下简称《方案》），于2005年6月全面开展“药品生产许可证”换证工作。《方案》规定：省内凡依法持有“药品生产许可证”且有效期至2005年12月31日的药品生产企业，均应按规定申请换发新版“药品生产许可证”；至2005年12月31日，依法持有“药品生产许可证”有效期尚未期满的药品生产企业，应申请更换新版“药品生产许可证”。自2006年1月1日起，全部启用国家食品药品监督管理局统一印的“药品生产许可证”，旧版“药品生产许可证”同时废止。全省82家药品生产企业新通过GMP认证。白芷、川芎基地通过国家GAP现场检查。据统计，全省有250多户中西原料药及制剂企业、9户中药饮片企业通过了GMP改造认证。全省药品生产企业累计获准新药生产（证书）1069个，获准中药保护品种135个。

二、药品包装监管

1991年5月，国家医药管理局发布《药品包装用材料、容器生产管理办法（试行）》，规定新建生产直接接触药品包装材料、容器企业或车间，须按《〈药品包装用材料、容器生产许可证〉验收通则》的各项要求进行，建成后的企业，向所在地医药管理部门提出申请，经评审合格者，发给“药品包装用材料容器生产企业许可证”。1991年11月，四川省医药管理局制定并试行《四川省药品包装用材料、容器生产企业许可证发放、管理实施细则》。

为规范包装和标签的印制和文字使用，1992年10月，卫生部下发的《关于加强对药品包装和标签管理的通知》规定：中国生产并在国内销售使用的药品，其包装、标签及使用说明收必须使用中文（汉字简化字），包装和标签上也可同时加注汉语拼音或外文，但必须以中文为主体；使用商品名的西药制剂必须在该商品名下方的括号内标明其通用名称。商品名（商标）凡已在中国商标注册部

---

① CEO，即首席执行官。

门注册的，必须在其右上角加注R或注，或者标明“注册商标”字样；凡规定有效期或使用期限的药品，其包装和标签上必须标明该品之有效期或使用期限；申请生产药品的企业，必须报送包装、标签的设计图样和使用说明书，经卫生行政部门审查批准后方可采用，且不得自行更改；凡在中国市场上销售的进口药品，必须附有中文使用说明书。

1993年2月，卫生部《关于加强对药品包装和标签管理工作的通知》（以下简称《通知》）下达后，四川省采取了以下措施：对省内各药品生产企业新批准生产的药品（卫生部批准的新药除外），其包装（含小、中、大及外包装）、标签的设计图样和使用说明书必须按《药品管理法》的规定和卫生部的要求进行审查。审查和批准工作，省卫生厅委托各市（地、州）卫生局负责办理，结果抄四川省卫生厅备案；各地要责成辖区内药品生产企业按《通知》要求，对已批准生产药品的包装、标签及使用说明书作一次清理自查，并将自查认为符合规定的包装、标签及使用说明书报所在市（地、州）卫生局审查；从1994年1月1日起所使用的包装、标签及使用说明书必须符合要求；凡增加药品的商品名应先提出申请，经四川省卫生厅或卫生部批准后方可使用；各地一定要加强对药品包装、标签和使用说明书的审查和监督；对不符合规定的包装、标签及使用说明书要督促企业限期改进；对不改进的企业，要按《药品管理法》有关规定予以处理。

1994年4月，卫生部药政管理局印发《关于重申加强对进口药品包装管理的通知》下达后，四川省按照规定执行，并重申：凡在中国销售的进口药品必须附有中文说明书，否则各口岸药检所不予受理检验，各经营单位不得销售。

1996年4月，国家医药管理局发布《直接接触药品的包装材料、容器质量管理规范》，对生产药用包装材料、容器的企业人员素质、厂房设施、设备、生产管理、质量管理、自检等作出规定。

1997年9月，四川省医药管理局制定并试行《四川省非直接接触包装用材料管理办法》，从1998年1月1日起实施，并开始受理“四川省非直接接触药品包装生产企业许可证”的申请，要求各制药企业从1998年7月1日起不得使用无“四川省非直接接触药品包装生产企业许可证”企业的包装产品。同年11月，四川省塑料厂经申报、验收，获四川省医药管理局颁发的“药品包装用材料、容器生产企业许可证”，获准生产药用聚氯乙烯硬片。12月，按国家医药管理局、四川省医药管理局要求，针对制药企业使用药品包装材料、容器的情况开展全面检查。从检查情况看，各药品生产企业使用的直接接触药品的包装材料、容器均为经过国家注册产品，非直接接触药品的包装均为获“四川省非直接接触药品包装生产企业许可证”企业生产。同年，卫生部药政管理局组织国家药品监督员对部分新药品种包装说明书进行审查。在全国范围内，发现外包装及说明书内容存在严重违反《药品管理法》《药品管理法实施办法》及其监督管理规定的品种135个（其中西药58个品种，中成药77个品种），涉及26个省（自治区、直辖市）的128个药品生产企业。其中，四川省有5个药品生产企业。

1998年3月，按卫生部药政局《关于查处违反规定印制药品外包装、说明书的通知》要求，四川省要求各市（地、州）卫生局要严格对药品生产企业的药品包装、标签和说明书的审查和监督，对印制不符合规定的药品包装、标签和说明书要督促企业限期改正。凡经卫生部批准生产的新药，药品生产企业要严格按照卫生部批准的内容和说明书印制包装、标签和说明书，其包装、标签和说明书需报企业所在地市（地、州）卫生局备案。各药品生产企业要对本单位现有药品包装、标签和说明书进行清理自查。对卫生部药政局此次通报四川省违反规定印制药品外包装、说明书的5个药品生产企业，由当地市（地）卫生局依法查处。

天然橡胶在割胶和加工过程中不可避免地受到细菌、植物枝叶、花粉等的污染，造成其成分复杂，存在异性蛋白等杂质引起注射剂热源、澄明度和不溶性微粒等，给用药安全留下严重隐患的问题，国家因此于1995年作出按时限逐步淘汰普通天然胶塞包装药品的部署。国家相关部门从“八五”时期开始，支持替代产品的研发、技术改造等扶持政策，推动药品淘汰使用普通天然胶塞包装工作。四川省药监局先后于2001年7月1日起淘汰了柱晶白霉素等13种抗生素粉针剂使用普通天然胶塞包装，于2002年1月1日起淘汰了生物制品、血液制品、冷冻干燥注射用抗生素粉针剂使用普通天然胶塞包装。

2002年，四川省初审转报一类药品包装材料品种15个，审批二、三类药品包装材料品种20个。

2003年1月13日，四川省药品包装材料和容器检测中心正式开展工作，主要承担中国西部地区尚未建立药包材检测中心的省（自治区）的药包材检测任务。

2004年，国家食品药品监督管理局印发《关于进一步加强直接接触药品的包装材料和容器监督管理的通知》，规定中国将于2005年1月1日起停止使用普通天然胶塞（不包括口服固体药品包装用胶塞、垫片、垫圈）作为药品（包括医院制剂）的包装。同年，四川省完成药品包装标签备案审查1289件。

2005年，四川省完成药包材注册申请初审12件，办理药包材补充申请7件；完成药品包装标签备案审查2200件。

三、药品经营监管

药品经营保障了药品生产与临床应用渠道的畅通，是药品市场发展的重要环节。中华人民共和国成立以来，国家对药品经营制定了一系列政策和法规，通过药政管理部门和医药经销单位共同监督实施，以保证药品质量和用药安全。

（一）药品经营质量认证与许可

药品经营的质量直接关系到广大人民群众的生命健康和疾病治疗效果。多年来，国家制定了各种监督办法加强对流通药品的质量管理与监督。

2000年4月30日，国家药品监督管理局第20号令颁布《药品经营质量管理规范》（GSP），于2000年7月1日起正式施行。《药品经营质量管理规范》是指在药品流通过程中，针对计划采购、购进验收、储存、销售及售后服务等环节而制定的保证药品符合质量标准的一项管理制度。其核心是通过严格的管理制度来约束企业的行为，对药品经营全过程进行质量控制，保证向用户提供优质的药品。实施GSP改造和认证是医药流通体制改革的重要一步。

1999—2002年，四川省通过换发药品经营许可证和监督实施《药品经营质量管理规范》，加快药品零售连锁化和实施处方药、非处方药分类管理制度进程，进一步规范药品批发、零售企业的经营行为。GSP认证工作按“捆绑式”认证思路，实现了与农村“两网”[①] 建设的成功对接，引导企业之间的加盟和重组。截至2002年底，全省共有药品批发企业817家，比换证前的1503家减少了42%；药品连锁企业由换证前的1家发展到108家，连锁门店6285个，审批零售药店18736家；实

① 农村药品“两网”，即农村药品监管网络和供应网络。

行药品分类管理的药店3202家。2003年底，四川省有416家药品经营企业通过了GSP认证。

2004年，四川省食药监局加强GSP认证。培训了83名专门检查零售企业的GSP认证检查员，GSP认证检查员库的检查员达到了172名，为全面完成GSP认证工作打下了坚实的基础。全省大部分市（州）实现了农村药品“两网”建设与GSP认证工作的成功对接。全省共完成1354家企业的GSP认证，占经营企业的96.9%。其中药品批发企业412家，药品零售连锁企业194家，药品零售企业748家。省医药集团、科伦医贸、西部药业等企业销售额在10亿元左右。连锁配送等药品现代物流形态快速发展。

2005年5月，四川省全面启动实施县以下药品零售企业的GSP认证，与农村药品“两网”建设工作相结合，制定了《县以下药品零售企业药品经营质量管理认证工作方案》，开展县以下药品零售企业认证检查员培训工作，全省共280人参加培训和考试，对考核合格280人进行聘用。省食药监局沟通协调省财政厅、省物价局等部门，落实县以下药品零售企业认证收费许可，为全省开展县以下药品零售企业认证工作奠定基础。同年12月31日前，全面完成县以下2.05万户药品零售企业GSP认证。

四川省为确保认证工作落实，建立和完善企业认证后的日常监督管理体系，实施GSP认证后的跟踪检查。省食药监局印发《关于贯彻执行2005年监督实施GSP工作有关问题的通知》，部署加强认证后的日常监督，防止企业管理回潮，巩固GSP认证成果。省食药监局进一步完善了认证的审查、公示、公告、复查和举报投诉等制度，严格执行认证检查员和审批人责任制，规范认证行为；加强对群众投诉、举报等方面的核查力度，保证GSP认证工作公开、公正、公平。

2005年是“药品经营许可证”换发年，全省在3月底完成“药品经营许可证”换证工作；建立和完善了药品经营企业监督管理电子政务体系，为全省21个市（州）配备了计算机，全部实现了网络审批及处理，准确地对全省药品经营企业情况，实现审批、公示、公告一体化。年底，全省通过GSP认证的药品经营企业1919家，其中，批发企业法人446家，批发分支机构430家，连锁企业203家，零售药店840家。县以下零售企业82家，连锁门店2570家。全省药品批发企业861家、法人企业403家、非法人企业459家、零售连锁企业169家、连锁门店3.11万家、零售门店2249家完成换证。

（二）中药材市场整顿

由于大部分中药材作为农副产品，可在城乡市场进行交易，所以中药材市场药材质量问题较为突出。为保证中医临床用药和中医药事业的健康发展，卫生部于1983年着手中成药品种整顿工作。

1984年9月20日，全国人民代表大会常务委员会审议通过的《药品管理法》规定：城乡集市贸易市场可以出售中药材，国家另有规定的除外；城乡集市贸易市场不得出售中药材以外的药品，持有“药品经营企业许可证”的除外。

1986年起，四川贯彻国务院批转国家医药管理局《关于进一步加强中药工作的报告》，安排好中药市场供应，使市场供应全面好转，同时全面展开中成药品种的整顿，解决了品种混乱、名不符实、处方不合理、临床疗效不确切、标准化管理等问题。

1990年2月，全省各级卫生、工商管理部门组织药政、药检人员和药品监督员、工商管理工作人员对本辖区内的中药材经营、使用部门和中成药厂进行中药材和质量的监督检查，指导本辖区中药厂、中药店改善管理，提高服务质量。据统计（重庆市除外），共查出山药、茯苓、金钱草、沉香、苏木、砂仁、没药假劣药栈2.14万公斤，货值19万元。

20世纪70年代初，四川省大足县自引种栽培柴胡成功后，产量日增，业已形成川东地区柴胡生产基地，被列为全省中药材生产重点县之一，但有个别地区对其品种质量提出疑问，常发生业务纠纷。为此，四川省卫生厅于1971年3月指派省药检所和成都中药材站的专业人员到产地进行调查并先后两次采集有代表性的原植物标本，送至中国科学院成都生物研究所进行鉴定，最后确认为竹叶柴胡，系中国南方传统中药柴胡的主流种类之一，证明该药是《四川省中药材标准》1987年版收载的柴胡品种。

1994年8月，卫生部《关于中成药整顿工作有关问题的通知》（以下简称《通知》）下达后，四川省认定对质量标准的鉴别项目需重新研究的品种有：中国科学院成都生物研究所的万应锭（成都方）；中国科学院重庆生物研究所的凉膈合剂、温经合剂、五苓片、当归拈痛合剂、蜂王肥儿糖浆。《通知》规定，各药厂符合卫生部《关于中药新药保密品种审批事项的补充通知》要求的品种，可列入省内保密品种。卫生部《关于中药新药保密品种审批事项的补充通知》中确定保密价值的特殊品种，包括以下几个方面：新发现的有特殊疗效的中药材，稀有贵细中药材的人工制成品及其制剂；从中药或天然药物中提取的新的有效成分及其制剂；在临床疗效或制备工艺等方面确有独特之处的秘、验方的制剂；根据《中华人民共和国保守国家秘密法》已确定密级的中成药又改变剂型的品种；对治疗疑难病症有突破性苗头或制备工艺在国内外领先的新制剂。

针对制售假劣药品违法犯罪活动严重危害人民群众生命健康、损害国家利益、扰乱经济秩序等现象，1994年9月，国务院印发《关于进一步加强药品管理工作的紧急通知》（以下简称《通知》），要求各级人民政府及有关部门要统一对加强药品管理重要性的认识，采取强有力的措施，认真贯彻执行药品管理的法律、行政法规，强化国家对药品生产、经营的监督管理，加强国家对药品生产、经营的宏观调控，整顿和规范药品生产经营秩序。针对整顿和规范中药材专业市场，《通知》指出，国家禁止设立除中药材专业市场以外的其他药品集贸市场，禁止在中药材专业市场内出售国家规定限制销售的中药材和中成药、中药饮片、化学原料药及其制剂、抗生素、生化药品、放射性药品、血清疫苗、血液制品和诊断药品等。各地区设立中药材专业市场，必须依据国务院药品生产经营行业主管部门的总体规划，选择中药材主要产地或者集散地，并经国务院药品生产经营行业主管部门、卫生行政部门和工商行政管理部门审查批准。地方各级人民政府及其他部门均无权审批开办中药材专业市场。要对现有的中药材专业市场进行整顿，整顿的标准由国务院药品生产经营行业主管部门、卫生行政部门和工商行政管理部门制定。对已设立的不符合标准的中药材专业市场，一律关闭；对擅自设立的中药材专业市场以外的其他药品集贸市场，由当地人民政府依法取缔。对在农产品集贸市场上出售的中药材，卫生行政部门要加强监督。对违反《中华人民共和国药品管理法》在农产品集贸市场上擅自销售国家禁止销售的中药材品种和无证销售除中药材以外其他药品的，由有关部门依照《中华人民共和国药品管理法》的有关规定予以查处。根据《通知》要求，1995年，国家中医药管理局、国家医药管理局、卫生部、国家工商行政管理局《关于印发整顿中药材专业市场标准的通知》下发各地执行。国务院印发《关于进一步加强药品管理工作的紧急通知》发出后，各有关部门和各级政府加大整顿力度，逐步整顿和规范了中药材专业市场的经营行为，批准了17个中药材专业市场，转营、关闭和取缔了90多个以各种名义开办的药材市场和药品集贸市场，中药材市场过多过滥的状况基本得到扭转。

1996年，省医药管理局深入开展整顿和规范中药材专业市场工作，先后对成都荷花池、五块石中药材市场进行现场调查和指导20多次；对内江邱家咀、板栗湾中药材市场现场检查3次；对达州牌楼中药市场、南充川北中药材市场进行现场检查各1次。按国务院联合检查组到四川检查医药市场提出的要求，是年10月，副省长李蒙主持召开由成都、内江、南充、达州四地相关领导参加的四川省加强药品管理工作领导小组办公会议，要求在11月30日前无条件关闭非法药品集贸市场和未经批准的中药材专业市场。成都市政府召开中药材专业市场3500多经营户的动员大会，执行成都荷花池、五块石两市场的合并搬迁任务，并按《中药材市场验收标准》对成都荷花池中药材专业市场、重庆解放路中药材专业市场验收发证。

图2—7　执法工作人员在中药材市场开展监督执法工作

1997年7月30日，四川省卫生厅将四川省医药管理局《关于对成都市五块石站北一、二路违法经营药品的情况反映》的意见报告四川省人民政府办公厅，指出：《药品管理法》明文规定城乡集贸市场不得出售中西药品，经营药品必须领取卫生行政部门核发的“药品经营企业许可证”；国务院于1994年、1996年先后下发了《关于加强药品管理工作的通知》，省政府和省政府办公厅分别转发并提出了贯彻意见。但是，违法开办药品集贸市场，中材村专业市场的势头有增无减，有些地方还实行地方保护主义。四川省医药管理局反映成都五块石站北一、二路非法经营药品情况。为使五块石周围环境得到彻底清理，不论有证或无证经营户均应撤离这一地区。国家规定凡存在的非法药品市场的地方，不受理其所在地药品生产企业药品仿制的申请。

1998年2月18日，全国整顿中药材专业市场总结会在成都召开。同年11月10日，国家药品监督管理局向四川省人民政府发出《关于彻底取缔成都五块石药材集贸市场的函》。

2003年7月底，按照国家四部局关于开展中药材专业市场专项整治工作的要求，四川各相关部门组成联合检查组，对成都荷花池中药材专业市场2000多个摊位进行了“拉网式”检查，详细询查了部分摊点购销中药材的渠道，省药检所对部分中药材进行了抽样检验。除个别摊位发现有中药饮片出售外，未发现出售国家明令禁止的其他品种。

2005年，四川省彻底取缔成都五块石、内江板栗湾等地的8个非法药品集贸市场。

（三）药品广告监管

为了加强对药品（兽药和农药除外）广告的管理，根据《中华人民共和国药品管理法》和《广告管理条例》有关规定，国家工商行政管理局、卫生部制定《药品广告管理办法》，自1992年6月1日起施行。1992年9月，四川省卫生厅、四川省工商行政管理局转发卫生部药政局、国家工商行政管理局《关于加强药品广告监督管理有关问题的通知》，对药品广告的审批、发布和监督管理工作作出具体要求。

1993年9月，国家工商行政管理局、卫生部发布《医疗广告管理办法》，于同年12月1日起施行。同年11月，根据国务院《关于禁止犀牛角和虎骨贸易的通知》和四川省人民政府《关于清理、封存犀牛角、虎骨和含其成分的药品、工艺品等通知》精神，四川省卫生厅决定注销重庆中药厂生产的虎骨麝香止痛膏、四川西昌制药厂生产的大活络丸这两种以犀牛角和虎骨为原料药品的广告宣传批准文号，并要求生产厂家和广告经营单位立即停止刊播。

1994年10月27日，第八届全国人民代表大会常务委员会第十次会议通过《中华人民共和国广告法》(以下简称《广告法》)，自1995年2月1日起施行。《广告法》规定，药品作为特殊商品，其广告未经审查，不得发布。国家还明确规定：国务院卫生行政部门和省级卫生行政部门是药品广告的审查机关；药品广告应严格按卫生行政部门审查委员会批准的内容发布，不得修改超出审定的内容。

1995年6月，为进一步加强药品广告的监督管理，规范药品广告的审查程序，国家工商行政管理局和卫生部根据《广告法》及《药品管理法》，发布了《药品广告审查办法》和《药品广告审查标准》，并从1995年6月1日起施行。卫生部发出通知对药品广告审查工作中的具体问题作出要求。同时，四川省要求各地要严格按法律法规规定申请审批、代理、制作、发布药品广告；从1995年7月1日起，在四川省各媒体发布的药品广告，凡未按《药品广告审查办法》规定取得药品广告审查批准文号的，一律停止发布；各地卫生局和工商行管理局应密切协作，对辖区内的药品广告进行经常性监督检查，发现违反规定的药品广告要依法查处，情节严重的报省卫生厅吊销其药品广告审查批准文号。

1998年3月，为进一步贯彻《广告法》及国家工商行政管理局、卫生部制定的《医疗广告管理办法》，四川省卫生厅、四川省中医局及有关广告经营单位联合召开清理整顿医疗广告工作座谈会议，会议指出要加大对医疗广告的监督管理力度，严厉打击虚假、违法宣传行为，维护正常的医疗秩序，维护医疗广告的真实性、合法性、科学性，保护人民群众的身心健康。省中医管理局、省卫生厅、省工商局印发的《关于进一步加强医疗广告管理的通知》指出：卫生（中医）行政管理部门要加强医疗广告审批程序和出证行为的规范，严格按《医疗广告管理办法》的规定出具证明，把好医疗广告出证关口；为规范出证行为，决定1997年批号的医疗广告（含川医广证字和川中医广证字）不论到期与否，截至1998年4月15日全部作废，不得再作宣传；广告发布者要认真查验证明，核实广告内容，严格按医疗广告出证机关批准的内容发布广告，并将医疗广告证明文号同时发布；对持有复印件刊播广告，或擅自增加篡改内容的，广告发布者一律不得受理；停止在全省范围内宣传性病医疗广告；禁止以信息、报道、专访等形式发布未经批准的变相医疗广告。

1998年6月，为制止不规范的广告宣传，特别是某些药品广告内容在四川省卫生厅审查中未予批准，但仍在各媒体刊播，有的还套用四川省卫生厅发给的广告审查批准文号等行为，四川省卫生厅特函告各新闻单位在发布药品广告时，应认真执行《广告法》及其有关规定，严格按四川省卫生厅审查批准的内容发布，不得擅自修改或超出审定内容发布。卫生行政部门审定的内容应是最终发布的内容。

1999年6月，四川省卫生厅在药品广告审查及监督工作中发现，部分审查批准文号已过期失效的药品广告仍在部分媒体刊播。为此，四川省卫生厅再次重申，各新闻媒体应严格执行药品广告管理的有关法规，切实按审定内容发布药品广告，严禁发布过期失效的药品广告，以维护法律法规的严肃性。

截至2002年底，全省不断完善药品、医疗器械广告审批、备案、公告制度，加大监管力度，形成了全省统一的监管网络。全年共受理药品、医疗器械广告申请4493份，驳回广告申请449份，查处违法广告499份，撤销广告批准文号51份，通报违法广告主369个。

2004年7月，四川省正式启动国家食品药品监督管理局药品广告审查审批系统，全面实行药品广告在线审批。全年，全省受理药品广告申请1915份，备案药品广告1272份、审批药品广告528份；发布《违法药品广告公告》12期，公告违法广告主358个，公告违法药品广告769个。

2005年4月21日，四川省食药监局按国务院的整体部署，按《四川省虚假违法广告专项整治工作方案》要求，切实加强药品广告审查监督管理，规范审查行为，完善药品广告审批电子政务系统建立；落实责任，加大对违法违规药品广告的监管力度，重点监控当地违法违规药品广告率居高的媒体；按时发布《违法药品广告公告》，认真做好违规查处工作，做到“三个不放过”；重点开展了地市晚报类、广播电视报类、都市新闻报类和省级以下电视台发布违法药品、保健品广告的监测检查，对检查发现的违法广告通过《违法药品广告公告》向社会公开，并及时向工商管理部门移送；运用药品监督的手段对违法广告进行全方位的治理。同年7月起，由省工商局牵头，省食药监局等12个省级部门正式建立联席会议制度，联合制定了虚假违法广告整治方案，将广告主、广告经营者相应地按照A、B、C、D四级进行分类管理。A级为守信用企业，用绿牌表示；B级为警示企业，用蓝牌表示；C级为失信企业，用黄牌表示；D级为严重失信企业，用黑牌表示。根据信用分类管理制度，实行企业失信惩戒机制和企业严重失信淘汰制度，对黄牌企业，将采取重点监控、公开违法记录等监管措施，对黑牌企业，除公开曝光外，还要发布吊销公告。当年，全省共受理药品广告申请1577件，发给药品广告批准文号354件，备案药品广告1063件，驳回160件。四川省于2005年7月1日开始启动保健食品广告审批工作，共受理保健食品广告申请82件，其中审批62件，驳回20件；发布《违法药品广告公告》12期，涉及违法药品广告243个品种，申请全部移送工商部门查处。

第四节　药品稽查与检验

一、药品稽查

民国时期，药品供应奇缺，一些唯利是图的人乘机伪造假药充销，从中牟利，市场上伪劣药品泛滥成灾。民国31年（1942年），国民政府行政院曾令四川省卫生处查处假劣药：“调制成药原用以辅医药设备之不足，因有裨于民众之保健，惟以有经营药商者，只知牟利，将有用之原料调之无用之成药，且未经主管署核准，擅自出售……”，但未能具体实施。

中华人民共和国成立后，四川不断加强药品质量管理和监督，查办一些药品生产经营的违法商家和厂家。

1950年，西南区卫生部按照中央卫生部指示精神，对公私营药厂进行登记，在生产中要求“确实检查各公私营药厂的产品，对不符合规格者，禁止出厂”，对市场上的药品进行普查登记，分工分期审查药品，发现伪劣药品时，除没收外，按情节轻重分别处理，有的送交法院处理。据1950年重庆、成都两地重点检查，在300多种药品中，发现伪劣药品占49%。1951—1952年，全省不少地区进行普查，重庆市发现伪劣药品700多种，万县市800余种，泸州市277种。重庆市取缔广安药房和重庆市摩尔理逊药厂出品的伪药“盘尼西林药膏”，重庆市生化药厂出品的劣药“生化力量片”，川西取缔“国宁松”，川南取缔冒牌伪药“阿比片”“凡拉蒙”，川北取缔冒牌“小儿胺”，等等。

1952年，在西南区召开的卫生大会上，对43种伪劣药品进行展览，参观人数达20余万。泸州市集中过去封存的277种伪劣药品，举办了一次展览会，参观人数仅4天就有2万余人，采用真假对比的方式，分类陈列，易于群众识别。

1955年，全国制药工业会议召开后，四川省内各药厂领导重视药品质量，深入贯彻不合格药品一律不出厂的原则，采取对绝大部分公私合营药厂的主要产品实行出厂检验制度，进一步加强药品质量管理工作。1956年，在检验的1383件省内药厂产品中，不合格的82种，不合格率由1955年的28.7%降到1956年的5.93%。不合格品种主要是针剂的澄明度、片剂的崩解度和片重差异等不符合要求。除对药厂生产的不合格产品作适当处理外，还由药检所派员驻厂，了解药品制造情况，发现问题共同研究解决。同时，接受部分药厂的药监人员到药检所实习参观，提高药厂的自检能力，从而堵塞伪劣药品的来源，对保证群众用药安全有效起了很大作用。

1958年开始，在全民办工业的号召下，四川制药企业数量大量增长，大小药厂遍布。至1958年底，四川已兴办大小药械厂207个，生产产品466种（1957年只能生产128种）。这些药厂，制药设备不齐全，技术力量很差，生产比较混乱，未报经省、市卫生厅（局）审批便投产，产品质量低劣，粗制滥造现象十分严重。1961年，中共中央及时提出“调整、巩固、充实、提高”的方针，通过调整，采取关、停、并、转的方法，全省只保留西南制药厂、西南制药一厂、西南制药二厂、四川抗菌素厂和成都制药厂等11个制药企业。与此同时，为保证群众用药安全有效，根据上级指示精神，省卫生厅、省化工厅、省商业厅印发《关于加强药品质量管理的指示》。对保证药品质量、打击伪劣药品产销起到积极作用。

1966年“文化大革命”开始，原来制定的保证药品质量等一些行之有效的规章制度被废除，药政机构解散，药企生产处于半瘫痪状态，药品供求矛盾扩大。

为解决群众用药难的问题，改变药品生产的混乱局面，提高药品质量，1979年6月6日，国务院批转卫生部等单位《关于在全国开展整顿药厂工作的报告》。四川省人民政府组织省卫生厅、省医药管理局等5个厅局制定了具体的贯彻意见，各药厂在当地政府的统一部署下，开展了药厂整顿工作。从1979年第二季度开始，对全省13个行业，开办的414个制药单位和生产点（包括170家人药厂、244家兽药厂）进行全面整顿，采取关、停、并、转，至1981年，只保留药厂75家（包括中成药厂）、生产点18个。各厂进一步调整布局，改善制药卫生环境，建立健全了质量管理（检查）网，进一步提高药品质量，基本上刹住乱办药厂、滥制售药品的风气。1982年初，全省通过整顿验收合格的中药厂有19家。

1980—1985年，针对一些不法分子为牟取暴利，大肆制售伪劣药品、坑害群众、破坏社会秩序情况，根据1980年国务院批转卫生部等单位《关于加强药政管理，禁止制售伪劣药品的报告》和1985年卫生部《关于认真查处假药案件的紧急通知》要求，四川各级人民政府都将查处假药工作列入议事日程。据全省19个市（地、州）不完全统计，共取缔伪药1333种，劣药4097种，伪劣中药材1499种，价值达326万余元。重庆市取缔伪劣药品307种，计1226公斤。成都市龙泉驿区、重庆市沙坪坝区、内江市市中区以及彭县、灌县等地，由县（区）政府召开销毁假药现场会或群众大会，当众销毁假药，会后反映较好。

1989 年 11 月 13 日，卫生部发布《化妆品卫生监督条例》（以下简称《条例》），自 1990 年 1 月 1 日起施行。《条例》对化妆品生产、经营、化妆品卫生监督机构及职责等作出规定。各级卫生行政部门行使化妆品卫生监督职责，并指定化妆品卫生监督检验机构，负责本辖区内化妆品的监营检验工作。《条例》还规定，化妆品经营单位和个人不得销售未取得“化妆品生产企业卫生许可证”企业所生产的化妆品，无质量合格标记的化妆品，标签、小包装或者说明书不符合本条例规定的化妆品，未取得批准文号的特殊用途化妆品，超过使用期限的化妆品。化妆品的广告宣传不得有下列内容：化妆品名称、制法、效用或者性能有虚假夸大的；使用他人名义保证或以暗示方法使人误解其效术的；宣传医疗作用的。

1990 年 2 月，四川省为落实中央关于治理整顿、深化改革的部署和《国务院关于严厉打击在商品中掺杂使假的通知》《国务院办公厅转发国家技术监督局关于严厉惩处经销伪劣商品责任者意见的通知》精神，认真执行《中华人民共和国药品管理法》等有关法规，明确规定：未经省级卫生行政部门或卫生部审批并发给药品批准文号生产的药品和以非药品冒充药品的按假药查处。同年 1 月，四川省卫生厅、四川省医药管理局查处标有“四川什邡中药厂”的假药盐酸黄连素糖衣片案件。这是继省外陆续发现有盗用四川德阳制药二厂名义生产销售盐酸黄连素片假药之后在省内又发现危及人民安全用药的假药案。同年 7—8 月，大邑县药品管理所、成都市卫生局先后查处四环素及醋酸泼尼松片两种假药案件。同年 8 月 6 日，四川省卫生厅根据卫生部整顿中成药品种的统一安排部署，在成都都江堰市召开全省中成药品种整顿会议，讨论研究全国专家在评审四川省生产的中成药时，提出拟撤销及暂不上部颁标准品种的处理意见，并安排落实下一步解决办法。

1991 年，四川省各地认真贯彻执行《中华人民共和国药品管理法》《药品管理法实施办法》《国务院批转国家医药管理局关于进一步治理整顿医药市场意见的通知》《四川省人民政府批转省医药管理局关于进一步治理整顿医药市场意见的通知》，组织部门参与，对医药市场进行治理整顿，打击制售假劣医药商品和查处违法经营活动。全省各级卫生医药行政部门贯彻国务院关于开展质量、品种、效益年活动的决定和具体要求，对生产、销售、使用假劣药品的单位和个人及无许可证经营者，上报四川省卫生厅并依法严肃查处。1991 年以来，四川省相继在遂宁、南充、广元、平昌、射洪等地查获了一些不法分子制售、贩卖假麦迪霉素片、四环素片、地塞米松片、利福平胶囊，以及假人参、假虫草、假虎骨等违法犯罪活动。由于假劣药品严重威胁到群众的身体健康和生命安全，四川省卫生厅于同年 10 月 7 日制发《关于迅速组织查处假劣药品的通知》，要求各地对辖区内药品经营和医疗卫生单位的药品进行一次检查清理，各级医疗单位临床用药，必须从医药经营主渠道进货，严禁医疗单位从个人手中或未取得“药品经营企业许可证”的非法经营单位购买药品。同年，国家药品监督员工作会议后决定组织国家药品监督员，对四川省 1987 年 7 月 1 日以后开办的部分药品生产企业的药品生产及质量管理情况进行监督检查。

1992 年，全省医药市场比较混乱，制售假劣药的违法活动表现在：非法经营药品的情况严重；制售假劣药的违法活动屡禁不止，成都、绵阳、泸州、重庆、南充、遂宁、内江、达县、乐山等地相继发现假药；假劣药品进入个别国营医药商业企业和医疗单位等药品流通主渠道。按中央和省政府的“打假”工作部署，四川省医药管理局成立“打假”办公室，12 个市（地、州）建立办事机构，制发《关于严格实行药品统一批发经营，严厉查处无证经营和假劣药品的紧急通知》《关于严厉打击生产、经销假冒伪劣药品的紧急通知》等8个文件，下发9期简报，及时通报并严肃查处了一系列制售假劣药品案件。同时，省医药管理局加强对药品经营和医疗单位采购药品情况的检查和监督，查处了一批假劣药品案件。如万县地区开县华山乡卫生院购进使用假药致死人命案件；内江制药二厂原厂长钟潮声等人在成都等地制售假药20多万瓶，并将50万元的假药销售给非法经营单位案件；绵阳发现安徽到四川销售假氯霉素、假麦迪霉素、假红霉素等价值21万元的犯罪团伙；达县、巴中县查获用滑石粉、淀粉压片后装瓶，贴上国内20多个药材的标签冒充药品的案件。同年10月，四川省卫生厅联合成都军区后勤部、卫生部查处成都军区总医院违法配制和使用生物、生化制剂的案件，加强了生物、生化制剂及新药审批的管理和医疗单位药品制剂的管理。1989—1992年间，全省共查处假劣医药商品案件3400余起，假药、劣药、淘汰药品总值达1850万元。

1992年，全省非法经营药品情况较为严重，如长宁县30万人，有200多个单位和个体户无证或"三证"① 不全经营药品。营山县也有82户非法经营。1993年3月20日，为规范药品生产流通市场，打击制售假劣药违法活动，按《中华人民共和国药品管理法》《国务院批转卫生部等部门关于严厉打击制售假劣医药商品违法活动报告的通知》，四川省人民政府办公厅于下发《关于进一步加强医药市场管理的通知》，要求卫生、工商行政管理、医药、公安和技术监督各部门认真查处假劣药品。凡开办药品生产、批发和零售企业，必须按照《中华人民共和国药品管理法》及相关文件规定程序，报经医药、卫生、工商等部门审批，领取"三证"，方能生产和经营。对无证或证照不全的药品生产、经营单位和个人（含省外到川及省内异地生产、经营），一律取缔。对制售假劣药品的违法犯罪分子必须坚决打击。各药品生产、经营单位一律不准向无证或证照不全的药品经营单位和个体户推销或购进商品。各级卫生行政部门加强对医疗单位配制制剂和采购药品工作的领导和管理，严格按《中华人民共和国药品管理法》《医院药剂管理办法》等有关规定配制和使用制剂，严禁医疗单位向非法药品生产、经营单位和个人采购药品。同年8月，省卫生厅、省工商行政管理局印发《关于依法查处以非药品冒充药品违法行为的通知》（以下简称《通知》），各级卫生、工商部门严厉查处和禁止以非药品冒充药品的违法行为。《通知》要求，各药品经营单位必须在"药品经营企业许可证""营业执照"规定的范围从事经营活动；凡兼营食品、化妆品等必须按有关规定履行审批手续，并与经营的药品严格分开经营；严格禁止各级医疗单位将非药品（食品、化妆品、医疗器械等）作为药品用于就诊患者；对违反《中华人民共和国药品管理法》规定，擅自生产属于药品范围的产品以及个别部门越权审批的属药品范围内的产品，按假药查处并由审批单位承担经济损失。同年，四川省对13200个药品产、供、用单位和个体摊点进行自查和检查，共查处假劣药案件和违法行为1300多起，捣毁制售假劣药品窝点10个，查出假劣药品4000余种次，按正品货值计算250万元，取缔非法药品经营单位和个体摊点600多家。四川省卫生厅分别于4月和10月对假注射用头孢唑啉钠和假头孢氨苄片等假药的药品经营销售和使用单位进行清查和抽验。达县组织医药、卫生、工商等部门组成56个检查组，检查了6200余家药店和医疗单位，查出假、劣药品、器械计1000个品种，重5吨多。

1994年9月，国务院印发《关于进一步加强药品管理工作的紧急通知》（以下简称《通知》），

① "三证"，即省医药局审查核发的合格证、省卫生厅审查核发的许可证、省工商局核发的营业执照。

要求各级人民政府及有关部门采取强有力的措施，强化国家对药品生产、经营的监督管理，整顿和规范药品生产经营秩序，结合反腐败斗争，严肃查处违法违纪案件，建立统一、开放、竞争、有序的药品生产经营体系。

1995年6月，经成都市药检所、成都市第二药检所、德阳市药检所、自贡市药检所检验，中外合资河南精忠威尔药业有限公司及浙江嵊县油脂化工厂生产的谷维素片为假药。同年10月，卫生部发出对麻醉药品“美沙酮戒毒片”假药的查处通知。根据《麻醉药品管理办法》第十条“麻醉药品经使用单位，不得向其他单位和个人供应”规定，禁止在药品零售门市销售美沙酮系麻醉药品。四川省按要求立即对辖区内违法出售“美沙酮戒毒片”的零售药店进行检查，发现署名为英国康威药厂（中文）、规格为650毫克×15片/盒的“美沙酮戒毒片”一律没收，按《麻醉药品管理办法》《药品管理法行政处罚条例》规定进行处罚，并调查“美沙酮戒毒片”的供货来源。

1996年，国务院办公厅印发《关于继续整顿和规范药品生产经营秩序加强药品管理工作的通知》，四川省医药管理局按国务院和省政府统一部署，积极与有关部门积极配合，严厉打击制售假劣药违法行为和非法经营药品活动。全省共取缔无证或证、照不全的非法经营户共计2000余户，捣毁制售假劣药品的地下黑窝点15个，查处假劣药品金额150多万元。如盐亭县医药管理局“加强办”组织50余人次，查封了县城和黄甸等场镇的13户无证药品批发户，收缴药品600多件，价值30多万元，其中假劣药达80%以上。平昌县共查处无证经营21家，证照不全14家，查处假劣药价值4546元。

1997年5月，四川省按国务院和卫生部要求，开展对辖区内生产的保健药品（包括自行研制和移植的）进行清理整顿并登记造册。

1998年，四川深入开展以基层为重点的药品监督检查。全省各级卫生行政部门对近300家药品生产企业、1000余家药品批发单位、9000余家药品零售门市、576家配制制剂的医疗单位进行药品质量监督检查，覆盖面达100%。同年2月，省内少数城市街头亮牌收购药品的现象时有发现，严重违反《药品管理法》规定。四川省按卫生部《关于组织查处街头非法收购药品的通知》要求，组织各级卫生行政部门对辖区非法收购药品的行为进行检查，并依法查处。同年4月，按照卫生部《关于查处假药的通知》要求，四川省依法对复方黄芩片、肚痛健胃整肠丸等10种假药进行查处。同时，四川省卫生厅向全省通报了中药保健药品清理的有关情况，并公布“撤销批准文号的保健药品名单”，撤销绞股蓝片等33个保健药品种。同年10月，省卫生厅、省医药管理局将四川省生物化学制药厂生产销售假药的情况通报各地和有关单位，并重申药品生产、经营企业必须严格执行《中华人民共和国药品管理法》规定，所生产或经营药品（含原料药、药用辅料等）来源必须清楚，有质检报告，有完整的进出程序并建立完善的记录，严禁违反规定从非法途径购进药品。各单位严禁将药品生产，经营企业承包或租赁给个人经营。全年，四川省继续把打击制售假劣药品违法活动作为药品监督管理的重点工作。全省各级药政部门共查处制售假劣药品违法案件、违法行为9191件，其中成都查处2016件。查处的假劣药按正品货值计算达788.2万元，没收违法所得和罚款207.3万元，销毁62.2万元的假劣药品，取缔非法药品经营摊点2711个，对18名严重违法或已构成犯罪的，由公安部门收审。

1995—1998 年四川省查处假劣药品情况表

表 2－5

年份	案件数（件）	货值金额（万元）	没收违法所得和罚款（万元）	销毁假劣药货值（万元）	取缔非法摊点（个）
1995	9819	747.00	267.00	200.00	3248
1996	6154	750.00	317.00	400.00	2206
1997	9896	819.20	253.00	385.50	2200
1998	9191	788.20	207.30	1062.60	2711

1999 年 2 月，按卫生部《关于清查医疗机构内假劣、过期和失效药品的紧急通知》要求，四川省各医疗单位对本地区的医疗机构内的假劣、过期和失效药品进行认真清理，对假劣、过期和失效药品进行登记封存，由当地卫生行政部门统一组织销毁。

2001 年，全省共出动药品监督执法人员 3.91 万人次，查处药品违法案件 5809 件，案件总值 1497.47 万元，捣毁制售假劣药品窝点 24 个。

图 2—8　2003 年，四川省举办全省药品稽查执法培训会

1999—2003 年，四川省药品监督和有关部门累计出动执法人员 48 万余人次，查处案件 4.71 万起，案件总值 8406 万元，取缔无证经营户 3776 家，吊销许可证 107 件；查处违法广告 1336 件；捣毁制售假劣药品窝点 219 个，销毁假劣药品货值 2478 万元；移送司法机关案件 70 件，配合公安机关抓获犯罪嫌疑人 120 人；累计完成药品抽验 6.76 万批次，发布《药品质量公告》10 期；组织成都等 8 个市（州）药品监管局，取缔了五块石等 8 个非法药品集贸市场。省药品监督管理局对成都、内江、乐山、达州等地的大案要案进行督查督办。自贡、遂宁等药品监管局与公安机关在联合打假中，建立了长效监管协作机制。

2004 年，四川省为加强药品市场监管力度，有效打击制售假冒伪劣药品等违法行为，共出动药品监督检查人员 10.21 万人次，出动车辆 2.03 万台次，检查药品生产、经营企业和医疗机构 9.3 万余家次；查处案件 5358 件，涉案金额 820.99 万元；取缔药品无证经营 330 户，捣毁制售假冒伪劣产品的窝点 8 个，移交司法机关案件 6 件，配合公安机关抓获犯罪嫌疑人 6 人。

2005 年 4 月 21 日，省食药监局在成都集中销毁依法没收的假劣药品和医疗器械，涉及品种 500 余种，货值金额 100 余万元。同年 10 月 26 日，省食药监局稽查总队在成都警方的配合下查获一起销售假人血白蛋白案，涉案金额 5 万余元。11 月上旬，省食药监局稽查总队配合成都警方对康某涉嫌销售假药地奥心血康胶囊案进行调查，涉案金额近 15 万元。同年，四川省加大对农村用药的监管力度，重点开展了对县及县以下药品批发企业、零售企业、农村医疗卫生机构的药品采购渠道和药品质量的监督检查。绵阳、德阳、广元、广安和宜宾、自贡、乐山、资阳等地分别召开片区农村药品监督工作研讨会和药品稽查联系会。全省检查经营使用单位，县以下药品经营单位占73%，药品使用单位占83%，医疗器械经营单位占68%，医疗器械使用单位占81%。

二、药品检验

图2—9　2002年，四川省药品监督管理行政执法监督工作会议召开

中华人民共和国成立前，四川省无专业药品检验机构，仅重庆卫生试验所设有一个药品分析室，设备简陋，人员少，主要对吸毒犯尿液中的吗啡进行检验，未开展药品质量的检验工作。

中华人民共和国成立后，党和政府除要求生产企业、供应部门和使用单位建立药品质量检验科（室）外，卫生部门还陆续建立省、地、市、州和部分县（区）药检机构，监督药品质量。1951年，重庆市卫生局筹建药检所，当年查处焚毁中西伪劣药品1.5万余公斤。1953年，重庆市药检所开展了药品质量监督工作；1955—1956年，开展对西南制药厂（及两个分厂）、大新药厂、药友制药厂、重庆制药厂、桐君阁制药厂等8个药品生产企业生产的注射剂、剧毒药产品的出厂检验工作。1960—1961年，重庆市药检所抽出604人次，深入重庆市7个区3个县、7个药厂、26个大型医院药房和药品供应仓库，一手抓专业药检机构的建立，一手抓药品质量监督工作；先后在南岸区、沙坪坝区和北碚区成立药品检验室，协助重庆制药厂、大新药厂充实了检验科的技术力量，并建立了车间半成品检验室，帮助桐君阁药厂设立检验科，协助重庆的医院药房开展快速检验等。

1960年，成都市筹建药检所，开展了药品质量监督工作，派人到成都制药厂、城北制药厂、华洋制药厂、联合药厂、生物试剂厂、商业贸易局实验药厂、永康药厂、东城区成品厂、东城区炮制加工厂、西城区炮制加工厂，以及成都市第一、第二、第三人民医院，市第一、第二工人医院了解与抽验药品的质量监督工作；帮助各药厂选拔班组、车间质量监督员，组成班组、车间、检验科三级质量监督网。检查发现，有的药厂不注意制药卫生；有的药厂生产的不合格药品出厂；有的原料不合格也投产；有的偷工减料，用代用品进行生产；有的不经卫生行政部门批准擅自生产药品等问题。此外，成都市药检所协助医院药房开展快速分析检验工作，1961年完成检品631件，其中抽验579件，不合格率为26.66%，送检52件，不合格率达69.23%。

1962年，成都市药检所为提高药品质量，通过抽验生产、销售和使用单位的药品控制、了解药品质量。该所担负的药品质量监督工作单位，由5个增加到10个。全年，成都市药检所重点做好大型输液的质量监督工作，共完成检品570件，其中抽检409件，不合格率为28%，送检161件，不合格率为50%。在医院药品质量监督方面，成都市药检所重点抓市属医院，采取抓两头带中间的办法，协助医院开展快速检验，扩大检验品种，交流技术经验，对抽验不合格的制剂，找原因，想办法，帮助解决。同年，成都市药检所采取定期或不定期的派人到药品生产、供应、使用部门了解大宗药品的生产工艺和检验科的情况，抽查川西地区药厂部分产品，对质量不合格的药品提出处理和改进意见，完成检品469件。1963—1964年，重庆市药检所着重抓产、供、用部门的现场检验工作，并制定《下厂工作手册》，采取定人、定厂、定时下厂负责包干原则，在深入现场工作的同时，要求做到见“四员”①，到“四处”② 指导检验工作。

“文化大革命”期间，四川省药品质量监督工作受到影响，原来深入药品生产、供应、使用单位监督药品质量的行之有效办法，被视为“管、卡、压”，技术管理被撤销，规章制度被取消，但全省药检人员还是做了大量工作。如重庆市药检所除了做检品和复核标准外，还派人到南充、泸州医药供应仓库检查药品质量；1971年协助中国人民解放军某部队药厂进行土霉素出厂检验；1974年对中成药染螨情况进行初步摸索和检查，对改进中成药质量起到一定作用。成都市药检所不仅派人赴绵阳地区协助开展药品检验，到西昌、雅安、涪陵地区22个县（市）调查了解药品质量情况及监督工作；1971年还派人参加由省计委牵头，省化工局、卫生局、商业局组织的四川省药品质量检查组，对省内27个药厂进行质量检查；1974年完成检品795件，其中抽检516件，送检279件。1975年11月，省化工局在川西、川东南片组织化工系统内部制药企业进行药品质量大检查，一面检查药品质量，一面检查制药设备。为贯彻卫生部、燃化部、商业部“关于加强药品质量管理工作”的指示，成都市药检所对全市药品生产情况进行调查，发现办理报批手续的西药及其制剂只占34.2%，要求未经批准生产的药品补办审批手续。

1978年，重庆市药检所建立标准审批档案，将历年审批的质量标准，按厂逐一清理（包括品名、批文号、日期、标准来源等），共920余种，为进行药厂整顿工作打下基础。同年，成都市药检所印发《成都市药品生产批准品种一览表》。

1979年6月，四川省药品检验所（以下简称省药检所）成立。1980年，根据《四川省新药管理办法实施细则》《关于开展整顿药品品种工作的意见》《四川省医院单位自制制剂暂行管理办法》等文件要求，四川对新药进行全面质量监督管理，开展整顿药厂、药品品种以及医疗单位自制制剂工作。

1981年，重庆市药检所对全市医院自配制剂进行整顿，对不具备制备输液条件的单位，建议停止配制；为整顿审批医院自配制剂提供质量数据，先后复核各级各类医院报批的大输液、小针剂522批。成都市药检所在进行质量检查时，发现有的化学药品外观色泽差，有变色松片、沉淀等现象，大输液和针剂澄明度存在问题，中药材错用、乱用代用品还有发生，中草药品种多，质量标准不完善等问题。此外，成都市药检所还查看商品药材2260种，为中药材质量整顿奠定基础。

1983年，为加强中药质量监督，制止伪劣药品入药，重庆市药检所派人参加全市中药饮片质量整顿工作，对提高饮片质量起到促进作用。重庆市药检所发现伪品阿胶，即与有关省、市药检所联系，提出处理意见，防止伪品阿胶入药。同时，重庆市药检所加强对报批药品标准的审批工作，着重抓提高复核质量，缩短复核时间，当年共审核标准149件，其中厂报标准90件，是1982年的130%；新产品药品标准16件，为1982年的325%。成都市药检所在抽查样品时，发现维生素C、益

① “四员”，即检验员、质量检查员、技术员、仓库保管员。
② “四处”，即化验室、生产小组、包装室、仓库保管室。

母草注射液、庆大霉素注射液等澄明度不合格，胃膜素被大肠杆菌污染等质量问题；检查出熊胆132个、豹骨4架、桔梗500公斤、山楂300公斤、古蔺厚朴1000公斤均是伪品；到160个单位中药配方部，现场检查中药饮片加工和配方，发现错味、漏味、乱代及称量误差很大等问题。

1984年，重庆市药检所深入药品产、供、用环节，监督检查药品质量，全年下到现场共450人次，发现质量问题及时进行处理。如清查封存重庆市部分供应单位和几十家医院购买的福建省晋江地区和河南省辉县一些非法商户制售的假药20余种、50多万盒；检查制止重庆市曙光织布厂擅自制售医用脱脂纱布的违法案件；清查18种伪劣中药材；派人到市、区、县29个单位检查，给区、县药检所和供应部门讲授药材真伪鉴别判断标准；处理伪劣中药材87种，清查处理178种混乱品种，销毁4740多公斤伪劣药材，收集几十种伪劣药材标本。据不完全统计，当年全省检查2200家药材经营部门和医疗单位，查处销毁18种伪品中药材共计62万公斤，价值金额211万余元。

1953—1985年四川进行药品质量监督检验不完全统计表

表2-6　　单位:件

时间(年)	送检数	抽检数	出厂检验数	合计
1953—1959	6077	2407	1126	9610
1960—1965	10345	9125	120	19590
1966—1972	9047	1500	—	10547
1973—1979	8442	4826	—	13268
1980—1985	10625	4854	—	15479

1988年，全省各市（地、州）药品检验所共抽验药品5998批，不合格数1633批，总不合格率为27.2%。产、供、用各部门的抽验情况分别是：抽验药厂产品1276批，不合格134批，不合格率为10.5%；抽验经营单位1799批，不合格636批，不合格率35.4%，抽验医疗单位2923批，不合格863批，不合格率29.6%。

1989年，全省市（地、州）及省药检所共检验药品1.84万批，其中抽验7559批，送验4221批，报检4792批，其他检验1823批。全年抽验不合格药品2437批，不合格率为32.2%；报检不合格522批，不合格率为10.9%，略高于全国药品报验的不合格率10.7%。按部门统计，抽验药厂药品1032批，不合格158批；不合格率为15.3%；抽验供应部门药品2744批，不合格1191批，不合格率为43.4%；抽验医疗单位3783批，不合格1121批，不合格率为29.6%。

同年，据重庆市药检所、成都市药检所等10个药检所抽验的225批化学药品统计，仅7批不符合规定，合格率达96.8%。乐山市药检所、成都市药检二所、雅安市药检所等15个药检所抽验127批成药及制剂，不合格的43批，不合格率33.9%，占生产单位不合格总数的58.9%。绵阳市药检所、达县药检所等6个药检所抽验的35批投料药材中，不合格的20批，不合格率达57.1%。抽验不合格的479批药品中，药材不合格324批，占不合格总数的67.6%，较1988年同期供应单位的药材不合格率（49.2%）上升了18.4%。南充地区药检所1989年1—6月抽验供应单位的药材共508批，居全省之首，不合格率17.9%。成都市药检所抽验山药、巴戟天、地骨皮、白花蛇舌草等到113批（居全省第2位），查出不合格药材97批，不合格率高达85.8%。

1990年，全省药品产品质量稳定率由80%提高到90%以上，国家抽查产品合格率达87.76%。

有21个企业获国家二级计量合格证书，有3个QC[①]小组被评为国家医药局优秀QC小组，有19个被评为省优QC小组。省药检所对全省6个地区30余个产、供、用单位抽验各类药品98批次，其中中西药品66批次，经营单位的中药材6品种17批次，医院制剂15批次，共检出不合格药品16批次，不合格率为16.4%。全年，省药检所接受送验药品584批，其中药材及成方制剂495批，化学药品、抗生素生化药品89批，检出不合格药品50批，不合格率为9.2%；新药复核45种153批。

1991年，卫生部下发《全国药品抽验工作指导计划》，四川省按要求对药品生产、经营和医疗单位实施计划性抽验。省药检所对54家药品生产、经营、医疗单位生产、经营的药品生配制的制剂共178批进行抽验。经检验，所抽验的制剂合格163批，合格率为91.57%；不合格15批，不合格率为8.43%。其中，抽验生产单位116批，合格104批，合格率为89.66%；不合格12批，不合格率为10.34%；抽验经营单位45批，合格42批，合格率93.33%，不合格3批，不合格率为6.67%；抽验医疗单位配制制剂17批，均合格。省药检所完成各类新药复核55种、172批。

1992年，全省医药行业QC小组发展到3500多个。根据省医药局召开的14次QC小组成果发表会议统计，累计发表成果290个。是年，省药检所完成抽送验药品共947批，其中抽验232批，送验715批。抽验占检品总数的24.5%。抽验不合格的药品19批，不合格率8.3%。其中，中药成方制剂与省外生产的抗生素制剂质量较差。省内药厂生产的化学及抗生素原料药质量较稳定，全年抽验16批，均合格。省药检所完成中西新药复核93种、286批。

1993年2月，卫生部《关于下发1993年全国药品抽验指导计划的通知》下达后，四川省制定了统一抽验考核品种范围及要求。第一类品种范围：氯霉素片、盐酸土霉素片、氟哌酸胶囊，重点考核鉴别及含量；第二类品种范围：医疗单位配制的氯化钠注射液、葡萄糖注射液、葡萄糖氯化钠注射液，重点考核澄明度、热原；第三类品种范围：太阳神、大力神，重点考核鉴别卫生学；第四类品种范围：混乱品种较多的中药材。1993年上半年，四川省已完成药品抽验5824批，其中，合格4489批，合格率为77.08%；不合格1335批，不合格率为22.92%。同年10月，为做好四川省药品标准品、对照品及对照药材的管理工作，根据《药品检验所工作管理办法》《卫生部新药审批工作程序》等有关规定，四川省制定了《四川省卫生厅关于我省检验用药品标准品、对照品及对照药材有关规定的通知》，规定：省药检所负责四川省地方药品标准中规定使用的标准品、对照品的审核、标定、保管、分发；对照药材的收集、鉴定、分发；卫生部已批准四川省的新药在标准试行期间所需的标准品、对照品和对照药材亦由省药检所负责标定、鉴定、保管、分发；四川省地方药品标准规定使用的标准品、对照品、对照药材（国家已有标准的除外）一律由生产或研制单位负责起草质量标准和提供样品，经省药检所审核、标定、鉴定后，由四川省卫生厅批准执行；四川省现行药品标准中规定使用的标准品、对照品、对照药材由省药检所负责组织进行清理、标定、鉴定；各有关单位按要求提供资料和待标化样品。全年，省药检所完成抽送验药品及代测样品共计1109批，其中抽送验药品共951批，代测样品158批，检出不合格药品128批，总不合格率为13.4%。其中生化药品及制剂不合格率52.3%，居不合格药品榜首，其次为中药材及制剂。省药检所完成中西新药复核109种、350批。

1994年1月，为进一步加强药品的监督执法工作，加强药品质量监督检验，卫生部下发《关于

① QC，即质量控制。

做好1994年全国药品抽验工作的通知》（以下简称《通知》）。四川省根据《通知》规定：四川省地（市）级以上药品检验所承担全国统一抽验药品的检验。全国统一抽验品种有注射用氨苄青霉素钠、注射用头孢唑啉钠、硫酸小诺霉素注射液、红霉素片、盐酸左旋咪唑片、盐酸四环素片、利福平片、复方新诺明片、盐酸黄连素片、卡托普利片、去痛片、茶碱控释片、复方甘草合剂、氧氟沙星片（胶囊）、奥美拉唑胶囊（注射剂）15种；四川省有计划地对《中华人民共和国药典》《卫生部药品标准》所列重点品种及近年来批准的新药品种和医疗单位配制制剂进行抽验。对贵细中药材、混乱品种中药材的抽验视情况自行确定。全年，四川省药检所完成抽送验药品及待测样品共计1148批，其中抽验486批，送验407批，代测样品255批。抽验药品中检出不合格药品56批，不合格率为11.5%。完成各类中西新药复核162种、514批。同年12月，四川省卫生厅同意省药检所从1995年1月1日起开展生物制品的检验工作。

1995年，省药检所完成抽送验药品及待测样品共计1016批，其中抽验581批，送验330批，代测样品105批。抽验药品中检出不合格药品71批，不合格率为12.2%。完成各类中西新药复核156种、502批。同年，省药检所开展对血液制品的监督检验，对蜀阳药厂生产的人血白蛋白、人血丙种球蛋白等10批制品进行抽验并发出检验报告。10月，卫生部通报全国消毒药品抽检情况，据统计，四川省含碘类消毒剂抽检结果合格率100%。合格消毒药剂产品有：乐山市岷江消毒剂厂生产地“高效净”，四川遂宁制药厂生产地“强力碘”，成都洗消剂厂生产的“碘复”。不合格消毒药械产品有：德阳市中区略坪化工厂生产的“92消洗剂”，内江市卫生药械厂生产的“金星消毒液”，中美合资威思顿日用化工有限公司生产的“洗消灵”。

1996年3月，卫生部印发《关于做好1996年全国药品抽验工作地通知》（以下简称《通知》）。四川下发通知，规定：各地要按卫生部要求，对辖区内药品生产、经营、使用单位进行抽验，全国统一抽验的10个品种，包括：板蓝根冲剂、小儿至宝丸、氧氟沙星原料及片剂、维生素C原料及片剂、甲苯咪唑片、硝酸甘油片、阿司匹林片、硝基安定片、扑尔敏片、盐酸利多卡因注射液；四川省重点抽验的13个品种，每个品种抽验3批；除全国统一抽验和全省重点抽验的品种外，有计划地对新建、改扩建企业（车间）生产的药品和新批准生产的品种及省外进入四川省的保健药品进行抽验。特别要注意对基层药品经营、使用环节和制售假劣药品违法活动较多的地区的监督抽验。同年，省药检所完成抽送验药品及待测样品共计1608批，其中抽验637批，送验469批，代测样品67批，移植品种和保健药品转正共138批，中成药地标上部标297批；完成各类新药复核134种、486批。省药检所对抽验结果分析表明，在药品类别上仍是生化药品中多酶片问题最突出；在药品来源上问题最多的是县级以下的医疗单位。

1997年5月，四川省执行卫生部《关于统一使用药品检验报告书及用章的通知》，从6月1日起，四川省各市（地、州）卫生局药检所正式启用新的“药品检验报告书”。同年，省药检所完成抽送验药品及待测样品共计1088批，其中抽验500批，送验373批，代测样品215批；完成各类中药、化学药品、抗生素、生化药品等新药质量标准转正及仿制药品的复核共172种、569批。卫生部确定将西南地区的血液制品检定室建立在四川省药检所。四川省药检所成为卫生部授权的七所之一。

1998年1月，四川省认真执行卫生部《关于进一步完善进口药品检验有关规定的通知》，要求：各口岸药品检验所要认真核对报验品种资格，严格按《进口药品管理办法》规定收检；各口岸药品检验所检出不合格进口药品，必须在1周之内将不合格进口药品检验报告书报中国药品生物制品检定所，同时抄送各口岸药品检验所；进口药品的抽样必须由口岸药品检验所组织本所人员完成，严禁委托非口岸药品检验所抽样；国外捐赠的药品，如需检验时，应报卫生部批准后，由卫生部责成有关药品检验所检验；收检的进口药品必须核对、使用原进口药品品种注册标准，检品必须全项检验，其样品留存2年；各级卫生行政部门及药品检验所因监督查处工作需核实进口药品报告书的，各口岸药品检验所要在5个工作日内予以答复，不得延误；卫生部从1997年1月1日已停止一次性进口药品审批，现持有的《中华人民共和国一次性进口药品批件》一律作废，不得再继续收检。同年11月14—17日，国家药品监督管理局在重庆召开全国药品抽验工作研讨会，对规范药品抽验工作提出意见：从1999年开始，要在继续做好对药品生产企业产品进行质量抽验的同时，加强对药品经营、使用部门药品的抽验；抽验的重点应放在不合格率较高和用药量大、范围广的品种和项目；进一步规范药品抽验程序和内容，包括报告书的规范化管理问题、抽验结果的上报问题、不合格药品检验报告书的传递问题、质量公报的核查问题。全年，四川省药检所对全省12个市（地、州）的64个单位进行抽验，完成抽送验药品、待测样品及复核检品等共计2279批，其中抽验306批，送验492批，代测样品179批；完成各类中药、化学药品、抗生素、生化药品等新药复核和新药质量标准转正及仿制药品的复核共1302批；完成各种救灾药品的检验。成都市、县二级卫生行政部门和市级药品检验所对正常生产的93个药品生产企业、1500多个药品经营单位、1906个医疗单位进行了药品质量监督检查，覆盖率达100%；并对3590个村卫生站中3308个卫生站使用的药品进行了质量监督检查，覆盖面达92.14%，超过上级部门下达不低于60%的指标。

1999年，四川省药检所对全省所有市（地、州）的119个单位进行抽验。全年完成抽送验药品、待测样品共计2208批，其中抽验540批，委托检验643批，代测样品144批；完成各类新药共609批；修订标准30批，其他25批。同年，国家药品监督管理局正式下文批准四川省药检所开展西南地区的血液制品的检定工作。同年2月，四川省对药品抽验工作提出要求：全国统一抽验的品种及剂型，由四川省药检所负责对全省药品生产企业、省级医疗机构和省、市（地、州）部分药品经营单位进行抽验；市（地、州）药检所负责对本辖区其他药品经营、使用单位（含个体）进行抽验。省药检所负责对保护期内的和标准未转正的已上市新药中药保护品种在全省范围内的药品生产、经营企业和使用部门进行抽验，并将抽验结果按要求上报中国药品生物制品检定所。全省重点抽验品种及剂型，由各市（地、州）药检所对辖区内的药品生产、经营企业和使用部门进行抽验。各市（地、州）药检所要加强对已批准生产的仿制药品和医疗机构配制制剂的抽验，要在继续做好对药品生产企业产品质量监督抽验的同时，加强对流通领域和医疗机构药房药品的监督抽验，加强对基层药品流通和使用环节药品的监督抽验。各地在抽验的同时，对未通过药品GMP认证企业的原料药购进渠道及检验记录、批生产记录、成品检验记录和销售记录进行监督检查，必要时应索取有关资料；对药品经营和使用单位药品采购渠道、药品仓储条件及管理情况进行检查，促使药品质量在各环节得到保障。

1999年四川省重点抽验品种一览表

表2－7

序号	品种	序号	品种
1	山药	2	当归

续表 2-7

序号	品种	序号	品种
3	复方甘草片	7	阿莫西林胶囊(或安必仙胶囊)
4	陈香露白露片	8	琥乙红霉素片
5	诺氟沙星胶囊	9	肌苷片
6	感冒通片	10	医院灭菌制剂(大体积注射液)

1999 年全国统一抽验品种计划涉及四川省的药品经营企业一览表

表 2-8

序号	药品经营企业名单	序号	药品经营企业名单
1	四川省医药公司新特药部、药品采供部	14	四川省达川中药材采购供应站
2	四川省医药物资总公司新特药部、药品经营部	15	四川省宜宾药业采购供应站批发部
3	四川省医药保健品总公司采供部、新特药分公司	16	四川省自贡市医药有限公司新特药分公司
4	四川省医药工业公司药品经销部、新特药部	17	四川省广元市医药总公司新特药分公司
5	四川省医药工贸公司	18	四川天城药业股份有限公司新特药部
6	四川省中药材公司医药分公司	19	泸州宝光医药有限公司新特药经营部
7	成都市医药公司新特药经营部	20	四川雅安三九中药贸易有限公司批发部
8	成都市中药材公司药品分公司	21	四川省广安医药采购供应站
9	四川省南充医药采购供应站新药特药公司	22	攀枝花药业集团股份有限公司
10	四川省眉山医药有限公司	23	四川省遂宁医药采购供应站
11	乐山市医药公司新特药经营部	24	四川省西昌医药采购供应站
12	四川省内江市齐力堂医药有限责任公司第一经营部	25	四川省资阳市医药有限公司
13	四川省德阳市医药公司		

1999 年全国统一抽样检验品种一览表

表 2-9

中西药品	生物制品、血液制品
甲硝唑片	狂犬疫苗
多酶片	血液制品:人血白蛋白、静脉注射免疫球蛋白
乙酰螺旋霉素片	微生态制剂
布洛芬片	细胞因子类制品
盐酸雷尼替丁片、胶囊	麻疹疫苗
蛇胆川贝液	卡介苗
头孢氨苄片、胶囊、颗粒剂	小儿麻痹疫苗

续表 2－9

中西药品	生物制品、血液制品
消炎利胆片	百－白－破三联菌苗
尼群地平片	脑膜炎多糖菌苗
头孢拉定胶囊、干混悬剂、粉针剂	乙型脑炎灭活疫苗
	乙型脑炎减毒活疫苗
	基因工程乙型肝炎疫苗

2000 年，四川省药检所完成各类检品共 3097 批。其中，抽验检品 1609 批，委托检验 618 批，代测检品 98 批，各类新药（包括申报临床研究、申报生产、产品与标准转正）共 459 批；增加规格 51 批、16 个品种，仿制药品共 27 批、8 个品种，中药保护品种 61 批、18 个品种；修订标准 39 批、13 个品种；起草国家标准（含地标升国标）65 批、16 个品种；标化对照品、对照药材 70 批、54 个品种；完成中国药品生物制品检定所下达的对四川、重庆、贵州 4 个白蛋白生产企业 12 批样品的检验工作，以及中国药品生物制品检定所委托的检验工作。

2001 年，国家药品监督管理局发布《药品质量监督抽查检验工作管理暂行规定》，对监督抽查检验的原则、抽样、检验、复验、药品质量公告、监督管理等作出规定。四川省药检所完成各类检品共 3466 批、980 个品种。其中，抽验检品 1536 批、449 个品种，委托检验 868 批、240 个品种，代测检品 92 批、67 个品种，各类新药（包括申报临床研究、申报生产、产品与标准转正）共 544 批、150 个品种；增加规格 71 批、16 个品种，仿制药品共 57 批、16 个品种，中药保护品种 12 批、4 个品种；修订标准 221 批、68 个品种；起草国家标准（含地标升国标）21 批、4 个品种；新药复核中标化对照品、对照药材 44 批、41 个品种；完成药包材与药物相溶性检验 93 批、42 个品种；完成中国药品生物制品检定所下达的抽验检定任务 18 批（3 个厂家）、原料血浆抽验检定任务共 600 人份，以及中国药品生物制品检定所委托的检验工作。

2002 年，四川省药检所共完成各类检品共 3875 批（除血液制品外）、1131 个品种。其中，抽验检品 1640 批、430 个品种，委托检验 996 批、304 个品种，代测检品 109 批、68 个品种，各类新药（包括申报临床研究、申报生产、产品与标准转正）共 359 批、116 个品种；增加规格 69 批、17 个品种，仿制药品共 117 批、27 个品种，中药保护品种 29 批、9 个品种；修订标准 55 批、15 个品种；转注 96 批、27 个品种；委托加工 45 批、15 个品种；起草国家标准（含化学药品地标升国标）145 批、36 个品种；标化对照品、对照药材 26 批、25 个品种；完成药包材与药物相溶性检验 189 批、42 个品种。从 2002 年开始，四川省检验所对四川远大蜀阳药业等 3 家公司进行了批签发，截至年底共签发 193 批。2000—2002 年，全省共抽验药品 80954 批次，抽验药品不合格率由 2000 年的 15.41% 下降到 2002 年的 8.54%。

2003 年 2 月，为贯彻执行《中华人民共和国药品管理法》，规范药品监督抽验工作，国家药品监督管理局在总结《药品质量监督抽查检验管理暂行规定》执行情况，并广泛听取各地药监、药检及管理相对人意见和建议的基础上，制定了《药品质量监督抽验管理规定》，对药品监督抽验的管理、药品监督检查和抽样、药品检验和复验、药品抽验结果的报告、药品质量公告及监督管理等作出规定。

2004年，经四川省编委批准，四川省药品检验所更名为四川省食品药品检验所（以下简称省食药检验所）。6月上旬，国家食品药品监督管理局对南充市南部县和雅安市名山县进行了基层药品抽验。同年，全省实际下达药品抽验计划3万批次，其中计划抽验1.4万批次，基层药品快速检验为1.6万批次，抽验经费840万元。全省完成2.5万批次的药品抽验任务，完成药品计划抽验1.24万批次，其中1023批次不合格，不合格率为8.23%；定期发布2期《药品质量公告》。全年，省食药检所完成各类检品共计8889批。其中，抽验检品3609批（药品、医疗器械、药包材）；委托检验941批（药品、医疗器械、药包材）；各类注册检验共2495批，包括新药及已有国家标准注册检验1143批，补充注册申请的品种1261批、医疗器械52批、药包材39批；生物制品检验255批，包括疫苗36批、人血白蛋白219批；发出洁净度现场监测报告书395份；接受复验21批（药品17批、医疗器械4批）；完成药典复核品种309批、103个品种，其中中药57个品种、化学药品46个品种；完成标准行动提高计划品种27批，包括4个中药品服务代测样品354批（仅发结果通知书），其他（对照物质初步标化、对比试验、保健食品专项分析等）419批。

2005年，全省药品监督抽验专项经费列入部门预算共840万元，用于全省开展药品监督检验和抽样检验工作。全省2005年完成抽验任务3.1万批次，其中计划抽验1.37万批次，基层药品快速鉴别1.7万批次。各地加强了药品抽验工作的组织领导，明确药品监督管理部门和药品检验机构在抽验工作中的职责，加强了药品抽验的计划性和针对性。以药品抽验满足药品监督的需要为宗旨，坚持监督检查和抽验相结合的原则，使药品抽验经费尽可能扩大监督覆盖面，提高不合格药品的检出率；在抽验工作中重视药品抽验模式新方法、新思路的研究和探索，在创新中求发展。加强农村药品质量监督，扩大农村用药监督检查和抽验的覆盖面。2005年在绵阳市安县、广元市苍溪县进行农村基层药品监督检查和抽样，共抽验525批次。2005年，全省发布《药品质量公告》2期。药品监督抽验核查共408件，其中向省外食品药品监督管理部门回函178件，省内完成核查230件。全年完成各类检品9739批。其中，抽验3688批，包括药品3027批、医疗器械466批、药包材195批；委托检验896批；各类注册检验3314批；生物制品批签发276批，包括疫苗39批、人血白蛋白226批；复验12批，包括药品8批、医疗器械4批；委托加工160批；技术服务代测样品388批、代测38批；洁净度现场监测报告书750份、其他218批，包括对照物质初步标化、比对试验、保健食品、香港注册检验等。

至2005年底，全省共29个食品药品检验所，1个省所，21个市（州）所（含口岸所），7个县所，编制总数1015人，办公业务用房面积5.35万平方米。

第五节　特殊药品与进出口药品监管

一、特殊药品监管

20世纪50年代初，国家在禁止鸦片的同时，加强对麻醉药品的管理。1950年11月2日，卫生部公布了经政务院核准的《管理麻醉药品暂行条例》及《管理麻醉药品暂行条例施行细则》，规定：麻醉药品的种植、制造、输入、供应和使用统一由卫生部会同内务部、贸易部等组织设立的麻醉药品管理委员会管理。

1953年，四川各地区卫生院建立麻醉、剧毒药品管理小组，对特殊药品实行专柜、专账管理。1959年，四川省卫生厅发布《关于加强麻醉药品的管理，严禁擅自生产和销售麻醉药品的通知》，规定：使用麻醉药品的医务人员，必须经四川省卫生厅批准；使用的麻醉剧毒药物必须经过卫生行政机构审查。

1963年5月，卫生部、化学工业部、财政部、商业部、公安部发出《关于加强麻醉药品管理、严防流弊的联合通知》。1964年4月20日，卫生部、商业部、化工部发布《管理毒药、限制性剧药暂行规定》。

1965年，四川执行1964年12月7日卫生部、商业部发布的《管理毒性中药的暂行办法》，对砒石（红、白砒）、汞、生白附子、生马钱子、生川乌、生草乌、天雄、斑蝥、葛上亭长、地胆、红娘子、生巴豆、生半夏、生南星、生狼毒、生藤黄、生甘遂、洋金花、闹羊花等30多种中药和中成药，规定了使用范围和最大限量。

1966年1月27日，卫生部、化学工业部、商业部发出《关于麻醉药品和使用问题的通知》，规定：各级医疗单位（包括厂矿、地质勘探、林业、水利工程、大专院校、巡回医疗队等）因经常进行手术（包括绝育手术）、医疗急救确实需要麻醉药品，具有使用条件并能正确掌握使用的，经省（自治区、直辖市）卫生厅、局审查批准，准予使用麻醉药品；个体开业医生一律不供应麻醉药品；麻醉药品购用的限量不变，但县以下医疗单位供应的品种数量不宜过多，使用上更要严加管理。

1979年，国务院重新颁布《麻醉药品管理条例》和管理细则，四川省认真贯彻执行“两个办法”，在发展麻醉药品生产、改进经营管理、方便医疗使用等方面取得一定成绩。四川各地区对药店进行整顿，对各医疗卫生单位对麻醉药品实行专柜、专人、专账、专册登记、专用处方的“五专”管理；对西药中的苯丙胺、三氧化二砷等10多种一类毒药，只限于供给医疗单位配方使用，其处方权放到医师一级。对毒毛旋花子K（G）针剂、盐酸麻黄素碱、安钠咖针（片）剂等20多种二类毒药，可由医疗门市部零售，但购买者必须持医师处方笺方能发售。每次处方各类毒药不能超过1日剂量，限制药不能超过2日剂量。同年6月30日，卫生部、国家医药管理总局发布的《医疗用毒药、限制性剧药管理规定》，要求各药厂生产毒、限剧药，每个品种都必须报经省（自治区、直辖市）卫生局审核批准。属于第一类中的毒、限剧药的生产由国家医药管理总局，或省（自治区、直辖市）医药管理局统一安排计划，下达有关指定的药厂生产。各生产厂和医疗单位生产和配制毒、限剧药，必须由熟悉医药专业人员负责生产配制和质量检验，并建立严格的管理制度，采取有效措施，严防与一般药品发生混药事故。毒性中药的收购、经营由各级药材公司负责。凡需加工炮制的毒性中药，必须遵照《中华人民共和国药典》和各省（自治区、直辖市）关于加工炮制的有关规定和中医用药的要求进行，符合药用者方可使用。药厂按计划生产的毒、限剧药，应全部交医药供应部门收购，药厂不得自行销售，也不得擅自配制成药。医疗单位所需毒、限剧药，按固定供应渠道采购，或凭医疗单位证明信方可供应，合作医疗站及红医站需要毒、限剧药时，需经所在县卫生局，根据赤脚医生、红医工的业务技术水平审批，规定品种范围建立固定供应关系，未经审批者不得供应和使用，如更换赤脚医生、红医工时，应重新办理审批手续。

1980年11月，农业部、卫生部、国家医药管理总局发出《兽用麻醉药品的供应、使用、管理办法》，规定兽用麻醉药品只能用于畜、禽医疗、教学和科研上的正当需要，严禁以兽用名义，给人使用。

1985年5月实施《中华人民共和国药品管理法》后，四川各地区进一步加强了特殊药品监督管理。1986—1990年，四川各地区卫生局依照《中华人民共和国药品管理法》，对麻醉药品加强“五专”① 管理，对毒、剧药品实行“三专”② 管理。对晚期癌症病人使用麻醉药品，实行核发“镇痛专用麻醉药品供应卡”制度。如违法转让、伪造供应卡，由卫生执法人员依法查办。

1985年，中国加入联合国《1961年麻醉品单一公约》。1987年8月29日，卫生部通知，罂粟碱、阿扑吗啡和烯丙吗啡不再列入麻醉药品管理范围，所有医疗单位均可使用，其在医疗使用中均按普通药品处方供应。

1988年11月15日，国务院颁布施行《医疗用毒性药品管理办法》（以下简称《办法》）。《办法》规定，毒性药品年度生产、收购、供应和配制计划，由省、自治区、直辖市医药管理部门根据医疗需要制定，经省（自治区、直辖市）卫生行政部门审核后，由医药管理部门下达给指定的毒性药品生产、收购、供应单位，并抄报卫生部、国家医药管理总局和国家中医药管理局。生产单位不得擅自改变生产计划，自行销售。药厂必须由医药专业人员负责生产、配制和质量检验，并建立严格的管理制度，严防与其他药品混杂。毒性药品的收购、经营，由各级医药管理部门指定的药品经营单位负责；配方用药由国营药店、医疗单位负责。其他任何单位或者个人均不得从事毒性药品的收购、经营和配方业务。凡加工炮制毒性中药，必须按照《中华人民共和国药典》或者省（自治区、直辖市）卫生行政部门制定的《炮制规范》的规定进行。药材符合药用要求的，方可供应、配方和用于中成药生产。医疗单位供应和调配毒性药品，凭医生签名的正式处方。国营药店供应和调配毒性药品，凭盖有医生所在的医疗单位公章的正式处方。每次处方剂量不得超过2日剂量。科研和教学单位所需的毒性药品，必须持本单位的证明信，经单位所在地县以上卫生行政部门批准后，供应部门方能发售。群众自配民间单、秘、验方需用毒性中药，购买时要持有本单位或者城市街道办事处、乡（镇）人民政府的证明信，供应部门方可发售。每次购用量不得超过2日剂量。同年12月，国务院颁布《精神药品管理办法》，对精神药品的生产、供应、运输、使用、进出口等作出规定。

1989年，全国人大常委会批准中国加入《联合国禁止非法贩运麻醉药品和精神药物公约》。同年1月13日，卫生部颁布并实施《放射性药品管理办法》，规定：卫生部主管全国放射性药品监督管理工作。能源部主管放射性药品生产、经营管理工作。放射性药品的国家标准，由卫生部药典委员会负责制定和修订，报卫生部审批颁发。放射性药品的检验由中国药品生物制品检定所或者卫生部授权的药品检验所承担。1992年，卫生部药政局、能源部同位素管理办公室联合发出《关于放射免疫分析药盒品种整顿的通知》，四川省根据要求开展整顿工作。

1991年2月，省卫生厅联合省公安局、省环境保护局转发《卫生部、公安部、国家环境保护局关于印发〈放射性药品使用许可证〉申请表和许可证申领办法的通知》，对需领取“放射性药品使用许可证”的医疗单位作出具体规定和要求，有效确保操作人员安全和病人用药安全准确。同年4月，国家医药管理局和卫生部发布《关于麻醉药品、一类精神药品经营管理的若干补充规定》，解决了经营单位变更名称、老产品处理、运输等问题，对省（自治区、直辖市）医药公司代签合同、查询手续等也进行了明确规定。同年4月，卫生部下达《关于在我国开展“癌症病人三级止痛阶梯治疗”工作的通知》。四川省开展并推广三级止痛阶梯治疗法。为满足癌症病人对镇痛药的合理需求，

---

① “五专”，即专人负责、专柜加锁、专用账册、专册登记、专用处方。
② “三专”，即专人负责、专柜加锁、专用账册。

卫生部对麻醉药品供应政策的调整及麻醉药品新品种的开发都提出具体举措。1993 年 5 月 14 日，卫生部印发《癌症三级止痛阶梯疗法指导原则》，四川执行规定，要求各级医疗单位对癌痛的性质和原因作出正确的评估后，根据病人疼痛的程度和原因适当地选择相应的镇痛剂。四川省各市、县级医院麻醉药品已保证供应并需凭医生处方领取，包括口服氨酚待因、可待因、吗啡及二氢埃托啡等阿片类药物。吗啡、杜冷丁和二氢埃托啡用麻醉药品专用的红色处方，氨酚待因用普通处方。

1991 年 7 月 1 日，卫生部、国家医药管理局下发的《咖啡因管理规定》指出，咖啡因属第一类精神药品，是国家指令性计划品种之一。咖啡因原料由卫生部会同国家医药管理局指定药品生产企业定点生产，其他任何单位及个人不得生产。咖啡因原料年度生产计划（包括供应出口）的制定和调整委托中国医药工业公司汇总和提出建议草案，报卫生部药政管理局和国家医药管理局计划司审核后，由卫生部会同国家医药管理局联合下达。未经批准各生产企业不得擅自改变生产计划。将“咖啡因粉剂”列入麻醉药品供应渠道经营。购买咖啡因需向省（自治区、直辖市）及计划单列市卫生厅（局）和医药管理局（总公司）提出申请，审核同意发给购用证明后方可购买。同年 9 月，四川省卫生厅、四川省医药管理局转发卫生部《关于下发〈咖啡因管理规定〉的通知》，进一步加强咖啡因的生产、供应、使用及进出口单位的管理，保证医疗、科研、工业以及出口贸易的需要，并防止滥用、流通等非法用途。

1992 年 1 月 28 日，卫生部药政局在北京召开麻醉药品、精神药品 1992 年管理工作座谈会。按照会议精神，四川省卫生厅要求各市（地、州）结合各地实际情况对麻醉药品管理进行一次全面检查。检查内容包括：各级医疗单位对《麻醉药品管理办法》的贯彻执行情况，重点在县（含县）以下医疗单位，有无因非法使用、乱开处方导致成瘾的；有无规章制度不全利用职权非法买卖、盗窃麻醉药品等。

麻黄素是 1988 年《联合国禁止法贩运麻醉药品和精神药物公约》（简称“八八公约”）管制的品种，是国家化学医药指令性计划产品之一，可作为生产去氧麻黄素的原料。中国是“八八公约”的缔约国，又是生产、出口麻黄素的大国，面对国内外非法生产和贩卖去氧麻黄素的严峻形势以及国际社会的呼吁，加强麻黄素生产经营管理，对麻黄素的进出口实行准许证制度，禁止生产去氧麻黄素，防止其进入非法渠道。1992 年 8 月，四川省医药管理局转发国家医药管理局《关于印发〈麻黄素管理暂行规定〉的通知》，对麻黄素的生产、销售、价格、罚则作了详细规定，并将四川省医药工业公司、成都市医药工业公司和重庆市医药供销公司列入麻黄素定点经营企业。1996 年，卫生部印发《关于加强麻黄素管理通知》，规定自 1997 年 1 月 1 日起将麻黄素原料列为一类精神药品进行管理。

盐酸二氢埃托啡（含片）系中国 20 世纪 90 年代开发的麻醉性镇痛新药，属于麻醉药品管理品种。1993 年 4 月 1 日起，经四川省卫生厅批准的麻醉药品经营单位可以经营，其他任何药品经营单位和个人一律无权经营。但是，盐酸二氢埃托啡可作为吸毒者服用和注射的毒品。为加强对盐酸二氢埃托啡的管理，保证医疗正当使用，制止滥用行为，防止流弊，四川省卫生厅于 1993 年 8 月发出通知，要求各地要责成所辖区内经营、使用盐酸二氢埃托啡的单位认真进行一次自查；严禁将盐酸二氢埃托啡作为毒品吸食或注射；对违反规定者严肃处理。

20 世纪 80 年代后期，由于境外毒品渗入，中国部分地区出现滥用阿片或海洛因问题。为更好开展对吸毒者的戒毒治疗工作，卫生部于 1993 年 8 月出版《阿片类成瘾常用戒毒疗法的指导原则》一书，四川省于同年12月组织开展戒毒治疗工作，并举办学习班。

1994年初，卫生部发布《医疗单位“麻醉药品精神药品计划供应办法”的通知》和《关于发布〈癌症病人申领麻醉药品专用卡的规定〉的通知》。四川各地区对全区医疗单位购用计划及各麻醉、精神药品经营单位供货工作制定了具体意见。有关药厂将用于中度、重度止痛的安度芬片、达宁片、盐酸吗啡控释片、硫酸吗啡控释片提供医疗单位使用。为此，国家对生产麻醉药品所需药用罂粟的种植制定了具体办法。精神药品1994年7月15日之后实行计划供应。癌症患者实行核发“麻醉药品专用卡”制度。“专用卡”有效期在2002年9月1日前为1个月，在此日期后为2个月。此卡连续使用6个月后，须凭医疗机构的复诊证明更换新卡。同年5月，国家医药管理局、卫生部印发《关于加强天然咖啡因管理的通知》（以下简称《通知》）。根据《通知》要求，四川省各市（地、州）医药管理局会同卫生局对所辖地区进行一次检查，要求凡未经国家批准擅自生产天然咖啡因的单位，必须立即停止生产；已生产的产品，就地封存，防止流弊，并将查出的单位及数量上报省医药管理局、省卫生厅。

1995年1月，卫生部下达《关于重申吗啡及其制剂管理问题的通知》，指出：吗啡及其各种制剂均为麻醉药品，对进口硫酸吗啡控释制剂的经营作了具体规定，并要求各级医疗单位根据《癌症三级止痛阶梯疗法指导原则》购用吗啡，并禁止发布商业性广告。同年4月，卫生部要求各医疗单位从广州市精神病院违反规定擅自配制盐酸二氢埃托啡注射液、丁丙诺啡注射液，调拨和转售给其他医疗单位使用这一案件中吸取教训，四川省立即组织开展一次对医疗单位麻醉药品管理情况的检查，检查的重点是医疗单位戒毒用麻醉药品的管理。切实加强麻醉药品、精神药品的管理，特别是戒毒用麻醉药品的管理，在组织上制度上采取切实有效的措施，防止类似事件发生。

1995年，在吉林、河南、江苏、四川、河北、广西、山西等地连续发生麻醉药品经营单位被盗案件，个别地区还发生了抢劫麻醉药品案件。这些案件的发生与当地吸毒、贩毒犯罪活动有密切相关，表明吸毒、贩毒分子已将麻醉药品经营单位作为索取毒品的重要目标。同时，也反映出部分麻醉药品经营单位在管理方面疏忽失控，防护设施不牢固，给不法分子以可乘之机。为防止麻醉药品被盗、丢失，进一步加强麻醉药品管理。同年10月，国家医药管理局、卫生部下发《关于加强麻醉药品经营管理的紧急通知》，四川省采取措施，要求对辖区内现有的麻醉药品二级经营单位（含麻醉药品中转站）按照验收条件进行整顿，组织验收；确定四川省医药公司为省级麻醉药品中转站，专门负责辖区内麻醉药品中转、调拨、调剂余缺及统计报表工作。麻醉药品中转站不得将麻醉药品直销医疗单位；麻醉药品二级经营单位发生丢失、被盗案件后，要按规定逐级上报案件发生情况，同时暂停麻醉药品经营业务。

1996年1月，国家医药管理局综合经济司、卫生部药政管理局在北京召开麻醉药品、精神药品管理工作座谈会。11月，国家医药管理局综合经济司、卫生部药政管理局在山东省青岛市召开咖啡因管理工作会议，对麻醉药品的管理和使用中的问题作出要求，并明确了执行办法。

1997年2月，为加强放射性同位素生产、销售、使用等环节的管理，严格依法监督，防止放射事故的发生，根据1995年12月“全国放射事故管理规定”宣传贯彻会议精神，以及1996年卫生部卫生监督司先后两次与中国核工业总公司，对中核总系统的放射性同位素生产、销售等单位进行执法检查情况，卫生部制发《关于加强放射性同位素销售、使用监督管理的通知》。四川省按要求对其辖区内的放射源生产、销售、使用等单位进行了一次全面核查，对违法案例，按《放射性同位素与射线装置入射防护条例》有关规定严肃处理，有效杜绝不法分子擅自销售、使用放射源。同年 11 月，四川省按卫生部《核发〈放射性药品使用许可证〉验收细则》要求做好换证工作，并规定：凡使用放射性药品的医疗单位，先向单位所在地的市（地、州）卫生局提出申请，并附验收细则要求应提供的资料，委托市（地、州）卫生局会同当地环保部门进行检查验收。检查验收结束后，由四川省卫生厅统一送省环保部门加具意见后退回四川省卫生厅审核发证；凡未取得“放射性同位素工作许可证”的医疗单位，不受理核发“放射性药品使用许可证”申请；经四川省卫生厅审核发了“放射性药品使用许可证”的医疗单位，应将原许可证交所地在市（地、州）卫生局。1997 年以来，少数单位未经批准擅自生产、使用和进口放射性药品。国务院办公厅发出《关于继续整顿和规范药品生产经营秩序加强药品管理工作的通知》，卫生部药政管理局于 1997 年在全国开展放射性药品生产、使用和出口的监督检查。四川省按《中华人民共和国药品管理法》《放射性药品管理办法》规定，加强查处力度，在全省重点检查生产、使用无放射性药品生产批准文号的单位和擅自进口放射性药品的单位；将放射性药品的监督列入年度的工作计划，加强日常的检查力度。

同年 12 月 1 日，卫生部、国家医药管理局发布《咖啡因管理规定》，并于 1998 年 1 月 1 日起施行。四川省医药管理局、四川省卫生厅按照规定，通知辖区内有关药品生产企业、工业企业及医疗单位、药品经营企业认真贯彻执行：符合《咖啡因管理规定》第十一条“咖啡因购用证的发放范围”的单位，可到省医药局购买咖啡因购用证明。药品生产企业需提供省卫生厅批准生产咖啡因复方制剂审批文件复印件；其他经上级主管部门批准使用咖啡因的单位需提供省级以上主管部门审批文件，并由其省级部门在咖啡因购用证明上签具意见；医疗单位需提供省卫生厅核发“制剂许可证”复印件及市（地、州）卫生局对其品种注册等情况的审核意见；科研单位因科研需购咖啡因，应先向省卫生厅提出申请，经转报卫生部药政局审批同意后，方可按规定的程序办理购买咖啡因手续；四川省医药工业公司为卫生院、国家医药局指定咖啡因定点经营单位，负责承担全省咖啡因使用单位的供应工作，其他各麻醉药品经营单位不得经营咖啡因。

1998 年 1 月，卫生部药政管理局、国家医药局综合经济司在北京召开麻醉药品、精神药品管理工作座谈会。会议研究了 1998 年麻醉药品、精神药品年度生产计划及管理工作。卫生部、国家医药管理局于 1995 年 10 月发出《加强麻醉药品经营管理的紧急通知》，要求各地开展对二级麻醉药品经营单位的调整整顿验收工作。

2003 年，开展全国性二类精神药品专项检查，按四川省药品监督管理局的统一安排，各地区药监局依据《精神药品管理办法》，按省药品监督管理局制定的专项检查工作方案，全面组织实施全省的精神药品专项检查。

2004 年 4 月，四川省卫生厅按照《中华人民共和国传染病防治法》《中华人民共和国传染病防治法实施办法》及卫生部《关于加强预防性生物制品使用管理的通知》要求，针对一些医疗卫生单位和个体诊所违规使用、违法购销预防性生物制品，四川省发出《进一步加强全省预防用生物制品使用管理的通知》，加强对预防性生物制品使用、管理的违法违规行为的查处力度，严格疫苗的供应管理，进一步规范疫苗接种工作，开展预防性生物制品使用管理的专项检查。

同年，四川省完成了全省医疗机构“放射性药品使用许可证”换、核发工作。通过成立换、核发工作领导小组，在全省开展“放射性药品使用许可证”换、核发工培训工作，组织自查和现场检查，与有关部门配合共同完成了全省“放射性药品使用许可证”换、核发工作，发放“放射性药品使用许可证”的医疗机构共计为68家，其中一类39家、二类20家、三类9家。

2005年2月，省食药监局依据《中华人民共和国药品管理法》《药品管理法实施条例》《麻醉药品管理办法》《精神药品管理办法》等法律、法规，制定了《四川省特殊药品突发重大安全事故应急预案》，进一步加强对特殊药品的安全监管，有效预防和及时控制特殊药品在运输、贮存、销售和使用环节中安全事故的发生。同年6月，国家食品药品监督管理局下发《关于对特殊药品和血液制品生产企业实施重点监管的通知》，根据该文件精神，省食药监局制定了《四川省食药监局重点监管血液制品、疫苗及特殊药品生产、经营企业责任制》，明确由省食药监局组织跟踪检查血液制品及疫苗生产、经营企业执行有关法律、法规情况，对血液制品生产企业原料血浆来源及质量的控制情况，企业对菌毒种的管理工作，血液制品、疫苗制品、特殊药品的来源、储存等管理情况，去向等情况，企业管理软、硬件是否符合要求，企业内部管理制度落实情况，建立重点监管企业信用信息档案。同年11月1日，《麻醉药品和精神药品管理条例》颁布实施，对药品监督管理部门和卫生行政部门在医疗机构购买和使用麻醉药品和精神药品方面的职能进行了调整。同月14日，卫生部制定并实施《医疗机构麻醉药品、第一类精神药品管理规定》，对麻醉药品、第一类精神药品的管理机构和人员、采购和储存、调配和使用、安全管理作出具体规定，进一步加强和规范医疗机构麻醉药品、第一类精神药品使用管理，保证临床合理需求，严防麻醉药品、第一类精神药品流入非法渠道。2004—2005年，省食药监局依法强化对麻醉药品、精神药品的监督管理，认真落实国务院“下大力气整顿基层特殊药品市场秩序”要求，对全省范围内医疗机构特别是县级以下基层使用单位麻醉药品、精神药品使用的全过程，认真开展拉网式检查；同时，组织各市（州）食药监局对未通过药品GMP认证的药品生产企业现存特殊药品情况进行认真清查和登记，确保了特殊药品的安全使用。

二、进出口药品监管

1991年7月，卫生部印发《关于进口药品应严格执行〈药品管理法〉及〈进口药品管理办法〉规定的通知》，提出加强对进口药品的审批、注册和监督管理工作。对不符合《中华人民共和国药品管理法》及《进口药品管理办法》规定的，国务院卫生行政部门授权的口岸药品检验所不得接受报验，一切后果由药品进口单位负责。调拨、使用未经检验合格的进口药品，按《中华人民共和国药品管理法》规定进行查处。要积极与各海关配合，严格按卫生部、海关总署关于“凭口岸药品检验所在进口货物报关上加盖‘已接受报验’的印章放行”的规定执行。

1993年2月，为进一步加强对进口药品的监督管理工作，四川省卫生厅转发卫生部药政局答复广东省药品检验所提出的关于进口药品合同质量标准执行问题的函，明确规定：进口药品符合合同规定的质量标准，但合同质量标准中未列入或虽列入，但标准低于中国药典或卫生部部颁标准的项目，均按中国药典或卫生部部颁标准规定执行。同月，为制止不法贸易公司及制药厂商为推销伪劣药品，对药品检验报告书进行涂改，甚至伪造，使一些未经口岸药品检验所检验的药品流入国内市场，造成市场管理混乱，进一步加强对进口药品的监督管理，保证人民用药安全有效，卫生部特对《进口药品管理办法》进行修订。新修订的《进口药品管理办法》规定：国内药品生产企业、药品经营企业和医疗单位在采购进口药品时，应向进口单位索取口岸药检所出具的《进口药品检验报告书》或复印件，为承担售后的责任，该复印件必需盖有复印的红色印章方可生效。同年，卫生部制定的《关于进口药品在中国进行分装的规定》指出，进口外国药品在中国进行分装并销售使用的品种，主要为在中国尚没有生产的品种，或国内虽有生产但还不能满足临床需要的品种。进口外国药品在中国进行分装，国内分装企业必须与持有中国进口药品注册证的外国药品生产企业签订合同或协议，并被授权使用其商标。进口外国药品在中国进行分装并在国内销售使用的，由进行分装的药品生产企业向所在地卫生厅（局）提出申请并报送有关资料。同时，提供药品的外国药品生产企业也要向中国卫生部提出由中国药品生产企业进行分装的申请，该申请交由国内申请者与有关资料一并送所在地卫生厅（局）。经卫生厅（局）对所提申请及资料审查合格后，报卫生部药政局审批。审批同意后，发给批准文号。分装后的药品包装、标签及说明书必使用中文，也可同时加注外文。国外大包装制剂的进口检验按卫生部《进口药品管理办法》执行，分装后的产品经分装企业质检部门检验合格后方可出厂。药品管理部门要进行监督，检查和检验。提供药品的外国药品生产企业对分装后的终产品负有质量上的责任。凡进口的药品尚需在中国进行必要的制剂加工过程的，按照新药审批有关规定办理。凡持“一次性进口药品批件”所进口之药品或通过某种中介购得的外国大包装制剂而非外国药品生产企业订立合同者的申请均不予受理。接受外国药品生产企业的委托，采用其提供的制剂和包装材料在中国进行分装，但不在国内销售使用的，由进行分装的国内药品生产企业向所在地卫生厅（局）申请批准。全年，四川省中西药出口比1979年增长近5倍，年递增19%。

1998年10月，为确保群众用药安全有效，针对“菌必治”在药品流通领域中的混乱状况，国家药品监督管理局发出《关于查处进口假药“菌必治”的通知》（以下简称《通知》），四川省按《通知》规定立即组织各市（地、州）进行进口假药“菌必治”的查处。

2005年11月18日，成都国家医药出口基地被商务部正式认定为国家级出口基地。

1986—1991年四川省医药外贸进出口总值统计表

表2－10

年份	出口总值（亿元）	进口总值（万美元）	年份	出口总值（亿元）	进口总值（万美元）
1986	1.26	255	1989	2.47	—
1987	1.03	—	1990	2.33	—
1988	3.00	—	1991	2.71	956

第六节　医疗机构配制制剂与药械购销管理

在中国约有80%的药品是通过医疗机构用于医疗，所以医疗机构制剂与药械购销管理工作对群众防病治病以至全社会健康水平的提高，有着直接的影响。为贯彻实施《中华人民共和国药品管理法》，加强医疗机构采购药品和药械的管理，保障患者用药安全，卫生部先后下发《关于加强医院用药管理的通知》《关于颁发〈医院药剂管理办法〉的通知》《关于加强医疗单位药品采购管理工作的通知》《关于重申“加强医疗单位药品采购管理工作”的通知》，对规范医疗机构药品和药械采购行为发挥了积极作用。

1984年颁布的《中华人民共和国药品管理法》以及1989年颁布的《药品管理法实施办法》均

规定，医疗单位配制制剂必须经所在省（自治区、直辖市）卫生行政部门审查批准，并发给“制剂许可证”。自《中华人民共和国药品管理法》颁布实施以来，医疗单位配制制剂的监督管理工作，逐步实现法制化、规范化。

1991年9月22—27日，全国医院药剂管理工作研讨会在重庆召开。这是中华人民共和国成立以来由卫生部首次召开的一次会议。会议探讨了医院药剂工作模式及发展方向，并明确了新形势下的基本任务。会议认为，要加快提高医院药剂工作管理水平，尤其在质量管理方面，要朝着标准化、规范化方向日趋完善；加强医院制剂管理，推行医院制剂的规范化、标准化，保证制剂质量，以《中国医院制剂规范》作为控制质量的依据；加快临床药学的研究工作，逐步建立起全国药品不良反应报告系统；认真贯彻《中华人民共和国药品管理法》及《医院药剂管理办法》，抓好法制教育，依法管药，防止伪劣药品、疗效不确的滞销药品流入医院；抓好医院药剂队伍的建设，要医药并重，以保证医院医疗整体水平的提高。

1994年，一些医疗单位违反《中华人民共和国药品管理法》，擅自配制制剂或使用未经批准和注册地制剂，并进行销售或变相销售；利用专家门诊、专科门诊，销售使用未经批准的非本单位配制的制剂和其他未经批准的制剂，从中牟利；在药剂科（室）、同位素室（核医学室）以外的科室非法配制制剂；擅自进行或接受新药临床试验和验证，销售使用正在临床试验或验证的新药；擅自配制生物制品类制剂；等等。针对以上情况，同年7月2日，卫生部下发《关于加强医疗单位配制制剂监督管理的通知》，四川省认真贯彻并要求各地要对所辖区内的医疗单位配制制剂的情况进行检查。凡未按规定注册审批或虽已注册审批但未按批准的标准及制剂规范配制的品种，医疗单位要立即停止配制和使用。医疗单位配制的制剂，必须坚持供本单位临床使用的原则，不得以“联合办医”或在院外开设“专家”“专科”门诊，将医院制剂提供给院外使用。个体开业行医不得配制制剂。各医疗单位及个体开业行医者不得接受以任何方式推荐、推广使用的未经卫生部或省级卫生行政部门批准并取得药品批准文号的药品，违者按使用假药查处。

1995年5月，为加强对医疗机构采购药品和配制制剂的监督管理，按国务院《关于进一步加强药品管理工作的紧急通知》和“部分省市加强药品管理工作会议”精神，四川省卫生厅发出《关于进一步加强医疗机构采购药品和配制制剂监督管理的通知》，要求各地要督促有关单位认真学习《中华人民共和国药品管理法》《药品管理法实施办法》《医院药剂管理办法》等法律法规。各医疗机构坚持从合法的药品经营渠道购药，不得从非法药品经营单位和个体药贩手中购药，尤其是区乡基层医疗机构。医疗机构配制制剂，必须具备与所配制制剂相适应的药学技术人员及能保证制剂质量的设施、检验仪器和卫生条件，并按规定取得“制剂许可证”。医疗机构配制制剂的品种，应只限于本单位临床和科研需要而市场上没有供应或供应不足的药物制剂，且必须按有关规定注册审批后方可配制。医疗机构配制的制剂，必须坚持仅供本单位临床使用的原则，不得变相销售或以其他方式，如联合办医、利用对外开设的专家、专科门诊等变相销售。各医疗机构要严把制剂的质量关，严格执行操作规程、质量检验和卫生制度，对所配制的制剂的单位和个人，必须严格按规定处理；问题严重的除追究单位负责人责任外，还要追究直接责任人的责任。

1996年，在全国和全省整治药品购销中的回扣违法行为工作电话会后，各地先后成立整治药品回扣领导协调小组。省医药管理局深入企业开展自查自纠。据统计，全省240多家药品生产企业，4406家药品批发企业，自查面达97%以上。省级医药企业抽查面达100%，地方各级医药企业抽查面达 30% 以上。

1998 年，为进一步加强医疗单位药品的管理，解决医疗单位药品采购管理工作、使用等方面存在的问题，四川省发出《关于加强医疗单位药品管理的通知》，要求各级医疗单位必须严把药品采购关，必须从合法的药品生产、经营企业购进药品。严禁从非法药品生产、经营单位和个人以及非法药品集贸市场购进药品。购进药品的品种、数量、价格、合同、发票等必须记录在案并保留备查。临床用药必须坚持根据病情，充分考虑患者的经济承受能力合理用药。严禁大处方、“搭车”开药等现象的发生，切实减少浪费，减轻国家及病人的负担。各级医疗单位要加强对药品质量的管理，严禁购进和使用假劣药品，不得以任何理由和名义在临床使用未经批准生产的药品和配制的医院制剂。各级医疗单位要认真执行国家有关价格管理的法律法规和政策，特别是国家计委《药品价格管理暂行办法》以及《药品价格管理暂行办法的补充规定》，努力提高医疗技术服务水平，降低药品在医疗服务费用中所占的比例。

2000 年 5—8 月，按国务院体改办等部门《关于城镇医药卫生体制改革的指导意见》和卫生部《关于加强医疗机构药品集中招标采购试点管理工作的通知》精神，进一步落实《医疗机构药品集中招标采购试点工作若干规定》《药品招标代理机构资格认定及监督管理办法及有关事项》要求，四川省采取积极贯彻措施，要求各地有关部门从全局出发，通力合作，积极组织推动并认真规范药品集中招标采购试点工作。卫生行政主管部门负责药品集中招标采购工作的组织管理和监督工作，实行分级管理、分级负责原则。四川省卫生厅成立药品集中招标采购领导小组，指导全省和组织管理省级医疗卫生单位药品集中招标采购工作。领导小组下设办公室，挂靠厅计财处，负责日常工作。各市（地、州）卫生局应尽快成立药品集中招标采购领导小组及其办公室。药品集中招标采购方式，坚持公开、公平、公正的原则，积极引进竞争机制，降低药品虚高价格，杜绝假劣药流入医疗机构，切实减轻患者和社会的不合理医药费用负担。在国家药品管理局和卫生部未下发药品集中招标采购代理机构资格认定的管理办法前，实行医疗机构自身组织招标和多个医疗机构联合招标，以公开招标为主，邀请招标、竞争性谈判、询价采购为辅。招标采购范围：纳入职工医疗保险报销目录的常用药及其他临床使用量比较大的药品。急救、麻醉等特殊药品不纳入招标范围由单位自购。试点工作从 2000 年 9 月 1 日起进行。省级医疗机构试点期间，先将纳入职工医疗保险报销目录的抗生素、解热镇痛类药品集中招标采购。各市（地、州）亦可按此方法进行。

2001 年 2 月 28 日修订的《中华人民共和国药品管理法》确立了药品监督管理部门对医院制剂监管的主体资格。截至 2002 年底，四川为 329 家医疗机构换发“医疗机构制剂许可证”，比换证前减少 41%。

同年 9 月，四川省出台的《四川省医疗卫生机构一次性使用无菌医疗用品管理暂行规定》要求：医疗卫生机构应从合法生产和经营企业购进一次性使用无菌医疗用品，县以上医疗卫生机构应由药械管理科室统一集中采购，使用科室不得自行采购；县级以下医疗卫生机构由县（区）卫生行政部门委托中心卫生院等医疗机构统一集中采购；企事业单位、机关、学校、团体所办的医疗卫生机构和中外合资、外资医疗卫生机构的采购也采取以上规定执行。在采购时应查验和索取有关证件、验收合格、核对无误后方可入库，并对产品来源登记造册。同年 11 月 13 日，国家药品监督管理局办公室、卫生部办公厅、国家中医药管理局办公室《关于进一步加强医疗机构药品采购管理工作的通知》下达后，四川省各级卫生行政部门和药品监督管理部门组织辖区内的医疗机构认真学习，增强法制观念，提高诚实守信的经营意识。

图 2—10　2002 年，全省打击制售假劣药品医疗器械违法犯罪专项行动电视电话会召开

2003 年，四川省采取八项改革措施推进药品集中招标工作，即：改部门协调管理为政府综合管理；改各地分散招标为全省统一招标；改所有品种招标为选择性招标；改中介与平台一体为取消中介、平台监控；改价格不一为全省价格统一；加强中标药品配送工作；加强对医疗机构药品使用的管理；完善制度建设和强化监管。据统计，实施集中招标采购后，中标药品的临时零售价与零售价相比平均下降了 22.13%，群众真正得到了实惠，并受到卫生部好评，全国其他地方到四川考察学习。

2004 年，四川省成立全省药品集中招标采购交易监督管理中心，完善了医药电子商务交易平台，制定下发《中标药品合同数量签订管理办法》《首营药品和新生产药品管理制度》《四川省卫生厅关于加强医疗机构中标药品使用管理意见》《挂网采购药品原则》《挂网采购药品实施办法》，并协助省物价局完成中标药品顺加作价办法，进一步完善医疗机构药品集中招标采购。

2005 年 7 月，根据《中华人民共和国药品管理法》《医疗机构制剂配制监督管理办法》的有关规定和国家药品监督管理局部署，四川省食药监局开始组织新一轮“医疗机构制剂许可证”换证工作。以换证为契机，省食药监局组织市（州）食药监局及医疗机构学习《医疗机构制剂配制质量管理规范》《医疗机构制剂配制监督管理办法（试行）》及相关的法律、法规知识，提高了医疗机构制剂配制质量安全意识，规范制剂配制管理，完善制剂配制条件，保证了制剂配制质量。通过换证工作宣传、培训和医疗机构的自查及组织现场检查，全面开展对医疗机构制剂从原料的购进、配制的工艺、卫生管理、质量管理等进行全过程的检查，对医疗制剂配制存在着原料药来源不清，包装、标签和不够规范，个别医疗机构任意更改处方工艺、质量标准、产品名称等情况进行整顿、规范和提高，顺利完成全省“医疗机构制剂许可证”换发工作。换发“医疗机构制剂许可证”181 家，缴销了 149 家不具备配制条件的医疗机构的“医疗机构制剂许可证”。

进入 21 世纪以来，四川省不断加强药物研究监管力度，全面开展监督实施《药品临床试验管理规范》（GCP）、《药品非临床研究质量管理规范》（GLP）工作。在具体工作中，四川省结合实际情况，组织专家对拟申报药物临床试验资格认定的医疗机构进行指导和帮助，召开全省药物临床试验机构资格认定工作培训会，加强 GCP 培训工作，培训药监系统及拟申报单位人员 80 人，完成了华西二院、四川省人民医院、川北医学院等 10 家医疗机构的药物临床试验机构资格认定工作的初审和上报。通过对药物安全性评价机构的指导，逐步规范药品安全性评价，推动了实施 GLP 工作。截至 2006 年底，四川全省有 3 家机构通过 GLP 认证检查，居全国首位。

第七节　药品供应与信用体系建设

一、药品供应与监督网络建设

1996年，四川省农村药品供应渠道和供应方式主要采取三种方式：一是对暂时延伸不到的偏远山区，由国有药品批发企业委托乡镇供销社供应；二是对规模较大的乡镇，由国有药品批发企业直接下伸网点供应；三是农村药品零售网点直接向农民零售药品。

为加强农村药品供应网点建设与管理工作，按1996年4月国务院办公厅《关于继续整顿和规范药品生产经营秩序加强药品管理工作的通知》提出的“加强对农村基层供药的管理，保证人民群众用药要健全、完善农村基层供药的主渠道”要求，针对农村药品市场秩序和购药渠道混乱，交通及通信不便、经济落后、网点管理水平低下等问题，省医药管理局对绵阳、攀枝花、泸州、遂宁等市（地）开展了县以下农村基层药品供应情况调查，制定了《医药商业网点布点管理办法》（以下简称《办法》）。各地医药商业企业依据《办法》规定，一方面向下延伸经营网点，加强对农村药品供应工作，一方面明确委托供销社负责药品供应。

1997年10月，四川省卫生厅决定建立四川省药品监督管理信息网络。通过四川省药品监督管理信息网络，收集每月各市（地、州）药品的抽验结果，发送全省药品抽验公告，发送有关查处假劣药品的通告，发送有关药品管理工作的其信息，逐步展开药品的监督管理综合信息交换工作。各药检系统推广使用中国药品生物制品检定所编制的软件系统，分享药检所执行药品抽验的情况，有效及时准确传递药品监督管理信息，加强药品监督管理，打击制售假劣药品的违法活动。1998年7月，四川省卫生厅发出开通药品监督管理信息网络的通知，要求各地卫生局和药检所需指定专人负责，凡有关药品监督管理的一般性文件、通知等均用电子信箱发送。省药检所负责全省药品监督管理信息网络的技术工作，统一药品检验统计报表、数据库等。

图2—11　2003年，成都市大邑县进行农村药品供应网络建设试点。图为安仁片区配送部

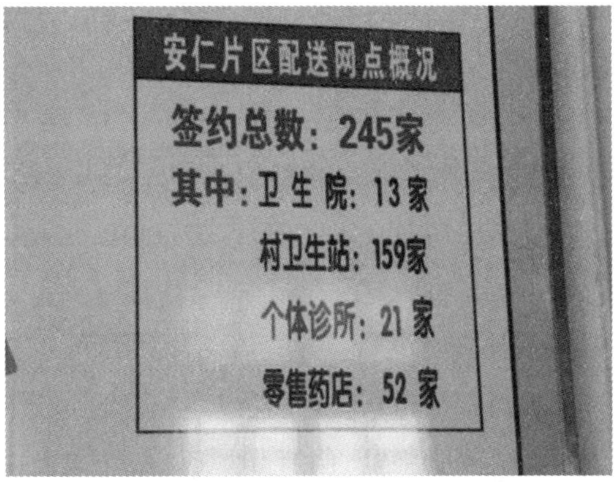

图2—12　2003年，成都市大邑县进行农村药品供应网络建设试点。图为安仁片区配送网点概况

为保证农村地区的用药需要和用药安全，初步解决农村买药难、买药贵、假药多等问题。2003年初，国家食品药品监督管理局选择了北京市、成都市、江西省和陕西省作为试点，开展农村“两

网”① 建设，即加强农村药品监督网络建设，促进农村药品供应网络建设。同年 3 月，《四川省药品监督管理局关于印发四川省农村药品供应网络建设试点工作方案的通知》下发，在全省确定都江堰、大邑、长宁等 6 个农村药品监督供应网络建设试点县。6 个试点县农村药品供应网络的覆盖面达到 100%，药品价格下降了 5%，药品抽验的不合格率下降了 4.3%。同年 6 月，成都市在全国率先开展农村药品监督供应调研和试点工作并启动新型农村合作医疗（以下简称“新农合”）工作。全市实际参合人数为 499.52 万人，参合率为 88.86%。成都市被国家药品监督管理局列为“两网”建设试点城市，尤其是都江堰市药品实行“直配制（药品集中配送制）”和“新农合”有机结合，配套实施，着力解决了农民“看病难、吃药贵”的问题。由于成都市农村“两网”建设成效显著，受到国家药品监督管理局表彰，其经验在全国推广。新华社《瞭望》杂志对四川省的农村“两网”建设工作进行了报道。同年 7 月 21—22 日，国家食品药品监管局在成都召开农村药品监督供应网络建设试点工作现场会，总结交流试点工作经验，进一步推动全国农村两网建设。国家食品药品监管局负责人一行，与来自全国农村“两网”建设 4 个试点地区及 7 个重点联系地区的药品监管局代表，参观了成都市彭州市和新都区农村药品统一配送网络，实地考察了药品配送流通企业、乡镇卫生院、村卫生站和个体诊所等各个环节的运转情况。同年 11 月 20 日，四川农村药品监督供应网络建设试点县经验交流会在安县召开，6 个试点县在会上交流了经验。11 月 25 日，四川省药品监督管理局出台了《关于全面加快农村药品监督供应网络建设工作的意见》，从 12 月开始，全省农村“两网”建设全面启动，并与 2004 年 GSP 认证成功“对接”。12 月 8—11 日，国家食品药品监管局副局长张敬礼率调研组，在四川省和成都市药品监督管理局负责人的陪同下，前往四川省绵阳市安县、成都市大邑县、温江区、新都区，开展农村药品监督和供应网络建设工作调研。

2004 年，在成都市“两网”建设成功试点的基础上，四川农村药品监督、供应“两网”建设全面铺开。四川省农村药品“两网”建设工作注重把农村医疗卫生三级网和新型农村合作医疗试点工作有机结合起来，引进西部药业、科伦医贸等优势药品流通企业参与农村供应网络建设，走出了一条适合四川实际的药品“两网”建设路子。经过 2003—2004 年两年实践，四川省摸索出了直配式、代购式、中转式、改造式、托管式、增设式 6 种成功的农村药品“两网”建设模式。至 2004 年底，全省的 181 个县（市、区）建立了 172 个药品监督网，完成百分比为 95.03%；建立了 170 个药品供应网，完成百分比为 93.92%；4923 个乡建立了 4384 个药品供应网和 4295 个监督网；54126 个行政村建立了 35006 个药品供应网点和 33214 个药品监督网。全省 93% 的县和 87% 的乡镇基本建成农村药品监督供应网络，64% 的行政村建立了药品供应网点。

同年，省食药监局确定了 10 个市（州）作为农村药品“两网”建设工作的重点联系地区，拨付了 24 万元农村药品“两网”建设专用经费，并会同省卫生厅下发《四川省个人设置的门诊部、诊所等医疗机构常用和急救药品目录的通知》，会同省物价局、省卫生厅、省工商局、省中医药管理局联合下发《关于加强监督和管理工作的意见的通知》。

2005 年 3 月，省卫生厅对农村药品“两网”建设，实行药品集中配送和药品差价率管理，使乡镇卫生院药品收入大幅度减少。省卫生厅要求，集中配送乡镇卫生院药品应引入竞争机制，建立和完善便于操作的切实可行的规章制度，以配送价格作为主要评价指标，引入信誉指标，建立考核制

① “两网”，即药品供应网络和药品监督网络。

度和动态管理，防止独家垄断；建议配送药品价格比照全省集中招标采购中标药品和挂网药品的价格，作为选择配送企业的依据；乡镇卫生院的零售价格也应比照全省中标药品和挂网药品的零售价，让农民真正得到实惠。

“十五”期间，四川省县级农村药品监督网络覆盖率达100%，乡镇覆盖率达87.24%，村覆盖率达61.4%；除凉山州、阿坝州、甘孜州等少数民族地区外，农村药品供应网络已覆盖至县乡村，县乡覆盖面达到90%以上，村覆盖面达到64.85%。四川省利用农村医疗卫生三级网络，各地因地制宜，探索创新“配送、改造、代购”等药品供应模式，逐步建立清晰、规范、可控的监督供应网络，有效保证了农村药品质量，农民用药安全有效、经济方便的效果日益显现。

二、药品安全信用体系建设

2002年，中共十六大报告提出“整顿和规范市场经济秩序，健全现代市场经济的社会信用体系”，2003年7月16日，国务院办公厅根据中共十六大提出的要求，印发《关于实施食品药品放心工程的通知》，将食品安全专项整治列为全国整顿和规范市场经济秩序工作的重中之重，加快信用体系建设、建立健全失信惩戒机制是其重要内容和措施。

2004年9月，国家食品药品监督管理局《关于印发〈药品安全信用分类管理暂行规定〉的通知》（以下简称《通知》）指出：充分运用监管手段，发挥各级食品药品监督管理部门在药品市场信用体系建设中的推动、规范、监督、服务作用，引导并推动药品市场信用体系建设健康发展，是各级食品药品监督管理部门的一项重要工作。《通知》要求：全面、规范、科学、深入贯彻实施《药品安全信用分类管理暂行规定》，推动药品市场信用体系建设的健康发展，形成规范有序的药品经营秩序，切实提高药品质量安全水平，保证人民群众用药安全有效。各省（自治区、直辖市）食品药品监督管理局（药品监督管理局）根据《药品安全信用分类管理暂行规定》精神，结合本地区实际情况，制定相应的具体实施方案并抓紧实施。《通知》还确定黑龙江省、江苏省、四川省、重庆市、内蒙古自治区、宁夏回族自治区食品药品监督管理局为药品安全信用分类管理重点联系单位。作为国家食品药品监督管理局药品安全信用分类管理的重点联系单位之一，同年，四川省食药监局印发《关于开通试运行〈四川省药品安全信用监督管理信息网〉的通知》，开通“四川省药品安全信用监督管理信息网”并启动2005年全省药品经营企业信用信息档案建档和信用评审申报工作。“四川省药品安全信用监督管理信息网”是为有关部门依法对企业进行信用档案管理、信用等级评定和信用记录信息查询及分类管理方面的行政服务，为企业经营提供合格企业资格资质身份认证、咨询和指导服务的专网。

为加强和推动四川省药品安全信用体系建设，充分保证全省药品安全信用分类管理工作健康有序地开展，合理利用资源，建立科学管理和技术支持体系，2005年5月，省食药监局下发《关于加强四川省药品安全信用体系建设工作的指导意见》（以下简称《指导意见》），明确：信用体系建设必须坚持“四个统一”① 原则，坚持以国家关于信用体系建设的“政府推动、部门联动、市场化运作、全社会参与”的长效机制为指导思想，以“四川省药品安全信用监督管理信息网”作为对外公示与服务的专网，在2005年内完成药品经营企业的安全信用评审建档工作。

① “四个统一”，即统一全省的药品企业信用信息档案数据中心，统一全省的药品安全信用评价体系，统一全省的药品安全信用信息发布和服务的网站系统，统一全省的药品安全信用奖惩分类管理制度。

同时，为进一步深入贯彻执行国家食品药品监督管理局《药品安全信用分类管理暂行规定》，积极建立符合四川省药品安全信用体系的基本框架和运行机制，确保完成省政府下达的2005年度信用建档率任务目标，顺利开展2005年度药品经营企业安全信用评级，四川省食品药品监督管理局于2005年10月下发《关于〈四川省药品经营企业药品安全信用评级办法〉征求意见的通知》（以下简称《通知》）。《通知》再次强调，各市（州）食品药品监督管理部门应加大力度，确保完成省政府下达的2005年度信用建档率任务目标；明确将药品安全信用评级评审工作与GSP认证相结合；要求各市（州）食品药品监督管理局组织讨论《四川省药品经营企业药品安全信用评级办法》，为2005年度药品经营企业安全信用评级工作做好准备。

2005年是国家食药监局推进药品安全信用分类管理工作的第一年。四川省各市（州）按照国家食药监局《药品安全信用分类管理暂行规定》和省食药监局实施方案，充分运用监管手段，发挥各级食品药品监督管理部门在药品市场信用体系建设中的推动、规范、监督、服务作用，引导并推动药品市场信用体系建设健康发展，逐步建立药品市场综合监管长效机制。

四川省达州市大竹县被确定为农村药品“两网”建设暨诚信体系建设示范县后，在国家食品药品监督管理局指导下，积极探索“两网”建设与“新农合”结合、与药品安全信用体系建设结合的新路子。大竹利用中央补助地方农村药品“两网”建设项目资金，搭建信息平台，建立健全网络管理，初步构建起了全县涉药单位信用档案，建立了协管员、信息员电子档案及“两网”电子地图，并通过网络将“两网”信息及涉药单位信用信息进行计算机管理，为政策决策，信息收集与反馈及突发事件的处理提供了有力的技术保障。该平台在清查齐二药、鱼腥草注射液等工作方面发挥了较好的作用。与“新农合”有机结合，充分利用农村卫生资源，建立和完善药品供应网点，对乡村医疗机构进行改造，改善药品储存条件，并将符合条件的药品零售连锁门店纳入“新农合”定点参保单位，有效地利用市场手段平抑药价，减少了农民用药的经济负担。

三、药械不良反应监测

药品不良反应是指合格药品在正常用法用量下出现与用药目的无关的有害反应。中国自1988年开始药品不良反应监测试点工作。

1988年，卫生部在北京、上海、广东、湖北、黑龙江等14个医疗单位开展药品不良反应监测报告试点工作。1989年，卫生部成立卫生部药品不良反应监察中心，并相继成立北京，天津、湖北、湖南等10个省级中心和解放军中心（挂靠在当地指定的医疗机构），在全国确定了第1批66个药品不良反应重点监测医院。

1998年以前，中国的药品监管分属卫生部下属的药政局、中医药管理局和国家经贸委所属的国家医药管理局。1998年，国家开始进行药品监管体制改革，把卫生部的药政局和经贸委的医药管理局合并，成立国家药品监督管理局。国家药品监督管理局成立以后，推动了药品安全监管和监测技术体系的构建，药品不良反应监测工作从此走上了快速发展的道路。同年，中国被批准成为世界卫生组织国际药品监察合作计划正式成员国，开始定期向世界卫生组织国际药品监察合作中心报告中国的药品不良反应，并从该中心获得国外同类资料。此时，中国药品不良反应监察工作除卫生部建有监察中心外，已有北京、天津、河北等8个省（直辖市）成立了地区性监察中心。

1999年，卫生部药品不良反应监察中心并入国家药品监督管理局药品评价中心，更名为国家药品不良反应监测中心。同年 11 月 26 日，国家药品监督管理局、卫生部颁布《药品不良反应监测管理办法（试行）》（以下简称《办法》），中国的药品不良反应监测管理工作步入法制化轨道。《办法》要求：凡生产、经营、使用药品的单位应根据《办法》建立相应的管理制度，设置机构或配备人员，负责本单位药品不良反应的情况收集、报告和管理工作。药品生产企业包括代理经营进口药品的单位或办事机构，有责任和义务通过不间断地追踪和监测与本企业有关的药品不良反应发生情况，并采取积极措施，确保本企业药品的安全可靠。从《办法》发布之日起，凡取得生产（或试生产）批准文号或进口药品注册证 5 年以内的药品制剂，按规定报告该药品发生的所有不良反应情况；对批准上市 5 年以上的药品制剂，报告该药品发生的严重、罕见和新的不良反应情况，包括国内外信息刊物上报道的和在国外发生的该药品不良反应。药品经营企业在按照国家药品监督管理局有关规定进行的药品经营活动中，应注意收集从本单位售出的药品发生的不良反应的反馈情况，尤其是大众自行购用的非处方药品发生的不良反应，一经发现，应按规定报告。医疗预防保健机构在防病治病的同时，应牢固树立药品不良反应的意识，要在确保人体用药安全有效的前提下，严密注视所用药品可能出现的不良反应，一经发现，应按规定报告。国家和地方药品不良反应监测专业机构是负责药品不良反应病例信息资料收集管理、分析评价、报告反馈等业务工作的技术机构，其工作程序和管理制度另行制定。各地药品监督管理部门和卫生行政部门要根据《办法》的要求，认真组织做好本地区药品不良反应监测管理工作，要注意总结经验，积极发现并提出问题和建议，不断改进和规范工作方法，提高监督管理工作水平。《办法》试行期间，要求每半年将本地区组织实施情况向国家药品监督管理局和卫生部报告。四川省认真贯彻实施《办法》。

2000 年 6 月，国家药品监督管理局召开全国药品不良反应监测工作会议，全面启动中国药品不良反应监测工作。

2003 年 7 月，四川省药品不良反应监测中心、四川省中药不良反应监测中心成立，初步形成了药品不良反应监测网络。在首届药品不良反应培训班上，世界卫生组织顾问 Martijn ten Ham 到四川省药品监督管理局讲学，并参观两个监测中心。全省各地相继成立不良反应监测分中心。

2004 年，国家发布《药品不良反应报告和监测管理办法》，明确实行药品不良反应报告和监测制度。2004—2005 年，四川进一步加强药品不良反应监测体系建设，全面开展防止抗菌药物滥用和药品不良反应监测工作。四川省药品不良反应监测工作走在全国前列。省食药监局、省卫生厅，省中医药管理局发文，对全省药品不良反应监测工作进行部署。在全省各市（州）成立药品不良反应监测分中心，在药品生产企业、经营企业和医疗机构建立了监测网点 1025 个；将每年 7 月 1—7 日定为四川省“合理用药宣传日”，加强药品不良反应知识的宣传和培训、教育活动，公众用药意识得到很大提高，药品不良反应报告数明显上升，报告质量稳步提高。同时，四川省开始探索建立医疗器械不良事件监测体系，启动医疗器械不良事件监测工作，要求各地药监部门落实人员，加强对医疗器械不良事件的监控，确保医疗器械产品的安全有效。

2005 年 7 月 1 日，省食药监局首次组织开展四川省“关注药品不良反应，促进合理用药”宣传周活动，通过电视、报刊等新闻媒体，以设立咨询台、展板、发放宣传资料等多种形式，在全省宣传药品不良反应和合理用药知识。7 月 3 日，四川省“关注药品不良反应，促进合理用药”大型宣传周活动主会场在成都市体育中心开幕。国家食品药品监督管理局药品安全监管司、四川食品药品监督管理局、四川省卫生厅、四川省中医药管理局、四川省药品不良反应监测中心的工作人员，在活动现场向群众发放有关药品不良反应的宣传资料，四川大学华西医院、成都中医药大学附属医院30余名专家参加咨询活动。7月1—7日，全省21个市（州）分别举行了集中宣传咨询活动。

同年，四川制定了《药品和医疗器械突发群体不良反应事件应急预案（试行）》《四川省特殊药品突发重大安全事故应急预案》，成立应急指挥机构。指挥机构由省食药监局局长、分管副局长担任主要负责人，成员由省食药监局药品安全监管处、药品市场监督处、医疗器械处、食品药品监督稽查总队、办公室和政策法规处负责人组成。应急指挥机构负责事件处置的领导、组织、协调工作，有效提高了药品在运输、贮存、销售和使用环节中发生安全事故后的处置能力。

截至2005年底，全省建立省、市（州）、县三级药品不良反应监测体系，评价体系和控制体系有效运转。药品不良反应报告数逐年上升。2004年，四川省上报药品不良反应监测报告2500份，其中攀枝花市食药监局上报药品不良反应监测报告248份，按人口数统计列全省第1名。2005年，四川省上报药品不良反应监测报告5828份。其中，攀枝花市食药监局全年药品不良反应监测报告数316份，医疗器械不良事件突破零，居全省前列。

第四章　医疗器械

第一节　生产与经营

民国时期，四川的医疗器械生产与经营相当落后。抗日战争全面爆发后，国民政府内迁重庆。国民政府内政部领导的民生用具厂和国民党军政部领导的陆军民生用具厂相继迁到重庆。两厂共有职工约600人，主要生产军队专用的剖腹手术刀、手术剪、镊子、刨钳，以及各类牙科器械、照光灯、医院手术室用各种灯具等。此外，也生产过消毒棉花、纱布及卫生口罩等敷料。后因日本飞机对重庆狂轰滥炸，这两个厂先后迁往合川县，合并为重庆合川卫生用具实验厂。1947年1月，国民政府卫生署将该厂大部分人员迁往上海（后成立上海医疗器械厂），留守的几十人在中华人民共和国成立后成为重庆地区医疗器械工业生产的骨干力量。

在成都，随着西医传入，一些西医医院和个体西医牙科诊所发展起来。这些医院所用的手术器械和设备绝大部分是英国、美国、法国以及加拿大等国产品。抗日战争全面爆发后，由于外货来源日见减少，市场供应不继，吸引一些掌握一般钳工技术的个体劳动者开始按图生产或根据使用者的特殊要求进行仿造或试制医疗器械，逐步形成小批量生产以满足需要，并有一些成品储备。随着业务开展，一些个体劳动者又开始生产五官科器械和眼科器械，1949年还为华西协合大学做过一些人体、人头等教学模型。

中华人民共和国成立后，由于资本主义国家对中国实行封锁禁运（药品和医疗器械被列入禁运之列），全省医疗所需药品和器械除从省外调入极少数外，供需差距很大。为打破封锁禁运，在医疗卫生部门迫切要求和支持下，一些个体劳动者和成都市铁木家具厂（后成立成都医疗器械厂）、崇庆县三江镇金属合作社（后成立崇州市医疗器械厂）、前卫医疗针社（后成立成都医疗针厂）等10多个厂、社，依靠自力更生，因陋就简，采取土洋结合，仿制和试制一些医疗器械，产品供应市场。个体劳动者经合作化后转为合作社。这些合作社、工厂还兼营其他社会需要的金属制品。1956年经过私营工商业的社会主义改造后，这些合作社、工厂大多成为全民所有制的国营企业。经过多方努力和扶持，全省形成了可仿制、修配、试制生产多规格品种，具有一定水平和一定数量的医疗器械行业。其中，以手术器械类和设备产品居多，也生产一些如医用橡胶、木制及玻璃制品。有的产品（如口腔科器械）形成各自的特色，几十年来渐有名气，颇受省内外用户欢迎。产品也逐步由来料加工到自主设计试制，由零星配套到批量生产，由单纯为满足使用者供货到国营医药部门批量收购，既部分满足了市场需要，又打破了资本主义国家封锁，为国产医疗器械的生产和研制作出了贡献。

据四川省医药公司1952—1955年收购医疗器械的产品量和品种数可见，20世纪50年代省内医疗器械产品已具有相当水平，且产量逐年增加，1952年为238万元，1954年为314万元，1955年为316万元。收购的品种主要有口腔科器械、眼科器械、病人推车、器械台、电热干燥箱以及常用的刀、剪、钳、镊等几十个品种。

由于这些厂、社隶属关系不同，没有归口的行业管理，没有必要的扶持政策，也缺乏产、供、销的统一管理，缺乏宏观、长期发展的规划，致使本来在当时全省范围内已经具有相当基础，从事国产医疗器械生产的队伍和力量，到20世纪50年代后期，这些厂、社大多趋向解体，处于自生自灭状态。红旗、前进铁工厂等亦解体从事其他产品生产。

20世纪60年代中期，为满足战备需要，四川被列为三线建设重点地区。1965年2月，卫生部根据中央关于调整一线、加强三线建设的部署，制定改变医疗器械工业布局规划。将沿海部分医疗器械厂搬迁到三线地区。同年3月和10月，卫生部先后成立医疗器械工业西南和西北地区建厂筹备处，国家投资661万元，责成上海精密医疗仪器厂筹建西南医用设备厂，同年开始筹建，并内迁至四川内江。西南医用设备厂原设计能力为年产200—500毫安X线机210台，1971年超额36%完成上级下达的计划指标。1985年末，西南医用设备厂拥有固定资产原值1433万元，建筑面积7万平方米，职工人数1190人，年产值为1513万元，相当于全省当年医疗器械工业总产值的26.9%。X线机年产量达242台，超过设计能力15%，已成为全国制造大中型X线机系列产品的三大厂家之一。1971年，国家投资564万元，责成上海医疗器械厂和苏州医疗器械厂负责筹建西南医疗器械厂。设计能力为年产手术器械60万件，1972年2月建成投产。1985年末，该厂拥有固定资产原值920万元，建筑面积5万平方米，职工人数679人，年产值556万元，占全省当年医疗器械工业总产值9.9%。

这两个医疗器械厂迁入内江后，成为四川省医疗器械工业的中坚力量，使全省医疗器械工业总产值，在1979年突破2000万元大关，品种规格也大量增加。

此外，省内大专院校科研医疗单位理论水平也较高，且有先进的科研设备，有较强的技术力量，也为卫生部门试制或联合试制了22种医疗器械产品，为全省医疗器械生产作出了一定贡献。如四川大学无线电系试产过微波男性计划生育仪；重庆大学与重庆医疗器械厂联合试制胆道排石仪，曾获全国发明四等奖；中国科学院成都分院试制过PD—波电信息治疗机；成都电讯工程学院研制微机心电图机；省机械设计院试制过应用电子计算机编制老中医诊病程序；隆昌二号信箱与泸州医学院合作研制中医方剂临床电子计算机诊治程序等。

为吸取20世纪50年代医疗器械生产的经验和教训，1972年成立了四川省医疗器械工业公司，加强了行业计划、物质、技术、质量、标准的管理，把生产和使用归同一部门领导，对医疗器械工业的统筹规划和健康发展起了积极作用。

1978年中共十一届三中全会后，根据国民经济实行“调整、改革、整顿、提高”的方针，对全省医疗器械工业企业结构和产品结构作了适当调整，对质次价高产品，没有发展前途的企业，分别采取关、停、并、转或脱钩的措施，将原来17个企业调整成14个企业。根据“以销定产，按需供应”的原则，截长补短，确保重点，产品结构增加了13个新的门类。如成都医疗器械厂试制的激光眼科治疗机，获国家科学大会奖；绵阳医用电子仪器厂试制的热原测定仪获省科技成果奖等。消灭了长线产品，使短线和紧缺产品有了较大增长。

全省医疗器械厂家在提高产量、增加品种的同时，认真贯彻执行《医疗器械产品质量管理办法》《医疗器械产品质量考核办法》和《医疗器械质量分等办法》等，增强质量监督管理。有些企业逐步完善了质量保证体系，推行了全面质量管理，开展了QC小组活动。此外，全省还对重点产品的质量实行定期检查、考核、评比，对获得省优以上的产品实行不定期抽查，从而使全省医疗器械产品质量得到提高。

1981年12月，西南医用设备厂获得中国医疗器械工业公司标准化工作奖。同年，四川省各医疗器械单位为支援四川省抗洪救灾，提供了价值149万元的医疗器械，包括手术器械、X线设备、医院设备等9个门类、2480台件。

为加强对现有企业进行的技术改造，以期获得进一步发展，发挥更大效益。“六五”期间（1981—1985年），由中央投资和地方集资对西南医用设备厂、西南医疗器械厂、重庆体温计厂、重庆医用设备厂、成都医疗器械和绵阳医用电子仪器厂进行技术改造，挖掘企业内部潜力，发挥现有设备，提高综合生产能力和经济效益，使产品的品种增多，产量、质量都有显著提高。

全省医疗器械工业还在抗灾救灾中作出贡献。1974年甘孜州炉霍发生强烈地震，全省医疗器械企业曾支援手提式高压锅、立式高压消毒器等价值25.74万元；1976年唐山发生地震后，支援手术剪刀4500把、敷料镊4500把；同年，阿坝州松潘、平武发生地震时，支援X线机、小型制氧机共计696台；1979年中越自卫反击战中，支援医用救护车22辆，三折病床150台；1981年四川省遭受近百年罕见的洪水灾害，支援手术器械、医用电子仪器、X线机及用具、理疗设备、口腔设备、消毒设备、医用车辆、救护车、手术床及各种医院设备等共计2480台（件）；1982年贵州桐梓地区一带发现2号病，支援120台盐水瓶架和部分手术器械共计3000多台（件）。

1985年，全省医疗器械工业，已从来料加工、仿制到制造，从低级向高级发展，逐步形成一个新兴的多种性、综合性行业。同年底，全省已有医疗器械企业16个，工业总产值达3795万元。在全国20类产品中，四川医疗器械工业已由1981年只能生产8大类发展到12大类。1980年全省医疗器械职工4087人，固定资产原值为1389.87万元，到1985年职工增至4694人，固定资产增至4182万元，利润总额由1980年56.21万元，到1985年末增至586万元。但是，省内所需医疗器械，仍有80%的品种需从省外、国外购买。1985年，全省37个市（地、州）和301个县级医药工、药材公司，负责省内外药品及医疗器械的货源组织和供应。

1986年4月7—13日，中国医疗器械工业公司在成都召开省（自治区、直辖市）医疗器械工业公司经理会议，讨论和修改《关于加强全国医疗器械行业管理的意见》，交流医疗器械工业管理体制方面的情况。1988年4月18—23日，九大城市第五届医疗器材批发商店经理会议在重庆召开。会上，各地交流了医疗器材市场情况。

1990年，全省医药器械产值0.61亿元，较1989年增长60%，1989—1990年平均年递增10%左右。1992年，全省共有138个单位生产496个医疗器械品种，其中一类75个，二类、三类421个。

1996年，四川省重点开发新产品10—20个，指导和扶持年产值500万元—5000万元的重点骨干企业20家。1998年11月2日，全国医疗器械（秋季）博览会在成都召开。

2003年5月13日，省药品监督管理局下发《关于印发“四川省口腔义齿定制加工企业生产监督管理规定（试行）”的通知》，使四川省的口腔义齿加工企业的监管有了明确的依据。同年5月16日，省药品监督管理局制定了《四川省隐形眼镜经营企业监督管理办法（试行）》（以下简称《办法》)。该《办法》的出台，促进了四川省隐形眼镜流通环节的规范化，监管的科学化。

2004 年，省食药监局为进一步加大引导和扶持企业做好发展规划，确定绵阳和资阳市为重点联系地区，与绵阳索尼克电子有限公司、四川南格尔生物医学股份公司等 4 家企业建立了联系人制度；多次召开了医疗器械生产企业座谈会，听取了各医疗器械生产企业的介绍，向企业通报近几年生产经营情况，近期技术开发和新产品开发情况；帮助企业加快技术改造和新产品上市步伐，使四川医疗器械工业进入了快速的发展道路。除传统的 B 超产品外，四川医疗器械行业涌现了一批新开发的产品，如生物材料、组织工程、超声聚焦刀、超声治疗仪、笔记本 B 超、射频治疗系统等都在国内具有较高的技术水平和发展前景，经济社会效益十分显著。据不完全统计，全省医疗器械工业产值从 2000 年约 2 亿元增长到 2004 年约 13 亿元，近 5 年年增长率达 50%，大大超过了全国医疗器械工业 6.5% 的年增长率和全省制药工业 21% 的年增长率，位居西部地区之首。全年销售收入过千万元的企业有 14 家，过亿元的有 2 家。

2005 年 10 月 24—28 日，国家食品药品监督管理局与加拿大卫生部联合举办的医疗器械电磁兼容（EMC）标准培训班在四川广安举行。同年 11 月 1—5 日，作为亚太地区规模排名第一、业内首屈一指的展会，第 54 届中国国际医疗器械博览会在成都开幕。来自全国各地的 2000 多家医疗器械企业齐聚一堂，展出的展品有 40 多个门类、上万个品种，几乎覆盖了所有的医疗器械、医院设备和康复保健器材。同年，四川省食药监局多次召开医疗器械生产企业现场座谈会，当面听取各医疗器械生产企业的介绍，了解企业近期技术研发和新产品开发情况，向企业通报国内、省内近几年行业发展情况和最新动态，现场帮助和指导企业制定中长期规划，尽快完善条件，早日取得合法资格。全年实现全省医疗器械工业产值 18 亿元，销售收入过千万的企业有 24 家，过亿的有 3 家。

第二节　监督管理

一、机构及职责

1996 年，国家医药管理局颁布《医疗器械注册管理办法》，将医疗器械纳入行政监督管理范围。对应国家医药管理局的组织结构调整，作为行业管理部门的四川省医药管理局也成立了第一个具有行政监督职能的内部部门——医疗器械行政监督处。但因编制原因，医疗器械行政监督处和科技质量处仍合署办公，实行“两块牌子、一套人马”。根据国家医药管理局《医疗器械注册管理办法》的规定，省医药管理局医疗器械行政监督处负责省内第一、二类产品的注册管理和注册后的行政监督，但因省医药管理局为行业管理部门，没有具有行政执法证的稽查人员，所以基本上职能仍以审批发放医疗器械注册证书为主。

2000 年，国务院颁布《医疗器械监督管理条例》，标志着医疗器械监督管理走上法制化轨道。根据《医疗器械监督管理条例》的规定，省药品监督管理局负责二类医疗器械注册证书的行政审批，一类医疗器械生产、经营企业的备案，二、三类医疗器械生产、经营企业许可证的审批和日常监管，二、三类医疗器械生产企业的质量体系考核，医疗器械广告的审批和备案，医疗器械市场监督抽验，医疗器械生产、经营、使用等单位的监督管理等职能。

2000 年 3 月，国家药品监督管理局在上海举行了全国《医疗器械监督管理条例》培训班。同年

4 月，省药品监督管理局在成都举行了全省的《医疗器械监督管理条例》培训班，全省 21 个市（州）药品监督管理局（医药管理局）市场监管人员、130 多家医疗器械生产企业参加培训。同年 8 月，省药品监督管理局机构改革后正式成立了单独的医疗器械处，行使《医疗器械监督管理条例》规定的各项职能，其中市场稽查职能由局稽查总队行使。

二、注　册

1996 年 9 月，国家医药管理局颁布《医疗器械产品注册管理办法》及《实施指南》。四川省随即制定《四川省医疗器械管理办法》，规范医疗器械监督管理工作，依法做好医疗器械企业的资格及相应生产条件的考核，完成一批获准入市场的医疗器械产品注册换证工作。全省审查注册医疗器械产品共 49 个，其中一类产品 13 个，二类产品 19 个，三类产品 17 个。

2000 年 4 月，自《医疗器械监督管理条例》《医疗器械注册管理办法》颁布实施以来，四川省累计审批医疗器械生产企业 161 家、经营企业 758 家、分支机构 1842 家，医疗器械产品 388 个，医疗器械注册产品标准 328 个。

截至 2003 年底，四川省注册医疗器械产品 568 个。

2004 年，根据《医疗器械监督管理条例》对注册审批事权的划分，在企业自查自纠的基础上，由省食药监局对二类医疗器械，市（州）局对一类医疗器械产品注册申请进行全面清查，重点对注册产品标准执行国家和行业标准情况，产品使用说明书对适应证和禁忌证的界定以及申报资料的真实、完整性进行复查。清理中发现有个别产品的注册资料存在问题，同时对未上交自查报告及日常监管中发现可能存在质量隐患的企业，省食药监局抽调专人赴企业现场核查其产品注册资料，责令省内两家生产企业交回 5 个产品二类医疗器械注册证原件。

2005 年，四川省审批注册医疗器械产品 245 个。

三、认证与许可

1999—2002 年，全省推行医疗器械质量体系管理，为医疗器械生产企业培训内审员 460 人，对 45 家医疗器械生产企业进行了质量体系考核，其中 10 家获得中国医疗器械质量认证中心（CMDC）认证。

1999—2003 年，四川省累计审批医疗器械新产品 598 个，其中 1992 年审批发证新产品 47 个；对 219 家生产企业颁发了“医疗器械生产许可证”，对 1097 家经营企业颁发了“医疗器械经营许可证”；16 家医疗器械生产企业通过了 ISO 9000 质量体系认证。

2003 年 9 月 1 日，省药品监督管理局修订出台了《四川省医疗器械生产企业资格认可实施细则》和《四川省医疗器械经营企业资格认可实施细则》，强化了四川省医疗器械生产、经营环节的监管，增强了医疗器械生产、经营企业行政审批事项的可操作性。

2004 年《中华人民共和国行政许可法》（以下简称《行政许可法》）颁布以后，按照国家食品药品监督管理局统一要求，全省医疗器械监管工作人员认真学习《行政许可法》和修订后医疗器械相关规章，并将相关要求贯彻到医疗器械监管工作中，积极推行政务公开，公开办事程序、期限、结果，推行首问责任制。对医疗器械生产、经营许可证，产品注册、广告审批的行政审批事项，全部重新编写了政务须知，公开审批内容，明确了审批工作程序及工作时限，落实了岗位责任制，细化了审查要求，做到责任落实，监督到位。同年，四川省审批核发医疗器械生产经营许可证1948个，13家医疗器械生产企业通过ISO 9000质量体系认证。全省受理82家医疗器械生产企业申请，审批核发二、三类医疗器械生产企业许可证45家，办结生产企业许可证变更事项32家次；受理2916家次医疗器械经营企业申请，审批核发二、三类医疗器械经营企业许可证1903张，办结医疗器械经营企业变更事项695家次，依法注销183家；受理二类医疗器械产品注册申请73项次，共计审批核发二类医疗器械产品注册证69个。

2005年，四川省食药监局按国家食品药品监督管理局的要求制定了《四川省医疗器械经营企业许可证检查验收标准》和《关于贯彻〈医疗业许可证管理办法〉实施意见》，于8月1日公布实施，并对所有医疗器械行政审批事项的受理以及发证情况均在网上进行公示。全年，全省受理170家次医疗器械生产企业申请，审批核发二、三类医疗器械生产企业许可证46家，办结生产企业许可证变更事项1家，依法注销2家；受理2630家次经营企业申请，审批核发二、三类医疗器械经营企业许可证法人机构257家，分支机构673家，办结经营企业变更683家次，依法注销43家；受理二类医疗器械产品注册申请123项次，审批核发二类医疗器械产品注册证85个，办结1个二类医疗器械产品注册变更事项。

四、广告管理

为加强医疗器械广告管理，保证医疗器械广告的真实性和合法性，1995年3月，国家医药管理局、国家工商行政管理局分别于3月和8月联合发布《医疗器械广告审查办法》《医疗器械广告管理办法》。《医疗器械广告审查办法》规定：凡利用各种媒介或者形式发布有关医疗器械的广告均应审查。《医疗器械广告管理办法》规定：自10月1日起，“保证治愈”“首创”和“第一”等保证性断语及绝对语言在医疗器械广告中不准出现，规范医疗器械广告审批程序、规范审查要求，提高广告审查质量。

2004年，全省受理医疗器械广告77个，审批医疗器械广告64个，其中传统广告64个，医疗器械广告备案13个。全年两次对《成都商报》《华西都市报》等6种报刊上医疗器械文字广告进行监督。其中，对强弓治疗仪10个产品、23起涉嫌发布违规医疗器械广告移交给工商行政管理部门进行查处。

2005年，全省受理医疗器械广告申请108个，审批医疗器械广告34个，其中传统广告32个，互联网广告2个。医疗器械广告备案74个，驳回申请15件。在网上发布公告8期对63起违法医疗器械广告进行了公告。全省于4月、9月各集中一周时间对《成都商报》《华西都市报》《天府报刊》上医疗器械文字广告共121条进行监督；全年，将“中国灸”等113起涉嫌发布违规医疗器械广告移交给工商行政管理部门进行处罚，根据广告内容，将涉嫌违法违规行为1起移送省食药监局稽查总队，依法撤销医疗器械广告批文1件。

2006年，省食药监局开展对违法药品广告的重点整治。严格执行审查标准，提高审查水平，严把药品广告准入关；建立违法广告的警示制度，对发布严重违法广告的企业及产品，及时向社会发布警示；加强对基层发布的药品广告进行监测，加强对审批后发布广告的监督，发现违法药品广告及时移送同级工商部门。当年，共审批药品广告401个、备案1291个，查获违法广告主458个、公告违法药品广告879个，实施广告集中监测12次，发布《违法药品广告公告》12期。

五、检　验

1996 年，省医药管理局为加强医疗器械产品的行政监督管理工作，组建了四川省医疗器械产品质量监督检测中心，加强医疗器械标准化管理工作。

四川省医疗器械产品质量监督检测中心成立后，为开展医疗器械质量认证工作，省医药管理局开展多层次的资料认证培训工作：一是宣传贯彻实施 GB/T 19000 和 YY/T 0287 - 1996《质量体系——医疗器械 ISO 9001 应用专用要求》；二是组织质量认证企业参加国家医药管理局和中国医疗器械认证中心举办的医疗器械质量认证内审员培训班学习；三是对国家医药公布实施强制性管理的第一批医疗器械产品中的 B 型超声诊断仪、血液透析装置等品种进行产品安全认证和质量体系考核。

2001 年 6 月，省药品监督管理局组织了第一次全省范围的一次性使用无菌医疗器械包括卫生材料等 8 种产品的市场监督抽验。经过抽验，卫生材料的不合格率达到 70% 以上。同年 9 月 5 日，四川省卫生厅第六次办公会议通过《四川省医疗卫生机构一次性使用无菌医疗用品管理暂行规定》，加强医疗卫生机构一次性使用无菌医疗用品的使用管理，防止医源性疾病传播，并要求各医疗卫生机构制定相应管理制度和质量管理体系。2002 年，《一次性使用无菌注输器具实施细则》开始实施，省药品监督管理局对照细则要求，组织对省内 7 家一次性使用无菌注输器具生产企业进行了检查验收。

2002 年，为加强技术支持机构，经四川省编办批准，在四川省药品检验所加挂四川省医疗器械检测中心的牌子。按省药品监督管理局党组要求，加强对四川省医疗器械检测中心指导、帮助和协调，完善体外诊断试剂等产品的检测工作，积极创造条件，补充检测仪器设备。年底，四川省医疗器械检测中心获得检测机构资格认可。

2003 年，在非典型性肺炎疫情期间，省药品监督管理局组织了对医用卫生材料产品的专项检查和一次性使用无菌注输器具、医用卫生材料等产品市场监督抽验，共发布医疗器械质量监督抽验公告 8 期。

2004 年，按国家和四川省医疗器械产品质量监督检查计划的要求，全省对一次性使用滴定管式输液器、一次性使用输液器、一次性使用离心式血浆分离器、射频消融仪、医用防护口罩、防护服等 39 个产品共 1446 批次进行质量监督抽查，发布质量公告 4 期，对不符合质量标准的产品组织各市（州）食药监局依法进行查处。同年，按 2003 年国家药品监督管理局制定的《医疗器械生产企业日常监督调度管理规定（试行）》要求，各地认真履行职责、开展日常监管工作，对所有医疗器械生产企业和经营三类医疗器械产品的经营企业全部进行现场检查，省食药监局重点抽查。结合国家和省抽查任务，全年共组织了 6 次对生产、经营和使用单位以及重点医疗器械产品的检查。其中，对重点产品生产企业均逐一进行了检查，监督面达到 100%。对日常监管中发现的违法、违规行为，一经核实，坚决予以查处。同年 11 月 29 日至 12 月 1 日，国家食品药品监督管理局医疗器械检测机构资格认可评审专家组一行 3 人，到省医疗器械检测中心进行扩验项目认可及监督复评审工作。经过 3 天的现场评审，专家组共确认该中心申报的 46 项参数通过验收合格，同时提出了 5 条整改意见。同年，四川省食品药品检验所完成各类医疗器械注册检验 52 批，接受医疗器械复验 4 批。

2005 年 1 月 28 日，省食药监局发布了四川省 2004 年三季度一次性使用无菌注射器等两种产品质量监督抽验公告。全省共抽验一次性使用注射器 156 批，合格 141 批，抽验合格率 90.0%，抽验一次性使用无菌输液器188批，合格181批，合格率96.3%。同年2月，四川省医疗器械检测中心通过46种医疗器械项目检测能力扩项，并获得国家600万元资金支持。同年，全省完成医用诊断X射线设备、X射线计算机体层摄影设备（CT）、骨接合金属植入物、一次性使用无菌阴道扩张器、医用脱脂棉等40个产品共607个批次的国家和省级质量监督抽查，对不符合质量标准的产品组织各市（州）依法进行了查处。同年，全省完成医疗器械抽验466批，医疗器械复验4批。

六、稽　查

1995年5月，为进一步贯彻执行《中华人民共和国传染病防治法》及《消毒管理实施法》，四川省卫生厅制定了《四川省消毒药械及一次性使用医疗、卫生用品检查整顿方案》，在全省开展了“一次性消毒药械及一次性使用医疗、卫生用品检查整顿活动”，有力打击了无证生产劣质消毒药械、一次性使用医药疗卫生用品在市场流通的违法行为。

2000年12月19日，针对四川省连续发生多起制售假劣药械案件，省政府召开全省打击制售假劣药品、一次性使用无菌医疗器械专项治理工作电视电话会议。会议要求各地加强对临床药品和一次性使用无菌医疗器械的管理。各级卫生行政部门和医疗卫生单位要从组织管理、人员配备、物资经费、制度建设等方面认真严格执行。医疗卫生单位必须在坚持主渠道进药的基础上，逐步开展药品公开招标采购，提高药品购销活动的透明度，把好药品进入关。严格按照《药品管理法》等法律法规要求，加强药品订购计划、厂家选择、购置入库、质量抽检、库存管理、配置发放、临床应用、使用监督等环节的监督检查，保证临床用药安全。在全省范围内立即停止使用标称为“江苏省金坛市昌茂实业有限公司”等8家生产企业的一次性使用无菌注射器和输液器。

2001年1月，四川省药品监督管理局和成都市药品监督管理局联合开展对汪家拐和五块石市场无证经营一次性使用注输器具的专项整治，查封扣押了大量无证经营的一次性使用无菌注输器具产品。经过整治，基本清除了这两个市场集市化无证经营医疗器械的现象。

2003年3月17日，省药品监督管理局、省公安厅联合召开全省打击制售假劣药品医疗器械违法犯罪活动专项行动电视电话会议，对为期半年的打假专项行动进行了动员和部署。四川省是此次国家药品监督管理局、公安部“联合打击制售假冒伪劣药品医疗器械违法犯罪活动专项行动”的11个重点省（自治区）之一。同年8月14日，根据国务院食品药品放心工程工作的安排，四川省药品监督管理局组织开展了对医疗器械注册产品的专项清理工作，制定了《四川省食品药品放心工程医疗器械专项整顿治理实施意见》（以下简称《实施意见》），在全省范围内全面铺开实施。《实施意见》要求：加强医疗器械产品注册清理工作，对所有医疗器械生产企业和经营三类医疗器械产品的经营企业全部进行现场检查，向被检查单位当场提出整改意见，对涉嫌违法违规的企业依法查处。经过清理，取缔了一些含药品器械、日常生活用品等产品，规范了高类低划、机理不清的磁疗器械等品种的注册审批。

2004年，按2003年国家食品药品监督管理局制定的《医疗器械生产日常监督管理规定（试行）》的要求，结合实际情况，四川省认真履行职责，开展日常监管工作和专项治理活动，全年对生产义齿企业、避孕套经营、使用单位在用大型医疗设备的情况进行了专项治理工作。对所有医疗器械生产企业和经营三类医疗器械产品的经营企业全部到现场检查，检查面达100%。

2005年，结合日常监管和产品质量监督抽验工作，全年部署实施了四川省避孕套市场经营秩序、定制式口腔义齿生产产品、体外诊断试剂摸底抽验和隐形眼镜经营企业分支机构进货渠道 4 项专项整治活动。据不完全统计，行动中共出动执法人员 1. 35 万人次，检查医疗器械生产企业 24 家次，医疗器械经营企业 7236 家次，医疗机构 2510 家次，对违规的 302 家单位进行了查处。同时，按照国家食品药品监督管理局要求，部署开展了医疗器械说明书、标签和包装标识专项整治活动。

第五章　医药科研

第一节　科研概况

中华人民共和国成立后，随着医药工业的发展，国家对医药科研的重视和投资不断加强。科研成果的推广应用，有力地促进了医药产业的发展。

四川医药科研成果管理，始于1960年国家要求进行科研“成果鉴定”之后。1964年6月15日，四川省第一个医药科研机构——重庆医药工业研究所成立。1965年5月10日，中国医药集团总公司四川抗菌素工业研究所由上海内迁成都建所，隶属于中国医药工业公司（后分别隶属化工部、国家医药管理总局、国家药品监督管理局），下设7个组和1个试验车间，共144人。

1970年6月，西南制药三厂研制成功新剂型——滴丸，为国内首创，载入中国药典，并获全国科学大会奖。

1978年春，全国科学大会召开后，四川省科学技术发展进入了新的历史阶段。1979年7月，省医药管理局情报资料室成立。1981年，四川省生物医学工程学会成立。1982年2月26日，省医药管理局在成都召开四川省医药科研、情报工作座谈会，传达国家医药管理总局、四川省科委召开的科技工作会议和情报工作会议精神，并通过了《四川省医药科技情报工作管理暂行办法（试行）》。1985年，省医药管理局内设科技质量处，负责医药工业科技的管理和开发，加强科技进步工作。

1978年以来，国家先后组织了“六五”和“七五”重大科技攻关。国家医药管理总局每年安排一批中西药品、医疗器械科学研究，新产品研制和中试项目；四川省各医药主管部门结合地方发展规划，也组织科研单位、高等院校和生产企业开展了多方位研究。

1982年，四川省医学科学院·四川省人民医院实验动物研究所在原中国医学科学院分院实验动物室的基础上建立，主要从事实验动物和动物实验研究。至1987年，四川省取得家庭养麝等一批重大科研成果。1988年，省医药管理局开展重点科研项目有：川产（梓潼）桔梗质量的研究、丹参袋泡剂的研制、四川野生桃仁资源调查及药用的研究。

1990年，全省创省以上优质产品204种，获奖牌260块，其中金银质奖12个。1992年，省属以上医药设计单位有2个；省属以下医药科研单位4个，有职工1000余人，其中技术人员500多人；教育单位9个；药用动物饲养单位10个；药用植物种植单位5个。同年，全省医药新产品开发76个，其中中西药23个、中药46个、医疗器械7个。

1978—1993年，全省医药系统共获科技成果107项，其中创造发明5项、国家重大科技成果11

项、省级重大科技成果83项。全省创省优以上产品204个，获奖牌260块，其中金银质奖13个。省医药管理局在提倡厂办科研的同时，组织和借助社会科技力量如医药院校、科研单位、电子、机械等，发展中西药品、医疗器械，成功将一批科技成果转化为生产力。如丁胺卡那霉素的工艺技术、青霉素发酵高单位技术、利福系列药品的合成技术，H2受体拮抗剂系列雷尼替丁、西咪替丁的生产技术，B型超声波诊断仪、钴60放射治疗仪等。

1994年，四川省科学技术委员会发出《关于四川省1993年度先进科研单位名单的通报》。有关食品、医药机构的获奖情况有：中国科学院成都生物研究所获在川央属科研单位一等奖，四川省食品发酵工业研究设计院、四川省中药研究所分获省属科研单位二等奖。

1995年，省医药管理局重点科研项目有：从雄麝尿液中提取麝香酮的工艺研究、天麻加工技术培训和药源抽查、猪苓人工栽培的综合研究、盐酸万乃洛韦的开发研究、抗栓新药合成多肽等的研究。

1996年是全省实施“科教兴药”战略重要的一年，也是历年获科技发展资金最多的一年，共获资金1044万元。7月中旬，省医药管理局召开全省医药科技工作会议，会议通过了《四川省医药科技“九五”计划及2010年发展规划》《四川省医药局关于加速医药科技进步的意见》《四川省医药行业选拔和培养跨世纪专业技术带头人后备人员试行办法》。根据会议精神，四川狠抓重点医药科技项目。全年，医药科技列入省重点新产品开发项目16项，列入国家科委“九五”科技攻关项目1项（超声聚焦抗早孕和抗肿瘤治疗仪），列入国家重点新产品开发项目2项（抗肿瘤药紫杉醇和治疗风湿关节炎药普来定胶囊）。此外，医药科技列入省计委、省经委、省科委重点项目有15项。有7个医药科技项目获省科技进步奖。其中，一等奖2项[①]、二等奖1项、三等奖4项。同年，全国医药技术市场协会四川分会建立，开展技术成果网络化建设。全省组织企业开发C·S·K、氟康唑、万乃洛韦、普来定、回生口服液等国家级中西新药5个，便携式血液透析装置等一类医疗器械新产品11个，推广中药吸附浓缩新工艺、离子交换萃取技术等新工艺、新技术。同年，省医药管理局重点科技项目有：林麝马麝种间杂交试验、中国蒙顶舒心茶地研究等。

1998年，四川省为提高新药开发创新水平，开展《药物非临床研究质量管理规范》GLP实验室建设。

2000年，四川省为发挥医药人才培训、教育和科研开发的优势，依托四川大学（含原华西医科大学）、成都中医药大学、中国科学院成都生物所、中国科学院成都有机化学所、中国医学科学院输血研究所、四川省中医药研究院、四川省中药研究所等单位和成都地奥集团等企业的技术中心，建设全国一流的西部医药人才培训、教育和科研开发基地。同年2月，国家成都新药（中药）安全性评价中心经科技部立项批准成立，是专业从事新药毒理学与药效学研究的国家级新药临床前试验研究中心。该中心承担了国家中药现代化研究及产业化开发、创新药物与中药现代化等重大科技攻关计划的重点建设项目，并于2004年11月通过国家食品药品监督管理局（SFDA）的GLP认证。同年，四川省天然药物研究所被列为四川省级技术中心；2004年通过国家GLP实验室认证，2005年底加入成都市科技应用创新服务平台，成为该平台创办的生物医药公共技术平台的首批资源共享单位之一。四川省天然药物研究所是一家进行高新技术、新产品研究与开发的科研机构；以中药、化学

① 分别为：四川联大的生物活性羟基磷灰石涂层材料及陶瓷修复体研究和重庆医药工业研究所的氟康唑研究。

药、保健食品、营养食品为研究方向，涉及药学、药效及药理、药代动力及安全性评价等多个研究领域，同时可对外提供安全性评价、药理试验、药学研究、中试加工等多项服务。四川省天然药物研究所先后研制出新药三勒浆口服液、乌苓茯蓉合剂、五味消毒颗粒、三果汤系列品种。

2005 年 6 月 12 日，中国第一个开放性国家级生物医学材料工程技术研究开发中心，在经过 5 年的试运行后，正式在四川大学挂牌。科技部副部长李学勇，四川省副省长柯尊平，15 名两院院士，国家和四川省、成都市有关部门领导以及国内外著名生物材料专家出席了挂牌仪式。

截至 2005 年底，四川全省医药企业共有 13 个国家和省级企业技术中心、全省有资质的药研机构达 80 多个。通过国家食品药品监督管理局（SFDA）GLP 认证的研究所有国家成都中药安全评价研究中心、四川省天然药物研究所、中国医药集团总公司四川抗菌素工业研究所、四川医学科学院动物研究所四家，GLP 研究中心和国家（成都）中药临床试验中心（GCP）建成并运行，形成了一批有创新开拓能力的研发群体。

第二节　科研成果

一、国家级奖项

据不完全统计，1965—1988 年，四川省部分医药科研单位、企业、院校等单位或个人的科研成果共获得国家级奖励达 40 余次。

1965—1988 年四川医药科研项目获国家级奖项一览表

表 2－11

序号	获奖项目	获奖名称等级	获奖年份	获奖单位
1	实验性急性放射病抗菌素给药原则的研究	国家级	1965	四川省工业卫生研究所
2	川楝素(驱蛔虫有效成分)	全国医药卫生科学大会奖	1978	中国科学院四川分院中医中药研究所
3	密环菌、木材拌栽天麻	全国科学大会奖	1978	四川省中药研究所南川试验种植场
4	中期引产药前列腺素的合成研究	全国医药卫生科学大会奖	1978	四川医学院药学系
5	巴龙霉素	全国医药卫生科学大会奖	1978	四川抗菌素工业研究所等
6	新剂型——滴丸	全国科学大会奖	1978	西南制药三厂、重庆制药八厂等
7	53 号探亲避孕药(双炔失碳酯)	全国科学大会奖	1978	四川医学院等
8	治疗精神分裂症新药——马桑寄生	全国科学大会奖	1978	四川医学院药学系

续表 2－11

序号	获奖项目	获奖名称等级	获奖年份	获奖单位
9	甲哌力复霉素(利福平)	全国科学大会奖	1978	四川抗菌素工业研究所、四川制药厂、四川长征药厂等
10	青黛及其有效成分靛玉红治疗慢性粒细胞型白血病的研究	国家级	1978	成都中医学院附属医院、四川省中药研究所
11	樟柳碱的研究及临床应用	国家级	1978	四川医学院
12	天麻野生变家种研究	全国科学大会奖	1978	四川省中药研究所南川试验种植场
13	抗疟中草药青蒿的研究	国家级	1978	四川省中药研究所
14	我国食物成分研究	国家级	1978	四川省卫生防疫站
15	食品中黄曲霉毒素污染及预防措施的研究	国家级	1978	四川省卫生防疫站
16	四川中药志	国家级	1978	四川省中药研究所、四川省食品药品学校(原四川省中药学校)
17	全国中草药汇编	国家级	1978	四川省中药研究所
18	同位素技术及其在生物医学中的应用	国家级	1978	四川医学院同位素室
19	钩端螺旋体菌苗生产工艺改革	国家级	1978	成都生物制品研究所
20	卡那霉素	全国科学大会奖	1978	四川抗菌素工业研究所、四川制药厂等
21	盐酸普鲁卡因生产工艺改革	国家级	1978	西南制药二厂
22	庆大霉素	全国科学大会奖	1978	四川抗菌素工业研究所等
23	强力霉素	全国科学大会奖	1978	四川抗菌素工业研究所、四川医学院附属医院、四川医学院基础部、四川大学化学系化工厂等
24	麦迪霉素	全国科学大会奖	1978	四川抗菌素工业研究所、四川制药厂等
25	抗菌增效剂——甲氧苄氨嘧啶	全国科学大会奖	1978	西南合成药厂等
26	云南蛇药	全国科学大会奖	1978	四川生物研究所等
27	穿心莲有效成分研究	全国科学大会奖	1978	四川省中药研究所
28	青蒿素	全国科学大会奖	1978	四川省中药研究所等
29	止血纤维	国家发明二等奖	1979	中国医科院血研所等

续表 2－11

序号	获奖项目	获奖名称等级	获奖年份	获奖单位
30	激光眼科治疗机	全国科学大会奖	1978	成都医疗器械厂
31	注射葡萄糖	国家银质奖	1979	重庆制药五厂
32	青蒿素	国家发明二等奖	1978	四川省中药研究所等
33	甲哌力复霉素	国家金质奖	1980	四川制药厂
34	盐酸普鲁卡因	国家银质奖	1981	西南制药二厂
35	治疗慢性粒细胞白血病新药——靛玉红半合成研究	国家发明三等奖	1980	成都中医学院、四川省中医研究所、四川中药研究所等
36	盐酸黄连素	国家银质奖	1983	四川乐山制药厂
37	抗结核新药——利福定(异丁基哌嗪力复霉素)	国家发明三等奖	1983	四川抗菌素工业研究所、四川长征制药厂、四川医学院、四川皮肤病研究所等
38	甲氰咪胍	国家银质奖	1984	西南制药一厂
39	注射葡萄糖	1979 年国家银质奖复评	1984	重庆制药五厂
40	Ⅰ型甲哌力复霉素	1986 年国家金质奖复评	1985	四川制药厂
41	青霉素高单位菌种(137#、399#)选育与发酵工艺的改进	国家科技进步三等奖	1985	四川抗菌素工业研究所、哈尔滨制药厂
42	林麝饲养和活体取香	国家发明二等奖	1985	四川马尔康养獐(麝)场、四川养麝研究所、四川养麝场
43	酮基布洛芬生产工艺研究	国家科技进步二等奖	1988	西南合成制药厂

二、部委（总局）级奖项

据不完全统计，1959—1988 年，四川省部分医药科研单位、企业、院校等单位或个人的科研成果共获得部委（总局）级奖励达 50 余次。

1959—1988 年四川医药科研项目获部委(总局)级奖项一览表

表 2－12

序号	获奖项目	获奖名称/等级	获奖年份	获奖单位/个人
1	毛地黄叶中毛地黄甙的研究	卫生部奖	1959	四川医学院药学系
2	三元丙烯酸自凝牙托材料	卫生部级	1978	四川省口腔镶牙材料科研协作组
3	家种、野生川贝母的化学成分、药理、临床疗效比较研究	卫生部级	1978	四川医学院

续表 2－12

序号	获奖项目	获奖名称等级	获奖年份	获奖单位/个人
4	川贝母栽培	卫生部级	1978	川西北地区川贝母栽培研究协作组
5	野麝家养研究	卫生部级	1978	四川省中药研究所
6	关于草药红刺藤止血作用的研究	卫生部级	1978	重庆医学院
7	金龙胆草治疗慢性气管炎研究	卫生部级	1978	金龙胆草研究协作组
8	芸香草治疗慢性气管炎的研究	卫生部级	1978	绵阳地区药检所
9	川楝皮驱蛔成分——川楝素的研究	卫生部级	1978	四川省中药研究所
10	三匹风治疗各型白喉的研究	卫生部级	1978	泸州医学院科研协作组
11	穿龙薯芋（川生冠心灵）的药理及临床研究	卫生部级	1978	四川医学院
12	新药噻乙吡啶驱肠道线虫的研究	卫生部级	1978	四川省寄生虫病研究所
13	相分离法制备微型胶囊工艺的研究	卫生部级	1978	四川省微囊协作组
14	卡介苗的研制	卫生部级	1978	成都生物制品研究所
15	胎盘白蛋白去除毒性的工艺改革	卫生部级	1978	成都生物制品研究所血清室胎盘组、成都生物制品研究所菌苗室
16	甲哌力复霉素（利福平）	卫生部级	1978	四川抗菌素工业研究所、四川制药厂、四川长征制药厂等
17	治疗消化道溃疡新药——甲氰米胍	卫生部级三等奖	1979	重庆医药工业研究所等
18	β－无水葡萄糖工业化生产	卫生部级三等奖	1980	重庆制药五厂胡锦煌等
19	玉米粉酶解糖化液用于青霉素发酵	卫生部级四等奖	1980	四川制药厂
20	气调养护中药材	卫生部级一等奖	1980	四川省中药材公司成都、重庆站
21	丁胺卡那霉素	卫生部级四等奖	1981	四川抗菌素工业研究所等
22	葡萄糖母液制柠檬酸工艺	卫生部级四等奖	1981	重庆制药五厂
23	深层培养银耳孢糖	卫生部级四等奖	1981	四川抗菌素工业研究所
24	高速可变速摇床	卫生部级四等奖	1981	四川长征制药厂
25	半合成抗菌素——丁胺卡那霉素	国家医药管理局优秀科技成果四等奖	1982	四川抗菌素工业研究所、成都第四制药厂

续表2-12

序号	获奖项目	获奖名称等级	获奖年份	获奖单位/个人
26	抗胆碱药物——红古豆醇酯	国家医药管理局优秀科技成果三等奖	1982	成都第一制药厂、四川大学、四川医学院、成都军区总医院
27	抗消化道溃疡药——甲氰咪胍	国家医药管理局优秀科技成果三等奖	1982	重庆市医药工业研究所、西南制药厂等
28	治疗银屑病药——白芷光敏制剂	国家医药管理局优秀科技成果二等奖	1982	重庆相君阁药房、四川省中药研究所、重庆医学院第一医院等
29	胰腺疾病诊断试剂——胰功肽	国家医药管理局优秀科技成果四等奖	1982	重庆市医药工业研究所
30	甲哌力复霉素合成新工艺	国家医药管理局优秀科技成果二等奖	1982	四川抗菌素工业研究所等
31	青霉素绿孢子77-5-327菌株选育及发酵工艺的研究	国家医药管理局优秀科技成果一等奖	1982	四川抗菌素工业研究所、四川制药厂等
32	β-无水注射用葡萄糖工业化生产	国家医药管理局优秀科技成果三等奖	1982	重庆制药五厂
33	玉米粉酶解糖化液用于青霉素的生产	国家医药管理局优秀科技成果四等奖	1982	四川制药厂
34	葡萄糖母液制造柠檬酸工艺	国家医药管理局优秀科技成果四等奖	1982	重庆第五制药厂
35	深层培养银耳多糖新工艺	国家医药管理局优秀科技成果四等奖	1982	四川抗菌素工业研究所、四川省工业卫生研究所等
36	高效可变速摇床(ZP-450型旋转式摇瓶机)	国家医药管理局优秀科技成果四等奖	1982	四川省长征制药厂
37	丝氨酸新工艺	卫生部级三等奖	1982	四川抗菌素工业研究所、四川南充制药厂
38	抗血吸虫病药——硝硫氰胺	国家医药管理局优秀科技成果二等奖	1982	四川医学院、四川省寄生虫病防治所、重庆医学院等
39	治疗原发性肝癌药——甲基斑蝥胺	卫生部级二等乙级奖	1982	四川省中药研究所
40	林麝饲养和活体取香	卫生部级二等奖	1983	四川养麝研究所
41	微机医药商品管理系统	卫生部级三等奖	1983	成都医药站
42	青霉素菌株高单位选育与发酵工艺改进	卫生部级三等奖	1983	四川抗菌素工业研究所
43	L-丝氨酸提取新工艺	国家医药管理局优秀科技成果三等奖	1984	四川抗菌素工业研究所、四川南充制药厂
44	微机医药商品管理系统	国家医药管理局科技进步三等奖	1985	成都医药站
45	雄狮丸的研究	国家医药管理局科技进步三等奖	1986	重庆桐君阁药厂、四川省中药研究所

续表 2－12

序号	获奖项目	获奖名称等级	获奖年份	获奖单位/个人
46	RE－200 型高速医用增感屏	国家医药管理局科技进步三等奖	1986	西南医用设备厂、北京大学化学系
47	酮基布洛芬生产工艺研究	国家医药管理局科技进步二等奖	1987	西南合成制药厂
48	医用 X 射线设备高压电缆插头插座连接	国家医药管理局科技进步三等奖	1987	西南医用设备厂
49	PSY－250～500－Ⅱ型玻璃瓶大输液生产联动线设备机组	国家医药管理局科技进步三等奖	1987	重庆制药机械厂、上海医药设计院
50	大输液改造扩建工程及软件实施	国家医药管理局科技进步三等奖	1987	西南制药三厂
51	头孢噻肟钠试剂研究	国家医药管理局科技进步二等奖	1988	四川抗菌素工业研究所、东北制药总厂、四川长征制药厂、卫生部药品生物制品鉴定所、北京医科大学临床药理研究所
52	云芝胞内多糖的研究	国家医药管理局科技成果三等奖	1988	四川抗菌素工业研究所
53	秦皮药材学研究	国家中医药管理局科技进步三等奖	1989	四川省食品药品学校(原四川省中药学校)
54	“七五”国家重点科技攻关常用中药材品种整理和质量研究(菖蒲类专题)	国家中医药管理局科技进步三等奖	1991	四川省食品药品学校(原四川省中药学校)
55	“八五”国家重点科技攻关项目常用中药材品种整理和质量研究(紫金牛—朱砂根类专题)	国家中医药管理局科技进步三等奖	1996	四川省食品药品学校(原四川省中药学校)

三、省级奖项

据不完全统计,1960—2005 年,四川省部分医药科研单位、企业、院校等单位或个人的科研成果共获得省级奖励 200 多个。

1960—2005 年四川医药科研项目获省级奖项一览表

表 2－13

序号	获奖项目	获奖名称等级	获奖年份	获奖单位/个人
1	三颗针中小檗碱的研究	省级	1960	四川医学院药学系
2	唐古特东莨宕的生物碱成分研究	省级	1960	四川医学院药学系
3	麦迪霉素药理与临床研究	省级	1978	四川医学院
4	麦迪霉素	四川省重大科技成果奖	1978	四川抗菌素工业研究所、四川制药厂等
5	治疗精神分裂症新——马桑寄生	四川省重大科技成果二等奖	1978	四川医学院药学系

续表 2-13

序号	获奖项目	获奖名称等级	获奖年份	获奖单位/个人
6	新药——心血康的研究	省级	1978	四川省工业卫生研究所
7	以猪全血生产水解蛋白注射液	省级	1978	达县地区医院肖德清等
8	中草药针剂溶血试验的研究	省级	1978	重庆市药品检验所
9	四川西北梅花鹿的发现	省级	1978	四川省中药研究所中草药研究室
10	黄连、乌头及附子的栽培研究	省级	1978	四川省中药研究所南川试验种植场
11	四川产丹皮、黄芪、牛膝的研究	省级	1978	四川省中药研究所
12	三颗针(九连小檗)中生物碱的简易提取方法及复方黄柏片	省级	1978	四川省中药研究所
13	四川中草药野生资源调查	省级	1978	四川省中药研究所中草药研究室
14	四川药用姜朴的研究	省级	1978	成都中医学院
15	四川药用辛夷的鉴定	省级	1978	成都中医学院
16	金槐冠心片的实验研究	省级	1978	四川省中药研究所
17	凉山杜鹃、腋花杜鹃制剂防治慢性气管炎研究	省级	1978	凉山州药检所、凉山州医院
18	雪药治疗烧伤	省级	1978	万县地区人民医院张先崇等
19	“卫东一号”治疗烧伤	省级	1978	荥经县人民医院外科
20	采用桐油蛋治疗精神分裂症	省级	1978	自贡市精神病院
21	金龟莲片	省级	1978	彭县中草药研究所金龟莲研究组
22	治疗慢性气管炎药物——碎米柴片	省级	1978	古蔺县六二六医疗队
23	蘑菇废液综合利用	省级	1978	巴中县防疫站
24	南药引种	省级	1978	四川省中药研究所南川试验种植场
25	四川中草药栽培	省级	1978	四川省中药研究所南川试验种植场
26	医用手提式制氧器	省级	1978	峨边县人民医院彭子京
27	青黛治疗粒细胞白血病有效成分靛玉红提取合成与测定研究	省级	1978	成都中医学院
28	鼻腔止血夹	省级	1978	南充医专刘隆跃等
29	精制抗毒素生产工艺革新	省级	1978	成都生物制品研究所血清室
30	樟柳碱	省级	1978	成都制药一厂、成都药检所等
31	噻乙吡啶	省级	1978	重庆医药工业研究所、四川省寄生虫病研究所

续表 2－13

序号	获奖项目	获奖名称等级	获奖年份	获奖单位/个人
32	庆大霉素生产工艺研究	省级	1978	四川抗菌素工业研究所、四川医学院附属医院、四川医学院基础部
33	硫酸软骨素	省级	1978	成都制药三厂
34	药片包衣程序控制机	省级	1978	西南制药三厂、西南师范学院物理系
35	抗结核新药卷曲霉素	四川省重大科技成果奖	1978	四川抗菌素工业研究所、四川长征制药厂等
36	扑炎痛	省级	1978	成都制药二厂等
37	川贝母栽培技术	四川省重大科技成果奖	1978	四川医学院药学系
38	化腐生肌的渴龙奔江丹的工艺	四川省重大科技成果三等奖	1978	四川医学院药学系、成都中药一厂
39	穿心莲有效成分研究	四川省重大科技成果三等奖	1978	四川省中药研究所
40	白蜡树综合利用研究	四川省科学科技成果三等奖	1978	四川省食品药品学校(原四川省中药学校)
41	密环菌、木材拌栽天麻	四川省科学大会奖	1979	四川省中药研究所南川试验种植场
42	扑炎痛的研制	四川省重大科技成果奖	1979	成都制药二厂
43	牙齿 X 射线摄影用增感屏	四川省科学技术成果三等奖	1979	西南医用设备厂、四川医学院附属口腔医院
44	红古豆醇酯	四川省科学技术成果三等奖	1979	成都制药一厂
45	复方辅酶 A 片	四川省科学技术成果四等奖	1979	四川抗菌素工业研究所
46	柴胡全草制备柴胡注射液的研究	四川省科学技术成果四等奖	1979	泸州医学院制药厂等
47	治疗消化道溃疡新药——甲氰米胍	四川省科学技术成果三等奖	1979	重庆医药工业研究所等
48	防止引种地黄退化研究	四川省科学技术成果四等奖	1980	四川省中药研究所等
49	抗放药 D－高雌酚酮－3－醋酸酯	四川省科学技术成果四等奖	1980	中国科学院成都有机化研所、四川省工业卫生研究所等
50	滴霉良胶丸	四川省科学技术成果四等奖	1980	彭县中草药研究所
51	简便法制备 D－氨基半乳糖酸盐	四川省科学技术成果四等奖	1980	重庆医学院
52	青霉素绿孢子 77－5－327 菌种及发酵工艺的研究	四川省科学技术成果二等奖	1980	四川抗菌素工业研究所等

续表 2－13

序号	获奖项目	获奖名称等级	获奖年份	获奖单位/个人
53	治疗慢性粒细胞白血病新药靛玉红半合成研究	四川省科学技术成果二等奖	1980	成都中医学院、四川省中医研究所、四川中药研究所等
54	自动调速度、坡度活动平板（HP－2 型活动车板）	四川省科学技术成果四等奖	1980	长安机器制造厂等
55	β－无水葡萄糖工业化生产	四川省科学技术成果四等奖	1980	重庆制药五厂胡锦煌等
56	玉米粉酶解糖化液用于青霉素发酵	四川省科学技术成果四等奖	1980	四川制药厂
57	ZP－450 型旋转摇瓶机	四川省科学技术成果四等奖	1980	四川长征制药厂卢坚等
58	F10－01 型牙用诊断 X 线机的研制	四川省科学技术成果四等奖	1980	四川医学院口腔医院等
59	简易腹腔镜直视提取输卵管结扎术	四川省科学技术成果四等奖	1980	芦山县人民医院等
60	激素药源植物——盾叶薯蓣的农业栽培研究	四川省科学技术成果四等奖	1980	中国科学院成都生物研究所等
61	平喘酮及平喘酮气雾剂研究	四川省科学技术成果四等奖	1980	重庆制药七厂、绵阳地区中药研究所等
62	抗霉菌新药——石花	四川省科学技术成果四等奖	1980	成都制药一厂
63	生脉注射液研究	四川省科学技术成果二等奖	1981	四川医学院药学系等
64	乌头白绢病的防治研究	四川省科学技术成果三等奖	1981	四川省中药所栽培室等
65	乌头良种“川药一号”的研究	四川省科学技术成果三等奖	1981	四川省中药所栽培室等
66	金泽冠心片的研究	四川省科学技术成果四等奖	1981	四川省中药研究所等
67	EM－1 型电子恒温表片水浴器	四川省科学技术成果四等奖	1981	四川省皮肤病研究所等
68	异丁基哌嗪力复霉素试制研究	四川省科学技术成果二等奖	1981	四川抗菌素工业研究所等
69	丁胺卡那霉素	四川省科学技术成果三等奖	1981	四川抗菌素工业研究所等
70	人血浆强地松龙的放射性竞争测定技术	四川省科学技术成果四等奖	1981	四川医学院医学系校医学教研室等
71	DGCL－1 型多功能磁疗机	四川省科学技术成果四等奖	1981	国营万众机器厂等

续表 2 - 13

序号	获奖项目	获奖名称等级	获奖年份	获奖单位/个人
72	XP80A 型洗瓶机	四川省科学技术成果四等奖	1981	大足县医疗器械厂等
73	XB - 3 型红河血泵	四川省科学技术成果四等奖	1981	五冶职工大学等
74	葡萄糖母液制柠檬酸工艺	四川省科学技术成果三等奖	1981	重庆制药五厂
75	四川中药志	四川省科学技术成果三等奖	1981	四川省中药研究所、成都中医学院、四川医学院、重庆医学院、泸州医学院、四川省食品药品学校(原四川省中药学校)等 18 个单位
76	青霉素绿孢子 77 - 5 - 327 菌株选育及发酵工艺的研究	四川省重大科研成果二等奖	1982	四川抗菌素工业研究所,四川制药厂等
77	复方甲地孕酮微囊注射液	四川省重大科技成果三等奖	1982	四川医学院药学系等
78	四川中草药资源普查	四川省科学技术成果二等奖	1982	四川省中药研究所等
79	保健饮料“天府可乐”	四川省科学技术成果三等奖	1982	四川省中药研究所等
80	治疗原发性肝癌新药——肝宁的研究	四川省科学技术成果三等奖	1982	四川省中药研究所等
81	16α - 溴代雌酚酮 - 3 甲醚的应用	四川省科学技术成果三等奖	1982	四川省工业卫生研究所
82	双糊剂复合树脂充填材料	四川省科学技术成果三等奖	1982	四川医学院口腔医学研究所等
83	MH 微粒硬质造牙材料的研究	四川省科学技术成果三等奖	1982	四川医学院口腔医学研究所等
84	异种生物心脏瓣膜研制(Bp - 1型)及临床应用	四川省科学技术成果三等奖	1982	重庆市外科医院
85	甲氰咪胍推广	四川省科学技术成果三等奖	1982	重庆市医药工业公司
86	治疗血吸虫病新药——硝硫氰酯	四川省科学技术成果四等奖	1982	重庆医学院等
87	五氧化二钒气溶胶发生装置研制	四川省科学技术成果四等奖	1982	四川省工业卫生研究所
88	消核浸膏片研究	四川省科学技术成果四等奖	1982	成都中医学院附属医院、四川省中药研究所等
89	新法生产天麻提高产量、质量研究	四川省科学技术成果四等奖	1982	通江县天麻科研所
90	二甲基硅油气雾剂和二甲基硅油片	四川省科学技术成果四等奖	1982	晨光化工研究院等

续表 2-13

序号	获奖项目	获奖名称等级	获奖年份	获奖单位/个人
91	天然麝香虎骨膏	四川省科学技术成果四等奖	1982	成都制药五厂
92	L-丝氨酸提取新工艺	四川省重大科技成果四等奖	1982	四川抗菌素工业研究所、四川南充制药厂
93	高强度空气过滤纸	四川省科学技术成果四等奖	1982	四川抗菌素工业研究所、四川省造纸研究所
94	胰功肽	四川省科学技术成果四等奖	1982	重庆医药工业研究所
95	选出地方良种"川药一号"	四川省重大科技成果三等奖	1982	四川省中药研究所南川试验种植场、四川省安县中药材公司
96	乌头白绢病的研究	四川省重大科技成果三等奖	1982	四川省中药研究所南川试验种植场、四川省安县中药材公司
97	治疗冠心病药——金龟莲和泽泻	四川省重大科技成果三等奖	1982	四川省中药研究所
98	抗结核新药——利福定	四川省重大科技成果二等奖	1982	四川省抗菌素工业研究所、四川长征制药厂、四川医学院、四川皮肤病研究所等
99	治疗原发性肝癌药——甲基斑蝥胺	四川省重大科技成果二等奖	1982	四川省中药研究所
100	经络生物电测仪	四川省科学技术成果三等奖	1983	四川省计量测试研究所等
101	敌枯双毒性新近研究及评价	四川省科学技术成果三等奖	1983	四川医学院
102	ZQM 组织切片刀自动磨刀机	四川省科学技术成果三等奖	1983	四川医学院、丹棱县齿轮厂
103	Y_XQ、WF12A 型自控压力蒸气消毒器无烟灸条研究	四川省科学技术成果四等奖	1983	成都医疗器械厂
104	药膳学	四川省科学技术成果四等奖	1983	成都中药材公司、四川省食品药品学校(原四川省中药学校)
105	ST-Ⅱ型生理记录仪	四川省科学技术成果四等奖	1983	涪江机械厂、四川医学院
106	人工硬脑膜	四川省科学技术成果四等奖	1983	晨光化工研究院、四川医学院
107	ST 型输液终端滤器	四川省科学技术成果四等奖	1983	晨光医用高分子制药厂等
108	引种防风质量研究	四川省科学技术成果四等奖	1983	南充地区中药材公司
109	奉节贝母加工工艺	四川省科学技术成果四等奖	1983	万县地区中药材公司
110	弹性酶生产工艺	四川省科学技术成果四等奖	1983	四川医学院制药厂

续表 2 – 13

序号	获奖项目	获奖名称等级	获奖年份	获奖单位/个人
111	青霉素钾盐含水丁醇减压恒沸结晶工艺	四川省科学技术成果四等奖	1983	四川医学院制药厂
112	注射用麦迪霉素的研究	四川省科学技术成果四等奖	1983	四川省抗菌素工业研究所等
113	利福定(异丁基哌嗪力复霉素)新产品推广	四川省科学技术成果四等奖	1983	四川省长征制药厂
114	四川中草药名录	四川省重大科技成果二等奖	1983	四川省中药研究所、四川医学院、四川省各地、县协作
115	自控压力消毒柜	四川省科学技术成果四等奖	1983	成都医疗器械厂
116	合成己酸孕酮酯代反应新工艺	四川省科学技术成果一等奖	1984	四川医学院药学系等
117	医用级有机硅凝胶 Gzy514、515 材料	四川省科学技术成果二等奖	1984	晨光化工研究院二分厂等
118	以超免疫法制备乙型肝炎免疫球蛋白的研制与临床应用	四川省科学技术成果二等奖	1984	中国医学科学院血研所等
119	黄曲霉素解毒剂的研究	四川省科学技术成果三等奖	1984	四川省中药研究所、四川省日化研究所
120	Xp 显定影液恒温加热提银装置	四川省科学技术成果四等奖	1984	内江地区医疗器械修配所等
121	固齿丸的研制及应用	四川省科学技术成果四等奖	1984	四川医学院口腔医院等
122	健儿散治疗小儿厌食症的研究	四川省科学技术成果四等奖	1984	四川省中医研究所等
123	氢化物发生—原子吸收分光度法测定食品中铅的研究	四川省科学技术成果四等奖	1984	成都市卫生防疫站
124	天麻合成工艺研究	四川省科学技术成果四等奖	1984	西南制药二厂等
125	竹节参及藏药红秦艽化学成分的研究	四川省科学技术成果四等奖	1984	四川医学院药物研究所等
126	朱砂莲野生变家种研究	四川省科学技术成果四等奖	1984	马边县科委、乐山地区药检所等
127	彝族动物药的考察研究	四川省科学技术成果四等奖	1984	四川省凉山州药检所
128	复合氨基酸注射液研究(11种)	四川省科学技术成果四等奖	1984	成都制药三厂
129	常用中药粉末显微鉴别的研究	四川省重大科技成果三等奖	1984	四川省中药研究所
130	硅胺新工艺合成丁胺卡那霉素	四川省科学技术成果二等奖	1985	成都制药四厂等

续表 2－13

序号	获奖项目	获奖名称等级	获奖年份	获奖单位/个人
131	中药粉末显微鉴别研究	四川省科学技术成果二等奖	1985	四川省中药研究所
132	人白细胞干扰素的批量生产研制	四川省科学技术成果二等奖	1985	卫生部成都生物制品研究所
133	YCP－Ⅱ型锂电池按需型埋藏式人工心脏起搏器	四川省科学技术成果二等奖	1985	化伟电子设备厂、重庆医科大学附一院等
134	口疮宁膜的研究	四川省科学技术成果二等奖	1985	华西医科大学口腔医学系
135	醋柳黄酮的研究	四川省科学技术成果二等奖	1985	华西医科大学药物研究所等
136	双通道医用X线电视系统	四川省科学技术成果二等奖	1985	国营六三〇厂
137	毛叶山桐子生物学特征及油脂卫生安全性和山桐子栽培技术的试验研究	四川省科学技术成果三等奖	1985	四川省林木种子公司、四川省工业卫生研究所
138	SDA－Ⅰ型牙用中熔合金的研制及其应用	四川省科学技术成果三等奖	1985	华西医科大学口腔医学研究所等
139	胰酶生产新工艺	四川省科学技术成果三等奖	1985	四川大学
140	抗病毒冲剂的研究	四川省科学技术成果三等奖	1985	四川省中药厂、四川省人民医院
141	不同附生主的金钗石斛化学成分比较研究	四川省科学技术成果三等奖	1985	华西医科大学
142	射洪连翘引种栽培研究	四川省科学技术成果三等奖	1985	射洪县中药材公司、南川药物种植研究所
143	山茱萸入丘栽培及提高产量的试验研究	四川省科学技术成果三等奖	1985	成都中医药研究院、南川药物种植研究所等
144	快速鸡红血球凝集抑制早孕诊断试剂的研究	四川省科学技术成果三等奖	1985	成都市计划生育指导所
145	吸收剂量测定法在放射治疗剂量测试中的应用研究	四川省科学技术成果三等奖	1985	四川省人民医院
146	过氧乙酸配方的改进及稳定性研究	四川省科学技术成果三等奖	1985	四川省绵阳市防疫站
147	小儿感冒退热口服液研究	四川省科学技术成果三等奖	1985	成都中医学院附属药厂
148	复方三生注射液	四川省科学技术成果三等奖	1985	华西医科大学附属第一医院等
149	四川省中药材标准	四川省科学技术进步三等奖	1988	四川省食品药品学校(原四川省中药学校)

续表 2－13

序号	获奖项目	获奖名称等级	获奖年份	获奖单位/个人
150	四川淫羊藿资源研究	四川省科学技术进步三等奖	1991	四川省食品药品学校（原四川省中药学校）
151	丹参优质高产新技术研究	四川省科学技术进步二等奖	1992	四川省食品药品学校（原四川省医药学校）
152	脐血造血干细胞采集、分离、冻存、HLA 定型的实验研究	四川省科技进步二等奖	2000	四川省脐血干细胞中心、中国医学科学院输血研究所、华西医科大学附属第二医院、四川省医药卫生科技开发服务中心、成都万盛科技股份有限公司
153	人胰岛微循环与胰岛内分泌细胞相互关系的形态学研究	四川省科技进步二等奖	2000	华西医科大学基础医学院、重庆涪陵中心医院、四川省郫县人民医院
154	肿瘤的 VIP 受体显像和受体介导靶向治疗的临床研究	四川省科技进步三等奖	2000	华西医科大学附属第一医院
155	富含类胡萝卜素蔬菜的抗癌作用	四川省科技进步三等奖	2000	华西医科大学公共卫生学院
156	黄连素治疗慢性心衰伴快速性室性心律失常及血药浓度监测	四川省科技进步三等奖	2000	成都市第二人民医院、成都大学
157	中药分类方法研究	四川省科技进步二等奖	2000	成都中医药大学
158	中药新药痛风定胶囊的研究	四川省科技进步二等奖	2000	中国中医研究院中汇制药公司、四川省人民医院
159	新药“禽消炎”（炎喉通）颗粒剂的研究	四川省科技进步三等奖	2000	成都中医药大学、四川省兽药饲料监察所等
160	中药新药糖脉康颗粒的研究	四川省科技进步三等奖	2000	中国中医研究院中汇制药公司、成都市第一人民医院
161	柴胡止血液治疗宫内节育器所致子宫出血的临床与实验研究	四川省科技进步三等奖	2000	成都中医药大学
162	“化瘀止痛片”治疗子宫内膜异位症的临床与实验研究	四川省科技进步三等奖	2000	成都中医药大学及附属医院
163	四味中药对人体食管癌肿瘤浸润淋巴细胞增殖、杀伤活性及表型作用的研究	四川省科技进步三等奖	2000	泸州医学院、攀钢集团职工总医院
164	益气增乳胶囊（原名：复方妈咪多冲剂）治疗产后缺乳的实验研究	四川省科技进步二等奖	2000	四川省中药研究所
165	心安颗粒治疗病毒性心肌炎的临床与实验研究	四川省科技进步三等奖	2001	泸州医学院附属中医医院
166	优糖明中药复方治疗糖尿病视网膜病变的研究	四川省科技进步一等奖	2001	成都中医药大学、浙江万马集团有限公司
167	化瘀散结片防治增生性玻璃体视网膜病变的机理研究	四川省科技进步二等奖	2001	成都中医药大学附属医院

续表 2－13

序号	获奖项目	获奖名称等级	获奖年份	获奖单位/个人
168	远志质量标准规范化研究	四川省科技进步二等奖	2001	成都中医药大学
169	黄柏质量标准规范化研究	四川省科技进步二等奖	2001	四川省中药研究所
170	中药缓释技术——肝苏缓释胶囊的研制与开发	四川省科技进步三等奖	2001	郎酒集团—四川郎中药业有限公司、成都中医药大学
171	通关胶囊治疗前列腺增生的机理研究	四川省科技进步三等奖	2001	成都中医药大学
172	石菖蒲质量标准规范化研究	四川省科技进步三等奖	2001	成都中医药大学
173	四君子汤加味在防治烧伤肠源性感染中的作用及机理研究	四川省科技进步三等奖	2001	泸州医学院附属医院、宜宾市第二人民医院
174	丹参酮抗肿瘤作用及其机理的研究	四川省科技技术进步二等奖	2002	四川大学华西医院、四川杨大生物药业股份有限公司
175	重组人粒细胞集落刺激因子注射液的研制及产业化研究	四川省科技技术进步二等奖	2002	成都生物制品研究所、成都蓉生药业有限责任公司
176	聚氨酯医用材料及计划生育用品中试	四川省科技技术进步三等奖	2002	四川博奥生物材料有限责任公司
177	无保护剂双重病毒灭活制备静脉注射人用丙种球蛋白	四川省科技技术进步三等奖	2002	四川远大蜀阳药业有限公司
178	G1－Ⅱ型牙科高强度渗透陶瓷的研制和应用	四川省科技技术进步三等奖	2002	四川大学华西口腔医学院
179	川产道地药材川牛膝、川芎和红花的质量标准规范化研究	四川省科技技术进步二等奖	2002	四川省中药研究所
180	三十二味川产道地及特色药材适宜种植区域研究	四川省科技技术进步二等奖	2002	四川省中药研究所、四川省农业厅
181	姜黄提取物及其制剂的临床前研究	四川省科技技术进步三等奖	2002	成都市高新区药工医学生物技术研究所、四川大学华西药学院、四川省医学科学院医学实验动物研究所
182	四川省新药研究、开发与产业化方案研究	四川省科技技术进步三等奖	2002	四川省科学技术厅、四川省卫生厅、四川省药品监督管理局、四川省中医管理局、四川省计划生育委员会
183	中国实用天然药物数据库	四川省科技技术进步三等奖	2002	中国科学院成都文献情报中心
184	川产紫杉醇及其注射液的新药研究	四川省科技进步一等奖	2003	四川省中药研究所、军事医学科学院毒物药物研究所
185	阿奇霉素氯化钠注射液	四川省科技进步二等奖	2003	四川乐山三民药物科技开发有限公司、四川科伦大药厂有限责任公司
186	卡介菌多糖核酸注射液	四川省科技进步二等奖	2003	成都生物制品研究所

续表 2－13

序号	获奖项目	获奖名称等级	获奖年份	获奖单位/个人
187	雌三醇栓的研制及治疗绝经后妇女泌尿生殖道萎缩及老年性阴道炎的临床研究	四川省科技进步二等奖	2003	四川大学华西第二医院、四川大学华西医院
188	敏感膜电极检测食品中阿片类毒品	四川省科技进步三等奖	2003	川北医学院附属医院、四川大学华西药学院
189	消痤洁肤乳膏治疗寻常痤疮的实验及临床研究	四川省科技进步三等奖	2003	四川省人民医院
190	藏药“佐塔”中汞的作用特点和安全性研究	四川省科技进步三等奖	2003	四川省甘孜藏族自治州藏医院、成都中医药大学附属医院
191	通窍汤对实验动物家兔鼻窦炎黏液纤毛传输功能影响的研究	四川省科技进步三等奖	2003	成都中医药大学临床医学院
192	藏药翼首草抗类风湿性关节炎有效成分及作用机理研究	四川省科技进步三等奖	2003	成都中医药大学
193	黄连须根、茎叶开发利用研究	四川省科技进步三等奖	2003	四川省中医药研究院中医研究所
194	高选择性均相催化技术生产曲克芦丁及新药曲克芦丁颗粒中试	四川省科技进步二等奖	2004	四川协力制药有限公司
195	“神灸贴”制备及治疗痛经寒凝血瘀型的临床研究	四川省科技进步二等奖	2004	成都中医药大学
196	天麻有性繁殖和高产栽培技术研究及产业化开发	四川省科技进步三等奖	2004	万源市科技局
197	腰痛宁栓治疗腰椎间盘突出症的疗效与机理研究	四川省科技进步三等奖	2004	成都中医药大学附属医院
198	川产道地药材川芎规范化种植的研究	四川省科技进步三等奖	2004	成都中医药大学、四川省中药研究所、四川绿色药业科技发展股份有限公司、都江堰市华泰川芎药业有限责任公司
199	现代中药复方健脑通脉胶囊制剂及药理研究	四川省科技进步三等奖	2004	四川省中医药研究院中医研究所、四川鼎华医药技术应用有限公司
200	滋阴活血利咽口服液治疗慢性咽炎的实验研究	四川省科技进步三等奖	2004	成都中医药大学、四川省中医药研究院中医研究所、四川农业大学、四川省绵阳市第四人民医院
201	中国薯蓣甾体药源植物的研究与产业化开发	四川省科技进步一等奖	2005	中国科学院成都生物研究所、成都地奥制药集团有限公司
202	优质高效中药品种示范研究（中药复方二类新药——芍甘多苷胶囊的研制）	四川省科技进步二等奖	2005	四川省中药研究所
203	C－myb 反义寡核苷酸对脑胶质瘤细胞生长抑制作用的研究	四川省科技进步三等奖	2005	四川大学华西医院、成都三六三医院

续表 2-13

序号	获奖项目	获奖名称等级	获奖年份	获奖单位/个人
204	川产道地药材射干的标准化研究	四川省科技进步三等奖	2005	四川大学、四川省食品药品检验所
205	川产道地药材和主流药品种质量标准化研究——乌梅质量标准化研究	四川省科技进步三等奖	2005	成都中医药大学
206	贯众饮片工艺及质量标准规范化研究	四川省科技进步三等奖	2005	成都中医药大学、成都中医大惠康药业有限公司、四川大学华西药学院
207	四川省中药新药发展研究	四川省科技进步三等奖	2005	四川省科学技术顾问团办公室、四川省食品药品监督管理局、四川省中药研究所、四川大学华西药学院、成都中医药大学

第三篇　食品生产经营与监督管理

四川食品加工生产的历史源远流长。据史料记载，四川制盐、制酱和制醋都有2000年以上的历史，酿酒历史则长达4000多年。进入18世纪，四川食品生产一直停留在手工业生产方式。直到19世纪末20世纪初，四川才开始有了为数不多的机器生产的食品工厂。中华人民共和国成立以后，四川食品工业在十分薄弱的基础上迅速发展。中共十一届三中全会以后，四川食品工业进入新的发展时期。1995年食品工业总产值居四川各工业部门之首，成为四川国民经济的一个重要支柱产业。2004年，四川省食品药品监督管理局成立后，组建了四川省食品安全协调委员会，与卫生厅、工商局、质量技术监督局齐抓共管食品安全工作。

第一章　食品生产

第一节　概　况

18 世纪以前，四川食品加工技术不断提高。食品生产的发展，不但满足了国内需要，有的还远销国外。其中，四川茶叶自公元 5 世纪开始输出到亚洲一些国家，17 世纪开始销往欧美。进入 18 世纪，四川食品生产以手工业生产方式为主。直到 19 世纪末 20 世纪初，四川才开始出现为数不多的机器生产的食品工厂，如面粉厂、卷烟厂、酒厂、制糖厂、罐头厂等。中华人民共和国成立以前，四川农村只有一些手工操作为主的食品加工作坊。

中华人民共和国成立后，四川食品工业基本上是手工操作的小作坊和机械化程度很低的小企业。如制糖业，当时仅内江、雅安、南充有几家机制糖厂。1949 年四川产糖 2.2 万吨，土糖就占 85%。水产品加工主要是生产腌鱼、干鱼等粗加工品的小作坊。碾米、磨粉、榨油的小手工作坊遍布农村和集镇。城市的机器碾米、制面、榨油厂规模很小。

1949 年以后，四川食品工业开始逐渐发展。政府从没收官僚资本办的食品工业入手，接受外商转让的食品工业企业，将其改造为国营社会主义企业；对生产人民生活基本食品的私营粮食、油脂加工厂实行委托加工；对个体手工业积极扶植，引导其组织生产合作社，并帮助改良技术，提高产品品质。政府重点对国营制糖、制盐企业投入资金，恢复、改造遭到严重破坏的工厂。

1952 年 9 月，中国专卖总公司组织第一次评酒，评出八大名酒，四川的五粮液、泸州老窖特曲酒名列其中。

1958 年开始的“大跃进”使四川食品工业生产跌入低谷。随着粮食减产，经济作物种植面积大幅度缩小，食品工业的原料供应遇到了困难。1959—1962 年，工业用粮的供应减少到最低限度；油料、糖料、烤烟和猪牛羊肉生产一路下滑，奶源供应量也大幅度下降。

20 世纪 60 年代初期，随着国民经济的好转，“五坊”① 一度有所恢复。1963 年 7 月，四川成立烟草工业公司，对四川卷烟企业集中统一管理。1964 年 9 月，四川盐业公司实行对盐业生产、运销集中统一管理。1963—1965 年，经过调整，四川食品工业显现出生机，生产逐步回升。糖、原盐、食用植物油、酒、乳制品等都达到新的最高产量水平，市场供应也有所改善。

1966—1976 年，四川食品工业在“文化大革命”中遭到严重损失。这一时期，农业“以粮为纲”，对农副产品实行全购全销，食品加工作坊的发展随即停滞不前。糖、原盐、食用植物油等产品

① “五坊”，即粉坊、油坊、豆腐坊、酒坊、米坊。

的产量出现负增长。1976 年“文化大革命”结束以后，四川食品限量供应的票证种类开始逐渐减少，但牛奶等食品仍是限量供应，只供婴儿、重症病人和老人。

中共十一届三中全会以后，四川放宽农村政策，鼓励开展多种经营，促进了食品生产能力的提升，农副产品加工业真正得到了较快发展。1978 年，四川食品工业基本建设投资开始增加，但各个时期起伏很大。通过基本建设，食品工业各行业的生产能力有了较大提高。在 1978 年 12 月召开的中共十一届三中全会以后，四川食品工业进入新的发展时期。

1980 年，国务院批转关于解决娃娃“吃饭难”的通知，四川儿童食品生产受到重视。1981 年四川实施儿童食品发展规划。20 世纪 80 年代开始，食品工业各行业开始利用多种经营模式，带动全行业中小企业的发展，企业组织结构逐步趋于合理。在卷烟、味精、啤酒、糖、酒精、原盐和精制盐等的总产量中，大中型企业的产量占到 50% 以上，最高的占到 90% 以上。在白酒、方便面等食品的总产量中，进入 90 年代，大中型企业的产量占到 50%—80%。随着人民生活水平不断提高，四川饮料工业也开始迅速发展。每逢夏季，一些主要大城市的饮料产量只能满足市场需要的 1/3—1/2，供需矛盾相当突出。自 20 世纪 80 年代开始，四川各地大力提高饮料产量，努力增加饮料品种。1983 年四川省的食品饮料发展规划编制出台之后，各企业组织购买进口设备，食品饮料产量迅速增长，品种逐渐增加，质量也提高很快。

1980—1983 年，食品工业产值与产量每年开始递增，但主要还停留在初级加工阶段，食品工业还没有深入到家庭生活，与人民生活社会化需要还有很大差距。1981 年，各行各业大办食品，简单加工食品工业发展很快。一般食品的市场比较饱和，如白条肉、普通油等，油菜籽加工减少，猪肉出口及省外调出减少致使这一年增长速度缓慢。同年，四川省成立食品工业领导小组，加强对食品制造业的领导，推动了四川省食品制造业的发展。1982 年，四川引进了部分国外粮油加工生产线。1983 年，四川食品工业新兴行业增长较快，如饮料、方便食品、糕点等；食品骨干企业稳步发展，如酿酒、卷烟行业等。同年 7 月 1 日，国务院颁布《中华人民共和国食品卫生法》，对确保食品质量有了法律保证。四川省为保证汽水质量，开始全面执行轻工业部食品工业局组织制定的《汽水质量标准及试验方法》，并评选出一批优质产品。同年，四川省食品工业协会成立。

1984 年，四川省食品工业取得了较快发展，是中共十一届三中全会以来总产值增长最多的一年。其中尤其以名特优新产品、方便快餐食品、中高档食品增长最多。烟、酒、糖三个行业占食品工业税利总额的 70%；肉食品加工行业初步改变了卖白条肉结构，逐步增加了分割肉、半成品、熟食品；糕点及方便食品、罐头、饮料、制糖、卷烟都有增长。部分政策性亏损企业，由于实行定额承包，迅速扭亏为盈，亏损面缩小，亏损金额下降。联办企业也有突破，跨地区、跨行业、跨部门的联合食品工厂迅速发展。个体食品专业户也开始增加。

1985 年，四川省 21 个县（市）的食品工业产值达到或超过亿元，或相当于该县农业总产值的一半以上，达到省政府 1984 年底提出的建设 10 个食品工业县（市）的目标。不少县（市）还建设了食品镇、食品乡等。四川生产的食品获国家、部、省优质食品奖 158 个，是中华人民共和国成立以来获奖最多的一年。“六五”期间（1981—1985 年），四川省的优质食品奖达 443 个，在各省（自治区、直辖市）中名列第 4 位，其中：国家金、银质奖 14 个、部优 208 个、省优 221 个。此外，功夫红茶、峨眉毛峰绿茶和竹叶青绿茶还荣获第 24 届世界优质产品评选会金奖。在市场预测和行业调查的基础上，四川省食品工业协会组织有关厅局编制了本行业的长期发展规划、年度计划和相应的调整方案。这是四川省第一部跨部门的行业规划。同年6月10日，四川省人民政府批准建立的四川省食品工业开发公司召开成立大会。同时，经省科委批准成立的四川省膨化发酵研究中心，由省食品工业开发公司领导。此外，全省还有4个市、6个县也建立了食品工业开发公司。按四川省人民政府指示，由省食品工业协会牵头，会同省乡镇企业管理局、省轻工业厅等单位组成国家、部优质食品质量检查组，到成都、德阳、绵阳等市抽查了19个生产厂的国家、部级优质食品共28个品种。检查表明：28个产品质量稳定，符合国家、部优质食品标准。

截至1985年底，四川省6个地区、11个市和1个自治州都建立了食品工业协会，阿坝、甘孜两州的食品工业协会正在筹建。全省有81个县（占45%）成立了食品工业协会。与此同时，省一级的果品、保健食品、食品机械厂、食用菌等4个专业协会组建起来，白酒协会筹备组也开展了工作。1986年7月29日，四川省白酒协会在成都成立，成为省食品工业协会的一个专业协会。

1986年食品包装的革新，是改革开放后四川食品工业的一大进步。包装装潢、造型丰富多彩，一改过去简陋包装，食品面目为之一新。在提高瓶子质量、改进瓶子包装、减少瓶子损坏的同时，还积极发展塑料瓶、金属罐及复合软包装饮料，以适应不同消费者的需要。四川、重庆等地先后进口易拉罐自动生产线，使金属罐饮料产量逐渐增加。

1987年3月8—14日，全国糖酒春季交易会首次在成都举行。交易会促进了四川省糖酒食品的发展。当年糖酒销售总值比1986年上升19.75%，其中食糖、糖果和糕点完成计划的101.38%，酒类完成计划的109.92%。当年全省食品工业主要产品产量大部分都有明显增加。其中，市场紧俏的啤酒增加幅度最大，比1986年增产33.08%。饮料酒产量突破100万吨大关，而粮食消耗减少10万吨。过去十分短缺的乳制品也有较大发展，比上年增长30%。由于甘蔗减产，食糖产量下降17.09%。受糖类供应的制约，罐头比1986年少生产1.77万吨，下降10.59%。同年，全省食品工业实行承包责任制的独立核算企业已达9000多个，约占全部独立核算企业的80%。其中90%以上企业的内部承包责任制渐趋完善。制盐行业的国营企业已全部实行承包责任制，产量、质量、消耗、效益和职工工资挂钩，经济效益明显提高，当年产销利润5800万元，比上年增长30.19%。同年，许多县以食品工业作为起步，既促进了农业的延伸增值，又带动了其他相关工业。截至年底，全省共建设39个食品县，食品工业产值达到49.14亿元，占全省食品工业总产值的50.82%；其中1987年新增的11个食品工业县的食品工业产值为10.46亿元，占全省食品工业总产值的10.82%。同年12月26日，四川省食品工业标准化技术委员会成立。

1986—1987年四川省按行业划分的全民所有制独立核算食品工业企业一览表

表3-1　　单位:家

行业	企业单位数	
	1986年	1987年
食品制造业	953	963
饮料制造业	428	450
烟草加工业	15	15

1988年，四川省食品工业主要产品产量除蔗糖、植物油外，都比上年有所增长。当年，食品工

业总产值为 111.27 亿元，增长 15.07%；独立核算食品工业企业实现利税 20.21 亿元，增长 30.36%，高于产值增长速度；出口创汇 1.9 亿美元，产品品种有较大增加。食品工业重点县达到 46 个，约占全省县、市总数的 1/4，其食品工业总产值达到 66 亿元，占全省食品工业总产值的一半以上；实现利税 10 亿元，占全省食品工业利税的 50%。四川省提前两年实现了“七五”规划中“建成 40 个食品工业重点县”的目标。同年，四川省科委重点软科学研究项目“四川省食品工业科技发展战略研究”完成。该项目获四川省 1988 年科技进步三等奖。当年 7 月，四川省食品工业协会组织省内 6 家酒厂前往香港参加第 6 届国际食品博览会，共获金牌 7 块，其中文君酒还获得第 13 届巴黎国际食品博览会金奖。同年 12 月，四川省 456 个食品企业 725 种名、优、特新品和 22 种食品机械，以及 10 多项科技成果参加首届中国食品博览会，共有 432 个食品产品获奖，其中金奖 74 个、银奖 157 个、铜奖 201 个；食品机械获 3 个铜奖。

1988 年四川省按经济类型划分的独立核算食品工业总产值一览表

表 3－2　　单位:亿元

工业总产值	在工业总产值中	
	全民	集体
82.11	62.00	19.63

1989 年，四川省人民政府决定撤销四川省食品工业开发总公司，由省财政、金融部门和省食品工业协会组成清算委员会，省政府和省审计局派出工作组对该公司清理清查。

截至 1989 年，四川省已有 8 个酒精厂和糖厂利用排放的废液开发新能源，达到处理废液 45 万吨、生产沼气 900 万立方米的能力。有 8 个食品工业企业晋升为国家二级企业。全国第 5 届白酒评比会评出的 17 个金牌中四川省占 6 个；55 个银牌中四川省占 7 个，均为各省（自治区、直辖市）之冠。

1988—1989 年四川独立核算食品制造业企业总产值及其比重一览表

表 3－3

工业总产值(亿元)			占全国比重(%)	
1988 年	1989 年	增长率(%)	1988 年	1989 年
80.71	84.76	5.02	7.77	7.05

四川省食品工业企业多，规模小。为提高竞争能力和产业效益，1989 年全省各地在发展联合方面摸索到一些新经验。如油菜籽加工，继蓬溪县、新津县之后，宜宾地区将分散在全区 100 多家小油厂加工的油菜籽 2000 多万公斤集中到地区的精炼油厂，用 200 型榨机，采用预榨、浸出、精炼新工艺，多产油 50 万公斤，增加产值 600 多万元，利润达到 300 多万元，提高了规模效益。小油厂分别转产米糠油、配合饲料和发展养殖业，产米糠油 500 多吨，出栏猪 1 万多头，提供肉鸡 5 万多只，增加社会财富 400 多万元，实现税利 200 多万元。

20 世纪 90 年代，由于技术投入加大，食品行业的生产技术状况发生了很大的变化。四川油脂行业大中型企业推行预榨、浸出、精炼一条龙生产。屠宰和肉类加工业在重点产区和大中型肉联厂实现了屠宰加工一条龙。制盐业的机械化程度和综合利用水平普遍提高，四川井盐全行业实现真空制盐。烟草业大规模进行技术改造，积极引进先进设备，使技术装备水平明显提高。四川饮料工业技术水平逐步提高，饮料工业在科研和技术攻关方面取得一些初步成果。豆乳饮料在成都积极开发。成都饮料厂等单位研制的橘子乳化香精，有的已通过鉴定，有的已批量投产。不少地区对一些水果资源（包括野生资源）如猕猴桃、刺梨、酸枣、黑加仑子、酸梅等积极开发利用，生产出一批天然果汁饮料。为饮料行业服务配套的原辅物料，也实行统一安排，集中生产。在食品工业相关行业中，生物技术、远红外技术、速冻技术、微电子控制技术得到推广，冷冻升华、气调、微波、辐射、膜分离等新技术也开始被采用。

进入20世纪90年代，四川省食品生产行业对产品质量要求越来越高，以质量赢取市场的观念深入人心。为提高食品质量，1991年大多数食品工业企业集团开始组建。有的以驰名商标为龙头组建企业集团，充分发挥名牌效应。经过几年的发展，粮食加工、肉类加工、水产品加工、制糖、乳制品制造、罐头制造、饮料酒制造、软饮料制造和卷烟等行业都有了一批企业集团。1991年以后，为加快发展食品工业，四川加大了投资力度，固定资产投资大幅度增加，技术改造加快，生产能力进一步扩大；在投资方向上，着力于发展食品制造业和饮料制造业。

1992年9月17—20日，四川省省政府举办首届“巴蜀食品节”，有1500多家食品工业企业的7800多个产品参加食品节展销。食品工业产品总成交额23.37亿元，超过历届全国糖酒交易会。40多万人次品尝名小吃，总营业额达300多万元。省政府奖励获奖产品1007个，其中特别金奖7个（六大国家名酒和山城牌金钩豆瓣）、金奖400个、银奖600个。省政府明确，所有获奖产品可使用省优产品标志，特别金奖和金奖视同国优产品对待，银奖产品视同省优产品对待。同年，四川省确定工业结构调整总体计划，推出“8+5工程”，食品工业被列入“8+5工程”重点行业，重庆啤酒厂、蓝剑啤酒集团、亚太啤酒厂等9个企业列入重点改造项目。

1994年10月，为贯彻国务院《九十年代中国食物结构改革与发展纲要》，省政府委托省计委牵头拟定四川省食物结构改革与发展的课题。由省食品工业协会、省农牧厅、省营养学会、省城市经济调查队分别组织食品工业、食品原料、食品营养、食品消费4个软科学课题。1995年3月，省食品工业协会完成“90年代四川食品工业发展研究”软课题。

1995年10月10—13日，四川省人民政府主办第二届“巴蜀食品节”暨'95成都国际食品精品、食品机械及食品包装设备博览会。600多家中外企业参加博览会，交易额达15亿元，383个产品获奖，其中特别金奖27个、金奖271个、银奖85个。同年11月，省食品工业办公室、省统计局、省工业经济评价考核办公室、省社会经济评价中心联合开展食品工业企业评价宣传活动，评选出五粮液酒厂等200家四川最大规模食品企业以及粮食加工、制盐、食用油、屠宰及肉类加工、罐头、白酒、啤酒、烟草等13个主要行业十佳经济效益企业。11月29—30日，四川省食品添加剂协会成立大会暨中国成都食品添加剂研讨会在成都召开。12月1—5日，全国国家名优白酒检评会在都江堰召开，对17个国家名酒、53个国家优质酒及其系列产品的质量状况进行检评确认，并举行了白酒发展战略研讨会。同年，四川沱牌曲酒厂改革，建立沱牌实业股份有限公司，并列为全国首批100家现代企业制度改革试点单位。当年，四川省人民政府确定80户工业企业为建立健全现代企业制度试点单位。其中，食品企业8户，包括：重庆啤酒集团、亚太企业总公司、自贡鸿鹤化工股份有限公司、米易糖业有限公司、内江糖厂、剑南春股份有限公司、沱牌曲酒厂、巴中罐头厂。

1995年，食品工业总产值居四川各工业部门之首，成为四川国民经济的一个重要支柱产业。这一时期，方便食品业、软饮料制造、冷冻饮品制造、乳制品制造、葡萄酒制造、啤酒制造、肉制品加工、肉类副产品加工、水产品加工、食品添加剂制造、调味品制造等行业发展尤其迅速，在食品工业中的比重提高。

1995年部分四川食品工业企业通过国家质量体系认证情况表

表3-4

企业	认证情况	企业	认证情况
四川宜宾五粮液酒厂	双认证	四川省国营长宁县酒厂	双认证
四川绵竹县剑南春酒厂	双认证	四川省新都县五星啤酒厂	双认证
四川泸州老窖酒厂	双认证	四川省邛崃啤酒厂	双认证
四川古蔺郎酒厂	双认证	四川省少娥啤酒厂	双认证
四川文君酒厂	双认证	四川省梁平县食品公司肉联厂	双认证
四川宜宾杞酒厂	双认证	四川省蓝剑集团公司(啤酒)	双认证
四川宜宾竹园曲酒厂	双认证		

1996年，传统食品开始与现代科技相结合。四川有名的榨菜、冬菜、芽菜、大头菜、泡菜运用机械化、换气包装等工业技术进行改造，开发碎米芽菜、低盐菜、小包装系列、五味菜等一系列新产品，并扩大了现代化生产规模。有的年生产能力达到上万吨。速冻蔬菜、速冻汤圆、速冻水饺等问世，为传统名小吃工业化生产打开了新路。当年，四川省委、省政府把食品工业作为“九五”经济发展中重点培育发展的六大支柱产业之一，并由省政府召开全省食品工业工作会，推动了食品工业发展。

1996年是筹备成立重庆直辖市的一年。重庆直辖市包括原重庆市、万县市、涪陵市和黔江地区，其食品工业总量约占四川的30%。同年，按行业统计，重庆直辖后的四川全部食品工业总产值约500亿元，比上年增长17.1%，税利总额约60亿元，比上年增长15.4%。按国家统计口径，重庆直辖后的四川乡及乡以上独立核算食品工业企业4579户，占全省工业企业的14.45%；总产值321.36亿元（1996年价），占全省工业的15.53%；工业增加值为103.34亿元，同比增长31.36%；职工35万人，劳动生产率6.49万元/人；年实现税利48.2亿元，扣除亏损3亿元，实为45.2亿元，占全省工业实现税利的30.83%；利润占全省工业的28.49%，人均年创税利1.29万元。与上年相比，食品工业企业数减少1057个，减少18.75%；工业增加值增长31.36%；税利增长20.66%，由上年的37.46亿元增加到45.2亿元；亏损企业数减少379个，亏损面减少为26.6%，但亏损额增加2.97亿元，增亏64%；人均创税利大幅度提高，达12923元，同比增长31.04%；职工人数减少3万人，减少7.92%；劳动生产率由上年的58549元提高到64880元，增长10.81%。四川食品工业保持了速度、效益同步增长。全部食品工业企业速度增长17.1%，税利增长15.4%；乡及乡以上企业部分，总产值增长5.8%，税利总额则增长20.66%。食品工业企业成为利税的主要骨干。这一年，四川白酒行业认真贯彻控制一般白酒，重点发展名酒的指导方针，效果显著。白酒总产量106万吨，比上年的130万吨减少18.4%。但五粮液、泸州老窖、剑南春、全兴、郎酒、沱牌曲酒等六大国家名酒产销势头好。六大名酒企业全年共生产系列酒30万吨，比上年增长30%，其中六大名酒总产量达到3.6万吨，比上年增长24.6%。六大名酒厂总计销售收入达到57亿元，比上年增长42.36%；实现税利总额达20.96亿元，比上年增长33.83%；实现利润12.14亿元，比上年增长33.1%。六大名酒不仅是四川食品工业的主要支撑，同时也在全省财政收入增收中起到重要作用。冷冻饮品，特别是冰淇淋，以及面包、蛋糕、饼干、点心、方便面等烘焙食品，多年来是四川食品工业的薄弱环节。1996年，冷冻食品和烘焙食品行业迅速发展，已在食品市场占有相当份额。当年，冰淇淋总产量达到4万多吨，生产企业达到200家；烘焙食品企业达到2000余家，总产量达到6万多吨，产品质量、档次迅速提高，成为四川食品工业的一支生力军。

作为“8+5”工程的补充，四川省1996年实施“小巨人”计划。省政府公布第一批列入“小巨人”计划的重点企业名单共93户，其中食品工业企业5户，包括：苍溪静观猕猴桃食品饮料厂、米易糖业股份有限公司、绵阳丰谷酒业有限公司、甘孜州泸定贡嘎山矿泉水公司、四川华业超微粉体有限公司。

1997年，是重庆市直辖以后四川以新行政区划运转的第一年，也是四川省委、省政府实施“大轻工”发展战略的第一年。四川食品工业被列为全省经济发展重点扶持的六大支柱产业之一。四川提出的“大轻工”发展战略、名牌战略和结构调整的“8+5”工程、“小巨人”计划，取得较好的成绩。全省工业企业统一排队，资产总量前50名中食品企业占16%，销售收入前50名中食品企业占20%，税利总额前50名中食品企业占30%。这一年，食品工业继续保持速度、效益同步增长，并且经济效益增长幅度较快，是全省经济效益连续两年第1位的支柱产业。按行业统计口径综合，食品工业行业实现工业总产值580亿元、税利总额70亿元，分别同比增长16%和16.7%。独立核算保健饮料更为突出，工业总产值增长19.3%，而税利总额增长49%，达67.35亿元，比税利总额列第2位的电子通信业多31.95亿元。同年，按省统计局口径统计的乡及乡以上独立核算部分，食品工业企业总数为3884个，比上年减少695个；亏损企业1198个，亏损面为30.84%，亏损企业数同比减少1.8%，亏损面上升4.24个百分点。当年实现工业总产值383.25亿元，同比增长19.3%；工业增加值137.01亿元，同比增长32.6%；税利总额67.35亿元，同比增长49%，占全省工业税利总额的36.94%，占全省轻工业税利总额的56.37%。主要产品除罐头、肉制品产量有所下降外，多数上升，其中上升幅度较大的是味精、软饮料和啤酒。全省食品工业有15个产品跨进四川省名牌产品行列。同年，国有企业改革转制力度加大。国有大中型企业改组、联合、资产重组、兼并联合力度大，进度较快，一批新的食品企业集团相继诞生。如：新都五星啤酒厂兼并成都啤酒厂，组建成都啤酒集团公司；汉源花椒油厂兼并罐头食品厂、冷藏食品公司等，组建黎红集团；全兴酒厂控股四川制药厂实行强强联合获得成功。绵阳肉联厂、绵阳罐头厂、亚太啤酒厂、苍溪猕猴桃食品饮料公司等一批大中型国有企业，纷纷与沿海省（直辖市）、香港等地进行联合、转让、兼并、嫁接改造等多种形式的改组改造，使强的更强，弱的走出困境，初见成效。

1998年，按行业统计口径，四川省有1万多家食品工业企业生产实现工业总产值667亿元，同比增长15%；税利额72亿元，同比增长2.86%。主要产品产量多数基本持平。少数增长的品种有鲜冻畜肉、食用植物油、机制糖、啤酒、卷烟等，其中啤酒增长37%，食用植物油增长15.4%，鲜冻畜肉增长12.8%。产量下降幅度较大的是：乳制品下降72%，罐头下降44%，冷冻饮品下降40%。同年，国有食品企业在继续进行现代企业制度改革的基础上，贯彻省政府《关于进一步深化国有企业改革的意见》，积极推进资产大重组、结构大调整、机制大转换。当年，食品行业新组建20多个企业集团，重组兼并迈出新步。蓝剑集团相继兼并内江奥林啤酒厂、武胜啤酒厂、绵竹啤酒厂、邛崃啤酒厂等，并与成都啤酒集团合资合作，资产重组成功，使蓝剑跃居全国啤酒行业四大名啤行列，产量、效益一年内翻番。什邡卷烟厂兼并光明烟厂、中江烟厂，全年利润比上年增长35%。成都卷烟厂兼并四川卷烟厂，迈开向名牌优势产品集中的步伐。五粮液、剑南春、沱牌等集团公司的改革试点经验推广，带动全省国有企业改革逐步深入。在“大轻工”战略的继续实施推动下，四川省强化招商引资，嫁接改造。全省规划了38个重点食品项目。省食品工业协会分别与广东、上海、江苏、浙江等省（直辖市）食品工业协会签订长期互相招商合作协议。绵阳亚太啤酒厂、绵阳肉联厂、绵阳罐头厂、自贡啤酒厂、青川茶厂、广元肉联厂、飞仙食品厂、黎红集团、宣汉茶厂、二峨集团等几十个企业，分别与香港华润、河南双汇、上海梅林、浙江娃哈哈、龙井、金荣以及省内五粮液、蓝剑等集团合作，引进资金、技术、品牌，多形式嫁接改造，走出了困境。当年，食品工业全行业质量意识逐渐提升，质量管理步步深入，1000多个质量管理QC小组活动取得成果，质量认证继续扩展。为完善质量标准，省食品工业协会、省酿酒协会、省技术监督局联合调查后向国家提出《关于浓香型白酒国家标准对己酸乙酯指标要求修改意见》的报告，引起国家重视，被列入1999年国家标准修改计划予以考虑。一批质量管理优秀领导者、先进工作者和一批优秀QC小组，在全国食品工业质量工作会上受到表彰，如宜宾五粮液酒厂王国春、刘沛龙，泸老窖酒厂郭来虎，剑南春酒厂徐占成，全兴酒厂杨肇基、赖登泽，沱牌酒厂李家顺、李家明，郎酒厂彭追远，蓝剑集团曾清荣，丰谷酒厂李基金等。从产品结构做起，四川在食品工业生产中增加了产品的附加值，如阳坪乳制品厂、成都华西乳品厂、成都菊乐饮料公司都引进国外利乐包无菌灌装生产线，提高了产品档次，延长了货架期。蓝剑集团也开发了国内只有少数几家企业才能生产的纯生啤酒，进一步拓展了市场，使产品结构趋于合理。

1999年，四川继续保持白酒、猪肉加工在全国的优势地位；继承和改造发展传统食品如调味品、“五小菜”、腌腊制品、糖制小食品、部分川菜工业化生产；重点发展保健、方便、速冻、旅游、绿色食品；对攀西亚热带生物资源的开发和农业产业化龙头企业工作给予足够重视；重视和支持民营、“三资”食品企业的发展。当年，四川食品行业继续开展创“名牌”产品活动，共有18个产品被省政府确认为第4届“四川名牌产品”。当年有3户企业被评为全国食品行业质量效益型特别单位，19户企业被评为全国食品行业质量效益型先进企业。四川沱牌曲酒股份有限公司的实施酿酒新班组建制方案管理型QC小组等5个QC小组被评为全国食品行业优秀质量小组。

进入21世纪，四川全面开展创名牌活动，带动食品工业企业的产品品质、档次普遍提高。食品行业涌现出一批名牌产品，四川五粮液、泸州老窖、郎酒、剑南春等先后经国家工商行政管理局商标局认定为驰名商标。

2000年是中央提出并实施“西部大开发”发展战略的第一年，四川省委、省政府继续将四川食品工业列为四川经济发展的支柱产业，四川食品工业生产也取得进步。主要产品产量多数增长，其中增长幅度较大的有：方便主食品、乳制品、罐头食品、味精、软饮料、白酒、瓶装饮用水，产量下降的主要是鲜冻畜肉、食糖。有18个产品跨进四川省名牌产品行列。四川食品工业在全省的支柱作用明显、全年实现工业总产值348.62亿元，占四川省工业总产值的18%；完成工业增加值13036亿元，占全省工业税利的45%；实现利润总额25.87亿元，占全行业利润的61%。在2000年中国食品工业协会召开的中国食品工业科学技术奖励大会上，四川省有9个企业、7个项目、7个优秀产品和35位科技管理工作者获得表彰。在年度召开的首届中国白酒科技大会上，四川省五粮液集团、剑南春集团2个项目获优秀科技成果一等奖，泸州老窖、沱牌等企业有4个项目获优秀成果二等奖，还有3个项目获优秀科技成果奖。

2001年，食品工业产业化和规模经营集团化有了较大发展。受省政府委托，省食品工业协会编制了全省食品工业2001—2005年发展计划（以下简称“十五”计划）。“十五”计划共分三大部分，第一部分总结了四川省食品工业“九五”期间的发展状况，第二部分是“十五”计划的主体，提出了“十五”期间的发展目标及重点行业发展方向，第三部分针对存在的问题提出对策。“十五”计划提出：“十五”期间，四川省饮料食品要实现销售收入820亿元，年均增长14.5%；工业增加值317.5亿元，年均增长16%；利税160亿元，年均增长12%；食品工业产值与农业畜牧业总产值的比例达到0.35∶1。“十五”计划指出：酒类产品、肉类产品、饮料、方便食品、卷烟和绿色保健食品是“十五”期间的重点行业产品，要依靠科技调整结构，推动全行业上规模、上档次、创名牌；要形成一批有市场前景的农业产业化规模经营集团和农副产品精深加工基地。“十五”期间重点技改项目14个，总投资53.81亿元，可实现销售收入114.9亿元，利税27.13亿元。

2002年，四川食品经济发展更加迅猛，食品工业运用现代科学技术，提高食品品质，开发和生产符合消费潮流的现代食品，并使食品便于食用、贮藏和流通，有利于提高群众生活品质。全年，四川在提高农副产品附加值、促进农业结构调整、促进农业产业化方面有了更深的认识。不少市（州）都把食品工业作为支柱产业，有的市、县还专门增设食品工业办公室以加强领导。四川21个市（州）食品工业经营较上年均有较快发展。2002年度，四川省规模以上食品企业完成工业总产值511.86亿元，同比增长18.52%；实现产品销售收入500.26亿元，同比增长17.13%，占全国食品工业销售收入总额4.92%；利润37.76亿元，同比增长7.98%；利税109.38亿元，同比增长15.15%。总体情况运行平稳，利税增长较快。食品企业的亏损面由上年的25.42%降低到21.40%；亏损额为19.48亿元，比上年同期减少39.92%。整个食品消费市场看好，市场需求继续增长，食品消费进入理性消费阶段，消费者的营养、安全和绿色消费意识增强，对食品生产质量提出更高的需求，促进了四川食品工业健康有序地发展。2002年全省食品工业产值、销售收入增长幅度分别高于全国平均水平2.69个和0.78个百分点，食品工业经济效益继续稳步提高。食品工业销售收入、利税分别占全省工业销售收入总额和利税总额的18.8%和36.4%，利税连续7年居全省工业部门之冠。全年食品加工业和食品制造业受国家大力推进农产品深加工的政策支持快速增长，利润、利税分别为3.72亿元、28.42亿元，增幅分别为28.42%、16.28%。乳制品一枝独秀，增幅达86.25%。在四川食品行业占举足轻重地位的白酒业，因受国家调整白酒税收政策和市场调控双重影响，发展相对减缓，利润23.3亿元，同比下降6.66%；利税53.97亿元，同比增长10.54%。

2003年1月，国务院下发《关于促进农产品加工业发展的意见》，对促进四川省食品工业发展起到重要指导作用，食品工业作为六大支柱产业之一的地位提高，对促进农业产业化的作用明显增强。同年，四川省食品标准专业技术委员会、四川茶叶行业协会相继成立。这一年，四川和全国一样，经历了非典型性肺炎疫情和自然灾害，但食品行业仍取得快速发展。2003年末，全省规模以上食品工业企业共776户，从业人员20.21万人，其中采盐业19户、农副食品加工业383户、食品制造业148户、饮料制造业212户、烟草制品业14户。当年，四川全省规模以上食品工业企业完成工业总产值（当年价）627.57亿元，同比增长24.54%；完成工业增加值247.71亿元，同比增长23.49%，增幅比上年14.23%提高9.26个百分点，成为近年新高。食品工业增加值占全省规模以上工业增加值总额21.43%，成为35个工业门类之首。食品工业对全省工业增长的贡献率达到22%，拉动全省工业增长5个百分点。四川规模以上食品工业企业完成销售产值617.5亿元，同比增长24.86%；实现销售收入608.85亿元，同比增长24.15%，增幅比上年提高3.97个百分点，在全国排序由第7位上升为第6位；实现利税116.54亿元，同比增长79%，占同口径工业利税总额的30.2%；净利润41.85亿元，同比增长7.97%，占同口径工业利润总额的25.71%；产销率达99.71%，比上年提高0.20个百分点；企业亏损面由上年的21.40%下降为17.57%，减少3.83个百分点。当年，四川省食品工业总产值（当年价）和销售收入的增长幅度分别高于全国平均水平4.21个和3.23个百分点。重点企业贡献突出，全省776户规模以上食品工业企业中，有36户企业进入全省工业利税大户的行列。其中排在前10名的企业有：五粮液集团、成都卷烟厂、什邡卷烟厂、剑南春集团、泸州老窖集团、四川华润蓝剑集团、西昌卷烟厂、四川沱牌集团、成都统一食品、四川久大制盐。这10户企业利税总额89.75亿元，占全省食品工业利税总额的77.01%。食品工业固定资产投资完成情况良好。全省食品工业完成固定资产投资54.30亿元，新增固定资产37.76亿元，固定资产施工项目298个，其中新开工项目221个，建成投产项目2166个，各项指标均较上年有较大幅度增长。

2003年四川省食品工业分市（州）工业增加值一览表

表3－5　　单位：亿元、%

名　称	食品工业		其　中			
			食品加工制造业		饮料业	
	累计	同比增长百分比	累计	同比增长百分比	累计	同比增长百分比
全　省	247.71	23.49	133.88	27.13	110.69	16.61
成都市	60.78	17.59	42.02	18.08	16.50	16.24
自贡市	6.80	34.74	5.84	37.64	0.52	6.49
攀枝花市	0.77	26.87	0.47	28.74	0.29	21.67
泸州市	14.21	19.96	3.64	23.92	11.04	16.61
德阳市	30.89	12.45	16.71	9.81	13.79	19.20
绵阳市	14.39	28.78	10.77	32.57	2.95	10.66
广元市	2.65	27.68	1.79	32.83	0.78	17.70
遂宁市	9.72	28.46	4.56	53.82	5.14	4.43
内江市	10.63	44.81	6.61	49.91	3.75	36.77
乐山市	5.75	43.25	4.14	35.65	1.37	87.86
南充市	10.30	39.01	7.93	39.17	1.86	38.23
眉山市	12.80	60.73	11.65	60.82	0.22	56.49
宜宾市	47.06	14.16	2.14	62.72	48.11	11.33
广安市	3.77	81.95	2.69	85.00	0.93	73.44

续表 3-5

名　称	食品工业		其　中			
			食品加工制造业		饮料业	
	累计	同比增长百分比	累计	同比增长百分比	累计	同比增长百分比
达州市	4.47	19.64	3.62	21.66	0.60	8.05
雅安市	1.12	15.15	0.49	8.81	0.63	22.58
巴中市	2.95	37.92	1.18	71.89	1.81	5.73
资阳市	3.21	45.94	2.95	47.28	0.02	-23.18
阿坝州	0.14	38.47	0.12	54.21	0.00	-65.76
甘孜州	0.13	165.45	0.12	165.45	0.00	-90.00
凉山州	5.17	8.03	4.46	5.96	0.37	47.61

2004 年，四川省食品药品监督管理局成立后，组建了四川省食品安全协调委员会，与省卫生厅、省工商局、省质量技术监督局齐抓共管食品安全工作。2003 年初“毒泡菜”事件爆发之后，各食品生产企业，特别是骨干企业都加大了对食品安全的关注。由省标准化委员会食品专业委员会牵头，制定了四川方便粉丝地方标准和蛋茗酥地方标准，其中方便粉丝标准已由省质量技术监督局发布。全年，四川省食品工业增加值、销售收入和实现利润同时比上年增长 30%。四川省规模以上食品工业企业完成工业总产值 796.23 亿元，同比增长 31.24%；完成工业增加值 338.45 亿元，同比增长 31.42%；增幅分别同比提高 6.7 和 7.9 个百分点，发展速度再创历史新高。食品工业增加值占全省规模以上工业增加值总额的 21.89%，对全省工业经济的贡献率达到 23%—24%，拉动全省工业经济增长 6 个百分点。四川规模以上食品工业企业完成销售产值 791.04 亿元，同比增长 31.47%；实现销售收入 780.49 亿元，同比增长 29.72%，已超过浙江省排在全国第 5 位；两项指标的增幅分别比上年同期提高 6.6 个和 5.6 个百分点。全行业产销率达到 99.35%，比上年提高 0.13 个百分点。按销售收入排序，四川省当年名列全国第 5 位。同年，泸州老窖的国窖 1573 酿造技术获四川省人民政府科技进步一等奖，沱牌集团获得两项国家发明专利。

2005 年，省食品工业协会在调查研究的基础上组织人员编制《四川省食品工业“十一五”发展规划建议》，并上报四川省人民政府。剑南春酒厂等六大名酒厂在全国率先获准使用白酒“纯粮固态酿造标志”。当年，四川食品工业经济总量迈上新台阶。四川食品工业共有规模以上企业 1143 家，同比增长 19.44%；工业总产值达到 1051.15 亿元，突破千亿大关，同比增长 32.02%；销售收入达到 1004.32 亿元，同比增长 27.57%；销售产值 1021.49 亿元，同比增长 29.13%，全行业产销率达到 97.18%。

第二节　农副产品加工业

四川农副产品加工业品类繁多，主要包括：粮油加工、屠宰及肉类加工、制糖和蔬菜加工业等。

一、粮油加工

粮油加工是粮油食品的基础工业，1982 年以前在粮食较紧的条件下，以生产二级油为主，品种唯一。

1985 年底，四川省粮食部门开办的粮油加工企业（以下简称粮办粮油加工企业）1148 户，总产值 13.79 亿元，利润总额 0.55 亿元；年产大米 119.20 万吨，其中精米 28 万吨、占大米总产量 23.49%；年产面粉 132.70 万吨，其中精粉 34 万吨、占面粉总产量 25.62%；年产食用油 16.30 万吨，其中精制菜籽油 3.26 万吨、占食用油总产量 20%；年产各种粮油食品 22 万吨。全省粮油加工业中，实行“价拨加工”① 的企业 121 户，加工量 95 万吨，“价拨加工”实现利润 0.32 亿元，占粮办粮油加工业利润总额 58.18%，自营和代农加工实现利润 0.07 亿元，占利润总额 12.73%。利润上百万的县有巴中、大竹、平昌、三台等；利润上百万的厂有成都市第三面粉厂、成都市东风面粉厂、绵阳三台油脂化工厂、四川绵阳粮食机械厂（以下简称绵阳粮机厂）、巴中县植物油厂等。

“七五”计划时期，按仓厂结合的原则，在粮油主产区和主销区兴建粮油加工厂。全省粮办粮油加工业投入技改资金 3.90 亿元，完成技改项目 398 项；引进一批具有国际水平的生产设备，建成面粉生产线 1 条、油脂精炼生产线 4 条、菜油芥酸分离生产线 1 条。通过大规模技术改造，全省粮办粮油加工企业设备陈旧、技术落后状况初步得到改善，粮油加工厂布局经过调整之后相对集中，技术装备水平得到较大提高，粮油精深加工和粮食副食品生产能力得到提升。新产品大批投放市场后，产品质量逐步提高，物质消耗有所下降。全省粮办粮油加工企业开展以“抓管理、上等级，全面提高企业素质”为核心的企业升级活动和以“增产节约、增收节支”为主要内容的“双增双节”运动，不断深化企业改革，推行以承包经营为主的经营责任制，调动了广大干部职工的积极性，取得了较好经济效益和社会效益。

1987 年，全省粮办粮油加工企业实现“价拨加工”的有 269 户，比 1985 年增加 1 倍多；实现“价拨加工”利润 0.48 亿元，比 1985 年增加 0.16 亿元；当年代农加工粮油 32 万吨，自产自销粮油产品 19 万吨；油脂加工企业的油菜籽加工出油率提高 2%；总计节约用电 351 万千瓦时，节约标准煤 8300 吨，节约溶剂油 188 吨；乐山、雅安、德阳、攀枝花等地的面粉厂小麦出粉率提高 1%—2%。

1988 年，全省粮办粮油加工业在粮油减产、计划内加工任务不足、能源和原材料短缺的情况下，全年大米产量仍达 135 万吨，其中特米和标一米产量 51.80 万吨；年产面粉 160.80 万吨，其中年产精粉 63.9 万吨；年产食用植物油 24 万吨；年产粮油食品 31 万吨。实现粮油加工业总产值 18.6 亿元，比 1985 年增长 34.88%，在全国同行业中仅次于江苏、湖北两省，位居第 3 位；实现利润总额 1.11 亿元，比 1985 年增长 101.82%，名列全国同行业第 10 位。成都、内江、达县三个市（地）实现利润都在千万元以上。利润超过百万元的县达 30 个，利润超过百万元的厂有 25 户。

1989 年，全省粮办粮油加工企业总产值 19.56 亿元，利润总额 1.25 亿元。

1990 年初，全省粮食部门继续贯彻“一业为主，多种经营”的发展方针，各地国营粮食企业因地制宜、广开门路，拓展经营渠道，除生产挂切面、熟食品外，还生产白酒、酿造调味品、饮料、

① “价拨加工”，即对粮油和成品以质论价在粮食部门与加工厂之间拨交的办法。

罐头、糖果、糕点、小食品、速冻食品、风味食品、保健食品等。当年，南充地区投入973万元进行技术开发，生产出蒸气馒头、绞股蓝挂面、玉米营养粉、快餐粉、高蛋白营养粉、兰花干、香醋等13种产品，创利税87万元。1990年全省粮食系统有粮油加工厂1231户。其中，大米加工厂556户，年生产能力537万吨；面粉加工厂198户，年生产能力297万吨；植物油厂196户，年生产能力173万吨；粮食复制品厂201户，年生产能力78万吨；粮油食品厂27户，年生产能力1.17万吨。当年完成工业总产值36.65亿元，实现利润总额0.91亿元。与1985年相比，全省粮办粮油加工业总产值增长165.77%，利润总额增长65.45%。当年新增生产能力：大米129万吨、面粉146万吨、植物油48万吨、挂面33万吨。当年四川省的粮油产品获国优产品奖1个，获部优产品奖53个，获省优产品奖12个。绵阳粮机厂被评为国家二级企业，成都市第一面粉厂、重庆市粮油工业公司第五面粉厂、绵阳市面粉厂、温江县植物油厂、宣汉县植物油厂等12家企业被评为省级先进企业，万县植物油厂、内江市面粉厂、宣汉县植物油厂、绵阳粮机厂、绵竹县植物油厂被评为全国商办工业设备管理先进单位。

1991年，按国务院《关于进一步增强国营大中型企业活力的通知》要求，省内各级粮食部门与财政、税务、金融等部门协商，解决粮食企业加工费长期偏低的问题。广元、绵阳、内江、黔江、涪陵、泸州、宜宾、达县、南充、遂宁等10个市（地）将标二米加工费调整为每吨20—35元，标准粉加工费调整为每吨50—65元，油菜籽加工费调整为每吨150元，企业有合理利润后，经济效益得到提高。同年，按国务院确定的“质量、品种、效益年”要求，全省粮办粮油加工业大力抓职工培训、技术比武、企业升级达标等工作，生产经营稳步发展。全省自营代农加工的粮油产品共84.70万吨，同比增长12%；自营利润达4264万元，同比增长26.38%。省粮食局确定技改项目43项，总投资6427万元，到年底完成项目32个；其中投资1300万元建设乐山市面粉厂日处理200吨小麦生产线投产后，该厂生产的专用粉与成都市东风面粉厂研制生产的高级面包专用粉，打破了广东高级面包专用粉独占四川市场的局面。同年，三台县芦溪粮站以本地优质紫香糯米为原料，生产出紫糯米酒、清酒、香糯米营养羹等产品，其中“长龙”牌12°紫糯米清酒获“四川省优质产品”称号；涪陵市粮油公司引进新工艺、新技术，生产“澳宝利”牌系列高档面包、豆奶和糕点180多种，年粮油加工转化一项就获利65.72万元。全年，全省粮办粮油加工业总产值达39.89亿元，同比增长8.84%；实现利润总额1.15亿元，同比增长26.37%。与1990年相比，产值增长幅度较大的地区有：黔江、涪陵增长57.58%，达县增长20.10%，绵阳增长18.36%，遂宁增长15.59%。利税增长较大的市（地）有：涪陵增长205.33%，万县增长176.92%，泸州增长65.82%，乐山增长69.86%，黔江增长61.81%。全省粮油加工业实现利税超百万元的县有34个，其中宣汉县实现利税253万元；实现利税超百万元的厂有22个，其中乐山市面粉厂实现利税309.18万元。

1991—1992年，全省粮办粮油食品加工企业设备和工艺进一步改造。成都市东风面粉厂购置先进设备，完善干面头处理工艺，克服面头粗，影响挂面质量的缺陷，将原有的烘房加长，改变了烘房长度不足、干燥速度过快，使挂面容易酥条的状况，投入技术，自行设计、安装两套自动定量供水装置，使和面机的水、粉比例稳定，从而保证了挂面质量的稳定，其“芙蓉”牌挂面成为成都市民喜爱的优质产品。

1992年，全省粮办粮油加工业加快技改和新产品开发，投资1亿多元，完成技改项目34项，实现产值42亿元，利润总额0.95亿元。产品在四川省巴蜀食品节上获金奖24个、银奖73个、优秀奖

44个。同年，眉山县粮食局筹资3572万元，上了8个粮油食品项目，其中新建一条年产3000吨的汤圆粉生产线、一条年产3000吨的挂面生产线、一条年产1000吨的发糕粉生产线、一条年产2500吨的方便面生产线、一条多功能小食品生产线。眉山县粮油食品工业总公司生产的“圆”牌汤圆粉于1988年、1991年获得“四川省优质产品”称号，1994年获亚太国际贸易博览会金奖，1995年获四川省工业博览会金奖，1996年汤圆粉QC小组被内贸部评为优秀质量管理小组。德阳市粮油食品供应公司旌晶食品厂开发的营养玉米粉系列产品，于1991年通过省科委组织的工艺及产品质量鉴定，1992—1995年销售收入、利税连续翻番，1996年有固定资产近1000万元，年生产能力7000吨，1995年、1996年被连续评为全国“青年文明号”集体，全国商业先进企业，全国食品行业质量效益型企业。

1993年，全省粮食价格和经营放开后，民营、集体企业纷纷涌入粮油食品加工行业，特别是切面、抄手皮和饺子皮等加工作坊迅猛发展，迅速占领城乡市场。国营粮食企业的切面、抄手和饺子皮生产逐渐萎缩，其他大众化食品加工也逐渐衰落。全省粮办粮油食品加工企业失去计划调销支撑后，产销量减小，效益下滑。

1995年，全省粮办粮油食品加工企业出现大幅亏损，亏损面达61%，其中成都市粮办挂面加工企业全面亏损。1996年，全省粮办粮油食品加工企业生产经营困难，一些企业处于停产、半停产状态。1997年，全省粮办粮油食品加工企业中盈利企业利润总额621万元，亏损企业亏损总额1298万元，全行业净亏677万元。

1998年，全省376户独立核算的国有粮油加工企业，有351户企业完成改制。1998年以后，全省粮办粮油食品加工企业的切面作坊基本停产，一些规模较小的食品加工企业相继破产倒闭，而一些有一定抗风险能力的粮油食品加工企业则改制为股份制企业或转为民营后，发展势头仍然强劲。其中，由巴中龙头面业公司改制而成的四川省巴中龙头食品有限公司，拥有国内先进的小麦、挂面加工设备，日加工小麦140吨、挂面20吨生产线各一条，先后被评为省质量信用AAA级企业、省质量管理先进单位、省粮食产业化经营龙头企业、省首届先进法人单位，龙头挂面被评为全国质量检验稳定合格产品、省农业产业化经营魅力农产品三十强。1996年8月成立的四川省若男食品有限公司（以下简称若男食品公司）是一家专业从事中高档挂面、专用面粉生产销售的食品生产企业，拥有挂面全自动生产线4条，年设计生产面条2.40万吨，有一个专用面粉生产厂，年设计生产面粉5万吨，其生产规模及工艺流程居西南地区前列，生产设备的自动化程度在全国也处于领先水平，被省质量技术监督局授予质量等级AA级企业。该公司拥有“若男”“嘉诚”两个品牌，八大系列80余个品种。2004年、2005年，若男食品公司被评为省农业产业化经营龙头企业和省粮食产业化经营重点龙头企业。“若男”系列挂面被评为省名牌产品、省著名商标、省消费者喜爱商品，获得国家绿色食品认证。

1999年，四川省粮食局启动“川粮优化工程”。各地政府和粮食主管部门加大对粮油加工企业扶持力度，特别是对生产优质粮油企业的扶持，国有粮油加工业有了一定恢复和发展。当年全省国有粮油加工业完成工业总产值22.61亿元，亏损额明显下降，但盈利企业与亏损企业相抵仍净亏1.57亿元，比1998年减亏0.99亿元。随着“川粮优化工程”的逐步推进，全省粮食部门加大培育扶持龙头企业力度，鼓励龙头企业收购、租赁、兼并劣势企业，培育出川粮米业公司、绵阳市仙特米业有限公司（以下简称仙特米业公司）等一批具有一定生产规模、产品涵盖粮油加工、副产物利用、粮油制品等领域的龙头企业。

2005 年，全省有粮油加工企业 542 户。其中，民营企业 443 户，占 81.74%；国有及国有控股企业 96 户，占 17.71%；外商及港澳台商投资企业 3 户，占 0.55%。企业日处理原料能力在 400—1000 吨的有 3 户，200—400 吨的 26 户，100—200 吨的 84 户；日处理原料能力在 200 吨以上的企业由 2004 年的 15 户增加到 29 户，增幅 93.33%。当年全省粮油加工业总产值 73.66 亿元，产品销售收入 70.49 亿元，利润净亏 0.07 亿元。按现价工业总产值排序，全省粮油加工业排名前五位的是：南充、德阳、成都、资阳、绵阳，其中成都、绵阳、德阳三市的工业产值 27.40 亿元，占全省的 37.20%。

1985 — 2005 年部分年份四川省粮油加工业产值、利润及产量一览表

表 3 - 6　　单位:亿元、万吨

年份	总产值	利　润	大米产量	面粉产量	食用油产量	粮油食品产量
1985	13.79	0.55	119.20	132.70	16.30	22.00
1988	18.60	1.11	135.00	160.80	24.00	31.00
1989	19.56	1.25	132.00	158.00	25.10	37.10
1990	36.65	0.91	129.00	146.00	29.30	40.80
1995	49.13	-0.69	155.52	130.56	28.31	43.04
1996	29.89	-1.57	93.08	90.35	21.55	44.60
1997	27.59	-2.27	63.86	64.52	16.89	23.41
1999	22.61	-1.57	64.39	59.29	16.09	19.70
2002	85.00	-0.34	87.87	45.08	16.07	—
2003	97.40	-0.24	235.07	50.25	19.46	—
2004	57.99	-0.04	169.93	62.49	23.44	—
2005	73.66	-0.07	142.00	81.00	27.80	—

说明:1. 表中 1985 — 1999 年统计企业为国有粮油加工企业,包括独立核算企业和非独立核算企业,其中工业利润只包括独立核算企业;2002 — 2005 年统计企业为社会独立核算企业;
2. 1985 — 1989 年产值数据为 1980 年不变价,1990 — 1999 年为 1990 年不变价,2002 — 2005 年为现行价;
3. 2002 — 2005 年粮油食品产量未单列统计;
4. 1985 — 1996 年含重庆地区数据

二、屠宰及肉类加工业

（一）屠宰加工业

四川畜禽来自千家万户，上市的季节性强，所以四川的肉类加工企业，区域差别较大，发展不平衡。1949 年以前，四川活猪屠宰加工均为手工操作，没有肉类屠宰加工厂和冷藏库。1949 年以后四川肉类食品经营长期实行统一经营，国营企业部门的肉类加工企业已成为肉类加工的主要力量。肉制品加工多数厂还是以中式的腌腊、酱卤、烧烤、干制品加工为主，依靠手工操作。部分大中型厂，已开始由中式产品为主向中式与西式产品加工结合的方向发展。同时，由于新技术新设备的引进，香肠、灌肠类制品加工技术有了新的提高，机械设备的使用开始普及。1957 年，四川第一座冷库（250 吨）在重庆市南溪口建成。

1983 年以前，四川屠宰加工业以商业部门所属肉类联合加工厂（以下简称肉联厂）为主。1983 年，政策允许“多把刀”杀猪，允许个体、集体企业屠宰，乡镇企业屠宰肉类加工业开始起步。

从 20 世纪 80 年代开始，四川的肉类加工企业基本还是单一的生产型，产品以白条肉为主。多数企业只配有屠宰、冷冻冷藏、油脂加工、副产品处理车间（或分厂）。到 20 世纪 80 年代中期，加工出口产品的肉联厂陆续安装立式洗猪机、肉体和脏器同步检验装置，屠宰工艺符合国内外注册的工艺、卫生要求。一般肉联（冷冻）厂生猪刺杀工序的电麻设备由手掀式电麻发展到光电电麻，淘汰了手工宰杀。烫猪机代替了锅灶烫猪，劈半技术发展为往复式电锯、圆盘桥式电锯。炼油上，部分肉联厂采用低温离心炼油设备，提高出油率。

自 1986 年开始，为适应城乡消费结构变化，四川部分企业经过技术更新改造和生产配套，逐步增建、扩建内销分割肉加工、肉制品加工、副产品精加工、冷冻方便食品加工等车间（或分厂），向具有综合性生产能力的企业发展。当时四川肉类加工工业仍处于半机械化和手工操作相结合的阶段。就屠宰加工而言，生猪加工已具有一定现代水平，禽类和牛羊的加工次之。一些屠宰加工机械化程度较高的厂，生产部分基本使用机械设备操作，机械化水平大致在 50% 左右。一般是大中型企业的机械化水平高一些，小型企业的低一些。肉类加工企业普遍厂房较大，中型厂的屠宰能力（以猪为例）在 3000 头左右，厂房为多层建筑结构。畜禽的运输，一般以小吨位的汽车为主，火车为辅。在收购活畜旺季，为减少掉膘、死亡损失和控制疫病，各厂都实行快收快宰多贮。

1986 年，四川有屠宰及肉类加工企业 1038 家，实际屠宰能力为：猪 64170 头/班、羊 9000 只/班、牛 1180 头/班；冷藏能力为 17. 9 万吨。重庆、成都、德阳、内江、自贡、绵阳等大中城市和全省生猪生产已初步形成较为完善的白条肉生产线。屠宰、剃毛、开边、内脏整理等加工过程实现了机械化；快速冷冻技术的推广和新型塑料包装的使用使四川屠宰加工业得到进一步发展。从 20 世纪 50 年代生产白条肉为主，逐步发展到生产内、外销分割肉、炼油、精加工副产品、综合利用副产品、脏器、生化制药。1986 年 2 月，成都市禽蛋公司肉鸡加工厂从荷兰引进肉鸡屠宰生产线。1989 年，邛崃肉鸭联合公司从荷兰引进肉鸭屠宰生产线。

1986—1990 年，四川屠宰加工深度提高，半成品、小包装增多。1988 年，四川猪肉价格放开，肉食品加工增长，多数肉联厂出现胀库。1989 年，全省降价处理 1 万吨冻猪肉以缓解库存压力。1990 年，全省生产禽肉制品 0. 45 万吨、畜肉制品 21. 78 万吨，分别比 1989 年下降 13. 46% 和 6. 80%。

1991 年，四川商业系统肉联厂亏损面达 32. 8%，部分产品滞销的小型肉联厂亏损严重。此后，由于亏损导致资金短缺，四川国有肉类加工企业逐步陷入困境。1995 年，四川生产畜肉制品 37. 8 万吨，同比下降 64. 94%；全省外调猪肉大幅下降。

20 世纪 90 年代中期至 2000 年初，省外肉类加工企业纷纷到四川建厂，省内一批民营企业迅速崛起。四川屠宰加工业通过整合、兼并，实现了行业内的资产重组，优势企业实现了规模化、现代化。其中，以资阳四海发展实业有限公司为母公司的四海集团，2005 年生猪屠宰加工能力居四川省第 1 位，在全国生猪屠宰行业排第 9 位，分割肉的品种达到 100 多种。2000 年以后，四川省各地都有一批规模化的屠宰加工企业。其中，成都市的邛崃、崇州、大邑、蒲江、新津等市、县形成规模化、产业化畜禽养殖基地。

2000年，四川省主要屠宰加工企业普遍采用“公司+养殖基地”的经营模式，采用国内外先进技术，建成屠宰控血、蒸汽脱毛、食蜡去绒、清理内脏、水池预冷、分肢解割、成品检验、包装入库的自动化生产流水线。拥有放血机、剥皮机、往复劈半锯、大型冷藏库、急冻库等设备，产品销往省内及国内大中城市，部分产品出口。

四川牛羊肉屠宰加工企业中，张飞牛肉有限公司有现代化肉牛屠宰加工生产线1条，具备年屠宰加工5万头能力。该公司采用屠宰、分割、罐头加工设备，具备年生产分割牛肉和罐头各0.3万吨的能力。四川红原牦牛肉食品有限公司具备年屠宰加工牦牛2.5万头、羊0.5万只的能力，拥有牛羊肉产品精加工生产线。若尔盖县绿色食品有限责任公司，具备日加工羊0.2万只、牛300头的能力，机械化加工生产牛羊肉及副产物。

2005年，四川家禽宰杀加工主要企业中：四川哈哥兔业有限公司具备年加工4000万只兔肉能力，2006年宰杀商品兔1000万只；成都丰丰食品有限公司拥有3条日宰杀加工肉鸭7万只生产线；宜宾汇宝食品有限公司从事猪、兔、牛、羊肉加工，拥有年宰杀600万只肉兔的生产线，以及日屠宰1000头（只）猪、牛、羊及屠宰、分割、包装生产线；四川格瑞现代农业发展有限公司有上百家商品鸭和肉联厂，低温分割系列鸭产品；成都新太丰农业开发有限公司具备年屠宰加工肉鸭2000万只的生产能力。当年纳入四川省统计局统计的鲜冷藏冻肉企业有96家，共生产鲜冷藏冻肉110.61万吨。四川屠宰肉类加工企业中，销售收入超过5亿元的企业集团和企业有10家。其中，居全省首位的四海集团销售收入为28.73亿元，其次是长林肉类集团，其销售收入为10.14亿元。四川高金股份有限公司的“高金”品牌是中国驰名商标。

（二）肉制品加工业

1949年以前，四川肉制品深加工类食品主要是个体作坊加工，销售腌卤制品。1950年，大中城市的食品公司为了旺储淡销，开始加工腌腊制品，同时也开始少量生产肉干、肉松、卤肉等熟食品。20世纪60—70年代，四川肉制品深加工产品主要是各类腌腊制品。

20世纪80年代，乡镇企业肉制品加工业开始起步，以传统腌腊制品为主，大量销往沿海各地。1985年，乡镇企业肉制品厂达到311个，共生产香肠、肉干、肉松等肉制品1.55万吨。1986年，全省有切肉机、膘丁机、绞肉机、搅拌机、灌肠机等肉类加工设备537台。

20世纪80年代中期至20世纪90年代初，四川肉制品加工中，半成品、熟食品、小包装增多，肉食品加工结构向多样化、组合化、方便化发展。其间，四川先后引进国外先进生产线，其中有西式火腿生产线；有人造蛋白肠衣生产线；有日本KAP、ADP火腿生产线；研制生产了国产化的屠宰、灌肠和火腿等生产线。采用提取、合成、结构修饰、生物工程等技术，再加工或综合利用，生产食用动物蛋饲料、生化产品等十几大类300多个品种。

1987年，成都肉联厂从日本和丹麦引进西式灌肠生产线和西式火腿生产线，陆续开发了西式灌肠产品系列、火腿肠和罐头等十余种产品。德阳肉食品厂也引进了西式火腿生产线。但两家工厂产销量都不大。

20世纪90年代中期至21世纪初，四川肉制品加工业发展很快，涌现了一批现代化肉制品加工企业。1994年5月，成都希望食品有限公司成立，先后从日本、德国、西班牙等国引进高、低温肉制品生产设备及技术，形成年生产7万吨高低温肉制品能力。该公司主要生产“美好”牌PVDC红衣包装火腿肠系列、低温肉制品、香肠、腊肉等。2000年10月，“美好”火腿肠系列肉制品开发项目通过国家科技成果鉴定，成为国内“不加香精、合成色素和防腐剂”的火腿肠生产企业。1997 年 3 月，成都伍田食品有限公司成立，引进德国、瑞士、丹麦及日本等国先进的肉类加工生产线。该公司 1998 年投产，开发生产以牦牛肉为主的肉品，主要有伍田熟食、西式食品、休闲食品、火腿肠、调味品、生鲜肉制品等系列产品。此外，四川各地都有腌腊制品生产企业，知名企业有成都桂花庄食品有限公司、青城老腊肉生产厂等。

20 世纪 90 年代中期至 2000 年，四川的肉干、肉松等食品亦快速发展。1993 年，四川澳达食品有限公司成立，生产肉松、牛肉干、灯影牛肉系列产品。1994 年成都统一企业食品有限公司投产，建有肉品厂，主要生产满汉肉品系列。2005 年，知名的企业还有成都棒棒娃实业有限公司、四川哈哥兔业有限公司等。

1999 年 2 月，国家国内贸易局、国家工商局、卫生部下发《关于进一步加强屠宰管理，整顿肉品流通秩序，提高肉品卫生质量的通知》。四川对定点屠宰厂（场）和肉品运输、销售、加工单位及个人贯彻执行《生猪屠宰管理条例》情况进行了集中检查，在保证产值与产量的同时，确保人民群众的食肉安全。

据四川省流通行业办 2000 年对四川 19 个市（州）的 70 家重点零售商场主要消费品牌占有情况调查，四川产品占有四川市场火腿肠类产品 80% 以上市场份额，其中“美好”和“伍田”两个品牌分别占 77.56% 和 6.87% 份额。2002 年，成都希望食品有限公司生产火腿肠 7.5 万吨，是四川省最大的火腿肠生产企业。

2005 年，四川肉制品加工业有 1 个中国名牌产品和国家免检产品，即“美好”牌高温火腿肠；有 8 个四川省著名商标，分别是“桂花庄”“洞天”“佳享”“张飞”“棒棒娃”“老川东”“伍田”“灯影”。

1989—2005 年四川畜肉制品产量一览表

表 3－7　　单位:万吨

年份	产量	年份	产量	年份	产量
1989	23.37	1995	37.80	2001	50.54
1990	21.78	1996	34.95	2002	61.27
1991	38.00	1997	24.82	2003	83.49
1992	58.25	1998	32.35	2004	71.86
1993	60.25	1999	23.41	2005	110.61
1994	107.83	2000	33.98	—	—

1986—2005 年四川屠宰及肉类加工业生产及企业兼并情况一览表

表 3－8

行业(企业)名称	年份	行业生产情况及企业兼并重组情况
四川屠宰及肉类加工业	1986	固定资产原值 2.98 亿元,净值 2.05 亿元,完成产值 24.2 亿元,肉食品加工总量 81.59 万吨,出口猪油 2.5 万吨,分割肉 1.2 万吨
	1987	调出省猪肉 30 余万吨,出口分割肉 1.1 万吨,出口创汇 2200 万美元
	1988	调出省猪肉 34.7 万吨

续表3-8

行业(企业)名称	年份	行业生产情况及企业兼并重组情况
四川高金食品股份有限公司	1997	兼并宜宾市白沙湾食品加工厂,成立宜宾高金食品有限公司,集生猪养殖、收购、屠宰加工、销售为一体
	2000	收购遂宁市肉联厂,租赁射洪肉联厂
	2003	成立四川高金食品股份有限公司,2003年加工屠宰生猪138万头,出口冻猪肉2.8万吨;引进国外屠宰、冷链运输、销售生产线
河南双汇集团	1997	兼并绵阳肉联厂,成立绵阳双汇食品有限公司
	2001	收购仁寿鑫龙肉食品总厂,成立仁寿双汇食品有限公司
	2003	和四川润丰食品有限公司等共同组建南充双汇润丰食品有限公司
	2005	河南双汇集团旗下的这3家公司共实现销售收入19.65亿元
山东金锣集团	1997	收购眉山肉联厂,成立眉山金锣食品公司
四川省资阳市四海发展实业有限公司	1998	收购资阳市食品肉联厂,1999年成立四川省资阳市四海发展实业有限公司
	2002	2002年前后,先后收购了岳池、乐至、隆昌、合江等地的生猪屠宰企业
	2005	成立资阳市环宇实业公司,年生猪屠宰能力达300万头
雨润集团	2000	在内江肉联厂基础上成立四川福润肉类食品有限公司
自贡市新星源食品有限公司	2000	成立于2000年,具备年屠宰生猪260万头,加工分割肉18万吨的生产能力
自贡市华润肉食品有限公司	2000	前身是黄市肉类加工厂,2000年收购自贡市肉联厂
四川绵阳市长林肉类食品有限公司	2001	2001年,绵阳市涪城市西山肉联厂成立,后改为四川绵阳市长林肉类食品有限公司。2005年,西山分公司和南充长林公司完成销售收入10.14亿元
四川鸿宇冷冻食品有限公司	2005	阆中和苍溪鸿宇冷冻食品公司完成销售收入10.05亿元
泸州大农食品有限公司	—	收购泸州市肉联厂,拥有屠宰、分割肉生产线

2005年四川屠宰加工业主要企业情况一览表

表3-9　　单位:吨、万元

企业名称	产量	销售收入	出口交货值	生产能力
四川省资阳市四海发展实业有限公司	166711	195543	19854	集团总屠宰能力达年500万头,居四川省第1位
南充双汇润丰食品有限公司	21200	19806	—	年屠宰加工能力60万头,5条全封闭生产线
自贡市华润肉食品有限公司	73999	78744	11287	班宰能力2500头
四川高金食品股份有限公司	—	77578	23766	—
四川阆中鸿宇冷冻食品有限公司	—	7697	3184	—

续表 3-9

企业名称	产量	销售收入	出口交货值	生产能力
绵阳双汇食品有限责任公司	16180	69654	—	年屠宰加工能力 100 万头,拥有引进屠宰加工生产线
四川阆中光路冷冻食品有限公司	—	52057	—	—
绵阳市长林肉类食品有限公司梓潼西山分公司	27913	51326	12965	绵阳市长林肉类食品有限公司年屠宰加工 100 万头
四川省井研县食品有限责任公司	27058	51226	16299	日宰杀生猪 2000 头,家兔 1 万只的能力
南充市长林肉类食品有限公司	43889	50037	—	—
四川省福润肉类食品有限公司	—	49875	3062	年屠宰加工能力 100 万头,2 条现代化屠宰生产线
四川泸州大农食品有限公司	48321	39326	1916	年屠宰加工能力 100 万头
仁寿双汇食品有限公司	—	47046	—	—
自贡市新星源食品有限公司	—	35481	—	—
眉山市金锣食品有限公司	—	30962	—	—
南充市屠宰加工厂	—	29926	—	—
射洪高金食品有限公司	—	29921	—	—
四川隆昌四海发展有限公司	—	29343	—	—
宜宾市高金食品有限公司	11686	28310	3000	—
达州市长江食品有限公司	28013	26518	—	—

2005 年四川肉制品加工业主要企业情况一览表

表 3-10　　单位:万元

企业名称	销售收入	主要产品及生产能力
成都市希望食品有限公司	33973	“美好”牌火腿肠、香肠、腊肉、低温肉制品等 5 大类 200 余个规格品种。1999 年引进德国、西班牙低温肉制品生产线,具备年生产 1.5 万吨西式肉制品能力。2005 年低高温肉制品加工能力 7 万吨
成都市伍田食品有限公司	16484	以牦牛肉为主的 6 大系列 200 多个品种肉制品;年设计能力加工 30 万头牦牛及 10 万吨肉制品
绵阳双汇食品有限责任公司	—	2000 年,新上 9 条火腿肠线
四川福润肉类食品有限公司	—	具备年生产 1 万吨低温肉制品的能力
成都佳享食品有限公司	3720	高温火腿肠系列、低温脆皮肠系列、中温肉制品、三明治火腿类、烤肠等
四川南充福源食品有限公司	3097	引进日本技术,生产“蜀凯”牌火腿肠等系列熟食品

续表 3－10

企业名称	销售收入	主要产品及生产能力
成都统一企业食品有限公司	—	满汉肉品系列
四川澳达食品有限公司	—	拥有“澳达”“老川东”“灯影”等品牌,生产肉松、牛肉干、灯影牛肉系列
成都遛洋狗食品有限公司	2560	生产“遛洋狗”系列牛肉食品
成都棒棒娃实业有限公司	5734	牛肉粒、卤汁牛肉、牛肉干等系列牛肉制品
四川哈哥兔业有限公司	—	具备年加工兔肉干 800 吨,熟肉食品 800 吨能力生产四大类 60 多种不同规格风味的“哈哥”牌兔肉产品
张飞牛肉有限公司	1512	1 条现代化牛肉生产线,生产各式张飞牛肉制品
成都市老城南食品有限公司	1076	生产各类肉干、牛肉粒等系列牛肉制品
自贡市天花井食品有限公司	—	生产“长明”牌各式火边子牛肉
成都市桂花庄食品有限公司	1219	腌腊制品

三、制糖业

四川制糖业的历史可追溯到公元前400年。一直到1949年，四川制糖业主要是以牛拉石滚压榨甘蔗的土法制糖为主，中小型机制糖厂只有几家，市场销售的白糖主要依赖进口。除主产品食糖外，制糖业形成了以副产品糖蜜、蔗渣、废粕为原料的多种产品，包括：纸、纸浆板，食用、饲料酵母，甜菜颗粒粕，糖蜜酒精。

（一）糖　料

1984—1985年，四川实行甘蔗糖变通价，即把甘蔗奖售粮食及其他物资的差价加上甘蔗基本收购价、价外补贴，合并为一个收购价。农民卖蔗，按变通价结算，方便易行，适应了农村商品经济发展的形势，调动了蔗农的生产积极性。同时，四川推广早熟甘蔗优良品种，甘蔗播种面积有了较大幅度增长，增产较快，更重要的是含糖百分比的回升。四川糖料含糖百分比在1984年前不断下降后，逐步推行按质论价收购糖料并采取科学种植措施，各地积极推行按质论价收购糖料，1984年糖料含糖百分比有所回升。四川食糖产量达到历史较高水平，比上一个制糖期有较大幅度增长，增长幅度为19.2%。

1983—1985年两个制糖期四川省甘蔗糖主产区产量一览表

表 3－11　　单位:万亩、万吨

1983—1984 年制糖期			1984—1985 年制糖期		
甘蔗收获面积	甘蔗收获量	产糖量	甘蔗收获面积	甘蔗收获量	产糖量
62.7	163.2	16.1	66.0	181.0	19.2

1989年前期干旱，后期雨水较好，有利于甘蔗的生长，加之为增加收入，蔗农加强了甘蔗后期的管理，使产量增长，产糖量上升，到1990年四川甘蔗糖全面丰收。

1992—1994 年，四川食糖也有较大幅度的增产，这个时期量增价跌，是一个特殊的发展阶段。

1992—1995 年全国和四川糖料播种面积一览表

表 3－12　　单位：万亩

年份	1992	1993	1994	1995
全国	171.2	143.7	148.3	154.9
四川	3.9	2.1	2.8	2.8

2000 年以后，糖料增产速度超过了消费量的增长。四川按国家政策，开始适当控制糖料生产。通过糖业结构调整，减少低产、低糖和高成本地区的甘蔗面积。主动压减食糖产量后，市场食糖供求关系发生了较大变化，糖价较大幅度回升，多数糖厂实现了顺价销售食糖。

（二）制作加工

制糖业包括糖料生产、制糖加工和综合利用三个部分。经过长时期发展，四川制糖工业形成包括生产、科研、设计、设备制造、人才培养等在内的较完整的体系。食糖主要品种有一、二级白砂糖，优级白砂糖、精制幼砂糖；普通绵白糖、优级绵白糖；赤砂糖、冰糖、单晶冰糖、方糖、片糖、粉糖、营养糖等品种。

20 世纪 80 年代，四川大多数甘蔗糖厂采用亚硫酸法生产工艺，也有一些厂采用碳酸法。亚硫酸法的生产设备主要有压榨机、蒸发罐、煮糖罐、分密机。压榨机是糖厂增加产能设计制造日加工 2000 吨的甘蔗压榨机。碳酸法的主要设备有连续浸出器、蒸发罐、煮糖罐、分密机等。连续浸出器相当于甘蔗的压榨机，是增加生产能力最关键的设备。1986 年，四川有制糖企业 132 家，其中机制糖厂 31 家，共完成工业总产值 3.47 亿元，生产食糖 19.43 万吨，占全国产量 3.7%，居全国第 7 位。1989 年，四川制糖工业设备陈旧，报废损失了部分制糖能力，而一些地区糖料增产很快，各级政府在长远规划中开始新建、扩建及技术改造项目，开发一些综合利用新产品，使糖业获得了新发展。当年完成投产的项目有四川攀枝花糖厂的碎粒板厂，这些新项目的投产为综合利用制糖开发打开了新局面。

1986—1990 年，四川种蔗面积不断减少，企业开工不足，部分企业亏损。1988 年，四川省连续两次调整甘蔗收购价（收购价为 130 元/吨），使四川收购价大大高于全国平均水平（省外收购价为每吨 80—100 元），糖厂成本大幅度上升。尽管四川白糖定价 1975 元/吨，但市场实际售价每吨仅 1500 多元。除攀西地区糖厂盈利外，其他机制糖厂全部亏损。1989—1990 年榨季，大多数机制糖厂加工能力仅发挥 60% 左右，半数以上企业开工不足两个月，其中最短的仅 18 天。1990 年，全省制糖行业亏损 2043 万元。

从 1991 年开始，全国食糖季产年销的模式由商业转为工业企业承担。由于食糖放开经营，糖厂无仓库，无储备资金，生产经营陷入困境。为支付农民蔗款，糖厂被迫低价销售。1991—1992 年榨季出现前所未有的巨额亏损，全省机制糖厂共亏损 7148.55 万元。1992—1994 年，由于食糖大增产，大量压库，市场供大于求，出现卖糖难问题，同时价格大跌。1995 年制糖期，四川食糖产量下降。面对这样的局面，四川制糖工业在争取糖料收购资金保证的同时，稳定购销关系，合理调整价格，控制食糖进口，使制糖生产有较大幅度回升。

1994 年，食糖购销体制改革后，国家对食糖价格管理由指令性价格变为指导性价格。食糖批发价格开始由四川省级物价主管部门本着打紧费用、商业经营有适当利润的原则制定。食糖的零售价格由省级物价部门采取措施加强管理，以保持糖价稳定。1994—1995 年，除攀西地区外，其他地区由于原料不足，12 家国营机制糖厂停产或转产，停产总能力为日处理甘蔗 7500 吨。到 1998 年止，四川省的 23 家机制糖厂，有固定资产约 9 亿元，日榨能力 19500 吨，年产糖能力 20 万吨。除攀西地区 6 家糖厂外，省内其他 17 家糖厂部分关闭停产、转产，生产能力利用率不足 20%。

2000 年，根据国内食糖供大于求的情况和国务院关于要适当控制糖料与食糖生产的指示要求，四川食糖开始限产。2000 年 1 月，国家经贸委下达"2000 年全国食糖限产指标"：全国产糖总量控制在 750 万吨，甘蔗糖控制在 672 万吨，其中四川 8 万吨。经过糖业布局和结构的调整，关停和即将关停破产亏损严重、扭亏无望制糖企业，减少了高成本、低产、低含糖区的糖料种植，从源头上减少了亏损。控制总量工作收到实效，食糖供求形势发生了根本变化，从 2000 年 3 月份开始，糖厂实现顺价销售食糖。同时，糖精限产、限销工作取得进展，"适量吃糖有益健康"的科普宣传全面有序地展开，食糖消费量出现明显增加趋势。四川省对糖料单产低、含糖分低、生产成本高、亏损严重、蔗源枯竭的老产糖区进行了区域性结构调整。内江、资阳、宜宾、乐山、达川等原产糖区企业退出机制糖行业。攀西地区对布局不合理、重复建设的企业进行了调整，由 6 家企业减少为 5 家企业。到 2000 年末，有宜宾高场制糖厂、宜宾李庄糖厂 2 户企业破产终结。到 2001 年末，又有犍为糖厂、内江糖厂、资中球溪河糖厂、资阳糖厂破产终结。

同年，四川生产食糖 7.79 万吨。全省共 6 家糖厂开榨，其中攀枝花市 1 家、凉山州 5 家。2000 年关闭破产的 10 家企业资产总额为 35354 万元，负债 7.37 亿元，其中欠银行贷款本息 4.07 亿元，欠农民蔗款 1059 万元。10 家企业破产后，压缩制糖能力 10.2 万吨，比原有能力下降约 50%。

截至 2005 年，四川共有 5 家规模以上机制糖厂，其中宁南县金沙江糖业有限责任公司和宁南松新糖业有限责任公司亏损。全省共生产食糖 4.92 万吨，占全国产量 0.55%，居全国第 9 位。

1985—1999 年各榨季四川制糖工业情况一览表

表 3－13

榨季（年）	甘蔗收获面积（万亩）	产糖量（万吨）		国有机制糖厂	
		合计	其中:白糖	开榨企业数（家）	生产经营情况
1985—1986	66.20	19.50	—	30	22 家糖厂亏损 1248 万元
1986—1987	59.34	—	—	30	14 家糖厂亏损,共亏损 535.8 万元
1987—1988	55.50	—	—	30	—
1988—1989	53.15	15.01	11.21	30	甘蔗收购价从 50 元/吨调到 90 元/吨,全省每吨白糖平均成本 1753.15 元
1989—1990	50.71	15.58	12.32	30	甘蔗收购价从 90 元/吨调到 130 元/吨,全省每吨白糖平均成本 2416.3 元(未含税),四川甘蔗收购价高于全国平均水平,省外食糖大量入川,糖厂严重亏损
1990—1991	52.83	18.12	14.56	30	24 家糖厂亏损 1223.19 万元,全省每吨白糖平均成本 2315 元

续表 3－13

榨季（年）	甘蔗收获面积（万亩）	产糖量（万吨）		国有机制糖厂	
		合计	其中：白糖	开榨企业数（家）	生产经营情况
1991—1992	56.14	19.68	15.88	29	创历史最高榨季产量、全省每吨白糖平均成本2199元，亏损7148.55万元；大邑糖厂停榨
1992—1993	38.16	13.42	12.26	29	亏损1259.31万元，比上榨季减亏82.38%
1993—1994	30.30	11.77	8.20	29	糖厂普遍亏损，攀西地区产糖量占全省60%
1994—1995	33.00	13.22	8.53	17	德阳、大邑、大足、简阳、南充、铜梁、茂市、仁寿、丰都、布拖、遂宁、云阳等12家糖厂停产或转产；攀西地区白糖产量达7.4万吨，占全省白糖产量90%
1995—1996	19.82	8.06	—	15	14家糖厂停产，内江糖厂糖机设备转让，共亏1140万元
1996—1997	31.22	12.43	7.67	13	攀西地区产白糖6.90万吨，占全省89.87%，共亏损2372万元
1998—1999	14.45	9.14	8.14	10	13家停榨，分别是内江、茂市、银山、简阳、仁寿、球溪河、德阳、大邑、南充、遂宁、渠江、高场、富顺糖厂；开榨的10家糖厂中，攀西地区6家，另外还有眉山、李庄、犍为糖厂、资阳鸿泰糖业化工总厂

说明：1. 本表数据源自四川省轻工总会食品处榨季总结；
　　　2. 本表食糖产量为榨季产量和四川省统计局统计口径不同，故数据不同；
　　　3. 本表糖厂名称均省略“糖厂”两字

1986—2005年四川制糖工业食糖产量一览表

表 3－14　　　　单位：万吨

年份	食糖产量	年份	食糖产量	年份	食糖产量
1986	19.43	1993	12.11	2000	7.79
1987	16.11	1994	11.31	2001	6.06
1988	15.41	1995	12.61	2002	7.59
1989	15.11	1996	9.97	2003	8.95
1990	15.97	1997	10.11	2004	6.57
1991	18.99	1998	9.67	2005	4.92
1992	18.15	1999	7.02		

说明：数据源自四川省统计年鉴、四川省轻工统计年报

2005年四川制糖企业生产情况表

表 3－15　　　　单位：吨

企业名称	食糖产量	其他产品
米易华森糖业有限责任公司	15955	酒精、纤维板

续表 3－15

企业名称	食糖产量	其他产品
宁南县金沙江糖业有限责任公司	10405	酒精
德昌达矩龙公司	9127	酒精、纤维板
会东多元集团公司	6645	酒精
宁南松新糖业有限责任公司	7088	酒精

四、蔬菜加工业

1986 年，四川有蔬菜加工企业 300 个，主要生产腌制蔬菜、调味菜、蔬菜罐头、蔬菜干制品。当年，四川生产四大酱腌菜[①] 5 万余吨、青刀豆 200 余吨、芦笋 300 余吨、生姜片 1.6 万吨、花椒油 352 吨、魔芋角 1500 吨，蔬菜罐头 4 万吨。

（一）一般蔬菜加工业

20 世纪 90 年代前，四川蔬菜加工主要是酱腌菜、土特产品、蔬菜罐头。20 世纪 90 年代，工业化生产净菜、脱水蔬菜、速冻蔬菜开始起步。1991 年，成都浩霓食品有限公司成立，从事食用菌及蔬菜加工。1992 年，日资企业投资的成都虹禾原野物产有限公司成立，从事野生菌类收购加工。1994 年，四川安都天然保健品开发总公司（后更名四川仙牌灵芝集团）成立，从事灵芝产品研发，采用现代生物技术与制剂技术生产灵芝茶系列产品。

1993 年，西昌攀西食品有限公司成立，引进国外先进生产技术和包装，从事野生资源食品加工。拥有现代化加工厂，实现了规模化生产。1996 年，该公司出口清水松茸（罐头）、鲜松茸、冰冻松茸 500 吨，其他野生资源食品 1000 余吨，出口创汇 1488 万美元。1997 年，该公司开发生产小包装松茸产品，按日本风味配料，直接进入日本消费市场；同时推出适合国内销售的小包装野生食用菌，山菜等食品。该公司生产的松茸系列主导产品，包括：鲜松茸饮料、松茸酒、口服液、营养液等。

20 世纪 90 年代中期，四川蔬菜加工业进一步发展。1997 年，峨边县开发出 80—100 克小包装调味笋，方便食用。1998 年，四川通江山霸王野生食品有限公司成立，开发、生产、购销通江银耳及野生菌类。1999 年组建的乐山市健康菌业公司有 0.5 万吨蘑菇生产线 1 条，年加工鲜菇 1 万吨，80% 的产品出口日本和欧洲。青川县川珍实业有限公司拥有真菌所、农副产品加工厂、食用菌及山野菜加工厂、特色粉丝粉皮厂等厂（所），生产“天马”“川珍”牌黑木耳、香菇、天麻、竹荪、蕨菜、蕨根粉、辣椒、花椒等产品，行销国内，出口日本、美国等国家。

2000 年以后，四川蔬菜加工业快速发展。2003 年成立的成都宏昌食品有限公司从日本、德国引进先进生产设备和工艺，生产各类食用菌出口日本、韩国、新加坡等国家和地区。2005 年，乐山市锡成食品有限公司向日本和德国出口冻干葱、欧芹、蘑菇等，销售金额达 3567 万元。

2005 年，仅成都市就有以菌类加工为主的规模以上企业 11 家，在金堂县、大邑县形成了年加工食用菌 15 万吨的能力。中江县的兴隆食用菌开发有限公司与玉兴食用菌开发有限公司是省内最大的两家食用菌生产企业。这些企业的产品行销全国，出口日本、俄罗斯及东南亚、欧洲、美洲、非洲

① 四大酱腌菜，即榨菜、芽菜、冬菜、大头菜。

其他国家。此外，全省很多地方都有企业生产竹笋系列产品。乐山市峨边县、沐川县有 11 家竹笋产品生产企业。内江市的四川汇竹天然食品有限公司、长宁县的四川长宁县原野食品开发有限公司、遂宁市松涛园艺公司等都进行竹笋加工。

（二）酱腌菜、泡菜加工业

四川传统的四大酱腌菜及泡菜久负盛名，行销国内外市场。20 世纪 80 年代以前，四大酱腌菜及泡菜腌制技术及包装主要沿袭传统的手工方法和传统包装。自 20 世纪 80 年代中期开始，逐步摆脱作坊式生产，工业化开始起步。20 世纪 90 年代，四大酱腌菜及泡菜基本实现工业化生产，普遍采用真空包装，形成各式风味，各种规格系列产品。

21 世纪初，全省涌现出一批把酱腌菜、泡菜、调味菜等传统食品与现代化加工技术相结合的专业化、大规模的现代化食品企业，促进了四川酱腌菜、泡菜生产的发展。

1. 榨菜

四川榨菜驰名中外，与德国的甜酸甘蓝、欧洲的酸黄瓜一起被誉为世界著名的三大酱腌菜。1935 年，榨菜产区由涪陵、丰都、洛碛一带发展到长江一带及内江、成都郊区等 11 个区（县），四川全省榨菜产量达到 1 万多吨。四川榨菜的加工制作工艺及脆、嫩、鲜、香的特殊风格已基本形成。

20 世纪 60 年代中期开始，四川社队榨菜加工厂逐年增加。1976 年，榨菜生产主要工序实现机械化。1980 年以前，四川榨菜均为大块坛装。1981 年，四川涪陵榨菜科研所研制出软包装方便榨菜。1985 年以后，小包装方便榨菜在全省推广，坛装榨菜产量不断减少。20 世纪 90 年代，四川榨菜主要是乡镇企业生产。1992 年，乡镇企业生产榨菜 18.45 万吨，占全省产量 2/3。1995 年，全省生产榨菜 39.42 万吨。四川榨菜的主产区在重庆市，1997 年重庆市成为直辖市后，四川榨菜生产量下降较大。

2. 芽菜

四川芽菜生产始于清道光二十年（1840 年）的南溪。四川芽菜的传统名品是叙府芽菜。1935 年，叙府芽菜产量达 250 吨。1964 年，宜宾县供销社土产公司建芽菜加工厂，向农户收购半成品，统一加工。20 世纪 70 年代中期，自贡、乐山、雅安等地相继生产芽菜。20 世纪 80 年代初，全省芽菜产量达到 3000 余吨。

1987 年，宜宾碎米芽菜厂成立后，改进传统工艺，开始生产真空小包装碎米芽菜。21 世纪初，四川芽菜的主要生产企业是宜宾碎米芽菜有限公司，主要生产碎米芽菜、宜宾芽菜、金芽菜等系列 10 多个品种。2003 年，该公司产量达到 2500 吨。“碎米”商标成为四川省著名商标。四川省内其他地区也开始生产芽菜。乐山市的五通桥牛华镇历来有生产芽菜的传统。乐山市生产芽菜登记在册的企业有 19 家，年加工芽菜 3000 余吨，主要销售省内。

3. 冬菜

冬菜（冬尖）主产地在南充，资中次之。冬菜生产始于清乾隆五十五年（1790 年）。光绪初年，南充开始有作坊生产冬菜，资中、内江、大足等地亦有作坊生产冬菜。资中县的“天福尖”“道盛”冬尖在清道光年间极负盛名。

20 世纪 50 年代开始，冬菜生产在南充、资中有所发展。1957 年，全省冬菜产量达到 945 吨。四川生产冬菜的中华老字号是四川烟山味业有限责任公司（原青居冬菜厂），注册商标是“烟山”。进入 21 世纪之后，四川冬菜生产的知名企业有四川南充多善食品有限公司、四川南充冬菜厂、南充天冠冬菜公司、资中丰源公司等。

4. 大头菜

四川大头菜生产遍及全省，20 世纪 80 年代以前多为作坊加工，产量小。1989 年，成都市龙泉驿区兴办了规模较大的大头菜加工厂。其中，成都龙泉西平食品厂生产方便调味大头菜，1990 年生产的川味大头菜销往香港地区。进入 2000 年以后，四川主要的酱腌菜制造企业基本都生产各种口味的大头菜。

5. 泡菜

泡菜是四川传统食品。1986 年，成都市首先开发成功小包装泡菜。四川泡菜的工业化生产始于 20 世纪 90 年代。1987 年成立的新繁泡菜厂和中国科学院生物研究所、四川省原子核应用技术研究所共同开展泡菜工业化生产研究，研究出运用乳酸发酵的最佳条件，缩短腌制周期一半，研制成功适用于工业化生产的发酵容器及操作工艺；1990 年，进一步解决了批量脱水贮存、分段发酵、真空保鲜等问题，形成了独创的传统工艺与新技术相结合的泡菜生产工艺，实现工业化生产。从此，四川泡菜进入工业化生产时代。

1991 年，李记酱菜调味品有限公司成立。该公司结合传统泡菜及现代食品加工包装技术，开发出以“乐宝”牌酸菜鱼调料为主导产品的 100 余种泡菜，酱腌菜及调味品，年加工蔬菜 10 多万吨。1997 年，成都市新蓉股份有限公司成立，以传统工艺制作泡菜。

2000 年以后，四川有了一批知名泡菜生产企业。如成都新繁食品有限公司（原新繁泡菜厂），年综合加工能力近 5 万吨。该公司引进韩国先进流水生产线，加工制作甜酸味、咸酸味、红油辣味、韩式风味，日式风味五大系列 200 多个品种新繁泡菜，行销国内，出口日本、加拿大、美国等国家。四川吉香居食品有限公司，年产泡菜 1.6 万吨，其中坛坛香泡菜、四川泡菜、吉香居榨菜、酸菜鱼佐料等行销全国，部分产品出口美国、日本、韩国、加拿大等国。四川味聚特食品有限公司 2005 年投资 3800 万元，年产 3 万吨特色泡菜项目投产，生产泡菜、酱腌菜、调味小菜。2005 年，四川省内大部分酱腌菜生产企业都生产各式泡菜。

2005 年四川土特产品及蔬菜主要加工企业情况表

表 3-16 单位:万元

企业名称	销售收入	主要产品及生产情况
中江县兴隆食用菌开发有限公司	9380	食用菌
中江县玉兴食用菌开发有限公司	8851	食用菌
四川汇源农业产业化有限公司	8743	野生竹笋等山野菜、泡菜、酱腌菜、红薯粉丝
四川通江县山霸王野生食品有限公司	4687	银耳、野生菌类加工、中药材、保健食品、保健茶、野笋类食品
四川省长宁县原野食品开发有限公司	4500	野笋类食品
青川县川珍实业有限公司	4244	黑木耳、竹荪、天麻等各类山珍及食用菌加工
四川广乐食品有限公司	4008	竹笋系列、泡菜、调味品
四川品高农产品有限公司	3199	菌类与松茸加工，2005 年完成出口交货值 2195 万元

续表 3－16

企业名称	销售收入	主要产品及生产情况
四川汇竹天然食品有限公司	2527	竹笋加工
四川盐源禾嘉绿色食品有限公司	2456	果蔬脆片、年生产能力 900 吨
西昌攀西食品有限公司	—	野生资源食品加工，主要是松茸，野生山菜
成都浩霓食品有限公司	—	食用菌及蔬菜生产加工，有 40 多个品种，出口日本、美国、欧洲等 20 多个国家和地区
成都虹禾原野物产有限公司	—	野生菌类收购加工
成都宏昌食品有限公司	—	清水盐渍、速冻、干品、冻干野生食用菌
欧升健康食品有限公司	—	具备年加工食用菌、鲜笋 0.18 万吨生产能力，主要生产松茸、竹笋、冬菇、贡菜等 10 多个产品
乐山市健康菌业公司	—	蘑菇、雪魔芋等
乐山市锡成食品公司	—	有真空冻结干燥设备，具备年生产冻干食品 400 吨的能力
四川仙牌灵芝集团	—	灵芝系列保健品
四川金利成通江银耳保健品有限公司	—	木耳、银耳等
绿岛（四川）食品有限公司	—	菌类加工
四川东誉食品有限公司	2869	蔬菜类加工，2005 年完成出口交货值 2876 万元

2005 年四川酱腌菜泡菜主要加工企业情况表

表 3－17　　单位：万元

企业名称	2005 年销售收入	主要产品及生产情况
四川省吉香居食品有限公司	7522	生产酱腌菜、泡菜、餐饮调料、青椒、酱油、鸡精系列，共 100 多个品种
四川李记酱菜调味品有限公司	7203	生产“乐宝”牌泡菜、酱腌菜及调味品系列，销售东北、华北、西北、西南地区，出口东南亚
四川南充多善食品有限公司	3221	冬菜等
四川省味聚特食品有限公司	2855	泡菜、酱腌菜、调味小菜
四川南充冬菜厂	2205	冬菜
南充天冠冬菜公司	1511	冬菜
四川宜宾碎米芽菜有限公司	1457	芽菜
四川省射洪县榨菜厂	1396	榨菜
四川省什邡市泡菜厂	1294	泡菜
成都新繁食品有限公司	1278	泡菜
四川内江威宝食品有限公司	1606	泡菜、酱腌菜
四川邑丰榨菜食品有限公司	—	生产“邑丰”泡菜、“脆脆娃榨菜”“乡老坎榨菜”“坛装榨菜”等四大系列，几十个品种

第三节 食品制造业

四川食品资源丰富，粮、油、肉、果产量一直在全国居领先地位。四川食品制造业主要包括：焙烤食品制造、方便食品制造、液体乳及乳制品制造、罐头制造、调味品及发酵制品制造和其他食品制造。

一、焙烤食品制造

（一）概 况

20世纪80年代开始，四川的焙烤食品随着经济的开放，逐渐开始发展。1989年全国糕点社会销量仅为163.1万吨，比上年下降30.02%。四川省产量为35128吨，同比下降26.13%。20世纪90年代以前，四川焙烤食品制造行业产品结构比较单一，糕点产品以中式糕点为主，品种单调，花色不多，档次不高，如传统的桃酥、酥皮八件、月饼等；西式糕点以生日蛋糕为主，其他品种较少；面包产品以主食面包为主，花式面包较少；饼干产品以韧性、酥性、苏打饼干为主，兼有少量的华夫、蛋卷、夹心、曲奇、粘花饼干等，高档饼干较少。四川的糕点有上千个产品，几千个花色品种，部分产品几十年不变，到1991年已远不能满足人们的消费需求。于是焙烤食品行业开始研制开发新产品，调整产品结构，寻找新的转折点。

1992—1994年，四川糕点制造业的发展呈下滑趋势，企业减少，生产下降，效益不乐观。其主要原因是：产品结构调整跟不上消费需求的变化，企业技术改造滞后，消化原材料涨价、税赋增加的能力弱，市场机制不健全，经营手段落后。

“九五”期间，四川糕点业大力开拓、加快发展。一是进一步调整产品结构，增加高中档产品比重，淘汰一批质次价高的产品，改进老产品配方及加工工艺，积极研制开发新产品，加速产品的更新换代，提高产品质量。二是引进国外先进技术和先进设备，加速现有设备的更新改造，以适应糕点工业的发展，加速糕点生产机械的研制，在消化吸收国外先进技术设备的基础上，努力研制出适合四川糕点生产的设备。三是改进产品的包装技术，采用防霉保鲜技术，开发保质期长的新产品，发展前店后厂的糕点连锁经营，开发生产各种西式糕点及配餐面包。到1996年，四川糕点生产有了很大进步。

1997年，四川糕点生产产量加大，其中高档品种和产量也都有增加，各厂、各店生产的名优特产品主导着糕点市场。1998年各地厂家加强促销手段，纷纷设立糕点专柜，生产和销量都呈上升趋势。

进入21世纪之后，四川糕点产品市场上的儿童小食品旺销，保健食品盛行，中高档产品、名牌产品好销，专营、专卖渐成潮流，产品包装率增至90%。

“十五”期间，四川焙烤食品生产取得较大进步，生产产品结构进一步得到优化。四川焙烤食品行业在继承传统独特工艺技术的基础上，引进先进的工艺技术和加工设备及新材料、新型食品添加剂，中西结合，洋为中用，推陈出新。如生产面包的冷冻面团法、过夜面团法、低温发酵法、快速发酵法、2次搅拌1次发酵法；饼干的半发酵工艺、连续发酵工艺、面团叠层技术、滚切冲印成型工艺、喷油技术、整理技术、包装技术等；糕点的低温叠层起酥成型技术、蛋糕面糊的1次搅打发泡技术、快速发泡技术、蛋清蛋黄分打混合技术等。在设备引进的过程中，焙烤行业不断消化、吸收和创新，加大技术改造力度，改善生产条件。如各种类型面包的生产线及全自动面团冷藏发酵箱、醒面箱、分层上下火单独控制的电烤炉、热风旋转电烤炉、控温控湿的旋转电烤炉等。在糕点生产中，采用计算机和光电传感器控制的月饼全自动包馅成型机、万能糕点机等。一些专用工器具的引进，也不同程度地方便了加工和操作，还为增加产品花色、品种打下了基础，促进了生产质量档次的提高。这一时期，焙烤食品产品包装也得到改善。焙烤食品行业不断采用包装新材料、新工艺、新技术，如真空包装、无菌包装、充气包装、脱氧包装等，提高了产品保鲜期、保质期，防止了食品污染，还美化提升了产品档次。同时，四川焙烤食品生产逐步采用规格化和专用化的基础原辅料。以前行业上使用的原辅材料基本上是通用型的，难以满足不同食品的质量要求。如制造焙烤食品的小麦粉，种类仅有特制一等粉、特制二等粉、标准粉和普通粉 4 种。用此制作的面包、糕点、蛋糕和饼干，都达不到生产质量要求。油也是如此，所用的基本上是各种油料作物的毛油，其次是猪油和少量奶油。到“十五”期间，焙烤食品的基础原材料工业同步发展，面包粉、糕点粉、饼干粉、蛋糕粉等系列专用粉相继投放市场；焙烤食品专用全脂大豆蛋白粉，面包、糕点、饼干、蛋糕等专用人造奶油和起酥油也大量上市；各类食品保鲜剂、添加剂、干鲜酵母等辅料，不论是国产的还是外国的，已广泛用于焙烤食品中。这些规格化、专用化、高品质的原辅材料的大量使用，从整体上提高了四川焙烤食品的档次。这一切使四川焙烤食品工业的生产结构进一步得到优化，促进了产品的升级换代。

（二）糖果糕点

四川糖果糕点制作历史悠久，独具特色，各地都有企业生产各类地方特色产品。如成都康达养生食品厂和成都国琳食品厂生产传统的各式酥、糕、桃片、豆腐干等；成都派立食品有限公司（原成都市川蒲食品厂）生产的蛋苕酥、黑米酥、米花糖、玉米派系列产品，共五大类 36 个品种。南溪县生产豆腐干已有近 300 年历史，南溪县庶人食品有限责任公司生产各种“庶人坊”豆腐干。四川徽记食品产业有限公司生产“好巴食”系列南溪豆腐干及瓜子、酥类、花生、胡豆等特色休闲食品。

1950 年，四川糖果糕点业逐步形成国营、公私合营、供销社糖果食品厂的生产格局。20 世纪 80 年代以前，糖果糕点企业普遍规模小、厂房简陋，生产技术水平不高。1981 年，四川糖果糕点制造业的发展，主要还停留在初级加工阶段，基本上还没有深入到家庭生活，同群众生活社会化的需要有很大差距。

自 1984 年起，四川大中城市食品厂先后引进国外先进生产设备和技术，产品迅速升级换代。1985 年，成都文华食品厂从日本引进油炸土豆片生产线。1986 年，新上海食品厂从德国引进维夫饼干生产线，成都耀华食品厂从英国引进巧克力生产线及涂挂设备。1986 年，四川有糖果糕点企业 1134 家，完成工业总产值 4. 14 亿元，产量 28 万吨。20 世纪 80 年代末，重庆、成都两市的糖果糕点生产基本达到国外 20 世纪 70 年代末至 80 年代初的水平。

1989 年 1 月，四川开始全面执行由商业部组织制定的《糖果行业国家二级企业标准（试行）》和《糕点行业国家二级企业标准（试行）》。这两项标准是根据全国加强企业管理领导小组和国家经委《关于企业升级若干问题的说明》《关于制定企业升级标准若干问题的补充说明》等制定的，适用于评定自主经营、自负盈亏、具有法人资格的糖果和糕点行业国家二级企业。国家二级企业按产品质量、物质消耗、经济效益三项指标考核，三项考核指标必须全面达到。同年，由中国食品工业协会组织起草，全国食品工业标准化委员会审查通过，卫生部卫生防疫司和国家经委食品工业办公室联合组织审改的《糕点厂卫生规范》发布，要求自1990年1月1日起全面实施。同年，四川糕点行业规定了糕点工业的统一术语，适用于糕点工业生产、科研、教学及其他有关领域。该标准编号为GB12140—89。同时，为使糖果、巧克力及蜜饯制造的生产和管理规范化、标准化，促进企业间的技术交流，根据国家标准局制修订国家标准要求，四川对糖果、巧克力及蜜饯制造规定了一些统一术语，适用于糖果、巧克力及蜜饯制造工业生产、科研、教学及其他有关领域。同年，四川软糖、乳脂糖和巧克力的生产能力有了较大提高，相较上一届评比会，在当年的优质产品评比会上，参评产品在质量和包装上都有了很大改进和提高。当年还进行了蛋糕、饼干、蛋卷、裱花蛋糕的质量评比。除产品包装更加新颖、卫生、方便之外，还涌现出很多新产品，如低糖蛋糕、小米酥卷等。裱花蛋糕的图案设计及制作技艺达到了国内较高水平。

1992年，四川省执行商业部颁布的有关这一行业的推荐性标准12项，其中糖果业8项、糕点业4项。这些行业（推荐性）标准是：《硬质糖果》（SB/T 10018—92）、《夹心糖果》（SB/T 10019—92）、《焦香糖果》（SB/T 10020—92）、《凝胶糖果》（SB/T 10021—92）、《抛光糖果》（SB/T 10022—92）、《胶基糖果》（SB/T 10023—92）、《巧克力及巧克力制品》（SB/T 10024—92）、《充气糖果》（SB/T 10104—92）、《蛋糕通用技术条件》（SB/T 10030—92）、《片糕通用技术条件》（SB/T 10031—92）、《糕酥通用技术条件》（SB/T 10032—92）、《中式糕点分类》（SB/T 10033—92）。

“八五”期间，四川省开始全面执行糖果制造业制定和修订的数十种产品行业标准，包括饼干标准11种，以及面包标准、冰淇淋标准、糖果巧克力标准、方便面标准、冰糖标准、果脯蜜饯标准等。“十五”期间，糖果、巧克力及蜜饯生产产品标准大部分直接采用国际标准，为产品进入国际市场打下基础。

20世纪90年代初，沿海地区糖果糕点产品大量进入四川市场，对四川企业冲击很大。除四川名优产品和部分传统产品外，普通产品普遍销路不畅，产量大幅下降，多数企业持续亏损，十分困难。1993年，四川商业系统糖果糕点企业亏损面达61.73%。20世纪90年代中期至2000年初，原有的国有和集体糖果糕点企业基本转制为私营和股份制，部分企业停产、破产或转产。从20世纪90年代中期开始，外资和省外企业纷纷到四川投资糖果糕点行业。1995年7月，成都旺旺食品有限公司成立，投资总额为1850万美元，最具代表性的FBD自动化生产线全套从日本引进，有较高技术水平。同年9月，成都新成食品工业有限公司成立，投资总额为1000万美元，年产各类康元饼干500万千克。1998年，成都嘉隆利食品有限公司和成都市晋江福原食品有限公司成立。

1999年之后，四川省糖果、巧克力及蜜饯制造业生产面貌发生了很大变化，尤其是各地先后引进国外的糖果、巧克力制造设备和技术，使糖果、巧克力的质量提高，花色品种增加，并向机械化、连续化、自动化的生产方向发展。糖果、巧克力及蜜饯制造从起步走向高速发展，糖果业绿色食品和功能性营养食品制造开始起步。通过引进外资、引进技术、引进科学管理，促进行业生产的技术、管理、质量和竞争力上新台阶。每年上市的产品大幅增加，花色品种繁多，高中低档结合，市场空前繁荣。1999年，四川棒棒糖盛行。四川省内靠现代化生产线生产的棒棒糖广受欢迎，尤其是炮弹形的棒棒糖1元1支，受到孩子们的喜爱。同时，由于科技进步，产品向系列化发展。糖果、巧克力及蜜饯向多种化、高档次发展；包装有片装、小包装、家庭型散装等系列；还有袋装、杯装、碗装等不同包装规格和多种口味、不同吃法。针对老年人对食品的特殊要求，运用生物技术，生产出低糖、低脂肪、低盐、低胆固醇、补钙食品，满足市场需求。在行业发展中形成一批大型企业集团和三资企业。在四川成都、绵阳等地，这些大型企业集团和三资企业生产步入高速发展轨道，并参与国际大循环，成为行业生产的领头企业。

2005 年，四川生产糖果 0.84 万吨、饼干 3.94 万吨，分别居全国第 13 位和第 9 位。产量最大的是射洪港发饼业有限公司，产量达 1.68 万吨。销售收入超过 1 亿元的有 5 家企业。其中，居全省首位的是成都福马食品有限公司，完成销售收入 1.6 亿余元。

2005 年四川糖果糕点制造业主要企业情况一览表

表 3－18　　　　单位:万元

企业名称	销售收入	主要产品及生产情况
成都福马食品有限公司	16186	蛋黄派、巧克力等
成都旺旺食品有限公司	16154	拥有“旺旺”“旺旺大礼包”“浪味仙”等驰名商标,生产米果类及小食品,2005 年生产 0.97 万吨
福建达利食品成都分公司	13560	生产酥、夹心、威化、韧性饼干、巧克力涂浸、焙烤膨化食品等六大系列 250 多个品种,2005 年生产 1.1 万吨
射洪港发饼业有限公司	11387	拥有日产大米饼 6 吨的生产线 2 条,饼干生产线 2 条(合计日产 45 吨),日产 40 吨威化饼干生产线 1 条,日产 2 吨蛋黄派生产线 1 条
天伦食品成都有限公司	10055	月饼、饼干等,2005 年生产 0.35 万吨
成都嘉隆利食品有限公司	5790	1998 年成立,引进国外先进的糖果生产加工设备,生产糖果、巧克力
四川米老头食品工业有限公司	5499	开发生产休闲食品,有米通、曲奇饼干、蛋卷、煎饼、瓜子五大系列 200 多种不同规格、品味的产品
冠生园食品公司	5144	月饼、饼干
成都元祖食品有限公司	4502	蛋糕、雪月饼、粽子等
四川广汉米老头食品工业有限公司	4467	—
四川航空汉莎食品有限公司	4212	航空配餐
成都川岛食品有限公司	3548	拥有自动化饼干生产线和沙琪玛生产线,生产饼干、沙琪玛等,2005 年生产 0.34 万吨
成都香贝尔食品有限公司	3282	蛋苕酥、片式薄饼、麦通、米通、沙琪玛、膨化食品等
成都康达养生食品厂	2696	传统的酥、糕、桃片、豆腐干等
成都市晋江福源食品有限公司	2606	1998 年成立,生产膨化食品、土豆片、果冻、蛋黄派,糖果等

（三）冷冻饮品

四川最早的冷冻饮品厂是成都青羊冰厂和重庆青鸟冰糕厂，均创建于民国 25 年（1936 年），产品有果汁、冰糕、冰砖等。1949 年以后，四川冷冻饮品生产发展较快。20 世纪 70 年代，四川多数市（县）均生产冰糕。1980 年后，四川开始引进美国、联邦德国等国的小型果汁制冷机、日本的冰淇淋机等。1984 年，新上海食品厂引进意大利娃娃头冰淇淋生产线。1987 年，成都文华食品厂引进意大利夹心冰淇淋生产线。

20 世纪 80 年代中期至 20 世纪 90 年代初，四川大中城市通过购买意大利等国的冰淇淋机组、花样冰淇淋生产线、膨化雪糕机组、国产多功能冰淇淋生产线等，使四川具有较高品质的冷冻饮品、冰淇淋进入规模化生产。1989 年，全省生产冷冻饮品 1.8 万吨，1990 年生产 2.2 万吨。1992 年末，中美合资成都美登高食品有限公司成立，总投资 300 万美元，年设计能力 0.4 万吨，1994 年 5 月 1 日投产。

进入 21 世纪，随着人们生活水平的提高，冷冻饮品的消费由防暑解渴向休闲享受型的全年性消费转化，冷冻饮品生产快速发展。国内知名品牌企业纷纷到四川建厂。蒙牛乳业集团股份有限公司投资 5000 万元建厂生产冰淇淋、酸奶等。内蒙古伊利实业集团股份有限公司郫县分公司生产冰淇淋等系列产品。2001 年，全省生产冷冻饮品 1.63 万吨。2005 年，四川生产冷冻饮品 4.55 万吨，占全国产量的 3.15%，居全国第 11 位。

2005 年四川冷冻饮品主要制造企业情况一览表

表 3－19　　单位:吨、万元

企业名称	年产量	销售收入
成都金蒙乳业有限公司	27668	11424
内蒙古伊利实业集团股份有限公司郫县分公司	—	10863
四川美其乐食品有限公司	3515	4154
成都美登高食品有限公司	2330	2064
成都国福龙凤食品有限公司	—	—
成都龙旺食品有限公司	3795	—
峨眉山市红英食品饮料厂	5394	1357
四川省宜宾太子乐实业有限公司	1789	1335
广安小英雄食品有限公司	240	1500
四川巴中飞霞实业有限公司	736	416
成都美怡乐食品有限公司	—	1739
成都永佳乐食品有限公司	—	—
成都奇格食品粮油有限责任公司	—	—
成都大桥道食品有限公司	—	3856

二、方便食品制造

四川方便食品生产始于 20 世纪 80 年代中期，90 年代中期进入快速发展时期，产品类型主要包括方便面、方便粉丝、方便米饭、速冻米面食品。随着城乡人民生活需要，优质产品逐渐增多。方便制品行业在继续发展大众化食品的同时，积极发展高中档食品和各种快餐、配餐方便食品。在增加产量的同时增加花色品种，为人民提供丰富、卫生、适口的方便制品。1985 年以后，在大力发展食品工业的新形势下，四川各地积极进行设备更新和技术改造，方便食品发展逐渐加快，各种方便食品实现了产值、产量同步增长。

（一）方便面

在方便食品中，方便面的产量居于首位。四川方便面生产始于 20 世纪 80 年代中期。1984 年广汉方便食品厂成立，生产方便面等食品。1986 年成都粮油食品厂从日本引进班产 5 万袋油炸方便面生产线。由于方便面调味料品种单一、口感欠佳等原因，初期产销量很小。至 1988 年，四川方便面花色品种、规格档次已有 25 种，年增长幅度都在 20% 以上。花样、营养等方面也有较大发展，如麻辣方便面、香菇方便面、五香方便面、鸡汁方便面、儿童方便面以及各种面饼等，达几十种之多。

1993 年，成都统一企业食品有限公司成立，建设的方便面厂拥有 6 条国际一流的方便面生产线，开发生产了川辣、麻辣、牛肉味等系列口味，使四川方便面产量有较大提高。1995 年，四川生产方便面 1.2 万吨（其中重庆市 0.41 万吨），1996 年四川生产方便面 0.84 万吨。2004 年，四川生产方便面 5.07 万吨。

2005 年 1 月，眉山福满多食品有限公司投产，拥有 5 条方便面生产线，生产“福满多”系列方便面，包括泡面与干吃面等，2005 年产量居四川省第一。截至 2005 年，四川方便面重点企业还有：四川宝利食品有限公司，生产非油炸方便面，主要采用玉米等粗粮为原料，粗粮细作生产健康方便食品，有川味麻辣、葱香排骨等多种风味；南充市炊香食品有限公司 2005 年投产，主要生产方便面。当年，四川省统计局统计的规模以上 7 家方便食品企业生产方便面、方便粉丝 11.05 万吨，占全国产量的 3.37%，居全国第 12 位。

（二）方便粉丝

四川方便粉丝生产始于 20 世纪 90 年代。1992 年 10 月，四川光友薯业有限公司（以下简称光友公司）成立。该公司发明精白红薯粉丝，1997 年又发明方便粉丝，在绵阳建成中国首条万吨方便粉丝生产线。2000 年光友公司首创无明矾粉丝，2004 年建成万吨无明矾方便粉丝生产线，2005 年发明全薯营养粉丝。“光友”粉丝和光友薯类加工设备先后获 49 项国家专利，其中发明专利 19 项。

2001 年 6 月，四川白家食品有限公司成立，主要生产“白家”方便粉丝，“小城故事”砂锅米线等。“白家”方便粉丝以红薯淀粉为主要原料，采用高温蒸熟—速冻开粉的非油炸生产技术。

截至 2005 年，四川重点方便粉丝生产企业还有四川国基实业有限公司，有涂布成型粉丝生产线 2 条，具备年产红薯方便粉丝 1.2 万吨生产能力，其“扁担姑娘”牌系列产品达到 6 大系列、43 个品种，还生产马铃薯、玉米等方便食品；四川庞大集团有限责任公司下属宏亚食品有限公司，采用涂布成型工艺生产“庞大”牌系列红薯方便粉丝；四川思味特食品有限公司也从事方便粉丝生产。

（三）方便米饭

四川方便米饭生产始于 20 世纪 80 年代中期。1987 年，新都县快餐食品厂方便米饭生产线投入生产，配有多种菜肴和汤料。但直到 2000 年初，四川方便米饭生产一直未形成规模化生产。

2000 年以后，四川方便米饭生产开始发展，种类也开始逐渐增加，有麻辣方便米饭、香菇方便米饭、五香方便米饭、鸡汁方便米饭、儿童方便米饭、糯米方便米饭、鱼香肉丝方便米饭、猪肉火腿方便米饭等。

2003 年，四川得益绿色食品有限公司开发出新型套餐式方便米饭。方便米饭新工艺获成都市科技进步三等奖。米饭采用东北大米，经蒸煮、熟化、特殊干燥等国内领先技术加工而成，菜包是川味下饭菜，不加防腐剂，汤包采用紫菜。2005 年 8 月 16 日，四川得益绿色食品有限公司举行了方便米饭新产品中试项目技术鉴定会。2006 年 1 月，该公司新一代方便米饭生产线正式投产，形成规模化生产；产品销省内各地及北京、上海、重庆等 14 个省（自治区、直辖市），还出口美国、加拿大等国家。

（四）速冻米面食品

四川速冻食品生产始于 20 世纪 80 年代后期。成都市速冻食品厂把成都市的名小吃，包括龙抄手、赖汤圆、珍珠元子等数十个品种制成“龙”牌速冻食品投放市场，受到欢迎。20 世纪 90 年代初，省内部分市、地的食品厂也开始开发生产速冻米面食品。20 世纪 90 年代中期，速冻水饺、汤圆等打开市场，四川速冻米面食品逐步实现规模化生产。

截至 2005 年，四川已有一批规模化速冻食品生产企业。成都国福龙凤食品有限公司生产“龙凤”牌汤圆、水饺、发面制品、港点、火锅丸子等系列产品。成都佳雪食品有限公司建有年产 10 万吨速冻食品的生产基地，生产汤圆、水饺、粽子、面点、净菜等速冻产品，2005 年生产速冻食品 2 万多吨。成都市龙旺食品有限公司生产“龙旺”牌速冻水饺、汤圆、面点等。成都奇格粮油食品有限公司速冻食品分公司，拥有数十条现代化速冻及常温生产线，生产水饺、汤圆等速冻食品。2005 年，四川生产速冻米面食品 0.45 万吨，占全国产量 0.33%，居全国第 12 位。

2005 年四川方便食品主要工业企业情况一览表

表 3－20　　　　单位：吨、万元

企业名称	主要产品	年产量	销售收入
眉山福满多食品有限公司	方便面	53770	49257
成都统一企业食品有限公司	方便面	33022	—
四川宝利食品有限公司	方便面	6562	8997
南充市炊香食品有限公司	方便面	2311	6042
四川光友薯业有限公司	方便粉丝	6961	9196
四川白家食品有限公司	方便粉丝	—	8743
四川国基实业有限公司	方便粉丝	4621	14868
四川思味特食品有限公司	方便粉丝	3274	5194
成都国福龙凤食品有限公司	速冻食品	—	6541
四川得益绿色食品有限公司	方便米饭	—	—
成都佳雪食品有限公司	速冻食品	—	8500
成都绿好食品有限公司	速冻食品	—	5291
成都市龙旺食品有限公司	速冻食品	—	2276
成都奇格食品粮油有限责任公司	速冻食品	—	—
成都永佳乐食品有限公司	速冻食品	—	—
四川巴中飞霞实业有限公司	速冻食品	150	—

说明：表中速冻食品指速冻米面食品

三、液体乳及乳制品制造

20 世纪 80 年代，四川乳制品主要是奶粉、奶油、干酪素、炼乳、酸奶等。其中，奶粉是主要的乳制品，包括全脂、脱脂、母乳化、孕妇、益寿奶粉等。商品奶的供应主要是鲜奶，城市液体乳的供应以普通巴氏消毒奶为主。1986 年，四川有乳制品生产企业 12 家，完成工业总产值 0.25 亿元，生产乳制品 0.28 万吨，占全国产量的 1.31%，居全国第 17 位。

20 世纪 80 年代后期，四川乳品加工业由于原材料涨价，液体乳及乳制品生产经营受到影响。牛奶成本上升，养牛户收益下降，各地相应调整了鲜奶收购价格。乳品加工企业由于鲜奶、能源、包装材料及其他费用的提高，产品成本上升。

截至 1989 年，全国有良种及改良种奶牛 252.5 万头，同比增长 13.8%；奶山羊 325.5 万只，同比增长 321 万只，增长 1.4%。

1989 年，四川省执行轻工业部制定的全脂乳粉、全脂加糖乳粉、婴儿配方乳粉Ⅰ、Ⅱ号产品质量分级规定。该规定的制定参照了乳粉国家标准、国外先进企业的企业标准、美国乳粉协会（ADMI）乳粉标准。该规定将乳粉质量分 A、B、C 三个等级。A 级产品质量为国外先进水平，B 级产品质量为国内先进水平，C 级产品质量为国内一般水平。判定产品质量的指标有理化指标、微生物指标、感官指标、包装指标等四个方面的内容。

四川乳品加工业从 1990 年开始引进国内新的技术设备，如塑杯灌装热封机等，并投入批量生产，从而结束了酸乳塑杯灌装机依赖进口的局面。1990 年，四川奶类总产量为 26.8 万吨，占全国产量的 5.64%，居全国第 5 位；四川乳制品产量为 0.53 万吨，居全国第 17 位。

1992 年 12 月，经成都市体制改革委员会批准，成都菊乐企业（集团）股份有限公司以定向募集方式设立股份有限公司。1993 年，四川菊乐食品有限公司开始生产乳制品。菊乐公司成为成都市乳制品骨干企业，被国家学生奶评审组认定为四川省学生奶定点生产企业之一。同年，由于饲料涨价，国家部分优惠政策取消，养奶牛的比较经济利益下降，加之城市建设规模扩大，关停了一些奶牛场，乳制品厂受进口奶粉冲击产品销售不畅，不能及时回笼货款，给养牛户打白条，影响农户养奶牛的积极性等，四川奶牛饲养业出现滑坡。四川乳制品行业在 1993 年、1994 年两年呈低速增长态势。

从 1994 年开始，四川液体乳恢复发展。1996 年，成都市乳品公司生产液体乳 1.12 万吨，在全国液体乳生产企业中排第 5 位。1996 年，成都市乳品公司引进美国屋顶纸盒灌装生产线投产，用于液体乳包装。1996 年，四川菊乐食品有限公司、阳坪乳品厂、成都华西乳品厂引进国外利乐包装生产线，用于液体乳包装。

1999 年，四川乳品行业大力宣传乳及乳制品营养知识，社会各界倡导改善国人饮食结构，引导消费。特别是乳品企业采取措施抓奶源、抓技术改造，使产品质量明显改善，国产乳及乳品在消费者心目中树立起好形象。1999 年，四川乳品生产和销售都出现良好势头。

1999 年 6 月 9 日，卫生部印发《关于禁止经销比利时等国受二噁英（Dioxin）污染食品的紧急通知》（以下简称《通知》）。《通知》指出，自 1999 年 1 月 15 日以来，比利时、荷兰、法国、德国 4 国相继发生因饲料被二噁英污染，导致畜禽类产品及乳制品含高浓度二噁英事件。二噁英是致癌物质，危害人体健康。为保障人民身体健康，四川暂停进口上述 4 国自 1999 年 1 月 15 日以后生产的乳制品、畜禽类制品（包括原料和半成品）；把已从上述4国进口的1999年1月15日以后生产的乳制品、畜禽类制品（包括原料、半成品），一律封存，暂停销售。据资料介绍，造成“二噁英”污染的原因，是位于比利时的1家饲料厂使用工业油脂生产饲料，而这种工业油脂受到二噁英污染。这种有污染的饲料卖给比利时、荷兰、法国、德国，造成畜禽产品污染“二噁英”。

2000年以后，四川乳制品行业进入全面快速发展阶段。2001年6月，维维泸州豆奶粉厂成立，进行乳业和豆制品等农产品加工。同年8月，西充县李子园牛奶食品有限公司成立。同年，新希望集团与四川阳坪签约，新希望进入乳制品行业。2003年，成都金蒙乳业有限公司成立。

至2004年，四川乳制品行业已拥有完整的奶牛产业链，包括11个奶源基地、10个直属奶牛场以及10万多头奶牛，11个自办牧场，其中四川洪雅阳坪奶牛场获得国家良好农业规范认证示范牧场（GAP）一级认证；包括新希望华西、昆明雪兰、杭州双峰、大理蝶泉、安徽白帝在内的5个学生奶基地；液奶生产能力超过80万吨，设备从瑞典、法国、德国进口，包装从美国和瑞典进口，符合世界卫生组织要求。

“十五”期间，四川已拥有国际先进的乳制品加工生产线，包括美国“新鲜屋”保鲜产品生产线、德国“康美包”无菌产品生产线、芬兰“伊莱克斯德”无菌产品生产线和瑞典“利乐枕”无菌产品生产线；能生产保鲜奶、无菌奶、酸奶、饮料四大产品系列40余个品种。四川新希望集团农业股份公司对四川华西乳业有限责任公司注入巨资，使已有40年历史的“华西乳业”引进新的企业理念和运行机制，投资5000余万元兴建的具有国内一流水准的乳品加工基地于2002年3月正式投产，为企业产品进入全国大市场奠定了基础。“华西”牌系列乳制品多次荣获省、市奖项并被国家列为绿色食品。2001年，华西乳业有限责任公司通过了ISO 9001：2000质量认证，2002年被国家批准认定为“中国学生饮用奶定点生产企业”。

2005年9月，成都光明乳业有限公司成立，总投资1.6亿元，生产液体乳、酸奶。当年，成都菊乐企业集团的总产量达5.55万吨，被中国乳制品工业协会评为中国乳制品行业优秀企业。同年，四川生产乳制品15.04万吨，占全国产量的1.25%，居全国第18位；其中液体乳产量9.46万吨，占全国产量的0.91%，居全国第22位。

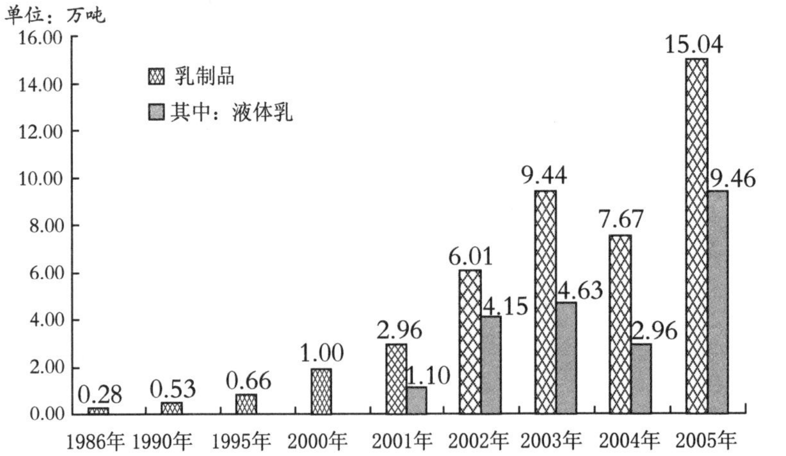

图3—1 1986—2005年四川乳制品工业主要产品产量比例图

四、罐头制造

20 世纪 80 年代，四川罐头行业发展较快。四川罐头的主要品种有：蔬菜罐头、水果罐头、肉类罐头、禽类罐头、水产罐头和软罐头等 100 余个品种。

蔬菜罐头主要品种有：蘑菇、番茄酱、芦笋、青刀豆、马蹄、竹笋、蚕豆罐头等。其中蘑菇是一种蛋白质含量较高、味道鲜美的食用真菌，是国际市场畅销的产品。由于栽培蘑菇不占耕地，并可利用闲散劳力，投资少、收益大，20 世纪 80 年代在四川发展较快。水果罐头主要品种有：橘子、菠萝、桃子、洋梨、苹果、荔枝、龙眼、枇杷等，四川橘子罐头发展较为稳定。肉类罐头以猪肉罐头为主，牛羊肉罐头数量甚少。午餐肉罐头由于用料精，加工细，国内外市场均有销路。禽类罐头数量很少，主要是中式口味的鸡鸭罐头。水产罐头主要是鱼类、贝类，品种很多，数量很少。软罐头是 20 世纪 80 年代出现的一种新型方便食品，它是用铝箔、聚酯等材料，黏合制成蒸煮袋，袋填食品后，经密封、杀菌制成。由于包装材料价格较高，影响软罐头的成本，产量较少。

随着改革开放的深入发展，自 1985 年起，陆续有一批罐头厂被批准自营出口，这些厂家包括：四川的万县食品罐头厂、南充地区罐头食品厂、巴中罐头厂、苍溪罐头厂。

1986 年，四川有罐头厂 165 家。其中 12 家出口罐头厂规模较大，技术水平较高，是行业的骨干企业。当年，全省罐头行业共生产罐头 16. 72 万吨，占全国产量的 10. 19%，居全国第 3 位。

1986—1987 年，全省罐头产量连续 2 年下降，主要是橘子罐头减产。1987 年，在实行产品税改为增值税后，国家为扶持罐头行业发展，确定到 1989 年 6 月 30 日前实行减半征收增值税，即由 14% 减为 7%。

1988 年，国内市场出现抢购风，罐头成为紧俏商品，全省罐头生产大幅增长，共生产罐头 22. 37 万吨，其中肉类罐头 9. 13 万吨，实现税利 0. 64 亿元，均创历史最高水平。当年，全省罐头出口创汇第一名是巴中罐头食品厂，产品 80% 以上出口加拿大、日本及欧洲、中东等 40 多个国家和地区，出口量占全省的 1/4，年创汇 1000 多万美元。

1989 年 7 月 3 日，国家税务局印发《关于部分轻工产品征免税问题的通知》，同意罐头食品等产品继续按应纳税额减征 50%，延长至 1990 年底。这一时期，四川罐头生产行业发展迅速，但出口罐头厂代号的使用和管理混乱，借用代号、出卖代号、冒用代号、使用外商提供的代号、无出口厂代号加工出口罐头等情况比较严重。1989 年 6 月 27 日，对外经济贸易部、轻工业部、国家商检局印发《关于重申对出口罐头厂代号加强管理和严格检验把关的通知》，重申无出口厂代号的罐头厂不得加工出口罐头，外贸经营单位不予收购出口，商检机构不得接受报验。原有的出口罐头联营厂从 1990 年 1 月 1 日起，不得继续借用代号，凡符合要求的另行申请出口罐头厂代号。同年 10 月 13 日，美国食品药物管理局（FDA）宣布，因中国 10 家罐头厂（其中有四川万县罐头厂、成都罐头厂、苍溪罐头厂）出口美国蘑菇罐头中含葡萄球菌肠毒素（以下简称“肠毒素事件”），对各种规格的中国蘑菇罐头和桶装盐质蘑菇全部自动扣留（即停止进口）。这项决定同时影响了西欧、北欧地区及日本、加拿大等国市场，极大地影响了四川蘑菇出口和罐头厂的生产经营。

1990 年，四川罐头行业的产量、出口、产值、效益全面大幅下降，全行业亏损 9435 万元，利税总额为负 7900 万元。全省 12 家出口罐头厂除泸州罐头厂盈利 0. 1 万元以外，其余 11 家全部亏损。万县罐头厂亏损最多，达 1897 万元。

1992年，中国商检技术研究所等9家单位经过3年攻关研究证实，1989年美国FDA所称中国输美蘑菇罐头存在葡萄球肠毒素污染的结论存在明显误判。但1989年的“肠毒素事件”已严重影响了四川出口罐头厂的生产经营。而外贸体制改革，取消出口补贴，马口铁由计划供应（计划价为1700元/吨）改为市场供应（市场价为6000元/吨），农副产品价格上涨等因素又进一步影响了四川罐头行业。自1990年起，四川罐头行业连续5年亏损。至1994年，全省14家出口罐头厂实现税利为负1.11亿元，为历史最低。

从20世纪80年代中期开始到1995年止，四川出口罐头厂已经全部配备电阻焊机，电阻焊接罐代替了锡焊罐，制罐水平和密封性能有很大提高，但全行业生产、销售仍未走出低谷。1995年，全省生产罐头19.70万吨，占全国产量6.34%，居全国第6位。自1990年开始，连续7年亏损后，四川出口罐头企业累计亏损额最高的已经超过1亿元。到1996年末，四川已宣布破产的出口罐头企业有重庆罐头厂、潼南罐头厂、绵阳罐头厂。

从1994年开始，四川执行国家政策，要求：凡未获得出口厂代号和卫生注册编号的罐头厂一律不得加工出口罐头，外贸经营单位不应收购其产品出口，商检部门不得接受报验；出口罐头厂不得将本厂出口代号借租给他厂使用，各厂之间不得冒用或盗用他厂代号；出口罐头厂的非紧密型联营厂、分厂、厂外车间，如生产出口罐头须单独申请出口厂代号和卫生注册编号；省外联营企业不得使用本厂的出口厂代号；出口罐头厂在厂区内建立的合资分厂，按有关规定检查合格后，可使用原出口罐头厂（母体厂）代号，但在罐盖上应打固定班次代号，以资区别，并同时上报备案；出口厂代号与内销厂代号严格区分，即在内销厂代号前加打“D”字；出口罐头必须经厂检合格、产地商检合格后方能调往口岸，口岸商检机构必须凭产地商检机构签发的换证凭单，查验合格后方准予放行出口，不得接受有关单位包括外商及港澳地区商人委托检验的出口报验。外贸经营单位不得收购无产地商检局签发的换证凭单的罐头出口。

2000年，四川罐头行业经过长达10年的低谷后，开始好转。原有出口罐头企业通过破产重组，转换机制后，呈现出新的活力。一批民营企业崛起，成为行业骨干。四川罐头行业的生产技术水平进一步提高，主要企业基本达到国内20世纪90年代先进水平。

四川美宁食品有限公司是四川最大的综合性罐头生产企业，拥有19项国家专利，可生产肉类、水果、蔬菜系列罐头，有120多个规格品种，产品销往美国、加拿大、德国、日本及中东等30多个国家和地区。四川兰田食品工业有限公司建于2003年8月，是四川最大的食用菌罐头生产企业，主要生产蘑菇、秀珍菇、草菇、凤尾菇等食用菌罐头及小黄瓜、青豆、南瓜等果蔬罐头，是西南各省区唯一获美国商务部批准，取得“零关税”的企业。由深圳鹏达公司投资并控股的四川振鹏达食品有限公司是四川最大的蔬菜罐头生产企业，具备年生产各类蔬菜罐头5万吨的能力，主要生产引种的法国青刀豆、美国甜玉米、西班牙甜椒、芦笋、蘑菇、洋蓟、小黄瓜等蔬菜罐头。

四川罐头行业自2003年开始加快发展，出口的国家和地区进一步扩大，包括美国、加拿大、俄罗斯、日本、韩国及欧盟、中东、非洲、东南亚等国家和地区。2003年，四川生产罐头7.13万吨，是2002年的3.2倍。除出口外，国内市场销售也明显回升。2005年，四川生产罐头7.19万吨，占全国产量2.0%，居全国第11位。

1986—2005 年四川省罐头工业主要产品产量情况表

表 3－21　　　　单位:万吨

年份	罐头总计	其中			年份	罐头总计
		肉类罐头	蔬菜罐头	水果罐头		
1986	16.72	4.19	4.02	8.29	1998	3.36
1987	14.95	3.98	4.72	5.72	1999	2.57
1988	22.37	9.13	5.43	6.80	2000	2.27
1989	21.49	6.45	5.58	9.01	2001	1.74
1990	15.20	4.87	6.17	3.53	2002	2.22
1991	22.35	6.45	9.84	4.87	2003	7.13
1992	19.62	7.48	5.76	3.31	2004	6.23
1993	19.99	7.72	3.00	5.72	2005	7.19
1994	17.87	7.34	3.08	6.37		
1995	19.70	5.32	4.01	6.63		
1996	9.60	3.49	2.03	3.09		
1997	6.04	1.66	1.22	2.39		

1986—2005 年部分年份四川罐头工业产值、利税一览表

表 3－22　　　　单位:亿元

年份	工业总产值	利税总额	年份	工业总产值	利税总额	年份	工业总产值	利税总额
1986	5.46	0.25	1991	8.98	－0.53	2000	3.07	0.13
1987	4.91	0.08	1995	9.06	－0.38	2001	2.45	0.13
1988	7.91	0.64	1996	3.54	－0.83	2003	6.78	0.41
1989	6.79	0.36	1997	3.01	－0.24	2004	9.50	0.32
1990	4.97	－0.79	1998	2.18	－0.10	2005	12.32	0.41

1996年四川出口罐头厂情况表

表3-23

企业名称	建厂时间（年）	生产能力（万吨）	主要生产品种	历史最高产量		1996年产量（吨）	历史最高出口交货值		1996年出口交货值（万元）	历史最高利税总额		1996年利税总额（万元）	亏损持续时间（年）	持续亏损总额（万元）
				数量（吨）	年份		金额（万元）	年份		金额（万元）	年份			
成都罐头厂	1951	1.0	肉、青豆	10403	1988	1622	2353	1989	167	279	1988	-964	1990—1996	6651
重庆罐头食品总厂	1954	2.0	肉、蘑菇、芦笋、橘子	15752	1988	2309	6269	1991	968	727	1986	369	1990—1996	5316
万县市食品罐头厂	1953	2.0	肉、蘑菇、橘子	15011	1985	1138	4130	1988	1300	592	1985	-2167	1990—1996	11566
南充食品罐头厂	1958	1.5	肉、蘑菇、芦笋	13480	1988	4669	3822	1991	2224	846	1988	-918	1990—1996	3540
达州地区罐头厂	1958	1.0	肉、蘑菇、芦笋	11837	1988	42	2115	1991	—	331	1988	36	1989—1995	11478
潼南罐头厂	1958	0.8	肉、桃子	9101	1985	—	1419	1988	—	303	1988	—	1990—1996	1994
遂宁罐头食品厂	1976	1.5	肉、桃子	9884	1991	4029	3242	1991	2023	337	1988	81	1990—1994	1488
巴中罐头食品厂	1958	2.0	肉、蘑菇、芦笋、橘子	13528	1988	3400	5086	1990	3000	1146	1988	-5867	1990—1996	5926
绵阳罐头食品厂	1981	1.4	肉、蘑菇、芦笋	5018	1988	1533	2024	1991	1000	124	1988	-1340	1990—1996	3740
苍溪罐头食品厂	1981	1.0	肉、蘑菇	7790	1989	3800	3128	1989	3000	811	1988	-323	1990—1996	3300
中粮合川罐头食品厂	1981	1.0	肉、蘑菇、桃子	9004	1989	3012	3169	1991	2434	285	1988	203	1990—1994	—
泸州罐头食品厂	1980	0.5	橘子、荔枝	3098	1989	608	451	1990	650	120	1988	-210	1990—1996	1150
万县南浦罐头食品厂	1980	0.5	蘑菇、芦笋、荔枝	1007	1989	—	—	—	—	12	1989	—	1990—1996	3000
江津市罐头食品厂	1965	0.5	橘子	4195	1991	—	72	1991	—	102	1986	—	1990—1996	3000

说明：除中粮合川罐头食品厂是股份制企业外，其余企业都是全民所有制企业

1992—2001 年四川国有出口罐头企业破产、重组情况表

表 3-24

企业名称	年份	企业破产、重组情况
成都罐头厂	1992	成建制地并入成都无缝钢管公司，实行资产一体化经营，保持独立法人地位
	1999	由成都泰丰房地产开发有限公司购并，改制后，组建成都康迪食品有限公司
南充食品罐头厂	1995	改制重建四川天元食品股份有限公司
绵阳罐头食品厂	1997	被上海梅林股份有限公司收购，组建上海梅林（绵阳）股份有限公司
泸州罐头食品厂	1997	保留原泸州罐头厂牌子，由合江县财政、职工共同出资组建泸州罐头食品有限公司
	2002	宜宾高金公司整体收购泸州罐头食品有限公司，成立泸州市高金罐头食品有限公司
巴中罐头食品厂	1998	成都金凤现代农业集团与巴中罐头厂实现联合重组，盘活巴中罐头厂 3700 多万元闲置资产
遂宁罐头食品厂	2001	工厂净资产以 653.34 万元出售，改制为民营企业，更名为四川美宁食品有限公司
苍溪罐头食品厂	2001	浙江黄岩广益食品有限公司利用苍溪罐头食品厂破产重组，建立苍溪县广益食品有限公司

2005 年四川罐头主要制造企业情况表

表 3-25　　单位:吨、万元

企业名称	产量	销售收入	出口交货值	企业情况
四川美宁食品有限公司	12490	33780	9490	具备年生产罐头 3 万吨,其他食品 1.5 万吨的能力
上海梅林正广和(绵阳)股份有限公司	8147	9099	5087	肉类、蔬菜罐头等
四川兰田工业食品有限公司	9814	5883	—	生产蘑菇、雅菇、香菇、秀珍菇、草菇等食用菌罐头、小黄瓜、青豆、法国青刀豆等蔬菜罐头
泸州市高金罐头食品有限公司	6890	5933	718	各种规格午餐肉罐头及其他罐头
苍溪县广益食品有限公司	5152	3675	3490	具备年产 1 万吨罐头能力,主要生产蘑菇、青刀豆、芦笋、蜜橘系列果蔬罐头
四川惠通食品有限公司	1028	3642	—	"东坡烘肘"肉罐头等
四川振鹏达食品有限公司	—	4868	7539	具备年生产各类蔬菜罐头 5 万吨的能力,生产法国青刀豆、美国甜玉米、蘑菇、橘子等果蔬罐头
四川汇泉罐头食品有限公司	—	3271	275	主要生产肉类罐头
成都市美宁罐头食品有限公司	—	3133	669	猪肉、牛肉、羊肉等肉类罐头

续表 3－25

企业名称	产量	销售收入	出口交货值	企业情况
成都市大邑县黎明农业科技开发有限公司	3765	2630	—	—
佳美食品工业有限公司	1779	2068	242	浓缩橙汁、橘汁、柠檬汁、鲜榨橙汁、红橘果粒罐头
四川天马罐头食品有限公司	2241	1844	1844	—
四川佳意美食品有限公司	4059	—	—	—
四川省大邑县天龙食品有限公司	2955	—	—	—
四川福思得罐头食品有限公司	2672	1618	1261	—
四川巴山罐头食品有限公司	1173	1210	—	肉类、果蔬罐头等
四川天元食品股份有限公司	612	1046	45	肉类、蔬菜罐头等
成都市蜀望罐头食品有限公司	972	735	—	芦笋、草莓、橘子、猕猴桃等果蔬罐头
成都康迪食品有限公司	—	—	—	“江楼”牌系列肉罐头为主，能生产肉类、禽类、果蔬类等 30 多个品种，100 多个规格的罐头。罐头生产能力达 1 万吨

五、调味品、发酵制品制造

（一）调味品

1. 概况

四川酿造调味品的历史悠久，在清初逐渐形成行业，俗称酱园业，当时的绝大部分调味品是手工作坊式生产。抗日战争时期，外省厂商入川办厂，促进了四川酿造调味品生产发展。

中华人民共和国成立以后，调味品生产行业开始迅速发展。四川的国营酿造厂基本上是私营酱园经公私合营后，于 20 世纪 50 年代初陆续建立的。成立之初，普遍规模小、设备陈旧，工艺落后。1956 年公私合营之后，调味品生产开始走向工业化生产，到 1984 年在原料的合理使用、生产工艺的改革、生产设备的改进、生产周期的缩短、产品质量的提高等方面都取得了进步。20 世纪 80 年代后期，四川专业生产调味品的工厂逐渐增多。

1976—1988 年，成都、重庆等地先后建立了设备较好的酿造厂。1986 年，四川有酿造调味品生产企业 693 家，其中独立核算工业企业 450 家，完成工业总产值 2.2 亿元，利税 3849 万元，共生产各种调味品 34.5 万吨。

20 世纪 90 年代初，由于粮食价格涨幅较大，成本上升，酿造行业十分困难。20 世纪 90 年代中期开始，成都、绵阳、自贡等大中城市的酿造企业逐步摆脱作坊式生产，扩大生产规模，提高工业化生产水平，使酱油、豆瓣等传统产品在保鲜、质量、包装等方面上档次，出现一批技术水平高，规模大的现代化调味品生产企业，可生产酱油、食醋、豆豉、豆瓣、豆腐乳、面酱、复合调料等各类调味品。2005年，四川调味品行业有1个中国驰名商标“保宁”，有19个四川省著名商标。

2. 酱油

四川酿造调味品中产销量最大的是酱油。民国22年（1933年）以前，四川酱油采用天然霉法制曲，生产周期长达一年。民国27年（1938年），重庆、成都、乐山、内江等地采用日本“稀醪发酵工艺”，酱油生产周期缩短至半年。1975年开始，全省逐步推广“固态低盐水浴保温发酵工艺”，产品风味好，原料利用率高，酱油生产周期缩短为15天至30天。

1978年5月1日，国家标准总局发布的《食品卫生标准》（GBn1~54－77）后附的《调味品管理办法》第七条规定：“不得用酸水解法生产酱油”。用味精废液，通过二次加酸水解，再加碱加热除去过剩的氨后，用盐酸中和至微酸性制成的酱油，经检验含有突变性石蜡油以及荧光物质和铬、镍等，认为是对人体不利的物质。四川同年开始全面按规定执行《禁止用味精副产品生产酱油》。

1990年以前，四川酱油生产机械化程度不高，主要是手工生产、加工和包装产品。1991年，大中城市酿造厂开始生产一次性袋装酱油，逐步取消散装酱油销售。20世纪90年代中期开始，成都、绵阳等大中城市酿造厂通过技术改造，增加设备，从作坊式生产走向现代化生产。四川酱油生产规模最大的企业是成都市大王酿造食品有限公司（以下简称大王食品公司），其生产技术水平在四川居领先地位。1994年，成都市调味品研究所等单位的“四川豆瓣辣酱新工艺的研究”获国内贸易部科技进步三等奖。

1995—2005年，大王食品公司先后投资650万元对酱油分厂进行技术改造，引进国际领先的多项技术和设备，建立现代化酱油生产线，形成年产3万吨酱油能力。其中引进的日本圆盘制曲设备，使制曲效率有质的飞跃。2000年，大王食品公司引进综合热调设备灌装线，是中国西南地区第一家采用自动灌装设备的酿造企业。

2000年，四川省内各地都有酱油生产厂，其中规模较大的有四川德阳故得生调味品厂、四川清香园调味品有限公司等。2005年，四川酱油行业有4个四川省著名商标，分别是“大王”“中坝”“全华”“德阳”。2005年，四川省统计的21家酱油生产企业共生产酱油64117吨。

3. 复合调料

20世纪80年代，四川开始生产复合调料，主要有重庆、成都的火锅底料，富顺县的香辣酱，万县、射洪县、崇庆县的麻辣酱，重庆的川菜系列调料，成都的香肠、酱肉调料，以及成都名小吃调料。

20世纪90年代，四川复合调料发展很快，复合调料品种大幅增加。到2000年，成都大王食品公司的川菜、酱肉、腊肉、香肠调料等有150多个品种规格。成都金宫味业有限公司有调味、香辣、面食、火锅等系列调料。富顺县美乐食品有限公司有香辣酱、麻辣酱、花式辣酱、火锅底料系列。汉源三九黎红食品有限公司的花椒油、复合调料系列等。四川复合调料不仅畅销省内各地，还行销全国。

4. 传统调味名品

四川酿造调味品历史悠久，有一批全国知名的传统调味品。酱油有德阳、中坝、温江等地的名产，“大王”等著名品牌；食醋类中有“保宁”“三汇”等名醋；豆瓣酱有郫县、资阳等地的名品；豆豉有“潼川”豆豉；豆腐乳以夹江、成都、大邑等地产品著名。

郫县豆瓣 郫县豆瓣生产始于清康熙二十八年（1689年），由郫县益丰和、元丰源等酱园生产。清光绪元年（1875年）已誉满全国，是烹调川菜的主要调料之一。1981年，随着川菜开辟市场，郫县豆瓣配套销往中国香港地区，配套出口美国、加拿大、泰国、南斯拉夫等国家。1990—2005年，郫县人民政府整合县内豆瓣生产企业，并在郫县建成占地1000亩的“川菜工业园”，规范“郫县豆瓣”商标使用权，郫县豆瓣生产从作坊式走向现代化。1999年2月，四川省郫县豆瓣股份有限公司成立，总资产9000多万元，年生产“鹃城”牌郫县豆瓣系列产品万余吨；四川省丹丹调味品有限公司生产“丹丹”牌郫县豆瓣。2005年，郫县豆瓣商标许可企业106家，豆瓣系列产品产量27万吨，行销全国，还出口美国、加拿大、日本、新西兰等国家。

临江寺豆瓣 临江寺豆瓣的制作起源于清乾隆年间，早在清代已驰名各地。1988年，全省临江寺豆瓣产量达到2925吨。2005年，四川省资阳市临江寺豆瓣有限公司是生产临江寺豆瓣的主要企业。“临江寺”牌系列产品销售全国各地，从20世纪80年代起，产品陆续出口新加坡、日本、美国等国家，销往中国香港地区。

保宁醋 四川阆中保宁醋是中国四大名醋中唯一的药醋，也是四川麸醋的鼻祖，其酿造起源于1618年。民国时期，阆中县城醋房发展到42家。1949年，阆中县城有私营醋房38家。2000年，四川保宁醋的主要生产企业是四川保宁醋有限公司，具备年产醋3万吨的能力，并且实现了机械化制曲、管道输送、自动灌装、电脑监控质量的现代化生产方式。该公司开发出“女士养颜醋”“保宁香醋”等高档新产品，生产调味型、保健型、饮料型等三大系列50多个品种，行销全国，还出口美国、英国等40多国家和地区。2003年，该公司生产保宁醋13427吨。

三汇特醋 渠县“三汇特醋”具有300多年历史，具有健补脾胃、增进食欲等功效。1988年，生产三汇特醋1951吨。2000年，三汇特醋的主要生产企业是渠县三汇醋厂，2005年完成销售收入881万元。

潼川豆豉 潼川豆豉的酿造始于清康熙九年（1670年）。民国时期，三台县已有30多家生产豆豉的酱园，基本采用潼川豆豉生产工艺。1978年后，三台县酿造厂新建厂房，购置豆豉拌料机等设备，扩大生产规模，使潼川豆豉年产量达到130多万公斤。1985年，潼川豆豉开始出口加拿大、美国等22个国家和地区。三台潼川豆豉有限责任公司是生产潼川豆豉的主要企业，2000年以后，因公司体制不顺，长期处于半停产状态。

5. 调料品

调料品是由植物的果、皮、籽、茎等制成的。它具有独特的浓郁香气和辛辣口味，主要用于烹调和腌制食品，调料还可入药，有些还可以提取香精香料。四川的调料品主要由八角、花椒、胡椒、桂皮、小茴香、辣椒干等制作而成。

八角又称大料，是由八角树的果实中工干制而成的。八角树属木兰科常用绿乔木，栽培后一般要8—10年才能结果。花椒由花椒树的果实之皮干制而成，具有强烈的芸香和麻辣味，是四川不可缺少的主要调料。花椒在四川的产地不多，除用于调味外，还具有防腐、杀菌、治病的功效。胡椒是热带多年生胡椒科胡椒属藤本植物的果实。按其品质加工方法不同而分黑胡椒和白胡椒两种，质量以白胡椒为好。桂皮即桂树的皮。桂树系梓科常绿树树木，分玉桂和菌桂两种。玉桂皮简称玉桂，可作药用；菌桂皮即称桂皮，供调味用。桂皮味香凉而微甜，香气纯正、幽长，烹调时常和八角同作调味，也可单独使用，能增进食品香味，有利于促进食欲。桂皮经加工与其他调料配合磨成粉末，可制成调味用的各种香粉。小茴香俗称小茴，又名香丝菜或谷茴香，系伞形科多年生长的草本植物果实，果皮和籽都有辛辣香气。辣椒干是新鲜长形尖头辣椒的干制品，味辛辣，性热，能开胃，增食欲，主要用作调料。四川有吃辣椒的习惯，每餐必备，在四川消费很广。

（二）发酵品

四川发酵制品业产品主要包括：氨基酸、味精、柠檬酸、酶制剂、酵母、淀粉糖。20 世纪 90 年代以来，各项新技术在氨基酸、味精、柠檬酸、淀粉糖、发酵甘油等制造行业广泛应用，取得了较好生产效益。

1. 味精

四川是全国较早生产特鲜味精、鸡精的省份之一。1986 年，四川有味精生产企业 6 家，生产味精 0.47 万吨，占全国产量的 4.83%，居全国第 9 位。四川味精主要生产企业有重庆天厨味精厂、万县市飞亚企业公司、南充地区味精厂、乐山全华酿造厂。其中，重庆天厨味精厂和万县市飞亚企业公司年产量超过 1000 吨，其余企业年产量不足 300 吨。1986—1995 年，四川味精工业发展较快。1987 年，四川味精工业完成工业总产值 7837 万元。1995 年，四川生产味精 1.77 万吨，其中重庆市 1.01 万吨。重庆成为中央直辖市后，四川味精产量下降较大。

20 世纪 80 年代初发展起来的味精企业中，南充地区味精厂具备年产 0.5 万吨味精的生产能力，主要生产味精、鸡精。2001 年重组为南充果城味精有限责任公司，2003 年完成销售收入 4300 万元，2005 年停产。乐山全华酿造厂最高年产量 800 吨，2000 年破产重组后的乐山全华调味品有限公司 2005 年生产味精 314 吨。

1986 年，普格县生物化工食品厂引进特鲜味精生产技术，1988 年该厂更名四川省国营普格县味精厂，并在当年引进鸡鲜味精生产技术，试制成功特鲜味精、鸡精精皇味精等新产品，年生产能力 300 吨。1991 年，普格县味精厂和港资企业合资成立四川安华食品有限公司，1995 年成立四川豪吉集团，2001 年与瑞士雀巢公司合资组建四川豪吉食品有限公司。2005 年，四川豪吉集团总资产达 6 亿元，具备年产 6 万吨鸡精生产能力，主导产品是“豪吉”牌鸡精调味品。2005 年生产味精 11777 吨，“豪吉”商标是中国驰名商标，“豪吉”牌鸡精是中国名牌。

1993 年，成都市国泰实业有限责任公司成立，主要生产味精、鸡精。到 2005 年，公司有固定资产 1.5 亿元，年生产能力达到 5 万吨味精、2 万吨鸡精，其主要品牌是“国泰”味精和“莎麦”鸡精。2005 年完成销售收入 26251 万元。

成都金宫味业食品有限公司，主要生产金宫味精、鸡精及方便复合调料，2005 年完成销售收入 2991 万元。

截至 2005 年，知名企业有四川豪吉集团、成都市国泰实业有限责任公司、金宫味业食品有限公司。2005 年，四川生产味精 1.21 万吨。

1986—2005 年四川味精产量一览表

表 3－26　　单位:万吨

年份	味精	年份	味精	年份	味精
1986	0.47	1987	0.55	1988	0.58

续表 3－26

年份	味精	年份	味精	年份	味精
1989	0.59	1995	1.77	2001	1.16
1990	0.76	1996	0.66	2002	1.43
1991	1.10	1997	0.97	2003	1.56
1992	1.30	1998	0.78	2004	1.37
1993	1.48	1999	1.07	2005	1.21
1994	1.64	2000	1.18		

2. 柠檬酸

1986 年，四川生产柠檬酸 0.48 万吨，占全国产量的 11.61%，居全国第 3 位；主要生产企业有重庆制药五厂、万县市飞亚企业公司、犍为糖厂。1986—1989 年，四川柠檬酸产量稳步增长。1988 年，万县市飞亚企业公司的“亚琴”牌和犍为糖厂的“犍牛”牌柠檬酸被评为轻工业部优质产品。1989 年，四川生产柠檬酸 0.75 万吨，居全国第 2 位。

四川柠檬酸主要出口。1989 年第二季度开始，国际市场疲软，出口受阻，1990 年产量大幅下降。1991 年 9 月份开始，国际市场需求上升，1993 年四川柠檬酸达到 0.75 万吨。1994 年，犍为糖厂投资 1133 万元进行技术改造，形成年产 5000 吨生产能力，成为四川省最大的柠檬酸生产企业。1996 年，欧洲对中国柠檬酸提高关税，同时国内柠檬酸出口退税率下降 5 个百分点，四川柠檬酸出口下降，自 1996 年开始，其产量连续 3 年下降。

1999 年开始，柠檬酸行业的企业结构发生很大变化，打破了过去单一的国有经济成分的格局，形成了股份制、私有制、中外合资和跨行业集团并存的多元化所有制结构。国内一些投资公司也积极参与柠檬酸企业的资产重组、改组，逐步向规模化、集约化方向发展。国产 LWD－430 卧螺沉降式离心机，用于柠檬酸发酵液的固液分离取得进展，并开始在四川应用。当年四川柠檬酸产量开始逐步回升。

国家质量标准《柠檬酸》（GB/T 8269—1998）由国家质量技术监督局批准发布，从 1999 年 1 月 1 日起开始实施。修改后的国家标准比原标准增加了白度值、颗粒度、机械杂质等项目，对柠檬酸外观质量确定了检验标准，同时对其他项目标准也作了适当调整。

2000 年，全省生产柠檬酸 6796 吨，其中犍为糖厂 2849 吨，犍为优利生化公司 3947 吨。2001 年，犍为糖厂破产。犍为优利生化公司生产 3205 吨。2007 年，犍为优利生化公司破产。

3. 氨基酸

赖氨酸是重要的氨基酸之一，在食品上有着广泛用途。1992 年以来，四川赖氨酸生产量增长不快，其中 90% 以上是饲料用赖氨酸。氨基酸生产方法有合成法、发酵法，四川大部分用发酵法生产。

由于加强了设备的更新和引进，并且淀粉水解采取了双酶法喷射液化技术，在提取中改革了工艺和采用了先进的设备，氨基酸发酵水平及提取水平 20 世纪 90 年代以来进步很快。

4. 酵母

酵母含有丰富的蛋白质、维生素、矿物质和其他活性物质，因此添加酵母提取物的各种复合调味料营养价值较高。在四川新型调味料产品中，酵母提取物营养好，色、香、味俱佳，产品应用面很广。

酵母及深加工的产品开发广，产品应用面大，除做一般的酿酒、面包等发酵剂外，进一步加工为酵母提取物、保健食品及其他产品，例如制成各种富含氨基酸及微量元素的保健品，和以酵母细胞壁为原料制作化妆品等。

1992 年，四川酵母生产企业有所增加，尤以高活性干酵母、酿酒活性干酵母和饲料酵母的增长速度较快。20 世纪 90 年代，四川开始逐渐采用固定化酵母在木薯原料酒精生产中的应用，在原有 280 立方米间歇式发酵罐中装入 3 吨固定化酵母进行连续发酵，生产能力比原方法提高。

1995 年 3 月 27 日，全国食品发酵标准化中心归口，由中国食品发酵工业研究所、广东东糖实业公司、湖北宜昌食用酵母基地负责起草的行业标准《酿酒活性干酵母》（QB 2074—1995）发布，1996 年 1 月 1 日起开始在全国全面实施。

5．淀粉糖

四川人均消费淀粉糖较少，作为淀粉糖，除了某些特种食品需生产麦芽糖和不同 DE 值葡萄糖之外，主要发展食糖。

6．酶制剂

1992 年开始，四川酶制剂行业通过“七五”“八五”科技攻关和引进国外先进技术，在产品产量、技术水平、装备水平、应用领域的开拓等方面均有不同程度的提高。1995 年，酶制剂产量开始逐年增长，产品品种和生产水平有了较大增加和提高。1996 年，酶制剂行业大部分企业开始加速企业技术改革，调整产品结构，以提高企业生产竞争力。到 1999 年四川酶制剂行业产品结构逐渐合理，年酶类产量逐年增长。

行业标准《工业酶制剂（淀粉酶、糖化酶、蛋白酶、脂肪酶）》（QB/T 1803～1086—1993），于 1992 年 12 月讨论通过。行业标准《食品添加剂果胶酶》（QB 1502—1992）经轻工业部批准于 1993 年 2 月实施。1994 年 3 月，农业部印发《关于发布饲料药物添加剂允许使用品种目录的通知》，允许在饲料药物添加剂产品中列入 12 种酶制剂：胃蛋白酶、胰蛋白酶、菠萝蛋白酶、支链淀粉酶、α－淀粉酶、β－淀粉酶、纤维素分解酶、胰酶、乳糖分解酶、葡萄糖酶、脂肪酶、植酸酶。

2005 年四川主要调味品工业企业情况表

表 3－27　　单位：吨、万元

企业名称	年产量	销售收入	主要产品
四川省郫县豆瓣股份有限公司	—	9640	郫县豆瓣、各类调味品；“鹃城”是中华老字号，四川省著名商标
四川保宁醋有限公司	—	7700	生产醋；“保宁”中华老字号，中国驰名商标
成都高家庄大自然食品有限公司	—	5790	郫县豆瓣
成都市大王酿造食品有限公司	19800	5620	酱油、醋、腐乳、面酱、豆豉、豆瓣、复合调料；“大王”“海会寺”“蜀香”是四川省著名商标
汉源三九黎红食品有限公司	—	4888	花椒油、复合调料；“黎红”是四川省著名商标
南部县川辣王调味品有限公司	—	4815	调味品

续表 3－27

企业名称	年产量	销售收入	主要产品
成都市天味食品有限公司	—	4119	复合调料；“好人家”是四川省著名商标
四川省富顺县美乐食品有限公司	—	3231	酱油、醋、复合调料；“美乐”是四川省著名商标
武胜县忆丰调味品厂	2284	3242	酱油
四川省资阳市临江寺豆瓣有限公司	3006	2926	豆瓣、腐乳、酱油、醋；“临江寺”是中华老字号、四川省著名商标
四川省丹丹调味品有限公司	—	4260	郫县豆瓣；“丹丹”是四川省著名商标
四川省清香园调味品股份有限公司	9525	2610	酱油、醋等种类调味品；“中坝”是四川省著名商标
成都市白家调味品有限公司	—	1077	复合调料（川菜系列）
成都金宫味业食品有限公司	—	—	复合调料
乐山全华调味品有限公司	—	1054	酱油等各类调味品；“全华”是四川省著名商标
四川省南充市酿造厂	3930	1039	酱油等各类调味品
成都乡王食品有限公司	—	1001	花椒油、姜、葱、蒜油
四川德阳故得生调味品厂	10495	925	酱油等各类等调味品
渠县三汇醋厂	—	881	醋
四川德阳市酱油酿造厂	2123	594	酱油等调味品；“德阳”是四川省著名商标

六、其他食品制造

（一）盐及盐加工业

1. 概况

四川的盐资源比较丰富。其中，井盐分布在四川自贡等地，含氯化钠在98.5%以上。从1954年起，国家决定由轻工部统一归口管理盐的生产、分配调拨和批发销售；并按分级管理原则，统一管理。四川属于有产有销的，设立了产销统一经营（管理）的盐业公司（盐务管理局），公司之下设分支公司或批发站（部）经营盐的批发业务。

1982年，井矿盐生产耗能较多。1983—1984年，川盐依靠技术进步，扩大真空制盐，提高卤水含量盐度，生产能力提高较快。在已取得技术进步的基础上，以增加单产、提高质量、增加品种为目的，开展了自贡市贡井盐厂等真空制盐的扩建改建工程。1984年，四川井矿盐产量为149万吨，居全国第1位。四川的自贡市是四川井矿盐的主要基地。1986年，川盐质量稳步提高，平均含量氯化钠为98.5%，有的企业达99%以上。从纯度、白度、粒度来看，都达到精盐标准。

1989年3月19日，国务院发布《国务院关于当前产业政策要点的决定》，国家支持盐业的经济政策为盐业的发展提供了有利条件。四川把盐列为重点支持生产的产品之一，为增加盐的生产能力，四川决定增加盐业固定资产投资。四川五通桥盐厂年产4万吨纯碱厂建成投产。此外，各地还自筹资金新上一批地方项目。四川峨眉山盐化工业(集团)公司,经过几年的建设,年产优质精盐43万吨,成为四川最大的盐企业。经过多年的基本建设和技术改造,四川盐业产销两旺,但库存有所增加。1989年,盐业科技水平有新的提高,井矿盐区推行水力压裂同时开采双层岩技术,机械化开采和资源保护都取得了进步。

1990年3月2日,盐业部门历时5年拟订的《盐业管理条例》由国务院第51号令发布施行。四川全面执行《盐业管理条例》,加强盐业资源的保护和开发,盐业生产发展正常运行。

1995年,食盐专营体制逐步建立,四川有关食盐专营的各项政策、法规逐步落实。按《盐业管理条例》和国家工商行政管理局、中国轻工总会、国内贸易部、卫生部、国家技术监督局《关于加强盐业市场管理,坚决杜绝非碘盐进入缺碘地区的通知》要求,四川加强了食盐市场管理力度。全省实行碘盐分配制,把碘盐分配落实到户,打击非碘盐尤其是工业盐对碘盐市场的冲击。同年12月25日,全国第一次食盐专营工作会议在天津召开。同年,四川开始逐步实行《食盐专营办法》中要求的食盐生产许可证、食盐定点生产制度,以及食盐批发许可证制度和运输准运证制度。实现"五统一"管理,即统一计划、统一管理、统一组织供应、统一结算 、统一上缴碘盐基金。1996年1月起,四川省执行国家工商局、国家技术监督局、中国轻工总会联合下发的《关于食用盐碘盐包装采用防伪碘盐标志的通知》要求,开始食盐标志发放和管理工作。

20世纪80年代由于商品经济的发展,许多盐业生产依靠科技进步,组织力量攻关,改进工艺,积极开发食盐新产品。采用以精制食盐为载体,添加微量元素及其他成分,经科学配方,生产的锌强化营养盐、加硒盐、保健盐以及带有地方风味的多味盐等,集药物性与营养性于一身,在四川食盐供应史上由几千年的单一品种(原盐)逐步发展到精、白、细,并讲究药物性和营养性,是盐业经营史上的改革和创举。1989年,四川自贡市井盐厂还新开发出系列调味盐,如调味井盐、海味井盐、麻辣井盐、香菇井盐和泡菜井盐等5个品种。四川自贡井矿盐设计研究院等5个单位获1989年轻工业部推进企业科技进步金龙腾飞奖。

21世纪以来,四川食用碘盐防伪标志由中盐总公司统一监制、统一管理、统一定点制作。四川食盐专营进一步巩固,专营体制进一步顺畅,盐政执法力度加大,食盐市场得到净化。碘盐合格率99.11%,质量稳步提高;盐业结构调整、企业改革、科技进步、碘盐基金收缴工作都取得了新的进展。

2. 加碘盐项目建设

1995年,四川基本实现食盐加碘。经过努力,尤其是碘盐生产厂克服了设备陈旧、资金短缺,碘剂供应不足等困难。为加强碘盐管理,规范碘盐生产厂的质量,四川先后实施执行《碘盐质量保证实施办法》《加碘盐质量检测办法》《执行碘盐新标准》等。

截至1999年底,四川制盐企业加碘和包装设备基本安装调试完毕,大多数已开始正常生产。同时,四川开始组织开展加碘盐培训工作,培训的重点是加碘机和包装机的操作技术培训,并到天津、自贡、河南考察了盐厂和研究机构现状。在四川财政部门的全力支持下,四川碘盐基金收缴进入制度化、规范化轨道,年初逐级签订了收缴目标责任书,按季上缴,较好地完成了收缴任务,为碘盐项目实施提供了资金保证,使碘盐项目和仓储设施建设得以顺利进行。四川进一步健全产销区碘盐质量保证体系,碘盐质量稳定提高,生产、运销企业加碘盐合格率达到94.11%,居民用户碘盐合格率98.4%,食盐计划完成率100.31%,碘盐覆盖率99.2%,居全国领先水平。许多企业在抓产品质量同时,大力推行小包装质量优化和改进,四川碘盐小包装率已接近100%,全部碘盐统一加贴碘盐标志,完成防伪碘盐标志的改版工作，并开始使用。

（二）食品添加剂制造

1. 种类

根据《中华人民共和国食品卫生法（试行）》规定，食品添加剂的定义是："为改善食品品质和色、香、味，以及为防腐和加工工艺的需要而加入食品中的化学合成或者天然物质"；食品强化剂的定义是："为增强营养成分而加入食品中的天然的或者人工合成的属于天然营养素范围的食品添加剂"。食品强化剂属于食品添加剂范畴。

食品添加剂分为七大类，即食用色素（包括合成色素和天然色素）、食用香精、甜味剂①、营养强化剂②、防腐抗氧保鲜剂、乳化增稠品质改良剂、发酵制品③。由于发酵制品已形成一个庞大的行业，有大量的企业、相应的技术队伍和行业管理力量，所以 1992 年经轻工业部同意、民政部批准，把食品添加剂中的发酵制品作为一个行业成立中国发酵工业协会，下设味精（包括食用饲用氨基酸）、柠檬酸（包括乳酸、苹果酸、食用有机酸）、酶制剂、酵母（包括单细胞蛋白）、淀粉糖（包括麦芽糖、果葡糖、饴糖、糖醇和淀粉深加工品）5 个分会。其余食用色素、食用香精、甜味剂、营养强化剂、防腐抗氧保鲜剂、乳化增稠品质改良剂 6 个行业，1993 年经民政部批准，在原全国食品添加剂协作组的基础上，组建中国食品添加剂生产应用工业协会。

食品添加剂按其来源又分为天然的和人工合成的两大类。在食品工业生产上一般按其主要用途进行分类，各类按其组成又分别组合成单体食品添加剂和复合食品添加剂两类。单体添加剂一般为一种化学物质，如碳酸钠、钾明矾、铵明矾等；而复合添加剂则由数种或数十种单体添加剂组成，最典型的复合添加剂是用多种单体食用香料配制成的各种香型的食用香精。

防腐剂　防止由微生物引起的食品腐败变质，能延长食品保存期的添加剂，称为防腐剂。四川允许使用并列入《食品添加剂使用卫生标准》的品种有苯甲酸、苯甲酸钠、山梨酸、山梨酸钾、二氧化硫、丙酸钙、脱氢醋酸、柑橘防腐剂、用中草药制成的水果保鲜剂、复方卵磷脂水果保鲜剂、橘浆防霉剂等。

抗氧化剂　能防止油脂和含油食品氧化变质，保证产品质量，能防止食品因氧化产生毒物造成食物中毒的添加剂，称为抗氧化剂。按性质分为油溶和水溶性两类。四川允许使用并已列入《食品添加剂使用卫生标准》的油溶性人工合成的品种有丁基羟茴香醚（BHA）、二丁基羟基甲苯（BHT）、没食子酸丙酯（PG）；水溶性的有乙二胺四已酸二钠（EDTA－2Na）。此外，另一种天然水溶性抗氧化剂——植酸，其抗氧化效果也较好。

着色剂（食用色素）　用于食品染色以改善食品色泽的添加剂，称为着色剂或食用色素。按色素的来源分为天然的和人工合成的两类。四川允许使用并已列入《食品添加剂使用卫生标准》的人工合成色素有：苋菜红、胭脂红、柠檬黄、日落黄、靛蓝；天然色素有：姜黄、甜菜红、虫胶色素、红花黄色素、叶绿素铜钠盐、辣椒红素、酱色、红曲米、β－胡萝卜素、栀子黄、紫草茸色素、葡萄皮色素。

发色剂　能与食品中的某些成分相互作用使食品色泽鲜艳的添加剂称为发色剂。四川允许使用并列入《食品添加剂使用卫生标准》的发色剂有硝酸钠和亚硝酸钠，可以使肉制品呈鲜艳的红色，除发色作用外，还有抑制肉毒梭菌发育生长和使肉制品滋味鲜美的作用。

---

① 甜味剂，即食糖和葡萄糖以外的高甜度甜味剂及各种营养性糖醇。
② 营养强化剂包括：维生素、氨基酸、微量元素及生理活性物质。
③ 发酵制品包括：味精、柠檬酸、酶制剂、酵母、淀粉糖。

漂白剂　能破坏或抑制食品的发色因素,使色素褪色或避免变色的添加剂,称为漂白剂。四川允许使用并列入《食品添加剂使用卫生标准》的漂白剂有:亚硫酸钠、低亚硫酸钠、焦亚硫酸钠或亚硫酸氢钠和硫黄。

甜味剂　赋予食品以甜味但无营养作用添加剂,称为甜味剂。四川允许使用并列入《食品添加剂使用卫生标准》的有:糖精钠和甘草,还有苯丙酸甲酯、甘草酸二钠、甜叶菊提出物等。

酸味剂　赋予食品以酸味的添加剂,称为酸味剂。四川允许使用并已列入《食品添加剂使用卫生标准》的有:柠檬酸、乳酸、酒石酸、苹果酸、偏酸石酸、醋酸、磷酸、二氧化碳和葡萄糖酸。

鲜味剂(内味增强剂)　给食品以肉、鱼、贝类等鲜美滋味的添加剂,称为鲜味剂或风味增强剂。味精是最典型的鲜味剂,还有乙基麦芽酚、鸡肉香精、猪肉香精、牛肉香精、海鲜香精、虾粉香精等新型鲜味剂。

凝固剂　使豆浆中蛋白质凝固的添加剂,称为凝固剂。四川允许使用并已列入《食品添加剂使用卫生标准》有:硫酸钙、氯化钙和盐卤。

疏松剂　用于面制品如面包、饼干、糕点等在焙烤时产生气体,使产品形成均匀致密多孔组织工作,呈酥脆或膨状的添加剂,称为疏松剂。四川允许使用并已列入《食品添加剂使用卫生标准》的有:碳酸氢钠、碳酸氢铵、轻质碳酸钙、钾明矾、铵明矾和碳酸氢钙。

增稠剂　改善食品的物理性质,增加食品的黏稠性和稳定性,给食物以滑润适口的舌感的添加剂,称为增稠剂。四川允许使用并列入《食品添加剂使用卫生标准》的有:食用明胶、羧甲基纤维素、海藻酸钠、果胶、淀粉磷酸酯钠、酪朊酸钠及引进的阿拉伯胶。

乳化剂　能促使两种或两种以上互不相溶的组分的混合液体形成稳定的乳状液的添加剂,称为乳化剂。四川允许使用《食品添加剂使用卫生标准》的有:单棕榈酸山梨糖酐酯、单硬脂酸甘油酯、蔗糖脂肪酸酯、山梨酸酐硬脂肪酸酯、木糖醇酐单硬脂酸酯、乙酸异丁酸蔗糖酯。

品质改良剂　本项目主要指磷酸直盐。作为肉制品及其他食品的品质改良剂,四川允许使用并列入《食品添加剂使用卫生标准》的有:六偏磷酸钠、三聚磷酸钠、焦磷酸钠、磷酸氢二钠、磷酸二氢钠、溴酸钾、复合磷酸盐、过氧化苯甲酰、脂胶。

消泡剂　用于食品生产工艺过程式中消除泡沫的添加剂,称为消泡剂。四川允许使用已列入《食品添加剂使用卫生标准》的消泡剂有:乳化硅油等。

被膜剂　用于食品覆盖被膜的添加剂,称为被膜剂。四川允许使用已列入《食品添加剂使用卫生标准》的有:虫胶、石蜡。

抗结剂　用于防止食盐等凝结的添加剂,称为抗结剂。四川允许使用已列入《食品添加剂使用卫生标准》的抗结剂有:亚铁氰化钾。

胶姆糖添加剂　主要用于胶姆糖。四川允许使用已列入《食品添加剂使用卫生标准》的有:石蜡、聚醋酸乙烯酯。

酶制剂　酶是一类具有生物催化性的蛋白质。利用从生物中提取出的酶作为生物催化用的称为酶制剂。工业化生产的酶制剂有:淀粉酶、糖化酶、蛋白酶、脂肪酶、固定化异构酶等 15 个品种。

食品强化剂　为增强食品的营养成分而加入食品中的天然的或者人工合成的属于天然营养素范围的食品添加剂,称为食品强化剂。主要有:赖氨酸、维生素 A、维生素质 B_2、维生素 C、维生素 D、维生素 PP、亚铁盐、钙等。

2. 生产和管理

食品添加剂中有些化学合成的物质有一定毒性,所以《食品添加剂使用卫生标准》规定只能在某些食品中使用,而且对使用量有严格的限定。例如:防腐剂苯甲酸钠在酱油、醋、果酱中使用不得超过1克/千克;抗氧化剂BHA、BHT在含油食品中不得超过0.2克/千克。在规定的范围内使用,对人体健康是安全的。

20世纪60年代,四川开始对食品添加剂进行生产和管理。1977年,四川开始执行《食品添加剂使用卫生标准》及《食品添加剂使用管理办法》。1984年以来,根据《食品用化工产品生产管理办法》,四川省对食品添加剂的生产管理,分三个管理级别,即"定点生产证明书""生产许可证"及"临时生产许可证"。20世纪80年代,随着群众生活水平提高及食品工业的发展,食品添加剂的生产发展较快,增长幅度较大,例如作为面团发酵的中和剂碳酸钠,截至1984年底批准使用列入《食品添加剂使用卫生标准》的品种有427种。

自2000年以来,由于市场工业加工的食品十分丰富,四川省食品添加剂品种和数量不断增加,加之四川有发达的餐饮业,对食品添加剂也有大量的需求,从而扩大了对食品添加剂的生产,食品添加增长较快。除个别品种以外,基本上供销两旺。

第四节　饮料制造业

四川饮料制造业主要包括:酒精制造、酒的制造、软饮料制造、精制茶加工、碳酸饮料、果蔬汁饮料及茶饮料、植物蛋白饮料及含乳饮料、瓶(罐)装饮用水和固体饮料等。

一、概　况

中华人民共和国成立后,人民生活水平不断提高,四川饮料制造业也随之发展。尤其是中共十一届三中全会以后,饮料制造业发展很快。1980年以前,四川只有碳酸饮料和果汁饮料,年产量不足3万吨。20世纪80年代初,四川开始生产固体饮料,主要企业有万县长江食品饮料厂、南充嘉陵食品厂、内江市食品饮料厂等。1980年以后,随着人们生活水平的提高和旅游业发展,饮料需求量大增。各行各业、国营、集体、个体、乡镇饮料企业大量兴起,先后开发了固体饮料、蔬菜汁饮料、矿泉水饮料、营养及疗效饮料等。

1986年,四川有饮料制造企业5798家,完成工业总产值13.92亿元。其中,饮料酒企业4889家,完成工业总产值10.62亿元,占全省饮料制造业产值76.29%;酒精制造企业5家,完成产值0.06亿元;软饮料制造企业324家,完成产值0.93亿元;制茶企业498家,完成产值2.19亿元。

1986—1990年,四川饮料向营养、中高档方向发展,"三精水"①大大减少,果汁、可乐型饮料增加。20世纪80年代中期,四川运动饮料有进一步发展。1987年,四川果汁厂的全果汁运动饮料获第24届奥运会中国代表团专用饮料金奖,峨眉山矿泉运动饮料获银奖。峨眉山矿泉饮料厂1988年生产矿泉运动饮料800吨,居全国运动饮料第5名。1989年,四川饮料总产量为16.57万吨,比1988年下降4.6%,位居全国第3位。从品种看,四川发展较快的是柠檬汽水和植物蛋白饮料。同年,四川一次性

① "三精水",即用糖精、香精、色素勾兑的饮料。

包装饮料总产量比上年有所下降。

20世纪90年代初，四川各类饮料全面发展。成都、重庆两地的百事可乐公司和成都可口可乐公司相继投产，四川碳酸饮料产量大幅增加。1992—1994年，四川饮料工业继续保持快速增长的势头，四川饮料产量一直位居全国前列。1992年，四川饮料总产量是24.15万吨，居全国第2位。1994年，四川饮料产量为22.05万吨，居全国第10位。

20世纪90年代中期，植物蛋白饮料在四川各地快速发展，含乳饮料开始起步。果汁及果汁饮料经历20世纪80年代一哄而上、盲目引进后，淘汰了许多企业。20世纪90年代中期开始，一些大企业纷纷投资饮用水行业。1995年是四川饮料工业持续发展的一年。由于该年度开展全国性工业普查，统计口径扩大至乡镇企业，因此，统计数据也发生了很大变化。1995年，四川饮料产量超过30万吨。1999年，四川软饮料制造业规模有所增加，但在全国软饮料产量中，四川省排位靠后。

2000年，四川软饮料制造业步入高速发展。2000—2005年，四川软饮料年均递增25.61%。2005年，四川生产软饮料120.41万吨，占全国产量的3.56%，居全国第11位。

2005年，四川有国有及规模以上饮料制造企业246家，共完成产值358.24亿元，销售收入341.27亿元，利税85.61亿元。其中，白酒、啤酒、酒精、精制茶4个行业共完成销售收入319.47亿元，利税82.63亿元，分别占全省饮料制造业的93.61%和96.52%。

1986—2005年四川饮料制造业主要产品产量一览表

表3-28 单位：万吨

年份	软饮料	其中：		
		碳酸饮料	果汁及果汁饮料	瓶(罐)装饮用水
1986	11.13	—	—	—
1987	12.32	—	—	—
1988	16.85	—	—	—
1989	18.14	—	—	—
1990	14.87	—	—	—
1991	19.16	—	—	—
1992	24.15	—	—	—
1993	15.57	—	—	—
1994	22.05	10.43	3.53	2.05
1995	43.47	14.00	6.78	8.64
1996	18.32	7.45	2.78	1.95
1997	24.34	13.34	2.68	1.80
1998	14.70	—	—	—
1999	30.65	—	—	—
2000	35.92	—	—	—
2001	45.69	7.68	—	17.17

续表 3－28

年份	软饮料	其中：		
		碳酸饮料	果汁及果汁饮料	瓶（罐）装饮用水
2002	58.20	—	—	—
2003	69.09	11.78	24.19	26.29
2004	95.92	13.41	28.90	47.75
2005	120.41	15.68	33.81	68.21

2005 年四川主要软饮料制造企业生产情况表

表 3－29　　单位：吨、万元

企业名称	年产量	销售收入	主要产品
成都可口可乐饮料有限公司	137141	40348	碳酸饮料、果汁饮料
四川百事可乐饮料有限公司	11608	14960	碳酸饮料
成都润田食品饮料有限公司	—	14572	纯净水、薄荷水、果汁饮料、碳酸饮料
广元娃哈哈饮料有限公司	41031	14111	水、果蔬汁饮料、含乳饮料
广元娃哈哈广发饮料有限公司	21416	9648	水、果蔬汁饮料、含乳饮料
乐百氏食品饮料有限公司	6362	8582	乳酸奶、纯净水、矿泉水、薄荷水
北京汇源食品集团成都有限责任公司	30161	7843	果蔬汁饮料
四川蓝剑饮品集团有限公司	235382	—	植物蛋白饮料、矿泉水、薄荷水
成都统一企业食品有限公司	226759	—	果汁饮料、茶饮料
四川可尔卜饮业有限公司	45285	7841	果汁饮料、水
健力宝（成都）饮料有限公司	—	7623	碳酸饮料
四川沙淇实业有限责任公司	1614	5430	碳酸饮料
万源市康星饮料矿泉水有限责任公司	73311	2765	矿泉水
四川省蓬安可口爽保健饮品公司	1056	2546	果汁饮料
四川盐源禾嘉绿色食品有限公司	4526	2456	果汁饮料
华润食品饮料（成都）有限公司	—	2363	纯净水
成都市统力食品饮料有限责任公司	800	2176	果汁饮料
成都全兴矿泉水业有限公司	107986	1749	矿泉水、薄荷水
四川蓝光科技股份有限公司	70236	1939	矿泉水、纯净水
四川华西乳业有限责任公司	13010	—	含乳饮料
佳美食品工业有限公司	15084	—	果蔬汁饮料
广元娃哈哈食品有限公司	81773	7410	纯净水

二、酒精制造

（一）生产概况

酒精产品以普通级食用酒精为主。20 世纪 70 年代，四川酒精发酵工艺实现了糖蜜酒精发酵的连续化。80 年代以后，四川酒精制造企业开始逐渐增多。由于四川是全国酿酒大省，酒精需求量逐步增大。一般酒精生产企业平均技术经济指标的水平如下：每吨酒精的标煤消耗（低、中、高）为 600 千克、850 千克、1000 千克以上；每吨酒精的清洁水消耗（低、中、高）为 20 立方米、50 立方米、100 立方米以上；每吨酒精的电耗（低、中、高）为 120 千瓦时、160 千瓦时、200 千瓦时以上；每吨酒精的原料消耗为玉米 3.1 吨、瓜干 2.94 吨。

"八五"期间（1991—1995 年），随着生活水平的提高，饮食结构的改善，酒精产品结构进一步调整，烈性白酒的主导地位有所加强，酒精含量的酿造酒比例大幅提高。1992 年，四川烈性白酒占 58.3%；1994 年酒精含量的酿造酒比例大幅下降，烈性白酒降为 29%。1994 年，四川发酵酒精开工率不到 50%。由于年初滞销，企业争相压价竞销，部分中小企业亏损停产，1995 年出现酒精供应短缺，价格上扬，促进酒精生产复苏，出现企业向大型化发展的趋势，行业的规模化生产正在形成。

"九五"期间（1996—2000 年），四川酒精的生产经营仍起伏较大，酒精售价也有起伏，由于原料质次价高（如薯干的泥沙含量高达 20% 以上），生产成本居高不下，生产效益不好。于是，大部分酒精生产企业采用双酶法醪液制备新工艺技术、固定化活性增殖酵母连续发酵生产技术、酒精差压蒸馏新技术、低压法二氧化碳回收利用新技术等，取得较好的生产成效。对酒精糟液的综合治理水平也有很大提高。进口的干全糟（DDGS）生产装置开始在四川推广使用。行业内有多家酒精生产专业设备制造厂，可以提供具有较高水平的成套装置。

1997 年重庆成为中央直辖市后，所辖地方的酒精厂随之划归重庆市。四川省酒精行业生产厂家减少至 60 多家，生产能力约减少 13%。到 1998 年，四川酒精生产能力逐步提高。由于白酒生产和石油化工产品价格低迷的情况没有大的变化，导致酒精产量大于市场需求，一直持续到 1999 年，酒精行业仍处于低谷，产品的市场竞争更趋激烈。大部分企业，特别是专业酒精企业的生产效益情况不好。新的酒精企业大都面临生产能力刚刚形成就不能启动，或仅能部分启动进而寻求转产途径的尴尬境地。1999 年下半年，石油化工产品价格逐步上扬，也在一定程度上改善了发酵法酒精产品的竞争力。1999 年，全国发酵法酒精的产量（商品量）较上年有所增加，四川酒精年产量 9.5 万吨。同时，由于利用废糖蜜生产酒精（酒精糟液的杂质含量大），剩余有机物的利用价值低，处理难度大，各厂基本不予处理，直接排放江河，环保管理跟不上生产需要，这样利用进口废糖蜜生产的酒精数量激增，1999 年用进口废糖蜜的酒精产量较 1998 年增加了 4 倍多。

2000 年，由于粮食连年丰收，主要粮食产区压库粮多，秋收之前急需处理部分陈粮，因而下半年的粮食市场上出现了陈玉米等谷物，薯类原料的价格也有所下跌，这为酒精生产降低原料成本创造了条件。酒精产品价格也随之下降，在一定程度上提高了酒精产品的市场竞争能力，促进部分企业恢复和增加酒精生产。

2002 年，酒精的产品结构取得新的发展。为提高酒精产品的市场竞争能力，部分实力较强的企业向生产高纯度酒精方面发展，具有国际水平装置的高纯度酒精生产企业从几年前的少数几家，发展到分布在四川的主要酿酒城市。由于酒精产品的市场竞争依然十分激烈，专业酒精企业的生产效益情况依旧不佳，大型酒精企业的优势无法发挥，但如五粮液、沱牌等酒厂这些有较强酒精生产能力的大型综合性酿酒企业的酒精生产形势相对较好。

从2002年起，现代化酒精生产企业已完全可以生产高纯度酒精、试剂酒精等多种规格的酒精产品，差压蒸馏等新的蒸馏技术也在生产中推广应用。相当一部分企业具有生产优级食用酒精的实力，有多家企业有特级食用（或高纯度）酒精供应市场。许多中小酒精厂已不再自己进行糖化剂制造，酿酒用活性干酵母的专业化生产使许多酒精厂不用制造酒母。酒精生产工序大为简化。从工程设计、专业设备制造、糖化剂和发酵剂的专业化供应、直到产品的标准化和系列化，已形成一个较为完整的酒精工业体系。2003年以后，四川酒精产品的生产结构向着进一步优化的方向发展，推动酒精生产技术水平不断提高。

（二）产品标准

1989年，国家同意轻工业部食品发酵工业科学研究所为食用酒精产品生产许可证检验单位。《食用酒精产品生产许可证实施细则》（以下简称《细则》）经审核，同意公布实施。该《细则》适用于生产食用酒精的所有企业。凡属四川省生产商品食用酒精及自产自用食用酒精的厂点，均应申请食用酒精产品生产许可证。企业必须取得生产许可证，才具有生产和销售食用酒精产品的资格。

1994年，工业酒精国家标准发布，四川同年12月1日实施。

1999年，四川实行酒精生产许可证换证。国家轻工业局生产许可证办公室对各地已上报的申请材料组织进行审核。食用酒精国家标准的修订（重点在进一步提高产品的质量水平）工作取得进展，计划于2000年完成修订工作。

从2002年9月1日起，在旧版食用酒精国家标准执行了10多年后，新版国家标准《食用酒精》（GB 10343—2002）开始正式实施。在新版食用酒精国家标准中，新增了多项质量指标。其中，对糖蜜酒精而言，引人关注的是新增了有关正丙醇的质量指标（≤100毫克/升）。

三、饮料酒制造

四川酿酒历史悠久，饮料酒种类繁多，除有世界性的啤酒、葡萄酒、果露酒外，还有传统的黄酒、白酒。按饮料酒的加工工艺分类，有发酵酒、蒸馏酒和配制酒三个类别。其中以发酵酒营养最为丰富，既含有多种氨基酸、维生素和糖类，酒精含量又较低。配制酒是在酒中调入芳香、甜味、酸味等添加剂，所具有的营养或来自原酒，主要追求的是风味的协调优美，而营养价值低于发酵酒。蒸馏酒有白酒和露酒中的“洋酒”等，其特点是芳香馨洌，而营养则很少。

（一）啤　酒

啤酒是饮料酒中酒精度最低、具有清凉饮料性的酒类，含酒精量约4°。四川的啤酒生产历史不到百年。四川过去多是生产11°—12°黄啤酒和少量的黑啤酒。随着生产的发展和市场需求的变化，啤酒除浓度上有高低之分，在口味风格上又有了清爽型与醇厚型之分；在包装规格上除瓶装、散装外，也有了大瓶与小瓶之分；包装容器除玻璃瓶外，还发展了易拉罐包装。

20世纪60年代，四川生产的啤酒较少，在70年代末出现过“喝啤酒难”的问题，在“八五”期间已不复存在。四川啤酒生产行业掌握应用国际先进工艺技术，如实现了糖化和发酵的自动控制，利用了高度发酵后稀释的装备和技术。四川啤酒原辅材料中大麦可自给50%，大多数企业已有年产万吨啤酒的成套设备。20世纪80年代，四川啤酒行业已逐步形成一整套标准化体系，拥有啤酒大麦标准、啤酒用麦芽标准及其试验方法、压缩啤酒花和颗粒啤酒花标准以及试验方法、啤酒标准、啤酒试验方法、啤酒瓶标准、铝质两片易开罐标准、瓦楞纸箱标准、啤酒塑料周转箱标准、发酵酒卫生标准、食品标签通用标准、饮料酒标签标准、啤酒厂卫生规范等。此外，啤酒机械也建立了一系列的专业标准。至1985年底，四川有19家啤酒厂投产，加上重庆、渡口啤酒厂继续扩建规模，1985年全省啤酒生产能力达到11.37万吨，占全国310万吨的3.67%，居第11位。

1988年，四川啤酒市场相对平稳，部分地区供大于求。1989年，四川啤酒发展速度首次出现停滞现象，产品销售由过去的供不应求转为基本平衡，由多年的卖方市场转变为买方市场。部分地区生产能力大大超过当地消费需求，产品滞销。

20世纪90年代以后，啤酒行业企业结构调整继续进行，国有企业越来越占据主导地位，各种所有制企业共同参与市场竞争，大中型啤酒企业继续向集团化发展，实力进一步增强。同时，啤酒企业结构改制，股份制改造发展较快。在深化改革中，啤酒企业通过股票上市、社会募股、内部职工集资等多种形式多方筹集资金，抓住发展契机进行改造，其中股份改造最为突出。各啤酒企业建立以啤酒为中心的产业主线，以其他产品（领域）为新的增长点的模式。为适应生产开发需求，各企业均投入较大资金，多采用国际上先进的设备，对现有生产设备进行扩建改造，生产技术水平迅速提高。各啤酒企业品牌意识明显增强，在产品质量和档次上进行改进。此外，高档啤酒普遍采用异型瓶和专用瓶，包装设计及商标印制同步改进，突出了高档品牌形象特点。

1995年5月，有鉴于瓶装啤酒爆炸伤人事件逐年增多，中国轻工总会和国家技术监督局在青岛召开进一步加强啤酒瓶质量管理工作会议，四川啤酒生产企业和玻璃瓶生产企业参会。除要求玻璃瓶厂加强新瓶出厂检测制度，啤酒厂加强新瓶进厂和回收瓶进厂的抽检制度外，四川还对啤酒瓶增加强制性技术要求，即啤酒瓶要打专用标记“B”和生产企业标记、生产日期，并将啤酒瓶两年使用期限和托盘包装及一次性用瓶标准列为推荐性条款；将上述专用标记、生产企业标准、生产日期、两年使用期限及一次性用瓶性能指标，列为标准中的推荐性条款。修订后的标准，对提高啤酒瓶质量，加强啤酒瓶管理，起到推动作用。1999年4月1日起，四川强制实施的新的“B”瓶标准对啤酒行业影响巨大，但该标准缺乏有效实施细则，玻璃瓶质量并未得到明显改善。

1997年重庆市成为直辖市以后，重庆啤酒厂及重庆辖区内的啤酒厂划归重庆市，四川啤酒生产总能力减少约39%。四川啤酒业继续向集团化、规模化、高水平方向发展。1997年，香港华润创业有限公司开始进入四川啤酒业。是年9月，该公司首先并购绵阳亚太啤酒厂，合资组建绵阳华润啤酒有限公司。1998年8月12日，绵阳亚太企业将1000万元股权全部转让给香港华润，由合资改为独资。1998—2000年，香港华润创业有限公司先后投资2亿元人民币对绵阳华润进行改造扩建，年生产能力达25万吨，总资产达4.1亿元人民币。2001年3月，华润又并购乐山高利蓝带啤酒厂。同年10月，香港华润创业有限公司旗下的华润雪花啤酒（中国）有限责任公司、南非酿酒集团（亚洲）有限公司、四川蓝剑集团有限责任公司又强强联合，合资组建了四川华润蓝剑啤酒有限责任公司，华润雪花持有62%的股权，蓝剑集团持有38%的股权。2005年，华润蓝剑啤酒有限责任公司在四川企业年生产能力达到150万吨，实际生产销售90万吨，销售收入19亿元，销售网络覆盖四川及重庆、贵州、云南、西藏、陕西等周边省（区），占有四川市场70%的市场份额，西南市场占有率接近28%。

（二）黄　酒

四川黄酒含量酒精量20°以下。按曲种可分成麦曲黄酒和红曲黄酒两类；按含糖量多少又可分为干、半干、半甜、甜四类。其典型品种有绍兴酒的元红、加饭、善酿、香雪。由于酿造历史悠久，黄酒品种多、花色多、名称也多。随着生产发展和市场变化，又有向清凉饮料、佐味料酒发展的趋势。黄酒不仅可佐餐，还可佐药和佐味。

黄酒过去主要以糯米和粳米为原料，逐步扩展到籼米和籼米粉、黑米、玉米、薯干等10多种原料，并且不同的原料可做出不同风格的黄酒，取得较好的效益。如用籼米粉，经糊化、液化生产的黄酒，比用籼米为原料制作的黄酒成本降低、出酒率高；用黑米、血糯米等地方特产原料可酿制成黑米酒、血糯酒、珍糯酒等新品种。

黄酒生产历来是以长江三角洲为主产区，其中浙江是生产黄酒的大省。20世纪80年代，随着四川经济的发展和消费水平的提高，四川黄酒的生产也逐渐开始发展。20世纪90年代，四川黄酒生产企业逐渐增加，但均系小型企业。除生产黄酒外，四川黄酒企业又开发生产了汽酒和清凉饮料等新品种，大多数黄酒企业开始摆脱手工操作为主的落后状态，逐步走向机械化，从浸米、蒸饭、发酵、压榨、过滤、澄清、杀蓄到包装纷纷采用专用设备。专业设备的使用极大地推动了黄酒的生产发展。

（三）葡萄酒

葡萄酒按色泽分有白、桃红、红三大类；按含糖量分有干、半干、半甜、甜四大类；按性质分又有标准、加香、起泡三大类，类与类之间又有交叉，因而葡萄酒品种丰富。

四川生产的多为甜红葡萄酒。20世纪80年代以后，随着生产发展和消费结构的变化，四川生产的葡萄酒品种逐渐丰富，还生产出了优良品种葡萄酿制的高档葡萄酒。葡萄酒具有酒度低、营养价值高、不以粮食为原料的优势。葡萄酒生产分布地域较广，但四川的产量只占全国总产量的2%左右。

1995年以后，四川葡萄酿制企业经济效益普遍不佳，只有少数几家产品档次较高。全国生产葡萄酒的省份有26个，四川产量排位靠后。1996年，四川葡萄酒产量有所回升。1999年，全国葡萄酒生产保持稳定增长，四川葡萄酒年产量也有相应增长。

随着企业改革深入，“九五”期间（1996—2000年）四川葡萄酒企业所有制结构的变化也比较大，除占主导地位的国有企业外，合资企业、股份制企业、个体企业等各种不同成分的所有制企业在葡萄酒行业中共存，得到发展。依托大集团资金、品牌优势，给葡萄酒生产注入新的活力。部分白酒、啤酒企业进行多元化生产，组建了葡萄酒车间。干型葡萄酒生产工艺及技术装备进步较大，在工艺上大都采用先进的浸提工艺、低温发酵工艺、人工酵母应用、急速冷冻工艺等等，提高了酿酒工艺的技术水平。

（四）白　酒

白酒是四川传统蒸馏酒。根据曲别可分为大曲、麸曲、小曲三类，根据原料可分为粮食大曲、粮食麸曲、薯干麸曲、代用料麸曲、米小曲、高粱玉米小曲六类；根据加工工艺又可分为固态法白酒和液态法白酒两类；按酒的香味，又可分为酱香、醇香、窖香、米香、其他香等五类；按酒精含量又可分为高酒度与低酒度两类。白酒的特点是甘洌芳香，酒度较高。

1984年，四川开始逐步实行白酒的现代化生产，这一年白酒产量比1983年增长9.82%，年人均为3.17公斤。四川白酒有两种生产方式：一是生产工艺保持传统特色，实行固态法机械化生产；二是结合酒精生产工艺，进行液态法生产。这两种生产方式在1985年得到不断完善与成熟。1986年，四川生产白酒84.71万吨，居全国第1位。四川有六大中国名酒企业，拥有6个中国驰名商标。

1989年，四川白酒生产趋于平缓发展。首先是低档白酒畅销，以质量稳定、价格低廉为特点的低档白酒，一直保持旺销。这类产品由于生产企业注重内部管理、严格工艺规程、把握质量标准，在各地消费者中有一定的声誉，他们以无利或微利经营，一般每瓶市场售价不高于2.5元，适应了农村、工矿和个人消费需求。其次名优白酒市场消费逐步走出低谷。国家放开名酒价格后，由于对集团购买、公款消费等不正常现象的纠正，以及名优白酒价格过高，致使其市场销售量大幅度下降，至1989年5月跌至谷底，放开价格的13种国家名白酒全部严重滞销。针对这一情况，四川分别在同年5月和9月份安排各地根据当地实际状况，自行掌握两次下调价格，10月份以后，名酒生产和销售逐步回升，由滞转畅。

1992—1994年，四川白酒生产处于稳定状态。1995年，四川白酒产量有所增长，达791.01万吨，比1994年增加21.29%，产量在全国省份中排第1位。1995年，泸州老窖股份有限公司的“色谱数据处理机与气相色谱仪联用分析白酒微量组分的研究及应用”获国内贸易部科技进步一等奖。

“八五”期间（1991—1995年），四川高度白酒产量大为减少，低度白酒有较大发展，形成高、中、低度白酒各占1/3的局面，并且低度化的趋势日益明显，几乎所有的名优白酒厂都在开发和生产低度名优白酒。许多酒厂实现了原材料处理和制曲的自动控制、大型容器贮酒、计算机勾兑、机械化流水线包装；推广液态化白酒、固液结合白酒，使白酒粮耗大为节省；推广白酒降度，平均每降低酒精含量5个百分点，全年可节省粮食135万吨。1986—1995年，四川白酒产量连年居全国第1位。

1999年，白酒产量在饮料酒总产量的比例逐年下降，但四川白酒经济效益仍为四川省第1名，仍是酿酒行业生产重点。四川白酒企业的“六朵金花”白酒产量，1999年均超过1998年。

20世纪末到21世纪初，四川白酒出现大企业、高品质、高价位发展趋势。白酒业6个国家名酒企业的生产能力总量已达到100万吨，超过四川全部白酒生产能力的50%；年利税总额50多亿元，占全省酒业利税的80%左右。通过改革机制、科技创新、开发新品、技术改造、引进设备、改进包装、品牌建设等措施，四川白酒企业综合实力不断提高，川酒竞争能力不断增强。五粮液、泸州老窖、剑南春、全兴、郎酒、沱牌这些中国六大名酒企业，被列入省政府“8+5”工程，并全部发展成为企业集团。四川白酒业形成一批大型骨干企业。泸州老窖、沱牌、五粮液、全兴4家企业率先成为上市公司。

2005年，四川年销售收入500万元规模以上白酒企业的白酒产量达到57.83万吨（按65°折算），占全国的16.55%；利税总额合计为71.28亿元，占全省食品工业的45.8%。同年，四川白酒行业总资产为357.58亿元，销售收入为264.89亿元，利税为71.29亿元，分别占全国总量的34.39%、36.66%、37.37%，均居全国行业第1位。

四、软饮料制造

软饮料制造包括：植物蛋白饮料、饮用天然矿泉水、可乐型汽水、柠檬汽水、普通汽水、运动饮料、利乐包饮料、浓缩果汁、果粒橙饮料、皇冠盖和铝质易拉罐饮料等。

（一）植物蛋白饮料

四川植物蛋白饮料研制开发始于20世纪80年代，90年代形成规模化生产。1991年1月，四川蓝剑集团有限责任公司（以下简称蓝剑集团）“天下秀”豆奶上市销售。1992年，四川菊乐食品有限公司（以下简称四川菊乐公司）开发豆奶产品，选用国产设备，研制出万吨无菌灌装软包装生产线，居国内同行业先进水平。1994 年 6 月，蓝剑集团“天下秀”花生皇上市销售。同年，四川菊乐公司开发出核桃花生奶。1995 年 8 月 8 日，中国轻工总会发布植物蛋白饮料豆乳及豆乳饮料行业标准，自 1996 年 4 月 1 日起实施。

20 世纪 90 年代中期，四川各地豆奶、花生奶生产发展很快。1995 年，全省生产植物蛋白饮料 6.21 万吨，1996 年 4.26 万吨，1997 年 4.02 万吨。90 年代末，四川植物蛋白饮料产销下降。

1999 年 5 月 6 日，国家轻工业局批准 2 项行业标准《植物蛋白饮料——杏仁乳（露）》（QB/T 2438—99）和《植物蛋白饮料——花生乳（露）》（QB/T 2439—99）作为推荐性标准，自 1999 年 12 月 1 日起实施。

2000 年以后，四川植物蛋白饮料迎来新的发展。2001 年 5 月，蓝剑集团通过电视广告，推出“唯怡”系列植物蛋白饮料，带动四川植物蛋白饮料走出低谷。2001 年 6 月，维维集团成立维维泸州豆奶粉厂，进行乳业和豆制品等农产品加工。维维泸州豆奶粉厂一期投资 3000 万元，建设 4 条豆奶粉生产线，年设计生产豆奶粉 1 万吨，于 2002 年 5 月 8 日投产。

（二）饮用天然矿泉水及瓶（罐）装饮用水

四川 20 世纪 80 年代开始建设大规模天然矿泉水厂。1986 年，四川最著名的矿泉水生产企业是峨眉山矿泉饮料厂。1988 年，四川生产实施《饮用天然矿泉水国家标准》。20 世纪 90 年代，由于人们饮用天然矿泉水的消费习惯逐步形成，消费量有所增加，天然矿泉水生产厂家越来越多。1994 年，全省有 50 多家矿泉水厂，年产量多为 300 万—500 万升，最大的峨眉山矿泉饮料厂 1994 年产量达到 1700 万升。1995 年上半年，四川省质量技术监督局对瓶装饮用天然矿泉水产品质量进行统一监督检查，这是四川省第一次对该类产品进行大规模检查，平均抽样合格率为 73.0%。同年，全省生产瓶（罐）装饮用水 8640 万升。

1995 年，国家技术监督局批准发布《饮用天然矿泉水》等 3 项国家标准。强制性标准为《饮用天然矿泉水》（GB 8537—1995），代替 GB 8537—87。推荐性标准为《饮用天然矿泉水检验方法》（GB/T 8538—1995），代替 GB 8538—87；《碳酸饮料（汽水）》（GB/T 10792—1995），代替 GB 10792—89。以上标准于 1996 年 8 月 1 日起实施。

20 世纪 90 年代中期，随着人民生活水平提高，对饮用水要求越来越高，饮用水市场发展很快。一些大企业纷纷进行瓶（罐）装饮用水生产。1995 年，四川蓝光科技股份有限公司开始生产“蓝光”系列桶装水、矿泉水等。同年，成都五牛矿泉饮料有限公司成立，建成瓶装和桶装生产线各 1 条，具备年产 1000 万瓶、60 万桶的能力。1997 年，广元娃哈哈食品有限公司成立，引进美国、日本、德国、意大利等设备和技术，年生产能力为纯净水 1 亿升，1998 年 9 月投产。1997 年 12 月，乐百氏（成都）食品饮料有限公司成立，生产“乐百氏”瓶装水系列。

2000 年以后，瓶（罐）装饮用水进一步发展。2000 年，绵阳正广和有限公司与法国达能公司联合组建桶装水生产企业。2002 年，四川蓝剑饮品集团有限公司成立，推出蓝剑富氧薄荷水，瓶装饮用水生产规模达 3 亿升。2003 年 8 月，成都润田食品饮料有限公司成立，生产“润田”纯净水等。同年 9 月，蓝剑冰川时代天然矿泉水扩建工程投产，年生产规模达 6000 万升。“冰川时代”瓶装饮用水成为中国矿泉水名牌产品。2004 年 5 月，蓝剑公司推出含气天然矿泉水——蓝剑冰川时代含气天然矿泉水。

2005年，四川生产瓶（罐）装饮用水6.821亿升，占全国产量的4.92%，居全国第6位。

（三）含乳饮料

20世纪90年代中期开始，四川含乳饮料得到较快发展。1997年12月，乐百氏（成都）食品饮料有限公司成立，投资1.5亿元，生产乐百氏乳酸奶饮料。1999年4月，杭州娃哈哈集团公司与广元市合资组建广元娃哈哈广发饮料有限公司，生产娃哈哈AD钙奶等，日产能力达60万瓶。截至2005年，四川很多乳制品企业都生产含乳饮料，包括各种乳酸饮料、乳味饮料、含乳植物蛋白饮料等，主要有成都菊乐企业（集团）股份有限公司、四川华西乳业有限责任公司等。

（四）碳酸饮料

四川碳酸饮料生产始于20世纪30年代，80年代以前产量很小，仅生产少量汽水，消费主要集中在大中城市。1980年后，省内各地纷纷新建饮料厂，汽水制造业发展较快。1987年，四川有汽水制造企业89家，完成工业总产值6849万元。

20世纪80年代中期，全国各地开发出各种可乐型碳酸饮料，以重庆饮料厂的“天府可乐”最著名，1986年生产“天府可乐”10305吨，占国产可乐型汽水总量的33.80%，仅次于安徽省的“黄山可乐”，居全国第2位。1987年，重庆天府可乐公司（原重庆饮料厂）年产2000吨“天府可乐”原液车间投产，可生产8万吨天府可乐，在全国建立88个联合厂。1988年，有92家企事业单位组成的中国天府可乐集团公司成立，生产“天府可乐”4.24万吨。1989年，四川峨眉山矿泉饮料食品总厂的峨眉山矿泉运动饮料，获全国运动营养金奖。

1990年，四川碳酸饮料步入快速发展时期。1993年3月，四川广播电视实业开发公司与美国百事可乐国际集团（以下简称美国百事集团）合作组建四川百事可乐饮料有限公司（以下简称四川百事公司），投资1500万美元建立大型现代化饮料生产基地，生产销售玻瓶装、易拉罐装、聚酯瓶及现调机用“百事可乐”“七喜”“美年达”系列碳酸饮料和非碳酸饮料及高品质中国品牌饮料。1994年，成都、重庆两地的百事可乐公司投产。四川百事公司投产后，发展很快，从1997年到2002年的6年中，利税年均递增33.7%，6年利税总额3.49亿元。1995年12月，成都华锦（集团）和嘉里饮料（成都）有限公司合资建立成都可口可乐饮料有限公司，总投资2600万美元，1997年投产，主要生产“可口可乐”“雪碧”等系列碳酸饮料和非碳酸饮料。1997年，四川生产碳酸饮料13.34万吨，占全省软饮料产量的54.81%。

2000年，随着果汁饮料和瓶（罐）装饮用水的发展，碳酸饮料在软饮料中所占比重下降。2003年4月，中外合资企业健力宝（成都）饮料有限公司在郫县建厂，一期投资1.6亿元，建设一条易拉罐生产线、一条热灌装聚酯生产线、两条冷灌聚酯生产线，生产“健力宝”“第五季”“爆果汽”等系列饮料，年生产能力25万吨。

2005年1月，美国百事集团与四川百事公司中方股东合同终止，美国百事集团停止供应浓缩液。同年6月，四川百事公司全面停产。不久，四川百事公司中方大股东和世界第三大可乐巨头——英国维珍集团合作，四川百事公司成为维珍集团在中国首个碳酸饮料生产基地。但合作不久，维珍集团就退出了成都市场。2005年，四川最大的碳酸饮料生产企业是成都可口可乐饮料有限公司。此外，省内生产碳酸饮料较大的企业还有四川宜宾太子乐实业有限公司、四川沙琪实业有限责任公司等。同年，四川生产碳酸饮料15.68万吨，占全国产量的2.03%，居全国第14位。

（五）果蔬汁饮料

四川现代化的果汁饮料生产始于20世纪60年代中期。1965年，重庆罐头食品厂从瑞典引进一条果汁生产线，生产果汁饮料。1982—1985 年，四川又陆续引进 7 条浓缩果汁生产线，到 1986 年末，共引进 8 条生产线，占全国果汁引进生产线总数的 28.6%。主要生产浓缩广柑汁和桔油。1986 年末，全省共有各种果汁加工设备 100 多套。

1986—1991 年，四川各地盲目扩大果汁生产，一方面导致全省果汁生产能力严重过剩，另一方面原料不足，开工严重不足，导致企业亏损严重。到 1991 年，四川省 40% 的引进设备停产，生产企业开工不足，仅能保本或微利。

20 世纪 90 年代初开始，四川果汁饮料生产迎来新一轮发展。在 80 年代引进浓缩果汁设备企业中，90 年代仍生产的有南充果品饮料厂，2001 年被成都统力集团收购，仍从事果品加工和饮料生产。蓬安县果品厂 1998 年改制后，更名为四川蓬安可口爽有限责任公司，进行果品和蔬菜加工。

1992 年 8 月，四川阳公实业有限公司（以下简称阳公饮料）成立，专业生产天然果汁和饮料。该公司拥有两家饮料厂和 1 家饮水厂，主要生产 7 大系列产品。1995 年，阳公饮料在中国 38 家真空全扭玻瓶果汁市场中约占 80% 的份额。1995 年，成都市统力食品饮料实业有限责任公司成立，引进两条康美包全自动灌装生产线，生产各种规格奶制品、果汁饮料和茶饮料，年生产能力 2 亿包以上，主要产品有康美包无菌软包装系列、耐热聚酯瓶系列饮料。

2000 年以后，四川果汁饮料生产进入高速发展期。2001 年 7 月 20 日，北京汇源食品集团成都有限责任公司成立，总投资 2.5 亿元，建有一座年加工水果蔬菜 6 万吨，年产果蔬饮料 10 万吨的基地。2002 年，成都统一企业食品有限公司调整结构，新增果蔬饮料生产，推出“鲜橙多”“蜜桃多”等“多”系列果汁饮料。四川盐源禾嘉绿色食品有限公司引进 1 条日加工处理鲜果 500 吨的果蔬汁生产线，2002 年投产。2003 年，成都可口可乐饮料有限公司开发“酷儿”系列果汁饮料。2005 年，四川生产果汁饮料 33.81 万吨，占全国产量的 5.33%，居全国第 7 位。

五、茶饮料加工

四川茶饮料开发于 20 世纪 80 年代，早期一直未形成规模化生产。制茶工业包括初制茶和精制茶加工业。1986 年开始，四川在茶类结构、规划布局、企业管理等方面有所改善，企业经济效益有所回升，但出口茶、边销茶生产加工企业发展较慢。1989 年 4 月 4 日，商业部发布茶叶精制加工行业国家二级企业标准，完善了茶叶标准体系。同年，四川开始投资对四川骨干精制茶厂进行技术改造，重点是茶的生产和新产品开发。四川多个精制加工企业达到省级先进企业标准要求。茶叶产销平稳，质量有所恢复，出口略有增长，价格开始下降。

1992 年，随着中国经济体制改革的深入，四川茶叶产销出现空前活跃的势头，开始发展茶叶深加工产品，加快了以茶叶为基料的保健食品开发。各种“减肥茶”“降压茶”不断投入市场。同年开始，四川相继开始实施国家发布的《第二套红碎茶》《第四套红碎茶》《绿茶》《紧压茶·米砖茶》《紧压茶·青砖茶》《茶叶感官审评术语》6 项国家标准，以及《祁门红茶》《茶叶感官这评方法》《茶叶销售包装通用技术条件》《紧压茶运输包装通用技术条件》《红、绿、花茶运输包装通用技术条件》《毛茶运输包装通用技术条件》《茶叶贮藏保护通用技术条件》8 项行业标准。

1993 年，四川的茶饮料加工达到历史最高水平，省内市场销售稳步增长。除了名优茶生产形势较好，普通茶叶生产销售也开始增长，边销茶市场生产供应也比较稳定。1994 年，成都菊乐食品公司投资 1600 万元，引进瑞典利乐包饮料灌装线投产，用于菊乐柠檬茶、菊乐茶等包装。

1995 年，四川茶叶生产曾出现过“卖茶难”的问题。各茶叶生产企业及时调整生产结构，大力开发名优茶生产，1996 年春茶生产效益明显提高，一些私营企业生产渐成规模，名优茶、花茶市场出现购销活跃良好态势。

1998 年，针对四川个别地区茶叶质量水平较低、茶叶农药残留量较高的情况，四川地区开始执行国家质检总局、农业部、全国供销合作总社等部委印发的《关于严格控制茶叶农药残留量加强茶叶质量监督管理的通知》。

1999 年 2 月 1 日，中国茶叶流通协会根据第二届第三次理事会精神，就突出的茶叶质量问题向国家经贸委、国家质量技术监督局上报《关于加强茶叶质量监督管理的几点建议》。同年，农业部门对于茶叶生产提出了“高产优质高效”的生产指导方针。各地加快产品结构调整，继续发展名优茶生产，发展高产优质茶园，茶叶单产得到提高。同时，各产茶区重视茶类结构调整，发展适销对路的名优茶，茶叶产量、产值保持持续增长，尤其中高档绿茶、功夫茶和红茶等名优茶继续保持良好发展势头。茶叶农残问题受到广泛重视，茶叶农药降解工作得到加强。消费者购买茶叶时开始注重茶叶的品牌和企业的信誉，一些四川老字号企业生产增长幅度明显。

2000 年，四川开始执行国内市场商品茶现行国家标准。其中，国家强制性标准包括卫生标准、检验方法标准、包装标识标准。卫生标准包括《茶叶卫生标准》（GB 9679—1988）、《农药合理使用准则（一）》（GB 8321．1—1987）、《农药合理使用准则（二）》（GB 8321．2—1987）、《农药合理使用准则（三）》（GB 8321．3—1987）；检验方法标准即《茶多酚测定》（GB 8313—1987）；包装标识标准即《食品标签通用标准》（GB 7718—1994）。国家推荐性标准有：《绿茶》（GB/T 14456—1993）、《茶叶感官审评方法》（GB/T 10157—1993）。

2005 年，四川生产茶饮料的企业主要是成都统一企业食品有限公司生产的统一牌冰红茶、冰绿茶等系列茶饮料。

第二章　食品经营与流通

第一节　食品经营与流通网络建设

四川是农业大省，也是食品生产及经营活跃地区。四川食品流通广泛，川菜、川酒、川猪等享誉国内外。1949 年以前，四川的食品在全国广泛销售，主要以个体和民营形式为主，以商铺和个体摊贩为主要经销组织。由于战乱，经营范围和资产规模较少。民族资本受帝国主义侵略和买办资本欺压，难以生产和发展。

中华人民共和国成立后，百业振兴，食品消费受到党和政府的高度重视。1950—1953 年粮食统购统销，把加工的食品尽可能地面向广大消费者服务，食品销售逐年增加。但 1958—1961 年期间，由于粮食减产，食品产出减少，直接影响经营，货物缺乏的现象十分严重。

1978 年中共十一届三中全会以后，改革开放政策促进了食品经营的发展。由于国内外的交流增加，四川食品，特别是名牌食品逐步扩大销售范围，取得了良好的经营效益。1985 年，从事食品购销的商业单位在地区分布上星罗棋布，在业务经营上纵横交错，形成网状，通常称为食品流通网络。食品流通网络是实现食品流通的重要手段。1986 年以后，经过初步改革，流通渠道得到疏通、扩大和增加，四川省食品流通出现了多种经济成分、多条流通渠道、多种经营方式的新形势。国营商业和供销合作社是四川城乡食品流通的主要渠道，绝大部分食品的收购、调拨和供应由国营商业和供销合作社承担。主要机构包括：收购单位、调拨供应单位和零售单位。

收购单位，指分散的收购点，主要包括基层供销社及其代购店。水产和食品系统设在县和县以下的粮库及收购站，城市的二、三级供应批发站等。这些收购单位负责经营各种食品的收购和初步加工，并按计划或合同向有关单位组织调拨供应。调拨供应单位，指经营各种主副食品的地、市、县专业公司。这类机构分设在产、销区。大中城市的二、三级采购供应站也都负责接收调进主副食品，并对基层零售单位进行批发。零售单位，指直接向消费者出售各种食品的基层单位。主要包括粮店、副食品店、菜蔬店、水果店、鱼品店以及基层供销社的门市部、代购代销店等。城乡集体、个体商业也是食品流通的一条重要渠道，包括国营、集体单位办的商店、待业青年集体办的商店以及个人办的商店。这类商店往往既批发又零售。可以按照政策到产地直接进货。生产单位自销和自行批发是食品流通的另一条重要渠道。自销渠道包括各种食品加工厂自设的门市部、商店，农村和农户在集市上出售自己生产、加工的产品。城乡集市贸易是食品流通的一条补充渠道。20 世纪 80 年代城乡集市数量和成交额都大幅度增长，尤其是各种副食品的成交增长更快。1987 年以后，在食品流通中还出现了一些新的经营形式，例如长途运销、贸易中心、批发交易市场、展销会等。

1989 年，四川省食品流通网络安全建设工作齐抓共管格局有了雏形。政府牵头各职能部门把打击制售假冒伪劣食品违法犯罪行为作为整顿和规范市场经济秩序的重中之重，采取强有力的措施，加强食品安全流通网络监管工作，在全省范围内基本形成“党委加强领导、政府负责组织、部门指导协调、各方联合行动、社会各界参与”的工作格局。

1992 年，四川省开始推行食品流通网络的建设，建立了食品安全专家库，政府聘请食品安全专家并成立专家咨询委员会，并在四川省重点市（州）开展食品安全基本状况和检测检验资源调查工作。

1997 年，四川省进一步加强食品安全流通网络工作。政府相关部门职责较明确，对各部门食品安全流通网络监管责任落实情况进行了解和督促；把食品安全流通网络工作确定为年度工作重点，综合协调食品安全流通网络检测、评价及其体系的建设工作；综合协调重大食品安全流通网络信息分析、预测和发布工作。

1999 年，四川按国家分段监管为主、品种监管为辅的原则确定了四川省食品安全监管职能部门的职责。药品卫生监督管理部门负责食品安全的综合监督、组织协调，依法组织对重大事故的查处工作；农业部门负责对初级农产品种植环节的监管；质量技术监督部门负责对食品生产加工环节的监管；工商行政管理部门负责对食品流通环节的监管；卫生行政管理部门负责对食品消费环节的监管；水务部门负责对水产品养殖环节的监管；畜牧、商务部门负责对畜禽的养殖、屠宰过程的监管。

监管要求概括为：产品有标准、管理有制度、操作有规程、过程有记录、逆向可追踪、产品可召回。四川在试点企业建立生产经营流通档案，相关职能部门建立流通网络监管信用档案。食品整治工作要求明确三项整治重点：一是以粮、油、肉、蔬菜、水果、奶制品、儿童食品、豆制品、调味品、水产品为重点品种；二是以广大农村、城乡接合部、城镇社区为重点区域；三是以食品种植养殖、食品生产加工、食品流通和食品消费为重点环节。

2000 年以后，四川的食品安全流通网络得到了政府高度重视。全省在机构改革后，着力建立健全食品安全流通组织机构，认真做好食品放心工程综合评价迎检工作。省食药监局按四川省委、省政府要求，组织协调各相关单位，开展对全省学校、幼儿园食堂及校园周边整治等一系列食品安全检查工作。

2004 年，四川省食品安全委员会成立，办公室设在省食药监局。全省食品安全流通网络综合监督工作按“一个链条、四个环节”监管模式和分段监管原则，根据市、县各食品安全监管部门法定职责，对食品源头治理、食品生产加工、流通环节和消费环节进行全面监管，确保全省食品安全。

同年，四川省食品安全委员会完善了 11 项工作制度，建立了食品安全网络协调工作机制，编制了《重大食品安全事故应急预案》，完善了四川省各个地区食品三级监管网络。此外，省食品安全委员会还牵头组织开展集中整治行动，制定并实施了《农村食品药品监督协管员绩效考核办法》。四川省成都市新津县食品安全委员会协助县政府与各镇（乡）、各成员单位签订《新津县食品放心工程综合评价目标责任书》，组织协调食品安全专项集中整治行动，包括校园周边环境饮食安全专项集中整治行动、“十一”食品安全集中整治行动；督促指导各相关部门及镇（乡）建立食品安全工作制度和工作方案，加强食品安全工作的信息沟通。此外，省食品安全委员会在全省各镇（街道）设立责任协管员，在全区各村设立义务协管员和社区食品协管员，着力做好食品安全监管工作。此举得到四川省委、省政府肯定，并将成都市新都区确定为全省“农村食品监督网络建设试点”。

2005 年，省食药监局食品流通监管网络快速发展。各市、（州）、县（市、区）建立了以部门负责人为成员的食品安全协调委员会，由市政府与区县政府和食品安全监管部门签订《食品安全责任书》，明确部门和各市、（州）、县（市、区）政府主要负责人的食品安全职责。食品放心工程综合评价试点工作、农村食品安全监督网络试点工作，以及自贡市提出的“两级政府、三级网络、目标管理”建设模式得到中共四川省委、四川省人民政府的肯定和推广。食品安全流通网络体系建设试点工作逐步开展，全省选择了 22 个试点单位，开始试点建设蔬菜、肉类、桶装饮用水安全流通网络，取得初步成效。

同时，省食药监管局牵头抓好食品安全专项整治工作，净化食品市场。省食药监局牵头组织开展食品安全联合执法行动，对豆制品、奶制品、鲜肉及肉类制品、畜产品及投入品、农产品及投入品、粮油食品、桶装水、校园周边及建筑工地食堂、食品生产加工环节、餐饮业分别进行了专项整治。同时，对群众关心的食品安全热点和难点问题，抓好督查督办，对人大建议、政协提案、群众来信来访等所关心的食品质量安全问题、校园及周边餐饮业饮食安全问题、蔬菜水果防腐保鲜剂问题、豆制品添加“吊白块”问题、保健食品质量安全问题，进行督查督办。

第二节　部分名牌食品

自古以来，号称“天府之国”的四川物产丰富，美食层出不穷，在饮料、调料制品、民间小吃等有流传甚广的名牌食品。

20 世纪 80 年代以后，四川的名牌食品是四川食品工业的重要支柱，这些名牌企业生产的名牌食品较大地促进了四川食品工业的发展，满足了广大群众日益丰富和不断增长的食品消费需求，繁荣了食品市场经济。同时，四川涌现出一批优秀的食品企业和企业家，成为食品行业的表率。

20 世纪 90 年代，受国家政策扶持，四川开始大力发展龙头食品企业和名牌企业，着力建设食品工业强省，推动食品产业化经营，促进食品结构调整，带动了相关产业群体的发展，提高了四川食品工业整体水平和竞争力。广大食品企业的经营者对品牌经营的认识逐渐深化，创名牌的积极性进一步提高，走品牌经营发展道路，成为共识。截至 1999 年底，四川省有 53 个食品企业的部分产品获“四川名牌”产品称号，占“四川名牌”产品总量的 17.6%。

一、部分名牌调料

（一）郫县豆瓣

郫县豆瓣的雏形最初起源于清代康熙年间，其规模化生产，始于清嘉庆八年（1803 年）郫县的“顺天号酱园”，开始大批研制、生产和销售“辣子豆瓣”。至咸丰年间，郫县豆瓣的生产工艺趋于成熟，产品工艺采用新鲜的“二荆条”伏椒和优质干蚕豆，经过切、剁、酿、酵、翻、晒、露等传统制作工序精酿而成，产品红润亮泽，独具浓郁酱香和酯香味。民国时期，郫县有两家大酱园，名为“元丰源”和“益丰和”，专门生产豆瓣酱，两家酱园各自拥有晒场近 10 亩、缸 25000 口、工匠近 40 人、年产豆瓣 40 万斤左右，规模已十分壮观。

20 世纪 50 年代，“元丰源”和“益丰和”两家酱园实行公私合营，成立国营郫县豆瓣厂，生产的郫县豆瓣也更名为“益丰和号”“鹃城”牌郫县豆瓣。1980年，国营郫县豆瓣厂改制，并更名为四川省郫县豆瓣股份有限公司，产品名称统一为“鹃城牌”郫县豆瓣。“鹃城”取自郫县古城简称。1988年，“鹃城牌”郫县豆瓣获得首届中国食品博览会金奖。1990年，又获得国家旅游局、商业部、轻工部举办的国际旅游购物节同类调味品“天马银奖”，并成为第十一届亚运会指定产品。1999年，被国内贸易部评为“中华老字号”。2003年，被评为四川省名牌产品。

图3—2　郫县豆瓣制作的关键步骤——露天晾晒

（二）保宁醋

后蜀明德三年（936年），保宁醋诞生于保宁府（今阆中市），被誉为中国四大名醋之一。保宁醋以小麦麸皮为主料，汲唐代古松花井山泉水配名贵中药制曲酿造，异于其他名醋以糯米、高粱为主要原料；制麦芽糖、高温陈酿、后续快速陈酿，高沸点消毒等特殊发酵工艺，亦非其他名醋可比，因而形成药曲麸醋特色。1915年，保宁醋获巴拿马万国博览会金奖。1985年，保宁醋成为国宴调味用品。1997年，保宁牌保健醋被卫生部批准为保健食品；2000年，保宁醋被国家绿色食品发展中心批准为绿色食品；2003年被评为中国名牌产品；2005年保宁醋被国家工商总局评定为中国驰名商标。四川保宁醋有限公司拥有的保宁醋传统酿造工艺，被列为第二批四川省级非物质文化遗产保护名录。

图3—3　中央电视台记者拍摄保宁醋传统酿造技艺

图3—4　保宁醋老作坊外景

二、部分名酒

（一）五粮液

五粮液以红高粱、糯米、大米、小米和玉米五种谷物为原料，以纯小麦经特殊工艺制成的“包包曲”糖化发酵酿造而成。五粮液产地四川省宜宾市，古称戎州、叙州。据《叙州府志》记载，早在宋代，当地就有用多种原料酿成的“荔枝绿酒”。诗人黄山谷饮后誉为“戎州第一”。五粮液就是其中的一种。五粮液酿造用水，取自岷江江心，水质优良，清冽少杂质。发酵窖是陈年老窖和人工培养的泥窖。据四川省文物管理委员会鉴定，老窖为明代遗物，距今已500余年。这也为五粮液酒的独特风味创造了条件。

1952年，国营宜宾五粮液酒厂成立。在1956年在全国名酒质量鉴定会上，五粮液即以品质优异受到赞誉。在1963年全国第二次评酒会，五粮液被评为全国名酒。在1979年全国第三次评酒会，五粮液首批荣获国家优质产品质量奖，获得金质奖章和优质产品证书。1996年，“五粮液”品牌经全国名牌资产评估事务所评估，价值35.85亿元，被列为全国最有价值的60个品牌之一，居全国15个最有价值的食品品牌第3位，2005年，已上升到338.03亿元，连续多年居全行业第1位。

（二）泸州老窖特曲

泸州产酒有悠久的历史。据泸州出土文物考察，泸州酒史可追溯到秦汉时期，元、明时期泸州大曲酒已正式成型。18世纪末，泸州酒已闻名于世。当时即有人作诗称赞：“衔杯却爱泸州好”。人们认为：泸州酒独特风味的奥秘，在于发酵窖的窖龄长。据史载，最老的窖大约建于1650年前后。此外，泸州曲酒酿造用水取自龙泉井内和沱江之滨，水质优良。

1915年，在巴拿马国际博览会上，泸州大曲酒获金质奖章。1951年，国营泸州酒厂建立，泸州酒在产量和质量上都获得迅速的发展和提高。1952年，在全国首次评酒会，泸州老窖大曲酒被评为八大名酒之一。1963年，在全国第二届评酒会，泸州老窖特曲又被评为全国名酒。1979年，在全国第三次评酒会，泸州老窖再次被评为全国名酒。1980年，泸州老窖荣获国家优质产品质量奖，获得金质奖章和优质产品证书。1990年，泸州老窖特曲获巴黎国际食品博览会金奖，1994年又获巴拿马万国名酒特别金奖。1996年，泸州老窖明代窖池群入选第四批全国重点文物保护单位。2006年5月，作为浓香型白酒的唯一代表，入选首批国家非物质文化遗产代表作名录，与“1573国宝窖池群”并称为泸州老窖的文化遗产双国宝。2008年“泸州老酒坊”商标成为中国驰名商标。

（三）剑南春

剑南春产地在四川省绵竹县，此地自古有“酒乡”之称。剑南春的前身为绵竹大曲酒，创于清代康熙初年。当时，陕西三原县人朱煜，因见绵竹水好，便移居至此，办起了曲酒作坊名为“朱天益酢坊”。据《绵竹县志》记载，当时的绵竹大曲“味醇香，色味白，状若清露”。20世纪初，绵竹大曲在多次四川国货展览会上获得奖章。1932年，绵竹大曲获准使用注册商标而名扬天下。

1951年，四川绵竹县地方国营酒厂成立，继承传统工艺生产绵竹大曲酒、双沙醒色酒等产品。1958年，四川绵竹县地方国营酒厂成立研究小组和实验小组，对传统产品绵竹大曲的工艺进行改进，经改进原料配方和掺和比例，采用红糟盖顶，低温入窖，延长发酵期和贮存期等技术措施，配制出风味更加完美，具“芳、冽、甘、醇”特点的高质酒，经四川大学教授庞石帚结合历史上“剑南之烧春”的典故和新的发展创新，定名为“剑南春”。1961年，剑南春酒获得“全国优质名酒”称号，1963年获得四川省名酒金质奖章。1974年，“剑南春”开始出口日本，销往中国香港、澳门等地。1979年，在第三届全国白酒评选活动中，剑南春酒被评为“全国八大名酒”之一。1988年，在香港举办的第六届国际食品博览会上，剑南春获国家金花奖。2005年，剑南春获批使用“纯粮固态发酵白酒”标志。2008年，剑南春酒传统酿造技艺入选国家级非物质文化遗产，位列剑南春“双国宝”之一。

（四）郎　酒

光绪二十四年（1898年），荣昌商人邓惠川携家来到川黔交界的赤水河北岸的古蔺县二郎镇，开办了“絮志酒厂”，后改为“惠川糟房”，所制酱香型美酒以工艺命名为“回沙郎酒”，由于与茅台酒风格相近，开坛时香气扑鼻，入口酱香更浓，获得了巨大声誉，这就是郎酒的前身。民国22年（1933年），雷绍清等生意人合股开办“集义新糟坊”，以高薪聘请“成义糟坊”（茅台镇较早的酒坊）的郑银安为总技师，“惠川糟坊”的莫绍成为总酒师，酿出一种融惠川、茅台风味为一体的，既有焦香、酯香、醇香，又略带浓香的酱香酒，命名为“郎酒”。据记载，当时的郎酒因质优味珍而价格高昂，年产不过四五十吨，“每罐装（郎）酒一斤，抗战一年在当地之价，每罐大洋七八角，销售重庆、成都等地则值一元。”

1957 年 7 月，国营四川古蔺郎酒厂正式成立。1963 年，郎酒被评为四川省优质酒；1979 年被评为全国优质酒；1980、1981 年连续两年被评为商务部优质酒；1984 年荣获国家优质奖章，登上“中国名酒”宝座；1989 年蝉联“中国名酒”称号，获得国家金质奖称号；1996 年在全国名酒行业中首家获得“绿色食品”标志使用权；1997 年，“郎”牌商标被国家工商总局认定为“中国驰名商标”。1999 年，国家质量监督局、标准样品委员会将 39°酱香型郎酒作为中华人民共和国国家酱香型低度白酒标准样酒，成为中国酱香白酒标准。2004 年 10 月 21 日，国家质检总局批准对“郎酒”实施地理标志产品保护。同年，郎酒生产的红花郎酒被中国食品工业协会白酒专业委员会授予“首届中国白酒科学技术大会指定荣誉产品”称号。2005 年，在伦敦国际评酒组织举办的评酒会上，红花郎酒获白酒类唯一的“特别金奖”。2008 年 6 月 7 日，国务院公布第二批国家级非物质文化遗产名录，“郎酒传统酿造技艺”荣列其中。

（五）全兴大曲

全兴是四川全兴酒业有限公司旗下百年历史白酒品牌。全兴的历史可追溯至 1367 年，“锦江春”成为全兴大曲数百年古酿历史可考证的起源。全兴烧坊始建于清代乾隆五十一年，距今已有 200 多年的历史。“全兴老字号”作坊正式建于清道光四年，迄今已有 160 多年的历史。

1950 年，川西专卖局赎买了“全兴老字号”等酒坊，并沿用其传统技术酿酒，称其酒为“全兴大曲”。

1963 年，全兴大曲在全国第二届评酒会上获得“中国名酒”金奖，并成为中国老八大名酒（五粮液、古井贡酒、泸州老窖特曲、全兴大曲酒、茅台酒、西凤酒、汾酒、董酒）之一。此后的数次评酒会上，全兴大曲又屡获金奖，保持了“中国名酒”的地位，是成都食品行业唯一一块国家金牌。1984 年全兴大曲（大曲浓香）获得“国家优质食品金质奖”和“国家名酒”称号。1989 年，依托已成名品牌全兴大曲中的“全兴”为核心，成都酒厂更名为“四川成都全兴酒厂”。1997 年 9 月，重组成立四川成都全兴集团有限公司。并以“四川全兴股份有限公司”名义上市，股票简称为“全兴股份”。1998 年至 2000 年 3 年间，全兴股份销量突破 12 亿元大关。2007 年，全兴进入“2007 最有价值中华老字号 30 强名单”。

（六）文君酒

明朝万历年间，文君酒发轫于四川临邛（今邛崃市）寇氏烧房，现存明代万历老窖。酿造文君酒的“通天泉”水纯净甘洌，文君酒的独特口感是“甜润幽雅，蕴含众香”——“甜”来自自然发酵所产生的香味成分的合理组合；“润”即不刺喉、不尖辣，口感醇厚；“幽雅”指文君酒入口十分舒适，饮后带给饮者飘逸清新的感觉；“众香”则指文君酒不仅融合白酒的传统五香，同时还包含层次丰富的花香与果香，自然协调，芬芳持久。

1950 年，邛崃县酒类专卖局组织私营烧坊建成邛崃县酿酒联营社，并以著名的大全烧坊为主，统一了“文君酒”的生产。1962 年，注册文君酒商标。1963 年，文君酒被评为首届四川名酒，以后多次蝉联。1981 年，文君酒获商业部优质产品称号，以后历届蝉联。1985 年，邛崃县酿酒联营社正式更名为四川省文君酒厂，文君酒获商业部优质产品金爵奖。1988 年，文君酒获中国首届食品博览会金奖、第 13 届法国巴黎国际食品博览会金奖、第六届香港国际食品展金奖。1991 年，文君酒荣获西班牙第七届最佳商品名誉奖、中华国产精品优质奖，文君商标荣获中国首届驰名商标提名奖，文君酒厂在巴蜀白酒企业 200 强中上升至第五位。1992 年，文君酒荣获中国优质产品驰名精品奖、保加利亚国际博览会金奖、俄罗斯国际文化基金会荣誉金奖。2001 年，剑南春集团控股经营四川省文君酒厂有限责任公司、四川省文君酒经营有限责任公司。

第三章　食品监督管理

第一节　法律法规

中共十一届三中全会以后，政府对食品生产和安全提出严格要求并制定了一整套监督管理办法。

1982 年 11 月 19 日，第五届全国人民代表大会常务委员会第二十五次会议通过《中华人民共和国食品卫生法（试行)》，并于 1983 年 7 月 1 日开始实施。1986 年，卫生部发布《食品卫生管理办法》。1993 年 3 月 15 日，卫生部颁布《食品添加剂管理办法》，《食品卫生管理办法》同时废止。同年 7 月 27 日，卫生部、国家工商行政管理局发布《街头食品卫生管理暂行办法》。同年 8 月 30 日，国家工商行政管理局、卫生部发布《食品广告管理办法》。1994 年，共颁布食品卫生国家标准 160 项。

1995 年 10 月 30 日，《中华人民共和国食品卫生法》由中华人民共和国第八届全国人民代表大会常务委员会第十六次会议通过并公布，自公布之日起施行。《中华人民共和国食品卫生法（试行)》同时废止。

2003 年 5 月，根据国家质量监督检验检疫总局《关于进一步加强食品质量安全监督管理工作的通知》及《加强食品质量安全监督管理工作实施意见》的规定，凡在中华人民共和国境内从事食品生产加工的公民、法人或者其他组织，必须具备保证食品质量的必备条件，按规定程序获得“食品生产许可证”，生产加工的食品必须经检验合格并加贴（印）食品市场准入标志（QS）后，方可出厂销售。以上制度亦简称食品 QS 认证制度。四川具体实施 QS 认证的产品为国家质检总局发布的《食品质量安全监督管理重点产品目录》内的产品。2002 年 7 月公布的首批实行 QS 认证的五类食品是：小麦粉、大米、食用植物油、酱油、食醋。根据上述五类产品的生产许可证实施细则的规定，生产企业必须在 2003 年 8 月 1 日前获得生产许可证并加施 QS 标志，方可生产、出厂、销售。

2004 年 12 月 16 日，受省政府委托，省食药监局在成都召开听证会，对即将出台的《四川省人民政府关于切实加强食品安全工作的决定》举行公开食品安全听证会。12 月 27 日，《四川省人民政府关于切实加强食品安全工作的决定》（以下简称《决定》）印发。《决定》要求：建立和完善包括食品安全标准、检验检测和法制体系、食品安全信用体系、食品安全信息体系在内的食品安全监管体系；理顺食品安全监管职责，加强食品安全的监督管理，建立和实行食品安全责任制，强化机构、队伍建设和加大监督执法力度；各地、各部门要认真按《四川省食品安全综合整治联合行动督查工作方案》的统一部署整合食品安全监管部门和政法部门执法力量，推进联合执法、综合执法；加强食品安全宣传教育工作。

2005年初，四川开始筹建保健食品检测室，开始保健食品扩项计量认证，着重在人员培训、仪器设备购置、实验场地改造等方面开展工作。经过半年的准备和近3个月的试运行，同年10月，省食品药品检验所保健食品扩项计量认证通过四川省质量技术监督局评审专家组现场评审，共申请参数114项，基本涵盖了保健食品的试验和检验项目。同年7月1日，《保健食品注册注册管理办法（试行）》正式颁布实施，省食药监局开始负责保健食品注册初审工作。为做好这项工作，省食药监局及时完成全省保健食品注册、生产和销售情况摸底，并指导和协助省药检所承担保健食品检验工作资格认证。2006年，省食药监局办理保健食品新品种初审7件，变更申请2件，接受外省委托对保健食品部分功能性试验现场的核查90件。同年12月20日，经商务部第10次部务会议审议通过《流通领域食品安全管理办法》并予公布，自2007年5月1日起施行。

第二节　食品质量监管

一、食品质量安全概况

1986—2005年监测情况显示，四川省食品质量安全状况总体良好。1987—2000年，四川先后8次参加国家级和国际级食品分析质控考核，均取得优良成绩。2000年和2005年，四川省粮食、植物油、乳制品、水产品、糕点、食品添加剂等22个品种的食品生产加工业监测合格率和食品销售服务业检测合格率大多在90%左右。此外，四川还在全省历次大型活动中，保障食品安全。如：1993年第七届全国运动会（四川赛区）、1997年第五届中国艺术节、2000年第六届全国大学生运动会期间，省、市领导和各相关部门重视食品安全，认真落实各项防范机制，省卫生防疫站派卫生监督监测人员驻点进行食品监督检查。

1987—2000年部分年份四川参加国家级食品分析质量控制考核情况表

表3－30

年份	考核单位	考核样品名称	考核项目	检验方法	结果
1987	中国预防医学科学院环监所	人奶	有机氯（多组分）	GC	合格
1991	卫生部食检所	一级国家标准物质——茶叶、脱脂乳粉	铅、砷、铜	AAS、SP	优秀
1992	卫生部食检所	NBS1570 标准物质——菠菜	铅、镉、汞	AAS	合格
2000	卫生部食检所	保健食品	人参皂式褪黑素	SP、HPLC	合格

1992—1997 年部分年份四川参加国际级食品分析质量控制考核情况表

表 3－31

年份	考核单位	考核样品名称	考核项目	检验方法	结果
1992	联合国粮食及农业组织/世界卫生组织（瑞典）组织 AQC 考核	大豆油、乳脂	有机氯（多组分）	GC	优秀
1993	英国农业、渔业和食品部食品安全局主持 UNEP/FAO/AQC 考核	1#、2#奶粉	铅、镉、铜	AAS	优秀
1995	英国农业、渔业和食品部食品安全局主持 UNEP/FAO/AQC 考核	1#、2#奶粉	铅、镉、汞	AAS	优秀
1997	联合国粮食及农业组织/世界卫生组织（瑞典）组织 AQC 考核	生物材料（虾粉）	铅、镉	SSA、DPSA	优秀

2000 年四川省食品质量监测情况表

表 3－32

品名	监测合格率(％)	生产加工业合格率(％)	销售服务业合格率(％)
粮食	97.43	79.54	97.23
植物油	91.43	91.14	91.92
肉及制品	75.11	77.81	73.17
消毒鲜乳	80.56	68.24	94.19
乳制品	85.83	78.75	85.69
水产品	94.38	88.88	94.56
罐头	96.06	96.47	95.81
食糖	92.43	92.63	92.38
冷食	76.75	72.86	81.41
饮料	85.98	81.41	89.75
蒸馏酒配制酒	94.09	94.05	94.20
发酵酒	96.77	95.72	97.20
调味品	78.04	78.43	77.54
豆制品	86.04	83.23	89.60
糕点	87.67	87.04	88.95
糖果蜜饯	90.06	87.20	91.79
酱腌菜	85.72	90.77	76.92
保健食品	90.50	99.08	88.94
新资源食品	77.89	73.61	91.30
食品添加剂	75.88	78.57	74.82
其他食品	89.36	89.87	89.12
餐具消毒	76.44	62.56	79.64
合计	86.68	86.62	86.76

2005年四川省食品质量监测情况表

表3-33

品名	监测合格率(%)	生产加工业合格率(%)	销售服务业合格率(%)
粮食	96.33	97.62	95.51
植物油	95.38	96.67	94.21
肉及制品	86.24	76.11	94.77
消毒鲜乳	94.88	93.63	96.26
乳制品	93.66	93.87	93.61
水产品	92.77	93.78	92.31
罐头	81.93	85.04	79.90
食糖	97.54	95.83	98.15
冷食	87.89	88.54	87.36
饮料	94.25	93.45	94.70
蒸馏酒配制酒	97.45	96.95	98.22
发酵酒	96.52	97.32	95.99
调味品	91.77	96.18	89.77
豆制品	90.09	91.11	88.05
糕点	93.02	92.83	93.28
糖果蜜饯	90.66	94.91	89.06
酱腌菜	93.91	96.62	89.44
保健食品	91.53	92.59	91.46
新资源食品	96.30	100.00	95.83
食品添加剂	92.40	—	92.40
其他食品	90.79	92.11	89.83
食品用产品	86.55	90.48	80.95
餐具消毒	87.01	74.20	87.64
合计	88.18	87.45	88.29

二、监测机制与措施

中共十六大和十六届三中、四中全会以后，四川省食品安全监管部门对食品流通和消费的各个环节加强监管，做到集中整治和制度建设、严格执法和科学管理、打击假冒伪劣与扶优扶强相结合，依法监管，着力建立长效工作机制，提高食品安全工作水平。

（一）食品安全责任制

2004年4月，四川省人民政府成立四川省食品安全协调委员会（以下简称食品安全委员会），办公室设在省食药监局。副省长杨志文任委员会主任，省政府副秘书长陈泓贵、省食药监局局长苏海红任副主任，17 个相关省直部门为成员单位。委员会下设办公室，办公室地点设在省食药监局，由苏海红兼任办公室主任，负责全省食品安全日常监管和实施食品放心工程工作。全省各市、县相继建立食品安全综合协调机构，基本形成“党委加强领导、地方政府负责、部门指导协调、各方联合行动、社会各界参与”的齐抓共管工作格局。同年 12 月，四川省人民政府下发《四川省人民政府关于切实加强食品安全工作的决定》（以下简称《决定》），进一步理顺食品安全监管职能，明确责任。全面实行食品安全责任制，由各级人民政府对当地食品安全负总责，一个监管环节由一个部门依法监管，并采取分段监管为主、品种监管为辅的方式。

从 2005 年起，全省各级人民政府全面贯彻《决定》精神，建立食品安全监管责任制和责任追究制，督促相关部门签订食品安全责任书，将责任落实到部门和人。政府对食品安全监管责任落实情况进行考核，对发生重大食品安全事故并导致严重后果的，依照法律和纪律追究监管责任。食品生产者、经营者、市场开办者都将负有不同责任。食品企业法人是食品安全的第一责任人。依照食品安全责任制，农业部门负责初级农产品生产环节的监管；质监部门负责食品生产加工环节和流通环节的监管；卫生部门负责餐饮业和食堂等消费环节的监管；食药监部门负责对食品安全进行综合监督、组织协调和依法组织查处重大事故。职责任务调整由省编办会同有关部门组织落实。省发展改革委、省经委、省农业厅、省商务厅、省畜牧食品局、省粮食局、省水产局、省乡镇企业局等部门要按各自职责做好种植养殖、食品加工、流通、消费环节的行业管理工作。各级财政部门对食品安全监管经费予以保障。

按照安全责任制，各相关部门在各自监管环节采取积极措施，建立有效的监管机制。农业部门在种植养殖环节大力推进“无公害食品行动计划”，逐步建立农产品质量安全例行监测制度和农产品质量安全追溯制度，开展农产品产地环境、农业投入品和农产品质量安全状况的检测，推行以县为单位的无公害农产品整体认定；加快无公害农（畜）产品标准化生产综合示范区、养殖小区和出口产品生产基地建设；并向农民普及安全使用化肥、农药、兽药、饲料添加剂和动植物生长激素等知识，推广使用低残高效农药、兽药和无污染添加剂，规范种植、养殖行为。在食品生产加工环节，质监部门实施食品质量安全市场准入制度，严格审查企业生产条件，督促企业按标准组织生产，并严格产品出厂检验。2005 年 7 月前，四川省基本完成肉制品、乳制品、饮料、调味品、冷冻饮品、方便面、饼干、罐头、速冻米面食品、膨化食品等 10 类产品的食品质量安全市场准入工作，同时启动糖果、茶叶、葡萄酒及果酒、啤酒、黄酒、酱腌菜、蜜饯、炒货、蛋及制品、可可、咖啡、水产加工品、淀粉及制品等 13 类食品市场准入工作。质监部门还加强对食品生产加工企业的监管，实行生产企业巡查、回访、年审、监督抽查等监管制度，强化新资源食品、食品添加剂和食品包装材料等的安全性评价。在食品流通、消费环节，卫生部门实施以“培育绿色市场、开辟绿色通道、提倡绿色消费”为主要内容的“三绿工程”，倡导现代食品流通组织方式和经营方式，大力发展食品连锁经营和物流配送；敦促食品经销企业建立进货检查验收、索证索票、购销台账和质量承诺制度；落实市场开办者质量责任制，推行“厂场挂钩”“场地挂钩”等有效办法；完善落实市场巡查制度、监督抽查和食品卫生例行监测制度，不合格食品退市、召回、销毁、公布制度；推进餐饮业、食堂全面实施食品卫生监督量化分级管理制度；开展食品污染物监测和食源性疾病监测体系建设；加强畜禽屠宰行业管理，深入推进定点屠宰，全面开展生猪定点屠宰厂（场）分级达标工作，逐步实行鲜冻猪肉跨区销售肉证（票）同行，严厉打击私屠滥宰和制售注水肉、病害肉的违法行为；健全社区食品加工流通服务体系；强化食品安全标识和包装管理。

2005年1月22日，九三学社四川省委向正在成都召开的四川省政协九届三次会议提交《关于完善食品安全保证机制的建议》（以下简称《提案》），食品安全成为当年四川省“两会”关注的焦点。《提案》指出：困扰食品安全的问题体现在农药、化肥和动植物激素对食品的污染，微生物污染导致食物中毒，食品中掺杂使假等，这些食品安全问题应该引起社会的高度重视。《提案》建议尽快出台《食品安全管理办法》，并提出建立食品安全导向机制、对有意制售伪劣有毒食品的企业和个人加大惩处力度、严格执行中国农产品标签制度特别是转基因产品的明示制度、引导农民和农业生产企业生产绿色食品、无公害食品、发展有机农业等13条建议。作为《提案》主要承办单位的省食药监局，在会上回答了政协委员们的质询。现场办理政协提案，在四川省属首次，引起社会各界广泛关注。

同年6—9月，四川省食品安全协调委员会办公室组织开展对眉山、自贡、泸州、遂宁、广安、德阳、乐山等7个城市实施食品放心工程综合评价工作，由省食药监局牵头组织，省公安厅、省农业厅、省畜牧局、省商务厅、省卫生厅、省工商局、省质监局等部门的相关人员及食品检测专家组成评价小组，按国家八部门制定的《食品放心工程综合评价办法》，对7个城市的开展综合评价，通报了各城市得分情况。同年11月28日，省经委、省食药监局和省食品工业协会，联合组织五粮液公司、希望食品等四川省内重点食品企业座谈，共同探讨加强食品安全监管工作的有效手段和路径。会上，四川省内60家重点食品生产企业联合向全四川省食品生产经营者发出了安全诚信倡议书。同年11月30日至12月3日，国家食品放心工程综合评价组一行6人，代表国家八部门，对成都市实施食品放心工程进行综合评价。同年12月9日，《中国食品报》以两个整版的篇幅，专题报道2005年四川食品安全监管工作，在构建农村食品安全监管长效机制、食品放心工程综合评价等方面取得的成效。

（二）食品安全信用体系

2004年，四川在成都、绵阳、自贡、德阳、眉山等5个城市和肉制品、奶制品、茶叶和餐饮业等4个行业开展食品安全信用体系建设试点工作。各试点城市、试点行业落实试点方案，完善措施，从创新机制、宣传教育、建章立制、规范企业生产经营行为入手，建立健全企业信用档案和食品安全信用管理体制、标准制度、信息征集制度、信用评价制度、信用披露制度和信用奖惩制度，逐步改善食品安全信用环境，培养食品安全信用意识，规范食品生产经营行为，全面提高食品安全水平。

2005年，四川以食品生产经营企业信用建设为核心，开始通过政府监管、行业自律和社会监督，综合食品安全制度规范、管理服务系统与运行机制建设，建立食品生产、经营企业质量档案和食品安全监管信用档案，强化食品生产经营者责任意识，逐步形成食品安全信用体系。同年，四川省人民政府对成都、绵阳两个城市的肉制品、奶制品行业的食品安全信用体系建设进行试点工作。8月27—30日，全国政协食品安全监管体制调研组到四川调研，先后听取四川省和成都市、绵阳市政府关于食品安全监管工作的汇报，并实地考察了部分食品生产经营企业和食品监测检验机构，认为四川省对食品安全监管工作思路清晰，特别是在信用体系建设和业务培训方面已经迈出了积极的一步。

至2006年，四川初步建立了食品安全信用体系建设的基本框架和运行机制。当年9月，卫生部对全国食品安全信用体系建设试点城市绵阳市进行检查考核，对该市“产品有标准，管理有制度，操作有规范，过程有记录，逆向可追踪，产品能召回”的管理思路给予充分肯定。

（三）食品安全信息管理机制

从20世纪80年代开始，四川省各级政府及有关部门就开始加强食品安全信息管理，但由于信息流通技术水平限制，管理效果并不尽如人意。进入21世纪，政府在食品安全信息的收集、传输、处理及发布上有了科学的整理办法，实现了系统、规范和信息资源共享。

2004年11月22日，省食药监局根据《国务院关于进一步加强食品安全工作的决定》和《食品安全监管信息发布暂行管理办法》，借鉴国际先进的食品安全监督管理经验，结合四川实际情况，开始探索协调、统一、高效、权威的食品安全信息管理体制和工作机制。

2005年，四川省开始建立食品安全信息监测和通报网络体系，逐步形成统一、科学的食品安全信息评估和预警指标体系。建立健全食品安全信息管理责任制。各地、各部门对食品安全监管信息工作的领导、分工明确，责任到人；制定食品安全监管信息发布管理制度，确定信息发布标准及发布程序，对食品安全信息的采集、评估、认定和拟发布信息进行科学管理，确保其科学性、公正性、准确性。同时，建立食品安全信息管理协调机制。各地食品药品监管部门组织协调相关部门建立健全相应的工作制度和工作程序，通过食品安全信息沟通平台，实现互联互通、资源共享。农业、粮食、畜牧和水产部门发布有关初级农产品农药和重金属残留、畜禽产品兽药残留、水产品药物残留等检测信息。质监、工商、卫生和食药监4个部门联合发布市场食品质量监督检查信息。省食药监局按各地、各部门及时上报的食品安全信息，及时反馈、准确发布，确保信息畅通。对食品安全事故隐瞒、缓报、谎报或者授意他人隐瞒、缓报、谎报的依法依纪追究责任。重大食品安全事故的信息由省食品安全协调委员会发布。

同年，省食药监局选择奶制品和蔬菜这两个行业进行食品安全状况信息调查与分析工作，作为信息安全管理的规范试点。四川省食品安全信息监测预警系统软件项目的技术开发路线和演示部分完成建设，并通过专家论证。同年4月14日，省食品安全协调委员会办公室、省食药监局联合印发《关于开展农村食品安全监督网建设试点工作的通知》。4月15日，省食品安全协调委员会办公室和省食药监局联合组织开展全省农村食品安全监督网络建设工作，首批以成都市新都区、自贡市大安区、绵阳市安县和游仙区、眉山市仁寿县、宜宾市长宁县等6个县为试点，后来又新增内江市隆昌县、阿坝州茂县2个县为试点，探索农村食品安全监督网建设工作。各试点县在完善市、县二级食品安全协调机制的基础上，全面落实地方政府对农村食品安全负总责，进一步强化乡镇食品安全责任，抓好信息员培训，建设乡级食品安全监管的专、兼职队伍，加大宣传力度，保证监督网运转协调、监督到位。6月29日，省食品安全协调委员会办公室、省食药监局在自贡市大安区召开农村食品安全监督网建设试点现场会。部分县（区）在会上介绍试点工作开展情况，学习参观大安区农村食品安全监督网建设现场。10月26日，全省农村食品安全监督网试点工作座谈会在绵阳市安县召开。新都、长宁、大安、仁寿、安县、游仙等6个试点县（区）的食品安全综合监管部门进行了经验交流。

2006年，按省政府对突发公共事件应急工作的总体部署，省食品安全协调委员会办公室制定《四川省重大食品安全事故应急预案》。同年2月20日，省政府办公厅将《四川省重大食品安全事故应急预案》（以下简称《预案》）印发各市（州）和省级有关部门贯彻执行。《预案》划清了事故分级界限，明确了应急处理工作原则、指挥机构及其职责，落实了应急响应措施。为进一步完善应急预案相关配套制度和措施，省食品安全协调委员会办公室组织编写了《四川省重大食品安全事故应急预案操作手册》，于2007年3月19日印发实施。

三、食品安全综合整治

（一）概 况

2004—2005年，按全国、全省整顿和规范市场经济秩序工作的要求，省政府办公厅印发《四川省食品安全综合整治联合行动督查工作方案》（以下简称《方案》）。按《方案》要求，省政府统一部署，整合监管部门和政法部门执法力量，实行部门联动、上下联动，推进联合执法、综合执法。政府不定期组织开展全省食品安全综合整治联合行动，以粮、肉、蔬菜、水果、奶制品、豆制品、水产品七大类为重点产品；以社区、城乡接合部、村镇的各类食品批发市场、集贸市场、小加工作坊、小餐馆、农家乐为重点区域；以无证照非法生产、加工、销售食品的行为，制造、使用虚假食品产品标识的行为，收购、贩卖、屠宰注水猪肉的行为，制售假冒伪劣食品的窝点和违法犯罪团伙为重点对象；每年集中力量、集中时间，着重在元旦、春节、“五一”黄金周等节假日期间开展食品安全综合整治联合行动，并根据不同时间食品安全形势，开展食用油、桶装水等专项整治工作。

2004年8月20日，四川省召开综合整治联合行动电视电话会议。副省长杨志文在会上发表讲话，对全省食品质量安全综合整治工作进行部署。省高级人民法院、省人民检察院、省公安厅、省卫生厅、省工商局、省质监局、省食药监局等7个单位发言，绵阳市政府介绍食品质量安全专项整治经验，宜宾五粮液集团有限公司代表食品企业进行食品质量安全承诺倡议。同年9月5—16日，省食品安全协调委员会办公室从省监察厅、省工商局、省质监局、省公安厅、省农业厅、省商务厅、省食药监局、省畜牧局9个部门抽调22名工作人员组成7个联合督查组，并邀请部分媒体参加，分赴全省21个市（州），对各地开展食品质量安全综合整治联合行动情况进行专项督查，确保食品质量安全综合整治联合行动工作取得实效。

2005年5月10—21日，省人大常委会对四川省食品卫生法贯彻实施情况暨食品质量安全工作开展执法检查。5月10日，省委书记、省人大常委会主任张学忠率领四川省人大执法检查组，在成都开展食品质量安全工作执法大检查。四川省人大常委会副主任席义方、牟绪珩、徐世群、王荣轩、钮小明等率领分别率领检查小组，赴四川省内6个市（州）17个区（县）检查。

（二）重大案件

1. 成都“问题泡菜”案件

2004年5月初，中央电视台曝光成都市新繁、彭州的少数企业生产经营“问题泡菜”。5月10日，省委书记张学忠、省长张中伟先后做出批示，责成省食品安全协调委员会采取有力措施，严肃查处“问题泡菜”生产企业及其负责人，铲除危害食品安全的害群之马，维护四川泡菜品牌声誉。5月11日，省食品安全协调委员会组织相关部门赶赴事发现场进行督查。现场查获的“问题泡菜”被全部就地深埋、销毁；销往外四川省的产品进行异地封存、销毁；所有涉嫌违法违规生产经营的企业被查封；涉嫌违法违规生产“问题泡菜”的企业负责人被依法传讯和刑事拘留。省食品安全协调委员会副主任、省食药监局局长苏海红在现场检查时强调：要对全部泡菜生产企业进行拉网式清查，严肃查处违法违规生产有毒有害食品的企业，依法追究业主的法律责任。同时，要举一反三，在全四川省开展食品安全专项整治，通过打假治劣，维护四川传统食品品牌形象；并做好查处企业的后续工作，做好农民工思想稳定工作，大力促进合法生产企业的发展，确保川西蔬菜生产基地农民增产增收。

四川泡菜具有悠久的历史，绝大多数四川泡菜生产企业守法经营，使四川泡菜声名远播，产品畅销新加坡、日本、韩国等国家。四川以这次事件的查处为突破口，进一步加强对食品源头污染治理和生产、加工、流通、消费各环节的安全监管，建立食品监管的有效机制，确保人民群众吃上放心食品。

2. 广汉市万家食品厂制售假冒燕窝、蜂蜜案件

2004 年 7 月 26 日，《成都晚报》《四川质量报》分别对位于广汉市万福镇的万家食品厂生产销售假冒燕窝、蜂蜜的违法行为予以曝光。同日，省食药监局副局长刘伟德受省委、省政府委派，率省卫生执法总队、省工商行政管理局、省质监局稽查总队的执法人员，对万家食品厂进行实地调查，并将有关情况向广汉市政府进行通报。广汉市委书记张金明即刻指示市委、市政府分管领导督促有关职能部门进行调查，坚决打击以万家食品厂为代表的制假售假等扰乱市场经济秩序，危害人民生命健康的违法犯罪行为。当日下午，广汉市委、市政府召开专题会议，研究部署万家食品厂事件的调查处理工作。7 月 27 日，广汉市食药监局牵头，市政府办、市工商局、市质监局、市卫生局、市安监局、市经贸局组成联合调查组，到万家食品厂进行实地调查，并对万家食品厂法定代表人进行调查。调查中发现该厂已停产，厂区内环境脏乱，无生产民工，仅有 1 名门卫。部分仓房被广汉市工商行政管理局查封；未被查封的生产车间内有部分生产原料，产品包装瓶、外包装盒（袋）、标签等物品以及该厂回收的部分假冒“燕窝”“蜂蜜”。在现场，联合调查组未发现废弃输液瓶。对于万家食品厂法定代表人制售假燕窝等食品的违法行为，广汉市工商、质监、卫生等部门依据相关法律法规做出处理。

3. 仁寿县清水片区违法生产有毒有害粉丝案件

2004 年 8 月 10 日，省食品安全协调委员会办公室接到省政府办公厅信息技术处转来的举报信件，举报仁寿县清水片区违法生产有毒有害粉丝。8 月 11 日，省食品安全协调委员会办公室召集省卫生厅、省工商局、省质监局、省食药监局等成员单位，传达副省长杨志文指示，分析案情，制定查处方案。省质监局当天通知仁寿县质监局到清水区摸清情况，必要时对违法生产厂家依法采取强制措施。8 月 12 日，省食品安全委员会办公室带队，会同几个成员单位，组成联合执法组，前往仁寿县清水区实地检查。经查，仁寿县清水片区辖 6 个乡，多年来粉丝加工逐渐成为当地农户传统加工项目，有粉丝加工厂 30 家，实际生产的有 25 家，取得卫生许可证的有 22 家，取得工商执照的有 17 家，年产销粉丝约 750 吨，主要在成都五块石批发市场销售。当日下午，成都市工商局迅速组织执法人员，对五块石批发市场上销售的粉丝进行检查，对来自仁寿县生产加工的涉嫌有毒有害粉丝进行暂扣处理。

按全省统一领导，地方政府负责，部门指导协调，各方联合行动的工作原则，联合执法组要求仁寿县政府、清水区政府高度重视食品安全工作，对辖区内的粉丝厂立即进行拉网式检查，无证无照企业要坚决关闭，不符合卫生要求的立即停业整改。省食品安全协调委员会办公室向全省通报仁寿粉丝案件，要求各地食品安全专项整治牵头部门加强对本地粉丝加工企业的检查监督，防患于未然。

4. 含“苏丹红”食品案件

2005 年 3 月，中央电视台报道郫县两家企业生产含“苏丹红”食品。根据国家部署和省长张中

伟的指示，副省长杨志文、省政府副秘书长陈泓贵4次主持召开专题会议，研究查处“苏丹红”问题，听取省工商局、省质监局、省卫生厅、省食药监局等部门的情况汇报。会议要求各地、各部门要本着对人民群众高度负责任的态度，加强领导，统一指挥，从生产、流通、消费等环节加大抽查抽检力度，凡经检验确认食品中含有“苏丹红”染色剂，要立即采取果断措施予以查处。3月24日，省食品安全协调委员会副主任、省食药监局局长苏海红带队，省质监局、省工商局、省卫生厅、成都市政府以及成都市相关部门共同组成检查组赶赴郫县进行实地调查。两家企业所有涉嫌含有“苏丹红”的食品被查封，已出厂的产品均通知经销商全部撤柜，未发现企业直接添加“苏丹红”情况。4月1日，省食品安全协调委员会办公室组织省卫生厅、省工商局、省质监局等部门联合查处含“苏丹红Ⅰ号”食品。4月8日，省食药监局、省卫生厅、省工商局、省质监局联合召开查处含“苏丹红Ⅰ号”食品情况通报会。会上，省食药监局通报了全省查处情况，省质监局通报了已查出的含“苏丹红Ⅰ号”的3户生产企业名单，省工商局通报了紧急启动食品质量备案制的情况。

5. 边销茶专项整治事件

饮用边销茶是藏区几千年的风俗习惯。边销茶质量关系到藏区群众身体健康，是联系藏汉民族友谊的桥梁和纽带。四川省共有边销茶生产企业28家，经营企业和经营户1388家，年销量0.8万—1万吨，雅安市是传统边销茶主产区。2000年以来，因边销茶含氟量高，给广大藏区同胞身体健康造成危害。

2005年6月9日，省食品安全协调委员会办公室副主任、省食药监局副局长带队，到雅安市就边销茶生产问题进行实地调研。省工商局、省质监局、省卫生厅、省商务厅、省农业厅、省供销社、省民委参加调研。6月22—24日，省食品安全协调委员会办公室副主任、省食药监局副局长到甘孜州调研边销茶经营及藏族同胞“饮茶型”氟中毒问题。省工商局、省商务厅、省农业厅、省供销社等部门参加。随后，省安全协调委员会办公室向省政府报送《全省边销茶氟中毒专项治理工作方案》。根据流行病学调查，卫生部门初步制定并实施《藏区饮茶型氟中毒流行病学调查及健康教育干预方案》，省财政为此安排了100万元专项资金。

2006年1月，中共四川省委、四川省人民政府明确由省食品安全协调委员会办公室牵头，积极开展边销茶氟中毒专项治理。省委书记张学忠、省长张中伟、副省长杨志文多次作出批示和听取专题汇报，要求立即组织对边销茶氟超标问题进行专题研究，提出治理对策，以确保藏民饮茶安全。四川省人大常委会《食品卫生法》暨食品安全执法检查组专程到雅安、甘孜两地进行调研，了解掌握情况和督促做好相关工作。各相关部门密切配合，深入开展流通领域边销茶专项整治工作。

2006年初，四川省商务厅向商务部争取边销茶产品储备计划3万担、茶叶原料储备计划6万担，有效保障藏区人民饮茶需求。同年3—7月，在四川省内9个市（州）进一步加强流通领域边销茶的监管工作，清理规范边销茶经营主体资格；全面组织开展边销茶市场整治工作；启动边销茶销售备案制度；分类监管边销茶经营主体；处理消费者投诉举报。此次整治工作中，共出动执法人员10645人次，检查经营户10473户次，取缔无照经营户682户，责令整改96户；对非法从事边销茶批发、零售、储运等活动的经营者，责令其停止违法经营活动，严厉打击销售霉变、腐烂、过期等不合格边销茶的违法行为，查获不合格边销茶近40吨。整顿之后，四川省质监部门对边销茶生产企业按食品安全生产许可证市场准入（QS认证）要求，实施认证管理制度。对不具备生产条件和卫生条件的小企业实行关、停、并、转，改善边销茶生产条件，提高边销茶质量。最终全省有6家企业获得

“边销茶生产许可证”。同年9月，四川省商务厅转发商务部等8个部门《关于进一步加强边销茶产销管理的通知》，会同省食药监局、省农业厅、省质监局、省工商局等10个部门在建立边销茶产销管理制度，提高生产企业准入门槛，推动边销茶索票、索证、检测、认证等市场准入措施，建立四川省级边销茶储备等方面提出具体实施意见。

2006年初，雅安市政府办公室印发《关于开展边销茶专项整治的通知》。该市食品安全协调委员会办公室负责牵头协调，市卫生部门对全市所有边销茶生产企业进行专项联合检查。全市完成整改验收并换发新食品卫生许可证7家；对整改不到位和未按要求整改的不予换发食品卫生许可证；工商部门对辖区内的边销茶经销商进行严格检查，对在专项整治中的不合格产品勒令立即停止销售、撤柜返厂并按规定依法处理。市农业部门启动茶叶质量安全抽检试点工作，于2006年3月、4月、5月，抽检了名山县茶叶鲜叶市场；加大茶叶投入品市场监管力度，对全市696个化肥经营点、775个农药经营点进行了拉网式检查和全面整治，共查处劣质肥料2040公斤，假冒伪劣、禁用和过期不能使用的农药2484公斤。市质监部门向企业宣传食品安全监管相关法规和《茶叶生产许可证实施细则》，组织食品生产、企业质量管理方面的专家，深入企业开展指导和培训工作。对于具备一定条件的企业，在日常监管巡查和回访中发出整改通知书并进行跟踪检查，促使企业加大生产必备条件改造力度，并在企业整改过程中给予指导和帮助。雅安市友谊茶厂、雅安市蔡龙茶厂均投资16万多元，四川吉祥茶业有限公司投资25万多元，进行地面硬化，车间厂房封闭，增设员工更衣室和消毒设施，完善工艺流程及检测设备等10多项整改。市商务局牵头成立雅安市边销茶专业委员会，制定《雅安市边销茶生产流通行业自律守则》，引导和规范边销茶生产和经营企业的生产、经营行为。

2006年6月，甘孜州食品安全协调委员会牵头组织制定《甘孜藏族自治州边销茶氟中毒专项治理工作方案》。工商部门牵头，对边销茶流通环节实行全方位监控，从进货备案到销售实施全面监管，严防霉烂、过期边销茶进入农牧民消费领域；坚决取缔无照销售边销茶的违法行为；落实专人负责边销茶工作，加大对市场的巡查力度；受理消费者投诉举报；对销售边销茶的企业和个体工商户实行信用分类管理。当年，该州工商部门共查处超范围经营边销茶个体户3户，没收“三无”边销茶75条（10公斤/条）和违法所得375元，罚款100元；查处经营不合格边销茶17户，查出不合格边销茶320盒（650克/盒）、260条（10公斤/条）。甘孜州科技局组织专家撰写《科学饮砖茶，预防“氟中毒”》藏汉文对照科普宣传手册30000册，发放到各县，并开展科学饮茶知识讲座。

为从根本上解决边销茶氟含量超标的问题，省食品安全协调委员会办公室会同省科技厅，组织高校科研机构和相关单位成立“低氟边茶”研究、生产的课题研究与攻关协作组。四川农业大学为主持单位，四川省农科院、甘孜州科技局、雅安市科技局为参加单位，吉祥茶业、友谊茶业以及名山西藏朗赛茶业等公司为协作单位。2005年投入科研经费10万元，2006年再次投入科研经费30万元，课题科技攻关取得了阶段性的成果。根据课题研究成果，在雅安市名山县、雨城区建立了3个“低氟优质边茶原料生产示范基地”100余亩，共采收低氟优质边茶原料12吨；在雅安友谊茶业和名山西藏朗赛茶业，分别试制出“低氟康砖”“低氟金尖”2个成品，共计3.5吨，并储备原料1吨。样品检测结果表明，试制“低氟康砖”“低氟金尖”氟含量分别比市售康砖、金尖低51.4%和39.5%。其他理化指标合格并优于市售边茶。

自2006年10月22日至2007年3月22日，课题组在甘孜州康定、雅江县各选择一个试验村，每个村约200人开展试制样品封闭试饮试验，分别在试饮前、试饮中期、试饮结束3次测定茶汤氟含量、尿液含氟量等指标，并组织消费者对“低氟边销茶”进行质量评价。经边茶经销商和消费者反馈，“优质低氟边茶”达到传统边茶的品质，具有汤色红亮、滋味醇厚、耐冲泡等特点。

6. 雅安市硫黄笋案件

2005年10月7日，按照雅安市食品安全协调委员会关于做好“十一”黄金周期间食品安全工作安排部署，芦山县公安局、县工商局、县动植物检验检疫局3部门在芦山飞仙镇联合执法检查时，拦获数吨硫黄笋，由芦山县工商局进行处理。硫黄笋是国家明令严禁生产、销售的产品，但芦山县工商局仅对该批硫黄笋进行罚款处理后放行，未封存销毁。10月11日，《华西都市报》、人民网相继报道“雅安笋硫黄超标，工商局罚款放行”事件。雅安市食品安全协调委员会办公室立刻通报雅安市工商局。雅安市工商局、市质监局、芦山县政府立即采取行动。当日，报道引起省工商局高度重视，省工商局责成雅安市工商局紧急跟踪调查，绝不能让硫黄笋流入市场。雅安市工商局召开紧急会议，印发《关于开展硫黄笋专项整治的通知》，要求全市工商部门严查硫黄笋，市质监局组织人员对有关加工企业进行突击检查。芦山县委、县政府高度重视，迅速做出指示，由县食药监局牵头，县质监局、县工商局、县卫生局等相关食品安全职能部门联合行动，展开对全县范围内的有毒有害和过期食品专项检查工作。同时，芦山县工商局派人前往洪雅县，与洪雅县工商局共同将该批竹笋拦获，现场查处硫黄笋共4个品种516件，初步检测每公斤含有硫黄200毫克（规定不得超过50毫克），样品送到四川省有关部门进行检测。

第三节 食品卫生监管

一、概 况

清末，四川在警署内设有卫生警察，施行公共卫生管理，饮食店为其管理行业之一。民国年间，由警察机构管理公共卫生。如：20世纪20年代，成都社会局第三科，负有监督公共卫生诸项责任，后社会局撤并，卫生科隶属公安局，其下设卫生检查队，负责公共卫生监督管理。民国26年（1937年），双流县警佐向县政府“呈请饮食店备制纱罩以重卫生案”，获县政府指令“凡各饮食店所贮食物，务一律制备纱锣，并需随时灭蝇以防传染，违者处罚不贷”。民国32年（1943年），华阳县警察局制定《饮食店卫生须知》。20世纪40年代，成都市卫生事务所建立后，与警方配合对食品卫生进行化验检查，全省各地的食品卫生管理，主要是感观检查，少有检验设备和管理办法，很难达到预期要求。

1950年，四川省、西康省各级人民政府卫生行政机构建立，负责卫生监督管理。川南行署颁发《川南区各县市城区饮食店及茶馆、旅店、浴室、娱乐场所卫生管理规则》。1951年，川、康各地根据中央卫生防疫委员会公布的《饮食管理规则（草案）》，开展卫生监督管理，有的制定地方性管理办法，如川西行署发布《饮食物品管理规则》，长寿县政府发布关于《饮食物品卫生管理暂行办法》。西康省会雅安市1952年对饮食店实行审发“卫生许可证”管理。1953年，卫生部规定地方各级卫生防疫站为法定食品卫生监测、监督管理机构，同时在颁发的《清凉饮食物管理暂行办法》中规定了细菌、化学物质含量标准，使食品卫生监督从主要依靠感观检查，逐渐发展到卫生化验监测管理；各地在爱国卫生运动中，开展了食品卫生检查评比活动；一些主要食品生产、经营部门，开始建立自身的食品卫生检验、监督机构。

1955 年，四川省按卫生部颁发的《食物中毒调查报告试行办法》，建立食物中毒调查报告制度。同时，根据前几年卫生监督管理面宽、力不能及、卫生规章制度执行不力等情况，省卫生厅发出《关于加强 1955 年卫生行业管理的通知》，提出应以食品行业和清凉饮食业为管理主要对象，区域限于城关区及较大的工矿区，不要进行全面管理。这一时期，卫生监督多针对私营工商业的不法行为，问题虽多，但比较敢管，常能成批解决某些问题。

1956 年，私营工商业进行社会主义改造后，形成了国家工商机构与执法机构的“自我”监督体制，一家守法不严，一家执法也有放松，问题长期存在。

1958 年，以除害灭病为中心的爱国卫生运动进入高潮，全省城乡食品卫生检查极为频繁。1960 年，商业部在重庆、上海两市召开南方各省市饮食服务业卫生工作现场会。4 月 4—8 日，重庆现场会召开，中央、各省市饮食服务业和卫生部门代表共 233 人参会。会议肯定重庆市商业饮食服务机构和卫生部门协作配合，促进食品卫生工作经验，培训从业人员卫生知识的做法，节假日大搞卫生，建立平时卫生清扫制度，有效地控制、减少了节假日期间发生的食物中毒事件等，促进了行业卫生水平的提高。

1960 年，省卫生厅总结 1955 年以来试行食物中毒报告和管理工作经验，制发了《四川省食物中毒报告及调查处理办法》和《四川省饮食业卫生管理试行办法（草案）》，使食物中毒报告、调查处理和饮食业卫生管理工作更具体化。同年，省卫生厅转发中央卫生部、商业部制发的《食品加工、销售、饮食业卫生五四制》①，作为行业卫生制度建设和卫生监督检查规范。同时，卫生部先后确定酱油的砷含量标准、食品中食用色素标准等。四川贯彻执行这些法规和标准，较好地促进了全省食品卫生工作的开展。到 1966 年，全省食品卫生监测、管理，重点针对食品不卫生发生的急性、集体食物中毒事件，全面加强食品卫生监督机构的组织建设和业务建设。同年，“文化大革命”爆发，食品卫生监督工作陷于停滞。

1973 年，四川参加卫生部组织的有关食品卫生标准系列的研制工作，逐渐恢复了全省食品卫生的监测管理工作。1974 年，根据国务院批转国家计委《关于防止食品污染问题的报告》要求，四川省卫生局、省粮食局组织人力重点调查食物污染的现状和监督管理中存在的问题，联名向国家食品卫生领导小组和四川省革委会撰写专题报告。省革委会根据国家计委《关于防止食品污染问题的报告》要求，于 1976 年成立四川省革命委员会食品卫生领导小组②，由卫生、粮食和商业部门抽调专人组成办公室，在省卫生局内办公，遂迅速恢复了全省的食品卫生监测管理工作。1977 年，全省食品卫生监测统计，食品污染霉变事件 142 起，损坏各类食品 2150 余万公斤。

1978 年，经省政府批准，在四川省卫生防疫站挂牌成立“四川省食品卫生监测站”（对内仍为食品卫生科）。这一年，全省发生污染霉变食品事件 70 多起，损坏各类食品 777.5 万公斤。

1979 年 8 月，卫生部、国家工商行政管理总局颁发《农村集市贸易食品卫生监测、管理试行办法》。同月，国务院颁发《中华人民共和国食品卫生管理条例》。四川依法对食品卫生加强监测、管

---

① 五四制，即采集、加工、销售的“四不”；成品存放的“四隔离”；食品用洗消制度中的“四过关”；环境卫生的人员“四定”包干负责；个人卫生要做到“四勤”等。

② 1979 年精简机构，撤销食品卫生领导小组，主要职能移交省卫生厅。

理。同年底，卫生部、国家标准总局、轻工部、商业部、粮食部联合调查组到四川，对执行国家食品卫生标准的情况进行调查。调查组认为：四川执行标准有成效，对成都市肉联厂、重庆市酱油厂的卫生设施和卫生工作给予好评；对为执行国家卫生标准，建立健全食品卫生检验机构的省粮食部门和重庆肉联厂给予肯定；对各级卫生防疫站认真执行标准所做的大量检测工作，以及提供的大量科学数据给予表扬。同时，调查组指出四川食品安全方面存在的问题：熟食、奶粉、调味品和牛奶中的细菌指标合格率低，特别是各奶牛场结核病奶牛多，有的竟达100%，情况十分严重；农药普遍污染，粮食、牛奶中普遍检出有机氯，相当部分超出允许标准；黄曲霉毒素污染严重，如成都花生制品相当部分受到污染；人畜共患疾病有蔓延，如“成都夫妻肺片”店铺（地方风味的牛肉凉拌食品）曾售过炭疽病牛肉；卫生和食品行业的检测机构尚不健全，设备落后，人力缺乏，标准中规定的许多指标，如有机氯、黄曲霉毒素、重金属类，尚不能普遍及时检测，要做到产品批批合格出厂、出售，还有很大差距；包装材料污染食品①，如重庆食品厂用鞍山生产的铁皮桶盛浓缩柑橘汁，铁皮被侵蚀，污染了橘汁，致消费者食后呕吐、腹泻等。

1981年，卫生部发布《食物中毒调查报告办法》，四川据此强化了法定报告制度。1966—1981年全省报告的食物中毒情况：食物中毒事件1138起，中毒35593人，死亡3941人，中毒死亡率1.1%；中毒事件与人数占第一位的是细菌性原因，分别占各自总数的55.32%和57.04%。中毒死亡者中，以化学物质为主，占死亡总数的43.65%。同年5月、6月，省内首次在涪陵地区发现4起酵米面黄杆菌中毒事件，进食33人全部中毒，其中20人死亡。

1982年5月，四川省委、省政府决定开展一次全省“食品卫生月”活动，以学习、贯彻国家《食品卫生管理条例》和卫生五四制，重点治“脏”、治“乱”、治“差”，切实改变卫生面貌；搞好宣传，抓好典型，开展检查评比；由各地党政统一领导，标本兼治。这次活动普及到全省城乡和少数民族地区，收到较好成效。永川地区全区554名食品卫生监督员，参与各种检查活动128次，检查食品厂和饮食店4879个，评出好的1433个、比较好的2794个、差的670个。表彰394个单位；惩罚384个单位和531名个人，其中合计罚款3700余元，限期改进的单位169家，停业整顿的厂家2家，门市52个；处理污染事件46起，共5800多公斤食品；核发“卫生许可证”1270个（应发1665个）。全区监测食品样品：冰糕503件、食醋110件、酒类266件、腌菜17件。温江地区12个县的县镇和部分场镇对3751个饮食、食品单位建立食品卫生管理档案。芦山县对县、区、乡机关职工食堂炊事员进行卫生培训，并制定炊事员岗位卫生责任制。甘孜州人民政府制定《食品卫生检查标准》，推动全州食品卫生的检查活动；州、县政府委任正式食品卫生监督员近40人；通过检查，全州共处理违法事件54起，罚款375元，处理污染食品37起，27359斤；全州印发《食品卫生》简报67期；各县镇陆续建立饮食行业基本情况档案，并与换发（第二次）“卫生许可证”工作相结合。凉山州通过检查，发现全州县镇饮食店做到食具消毒的占55%，生熟分开的占4.8%，有防蝇、防尘、防鼠等“三防”设备的占54%，直接入口食品使用夹具售货的占75%。凉山州同时规定，食品售卖商家必须“三证”② 齐备始准营业。阿坝州通过“食品卫生月”活动，进一步推动了食品卫生工作，使痢疾发病率与1981年同期相比，下降52.8%。眉山县的120个食品店，上有领导分管、下有

① 当时国家尚未出台生产食品包装材料的卫生标准。
② “三证”，即从业人员体检合格证、卫生许可证和营业执照。

人抓卫生工作的有12个（占93%）；卫生工作与职工奖惩挂钩的46个（占38%）；坚持环境卫生“四定”（定人、定点、定任务、定时间）的有83个（占68%）；建立早晚班清洁交接制度的有71个（占60%）。

同年11月，国家颁布《中华人民共和国食品卫生法（试行）》（以下简称《食品卫生法》）。1983年初，省人民政府发布《关于认真贯彻〈食品卫生法〉的通知》，同时召开电话会议，具体部署宣传、学习，为7月1日正式实行《食品卫生法》做准备。同年，省卫生、标准部门组织对全省蒸馏酒进行第一次普遍抽样卫生检测工作，共普查10家酒厂，抽检样品2552件，甲醇、杂醇油、铅3项卫生指标全合格率49.95%。其中白酒合格率47.14%、曲酒合格率70.48%。除名牌优质曲酒外，相当部分酒厂生产的酒中，杂醇油含量偏高，其共同原因是工艺设备落后，技术和管理水平差，以及原料差别①，检查情况及时向省政府和上级有关部门作了专题报告。同年底，省卫生厅召开全省食品卫生工作座谈会，总结年度工作情况。全年，由党政负责人组成的地区性“宣传、贯彻《食品卫生法》领导小组”共1853个。各地举办食品卫生监测、监督骨干学习班4073期，培训131904人次；翻印《食品卫生法》181530份；印发宣传资料12955份；张贴宣传语和图画133147张；举办图片、实物展览660多次；橱窗、板报宣传分别为2975次和589期；放映科普电影6079场次；设街头宣传站953个，出动宣传车607辆次；对593585名食品从业人员进行了《食品卫生法》的学习。各地食品生产、经营单位普遍建立了卫生工作制度，共增添食品贮藏、清洗等卫生设备6.7万多件。全省有139608个食品生产、经营单位，经检查合格，共有101750户获得“卫生许可证”，占总数的72%；有58.7%的从业人员进行了体检，其中6.1%的从业人员被查出患有肺结核、伤寒等不适合接触食品作业的“五种疾病”，并及时进行调离等处理；受到处理的卫生违法户占总户数的6.46%；监测1147件食品，达标率55%。

1984年初，省人大、省政协领导视察成都市奶牛场，检查贯彻执行《食品卫生法》情况，了解到患结核病的奶牛多，消毒设施差，牛奶卫生质量合格率低等情况，及时与成都市政府研究，由省、市共同拨款400万元用于增添消毒设施，治疗、淘汰病奶牛，较好地解决了多年存在的问题。11月，省六届人大常委会第九次会议通过并颁布《四川省实施〈食品卫生法（试行）〉的若干规定》，把监督、管理和奖惩具体化，推进了全省贯彻《食品卫生法》工作。

1985年3月，省政府批准省卫生厅、省商业厅、省轻工厅、省农牧厅、省粮食局、省工商行政管理局、省供销社和省总工会等8个部门联合召开贯彻执行《食品卫生法》的先进单位和先进个人表彰会，总结交流各地工作经验。这次会议表彰了161个先进单位和30名先进个人。同年7月，省政府责成省计经委牵头，组织工商、卫生、标准、计量、物价等部门对成都市的食品卫生质量进行联合检查。检查发现食品卫生的主要问题：一是认识跟不上，执法不够有力，少数地方和食品行业领导，认为“执法”是对食品生产、经营的干涉，阻碍发展，不支持监督管理，甚至“护短”说情；二是食品行业自身管理差，生产设备陈旧落后，缺少卫生设施和缺乏卫生检测手段；三是掺杂假货和销售腐败变质食品等违法事例多，如乐山市在一个月（1985年8月）内抽查448家食品经营者，其中出售腐败变质食品的有65家（占14%）；查处不能食用的饮料、糕点共4650余公斤，麦乳精500余公斤。城乡集市贸易市场上，用注射器往家禽、兔肉内注水，往广柑、西瓜内注红墨水，

① 用玉米酿制的蒸馏酒，其杂醇含量普遍高于红粮制酒。

将锯木屑、麦麸染色混入辣椒粉中，用尿素喷洒木耳等诸多不法行为充斥，食品安全形势严峻。同年，全省抽检食品56936件，卫生质量合格率为74.4%；食物中毒489起，中毒人数7273人，死亡116人。全省50余万名食品从业人员进行了健康体检，受检率88%，对其中检出的1.9万多名健康不适宜者作出调整。全省县以上各级卫生防疫站都建立了食品卫生科、组；有专职食品卫生监督员830人，兼职415人；区、乡卫生院普遍设有食品卫生检查员，基本形成了城乡食品卫生监督网。

1989年，四川省食品工业部门严格落实食品卫生质量标准，加强食品卫生质量管理。各级食协和主管部门组织企业积极开展上等升级活动，建立主要食品的卫生质量标准，完善QC小组，在全国第五届白酒评比中取得良好成绩。

1992年，四川食品行业强化食品卫生质量工作，提高全行业食品卫生质量意识，贯彻食品卫生质量方针、法规和食品卫生质量标准，多形式推行、宣传食品卫生质量认证及ISO 9000标准，实施省政府提出的名牌战略，配合中国食品工业协会开展行业名优产品推荐及本省行业检查推荐。

1998年，全行业质量食品卫生意识加强，食品卫生质量管理逐步深入，1000多个食品卫生质量管理QC小组活动取得成果，食品卫生质量认证继续扩展。为完善食品卫生质量标准，省食品工业协会、省酿酒协会会同省技术监督局联合调查后向国家提出《关于浓香型白酒国家标准对己酸乙酯指标要求修改意见》的报告，引起重视，被列入1999年国家标准修改计划予以考虑。当年，33位企业领导人被评为全国食品行业质量管理优秀领导者；13人被评为全国食品行业质量管理先进作者；16个QC小组被评为全国食品行业优秀质量管理小组。

2000年，四川省食品骨干企业技术进步明显，厂房设备等条件有较大改善，使食品工业食品卫生质量得到保障。六大名酒厂全部实施微机勾兑，并建立全自动包装中心。沱牌集团致力于生态酒园的建设。五粮液阿福科、新澳牛业、伍田食品、新希望美好食品、正大食品、众望食品等肉制品企业均采用了国际20世纪90年代先进技术和设备。际天时集团采用日本先进的超高温快速杀菌技术及全套设备推动川菜工业化生产。阳坪乳业、华西乳品、菊乐食品均采用了20世纪90年代瑞典利乐公司全自动无菌罐装生产线。2000年，四川省食品工业协会会同工商、技术监督、卫生防疫等部门，加强对食品生产、食品卫生、销售企业的监督检查，严厉打击制售假冒伪劣食品的生产者和经营者的违法行为，下大力保护拥有名牌产品厂家的合法权益，确保四川食品工业持续、稳定、健康发展。同年，省食品工业协会建立食品卫生信息中心，进入互联网络；定期向企业发布市场、技术、人才、政策等方面信息，开展决策咨询、工程论证和其他技术、信息咨询活动；建设四川的“中西食品网站”为行业服务，使食品工业食品卫生更加科学地根据市场需要发展。

2005年7月，四川省第十届人民代表大会常务委员会第十六次会议上，省人大常委会副主任钮小明作了《四川省人大常委会执法检查组关于检查〈中华人民共和国食品卫生法〉实施情况暨食品安全工作情况的报告》。会议通过四川省第十届人大常委会第十六次会议关于《检查〈中华人民共和国食品卫生法〉贯彻实施情况暨食品安全工作情况的报告》的审议意见。

二、食品安全防控体系建设

1985年以来，国家和四川省十分重视食品安全、疾病预防控制体系的建设。2000年机构改革后，省卫生厅与食品卫生安全相关的职能包括：负责对影响人群生存环境卫生质量及生命质量的危险因素进行食品、职业、环境、放射、学校卫生等卫生学检测；对传染病的发生流行和中毒、污染事件进行调查处理，为救灾防病和解决重大公共卫生问题提供技术支持；制定食品、化妆品、公共场所等卫生质量管理规范并负责认定工作；负责食品卫生工作的监督管理。同年，根据《四川省卫生厅职能配置内设机构和人员编制规定》，省卫生厅设疾病控制处（挂省地方病防治办公室牌子），主要负责贯彻《传染病防治法》和《食品卫生法》等法律法规，抓重点疾病预防控制工作，加大食品卫生监督执法力度。

至2001年底，全省21个市（州）疾控中心和181个县（区）疾控中心的疫情报告信息系统硬件全部落实到位。2003年1月1日正式启用该系统上报突发公共卫生事件。2003年非典型性肺炎疫情以后，将上述两个网络直报系统进一步延伸到乡级以上医疗机构。

2005年底，县级以上网络覆盖率、直报率分别达到了100%、87.07%，乡级卫生院分别达到了95.58%、82.34%。全省建立了比较完善的县级以上医疗卫生机构和乡镇卫生院疫情信息网络直报系统。1986—2005年，四川省共建成省级疾病预防控制中心1个，市（州）级疾病预防控制中心21个，县级疾病预防控制中心181个。乡镇卫生院设立了防保科室，形成了比较完整的疾病预防控制体系。

三、食品卫生许可管理与量化分级管理

1986年，四川省获得卫生许可证的食品生产、经营企业共275135个，595482名从业人员中有561433人进行了健康检查，对一些因健康状况不宜于直接从事食品生产经营的从业人员作了调整。

1995年，根据省政府办公厅《议事纪要》（14号）和省卫生厅《关于四川省和成都市卫生监督监测工作分级管理的通知》，省卫生防疫站负责直接管理省属食品生产经营单位的卫生许可证发放和卫生监督工作。该站每年召开直管食品生产经营单位许可证年审会进行许可证审验，组织从业人员健康体检，开展卫生知识培训，组织食品、餐具抽样监测等。1997年，省卫生防疫站对全省申请的保健食品逐一登记，并进行样品毒理学、功能性、稳定性实验，开展卫生学评价和初评；清理整顿全省257家申请生产保健食品的企业，其中64家企业104个产品通过初审上报卫生部审批，72个企业134个产品因不符合保健食品管理规定，但符合强化食品、特殊食品管理规定，由卫生厅重新登记。

从2001年开始，食品生产经营单位的卫生许可证发放和卫生监督工作改由省卫生执法总队负责。截至2005年底，省卫生执法总队共办理各类食品生产经营企业卫生许可129个。

2002年4月，卫生部印发《卫生部关于推行食品卫生监督量化分级管理制度的通知》，要求对餐饮企业在卫生管理制度、从业人员实际卫生状况、生产经营过程的卫生等方面进行量化评分，并实行分级监督。6月，省卫生厅制定量化分级管理实施方案，7月在眉山召开会议进行部署，培训市（州）卫生局、卫生执法监督所负责人，8月进行申报资料审查，现场量化考评。首批对113家食品生产经营单位实施量化管理，共评定8家A级、20家B级、10家C级，对10家单位限期进行卫生整改并实施行政处罚；对35家食品经营单位进行许可审查，共评定5家A级、20家B级、10家C级；对40家食品生产厂家进行量化评分，通过监督规范，10家达到A级，15家达到B级，15家达到C级。

2003年9月，在绵阳召开全省食品卫生监督量化分级管理现场工作会。11月，省卫生厅对首批获得食品卫生信誉度A级单位举行授牌仪式，为全省量化分级管理推出一批典型。2004年7月，省

卫生执法总队派出4个督查组前往广元、德阳、攀枝花、凉山、宜宾、自贡、内江、泸州等市县城乡，对食品卫生监督量化分级管理工作进行现场检查与技术指导，并将检查结果向社会公布。截至2005年，全省实施食品卫生量化分级管理单位已达55174家，各市（州）评出餐饮业、食品生产企业食品卫生信誉度A级单位274家，B级单位2043家，C级单位15561家。

2005年四川省餐饮业单位实施食品量化分级管理情况表

表3－34　　单位：户、%

地区	单位数	实施量化分级管理单位	占比	A级单位数	B级单位数	C级单位数
城市	39445	23297	59	222	1394	12071
农村	31043	10818	34.8	0	247	3701

2005年四川省食品经营单位实施食品量化分级管理情况表

表3－35　　单位：户、%

地区	单位数	实施量化分级管理单位	占比	A级单位数	B级单位数	C级单位数
城市	43033	22597	52.5	25	587	4955
农村	49766	10100	20.3	0	115	1276

2005年四川省生产加工企业实施食品量化分级管理情况表

表3－36　　单位：户、%

地区	单位数	实施量化分级管理单位	占比	A级单位数	B级单位数	C级单位数
城市	5337	3063	57.4	32	158	666
农村	5950	2035	34	4	68	652

2004年3月，省卫生厅印发《关于保健食品生产企业实行GMP管理的通知》及《关于印发保健食品生产企业GMP审查工作程序的函》，并从卫生监督机构、食品检验检测机构、食品营养与卫生科研机构中遴选具有副高级职称以上的专业人员，组成保健食品GMP审核专家库，开展保健食品GMP审查工作。从4月1日起，对全省近50家保健食品生产企业逐个进行清理，督促企业按照GMP的要求进行整改。至2005年底，全省有29家企业通过保健食品GMP审查，取得保健食品生产卫生许可证；未通过保健食品GMP审查的企业，于2004年10月31日后全部停止生产，其中一部分企业通过合同形式，委托符合保健食品GMP的企业进行生产。

图3—5　2005年12月，四川省卫生厅召开推行食品卫生分级量化管理通报会

四、食品卫生检测、调研和科学研究

（一）食品卫生检测

20 世纪 60 年代后期，省卫生防疫站组建食品理化室和细菌检验室，专门从事食品卫生理化检验和微生物检验。20 世纪 80—90 年代，省卫生防疫站食品理化室和细菌检验室分析手段不断完善，从一般化学分析、目视比色分析，到拥有气相色谱/质谱联用仪、气相色谱仪、离子色谱仪、薄层扫描仪、原子吸收分光光度计、半自动生化测定仪等大型精密仪器，检测准确性、可靠性、可比性大为提高，分析速度加快。通过使用各种现代仪器分析技术，省卫生防疫站建立了食品、食品添加剂、保健食品、食品污染物、食品相关产品中各种有机物及无机元素的检测方法近百种。每年检测日常监督监测样品、委托送检样品及抽检、打假、仲裁分析样品约 2000 件、7000 项次。

1996 年，省卫生防疫站成为全国首批获得国家认证的保健食品功能学检测机构，开展从事免疫调节、抗疲劳、减肥、调节血脂、促进生长发育、耐缺氧、抗氧化（延缓衰老）等七大功能学检测。其检测业务不限于四川，还为全国各地保健食品生产企业提供服务，获得企业好评。

2005 年，省疾控中心加入国家食源性疾病监测网，在成都、雅安、广元、自贡、达州五城市的多个农贸市场、超市选购生鸡肉、生鸭肉、生猪肉、生羊肉、生牛肉、水产品、生食蔬菜、熟肉制品、婴儿配方奶粉等食品样品，进行食品污染物监测，分析食品污染水平与食源性疾病的关系，评估对人体健康的危害程度，建立预警机制制定相应的控制措施。

（二）专题调研

为加强食品卫生安全，省卫生防疫站组织力量开展食品卫生专题调研。主要开展的课堂包括：黄曲霉毒素 B1 污染情况调查、食品中有机氯农药污染调查和辣椒粉掺假情况调查。

20 世纪 80 年代开始，省卫生防疫站就组织力量先后到南充、温江、涪陵、乐山、内江等地调查食物中黄曲霉毒素 B1 污染情况，共监测 25 个品种 854 件样品，黄曲霉毒素 B1 阳性检出率为 6.0%，以花生、花生油及玉米的检出率最高，分别为 36.1%、16.0% 和 13.2%；其次为豆瓣（6.5%）、甜酱（6.4%）、棉籽油（5.1%）、酱油（4.4%）、菜油（2.6%）、蚕豆（2.1%）。该调查项目被全国科学大会、四川科学大会评为一级成果。

食品中有机氯农药污染调查是联合国粮农组织（FAO）和世界卫生组织（WHO）《全球食物污染监测计划》中的重要项目。中国于 1983 年停止生产、使用有机氯农药六六六、滴滴涕，但由于这类农药不易降解的特性，在环境中残留仍可持续较长时间。为了解四川省食物中有机氯残留情况，省卫生防疫站于 1992 年对粮食、油类、蔬菜、水果、肉类、蛋类、奶类和鱼类共八类食物进行抽样调查，结果八类食物样品中均检出六六六、滴滴涕。在各类食品中，滴滴涕的残留量以动物性鲜肉类残留量最高，为 0.0369 毫克/千克，植物性食品水果类残留量最低，为 0.0009 毫克/千克。动物性食品的农药残留遂成为食品卫生监督监测的重点。

辣椒粉是四川最常用的调味品之一，由于价格高、销量好，常有不法分子以掺假手段牟利。为摸清辣椒粉掺假状况，1996 年省卫生防疫站在成都、重庆、自贡、德阳、江油、大足选取有代表性的 15 个农贸市场、批发市场进行卫生学调查，随机抽取样品 63 件，对常见的掺假物酸性金黄Ⅱ、淀粉、食盐、碱等进行检测。结果表明：辣椒粉掺假率高达 46.03%，掺假成分主要为非食用色素——酸性金黄Ⅱ以及淀粉类物质。根据调查结果，建议把农贸市场辣椒粉的卫生质量纳入常规监测，增强打击掺假活动力度。

（三）食品卫生科研和标准制定

1986—1987 年，省卫生防疫站参加全国科研协作课题，相继取得了一系列研究成果，如“中国人群体内有害物质蓄积水平的动态研究”获卫生部科技进步一等奖，“五氯酚对环境与人体健康影响的研究”获卫生部科技进步三等奖，“我国常见食物血糖生成指数的研究”“微量乐果的比色测定方法”“空气中微量敌枯双的比色测定”“椰酵菌选择性培养基的研究”等也获得相应奖项。受中国预防医学科学院委托，研制的国家分析方法有《大米中稻瘟灵残留量测定》（GB/T 17408—1998）、《食品中阿特拉津残留量测定》（GB/T 16336—1996）、《粮食中绿麦隆残留量测定》（GB/T 16338—1996）、《大米中禾大壮残留量测定》（GB/T 16339—1996）、《食盐中卫生标准的分析方法》（GB/T 15009. 42—1996）、《义单扫描极谱法测定食品中铅》（GB/T 15009. 12）等。参加研制的部省级规划化学检验方法有“保健食品红景天苷的测定”“现代极谱分析方法在卫生检验中的应用”等。

20 世纪 80—90 年代，省卫生防疫站组织或参与制定了多个食品标准与规范，主要包括：组织制定鲜食用菌、干食用菌、蘑菇罐头、坚果、干果、辐照稻谷加工大米、辐照薯干酒、辐照香辛料类等国家卫生标准；受卫生部卫生标准委员会委托，组织制定天然苋菜红色素、桑葚红色素、萝卜红色素、姜黄、冷压柠檬油、甜叶菊苷、固化单宁等 7 个食品添加剂使用国家卫生标准；结合省情，先后制定干海椒、浓缩果汁、豆瓣酱、木耳、酥油、猪油、挂面等 7 个四川省地方卫生标准；参加国家卫生标准科研协作组，参与制定蜂蜜、白糖、茶叶、冻猪肉、鲜猪肉、冻鸡肉、鲜鸡肉、咸鸡肉、固体饮料、茶饮料、饮用天然矿泉水、瓶装饮用水、蛋与蛋制品、肉与肉制品等 16 个国家卫生标准和卫生管理办法；参加国家食品中有毒物质允许限量科研协作组，参与制定食品中黄曲霉毒素 B1 允许量标准和防止黄曲霉毒素污染食品卫生管理办法，粮食、蔬菜等食品中六六六、滴滴涕残留量标准，肉、蛋类食品中六六六、滴滴涕残留量标准，食品中汞允许量标准，食品中氟允许量标准等 5 个标准。

五、食品卫生检查整治

（一）食品卫生检查

20 世纪 90 年代开始，每年元旦、春节、劳动节、国庆节等几个重大节日，各级卫生执法监督机构与工商、质检、旅游等部门配合，对食品生产经营单位和农贸市场，对都江堰、乐山、峨眉、九寨、黄龙等旅游景区，对涉旅宾馆、农家乐等，开展食品卫生大检查。

1990 年 1—9 月，全省对 442535 户食品生产经营者开展经常性检查、突击检查和复查共 1059267 户次，检测各类食品样品 36088 件，合格率为 79. 62%。1995 年，全省共检测各类食品 53493 件，合格 42304 件，合格率为 79. 08%；检查食品生产经营单位 302242 户，从业人员 669430 人，查出病人 161541 人，其中调离 16029 人。

2002—2005 年，省卫生执法总队连续 4 年对酱油、含乳饮料、味精、瓶装纯净水、矿泉水、消毒牛奶及乳制品、膨化食品、冷冻饮品、月饼、大米、面粉、腌腊制品、散装白酒、酱腌菜、调味品、豆制品、蜜饯、粉丝、猪血等重点食品，开展国家级卫生监督抽检，共抽检 58 项 1719 个食品，各年度合格率分别为 88. 6%、88. 6%、87. 5%、95%。

2002—2005 年四川省食品卫生监督抽检情况表

表 3-37　　单位:个、%

年份	2002	2003	2004	2005
抽检样品数	307	176	626	596
合格样品数	272	156	548	569
合格率	88.6	88.6	87.5	95

2003 年 1 月 20 日，四川省和成都市卫生监督执法部门联合开展食品卫生安全保障春节大行动，卫生监督员分 5 组对成都市集贸市场、餐饮业、食品加工业等进行集中检查，共检查 145 户，其中集贸市场 116 户，食品加工厂 4 户、餐饮业 25 户，现场处罚 29 户，没收销毁食品 20 公斤。四川日报社、四川电视台、成都电视台、中国食品报社、四川质量报社、四川法制报社、中国消费者报社、成都商报社等 21 家新闻媒体记者参与报道。2004 年，省卫生执法总队对食品生产经营企业卫生许可证的发放情况进行专项治理，共检查食品生产单位 36 家，责令整改 3 家，取缔无卫生许可证生产企业 1 家。

2005 年 12 月，为加强元旦、春节食品卫生安全工作，省卫生执法总队利用食品卫生快速检测仪器，对成都市区的 10 多家餐饮单位蔬菜的农药残留、熟肉制品的亚硝酸盐、消毒液的余氯含量、凉菜间操作人员手部的卫生情况等实施现场快速检测，大多数餐饮单位的卫生情况良好。同年，省卫生执法总队对省直管的 130 户食品生产经营企业开展食品卫生许可专项整治，责令整改 80 户，注销卫生许可证 9 户。同年，省卫生执法总队对保健食品、乳制品、熟肉制品、调味品、饮料共 5 类食品生产企业的卫生许可情况进行清理整顿，检查 52 户，查处无卫生许可证 2 户，不符合食品卫生要求的 8 户，责令整顿 2 户，行政处罚 2 户，取缔非法经营单位 1 户。

2001—2005 年四川省省直管餐饮单位专项整治情况表

表 3-38

项目	数量	项目	数量	项目	数量
出动人次	946	出动车次	122	检查餐饮业(户)	456
取缔非法生产经营户(个)	42	查获假冒伪劣食品品种(个)	24	查获假冒伪劣食品货值(万元)	6
罚款金额(元)	18	停业整顿(户)	12	吊销食品卫生许可证(个)	2

2003—2005 年，省内外先后发生安徽阜阳劣质奶粉事件、广州亨氏美味源辣椒制品苏丹红 1 号事件、资阳市人感染猪链球菌事件等。每次突发食品卫生事件发生后，全省卫生执法监督机构都迅速行动，对一切相关单位开展拉网式突击检查。2005 年 3 月 5 日，省卫生执法总队获悉苏丹红 1 号事件后，迅速组织力量到省直管的金牛宾馆等 26 家单位开展突击检查，检查食品原料的购买记录、存放场所、销售和使用情况等，对 5 家单位使用亨氏美味源（广州）食品有限公司生产的辣椒制品立即进行封存销毁处理。2005 年，省卫生执法总队抽检包括婴幼儿配方奶粉、酱腌菜、月饼、免疫调节类保健食品、含乳饮料、果冻在内的六类食品共 197 个样品，4 个不合格，合格率为 98%。

（二）专项整治

除进行食品卫生检查外，卫生执法机构还不定期进行专项整治行动。

餐饮业专项整治 餐饮业发生食物中毒事故概率最高，一直是专项整治的重中之重。2001—2005年，省卫生厅、省公安厅、省工商局、省质检局、省农业厅、省畜牧局等部门联合，进行食品打假，实施“食品放心工程”“食品安全行动”等，以食品原料采购和储存、卫生设施、食品加工、餐具清洗消毒保洁、食品库房管理等内容，每年都对省直管的餐饮单位开展专项整治。

保健食品生产经营专项整治 2001年，省卫生执法总队检查52户保健食品生产经营户，处罚3户。2002年，对全省33家保健食品生产企业开展检查，组织保健食品企业负责人进行法律法规知识培训和考试，加强对保健食品标签、说明书、保健疗效等情况的市场追踪检查和广告监测管理。其间，检查了成都、乐山、眉山、遂宁等市58家大型商场、食品批发市场、药店，发现57种保健食品的标签或说明书扩大宣传保健功能，查处违法宣传案件5起。2004年6—7月，抽检保健食品生产企业38家，检查保健食品中添加违禁药物和规范保健食品生产经营为整治重点，对卫生部公布的减肥类、抗疲劳类、降血糖类保健食品近80个品种进行排查，历时半年，共检查保健食品生产经营单位84户，责令整改8户，吊销卫生许可证1户。对四川旭华制药有限公司用保健食品生产线生产药品，成都中科生物技术开发有限公司、丽尔医药保健品有限公司无证生产保健食品等案件进行查处。

食品添加剂专项整治 2002年和2003年，省卫生执法总队连续两年会同省、市新闻媒体，对成都市府河市场食品添加剂销售一条街近20家销售食品添加剂企业进行集中整治，共检查69个品种，对其中10余个产品因标签违反《食品添加剂卫生管理办法》规定作出行政处罚。2004年，省卫生执法总队对全省39家食品添加剂生产企业卫生许可证审核发放情况进行检查。其中，9家无卫生许可证，被责令停业整改；6家企业有违法行为，受到相应的行政处罚。此外，还采取突击检查与暗访相结合的办法，对全省范围内使用皮革原料生产食用明胶和水解蛋白进行检查，查处用非食品原料生产加工食品和食品添加剂的违法行为，取缔4家非法生产使用明胶窝点。2005年，省卫生执法总队对全省32家生产食品添加剂的企业进行检查，重点检查卫生许可情况、原料使用情况、产品标识情况、从业人员健康检查情况等，查处3家违法生产企业，4家不符合《食品添加剂生产企业卫生规范》的企业被责令限期整改。

（三）查处食品卫生案件

1998年，省卫生防疫站先后查处并曝光非法加工甲醛血旺和病死猪肉黑窝点两起违法事件。1999年6月，二噁英污染奶粉事件发生后，省卫生防疫站立即组织人员对省直管单位经销的比利时、法国、荷兰、德国生产的奶粉、奶油等产品进行拉网式检查，对查出的问题产品立即封存。

2001年12月，群众举报内江市神州药业公司生产的“肺宝胶囊”等4个产品系非保健食品，但其产品外包装和产品说明书却宣传产品具有多种保健功能。经查实，省卫生执法总队责令其停止生产经营该4种食品，没收违法所得10788元，罚款21576元。

2003年4月，根据群众举报，对崇州市羊马镇留鹤村的成都市宝山肉联厂加工注水猪肉一事进行暗访和现场突击检查，发现该厂有多个品牌的冻猪肉现场不能出示卫生检验合格证明，26名从业人员无有效的健康证明，采样检验冻猪碎、精肉和分割猪颈背肌肉均为注水猪肉。省卫生执法总队责令立即改正违法行为，罚款4万元，销毁不符合卫生标准的猪肉50公斤。

2003年8月6日，知情者举报成都杨天食品有限责任公司将无任何批号的普通食品（佳食乐胶囊）混装在印有保健食品标志的得立神胶囊包装盒内。经查，举报情况属实，省卫生执法总队责令其立即纠正违法行为，罚款4万元。

2004年初，据群众举报，温江某食品生产企业涉嫌生产加工伪劣食品。省卫生执法总队经过暗访，于同年3月4日对该公司生产加工场所进行突击检查，查实其使用工业硫化钠、氢氧化钠生产食用水解（植物）蛋白，当场封存生产车间、原料、成品库房，销毁工业硫化钠约100公斤、工业氢氧化钠约300公斤，责令停止生产、公告收回已售出的水解（植物）蛋白并销毁该食品，罚没7.6万元。

同年，省卫生执法总队视频卫生监督员通过多次暗访，发现该厂使用皮革废料生产食用明胶，遂于当年6月11日进行现场查处。该厂使用三青皮、硝皮等皮革边角废料共80余吨生产食用明胶，并使用工业硫化钠约4吨、工业过氧化氢599公斤作为加工助剂。在取缔该非法生产窝点后，因其涉嫌犯罪而移送公安机关处理。此案被卫生部列为当年食品卫生十大典型案件之一。

2005年6月4日，有群众举报，成都康寿生物科技有限公司销售的“人参拟黑多刺蚂蚁胶囊”产品有虚假宣传嫌疑。省卫生执法总队于6月8日对该公司销售处进行突击检查，发现该产品说明书上标注有“本品属新资源加药食品”等违规内容，继而查获“人参拟黑多刺蚂蚁胶囊”61件共计3660盒，责令该公司立即停止生产和销售，并没收违法所得108990元，并处以违法所得1倍的罚款。

六、食物中毒事件

1966—1990年，全省共发生食物中毒事件4443起，共98966人中毒，死亡883人，死亡率为0.9%。农村食物中毒件数、人数、死亡数均高于城市，分别占总数的80.1%、70.3%、91.9%。中毒原因以细菌性食物中毒居于首位，其中毒事件件数、人数分别占总数的36.4%、57.8%。中毒食品以肉、肉制品、变质肉类及病死牲畜肉为最多，分别占细菌性食物中毒事件件数、人数的89.3%、68.0%。细菌性食物中毒事件中，以沙门氏菌食物中毒最多，占总数的42.5%，这与宰杀前后肉食品卫生管理不善、生产加工时生熟不分有关；其次是葡萄球菌（5.6%）、变形杆菌（4.8%）、蜡样芽孢杆菌（4.5%）、酵米面黄杆菌（2.3%）。死亡人数中以化学系、植物性食物中毒为主，分别占总数的34.0%、30.5%。在979起化学性食物中毒中，以有机磷农药中毒为最多，件数、人数、死亡数分别占化学性食物中毒事件总数的37.6%、11.8%、42.2%；以毒菌中毒最为突出，发生中毒686起，中毒2650人、死亡202人，分别占植物性食物中毒总数的55.8%、20.3%、75.1%。

1991—2000年，全省共发生食物中毒1158起，中毒24154人，死亡270人，死亡率为1.1%。在引起食物中毒的食品种类中，中毒件数以植物性食品为主，占48.83%，动物性食品为次，占35.77%。中毒人数以动物性食品最多，占62.44%。在植物性食品中毒事件中，以毒菌中毒最多，占23.88%。在动物性食品中毒事件中，以肉及肉制品引起的中毒居多，其件数、人数、死亡人数分别占24.51%、52.69%、14.92%。食物中毒原因，以化学性有毒有害物质污染食品为多，微生物次之，分别占总数的54.74%、31.37%。在细菌性食物中毒中，仍以沙门氏菌中毒居多，件数、人数分别占13.24%、33.38%。植物性食物中毒以毒蕈中毒最多，件数、人数、死亡人数分别占34.37%、11.21%、40.32%。

2001—2005 年四川省食物中毒情况表

表 3-39

年份	中毒事件次数	中毒人数	死亡人数
2001	51	1028	40
2002	57	1081	17
2003	172	3197	47
2004	290	4144	68
2005	201	3425	34
合计	771	12875	206

2001—2005 年四川省食物中毒原因分类一览表

表 3-40

中毒原因	中毒事件次数	中毒人数	死亡人数
化学性食物中毒	140	1392	107
细菌性食物中毒	212	6664	5
有毒动植物食物中毒	258	2049	72
原因不明食物中毒	161	2770	22
合计	771	12875	206

七、食品卫生宣传教育

每年重大节日、“3·15”消费者权益保护日及《中华人民共和国食品卫生法》宣传周，全省各地都采取多种形式广泛开展食品卫生宣传。

1995 年 10 月，为贯彻《中华人民共和国食品卫生法》，省卫生厅召开由各市（地、州）卫生局长和省卫生防疫站站长参加的《中华人民共和国食品卫生法》宣传贯彻大会，举办全省食品卫生监督人员培训班，印制《中华人民共和国食品卫生法》单行本 3 万余册，编制卫生宣传挂图 2 万套，召开报告会和新闻发布会，举办食品卫生专题讲座，在闹市区开展现场咨询等，大力宣传食品卫生法规和相关知识。食品企业和广大群众积极参与，获得良好社会效益。

2003 年 11 月，在《中华人民共和国食品卫生法》颁布实施 8 周年之际，全省以“食品安全，我们在行动”为主题，开展宣传活动。在成都，省卫生执法总队制作展板 18 张，展出违法定型包装食品样品 30 多个、剧毒覃类标本 6 个，向群众发放宣传资料 2 万多份，邀请消费者参加现场检查座谈活动，与《华西都市报》共同设立食品安全热线咨询电话，接受消费者咨询和投诉。四川电视台、《四川经济日报》等十几家新闻媒体及时报道《中华人民共和国食品卫生法》宣传周活动，并对有关情况进行全方位的跟踪报道。

2004 年 11 月，在《中华人民共和国食品卫生法》颁布实施 9 周年之际，全省以“关注农民工的食品安全”为主题，在车站、工地、劳务市场、城乡接合部等农民工和人群集中的场所举行大型宣传活动，张贴和悬挂有关食品卫生知识的宣传画和条幅，举办食品卫生图片展览，发放食品卫生知识宣传手册，现场接受消费者咨询、投诉和举报；与广播电视报纸等新闻媒体合作，以专题讲座、现场讲解、开通咨询热线等形式，为广大群众提供食品卫生咨询服务。

2005 年 11 月，在《中华人民共和国食品卫生法》颁布 10 周年之际，全省以“保障食品卫生、构建和谐社会”为主题，开展宣传活动。在成都，省卫生执法总队召集省、市、区食品生产经营企业、消费者、监督者三方座谈，省、市新闻媒体开设食品卫生宣传专栏，广泛宣传食品卫生法律法规和食品卫生知识。

宣传部门把食品生产经营企业法定代表人和卫生负责人作为食品卫生安全宣传教育的重点，有计划地对他们进行培训，提高其守法意识和食品安全意识，规范食品生产经营市场秩序。2001—2005年，省卫生执法总队共举办全省保健食品、食品添加剂、直管餐饮企业法定代表人、卫生负责人培训班 10 期，培训 100 余人次。2005 年 10 月 16—18 日，省卫生执法总队联合省餐饮协会，共同举办省餐饮业和集体用餐配送单位卫生规范培训班，培训 A 级餐饮企业负责人及食品卫生管理人员 110 余人。

第四节 食品机械与包装

四川省食品机械主要包括制糖机械、酿酒机械、加工机械①、屠宰成套设备、低温炼油成套设备、淀粉粉丝生产成套设备、午餐肉生产线、甘蔗制糖成套设备、植物油压榨及精炼设备、香肠生产成套设备等。还有一些生产包装机械的专业厂和兼业厂，主要产品有玻璃纸成型机、塑料薄膜拉伸机、真空镀铬纸机、大型注塑机、玻璃制瓶机、酱汁灌装机、真空封口机等 50 多种单机和成套机组。

一、行业发展

（一）概　况

20 世纪 80 年代初，四川粮油部门所属的加工机械生产厂家较少。一般加工机械有榨油机、浸出器、蒸炒锅、轧胚机、炼油锅、磨粉机、打麦机、碾米机、谷糙分离筛等 50 多种。

供销部门所属的食品机械厂生产单位主要有四川供销机械厂、重庆市供销社机械厂和泸州市供销机械厂。产品有冰棍机、汽水混合机、小型饼干机、远红外线食品烤箱、冷藏柜、和面机、搅蛋机，以及由 17 台设备组成的淀粉生产流水线。

商业部门所属的食品机械生产厂家有商业部成都商业机械厂、四川省酿酒机械厂、四川省饮食服务机械厂、夹江饮食服务机具厂、郫县商业机械厂、隆昌商业机械厂、什邡县商业局机修厂、重庆市中区饮食服务机具厂、重庆市场糖酒机具厂、万县川东机械电子仪器厂。其中，糖果糕点加工机械产品包括混辊床、拉条机、整条机、拉白机、包糖机、硬糖成型机、棒糖机、切片机、螺旋搅拌推压机、和面机、远红外食品烤箱和烤炉；酿造机械包括酱油灭菌器、真空冷却旋转式蒸压锅和制曲机；饮食机械包括米粉机、和面机、切肉机和肉食品烤炉；冷冻机械包括氟立昂冷冻机组、冰糕机、冷棒机和冷藏柜；酿酒机械包括机械密封泵、机械密封自吸泵、冷凝器和铝酒桶；饲料机械

① 加工机械，如：水果加工机械、糖果加工机械、糕点加工机械、淀粉加工机械、冷饮食品加工机械、豆制品加工机械、粮油加工机械、食用植物油加工机械等。

包括配合饲料加工机组和卧式饲料混合机。

20 世纪 90 年代，随着市场经济的发展，食品工业和包装工业开始发展，四川的食品机械和包装机械工业也迅速发展起来。粮食市场放开后，粮食类的中小袋包装设备需求增大，同时带动了其他颗粒物料对袋成型—充填—封口包装机以及真空包装机的需要量。1992—1994 年，四川商业机械的主要产品产量、销售收入开始增加。1992 年 8 月，四川多家机械企业参加分别在长春市和三峡客轮上举办的两次产品销售订货会，订货情况良好。1994 年，四川在国内市场的制油机械销售势头良好，饲料机械次之，碾米机械和面粉机械销售情况欠佳。1995 年上半年，仍以油脂加工机械产品销售见好，碾米机械和磨粉机械的销售下半年逐渐有所好转。其中，小型碾米成套设备和小型面粉成套设备的销售量较大。当年，四川食品加工机械的出口产品主要有比重去石机、榨油机、谷糙分离机、砂辊米机、滤油机、炒锅、大米抛光机、薯粉机、粉碎机、磨辊、砻谷胶辊等。

"八五"期间（1991—1995 年），四川食品和包装机械产品市场产生了十大热销产品：瓦楞纸板、制箱（盒）、印刷成套设备；袋成型—充填—封口包装设备；制罐（盖）生产成套设备；啤酒饮料灌装成套设备；米面方便食品机械；果蔬加工保鲜设备；啤酒饮料加工及灌装成套设备；屠宰肉食加工机械；饼干糕点加工机械；烟草加工机械等。这一时期，国内经济高速发展，社会生活节奏逐步加快，米面、肉食等方便食品加工机械和果蔬加工保鲜设备都成为食品机械中较大的门类。

"八五"期间，四川食品和包装机械按国家技术改造进行专项计划投资，技术改造投资力度加大，部分重点骨干企业装备条件得到改进，工艺水平得到提高。全行业中有一批生产效益好、技术水平高、产品质量过得硬的中型骨干企业，自 1995 年开始，一直保持着年增长率 20% 的水平。"企业围绕市场转，产品跟着市场变，职工盯着市场干"，这是整个食品机械行业能够快速发展的根本原因。在行业中已经形成一批不仅能够满足国内市场的需求而且也能打入国际市场的优良产品，如 1995 年方便面食品加工设备和果蔬保鲜设备、屠宰加工设备和糕点饼干加工设备、罐头设备。这一时期，四川食品和包装机械主要出口设备为方便面生产线、灌装生产线、饺子机等十几种产品。一批科研项目和新产品开发项目在此期间陆续完成，如：高效节能型淀粉气流干燥机、QJ－500 型家禽屠宰成套设备、1000 型滚切饼干成套设备、4200 型覆膜设备、1000 型印刷覆膜设备、5—7 层瓦楞纸板生产线等新产品。

这一时期，四川包装食品机械市场有如下产品：DPT130 泡罩包装机、DB420 多功能包装机、DSPI 塑料瓶包装机、ZJT－40（A）全自动胶囊充填机、FWZ40 自动压纹封盖机、大型塑料圆织机、YNZ500 回转自动贴标机、MY102O 自动模切压痕机、BJZ160 枕式高速自动包装机、BZ－9025 集合自动包装机、BZ－9035 碗面收缩自动包装机、YTEID 立式砖型饮料无菌包装机、三缩颈制罐设备、7 层瓦楞纸板生产线、高热效率节能淀粉气流烘干机、QJ 系列家禽屠宰成套设备、12 万包方便面生产线、DGP6O/12 啤酒灌装压盖机、1000 型滚切饼干机、YLZ 系列立式叶滤机、螺旋式速冻机、喷射泵式高效低耗真空冷冻干燥设备、真空油炸果蔬脆片设备、带式榨汁机、果茶加工成套设备、DJW－2000 威化蛋卷机、饼干三色轧皮机等。

2002 年以后，四川食品包装机械行业的工业总产值和产品销售情况继续保持增长态势。

（二）机械行业

制糖机械 主要产品有：结晶罐、甘蔗压榨机、甜菜切丝机、离心机等。1995 年以后，由于国家采取严厉措施打击食糖走私，加强进口管理，糖机企业产品技术水平提高，出口增加，促进了制糖机械行业的发展。

制盐机械 主要产品有：运盐专用车、蒸发罐、循环泵等。1992 年以后，由于机械企业产品结构的改变，四川制盐机械行业比往年稍有起色，亏损企业减少。1995 年，四川制盐机械生产企业开始增加，工业增加值提高，整个行业盈利增加。

酿酒机械 主要产品有：制麦设釜、糖化设备、发酵设备、酒糟处理设备、过滤及灌装主产线等。从 1990 年开始，四川酿酒机械的产量比上年略有增长，经济效益提高幅度较大，但从 1994 年起增长速度明显放慢，进入市场调整阶段，行业中出现亏损企业。2000 年，酿酒机械生产企业开始大量增加，工业增加值提高，整个行业盈利增加。

饮料机械 主要产品有：混合机、饮料灌装生产线、高压均质机、过滤机等。1990 年以后，四川饮料机械行业效益持续下降，但几个重点企业销售情况较好。1996 年，四川饮料机械生产企业开始增加，工业增加值提高，整个行业盈利增加。

罐头机械 主要产品有：电阻焊制罐机、淋水杀菌机、自动封罐机、三缩颈罐身机等。1989 年以后，四川罐头机械行业效益逐步好转。1999 年，四川罐头机械生产企业增加。

乳制品机械 主要产品有：双效降膜蒸发器、高温瞬时灭菌机、灌装包装设备等。1991 年开始，由于机械企业产品类型增加，四川乳制品机械行业稳中有升。

焙烤食品、冷冻食品及其他食品机械 主要产品有：花色冰淇淋生产线、速冻食品生产线、枕式糖果包装机、方便面生产线及糕点烘烤设备等。1989 年开始，四川冷冻食品机械的销售有所下降，烘烤设备销售有所抬头，到 1998 年四川焙烤食品、冷冻食品及其他食品机械生产企业开始增加，产值有所提高。

食品包装机械 主要产品为：瓦楞纸板生产线和小食品包装设备等。1986 年以后，四川食品包装机械销量开始逐步增加。1996 年，四川包装机械产品由单一机械型向机电一体化转变，由普通电气元件控制向可编程控制或计算机控制转变。真空技术、无菌包装技术、微波技术等得到推广。瓦楞纸箱生产线、粉料多功能包装机、方便面生产线、灌装机、泡罩包装机、无菌包装机、电阻焊制罐生产线、香烟包装机组、纸浆模塑生产线、钢桶生产线、复合纸罐生产线、三缩颈制罐设备、制袋机等产品开始在市场销售。

烟草机械 主要产品有：打叶机组、切丝机、滤棒成型机、卷烟接嘴机等。

（三）包装工业

纸包装制品 20 世纪 80 年代开始，四川纸及纸板生产企业开始增加，工业增加值提高，整个行业盈利开始增加。1980—1994 年，包装纸及纸板的年平均增长速度为 16.4%，高于纸及纸板的平均增长速度 10.4%。瓦楞纸箱生产线 1994 年达到较高水平，高水平的双拱复合重型瓦楞纸箱投产，可代替木箱包装摩托车。纸浆模塑制品企业发展较快，纸杯（盘、盒）生产发展迅速。

塑料包装制品 1994 年，四川功能性阻隔包装材料发展迅速，PVDC①、EVA②、PVA③ 薄膜已批量生产。中空容器从中小桶向大型容器发展，从采用聚乙烯为主向采用共聚物发展，生产出可代替钢桶的 200 升塑料桶。塑料编织袋、网眼袋、垃圾袋、购物袋、包装薄膜是主要出口产品。1995 年，

① PVDC，即聚偏二氯乙烯。
② EVA，即乙烯－醋酸乙烯共聚物。
③ PVA，即聚乙烯醇。

各种降解塑料的研制成为热点。

玻璃包装制品 1998年以后，四川玻璃包装制品生产企业开始增加，工业增加值开始提高，整个行业盈利开始增加；通过引进技术、设备和采用国产新设备，产品质量大幅度提高。640毫升啤酒瓶成型速度由每分钟几个普遍提高到36—60个，高的达170—240个；瓶重从每只550克降到480—530克；容重比从1∶0.84降到1∶0.60。许多企业采用了冷热端喷涂技术，提高瓶罐的强度；均能生产标准瓶、异型瓶、高级化妆品瓶。

金属包装容器 1995年，四川印铁制罐企业、钢桶生产企业、密封罐生产企业开始增加，工业增加值开始提高，整个行业盈利开始增加；通过引进技术、设备和采用国产新设备，产品质量大幅提高。1996年，企业开始生产电阻焊制罐生产线、激光焊接机、双色印铁机、三缩颈三片罐罐身机，并推广使用低锡马口铁，非一级品马口铁及国产油墨，密封胶和涂料。

包装印刷 1994年，四川包装印刷业向胶凸合印、以胶印代替凸印的方向发展。印刷机由手工操作变为机械化、自动化、计算机化。工艺中广泛采用电子雕刻、电子分色、激光照排、整页拼版印刷技术。生产中广泛使用不干胶印刷、丝网印刷、立体印刷、转移印刷、复合包装印刷、激光全息印刷。版材增加了PS版、树脂版、柔性版、大型丝网版、大型凹印辊筒版等。

二、行业管理

“八五”期间（1991—1995年），四川食品和包装机械重点发展“8个成套设备”① 和“4个重点产品”②。其间，四川省实施了2项包装机械基础标准，24个包装机械产品标准和产品质量分等标准。

1992年，国家粮油机械标准化技术委员会、饮食服务机械标准化技术委员会、棉花加工机械标准化技术委员会、茶叶加工机械标准化技术委员会筹建就绪，国家技术监督局正式下文对上述4个机构认可并明确了各委员会的委员人选。同年，商业部标准化技术委员会组织了多次专家会议，对碾米机、白米分级筛、高速除稗筛、比重去石机、气压磨粉机、液压磨粉机、豆芽菜生产机、陈列柜、斗式升降机等产品的行业标准进行专家会审。

1993年，国内贸易部发布商业机械行业标准22个。1994年，国家修订了平面回转筛、高方平筛、叶轮关风器、液压磨光拉丝机、水平螺旋输送机、刮板输送机、粮油饲料机械产品型号编制方法共7个行业标准。

1995年开始，四川根据国家限期贯彻执行ISO 9000国际标准的要求，在中国轻工机械协会前4年抓“工艺突破口”工作的基础上，全力推动行业的标准贯彻工作。同年，全国包装标准化委员会机械分技术委员会成立。

第五节　公众营养调查

中华人民共和国成立以前，因贫富悬殊，一般人民仅以果腹为足。中华人民共和国成立初期，

① “8个成套设备”，即制袋及重袋包装生产线、果蔬加工及饮料加工成套设备、家禽屠宰及肉食加工成套设备、复合材料及吹膜制袋成套设备、水产品加工成套设备、瓦楞纸板加工成套设备、啤酒灌装成套设备、烟草加工成套设备。
② “4个重点产品”，即制罐及制盖设备、粉料计量充填封口设备、大容量塑料容器成型设备、容器成型充填封口设备。

因生产力水平限制，国民收入较低，城市居民（职工为主体）的膳食费用占家庭（1954—1985 年）年均消费支出的 64.29%—57.94%，长期均以温饱为主，少有营养食物的选择自由；农民和牧区群众的膳食多以自产农牧食物为主。

民国时期，华西协合大学有少数学者对四川的农民、学生人群做过零星的营养状况调查，郑集教授在成都测定了 437 份食物的营养成分。中华人民共和国成立后，有些地方的卫生部门先后在工人、学生和幼儿园的集体膳食中做过营养调查。

20 世纪 50 年代，中国医学科学院营养系建议草案提出《中国人每人每日膳食中营养素供给标准》。1959 年，在中国医学科学院的指导及参与下，四川省卫生厅按全国统一方案，主持成立四川省营养卫生调查核心组（以下简称核心组），由参加核心组的四川医学院、省人民医院、省卫生研究所、省卫生防疫站和成都市卫生局等单位派员组成 17 人的四川省营养卫生调查队。该队先后对成都、重庆、泸州、开县、郫县、通江等 6 个市、县部分公共食堂的营养卫生状况进行调查。调查分四季进行，冬、夏二季只做膳食调查，春、秋二季增加对调查者的抽样体检（含生化检查），同时调查 6000 余名学龄前儿童的身高、体重，并对其中 300 人进行血清蛋白测定。调查从 1 月 19 日在郫县试点开始，到 12 月中旬结束。膳食调查人数：春季 23191 人、夏季 22400 人、秋季 25565 人、冬季 36240 人；体检人数：春季 5460 人、秋季 3735 人；生化检查人数：春季 1375 人、秋季 580 人。各调查点布局，代表了川东、川南、川西、川北地区间山区与平原的特点，和主产稻谷、小麦、玉米、红薯的不同地区。营养评价以中国医学科学院推荐的《营养标准》（暂行）为准，根据性别、年龄、劳动强度及特殊生理情况等计算出不同的需要量，综合评价各调查点的膳食营养水平。

1959 年四川省城市农村各季及全年平均每人每日粮食摄入量一览表

表 3-41 单位:克

地区	季节	细粮	粗粮	薯类
城市	春	548	—	0.7
	夏	482	—	46
	秋	488	0.2	6
	冬	420	—	96
	平均	484	0.05	6
农村	春	392	—	97
	夏	315	85	187
	秋	178	16	209
	冬	50	3	296
	平均	234	26	195
总平均	春	412	—	84
	夏	338	73	169
	秋	221	14	180
	冬	102	3	268
	平均	269	22	175

说明:细粮指大米、小麦;粗粮指荞麦、玉米、高粱

调查显示，全省各地主食以大米为主，次为薯类、玉米及小麦，再次为高粱、荞麦等。城市以大米为主，次为小麦；农村随各季出产而定，春季主要是大米，夏季增添玉米、荞麦，秋冬薯类为主，全年主食仍以大米为多。粮食定量：城市居民和机关干部定粮标准为每人每月 12 公斤，秋季调整为 10.5 公斤；大、中专学生和工人 15 公斤，重体力工人可达 99.5 公斤。农村根据季节生产情况而定，各调查点不尽相同。

1959 年四川省城市农村各季度及全年平均每人每日副食摄入量一览表

表 3－42　　单位:克

地区	季节	蔬菜类		豆类			动物类				油脂类		调味料
		鲜菜	干(咸)菜	鲜	干	豆制品	肉	蛋	鱼	乳	动物油	植物渍	
城市	春	415	31	0.2	1	42	25	0.2	0.2	16	1.6	3.4	31
	夏	329	28	—	38	17	18	1.4	0.9	14	2	5.3	30
	秋	216	31	0.2	10	5.8	32	2.4	0.05	8.8	1.8	4.3	21
	冬	251	42	—	3.2	43	25	0.05	0.08	6.6	1.8	4.9	37
	平均	302	34	0.1	5.1	40	24	1	0.3	11.9	1.8	4.9	29
农村	春	543	24	46	10	5	1	—	0.4	—	0.4	2	14
	夏	347	21	31	16	0.6	1	—	—	0.4	0.4	3	13
	秋	594	4	1	2	9	0.3	—	—	—	0.2	3	21
	冬	1018	8	—	0.7	1	2	—	—	—	0.1	2	20
	平均	638	14	22	7	4	1	—	0.1	0.1	0.3	2	17
总平均	春	526	25	40	9	10	4.4	—	0.37	—	0.56	2.2	17
	夏	343	24	25	20	3	3.4	0.2	—	2.34	0.64	3.34	17
	秋	380	35	1	3	16	5	0.3	—	1.23	0.27	3.2	21
	冬	634	25	—	1	7	9	—	—	0.92	0.35	2.4	24
	平均	472	27	10	13	9	14	0.1	-0.1	2	0.5	2.4	21

调查显示：全省各地夏秋食入量少而绿色菜蔬也较少；冬季食入量多，绿色蔬菜也多，农村在秋季还有采食红薯叶、蚕豆叶和野菜等的，且豆类也有当主食的情况（如通江县）。调查地区对儿童和婴幼儿的主副食一般均有照顾。从整体看，城市豆类和蔬菜数量尚不够，农村主食量尚欠缺，动物类和油脂类偏少。

1959 年四川省城市农村全年平均每人每日所需营养素及其与实际需要比较情况表

表 3－43

地区	营养素 摄入量	热量（卡）	蛋白质（克）	钙（毫克）	铁（毫克）	维生素 A（毫克）	维生素 B（毫克）	核黄素（毫克）	烟酸（毫克）	维生素 C（毫克）
城市	摄入量	1969	56	420	23.6	2.5	1.69	0.57	19	84
	摄入量占需要量%	84	76	54	211	68	92	36	128	103
农村	摄入量	1317	35	517	20.9	10.2	1.09	0.78	12.6	182
	摄入量占需要量%	50	47	56	159	223	72	51	86	222

1959年四川省城市农村人口食物热量和蛋白质来源情况表

表3－44　　单位:%

地区	热量				蛋白质			
	谷类	纯热能物质	植物性物质	动物性食物	谷类	纯热能物质	植物性物质	动物性食物
城市	8.5	4.2	10.8	42	72.8	8.28	9.15	9.7
农村	61.2	1.5	36.1	0.4	52.4	0.4	7.75	39.4
平均	64	1.82	33.1	1.02	55.2	1.52	8	35.2

调查显示：被调查人员97.0%的热量来源于植物性食物，94.4%的蛋白质来源于谷类，热量和蛋白来源质量不高。

1959年四川省城市农村人口春秋两季体检结果一览表

表3－45

季节	地区	检查人数	营养正常		一般性营养不良		贫血	
			人数	占比(%)	人数	占比(%)	人数	占比(%)
春	城市	2148	624	29.1	28	1.3	4	0.2
	农村	3312	1232	37.2	189	5.7	5	0.2
	小计	5460	1856	34.0	217	4.0	9	0.2
秋	城市	2283	630	27.5	68	3.0	35	1.5
	农村	1452	488	33.6	165	11.4	23	1.6
	小计	3735	1118	27.0	232	6.2	58	1.5

调查显示：被调查人员营养不良比率较高（1.3%—11.4%），而农村又高于城市，秋季高于春季。其他还检测出核黄素、维生素 B_1 和维生素C缺乏症人数较多。

1959年四川省城市农村婴幼儿及成人一般营养不良检查结果一览表

表3－46

季节	地区	7岁以下儿童			7岁以上及成人		
		检查人数	发病人数	发病率(%)	检查人数	发病人数	发病率(%)
春	城市	367	19	5.2	1781	9	0.5
	农村	772	161	20.9	2540	28	1.1
秋	城市	364	45	12.4	1919	3	0.2
	农村	262	101	38.6	1190	64	5.4

1959 年四川省城市农村 0—7 岁婴儿一般营养不良检查结果一览表

表 3 - 47

年龄组(岁)	检查人数	发病人数	发病率(%)
0—1	97	23	23.7
1—4	1113	236	21.0
4—7	545	66	12.1

调查显示：7 岁以下儿童一般营养不良较 7 岁以上多，农村发病率高于城市，程度也较重。年龄越小，发病率越高。

调查背景：省内粮食歉收，处于经济困难时期；农村普遍兴办起公共食堂，食堂的食物调配和管理常常不善，日常膳食营养供给往往不足；农村调查数据，均是各调查点农民在食堂进食的情况；这些调查结果只能反映当时的情况。

1960 年，根据省委指示，省卫生厅从四川医学院、省人民医院、省卫生防疫站、成都生物制品研究所抽调 8 名技术干部组成调研组，采取普遍观察与重点调查相结合、实验研究与临床观察相结合的方法，对雅安地区名山、天全、荥经、雅安等 6 个县的农村、工厂、中学、医院中的部分人群进行流行病学和善食营养卫生的抽样调查；对血液化学、粪便寄生虫（卵）、血清学的检查和肝脏活体组织检查、临床病案分析以及对死者的尸体解剖等项进行综合性研究。省卫生厅厅长潘阳泰以个人名义将调查结果报省委书记李井泉，为当时防治“水肿病”（营养不良性水肿）提供了较为科学的依据。

1959—1963 年，四川省卫生防疫站对四川省 12 类共 124 种食物进行营养成分分析工作，对各种食物进行水分、蛋白质、脂肪、粗纤维、灰分、钙、磷、铁、还原型抗坏血酸、烟酸、核黄素、硫胺素、胡萝卜素、碳水化合物、热量等项目的测定。

1981 年 5 月，中国生理学会提出经修订的《中国人热能及营养素供给建议标准》，国家开始重视国民膳食的营养指导，着手研制食物结构的发展战略。

1982 年，四川省卫生厅根据卫生部提出的调查方案，抽调四川省卫生防疫站及成都、重庆、甘孜、凉山、绵阳、万县、永川、宜宾、南充、达县、涪陵等市（地、州）的部分县卫生防疫站共 28 名专业人员，组成四川省营养调查队，下分川西和川东两个分队，于 1982 年 7—11 月对康定、三台、富顺、温江、苍溪、城口、渠县、万县、南川、宁南等 10 个县及重庆、成都 2 个市进行调查。调查点 18 个，共调查各类人群 8428 人。调查结果表明；除康定（川西高原藏族农牧区）为 5 餐制外，其余均为 3 餐制；各点热量摄入量都能达到 1 或接近平均供给量标准。调查发现：被调查地区人群的蛋白质、维生素 B、维生素 A 普遍不足，其余都达到或接近平均供给量标准；农村人群体内维生素 B_2 及维生素 B_1 普遍不足或缺乏的病征阳性率较高，如口角炎及口角湿白症各达 19.6% 及 21.5%；城市人群体内维生素不足者居多。相比 1959 年全省营养调查结果，表明全省人群营养状况得到明显改善，为调查全省人群的食物结构提供了依据。

1982年四川省平均每人每日各类食物的进食量一览表

表3-48　　　　单位:克

名称	按全省人口平均	按农村人口平均	按城市人口平均
大米	304	300	334
面粉	133	139	91
杂粮	83	94	0
薯类	111	108	129
干豆类	21.8	23.9	6.5
豆制品	1.5	1.1	4.5
浅色蔬菜	219	217	233
深色蔬菜	271	294	105
干菜	1.6	1.8	0.0
菌藻类	0.4	0.4	0.2
成菜	7.2	5.9	16.5
水果	7.2	6.0	15.8
硬壳类	2.0	1.2	7.8
乳类	11.8	11.6	15.4
蛋类	4.9	4.3	8.7
猪肉	35.1	30.1	70.3
牛羊肉	0.3	0.3	0.5
家禽类	3.4	2.6	8.6
鱼虾类	2.9	1.7	4.4
淀粉及糖	4.0	3.0	10.7
动物油	10.4	10.0	13.5
菜籽油	6.1	4.6	17.0
其他植物油	0.3	0.1	1.5
酱油	9.1	6.8	25.4
食盐	15.5	16.0	11.8
酒类	4.1	4.0	4.5

1982年四川省平均每人每日营养素摄入量一览表

表3-49

名称	按全省人口平均	占供给量标准的(%)	按农村人口平均	占供给量标准的(%)	按城市人口平均	占供给量标准的(%)
蛋白质(克)	67.3	91.4	68.3	98.4	59.6	102.0
脂肪(克)	51.9	—	47.7	—	82.1	—
糖类(克)	431.9	—	439.0	—	381.3	—

续表 3-49

名称	按全省人口平均	占供给量标准的(%)	按农村人口平均	占供给量标准的(%)	按城市人口平均	占供给量标准的(%)
热量(千卡)	2477	98.9	2471	92.9	2520	50.7
粗纤维(克)	8.7	—	9.0	—	6.0	—
钙(毫克)	484	64.4	485	63.6	474	70.0
磷(毫克)	1675	—	1732	—	1271	—
铁(毫克)	32.3	249.6	33.6	259.5	23.4	178.7
维生素质 A(IU)	123	5.6	122	5.5	131	6.0
胡萝卜素(毫克)	3.1	202.3	8.85	220.9	2.73	68.4
硫胺素(毫克)	2.13	157.2	2.18	159.4	1.83	141.8
核黄素(毫克)	0.84	62.1	0.86	63.1	0.71	54.6
烟酸(毫克)	20	154.5	21	154.9	19	151.5
维生素 C(毫克)	89	156.7	86	153.1	167	182.7

调查显示：四川人均食用动物性食品，每日只有57.5克；农村人口平均50.6克，城市人口平均98克；食物摄入的热量和蛋白质符合建议“标准”，蛋白质数量主要来自谷类（质量不如动物蛋白质）；缺乏钙、维生素A（城市比农村更严重）、维生素 B_2，总体而言是缺少动物性食物的必然表现；膳食中维生素 B_1、维生素C和铁不缺，但前二者都因烹饪不当而损失；铁质因系于植物性食物，人体利用率不高，故均在人体中储存不足。

第六节　食品安全教育

从20世纪90年代开始，四川省食品药品监管局大力宣传中共中央、国务院和省委、省政府有关加强食品安全工作的政策，报道各地、各部门食品安全监管工作取得的实效；宣传食品行业的优质产品、优良品牌和优秀企业，提高食品信誉；广泛普及食品安全知识，引导人民群众树立正确的消费观念，培育消费信心；揭露、曝光食品安全方面的违法犯罪典型案件；严厉打击和治理食品虚假广告。

一、食品安全宣传

2004年5月22—29日，省食品安全协调委员会组织开展食品安全宣传周活动。宣传周期间，省食品安全协调委员会在《四川农村日报》《华西都市报》等平面媒体上发布《致全省消费者的一封公开信》，公布了省政府相关部门的公开投诉电话。同时，省食品安全协调委员会还发布《四川省生猪屠宰市场整顿行动方案》，对整顿乡镇屠宰点、规范城市定点屠宰厂（场）等方面做出具体安排。其间，省内主要媒体宣传报道了实施食品质量放心工程取得的主要成果，向社会报道了“空壳奶粉”和“黑心泡菜”事件的查处情况。5月24日，省食品安全协调委员会召开第一次工作会议，副省长杨志文主持。会议内容为贯彻落实国务院食品安全专项整治工作电视电话会议精神和省长张中伟在全省电视电话会议上提出的工作要求，讨论《四川省食品安全事故应急处理预案》等工作制度。5月27日，省食品安全协调委员会办公室在省内多家新闻媒体上发布《四川省食品整治工作方案》。5月29日，省食品安全协调委员会牵头，会同省政府有关职能部门，在成都开展了食品安全集中宣传咨询投诉活动。同年，省食药监局会同相关监管部门开展食品放心工程和安全教育综合评价工作，将食品安全和安全教育工作6个项目的具体考核指标分解和量化，引入消费者食品安全满意指数调查，严格按照评价方案的各项考核指标，开展综合评价和安全教育工作。并在当年率先对绵阳实施食品放心工程和安全教育工作进行综合评价。

2005年，成都市在国家八部（局）组织的31个城市食品放心工程综合评价中，消费者满意度调查排名第5名。同年6月6日至9月23日，省食品安全协调委员会办公室对眉山、自贡、泸州、遂宁、广安、德阳、乐山等7个城市组织实施食品放心工程综合评价工作。省食药监局牵头组织，省公安厅、省农业厅、省畜牧局、省商务厅、省卫生厅、省工商局、省质监局等部门的相关人员及食品检测专家组成评价小组，按国家八部（局）制定的《食品放心工程综合评价办法》，对7个城市开展综合评价，并通报了各城市得分情况。通过以评促管，以评促改，强化了各级政府食品安全工作的责任，细化了各级食品安全监管部门监管职责，提高了全社会食品安全意识。

此外，省食药监局还充分利用公众媒体，广泛深入宣传食品安全知识，提高全民食品安全意识。泸州市在食品流通网络建设中取得较好的成绩，该市利用媒体有选择地开展食品安全集中宣传咨询活动，印发各种宣传资料30万份，在泸州电视台、《泸州晚报》上开辟“食品安全宣传之窗”栏目，全市共举办电视、报刊专题宣传节目90次；积极开展食品安全宣传进校园活动，提高学生的食品安全意识；加强食品流通网络平台的建立，在“泸州食药监网”上开辟“稽查信息”“食品安全”等栏目，对相关法律法规、食品药品的相关知识等进行介绍，对查处假冒伪劣食品药品的情况进行公布；对上传下达的各种文件和相关单位的信息进行传送，推动工作高效运转。

2006年3月，省食品安全协调委员会办公室、省委宣传部、省食药监局联合在四川省范围内开展以“关注食品安全，构建和谐社会”为主题的食品安全宣传月活动，并在广元举行启动仪式；同时，积极参与“3·15”消费者权益保护日宣传咨询活动，散发宣传资料，接受群众关于食品安全的咨询。省食药监局网站开辟专栏，及时报道食品安全动态，宣传食品安全科普知识，增强群众科学能力。

图3—6　2006年3月，四川省“食品安全宣传月”暨广元市“食品药品安全宣传年”活动启动仪式在广元市举行

二、食品广告监管

根据《保健食品广告审查暂行规定》，自2005年7月1日起，省食药监局开始

履行保健食品广告审批职能。为遏制保健食品广告市场的混乱局面，规范保健食品广告发布行为，省食药监局严把保健食品广告审批关、加大对保健食品广告发布行为的检查监管的工作力度，同时加强与工商行政管理部门的沟通、协作，加大对违法保健食品广告的移送力度。同年 7 月，省工商局牵头，省食药监局在内的 12 个省级部门正式建立联席会议制度，并联合制定虚假违法广告整治方案。四川省将广告主、广告经营者相应地按照 A、B、C、D 四级进行分类管理。A 级为守信用企业，用绿牌表示；B 级为警示企业，用蓝牌表示；C 级为失信企业，用黄牌表示；D 级为严重失信企业，用黑牌表示。根据信用分类管理制度，四川省实行企业失信惩戒机制和企业严重失信淘汰制度，对黄牌企业，将采取重点监控、公开违法记录等监管措施；对黑牌企业，除公开曝光外，还要发布吊销公告。

同年，省食药监局按国务院整体部署，进一步落实关于《四川省虚假违法广告专项整治工作方案》要求，切实加强食品药品广告审查监督管理。严格审查标准，提高审查水平，规范审查行为，建立食品药品广告审批电子政务系统；落实责任，加大对违法违规食品药品广告的监管力度，重点监控当地违法违规食品药品广告率居高的媒体；按时发布公告，做好违规查处工作，做到“三个不放过”。为进一步规范和整顿药品广告发布秩序，组织全省开展专项整治活动，重点开展了地市晚报类、广播电视报类、都市新闻报类和省级以下电视台发布违法药品、保健品广告检查，对检查发现的违法广告通过公告向社会公开，并及时向工商管理部门移送。同年 10 月 15 日，省食药监局在全省范围内统一开展主题为“关爱生活，关爱健康——拒绝虚假药品、医疗器械、保健食品广告”宣传活动。全省共出动人员 3000 余人次，设立宣传点 580 多个，张贴宣传海报 8000 张，散发宣传资料 10 万余份，受理群众现场咨询 9 万多人次。同年，省食药监局受理保健食品广告 82 件，审批保健食品广告 62 件，发布《违法保健食品广告公告》2 期，公告违法保健食品广告 7 个，全部移送工商查处。

附　录

一、名　录

1979—2005 年四川省食品药品监督管理部门领导名录

表附 - 1

姓名	职务	上任时间	单位/企业
李鸣鹏	局党组书记 局长	1979 年 8 月	四川省医药管理局
徐　炎	局党组成员 副局长		
熊伯涛	局党组成员 副局长		
龚　毅	局党组成员 副局长		
彭　塞	局党组成员 副局长		
梁俊德	局党组成员 副局长		
彭　塞	局党组副书记 副局长	1980 年 3 月	
王有栋	局党组副书记 副局长	1981 年 2 月	
徐　炎	局党组副书记 副局长	1981 年 9 月	
徐　炎	分党组书记 经理	1983 年 5 月	四川省医药总公司
梁俊德	分党组成员 副经理	1983 年 5 月	
阎守三	分党组成员 副经理	1983 年 5 月	
李鸣鹏	顾问	1983 年 5 月	
吴名智	局党组成员 总工程师	1985 年 12 月	四川省医药管理局
徐　炎	局党组书记 局长	1986 年 3 月	
吴名智	局党组副书记 副局长	1986 年底	
阎守三	局党组成员 副局长	1986 年 3 月	
徐宽宁	局党组成员 副局长	1986 年 3 月	
禹华年	局党组成员 副局长	1986 年 3 月	
李鸣鹏	顾问	1986 年 3 月	
梁俊德	顾问	1986 年 3 月	
黄　瑛	局党组成员 副局长	1988 年 9 月	
吴名智	局党组书记 局长	1989 年	
阎守三	局党组成员 副局长		

续表附－1

姓名	职务	上任时间	单位/企业
徐宽宁	局党组成员 副局长	1989年	四川省医药管理局
禹华年	局党组成员 副局长		
黄　瑛	局党组成员 副局长		
李鸣鹏	顾问		
吴名智	局党组书记 局长	1991年	
阎守三	局党组成员 副局长		
徐宽宁	局党组成员 副局长		
禹华年	局党组成员 副局长		
黄　瑛	局党组成员 副局长		
吴名智	局党组书记 局长	1992年	
徐宽宁	局党组成员 副局长		
阎守三	局党组成员 副局长		
禹华年	局党组成员 副局长		
黄　瑛	局党组成员 副局长		
吴名智	局党组书记 局长	1993年	
徐宽宁	局党组成员 副局长		
阎守三	局党组成员 副局长		
禹华年	局党组成员 副局长		
黄　瑛	局党组成员 副局长		
徐宽宁	局党组书记 局长	1994年1月	
何昌双	局党组成员 副局长	1995年5月	
徐宽宁	局党组书记 局长	1996年	
禹华年	局党组成员 副局长		
黄　瑛	局党组成员 副局长		
何昌双	局党组成员 副局长		
曹文英	局党组成员 副厅级巡视员		
颜邦富	局长助理		
徐宽宁	局党组书记 局长	1999年	四川省药品监督管理局
禹华年	局党组成员 副局长		
黄　瑛	局党组成员 副局长		
何昌双	局党组成员 副局长		

续表附－1

姓名	职务	上任时间	单位/企业
曹文英	局党组成员 助理巡视员	1999 年	四川省药品监督管理局
颜邦富	局长助理		
徐宽宁	局党组书记 局长	2003 年	
刘伟德	局党组成员 副局长		
陈　勇	局党组成员 副局长		
孙咸泽	局党组成员 副局长		
王玉生	省纪委驻局纪检组长、监察专员		
颜邦富	局机关党委书记		
黄　俊	助理巡视员、人事教育处处长		
苏海红	局党组书记 局长	2004 年	四川省食品药品监督管理局
刘伟德	局党组成员 副局长		
王玉生	局党组成员 纪检书记 监察专员		
颜邦富	局党组成员 局机关党委书记		
黄　俊	局党组成员 助理巡视员		
苏海红	局党组书记 局长	2005 年	
刘伟德	局党组成员 副局长		
王玉生	局党组成员 纪检书记 监察专员		
颜邦富	局党组成员 局机关党委书记		

四川省药林人物名录

表附－2

姓名	性别	生卒年	籍贯	专长及主要著作
吉·米旁嘉错	男	1846—1919	四川省石渠县	藏医药学家。从师贡折·颜登降错，深究大小五明，获大学者称号。在康区享有“文豪”和“医圣”之称。撰有《总则医典难注大解》（《扎据机嘎青》）、《秘诀医典难注大解》（《民吉嘎青》）、《识秘诀如金钥》（《欧折民昂色机青冬》）、《脉诊、尿疹的解释》（《扎曲折巴》）和《配药甘露雨水》（《民悉机德子提列》），均以木刻版传世
黄济川	男	1861—1960	四川省内江县	1880 年从师民间医生钟心玉，专习痔瘘科，颇有造诣，因疗效甚好而誉满全川。1954 年公开秘方“枯痔散”“药线”等方药和应用方法，政府赠予他“痔瘘专家”的荣誉称号。擅长肛瘘挂线治疗，对于“枯痔散”和“药线”的制作与运用，尤为精妙，在东南亚国家亦有一定影响，已将其临床经验整理成《痔瘘治疗法》一书出版
李巽芳	男	1881—1965	四川省巴县	生于眼科嫡传五世之医家。随父学医，擅长眼科。1959 年将祖传《枕中鸿秘》眼药秘方献给巴县人民政府。著有《眼科七十二症》《眼科临证经验》等书

续表附－2

姓名	性别	生卒年	籍贯	专长及主要著作
曲焕章	男	1882—1938	四川省凉山彝族自治州	彝医药学家，精于彝医药，擅长内、外科。一生发明中成药18种，其云南白药、撑骨散、虎力散等在国内外享有盛名
张觉人	男	1890—1981	四川省广安县	少年随张义泰、倪静庵学医。后赴贵州拜道士廖复阳为师，得其丹医秘药“玄门四大丹”真传，并受赠丹医方书《青囊秘录》。行医成都、上海、重庆等地。中华人民共和国成立后，因精于炼制和施用丹药，又深谙吐纳养生之术及中医各科证治，世人誉为“虚劳专家”及“中医外科之泰斗”。积多年经验，发展了外科“中九丸”“三品一条枪”等名方。为考证本草对“十八反”、曼陀罗花等药物记述的真实性，他一一亲身尝服。著有《中国炼丹术与丹药》《五禽气功》《外科十三方考》等书，并在国内外报刊上发表了《油浸白果治疗肺结核》《霍乱漫谈》等论文20余篇。还有《马前子的临床运用》《灵药秘方注释》《临床经验选》等遗稿数十万言，尚待整理
朱震川	男	1898—1978	四川省苍溪县	生于世代医家。少时随父习医，得祖传中医眼科真谛。精于眼科，毕生从事中医眼科临床研究。献出“珍珠眼药”“硇砂眼药”“清利丸”等秘方和制药技艺，经验证投产，畅销省内外
何体乾	男	1900—?	四川省成都市	随父习医，攻读《医宗金鉴》《外科全生集》《疡医大全》《外科正宗》等专著，颇有心得。善制丸、散、膏、丹。1924年开始行医。中华人民共和国成立后，任四川省人民医院中医外科医师、主任医师。擅长治疗疮、痒、疗、痈、痔瘘等疾。其独创的“水晶丹”，用于各种阳性疮症疗效显著。撰有《烈火清泉经验集》
陈达夫	男	1905—1979	四川省西昌县	中医眼科专家。生于儒医之家，1922年随父陈绂生学医。1930年开始行医，尤精于眼科。配制的“益母丸”“青光眼方”“皮质盲方”等治疗眼疾，疗效显著。撰有《中医串通眼球内容观察论》等论文。著有《中医眼科六经法要》
雷济民	男	1908—?	四川省纳溪县	从师黄济川学习痔瘘。1952年，研制成痔瘘手术后抗感染药“复方黄连液”。撰有《中西结合内痔综合疗法》《中西结合治疗肛瘘1000例分析》等
文琢之	男	1911—?	四川省射洪县	从师中医外科名手灵溪和尚，跟师炼制膏丹丸散，历时八载，将灵溪经验全学到手。又从师冯尚忠习脉学。后在成都行医，精于外科，亦长内科，尤以治疗脱疽、骨髓炎、红斑性狼疮、骨结核、皮肤病、各种包块以及疑难杂症见长，享誉全川。曾创办《四川医药特刊》《医生通讯》《强健报》等刊物，筹建医事公会及资助中医切实学校。创制的“消核浸膏片”，治疗多种肿瘤效果良好，获1982年四川省重大科技成果四等奖。著有《文琢之外科经验论集》《〈医学心悟〉注释》和《医林人物剪影》。撰有《卫气营血的实际应用》《文琢之老中医治疗红斑性狼疮经验》《文琢之老中医用方经验》等

续表附－2

姓名	性别	生卒年	籍贯	专长及主要著作
杨莹洁	男	1911—	四川省成都市	1929年从名医沈绍九学医，随师侍诊，深究古典医籍。擅长内科杂症，尤精于儿科。撰有《读〈韩氏医通〉记》《读〈折肱漫录〉记》《关于二贤散的应用和探讨》《切脉体会》等。并与唐伯渊合编《沈绍九医话》。将验方“健儿散”进行化裁，减去原方中的补药，增入和胃之品，经验证投产，1984年获卫生部甲级科技成果奖
董却非	男	1920—	四川省渠县	毕业于中华民国时期的国立药学专科学校。中华人民共和国成立后，曾在西南军政委员会卫生部和四川省卫生厅工作。参加筹备重庆市医药公司、重庆药剂学校、药品检验所（现重庆市药检所）。1956年调重庆市第一中医院（今重庆市中医研究所），任主任药师。对药学研究造诣颇深。为全国中药剂型改革创始人之一。20世纪50年代，即进行中药合剂的工艺研究，解决中药合剂防腐防霉问题，制成中药合剂70余种，部分已转工业投产，并在省内外医疗单位推广运用。致力于中药剂型改革数十年，成绩卓著。著有《中药经验鉴别》《药学外语知识》《中医内科急症中药制剂》《中药合剂制药工艺》。撰有《全国急症中药剂改班教材》。主编《常用医院制剂》《药剂工作者手册》《药剂士晋升中级问题解答》等
徐楚江	男	1921—	四川省成都市	生于塾师之家。11岁辍学，当药房店员。中华人民共和国成立后，在成都中医进修学校、成都军区卫校和北京越南留学生班讲授中药课。1964年调成都中医学院，任中药炮制、制剂教研室主任、副教授、教授，兼任卫生部中医教材编审委员会委员等职。对中药学理论研究较深，专长中药鉴别、加工炮制、仓储保管，制作传统丸散膏丹的技艺，尤为精妙。致力于中药教学和研究工作50余年。撰有《中药炮制与临床疗效关系》；主编全国高等医药院校教材《中药炮制学》
凌一揆	男	1925—	四川省永川县	中药学家。1944年毕业于四川国医学院，留校任教。1946年筹办《中国医学》月刊，并在永川行医。1954年到成都中医进修学校，任教务主任。1956年入成都中医学院，任中药方剂教研组主任、教授、副院长、名誉院长，兼任国务院学位委员会学科评议组成员、中医学科评议组召集人、国务院学位委员会临床医学专家组副组长、中华全国中医学会副会长、全国高等中医药院校教材编审委员会委员、国家药典委员会委员等职。对中药学的造诣颇深，在发掘整理和研究提高方面均有卓越成就。1982年，开发“三勒浆”产品。主编《中药学》《中药方剂临床手册》，前书已发行外文版。撰有《苍耳的本草学研究》等论文
尕布藏	男	1925—	四川省若尔盖县	藏医药学专家。先后在甘肃省碌典县拉毛寺和夏河县拉卜楞寺学习文史、经学和医学。1937年起，又跟随安多地区著名藏医宋库次春木学习藏医药理论，深研《四部医典》《祖先口述》《蓝琉璃》《晶珠本草》等藏医药经典。1938年开始行医。1947年，分别获医学门巴拉金巴学位和巴格西学位。对藏医药学的理论造诣较深。擅长内科，尤对铁垢培根症的诊治有独特见解和经验。医德高尚，诊疗谨慎细心，从不收取诊费。考察搜集200余份藏药标本。搜集和查阅了50多部藏医典籍和名医论著。对混淆和误用的70余种药品进行考证。从1979年起，在省内共举办8期藏医学习班，自编教材，主持讲学，言传身教，为青海省培养了288名藏医药人才。修订清代藏药巨著《晶珠本草》。撰有《藏医诊断学》。参与编写《医药百科全书藏医分卷》

续附表－2

姓名	性别	生卒年	籍贯	专长及主要著作
冯菊农	男	1927—	四川省仁寿县	药学专家。1950年，毕业于华西医科大学。任成都市第一人民医院药师、主任药师、成都市中医药研究所所长，兼任四川省中西医结合研究会副理事长、全国中医急症协作组组长、全国中医药重大科技评审委员会委员等职。1955年开始，采用现代科学手段，对传统中药剂型进行改革，多有创新。使中药剂型具有老药物、老效用、老特点；新方法、新给药途径、新剂型的“三老三新”特色。已研制出片剂、冲剂、合剂、注射剂、微囊剂等10种现代剂型200多个品种。1979年起，主持并参与中药剂型改革、中西结合等科研项目，共获国家、省、市级科技成果奖9项，其中“野牡丹冲服剂治疗慢性气管炎”获1982年四川省重大科技成果奖；“参附注射液的研究”获1987年全国中医药重大科技成果乙等奖，并在实践中较系统地对中西医结合、中药剂型改革的概念、理论、原则、方法等进行了整理、总结和探索，提出“三个统一”“三个防止”“多因推进论”等以及中药剂型改革的一整套制剂工艺及其理论。撰有论文40余篇。著有《新编常用中西药制剂处方及配制方法》等
旦　科	男	1932—	四川省若尔盖县	1948年从师学医。1978年在拉萨藏医院进修。1958年起任四川省阿坝藏族自治州若尔盖县藏医医院医师、副院长。精于藏医内科，擅长治疗内科杂症。为继承和发掘藏医事业培养大批专业人才，并将自己临床经验结合《四部医典》，编纂成一部含有1200个藏医方剂的藏医书籍。并主编《藏医基础学》《藏医内科学》等8种藏医士教材

二、大 事 记

1949 年

11 月 西南军区后勤部接管国民党军区署第三卫生材料总库，筹建西南制药厂。

1951 年

1 月 1 日 重庆私营大新化学制药厂与川东人民行政公署卫生厅实行公私合营。这是川东人民行政公署第一家实行公私合营的药厂，改名川东大新制药厂。

4 月 川西人民行政公署卫生厅将私营北辰、信生等药厂公私合营组建川西制药厂。

1953 年

8 月 重庆川东大新制药厂在国内首创葡萄糖生产的运动结晶法新工艺，有效保证了注射用葡萄糖的质量。

1956 年

1 月 西南制药厂在国内首先试制成功驱钩虫药物一溴二萘酚。

4 月 西南制药厂在国内首先研制成功驱虫药磷酸哌嗪。

同月 西南制药厂总工程师、四川省特等劳动模范郑寿参加全国先进生产者代表会议。

1957 年

7 月 31 日 化工部根据《医药工业第二个五年计划草案》，在成都市建设四川抗生素厂，设计投资额为 1781 万元人民币。

1958 年

10 月 西南制药厂在国内首先试制成功呋喃唑酮（痢特灵）和硫酸软骨素 A（康得灵），投入生产。

12 月 新华社报道：中国第一个养獐场在四川省阿坝州马尔康县建立。

1959 年

4 月 1—11 日 全国中西药生产四川现场会在成都市召开。会议主要解决中西药的生产和供应问题及医药卫生工作的结合问题。卫生部副部长崔义田出席会议，600 余人参会。

1960 年

4 月 7 日 卫生部、化工部、商业部印发《关于组织急救药品经营点，以便及时调拨使用的通知》，指定成都市等 10 个城市为重点储备急救西药的经营点，储备的急救西药以金属中毒、食物中毒、农药中毒以及烫伤等药品为主。

1964 年

6 月 15 日 重庆医药工业研究所成立，直属重庆市医药工业公司领导，下设合成药、制剂、检验分析、科技情报 4 个室。

10 月 9 日 重庆川东大新制药厂试制成功缩合葡萄糖，经中国科学院血液研究所生物学鉴定，命名为“409 代血浆”，为国内首创。

1965 年

5 月 10 日 中国医药工业公司四川抗菌素工业研究所成立。该所由上海医药工业研究院抗菌素研究室内迁组建，下设 7 个组和 1 个试验车间，职工 144 人。

1966 年

10 月 23 日 国家投资 2500 万元在乐山市筹建四川长征制药厂。1978 年，该厂建成投产，实际投资3883万元。

1970年

6月 西南制药三厂研制成功新剂型——滴丸，属国内首创，载入《中华人民共和国药典》。此项目获全国科学大会奖。

1971年

12月 西南制药厂首先在国内试制成功血液酸碱度调节剂缓血酸胺。

1978年

10月 四川制药厂试验成功玉米粉酶解制糖工艺。该工艺用所得糖液进行青霉素发酵，可节约粮食25%，降低了青霉素生产成本。

11月22日 四川省革命委员会批转四川省化工局等七单位《关于全省医药机构交接方案的报告》。

1979年

1月4日 四川省革命委员会印发《关于组建四川省医药管理局的通知》。

3月13日 四川省中药材公司成立四川省中药材科技情报站（网）。

6月 国家医药管理总局抗生素情报中心站在成都市召开第一次抗生素情报年会及《抗生素》杂志编委会会议。

同月 中国药学会四川分会在成都市召开大会，选举第一届理事会。肖倬殷任理事长，陈肖庆、魏云祥、韩彭高、田启秀、汪昭武、张长龄、冯菊农、曾德惠任副理事长。

7月1日 四川省医药管理局成立。李鸣鹏任局长，徐炎、熊伯涛、龚毅、彭塞、梁俊德任副局长。

同日 四川省医药工业公司在成都市成立。长征、乐山、内江、万县4个制药厂被收为直属厂。

8月24日 中共四川省委决定：四川省医药管理局建立党组，撤销四川省医药管理局筹备小组。任命李鸣鹏为四川省医药管理局局长、党组书记。

9月19—23日 四川省首届市（地、州）医药管理局局长座谈会在成都市召开，34人参会。

12月1日 国家医药管理总局、化工部、国家物价总局转发《化学试剂价格座谈会纪要》，平衡调整了155种产品价格。

1980年

3月19日 中共四川省委任命彭塞为四川省医药管理局党组副书记。

6月 经教育部批准，四川省中药学校被确定为全国重点中等专业学校。

7月8—16日 全省医药管理局长会议在温江地区召开，四川省人民政府副省长何郝炬出席会议并讲话。

11月18日 重庆市科学技术委员会、重庆市医药管理局主持召开PYK－10型压片电子数控机技术鉴定会。

1981年

1月14—19日 四川省整顿药厂工作座谈会在成都市召开。国家医药管理总局副局长、卫生部药政局局长蔓焰出席会议，四川省人民政府副省长刘海泉出席会议并讲话。各市（地、州）整顿药厂办公室和部分药厂的负责人86人参会。

5月22日 国务院印发《关于加强医药管理的决定》，对医药实行统一管理。

7月28日 四川省人民政府召开第62次常务办公会，研究并同意印发《关于贯彻执行国务院“关于加强医药管理的决定”的意见》。

7月 成都、绵阳、南充等15个市（地）、80多个县遭受水灾。各地医药公司受灾，面积达2万多平方米。国家医药管理总局派出以中国药材公司经理胡用贤为组长的工作组到四川慰问。

8月2日 中国医药工业公司印发《医药工业企业事业单位微生物菌种保藏、发放管理办法》，确定四川抗菌素工业研究所和华北制药厂为抗菌素菌种保藏中心。

9月30日 中共四川省委任命徐炎为四川省医药管理局党组副书记。

11月5日 国家医药管理总局通知，将总局直属的四川抗菌素工业研究所由中国医药工业公司管理改为由国家医药管理总局管理。

12月 西南医用设备厂获中国医疗器械工业公司标准化工作奖。

1982年

2月26日 四川省医药管理局在成都市召开四川省医药科研、情报工作座谈会，会议通过《四川省医药科技情报工作管理暂行办法（试行）》。

6月8—12日 中国药材公司在成都市召开中药材仓储科研协作组第一次全体会议，邀请郑州粮食学院教授黄建国、农业部成都植物检疫站张禹安到会指导。

7 月 6 日 经美国食品和药物管理局（FDA）派员检查，四川长征制药厂质量管理符合美国 GMP 要求，该厂庆大霉素可进入美国市场。

8 月 21 日 中国药材公司印发《1982 年度全国中成药同品种质量评比结》，重庆桐君阁药厂生产的天麻丸荣获第一名。

9 月 1 日 国家医药管理总局委托四川医学院（与四川大学华西医学中心）举办中药化学进修班。

9 月 2 日 国家医药管理总局批复四川省医药管理局，同意试行《人工养麝取香产供销管理办法》。

12 月 18 日 全国医药企业整顿工作座谈会在内江市召开。

1983 年

4 月 四川省人民政府决定，将四川省医药管理局改名为四川省医药总公司，归口四川省计划经济委员会领导，属厅局级单位，行使医药行政管理职权。

5 月 10 日 中共四川省委组织部任命徐炎为四川省医药总公司经理、分党组书记，梁俊德、阎守三为副经理、分党组成员，李鸣鹏为顾问。

7 月 22 日 四川省编制委员会批准四川省医药总公司内部机构设置。

10 月 8—10 日 国家医药管理总局在重庆市召开《医药报》第一届编委会会议。

12 月 22—30 日 国家医药管理总局质量标准司在重庆市召开全国医药质量工作座谈会，全国各省（自治区、直辖市）医药局（总公司）质量负责人及质量管理先进单位代表 80 人参加会议。

1984 年

1 月 2 日 《中国医药报》在重庆市正式出版发行，每周一期。

5 月 15—19 日 国家医药管理总局中成药情报中心站在成都市召开第五次全国中成药情报工作年会、《中成药研究》杂志第一届第四次编委会和第二届通讯员代表会议。156 名代表参会。

7 月 24—28 日 四川省保健食品协会在成都市召开成立大会。四川省人民政府顾问管学思，四川省食品工业协会会长姚荣亭、副会长张征等出席会议并讲话。

10 月 四川省计划经济委员会根据四川省人民政府决定，将四川省医药总公司所属的成都中药材站、医药站、四川中药厂和成都医疗器械厂等企业下放成都市管理。

是年 原四川长征制药厂、内江制药厂、乐山制药厂、万县制药厂 4 个省直属厂均下放地方政府管理。

1985 年

3 月 2 日 四川省人民政府决定：撤销四川省医药总公司，成立四川省医药管理局，行使统一管理全省医药行业工作职权，由四川省计划经济委员会代管。

4 月 22—26 日 全省医药工作会议在成都市召开。四川省人民政府常务副省长顾金池、四川省计划经济委员会主任蒲海清出席会议并讲话。市（地、州）、县（市、区）医药局局长，省级公司经理等 250 人参会。

6 月 5—8 日 经四川省人民政府批准，四川省卫生厅、四川省医药管理局、四川省工商行政管理局、四川省供销社、四川省公安厅在成都市召开四川省贯彻《中华人民共和国药品管理法》工作会议。

6 月 22—25 日 国家医药管理总局在内江市召开医药企业工资改革会议。

6 月 国家医药管理总局在成都市召开研究生工作座谈会。8 所高校、研究院（所）的研究生导师、专家等 30 人参会。

12 月 中共四川省委批准梁俊德离休，吴名智任四川省医药局管理局总工程师、分党组成员。

1986 年

3 月 4—7 日 全省医药局长（扩大）会议在成都市召开。四川省人民政府副省长蒲海清、四川省人大常委会副主任刘云波，四川省政协主席徐崇林、副主席李维嘉，四川省振兴中医领导小组副组长张华等领导出席会议并讲话。

4 月 7—13 日 中国医疗器械工业公司在成都市召开全国医疗器械工业公司经理会议。

4 月 16 日 中国医药工业公司和四川省医药工业公司在四川省乐山市长征制药厂召开全国利福定质量会议。

1987 年

2 月 23—27 日 四川省医药系统先进集体、先进个人代表会议，四川省医药工作会议在成都市召开。中共中央顾问委员会委员天宝、中共四川省委常委黄启璪、中共四川省顾问委员会常委李少言、四川省人大常委会副主任刘西林、四川省人民政府副省长康振黄等出席会议。

5 月 29 日至 6 月 4 日 中国药学会在重庆市召开第二次片剂学术讨论会，152 人参会。会议收到论文 75 篇，会上交流 44 篇。

1988 年

4 月 21—25 日 国家医药管理总局在成都市召开直属高等院校改革座谈会。

5 月 13 日 全国部分药用玻璃企业厂长会议在成都市召开。

12 月 18—20 日 全国高等医药院校校办药厂管理协会在华西医科大学（现四川大学华西医学中心）召开成立大会。

1989 年

2 月 23—27 日 四川省医药管理局召开四川省医药工业会议，四川省人民政府副省长马麟、蒲海清出席会议并讲话。

1990 年

5 月 5 日 国务院批转国家医药管理总局《关于进一步治理整顿医药市场意见的通知》（以下简称《通知》），四川省医药管理局立即落实贯彻《通知》精神。

7 月 5—6 日 广元市直属医药企业和市、区部分医药企业分别遭受特大暴风雨袭击，洪灾和风灾造成的损失合计 35.6 万元。

1991 年

1 月 9—21 日 攀枝花市医药管理局组织医药企业承办攀枝花首届苏铁观赏暨商品物资交易会分会场市医药商品交易会，并承办四川省中药材中成药交易会。交易会接待省内、外 228 户工商企业代表 513 人。

1996 年

1 月 16 日 国家医药管理总局发布《医疗器械产品市场准入审查的规定》和《医疗器械出口证明申办规定》，标志着中国将开始实行统一医疗器械产品注册制度。

1998年

2月18日 全国整顿中药材专业市场总结会在成都市召开。

2月25日 四川省医药系统“双先”表彰会暨全省医药局长会在成都市召开。

7月20日 全国中药机械博览会在成都市召开。

8月9日 四川省医药系统向湖北省、湖南省、江西省、安徽省等遭受洪水的灾区筹集、调拨、发运价值50万元的救灾药品。

11月2日 全国医疗器械（秋季）博览会在成都市开幕。

11月4日 国家经贸委医药司司长于明德到四川调研指导工作。

11月10日 国家药品监督管理总局向四川省人民政府回复《关于彻底取缔成都五块石药材集贸市场的函》。

1999年

7月2日 四川省药品监督管理局正式挂牌成立。徐宽宁任局党组书记、局长，禹华年、黄瑛、何昌双任党组成员、副局长。

2003年

1月13日 四川省药品包装材料和容器检测中心正式开展工作，主要承担中国西部地区尚未建立药包材检测中心的省（自治区）的药包材检测任务。

2月27—28日 2003年全省药品监督管理工作会议在成都市召开。四川省人大常委会副主任钮小明、四川省人民政府副省长杨志文、四川省政协副主席李进出席会议并讲话。

3月17日 四川省药品监督管理局、四川省公安厅召开全省打击制售假劣药品医疗器械违法犯罪活动专项行动电视电话会议。

3月24日 四川省人民政府专题召开全省药品生产经营企业GMP、GSP改造工作座谈会，就进一步加快实施全省医药企业GMP、GSP改造认证工作进行动员部署。

4月23日 四川省药品监督管理局向全省药监系统印发《关于做好防治非典型肺炎药品和医疗器械监督管理工作的通知》。

4月25日 四川省人民政府召开防治“非典”药品、医疗器械市场整顿工作会议。四川省人民政府副省长杨志文要求药监、卫生、工商、公安、经贸委等部门全力协作，严厉查处借防治“非典”之机，制售假冒伪劣药品、哄抬物价等违法行为。

4月 全省开展省级GMP认证，制定并印发《四川省药品生产质量管理规范实施方案（试行)》，建立药品 GMP 认证计算机管理系统。

6 月 四川新荷花中药饮片有限公司全国首家通过中药饮片 GMP 认证现场检查。

7 月 21—22 日 国家食品药品监督管理局在成都市召开农村药品监督供应网络建设试点工作现场会。

7 月 四川省药品不良反应监测中心、四川省中药不良反应监测中心成立。

8 月 14 日 四川省药品监督管理局制定《四川省食品药品放心工程医疗器械专项整顿治理实施意见》。

9 月 1 日 四川省药品监督管理局修订出台《四川省医疗器械生产企业资格认可实施细则》和《四川省医疗器械经营企业资格认可实施细则》。

10 月 19—21 日 第 50 届全国药品交易会暨第 2 届非处方药品（OTC）交易会在成都国际会议展览中心开幕。

11 月 17—18 日 “四川—香港合作发展周”在中国香港会展中心举行。中共四川省委书记张学忠，中共四川省委副书记、四川省人民政府省长张中伟出席并讲话。

11 月 25 日 四川省药品监督管理局印发《关于全面加快农村药品监督供应网络建设工作的意见》，全省农村“两网”建设全面启动，并与 2004 年 GSP 认证攻坚战成功“对接”。

11 月 雅安三九中药材科技产业化有限公司的鱼腥草通过国家 GAP 认证。该公司是全国首家通过该项认证的企业。

12 月 8—11 日 国家食品药品监督管理局副局长张敬礼率调研组到绵阳市安县，成都市大邑县、温江区、新都区，调研农村药品监督和供应网络建设工作。

12 月 30 日 四川省医药行业协会在成都市成立，四川省药品监督管理局局长徐宽宁任名誉会长。

2004 年

2 月 21 日 经中共四川省委、四川省人民政府批准，四川省食品药品监督管理局挂牌成立，四川省人民政府副省长杨志文授牌。苏海红任四川省食品药品监督管理局党组书记、局长。

2 月 21—22 日 2004 年全省食品药品监督管理工作会议在成都市召开，四川省政协主席秦玉琴、中共四川省委常委甘道明、四川省人大常委会副主任钮小明，四川省人民政府副省长杨志文、李进出席会议。

4 月 27 日 四川省人民政府决定成立省食品安全协调委员会。四川省人民政府副省长杨志文任主任，四川省人民政府副秘书长陈泓贵、四川省食品药品监督管理局局长苏海红任副主任，四川省农业厅、四川省卫生厅等 17 个相关省直部门为成员单位。

5 月 9 日 中央电视台《每周质量报告》披露成都地区生产“敌敌畏泡菜”问题后，省食品安全协调委员会迅速采取行动，督促有关部门严肃查处成都市新都区、彭州市等地加工销售有毒泡菜的违法行为。

5 月 13 日 国务院食品安全专项整治工作电视电话会议召开。同时，四川省召开食品安全专项整治工作电视电话会议，中共四川省委副书记、四川省人民政府省长张中伟出席会议并讲话。

5月22—29日 四川省食品安全协调委员会组织开展食品安全宣传周活动，向社会报道“空壳奶粉”和“黑心泡菜”事件查处情况，发布《四川省生猪屠宰市场整顿行动方案》。

6月5日 四川省重点GMP认证企业CEO峰会在成都市举行。

6月24日 国家食品药品监督管理局组织的“药品监管卫士”高志全同志事迹报告团一行5人，到成都市举行高志全同志事迹演讲报告会。

8月20日 全省综合整治联合行动电视电话会议召开。四川省人民政府副省长杨志文出席会议并部署全省食品安全综合整治工作。

9月5—16日 四川省食品安全协调委员会办公室从四川省食品药品监督管理局等9个部门抽调22名工作人员组成7个联合督查组，分赴全省21个市（州），专项督查各地开展食品安全综合整治联合行动情况。

10月28—31日 国家食品药品监督管理局副局长惠鲁生率国务院整顿和规范市场秩序工作第六督查组到四川，对全省食品安全、非法采供血液和单采血浆、知识产权保护等3项专项整治活动进行检查。

10月28日至11月2日 国家食品药品监督管理局行政执法检查组一行6人，对四川省食品药品监督管理系统进行为期6天的实地检查。

11月29日至12月1日 国家食品药品监督管理局医疗器械检测机构资格认可评审专家组一行3人，到四川省医疗器械检测中心进行扩验项目认可及监督复查评审工作。

12月16日 受四川省人民政府委托，四川省食品药品监督管理局在成都市召开听证会，对即将出台的《四川省人民政府关于切实加强食品安全工作的决定》举行公开听证。

2005年

1月19日 四川省食品安全协调委员会印发《关于贯彻落实〈四川省人民政府关于切实加强食品安全工作的决定〉的意见》。

1月22日 九三学社四川省委向正在成都市召开的四川省政协九届三次会议提交了《关于完善食品安全保证机制的建议》（提案第104号）提案。作为该提案主要承办单位，四川省食品药品监督管理局在会上回答了政协委员们的咨询。现场办理政协提案，在四川省尚属首次，引起了社会各界广泛关注。

3月5—7日 国家食品药品监督管理局培训中心举办的首期中药饮片、医用气体生产企业GMP培训班在成都市开班。

3月15日 四川省食品药品监督管理局和四川省工商局、四川省质量技术监督局等12个省直部门，在成都市体育中心举行“3·15”大型宣传咨询活动。四川省食品药品监督管理局局长苏海红等出席开幕仪式。

4月1—2日 国家食品药品监督管理局药品审评中心举办的药品技术评价讲习班在成都市举行。

4月14日 四川省食品安全协调委员会办公室、四川省食品药品监督管理局印发《关于开展农村食品安全监督网建设试点工作的通知》。

4月18日 四川省人民政府新闻办公室召开食品药品安全专题新闻发布会。四川省食品安全协调委员会副主任苏海红通报全省食品药品安全状况，并回答记者提问。

4月19日 按国家食品药品监督管理局注册受理制度改革要求，四川省食品药品监督管理局全面启动辖区内国产药品注册受理工作。

4月20日 中国人民解放军第四军医大学、成都华神集团股份有限公司研制成功具有自主知识产权的治疗原发性肝癌的I类新药——碘［^{131}I］美妥昔单抗注射液。

4月27日 四川省第五届劳动模范表彰大会在成都市举行。乐山市五通桥药品监管局局长张曦荣获“四川省劳动模范”称号，这也是省药品监管系统成立以来涌现出的第一位省级劳动模范。

5月10—21日 四川省人大常委会对全省《中华人民共和国食品卫生法》贯彻实施情况暨食品安全工作开展执法检查。

5月27日 四川省食品安全专家咨询委员会成立会议在成都市召开。来自全省食品产业各领域的46名专家成为四川省食品安全专家咨询委员会第一批专家。

6月3日 四川省人民政府召开专题会议，研究甘孜州地区饮茶型氟中毒问题解决方案。

6月6日至9月23日 四川省食品安全协调委员会办公室组织开展对眉山、自贡、泸州、遂宁、广安、德阳、乐山7个城市实施食品放心工程综合评价工作。

6月12日 中国第一个开放性国家级生物医学材料工程技术研究开发中心，经过5年的试运行后，正式在四川大学挂牌。

7月1日起 根据《保健食品注册管理办法（试行）》规定，四川省食品药品监督管理局保健食品注册管理工作全面启动。

7月6日 国务院整顿和规范市场经济秩序工作调研组到四川调研。

7月15日至11月30日 全省完成市、县两级食品药品监督管理机构组建、职能调整、干部定岗和人员分流工作。

7月15日 四川省食品药品监督管理局印发《关于开展药品经营企业现代物流试点的通知》，启动医药现代物流试点工作。

7月27日 四川省第十届人民代表大会常务委员会第十六次会议上，四川省人大常委会副主任钮小明作《四川省人大常委会执法检查组关于检查〈中华人民共和国食品卫生法〉实施情况暨食品安全工作情况的报告》。

7月29日 国家食品药品监督管理局副局长惠鲁生在四川省食品药品监督管理系统领导干部培训会上作食品安全监管工作专题报告。

8月1日 根据国家食品药品监督管理局《医疗机构制剂注册管理办法》规定，四川省医疗机构制剂注册审批工作在全省范围内全面开展。

8月14日 四川省人民政府办公厅转发四川省食品安全协调委员会办公室制定的《全省边销茶氟中毒专项治理工作方案》。

8月27—30日 全国政协食品安全监管体制调研组到四川调研，先后听取了四川省人民政府和成都市人民政府、绵阳市人民政府关于食品安全监管工作汇报，实地考察了部分食品生产经营企业和食品检验检测机构。

8 月 29 日 国家药典委员会主办的《国家药品标准管理办法》征求意见座谈会在成都市召开。

10 月 17—19 日 世界卫生组织国家疫苗监管能力评估组一行 4 人到成都市，现场评估四川省疫苗监管情况。

10 月 24—28 日 国家食品药品监督管理局与加拿大卫生部举办的医疗器械电磁兼容（EMC）标准培训班在广安市举行。

10 月 26 日 四川省食品药品监督管理局稽查总队经过长期布控，在成都市警方的配合下查获一起销售假人血白蛋白案，初步查明涉案金额 5 万余元，案件移送公安机关调查处理。

11 月 1—5 日 作为亚太地区规模排名第一的展会，第 54 届中国国际医疗器械博览会在成都市开幕。

11 月 30 日至 12 月 3 日 国家食品放心工程综合评价组一行 6 人，代表国家八部委（局），对成都市实施食品放心工程进行综合评价。

12 月 1 日 全省食品药品监管系统会计信息平台上网运行，实现了财政资金实时监控。

12 月 13 日 四川省食品药品监管局副局长带领相关处室负责人值守四川人民广播电台《阳光政务》热线节目，倾听群众意见，解答听众咨询。全省 21 个市（州）食品药品监督管理局同时派专人值守热线电话，倾听群众意见。

12 月 26 日 四川省食品药品监督管理局局长苏海红，四川省工商局副局长洪波等带队，由四川省食品药品监督管理局、四川省工商局、四川省卫生厅、四川省商务厅、四川省公安厅、四川省质量技术监督局等部门组成综合执法检查组，对成都市部分农贸市场、商场超市的食品安全情况进行检查。

三、文献辑存

四川省《中华人民共和国食品卫生法》实施办法

（1997 年 10 月 17 日四川省第八届人民代表大会常务委员会第二十九次会议通过，根据 2002 年 5 月 30 日四川省第九届人民代表大会常务委员会第二十九次会议《关于修改〈四川省《中华人民共和国食品卫生法》实施办法〉的决定》第一次修正，根据 2004 年 9 月 24 日四川省第十届人民代表大会常务委员会第十一次会议《关于修改〈四川省《中华人民共和国食品卫生法》实施办法〉的决定》第二次修正）

第一章　总　则

第一条　为保证食品卫生，防止食品污染和有害因素对人体的危害，保障人民身体健康，根据《中华人民共和国食品卫生法》和国家有关规定，结合四川实际，制定本办法。

第二条　凡在本省行政区域内从事食品生产经营活动的单位和个人，必须遵守本办法。

第三条　县级以上人民政府卫生行政部门负责本行政区域内的食品卫生监督管理工作。

县级以上人民政府有关部门在各自职责范围内负责食品卫生管理工作。

第四条　任何单位和个人对违反本办法的行为，有权检举和控告。

第二章　食品的卫生

第五条　食品及其生产经营活动，必须符合国家和省卫生行政部门制定的卫生标准和卫生要求。

第六条　食品生产经营场所应保持环境整洁。食品生产、经营和贮存场所不得同时生产、经营和存放有毒、有害物质及容易造成食品污染的不洁物品。贮藏食品和食品原料的仓库、贮藏室应当通风干燥（冷库等有特殊要求的除外），构筑材料应无毒无害。食品堆码应当隔地离墙，设架分类存放。

第七条　餐饮经营单位应配备专用清洗消毒设施和防尘、防蝇、防鼠、防腐等设施，对餐饮具进行消毒。提倡采用物理方法消毒。

第八条　食品不得与有毒、有害的物品混合或用同一货厢货柜装运。运输和装卸食品的工具、容器和包装设备应当符合卫生要求。长途运输的食品应当有外包装，运输易腐食品应当有冷藏或隔热措施，运输散装直接入口食品应当使用专用容器和运输工具并定期清洗消毒。

第九条 制作食品的用具、油料、调味品等应当符合卫生标准和卫生要求，食品加工机具的润滑剂不得污染食品。

第十条 销售直接入口食品应当采取有效的保质措施，使用专用工具，防止食品变质。

第十一条 食品包装所用的材料及制品等应注明“食品容器”或“食品用”等标识。辐照食品在包装上应有辐照食品标识。

第十二条 禁止生产经营下列食品：

（一）《中华人民共和国食品卫生法》第九条所规定的禁止生产经营的食品；

（二）含有未经国家允许使用的农药、添加剂、加工助剂的农副产品及其制品；

（三）农药、化肥浸泡过的粮食、油料及其制品等；

（四）超过国家卫生标准规定的范围和限量使用食品添加剂的食品；

（五）注水的肉类等；

（六）兑制的酱油、醋和工业酒精兑制的酒类；

（七）其他法律、法规和规章规定的不符合食品卫生标准和卫生要求的食品。

第三章 零星摊点和城乡集贸市场食品的卫生

第十三条 零星摊点和城乡集贸市场的食品卫生管理工作由工商行政管理部门负责，食品卫生监督监测工作由卫生行政部门负责。

城乡集贸市场主办者应对食品生产经营者进行食品卫生法律、法规、规章和食品卫生知识的宣传培训，组织对从业人员进行健康检查。

第十四条 食品市场（含综合市场的食品经营摊区，下同）和零星摊点的选址应当符合卫生要求，避开有毒、有害场所。

食品市场内应设置必要的给排水设施、封闭式垃圾存放设施和食品防污染设施，保持经营场所良好的环境卫生状况。

第十五条 零星摊点和在城乡集贸市场生产经营食品应当符合下列卫生要求：

（一）食品生产经营从业人员衣着整洁，保持个人及环境卫生；

（二）餐饮具经消毒合格、符合卫生标准；

（三）销售直接入口的食品有防尘、防蝇和防鼠等设施，使用专用工具，防止食品污染。

第四章 食品卫生管理

第十六条 食品生产经营单位应当建立健全食品卫生管理制度和卫生操作规程，严格遵守食品卫生法律、法规和规章，对从业人员进行食品卫生法律、法规、规章和卫生知识的教育培训，保证食品生产经营符合卫生要求。

第十七条 食品、食品添加剂、食品容器、包装材料和食品用工具、设备、洗涤剂、消毒剂的生产企业应建立卫生检验制度，配备专兼职卫生检验人员，依照卫生标准对产品进行检验。

不具备检验能力的生产企业，应委托卫生行政部门指定的食品卫生检验机构对产品进行检验，合格后方可出厂销售。食品卫生检验机构的资格应经省以上卫生行政部门认可。

第十八条 食品生产经营从业人员上岗前应接受健康检查，从业期间每年度应接受一次健康检查。健康检查由食品生产经营单位按国务院卫生行政部门的规定组织实施。经健康检查合格的，发给健康合格证。未取得健康合格证的，不得从事食品生产经营活动。

健康合格证不得涂改、转让、倒卖和伪造。

第十九条 食品生产经营企业的新建、改建和扩建工程，其选址和设计应符合卫生要求，其设计审查和工程验收必须有卫生行政部门参加。

第二十条 食品生产经营单位应按照下列规定办理卫生许可证：

（一）省属企业事业单位、部队和中央机关的直属企业事业单位、外省的省属企业事业单位在川从事食品生产经营活动，向省卫生行政部门申请办理卫生许可证；

（二）本市、州和外地的市、州属企业事业单位在本市、州从事食品生产经营活动，向市、州卫生行政部门申请办理卫生许可证；

（三）本县（市、区）和外地的县（市、区）及其以下所属企业事业单位以及个体工商户在本县（市、区）从事食品生产经营活动，向县（市、区）卫生行政部门申请办理卫生许可证。

工商行政部门的同级卫生行政部门申请办理卫生许可证。

卫生行政部门自收到申请之日起 30 日内，对符合条件的，应发给卫生许可证；不符合条件的，应给予答复并说明理由。

上级卫生行政部门可根据实际情况，将由本级审批发证的食品生产经营单位委托给下级卫生行政部门审批发证。

第二十一条 卫生许可证五年换发一次。

取得卫生许可证后需要变更卫生许可证登记项目的，应按照原审批程序办理变更手续。

第二十二条 生产下列产品，应向省卫生行政部门提出申请，提交市、州级以上食品卫生检验机构出具的检验报告和有关资料：

（一）营养强化食品；

（二）利用已获国务院卫生行政部门批准生产的食品新资源为原料生产的食品；

（三）已有国家卫生标准的辐照食品、食品添加剂、营养强化剂、水解酱油；

（四）国务院卫生行政部门授权审批的其他产品。

省卫生行政部门自收到申请之日起 30 日内，对符合条件的，应予以批准；不符合条件的，应给予答复并说明理由。

第二十三条 食品生产企业生产新资源食品、食品添加剂的新品种，利用新的原材料生产食品容器、包装材料和食品用工具、设备，应向省卫生行政部门提供检验机构出具的检验报告及有关资料，经审查同意并报国务院卫生行政部门批准后方能生产。

表明具有特定保健功能的食品的生产经营，应按国务院卫生行政部门的规定进行审批。

第二十四条 食品生产经营单位采购食品及其原料、食品添加剂、食品容器、包装材料和食品用工具、设备及洗涤剂、消毒剂，应按规定向销售者索取检验合格证、化验单或有关批准文件。采购境外进口食品及其原料、食品添加剂、食品容器、包装材料和食品用工具、设备及洗涤剂、消毒剂，应当索取进口食品卫生检验机构出具的检验合格证。

第二十五条　境外进口的食品、食品添加剂、食品容器、包装材料和食品用工具、设备及洗涤剂、消毒剂，必须符合国家卫生标准，由销售地的县级以上卫生行政部门负责卫生监督。

第二十六条　申请发布食品、食品添加剂、食品容器、包装材料和食品用工具、设备及洗涤剂、消毒剂等产品的广告，其内容应真实、科学，并按国务院卫生行政部门和国家工商行政管理部门的规定向市、州级以上卫生行政部门申请办理食品广告证明。未按规定取得食品广告证明的，各级各类传播媒体不得为其发布食品广告。

第二十七条　在国家未制定食品卫生标准的情况下，需要制定地方食品卫生标准的，由省卫生行政部门拟定，经征求省技术监督行政部门意见后，报省人民政府批准公布，并报国务院卫生行政部门和国务院技术监督行政部门备案。

企业制定食品的企业标准时，应报所在地的市、州卫生行政部门备案；其中制定无国家标准、行业标准和地方标准的食品的企业标准，应报省卫生行政部门备案。

第二十八条　集体用餐的单位应当设置餐具清洗、消毒设施，指定人员负责集体用餐的卫生管理工作，防止食物中毒事故发生和传染病流行。

第二十九条　举办食品博览会、食品展销会，主办单位应负责参展食品的卫生质量和环境卫生管理，并接受卫生行政部门的监督指导。

评定优质食品应有卫生行政部门参加。食品生产经营者申报优质食品，应提供卫生行政部门出具的卫生评价资料。

第五章　食品卫生监督

第三十条　县级以上卫生行政部门按职责分工履行食品卫生监督职责。上级卫生行政部门可根据需要，将本级监督管理的食品生产经营单位委托给下级卫生行政部门进行日常监督管理。

县级以上卫生行政部门应定期向社会公布食品卫生监测情况。

县级以上卫生行政部门对公民举报的食品生产经营中的违法行为应当及时调查处理。

第三十一条　县级以上卫生行政部门设立食品卫生监督员。食品卫生监督员的考核标准由省卫生行政部门制定，由聘任监督员的卫生行政部门组织考核，对合格者发给证书。

食品卫生监督人员在执行公务时应持有效的行政执法证件，忠于职守、秉公执法，不得利用职权谋取私利。卫生行政部门及其工作人员不得要求食品生产经营单位购买指定单位销售的食品卫生用品用具。

第三十二条　食品生产经营单位应接受颁发卫生许可证的卫生行政部门的监测。其监测频次、采样数量由省卫生行政部门规定，收费标准应按照省卫生行政部门和省物价财政部门的规定执行。

上级卫生行政部门可以对下级卫生行政部门实施日常监测的食品生产经营单位进行抽检。

第三十三条　县级以上卫生行政部门对已造成食物中毒事故或有证据证明有可能导致食物中毒事故的，可以对该食品生产经营单位采取下列临时控制措施：

（一）责令其立即公告追回已售出的有毒食品；

（二）搜集可疑食品或患者排泄物以备检查。

发生食物中毒的单位或接收病人治疗的单位应保护现场并向当地卫生行政部门报告。卫生行政部门应及时进行现场调查，并组织医务人员抢救病人。

第六章　法律责任

第三十四条　未按照本办法第二十条规定取得卫生许可证，擅自从事食品生产经营活动的，由卫生行政部门予以取缔，没收违法所得，并处违法所得1倍以上5倍以下罚款；没有违法所得的，处以500元以上3万元以下罚款。

第三十五条　违反本办法第五条、第六条、第七条、第八条、第九条、第十条规定，食品生产经营活动不符合卫生要求的，由卫生行政部门给予警告，可处500元以上5000元以下罚款；拒不改正或者有其他严重情节的，吊销卫生许可证；构成犯罪的，由司法机关依法追究刑事责任。

第三十六条　违反本办法第十二条规定，生产经营禁止生产经营的食品的，由卫生行政部门责令停止生产经营活动，立即公告收回已售出的食品，并连同库存的该种食品予以销毁，没收违法所得，并处违法所得1倍以上5倍以下罚款；没有违法所得的，处以1000元以上5万元以下罚款；情节严重的，吊销卫生许可证；构成犯罪的，由司法机关依法追究刑事责任。

第三十七条　违反第十五条规定，经营零星摊点和在城乡集贸市场生产经营食品不符合卫生要求的，由卫生行政部门给予警告，可处50元以上500元以下罚款。

第三十八条　违反本办法第十八条规定，食品生产经营单位没有组织从业人员接受健康检查并取得健康合格证的，由卫生行政部门责令改正，可对食品生产经营单位处500元以上5000元以下的罚款。

第三十九条　违反本办法第二十二条第一款、第二十三条规定的，由卫生行政部门责令停止生产和使用，没收违法所得，并处违法所得1倍以上3倍以下罚款；没有违法所得的，处5000元以上2万元以下罚款。

第四十条　食品生产经营企业新建、改建和扩建工程的设计和竣工未经卫生行政部门进行卫生审查和验收的，由卫生行政部门责令改正；拒不改正的，不得开业生产，卫生行政部门可对企业处以3000元以上2万元以下罚款。

第四十一条　未持有食品广告证明而发布食品广告或擅自改变已经卫生行政部门审批的食品广告内容的，由工商行政管理部门会同卫生行政部门依法处理。

第四十二条　当事人对行政处罚决定不服的，可以依法申请行政复议或提起行政诉讼。逾期不申请行政复议，又不提起行政诉讼，也不履行处罚决定的，作出处罚决定的卫生行政部门可以申请人民法院强制执行。

第四十三条　从事食品卫生监督的工作人员玩忽职守、徇私舞弊或对食品生产经营单位及人员提出违法要求的，由所在单位或上级主管部门给予行政处分，取消食品监督员资格；构成犯罪的，由司法机关依法追究刑事责任。

第四十四条　拒绝、阻碍食品卫生监督人员依法执行公务，违反《中华人民共和国治安管理处罚条例》的，由公安机关给予治安处罚；构成犯罪的，由司法机关依法追究刑事责任。

第七章 附 则

第四十五条 本办法自公布之日起施行。1984 年 11 月 14 日省人大常委会颁布的《四川省实施〈中华人民共和国食品卫生法（试行）〉若干规定》同时废止。

四川省人民政府关于切实加强食品安全工作的决定

川府发〔2004〕30 号

为保障广大人民群众的切身利益，促进全省经济社会全面协调发展，维护社会稳定，按照《国务院关于进一步加强食品安全工作的决定》（国发〔2004〕23 号）的要求，结合我省实际，采取有效措施，切实加强全省食品安全工作。

一、提高认识，明确食品安全工作的指导原则和工作目标

（一）充分认识食品安全工作的重要性。我省是一个食品消费大市场，也是一个食品生产加工大省，食品工业已成为我省的重要支柱产业和农民增收的重要渠道。搞好我省食品安全工作，不仅是保障人民群众身体健康和生命安全的需要，也是规范市场经济秩序、推动食品工业健康发展、加快全面建设小康社会进程的必然要求，是维护四川形象和信誉的重要举措。各级政府及其职能部门务必从实践“三个代表”重要思想的高度充分认识我省食品安全工作所面临的严峻形势和切实加强食品安全工作的极端重要性，增强做好这项工作的紧迫感和责任感，切实把食品安全工作放在突出位置，作为一项“民心工程”抓紧抓好。

（二）指导原则。以邓小平理论和“三个代表”重要思想为指导，认真贯彻党的十六大和十六届三中、四中全会精神，牢固树立科学发展观和正确政绩观，坚持以人为本、执政为民的思想和标本兼治、着力治本的工作原则，抓好食品种植养殖、生产加工、流通和消费四个环节的监管，做到集中整治和制度建设、严格执法和科学管理、打假治劣与扶优扶强相结合，认真落实责任，加强协调配合，依法加强监管，着力建立长效工作机制，全面提高食品安全工作水平。

（三）工作目标。近期：到 2005 年，有效遏制制售假冒伪劣和有毒有害食品的违法犯罪活动，实现食品生产经营秩序明显好转，食品安全事故明显减少，人民群众食品消费安全感明显增强的目标；远期：在 3 至 5 年内，有效整合食品安全监管资源，逐步构建食品安全综合监管的基本框架和重大食品安全事故应急处置体系，建立和完善科学有效的食品安全标准体系、检验检测体系和信用体系，基本形成“全省统一领导，地方政府负责，部门指导协调，各方联合行动”的工作格局，促进食品工业持续健康发展，为人民群众食品安全提供有力保障。

二、标本兼治，着力治本，建立和完善食品安全监管体系

（一）食品安全标准、检验检测和法制体系。按照国家总体要求，清理、修订与食品安全有关的产品标准和卫生标准，进一步建立和完善食品安全标准体系，由省质监局会同省发展改革委、省经委、省农业厅、省卫生厅、省商务厅、省食品药监局、省粮食局、省畜牧食品局、省水产局等部门组织实施。充分发挥农业、质监、卫生、商务、食品药监、粮食、畜牧、水产等部门检测机构的作用，整合食品检验检测资源，严格资质审核，加强检测能力建设，完善食品检验检测体系，逐步面向社会，实现资源和检测信息共享，避免重复建设和检测。省法制办要会同有关部门组织开展食品安全法制工作调研，根据食品安全监管职能调整，及时清理和修订省内食品安全有关法规、规章。

（二）食品安全信用体系。以加强食品生产经营企业信用建设为核心，通过政府监管、行业自律和社会监督，综合抓好食品安全制度规范、管理服务系统与运行机制建设，建立健全食品生产、经营企业质量档案和食品安全监管信用档案，强化食品生产经营者的责任意识，加快形成我省食品安全信用体系。抓好成都、绵阳2个城市和肉制品、奶制品2个行业的食品安全信用体系建设试点工作。力争2006年初步建立起全省食品安全信用体系建设的基本框架和运行机制。

（三）食品安全信息体系。建立和完善食品安全信息监测和通报网络体系，逐步形成统一、科学的食品安全信息评估和预警指标体系，及时研究分析食品安全形势，强化预防和事前控制。加强食品安全信息管理和综合利用，构建部门间信息沟通平台，实现互联互通和资源共享。农业、粮食、畜牧和水产部门发布有关初级农产品农药和重金属残留、畜禽产品兽药残留、水产品药物残留等检测信息。质监、工商、卫生和食品药监4个部门联合发布市场食品质量监督检查信息。省食品药监局负责收集汇总、及时传递、分析整理，定期向社会发布食品安全综合信息。重大食品安全事故的信息由省食品安全协调委员会发布。近期选择奶制品和蔬菜两个品种作为规范信息发布的试点。

各地、各部门要按要求及时上报食品安全信息，确保信息畅通、反馈及时、发布准确。对食品安全事故隐瞒、缓报、谎报或者授意他人隐瞒、缓报、谎报的要依法依纪追究责任。

三、强化责任，落实措施，扎实做好食品安全监管工作

（一）理顺食品安全监管职责。按照一个监管环节由一个部门监管的原则，采取分段监管为主、品种监管为辅的方式，进一步理顺食品安全监管职能，明确责任。农业部门负责初级农产品生产环节的监管；质监部门负责食品生产加工环节的监管，将现由卫生部门承担的食品生产加工环节的卫生监管职责划归质监部门；工商部门负责食品流通环节的监管；卫生部门负责餐饮业和食堂等消费环节的监管；食品药监部门负责对食品安全的综合监督、组织协调和依法组织查处重大事故。职责任务调整由省编办会同有关部门组织落实。省发展改革委、省经委、省农业厅、省商务厅、省畜牧食品局、省粮食局、省水产局、省乡镇企业局等部门要按照各自职责做好种植养殖、食品加工、流通、消费环节的行业管理工作。同时要进一步发挥行业协会和中介组织的作用。

地方各级政府要切实保证各职能部门办公办案、监督抽查等经费，改善执法装备和检验监测技术条件。各级财政部门要对食品安全监管经费予以保障。

（二）加强食品安全的监督管理。在种植养殖环节要大力推进“无公害食品行动计划”，逐步建立农产品质量安全例行监测制度和农产品质量安全追溯制度，开展农产品产地环境、农业投入品和农产品质量安全状况的检测，积极推行以县为单位的无公害农产品整体认定；加快无公害农（畜）产品标准化生产综合示范区、养殖小区和出口产品生产基地的建设。向农民普及安全使用化肥、农药、兽药、饲料添加剂和动植物生长激素等知识，推广使用低残高效农药、兽药和无污染添加剂，规范种植、养殖行为。

在食品生产加工环节，严格实施食品质量安全市场准入制度，严格审查企业生产条件，严格按标准组织生产，严格产品出厂检验。2005年7月前基本完成肉制品、乳制品、饮料、调味品、冷冻饮品、方便面、饼干、罐头、速冻米面食品、膨化食品等10类产品实施食品质量安全市场准入工作，启动糖果、茶叶、葡萄酒及果酒、啤酒、黄酒、酱腌菜、蜜饯、炒货、蛋及制品、可可、咖啡、水产加工品、淀粉及制品等13类食品市场准入工作；加强食品生产加工企业监管，实行生产企业巡查、回访、年审、监督抽查等监管制度；强化新资源食品、食品添加剂和食品包装材料等的安全性评价。

在食品流通、消费环节，深入实施以“培育绿色市场、开辟绿色通道、提倡绿色消费”为主要内容的“三绿工程”，倡导现代流通组织方式和经营方式，大力发展连锁经营和物流配送；敦促经销企业建立进货检查验收、索证索票、购销台账和质量承诺制度；落实市场开办者质量责任制，推行“厂场挂钩”“场地挂钩”等有效办法；完善落实市场巡查制度、监督抽查和食品卫生例行监测制度，不合格食品退市、召回、销毁、公布制度；推进餐饮业、食堂全面实施食品卫生监督量化分级管理制度；开展食品污染物监测和食源性疾病监测体系建设；加强畜禽屠宰行业管理，深入推进定点屠宰，全面开展生猪定点屠宰厂（场）分级达标工作，逐步实行鲜冻猪肉跨区销售肉证（票）同行，严厉打击私屠滥宰和制售注水肉、病害肉的违法行为；健全社区食品加工流通服务体系；强化食品安全标识和包装管理。

各有关部门要加强食品安全监管工作的联系与沟通，建立和完善食品安全联席会议制度，形成工作联动机制。

（三）建立和实行食品安全责任制。地方各级人民政府对当地食品安全负总责，统一领导、协调本地区的食品安全监管和整治工作。按照责权一致的原则建立食品安全监管责任制和责任追究制，明确直接责任人和有关负责人的责任，签订食品安全责任书，将责任落实到部门和人。各级政府对食品安全监管责任落实情况要进行考核，对发生重大食品安全事故并导致严重后果的，要严格依法依纪追究监管责任。食品生产者、经营者、市场开办者要强化责任，严格自律。食品企业法人要切实负起食品安全第一责任人的责任。

（四）强化机构、队伍建设和加大监督执法力度。基层食品安全监管是食品安全工作的基础和重点，要充实基层执法人员力量，加强基层执法队伍思想建设、业务建设和作风建设，强化法律法规和业务培训，提高执法队伍整体素质和依法行政的能力，做到严格执法、公正执法、文明执法。加快市、县两级食品安全监督管理体制改革步伐，由省编办会同有关部门组织落实。

各地、各部门要认真按照《四川省食品安全综合整治联合行动督查工作方案》的统一部署整合食品安全监管部门和政法部门执法力量，实行部门联动、上下联动，推进联合执法、综合执法，形成食品监管的强大合力。组织开展全省食品安全综合整治联合行动，以粮、肉、蔬菜、水果、奶制品、豆制品、水产品7大类为重点产品；以社区、城乡接合部、村镇的各类食品批发市场、集贸市场、小加工作坊、小餐馆、农家乐为重点区域；以无证照非法生产、加工、销售食品的行为，制造、使用虚假食品产品标识的行为，收购、贩卖、屠宰注水猪肉的行为，制售假冒伪劣食品的窝点和违法犯罪团伙为重点对象；突出儿童和农村食品市场整治，切实维护未成年人、农民和低收入者的利益。通过综合整治联合行动，严厉惩处违法犯罪团伙和首恶分子。对食品安全违法犯罪发案率高、重大案件久拖不结的地区和单位，上级政府和有关行政执法、司法部门要组织力量直接查办，严肃追究有关人员责任。重大典型案件查处结果要及时向社会公布。建立和完善举报制度，充分发挥各级消费者协会的作用。

（五）加强食品安全宣传教育工作。大力宣传党中央、国务院和省委、省政府有关加强食品安全工作的精神，充分报道各地、各部门开展的食品安全监管工作及取得的实效；积极宣传我省食品行业的优质产品、优良品牌和优秀企业，提高我省食品信誉；广泛普及食品安全知识，引导人民群众树立正确的消费观念，培育消费信心；揭露、曝光食品安全方面的违法犯罪典型案件。同时要严厉打击和治理食品虚假广告。

由省食品药监局会同有关部门抓好本决定的落实工作，牵头制定有关工作制度和具体办法，组织开展食品安全工作综合督查并将督查情况及时向省政府报告。

四川省主要药政法规一览表（1957—2004 年）

表附－3

名　称	制定机关	发布时间
《关于加强药业摊贩的整顿管理的几项规定》	四川省人民委员会	1957 年 12 月
《关于药房工作制度说明》	四川省卫生厅	1957 年
《关于加强药品质量管理的指示》	四川省卫生厅、四川省化工厅、四川省商业厅	1959 年 10 月
《关于加强对药业摊贩管理的通知》	四川省卫生厅	1962 年 5 月
《关于加强对药业摊贩管理的通知》	成都市卫生局	1962 年 7 月
《关于加强对药业摊贩管理的通知》	重庆市卫生局	1962 年 11 月
《关于贯彻麻醉药品管理条例及细则的意见》	四川省卫生局	1979 年 5 月
《关于贯彻〈医疗用毒药、限制性剧药管理规定〉的意见》	四川省卫生局、四川省医药局、四川省商业局、四川省供销社	1979 年 8 月
《四川省药政管理条例实施细则》	四川省卫生厅、四川省医药局	1979 年 12 月
《关于加强中药饮片炮制质量管理的通知》	四川省卫生局	1979 年 1 月
《贯彻执行〈关于在全国开展整顿药厂工作的报告〉的意见》	四川省卫生局、四川省医药局	1980 年 1 月
《关于开展整顿药品品种工作的意见》	四川省卫生局、四川省医药局、四川省工商行政管理局	1980 年 4 月
《关于对药厂厂名整顿的通知》	四川省卫生局、四川省医药局、四川省工商行政管理局	1982 年 2 月
《四川省新药管理办法实施细则（试行）》	四川省卫生局、四川省医药局	1980 年
《印发〈关于加强药业摊贩管理的规定〉的通知》	四川省卫生厅、四川省医药局、四川省商业厅、四川省供销社、四川省公安厅	1981 年
《四川省人民政府办公厅关于印发四川省食品药品监督管理局主要职责内设机构和人员编制规定的通知》	四川省人民政府办公厅	2004 年 7 月 14 日

四川省主要食品一览表

表附－4

名牌产品	所属企业
五粮液牌五粮液	四川省宜宾五粮液集团有限公司
五粮醇牌五粮醇酒	四川省宜宾五粮液集团有限公司
五粮春牌五粮春	四川省宜宾五粮液集团有限公司
国窖牌国窖酒	泸州老窖股份有限责任公司
泸州牌百年泸州老窖酒	泸州老窖股份有限责任公司
泸州老窖特曲酒	泸州老窖股份有限责任公司
泸州老窖头曲酒	泸州老窖股份有限责任公司
剑南春牌剑南春	四川剑南春集团有限责任公司
全兴牌全兴大曲	四川全兴股份有限公司
沱牌曲酒	四川沱牌曲酒股份有限公司
郎牌郎酒	四川郎酒集团有限责任公司
古蔺牌古蔺大曲	四川郎酒集团有限责任公司
文君牌文君酒	四川省文君酒厂有限责任公司
鹃城牌郫县豆瓣	四川省郫县豆瓣股份有限公司
佳禾牌糕点	成都佳禾食品有限公司
丰谷牌丰谷特曲酒	四川省绵阳市丰谷酒业有限责任公司
龙都牌龙都香茗茶	四川龙都茶业（集团）有限公司
小角楼牌小角楼酒	四川小角楼酒业有限责任公司
绿叶牌啤酒	蓝剑集团成都啤酒有限公司
美好牌火腿肠	成都新希望食品有限公司
川岛牌饼干	成都川岛食品有限公司
川粮牌优质香米	四川省川粮米业股份有限公司
福瑞牌优质精米	四川省川粮米业股份有限公司
大王牌酱油	成都市大王酿造食品有限公司
八仙桥牌冻猪分割肉	四川省渠县八仙桥食品实业有限公司
阳坪牌乳制品	四川新阳坪乳业有限公司
乐宝牌酱菜、调味品	四川李记酱菜调味品有限公司
仙特牌香米	绵阳仙特米业有限公司
苗溪牌苗溪茶叶	四川苗溪茶叶公司
叙府牌大曲酒	四川省宜宾市叙府酒业有限公司
天车牌香辣酱	自贡天车酿造有限公司

续表附－4

名牌产品	所属企业
东圣牌东圣系列酒	四川省东圣酒业有限公司
阆洲牌阆州醋	阆中古城醋厂
绵竹牌绵竹大曲	四川剑南春集团有限责任公司
天下秀牌饮料	四川蓝剑饮料食品有限公司
蓝剑牌啤酒	四川华润蓝剑啤酒有限责任公司
旌晶牌食品	德阳旌晶食品有限公司
魁山牌高级烹调油	遂宁市蓬莱汇强油脂有限公司
竹叶青牌竹叶青茶	四川省峨眉山竹叶青茶业有限公司
双乐牌挂面	四川省乐至县石佛供销社挂面厂
乐至牌天池藕粉	四川省乐至天干在池藕粉有限责任公司
君子牌君子酒	四川宜宾君子酒业有限公司
豪雅牌中国杞酒	四川省宜宾豪雅酒业有限责任公司
金江牌调和营养油	四川宜宾鑫荣油脂有限责任公司
华夏春牌华夏春酒	四川省宜宾古龙洞曲酒厂
叙府牌小磨芝麻油	四川省宜宾市叙府粮油制品有限公司
保宁牌保宁醋	泸州老窖集团四川保宁醋有限公司
果城牌味精	四川果城味精厂
智强牌核桃粉	四川智强食品集团有限公司
濛山牌濛山特曲	四川省渠县濛山曲酒厂
通川牌通川大曲	四川省达县通川酒业有限公司
东汉牌醪糟	四川东柳醪糟有限公司
三汇牌三汇醋	四川渠县三汇醋厂
黎红牌花椒油及麻辣制品	汉源三九黎红食品有限公司
豪吉牌鸡精	四川豪吉食品（集团）有限责任公司
金沙江牌一级白砂糖	四川宁南金沙江糖业有限公司
丘山牌岳池特曲	四川省岳池特曲酒业有限公司
江口牌江口醇酒	四川江口醇酒业（集团）有限公司
圆牌汤圆粉	四川省眉山县圆牌粮油食品厂
自流井牌精制盐	四川久大盐业（集团）公司
峨眉牌精制盐	乐山五通制盐有限公司
奥加乐牌面包专用粉	乐山市嘉粮奥加乐制粉有限责任公司

成都市药品一览表

表附－5

	重点产品	所属企业
药品	KL 牌乳酸环丙沙星注射液	四川科伦药业股份有限公司
	地奥牌地奥心血康胶囊、地奥牌银黄含片	成都地奥制药集团有限公司
	青羊牌贝诺酯片	地奥集团成都药业股份有限公司
	恩威牌洁尔阴洗液	成都恩威药业有限公司
	“倍特”巴沙（司帕沙星片、胶囊）、易启康（伊曲康唑胶囊）、巴替（加替沙星氯化钠注射液）	成都倍特药业有限公司
	康弘牌一清胶囊、康弘牌松龄血脉康、舒胆胶囊、博思清牌阿立哌唑口腔崩解片、博乐欣牌盐酸文拉法辛缓释片、新络纳牌枸橼酸莫沙必利分散片	成都康弘药业集团股份有限公司
	安斯菲（雷贝拉唑钠肠溶片）、安可妥（盐酸吡格列酮片）	四川迪康科技药业股份有限公司 成都迪康制药公司
	太极牌紫杉醇注射液	太极集团四川太极制药有限公司
	华西牌乐脉颗粒、华西牌参麦注射液	四川川大华西药业股份公司
	新博林（利巴韦林颗粒）、好好黄芪颗粒、新博柴黄颗粒剂、奥博林（奥硝唑胶囊）、先喹莎（加替沙星片）	四川百利药业有限责任公司
	抗病毒颗粒剂、麝香舒活灵、银柴颗粒剂、虫草蜂王浆、消核片、三黄胶囊、口炎颗粒	四川光大制药有限公司
	邦特林（羟乙膦酸钠片）、医药中间体青霉素 DP0618 破乳剂、舒肝片	成都菊乐制药有限公司
	爱能牌罗格列酮片	成都恒瑞制药有限公司
	盐酸格拉司琼、他克莫司、吗替麦考酚酯、环孢素、甘露聚糖肽、乌苯美司	国药集团川抗制药有限公司（四川抗菌素工业研究所的全资子公司）
	三勒浆牌三勒浆	成都三勒浆药业集团
	青霉素类粉针剂	四川制药制剂有限公司
	中汇牌糖脉康	成都中汇制药有限公司
	杨天牌力克舒	四川杨天生物药业股份有限公司
	头孢克肟	四川方向药业有限责任公司
	国嘉牌茴三硫片	成都国嘉联合制药有限公司
	郎中牌肝苏颗粒	四川古蔺肝苏药业有限公司
	心元胶囊、美声喉泰含片、四物颗粒、清淋胶囊	吉泰安（四川）药业有限公司
	利福定胶囊、诺氟沙星胶囊	成都锦华药业有限责任公司
	阿魏酸哌嗪片、复方阿苯达唑片	成都亨达药业有限公司
	注射用头孢美唑钠、复方单硝酸异山梨酯缓释片、地红霉素肠溶胶囊	四川合信药业有限责任公司
	宝宝一贴灵（丁桂儿脐贴）、维脑路通（曲克芦丁）	四川亚宝光泰药业有限公司

续表附－5

药品	乳核内消颗粒（无糖型）	四川旭华制药有限公司
	银杏蜜环口服溶液（天银心脑宁）、雪莲虫草合剂	成都天银制药有限公司
	小金丸（微丸）	成都永康制药有限公司
	“法多啉”甲磺酸帕珠沙星注射液、竹沥胶囊、维C银翘双层片、氯雷他定胶囊、茴三硫片	四川奥邦药业有限公司
	Ⅱ型胶原蛋白、SPF口崩速释片	四川禾正制药有限责任公司
	奥必特（盐酸莫索尼定片）	成都天台山制药有限公司
	小金胶囊	四川省天基生物药业有限公司
	盐酸西布曲明、地氯雷他定	成都明日制药有限公司
	复方桑椹合剂、血宝胶囊	四川志远嘉宝药业有限责任公司
	益母草注射液、复方磺胺嘧啶锌涂膜、美辛唑酮红古豆醇酯栓（痔疮宁栓）、薯蓣皂苷片、阿魏酸钠系列产品（粉针、片）、黄豆苷元片	成都第一药业集团有限公司（原成都第一制药有限公司）
	地奥牌注射用胸腺肽α1、地奥牌脂必妥片	成都地奥九泓制药厂
	大卫颗粒、胃康灵胶囊、消癌平片	四川国康药业有限公司
	红霖牌四物合剂	四川新斯顿制药有限责任公司
	长托宁	成都力思特制药股份有限公司
	脑得生胶囊、乾乐胶囊、脚宝	四川正东制药有限责任公司
	盐酸伐昔洛韦片（商品名：明竹欣）	四川明欣药业有限责任公司
	足光散、补肾固齿丸、玉泉丸	成都九芝堂金鼎药业有限公司
	八味沉香胶囊、产妇安胶囊、六味木香胶囊	成都神鹤药业有限责任公司 成都新希臣药业有限责任公司
	儿肤康搽剂	成都森科制药有限公司
	芝芝牌冰黄肤乐软膏	成都芝芝药业有限公司
	去感热口服液	四川康特能药业有限公司
	唯泰（颗粒剂）、盐酸奈福泮缓释片、马西平缓释片	成都广联药业有限公司
	羟乙基淀粉130/0.4氯化钠注射液、小儿清热止咳口服液、消栓口服液	成都正康药业有限公司
	格列美脲胶囊（2型糖尿病首选）、“普来定”（萘丁美酮胶囊）、灵芪红胶囊	四川普渡制药厂
	黄苦洗液	四川向阳药业有限公司
	迈可抒（盐酸布替萘芬乳膏）、盐酸布替萘芬	成都鹤鸣山制药有限责任公司
	双黄连注射液、香丹注射液等中药注射液	四川康利托制药有限公司
	复方川贝清喉喷雾剂	成都民意制药有限责任公司
	川芎、中药配方颗粒	四川新绿色药业科技发展股份有限公司
	滨江牌药用灸条	成都滨江药业有限公司
	强腰壮骨膏、消肿镇痛膏	四川厚生天佐药业有限公司
	舒筋活络酒、寄生追风液	四川人人康药业有限公司

续表附-5

生物制品	蜀阳牌人免静丙、蜀阳牌人血白蛋白	四川远大蜀阳药业有限公司
	蓉生牌人血白蛋白、蓉生牌冻干静注人免疫球蛋白	成都蓉生药业有限责任公司
	冻干重组人脑利钠肽（新活素）	成都诺迪康生物制药有限公司
	亮菌口服溶液	四川隆盛合力生物科技股份有限公司
	利卡汀（碘［^{131}I］美妥昔单抗注射液）、伪狂犬病基因缺失疫苗、唯尔（冻干滴眼用重组人表皮生长因子）、氧化低密度脂蛋白定量测定试剂盒（酶联免疫法）	成都华神生物技术有限责任公司
	"艾利克"聚维酮碘溶液、通便灵胶囊、风痛安胶囊、心安胶囊、结核分枝杆菌抗体（IgG）检测试剂盒（酶联免疫法）、结核分枝杆菌核酸扩增（PCR）荧光检测试剂盒	成都永安制药有限公司
	多肽药物（胸腺五肽、生长抑素、奈西立肽、比伐卢定等）	成都圣诺生物制药有限公司
	体外诊断试剂［神经管畸形基因检测（PCR－RFLP）试剂盒、甲基转移酶诊断试剂盒］	四川宇康生物技术有限公司
	免疫制剂（草分枝杆菌 F. U. 36 注射液）	成都金星健康药业有限公司
	（A＋C＋Y＋W135）四价脑膜炎球菌多糖疫苗、流脑（流行性脑脊髓膜炎）	成都康华生物制品有限公司
	鹿茸口服液、熊胆胶囊	四川省新鹿药业有限公司
药用原料药及辅料	青蒿素	四川三奇制药有限责任公司
	熊胆粉	四川省绿野生物制药有限公司
	原料药（熊胆粉）	四川养麝研究所都江堰养麝场
	中药提取物和原料药（芦丁）	四川广松制药有限公司
	中药提取物（大豆异黄酮）、药用辅料（甜菊素）	成都华高药业有限公司
	曲克芦丁原料药	四川协力制药有限公司
	原料药（熊胆粉）、中药提取物（氢溴酸加兰他敏）	四川西峰天然药业有限公司
	莨菪系列品种	成都时代第一制药有限公司
	中药提取物（茶多酚、淫羊藿、肉苁蓉）	成都辰农绿色药业有限公司
	中药提取物（醋酸妊娠双烯醇酮）、原料药（土霉素、地奥司明）	成都亚中生物制药有限责任公司
	中药提取物（绿原酸、金银花、连翘）	四川明波药业有限公司
	中药提取物（芦丁、橙皮苷、甲基橙皮苷）、原料药（青蒿素）	成都市润德药业有限公司
	原料药（硫酸特布他林、辛伐他汀等）、复方盐酸吡格列酮/盐酸二甲双胍缓释片	成都华宇制药有限公司
	原料药（盐酸青藤碱、盐酸小檗碱、盐酸小檗胺、葛根素）、中药提取物（丹参、葛根、蛇床子、黄芩提取物、厚朴）	成都龙泉高科天然药业有限公司
	原料药（黄芩苷、甲基橙皮苷、芦丁、罗通定、肌醇、橙皮苷、银杏叶干浸膏、左旋多巴、盐酸小檗碱、喜树碱、槲皮素、曲克芦丁）	四川锦绣华福宁制药股份有限公司

续表附-5

药用原料药及辅料	原料药（紫杉醇聚二肽、紫杉醇）	四川源生生物药业有限公司
	原料药（紫杉醇）	四川康益生物技术制药有限责任公司
	抗生素系列无菌原料药	四川制药股份有限公司
	原料药（阿立哌唑、枸橼酸莫沙必利、盐酸文拉法辛）	成都弘达药业有限公司
	原料药（甲磺酸多拉司琼、盐酸格拉司琼等）	成都新恒创药业有限公司
	原料药（四水合硫胺磷酸酯、消旋-α-生育酚等）	四川海思科制药有限公司
	原料药（阿奇霉素）	四川江川制药有限公司
	原料药（马来酸氨氯地平）	大邑普瑞原料药有限公司
	原料药（羟乙基淀粉 130/0.4）	成都博佳制药有限公司
	药用辅料（胃溶、肠溶薄膜包衣预混剂）	成都市泰山薄膜包衣有限公司
	药用辅料（药用薄膜包衣）	成都科特包衣技术有限公司
	动化产品（猪去氧胆酸、牛羊胆酸、鹅去氧胆酸等）、植化产品（葛根提取物）	成都金江制药有限公司
	混合脂肪酸甘油酯	成都泸天化科森有限责任公司
	药用淀粉、药用糊精	成都恒信淀粉有限公司
	药用辅料（乙醇）	四川金鹰实业有限公司
	药用辅料（盐酸、普醋酸、氢氧化钠等）、辅料（稀盐酸、磷酸二氢钾等）	成都华邑药用辅料制造有限责任公司
医用气体	医用气体（气态氧、液态氧）	四川梅塞尔气体产品有限公司
	医用气体（气态氧）	中国石油天然气股份有限公司西南油气田分公司成都天然气化工总厂
	医用气体（液氧分装）	成都航空四站总厂
	医用气体（气态氧）	成都新炬化工有限公司
	医用气体（液态氧、气态氧）	四川侨源气体有限公司
	医用氧（液氧分装）	成都金克星气体有限公司
药械及药用包装	南格尔牌血浆采集机	四川南格尔生物医学股份有限公司医用器具分公司
	白细胞滤器产品	成都艾贝特血液技术有限责任公司
	非 PVC 输液软袋	四川沱牌药业有限责任公司
	空心胶囊	成都正和药用胶囊有限公司
	空心胶囊	成都联益机制胶囊有限公司
	空心胶囊	成都奥力药用胶囊有限公司
	空心胶囊	成都金瑞药用胶囊有限责任公司
	空心胶囊	成都润熙胶囊药用有限公司
	康福牌一次性使用无菌注射器	成都市双流双陆医疗器械有限公司
	新叶牌一次性无菌注射器、输液器	成都市新津事丰医疗器械有限公司
	峨秀牌玻璃输液瓶	四川医药包装股份有限公司
	安瓿、管制抗生素瓶、口服液瓶	成都平原药业有限公司

攀枝花市药品一览表

表附－6

类型	重点产品	所属企业
药品	十全大补丸、九味羌活丸、清肝片	四川攀西生物药业有限责任公司
医用气体	医用气体（气态氧、液态氧）	攀枝花新钢钒股份有限公司

泸州市药品一览表

表附－7

类型	重点产品	所属企业
药 品	宝光牌风湿液、胃力康颗粒、阿卡波糖胶囊、统克（美洛昔康）	四川宝光药业股份有限公司
	心可舒胶囊、朱砂莲胶囊、硝酸益康唑栓、复方青果颗粒	四川龙人药业有限公司
	律康（枸橼酸坦度螺酮胶囊）、冠脉宁片、断血流泡腾片	四川科瑞德制药有限公司
药用原料药及辅料	药用辅料（羟丙基甲基纤维素、低取代度羟丙基纤维素）	泸州北方医药辅料有限公司
	原料药（盐酸替扎尼定、枸橼酸坦度螺酮、右泛醇、夫西地酸钠、富马酸比索洛尔、甲磺酸加贝酯、硫酸异帕米星、盐酸依匹斯汀）	四川科瑞德凯华制药有限公司
	药用辅料（甘油）	四川天宇油脂化学有限公司
医用气体	医用气体（气态氧）	四川新火炬化工有限公司

德阳市药品一览表

表附－8

类型	重点产品	所属企业
药 品	盖克牌感冒胶囊、“蜀中”牌阿莫西林胶囊	四川蜀中制药有限公司
	美大康牌当飞利肝宁胶囊、心达康胶囊、橘红胶囊	四川美大康药业股份有限公司
	六味地黄胶囊、祛风止痒口服液、黄精多糖滴眼液	四川泰华堂制药有限公司
	癫痫平片、脂清胶囊	四川诺迪康威光制药有限公司
	创灼膏、抗感颗粒	四川同人泰药业有限公司
	除湿止痒洗液、鲜竹沥	四川省通园制药有限公司
生物制品	胰酶	四川德阳生物化学制药厂
	枸橼酸钠抗凝剂、红细胞保存液、输血用 1 号抗凝液	四川绵竹鸿基制药有限责任公司
	胸腺肽 α1	四川源基制药有限公司
药用原料药及辅料	原料药（伏立康唑）	德阳华康药业有限公司
	原料药（苦参素、新鱼腥草素钠、穿琥宁、炎琥宁）	四川绵竹永龙生物制品有限公司
	原料药（青蒿素）	四川同人泰药业有限公司
	中药提取物（大豆异黄酮）、原料药（葛根素）	广汉绿松药业有限责任公司

续表附－8

类型	重点产品	所属企业
药用原料药及辅料	原料药（胰酶、硫酸软骨素）	四川贝奥生物制药有限公司
	原料药（喜树碱、维生素 D_2、维生素 D_3）	四川省玉鑫药业有限公司
	原料药（蛋白酶系列产品）	德阳新诺赛制药有限公司
	药用辅料（胃溶薄膜包衣预混剂、肠溶薄膜包衣预混剂）	四川福瑞康药业有限公司
	药用辅料（明胶）	四川省广汉明胶制品有限责任公司
医用气体	医用气体（液态氧、气态氧）	二重集团（德阳）重型装备有限责任公司
药械及药用包装	空心胶囊	四川什邡同康胶囊有限公司

绵阳市药品一览表

表附－9

类型	重点产品	所属企业
药用原料药及辅料	太极集团四川绵阳制药有限公司	剑门牌“八大名药”是指：复方黄连素片、通宣理肺丸、九味羌活丸、舒筋活血片、五子衍宗丸、太极气之色、骨友灵擦剂、荡涤灵颗粒；“五大王牌”是指：风湿马钱片、伤科活血酊、独圣活血片、益气复脉颗粒、行气活血颗粒
	四川好医生制药有限公司	好医生牌阿莫西林胶囊、轻克胶囊、高钙片、多维金档组合维生素片
	四川绵阳一康制药有限公司	清淋颗粒、独活寄生合剂
	绵阳天达康药业有限责任公司	宁脂达康（复合硫酸软骨素）、硫酸软骨素
药用原料药及辅料	江油川西北恒远天然气化工有限公司	原料药（升华硫）
	四川西普化工股份有限公司	药用辅料（甘油、供注射用甘油）
	四川雪山实业有限公司	药用辅料（淀粉）
医用气体	绵阳燃气集团公司	医用气体（气态氧）
	江油市长城特种气体化工厂	医用气体（气态氧、液态氧）
	四川艺精技术开发总公司	医用气体（气态氧）

广元市药品一览表

表附－10

类型	重点产品	所属企业
药 品	清脑复神液、布洛芬缓释混悬剂	四川中方制药有限公司
	小儿解表止咳口服液、盐酸小檗碱片	四川广元蓉成制药有限公司
	蚕茸柱天胶囊	四川克旨达制药有限公司
	口可宁口胶、感速康口服液	四川豪运药业股份有限公司
	肾康宁片、回春胶囊	四川青春宝九龙制药有限公司

续表附－10

类型	重点产品	所属企业
药用原料药及辅料	原料药（鱼石脂）	四川广元蓉成制药有限公司
医用气体	医用气体（液态氧分装）	中国水利水电第五工程局有限公司广元医用制氧厂

遂宁市药品一览表

表附－11

类型	重点产品	所属企业
药 品	羊藿三川颗粒、麦白霉素颗粒	四川泰乐制药有限公司
	藏红花油	四川珠峰药业有限公司
医用气体	医用气体（液态氧）	射洪县平安制氧有限责任公司

内江市药品一览表

表附－12

类型	重点产品	所属企业
药 品	酊剂和糖浆剂	四川德元药业集团有限公司
	“水晶牌”口服葡萄糖	内江山山制药有限公司
	儿童（小儿）用药	四川天德制药有限公司
	力克平氚（梨枇）胶囊	四川省迪威药业有限责任公司
	胞磷胆碱钠片、苯甲酸利扎曲普坦胶囊	四川三九梓橦宫药业有限公司
生物制品	多酶片、胃蛋白酶片、原料药人工牛黄	四川菲德力制药有限公司
药用原料药及辅料	原料药（维生素 D_2）	四川内江汇鑫制药有限公司
	原料药（红霉素、四环素、盐酸林可霉素）、药用辅料（乙醇）	内江山山制药有限公司
医用气体	气态氧	内江市高坝制氧厂
药械及药用包装	空心胶囊	内江市天民医药包装有限公司

乐山市药品一览表

表附－13

类型	重点产品	所属企业
药 品	山江牌硫酸庆大霉素、山江牌头孢噻肟钠原粉	乐山三九长征药业股份有限公司
	“蜀乐”牌氨基酸注射液、葡萄糖注射液	四川国瑞药业有限公司
	阿莫氨溴片、阿莫西林胶囊	成都蓉药集团四川长威制药有限公司
	复方氨酚那敏颗粒、枸橼酸喷托维林片	四川峨眉山金顶药业有限公司
	心安胶囊、狭叶红景天片	四川艾丽碧丝制药有限公司
	棒剂牙康	四川锡成药业有限公司

续表附－13

类型	重点产品	所属企业
生物制品	β－阻断药“美开朗”、β2－刺激素“美普清”、抗血小板抑制剂新药“培达”	四川大冢制药有限公司
药用原料药及辅料	原料药（柠檬烯）	成都蓉药集团四川长威制药有限公司
	无菌原料药（硫酸链霉素）	乐山长征药业有限公司
	原料药（胰酶、胃膜素、胃蛋白酶）	四川省尚善堂制药有限公司
	药用辅料（药用炭）	四川省峨边华泰活性炭有限责任公司
	原料药（胱氨酸、亮氨酸、酪氨酸、盐酸精氨酸、盐酸半胱氨酸）	四川峨眉山荣高生化制品有限公司
医用气体	医用气体（气态氧、液氧分装）	中铁第二十工程局乐山基地嘉州制氧厂
	医用气体（液氧分装）	乐山铁源气体制造有限公司

南充市药品一览表

表附－14

类型	重点产品	所属企业
药 品	郎中牌肝苏颗粒	四川古蔺肝苏药业有限公司
	茵芪肝复颗粒、蚕蛾公补酒（合剂）、桑杞脑康颗粒、小儿暑感宁	太极集团四川南充制药有限公司
	“金乐”牌抗感解毒颗粒、乐脉丸（微丸）、六味地黄丸（微丸）	四川保宁制药有限公司
	胰酶肠溶胶囊、弹性酶肠溶片、胃蛋白酶颗粒、胰激肽原酶肠溶片	四川顺生制药有限公司
医用气体	医用气体（液态氧分装）	四川省阆中市长平工贸有限公司
	医用气体（液态氧分装）	南充市健民医用制氧厂

宜宾市药品一览表

表附－15

类型	重点产品	所属企业
药 品	“戎州牌”生脉注射液、穿琥宁注射液、散寒解热口服液	四川省宜宾五粮液集团宜宾制药有限责任公司
药用原料药及辅料	原料药（盐酸洛美沙星、甲磺酸帕珠沙星、氯沙坦钾）	宜宾红光制药厂
	中药提取物（亚硫酸氢钠穿心莲内酯、穿心莲总内酯）、原料药（穿琥宁、穿心莲内酯）	四川文龙药业有限公司
医用气体	医用气体（气态氧）	宜宾天原股份有限公司
	医用气体（气态氧、液态氧、液氧分装）	四川芙蓉集团实业有限责任公司

广安市药品一览表

表附－16

类型	重点产品	所属企业
医用气体	医用气体（气态氧）	广安市广安区光明实业有限公司
	医用气体（液态氧分装）	广安市吉利医用氧气厂

达州市药品一览表

表附－17

类型	重点产品	所属企业
药 品	安乃近片、复方氨基酸注射液（18AA）	四川福瑞药业有限公司
药用原料药及辅料	高纯度甾体皂苷、高纯度胸腺肽	成都地奥集团天府药业股份有限公司
	原料药（莪术油）	达州市天然植物药业有限公司
医用气体	医用气体（气态氧、液态氧分装）	达州市自立气体有限责任公司

巴中市药品一览表

表附－18

类型	重点产品	所属企业
药品	马来酸氨氯地平片（普罗新希）、解毒降脂片（之可康）、保心宁（巴普乐）	四川巴中普瑞制药有限公司

雅安市药品一览表

表附－19

类型	重点产品	所属企业
药 品	999牌静脉用中药注射液、参附注射液、调脂片	雅安三九药业有限公司
医用气体	医用气体（液态氧）	石棉县大渡河制氧有限责任公司
	医用气体（气态氧）	天全县天雅气体厂

眉山市药品一览表

表附－20

类型	重点产品	所属企业
药 品	小儿氨酚黄那敏颗粒、玄麦甘桔颗粒	四川彩虹制药有限公司
	心达康片、还少胶囊、痔康舒口服液	四川雅达药业股份有限公司
	藏青果含片、黑木耳胶囊	四川秋麟药业有限公司
	小儿金翘颗粒	四川凯京制药有限公司
	金三角牌戒毒药（盐酸洛非西定片）	四川辰龙制药有限公司

续表附－20

类型	重点产品	所属企业
药用原料药及辅料	原料药（醋柳黄酮、羟基喜树碱）	四川雅达药业股份有限公司
	原料药（芒硝）	四川省川眉芒硝有限责任公司
	原料药（冰片）	四川青神康华制药有限公司
	原料药（石膏、煅石膏、干燥硫酸钙）、药用辅料（滑石粉、硫酸钙）	四川省眉山市东坡区崇礼药用石膏厂
	药用辅料（淀粉）	四川省仁寿县林阳淀粉有限公司
医用气体	医用气体（液态氧分装）	眉山市宇莉气体有限公司
	医用气体（液态氧分装）	眉山恒发医用氧气体有限公司

资阳市药品一览表

表附－21

类型	重点产品	所属企业
药 品	禾邦苍耳子鼻炎胶囊、八珍颗粒、禾邦立安（国家二类新药）、胆维他、铁威龙（穿龙骨刺片）	四川禾邦阳光制药股份有限公司
	“熊岭山”牌熊胆胶囊、千金止咳胶囊	四川省仁德制药有限公司
	比拜克胶囊、胆康胶囊、金刚藤片	四川金辉药业有限公司
	妇炎洁泡腾片 、二丁颗粒、朱砂莲胶囊	四川大千药业有限公司
	奇力咳感康口服液、通便灵胶囊、斯林齐注射液	四川奇力同心制药有限公司
药用原料药及辅料	原料药（右旋糖酐系列、氢溴酸西酞普兰、富马酸托特罗定、丙氨酰谷氨酰胺）	四川新元制药有限公司
	原料药（熊胆粉）	四川省简阳威杰制药厂
医用气体	医用气体（液态氧分装）	四川省资阳市盛源科技有限责任公司
	医用气体（液态氧、气态氧）	四川简阳港通医用气体有限公司

阿坝州药品一览表

表附－22

类型	重点产品	所属企业
药 品	獐牌麝香壮骨膏、川贝雪梨膏、五味麝香丸	九寨沟天然药业集团有限公司
	宇妥牌红景天胶囊、高原参茶、肝苏胶囊	四川宇妥藏药药业有限责任公司
药用原料药及辅料	原料药（紫杉醇）	四川九峰天然药业股份有限公司

甘孜州药品一览表

表附－23

类型	重点产品	所属企业
药 品	金珠牌小金丸	四川康定金珠制药有限责任公司
医用气体	医用氧（液氧分装）	康定县兴康气体有限责任公司

凉山州药品一览表

表附－24

类型	重点产品	所属企业
药 品	“好医生”康复新液、复方陈香胃片、抗感颗粒	四川好医生攀西药业有限责任公司
医用气体	医用气体（液态氧分装）	冕宁县安宁氮氧厂
	医用气体（液态氧分装）	西昌市汇源气体有限公司
药械及药用包装	药用辅料（乙醇）	四川省会东多元公司
	药用辅料（乙醇）	四川宁南金沙江糖业有限公司

四川省主要中药饮片企业一览表

表附－25

地区	企业名称	地区	企业名称
成都	四川省祥云中药饮片进出口有限公司	自贡	荣县民生中药饮片厂
	四川川村中药材有限公司		四川省旺林堂中药饮片有限公司
	四川千方中药饮片有限公司		四川省泰山中药饮片有限公司
	四川新荷花中药饮片有限公司		重庆医药自贡有限责任公司
	四川德仁堂中药饮片有限公司		四川久泰药业有限公司
	四川省中药饮片有限责任公司	攀枝花	攀枝花市开明医药有限责任公司
	成都三明中药饮片有限责任公司	泸州	四川锦云堂中药饮片有限公司
	成都市金鑫中药饮片有限责任公司		泸州百草堂中药饮片有限公司
	成都通灵中药饮片精选有限公司		泸州纳溪济民中药饮片有限公司
	四川协丰医药保健品有限公司		泸州市中药饮片开发贸易公司
	四川想真企业有限公司		泸州宝光中药饮片制造有限公司
	四川国强中药饮片有限公司	德阳	四川欣康中药饮片有限公司
	四川科伦天然药业有限公司		四川省众森中药饮片有限公司
	成都市益诚药业有限公司		四川省广汉中药饮片有限责任公司

续表附－25

地区	企业名称	地区	企业名称
德阳	绵竹市恒济中药饮片有限公司	内江	四川科伦中药饮片有限公司
	四川天然生中药饮片有限公司		内江良辉药业有限公司
绵阳	四川绵阳万利兴企业有限公司		威远县药业有限公司饮片厂
	四川江油中坝附子科技发展有限公司	乐山	四川省乐山市健康药业有限公司
	永泰隆（四川绵阳）医药保健制品有限公司		四川省夹江县天和药业有限责任公司
	永兴隆（绵阳）医药保健品有限公司		乐山市康发药业有限公司
	四川天诚药业股份有限公司		四川峨眉山仙山中药有限公司
	四川江油恒源药业集团有限公司		乐山市中药材有限公司
	四川得恩德药业有限公司		四川龙马药业有限公司
	绵阳市涪江中药饮片厂	南充	四川省南部县国药有限责任公司
	江油市外贸医药保健品有限公司（毒性饮片炮制）		四川滕王阁制药有限公司
	四川省天雄中药饮片有限公司（毒性饮片炮制）		四川省南充药业（集团）有限公司
	四川绵阳昱新医药保健品有限公司		四川省营山县景弘中药饮片厂
	绵阳神农中药饮片有限责任公司		蓬安县康贝大药房连锁有限公司
	四川平祥药业有限公司		四川省西充县中药饮片有限责任公司
广元	广元市中药饮片炮制加工厂		南充五星金方中药饮片有限公司
	四川广元（北京）金象中药饮片有限公司		四川省仪陇县斯康中药饮片有限责任公司
	成都市弘祥药业有限公司	宜宾	宜宾仁和中药饮片有限责任公司
	旺苍县瑞丰药业有限公司		四川省宜宾中宏药业有限公司
	四川省力搏药业有限责任公司		宜宾中药饮片厂
遂宁	遂宁市全泰堂中药饮片有限公司		宜宾县中药饮片加工厂
	四川陈善堂中药饮片有限公司	广安	广安金山药业公司
	四川射洪中药饮片有限责任公司		邻水县科伦医药贸易有限公司
	四川回春堂中药科技有限公司		武胜县宏冠药业有限责任公司（含毒性饮片炮制）
	遂宁市全泰堂中药饮片有限公司		岳池康发中药饮片有限公司
内江	四川弘升药业有限公司		广安福鼎中药饮片有限公司
	四川省川南药业有限公司	达州	四川天予植物药业有限公司
	四川隆昌科星药业有限公司		达州市天泰中药饮片有限公司
	四川内江市万基医药有限公司		宣汉县中药有限公司饮片厂
	四川百胜药业有限公司		达州益康中药饮片有限公司
			大竹县鑫源药业有限责任公司

续表附－25

地区	企业名称
巴中	巴中市百顺中药饮片有限公司
	平昌县旺东药业有限公司
	巴中科伦医药贸易有限公司
雅安	雅安三九中药材科技产业化有限公司
眉山	洪雅县维康医药公司
	四川省天运药业有限公司饮片加工厂
	四川省丹棱汇康中药有限责任公司
	四川省仁寿县中药材有限公司
	四川省眉山迪康中药材有限公司
	四川一欣和药业有限公司
	四川省卓宇制药有限公司
	四川欣杰药业有限公司

地区	企业名称
资阳	四川省简阳市药业有限公司（含毒性饮片炮制）
	四川省砚山中药饮片有限公司
	四川辅正药业有限责任公司
	四川乐至县绿禾药业中药饮片有限公司
	四川雷公中药饮片有限公司
	四川泰康药业有限公司
	四川御君堂中药饮片有限公司
阿坝	阿坝州天善药业有限责任公司
凉山	四川佳能达攀西药业有限公司（毒性饮片炮制）
	四川西昌杨天制药有限公司
	凉山牧甫中药饮片有限公司
	四川好医生攀西药业有限责任公司（仅附子加工）

编 后 记

2006年4月，《中共四川省委办公厅 四川省人民政府办公厅关于印发〈四川省志（1986—2000）〉编纂方案的通知》（川委厅〔2006〕4号）下发，启动第二轮《四川省志》编纂工作。《四川省志·食品药品监督志（1986—2005）》（以下简称《食品药品监督志》）为第二轮《四川省志》新设分卷之一，由四川省食品药品监督管理局牵头承编。

2007年1月，四川省食品药品监督管理局成立《食品药品监督志》编纂委员会，局长刘伟德任编纂委员会主任，其他局领导任副主任，有关处、室、站、所负责人为编委会成员，一名副局长分管修志工作。编委会下设编辑室，聘请6位编辑人员，承担具体编纂工作，局党组成员、机关党委书记颜邦富任主编。

《食品药品监督志》的编纂工作分为4个阶段。

第一阶段，学习修志业务，拟定志书编纂方案与篇目框架。2007—2009年，分卷编委会多次派员参加四川省地方志编纂委员会（以下简称省志编委）举办的修志业务培训，认真学习修志知识。在篇目设计阶段，分卷编委会向局内相关处室广泛征求意见，并请教参与首轮修志的专家，邀请省志编委专家进行指导。2009年12月，完成志书编纂方案与篇目设计，报省志编委审定。

第二阶段，收集、整理资料。俗话说“巧妇难为无米之炊”，丰富、充足的资料是修志最重要的前提条件。对于《食品药品监督志》来说，收集资料不仅是重点，更是难点。省食品药品监督管理局2004年成立，在此之前，食品、药品监督管理工作，先后分属若干部门负责。省卫生厅、省贸易厅、省轻工厅、省商业厅、省化学工业局、省供销合作社、省中医药管理局、省工商管理局、省质量技术监督局等部门均曾行使部分涉及食品、医药方面的管理职能。且因社会经济发展迅速、机构变迁频繁，这些工作在几十年间又历经多次分割、整合，相关资料散落于多个部门，资料收集如同大海捞针。为加强资料收集，编辑室一方面与所有相关部门联系，请他们协助提供资料；另一方面，以省食品药品监督管理局名义印发文件，要求下属垂直管理部门收集资料；此外，还联系省内几十家食品、药品企业提供资料。在收集资料的基础上，加强对资料的整理工作，包括纸质资料电子化、甄别核实、分门别类编制资料卡、编辑存档等。最终，收集文字资料500多万字，整理的卡片资料共计上千张，图片资料100余张。资料收集工作贯穿编纂全过程，耗时最长、投入精力最多，但最终结果仍差强人意。特别是食品监督管理有关资料，不够丰富，因而志稿的第三篇，内容相对单薄。

第三阶段，编纂初稿。2012 年 1 月至 2015 年 3 月，编纂工作进入初稿撰写阶段。因编纂人员都无经验，又无前志可借鉴，初稿编纂十分吃力。其间，屡屡遭遇瓶颈，编辑室人员多次向省志编委专家请教，同时与其他分卷同行交流。在工作方式上，编辑室按志书篇目分组编纂，一篇为一个大组，组内又按章节分成小组，各负其责。每完成一个章或节，则在组内开会讨论，进行修改、完善。某篇完成后，则全体编纂人员开会讨论，一起修改、完善。各篇都完成后，则由总纂统稿，统一文风、理顺逻辑、规范体例、打磨文字。2015 年 3 月，编辑室完成初稿编纂。

第四阶段，志稿评审。2015 年 3 月，编辑室将初稿分送局相关领导、相关处室审查，在他们反馈意见建议的基础上，编辑人员分别对稿件进行修改，后由总纂进行第二次统稿。同年 6 月，省食品药品监督管理局召开内部评审会，各位局领导与相关处室负责人以及编委会全体成员在会上各抒己见，对志稿进行评议，并集体讨论切实可行的修改方案。之后，总纂第三次进行统稿。2015 年 9 月，《食品药品监督志》初稿报送四川省地方志工作办公室（以下简称省地方志办），12 月完成初审。根据省地方志办对初稿的评审意见，编辑室对稿件进行深度修改，包括联系相关部门重新收集增补资料、核定史实、调整章节结构等。2018 年 12 月，志稿完成修改，报省地方志办复审。后几经修改，于 2020 年 4 月通过复审。编辑室根据省地方志办复审意见修改后，2020 年 5 月报送终审，并于同月通过《四川省志》审核委员会审查。

《食品药品监督志》是集体智慧的结晶。省食品药品监督管理局（现省药品监督管理局）领导大力支持，全体干部职工群策群力，编辑室工作人员呕心沥血，最终完成这项光荣而艰巨的任务。在编纂过程中，我们得到了省志编委（现省地方志办）的及时指导、相关兄弟部门的热心帮助以及有关企业和下属部门的积极配合。在此，我们向所有相关部门及个人表示诚挚的感谢！

由于行政机构变迁，管理职能交错重叠，造成资料收集困难，同时囿于编者能力水平有限，志书错漏在所难免，敬请广大读者批评指正！

《四川省志·食品药品监督志（1986—2005）》编辑室

2020 年 9 月